城市道路与桥隧设计手册
中国市政工程西北设计研究院有限公司　主编

城市隧道

魏立新　杨志豪　主编

中国建筑工业出版社

图书在版编目（CIP）数据

城市隧道/魏立新，杨志豪主编.—北京：中国建筑工业出版社，2020.7
（城市道路与桥隧设计手册）
ISBN 978-7-112-24820-9

Ⅰ.①城… Ⅱ.①魏…②杨… Ⅲ.①城市隧道-隧道工程-工程设计-手册 Ⅳ.①U459.9-62

中国版本图书馆 CIP 数据核字（2020）第 022520 号

责任编辑：王　磊
责任校对：李欣慰

城市道路与桥隧设计手册
中国市政工程西北设计研究院有限公司　主编
城市隧道
魏立新　杨志豪　主编

*

中国建筑工业出版社出版、发行（北京海淀三里河路9号）
各地新华书店、建筑书店经销
北京鸿文瀚海文化传媒有限公司制版
天津翔远印刷有限公司印刷

*

开本：787毫米×1092毫米　1/16　印张：43¾　字数：1089千字
2021年9月第一版　2021年9月第一次印刷
定价：130.00元
ISBN 978-7-112-24820-9
（34655）

版权所有　翻印必究
如有印装质量问题，可寄本社图书出版中心退换
（邮政编码　100037）

《城市道路与桥隧设计手册》丛书编委会

总　　编：初黎明
执行总编：程生平
编　　委：初黎明　史春海　田启铭　徐　波　咸大庆
　　　　　魏立新　杨志豪　达　帆　郭　华　白辂韬
　　　　　马　俊　邹志云　刘丽芬　杨希杰　狄　谨
　　　　　张富国　宁平华　卢燕青　苏向震　郑晋丽
　　　　　王东升　陈少华　常柱刚　秦凤江　王　磊

《城市道路与桥隧设计手册》丛书参编单位

主编单位：中国市政工程西北设计研究院有限公司
参编单位（排名不分先后顺序）：
　　　　　北京市市政工程设计研究总院有限公司
　　　　　广州市市政工程设计研究总院有限公司
　　　　　上海市隧道工程轨道交通设计研究院
　　　　　中国市政工程西南设计研究总院有限公司
　　　　　中国市政工程东北设计研究总院有限公司
　　　　　长沙市规划设计院有限责任公司
　　　　　西安市政设计研究院有限公司
　　　　　深圳市市政设计研究院有限公司
　　　　　哈尔滨工业大学
　　　　　华中科技大学
　　　　　重庆大学

《城市隧道》编委会

主　　编：魏立新　杨志豪
编　　委：陈贻龙　郑晋丽　刘力英　贺春宁　程生平
　　　　　桂晓明　王　晨　李　翔　陆　明　石玉华
　　　　　彭子晖　程　瑾　管攀峰　刘　芳　曾　毅
　　　　　刘宇晨　沈　蓉　刘承东　王小峰　张　立
　　　　　袁　亮

《城市隧道》参编单位

主编单位：广州市市政工程设计研究总院有限公司
参编单位(排名不分先后顺序)：
　　上海市隧道工程轨道交通设计研究院
　　中国市政工程西北设计研究院有限公司

《城市隧道》编审人员

章号	章名称	编审人员
1	绪论	魏立新、杨志豪
2	建设条件调查	桂晓明、贺春宁、何长明、刘良贵
3	交通分析及建设规模	李 翔、贺春宁、傅栋梁、程生平
4	隧道总体设计	杨志豪、魏立新、张 立、李 翔
5	隧道横断面设计	彭子晖、魏立新、刘力英、李 瑛
6	线形、交叉口及路面设计	刘力英、陈文艳、李 翔、王奇达
7	隧道结构设计	
7.1	明挖法隧道结构设计	石玉华、杨志豪、魏立新、刘力英
7.2	矿山法隧道结构设计	曾 毅、魏立新、刘宇晨、石玉华
7.3	盾构法隧道结构设计	管攀峰、魏立新、石玉华
7.4	沉管法隧道结构设计	贺春宁、魏立新、刘力英、刘 芳
8	工程防水及结构耐久性设计	陆 明、刘力英、陈心茹、刘宇晨、邵 臻、石玉华
9	通风设计	郑晋丽、刘承东、奚 峰
10	给水排水设计	陈贻龙、冯 爽、陈 彦
11	照明设计	沈 蓉、程 瑾、袁 亮
12	供配电设计	王 晨、程 瑾、王小峰
13	监控系统设计	程 瑾、郑宇祺、林 辉、王 晨、张国芳
14	防灾设计	郑晋丽、陈贻龙、彭子晖、刘承东、周 湧、程 瑾、王 晨、沈 蓉、孟 静、刘力英、刘宇晨
15	交通管理及安全设施设计	桂晓明、陈文艳、张晓瑾、黎升福
16	运营管理中心设计	桂晓明、杨志豪、李文涛、彭子晖、冯 爽
17	建筑装饰及景观设计	彭子晖、刘力英、刘 芳
18	设计程序	刘 芳、杨志豪
19	设计文件编制深度	刘宇晨、杨志豪、刘 芳
20	设计文件技术要点	刘 芳、杨志豪、林永贵

《城市道路与桥隧设计手册》

丛书总序

  城市交通基础设施是新型城镇化的物质基础，也是城市社会经济发展、人居环境改善、公共服务提升和城市安全运转的基本保障。自改革开放以来，尤其是近20年，我国城市交通基础设施投入力度持续加大、设施服务能力普遍提高，有力地支撑了城镇化的高效快速发展；坚持以人为本、服务民生、稳步提升公共服务水平，惠及城乡民众，为落实"以人民为中心"、实现"两个一百年"的中国梦奠定了不可或缺的扎实基础。

  2015年12月，中央城市工作会议提出，城市建设从速度型向质量型转变，要着力提高城市发展持续性、宜居性。2017年5月，住房和城乡建设部发布了《全国城市市政基础设施规划建设"十三五"规划》，明确提出了"加强道路交通系统建设，提高交通综合承载能力；推进城市轨道交通建设，促进居民出行高效便捷；促进园林绿地增量提质，营造城乡绿色宜居空间；推进市政设施智慧建设，提高安全运行管理水平"等12项任务，以求达到充分保障基本民生需求、持续改善城市人居环境、显著提升城市安全水平、引领绿色智慧转型发展、全面增强城市承载能力的目的。

  "十九大"报告提出"坚持人与自然和谐共生。建设生态文明是中华民族永续发展的千年大计。必须树立和践行绿水青山就是金山银山的理念，坚持节约资源和保护环境的基本国策，像对待生命一样对待生态环境，统筹山水林田湖草系统治理，实现最严格的生态保护制度，形成绿色发展方式和生活方式"。力求大力改善生态环境，提升城市功能，推动绿色城市建设。

  改革开放四十年，我国经历了世界上史无前例的大规模、高速度"城市化"，城市交通基础设施建设在理念转变、建设规模、技术装备等方面都取得了前所未有的成绩。面对新时期、新发展和新需求，大批亲历、见证改革开放四十年的工程技术人员理论联系实际、系统总结经验，编撰了《城市道路与桥隧设计手册》丛书。

  丛书紧扣城市交通基础设施特点，积极总结工程建设的成功经验，在探索运用低碳绿色智慧新理念、新技术、新材料，引领城市交通基础设施转型发展方向方面进行了有益的总结和尝试。从基本理论、设计实践、工程案例、设计程序、设计文件及技术要点等多方面进行编写，具有较强的指导性和实用性。

坚持"以人为本"的设计理念，从路网的布局、道路的功能定位、横断面的比例尺度、"海绵"技术及路面新材料的应用、桥梁美学、桥梁预制工业化、隧道新工法、景观绿化的功能性与艺术性、BIM技术、智能交通等系统性的论述，强烈传递出建设安全、绿色、活力、智慧城市交通基础设施的目标和方法，是本套丛书的突出亮点。

相信本套丛书必将在城市建设领域产生热烈反响，受到从业人员青睐。同时，也希望同行提出宝贵意见，为我国城市道路与桥隧设计做出更大贡献。

陈湘生

中国工程院院士，博士，教授

深圳大学土木与交通工程学院院长

深圳市地铁集团有限公司技术委员会主任

2020年6月

《城市道路与桥隧设计手册》

丛书前言

党的十九大以来，我国城镇化水平进一步提高，城市发展质量明显改善，各项市政设施愈加完备，交通出行更加便利，城市功能全面提升，城市建设和发展步入了以交通高质量发展推动和引导城市新发展格局的全新阶段。未来，城市交通将成为提升城市竞争力与服务品质的重要支撑，建立形成安全便捷、智慧高效、绿色低碳的城市交通设施体系，已成为建设高品质和谐宜居生活城市的重要工作。

城市交通设施是城市市政基础设施中最基础的公共服务设施，具有确定城市布局、引导城市发展方向、提供交通服务功能、为其他市政设施创造基础的作用。本套丛书针对城市道路、桥梁、隧道和景观绿化的特点，践行低碳绿色智慧的创新设计理念；针对近几年市政行业新规范、新标准的发布，更新和落实规范要求；针对工程设计中的常用数据，力求翔实完整；针对国内多年来的工程建设经验，进行梳理总结；针对设计文件中的常见问题，总结整理了技术要点，供设计人员自查自审。坚持上述编制原则，使本套丛书成为设计人员的常备工具书是我们的初衷。

受中国建筑工业出版社委托，由中国市政工程西北设计研究院有限公司作为主编单位，组织国内9家知名市政设计院和3所大学，编撰《城市道路与桥隧设计手册》丛书。丛书由《城市道路》《城市桥梁》《城市隧道》《景观绿化》4个专业分册组成。各分册根据专业的特点，从基本理论、设计实践、工程案例、设计程序、设计文件及技术要点等多方面进行编写，旨在增强丛书的指导性和实用性。

本套丛书在策划和编写过程中，得到了国内诸多专家、学者的帮助和支持，见证了各参编单位和编写人员的辛劳和敬业，同时参考借鉴了一些专业书籍、文献，在此对所有贡献者一并致以诚挚的谢意。

本套丛书可作为设计人员的工具书，也可作为建设管理人员的参考书。

书中疏漏和不当之处，敬请广大读者批评指正。

《城市道路与桥隧设计手册》丛书编委会
2020年6月

《城市隧道》

序

  城市交通基础设施建设是社会经济发展、环境改善和承载能力提升的物质基础。解决道路交通问题的基础设施建设方式经历过扩路、架桥到建设地下工程的变化，更加重视以人为本和重视生态文明建设，更多采取隧道及地下工程建设方式，且取得了较好的社会经济效益和环保景观效果。在城市建设发展新阶段，城市隧道及地下工程建设将会进一步得到持续发展和进步。

  改革开放四十年来，随着我国经济的快速发展，城市化水平越来越高，城市人口急剧增长，大中城市交通堵塞现象越来越严重。为完善路网结构和解决交通拥挤问题，急需建设大量道路、桥梁、隧道及地下工程。随着国家城市建设发展的新要求，城市隧道建设在解决城市交通问题的同时，更为城市高质量、可持续发展提供了支持。

  城市隧道作为一种跨越山体、江湖水体、道路交叉口、路段等城市交通拥堵解决方案，越来越多的受到城市建设管理部门的重视和青睐，有时甚至成为工程师们解决城市交通问题的必选项，发展前景广阔。在各地城市隧道工程建设中，明挖（含堰筑法）、浅埋暗挖、盾构及沉管等工法和多出入口、地下立体交叉、地下环路及断面单双层总体设计和工法技术得到很多成功应用，技术上不断取得进步与突破，相关设计理论、设计方法、工艺技术不断进步、成熟，标准、规范逐渐完善。值此《城市道路与桥隧设计手册》改版之际，根据国家城市建设发展需求，在总结城市隧道建设设计经验的基础上，增加编制《城市隧道》分册具有重要的现实意义，对该领域建设将起到很好的促进作用。

  设计手册系统的总结了近年来我国城市道路隧道建设的最新成果，充分吸收城市隧道设计新理念、新方法、新技术，内容既紧贴工程实际，又较好的符合相关规范的要求，并提供了部分实际案例，对进一步规范和提高城市隧道的设计质量有较强指导意义，具有较好的系统性、实用性和参考性。

  设计手册编制组由广州市市政工程设计研究总院有限公司、上海市隧道工程轨道交通设计研究院、中国市政工程西北设计研究院有限公司长期从事城市道路隧道设计和研究的专业人员组成，部分同志曾参编国内第一本道路隧道设计规范——《道路隧道设计标准》（上海市工程建设规范）。

未来城市群的发展将成为国家战略的重要体现，城市隧道设计必将被赋予更多的内涵和挑战，希望本书对广大从业者有所帮助和启发，共同推动城市隧道技术水平进一步提高。

全国工程勘察设计大师

曹文宏

2020 年 6 月

《城市隧道》

前言

城市交通基础设施建设是社会经济发展、环境改善和承载能力提升的物质基础，交通在一个城市发展中所起的作用越来越重要，解决道路交通问题的基础设施建设方式也不断发展变化，从满足交通功能向更加重视以人为本和生态文明建设转变，导致采取较多隧道及地下工程建设形式，社会、经济效益佳和环保、景观效果好，并将在城市建设中得到持续发展。

随着社会经济的迅速发展、城市人口急剧增长，为了满足环境和发展的需求，城市中建设各种各样的隧道及地下工程（如城市地铁、城市道路、公路隧道、铁路隧道、市政管道、地下能源洞库等）成为必然趋势，这给隧道及地下工程的发展建设带来了机遇。城市隧道是隧道及地下工程的重要组成部分，不仅可以完善路网结构、解决道路交通问题，而且相较桥梁工程对城市环境影响小，具有特殊优势，结合城市地下空间的开发建设，将会取得更大的综合效益，有利于城市的可持续发展。由于城市隧道建设环境条件复杂、环保要求高，并且功能多样，其工程总体设计相较其他隧道工程呈现较强的系统性。城市隧道建设施工技术复杂、难度大、控制要求高，为满足运营要求的通风、防灾、监控及管理等系统自动化、信息化要求同样较高。隧道工程所采用的施工方法主要有明挖法、矿山暗挖法、盾构法和沉管法。结合建设特点，为满足施工期交通组织和环境保护要求时，也采取顶进法、盖挖法和管幕工艺、结构托换技术、高性能地层注浆加固等特殊工法、技术与工艺。目前国内城市隧道技术发展较快，积累了较丰富的工程经验，但缺乏专门的城市隧道设计手册，本手册的编写可填补空白，将有益于城市隧道设计技术的发展与技术进步。

设计手册编制内容主要反映国内城市隧道建设中应用较普遍、成熟的明挖法、矿山法、盾构法及沉管法的设计应用情况，对于隧道建设中可能采用的其他有效的特殊工法、辅助措施也作一定的介绍，以尽量较全面地反映城市隧道设计中的新理念、新技术、新工艺、新材料等。手册由绪论、建设条件调查、交通分析及建设规模、隧道总体设计、隧道横断面设计、线形、交叉口及路面设计、隧道结构（明挖法、矿山法、盾构法、沉管法）、工程防水及结构耐久性设计、通风设计、给水排水设计、照明设计、供配电设计、监控系统设计、防灾设计、交通管理及安全设施设计、运营管理中心设计、建筑装饰及景观设计、设计程序、设计文件编制深度、设计文件技术要点共20章组成；内容包含了基本理论、设计实践、工程案例、设计程序、设计文件及技术要点等。

设计手册由广州市市政工程设计研究总院有限公司、上海市隧道工程轨道交通设计研究院、中国市政工程西北设计研究院有限公司共同编写完成。第 1 章绪论，第 2 章建设条件调查，第 3 章交通分析及建设规模，第 6 章线形、交叉口及路面设计，第 10 章给水排水设计，第 13 章监控系统设计，第 15 章交通管理及安全设施设计，第 16 章运营管理中心设计，第 18 章设计程序，第 19 章设计文件编制深度以及第 20 章设计文件技术要点由广州市市政工程设计研究总院有限公司负责编写；第 4 章隧道总体设计、第 5 章隧道横断面设计、第 8 章工程防水及结构耐久性设计、第 9 章通风设计、第 11 章照明设计、第 12 章供配电设计、第 14 章防灾设计以及第 17 章建筑装饰及景观设计由上海市隧道工程轨道交通设计研究院负责编写；第 7 章隧道结构设计（明挖法、矿山法、盾构法、沉管法）由广州市市政工程设计研究总院有限公司与上海市隧道工程轨道交通设计研究院共同编写；中国市政工程西北设计研究院有限公司参与部分章节编写。

在手册的策划和编写过程中，得到了国内诸多专家、学者的帮助和支持，见证了各参编单位和编写人员的辛劳与敬业，同时参考借鉴了一些专业书籍、文献，在此对所有贡献者一并致以诚挚的谢意。

本手册可作为城市隧道设计人员的工具书，也可作为建设管理人员和相关专业设计人员的参考书。

手册中难免会有疏漏和不当之处，敬请广大读者批评指正。

《城市隧道》编委会
2020 年 6 月

目录

第1章　绪论 ··· 1

 1.1　隧道的定义和分类 ··· 1
  1.1.1　按功能形态分类 ·· 1
  1.1.2　按服务车型分类 ·· 2
  1.1.3　按封闭长度分类 ·· 2
  1.1.4　按施工工法分类 ·· 2
  1.1.5　按防火要求分类 ·· 3
 1.2　我国隧道发展历程 ··· 3
 1.3　我国城市道路隧道建设 ··· 5
 相关规范 ··· 7
 参考文献 ··· 7

第2章　建设条件调查 ··· 8

 2.1　概述 ··· 8
 2.2　建设条件调查 ··· 8
  2.2.1　基础资料搜集 ·· 8
  2.2.2　建设条件调查 ·· 10
 2.3　测绘 ··· 18
  2.3.1　目的 ·· 18
  2.3.2　要求 ·· 18
 2.4　勘察 ··· 23
  2.4.1　目的 ·· 23
  2.4.2　要求 ·· 23
 2.5　地下管线探测 ··· 37
  2.5.1　目的 ·· 37
  2.5.2　要求 ·· 37
 2.6　专题报告及批文 ··· 40
 相关规范 ··· 40

第3章　交通分析及建设规模 ··· 41

 3.1　路网分析与功能定位 ··· 41
  3.1.1　路网分析和功能定位 ·· 41

  3.1.2 案例分析 ·· 43
 3.2 交通分析 ·· 55
  3.2.1 交通量预测要求 ·· 55
  3.2.2 交通分析 ·· 56
 3.3 建设规模 ·· 58
  3.3.1 隧道长度 ·· 59
  3.3.2 隧道横断面 ·· 59
 相关规范 ·· 61

第4章　隧道总体设计 ·· 62

 4.1 概述 ·· 62
 4.2 隧道选址 ·· 62
  4.2.1 隧道位置的选择 ·· 62
  4.2.2 越江隧道的线位 ·· 62
  4.2.3 线路走向 ·· 62
  4.2.4 线路线形 ·· 63
  4.2.5 相关法律、法规 ·· 63
 4.3 控制条件 ·· 63
  4.3.1 研究区域现状及规划 ·· 63
  4.3.2 交通流量预测及分析 ·· 63
  4.3.3 用地预审 ·· 63
  4.3.4 环境影响评价 ··· 63
  4.3.5 文物保护调查 ··· 63
  4.3.6 航道通航条件影响评价 ·· 64
  4.3.7 水文测验及分析计算 ·· 64
  4.3.8 水下地形测量 ··· 64
  4.3.9 河势演变分析 ··· 64
  4.3.10 防洪影响评价 ·· 64
 4.4 工法选择 ·· 64
  4.4.1 明挖法的主要特点和应用 ·· 64
  4.4.2 矿山法的主要特点和应用 ·· 66
  4.4.3 盾构法的主要优点和应用 ·· 67
  4.4.4 沉管法的主要优点和应用 ·· 68
 4.5 工程方案比较 ··· 70
 4.6 隧道总平面布置 ··· 70
  4.6.1 应满足隧道运营、维护、防灾救援等综合需要 ································· 70
  4.6.2 合理选址 ·· 71
  4.6.3 充分利用地下空间 ·· 71
  4.6.4 雨、废水泵房布置原则 ·· 71

4.6.5 隧道管理中心 71
　　　4.6.6 事故救援点 71
　　　4.6.7 道口值班亭 72
　　　4.6.8 排风塔 72
　　　4.6.9 人员出入口及低风亭 72
　　　4.6.10 总平面布置的注意点 72
　4.7 总体设计 72
　　　4.7.1 基本要求 72
　　　4.7.2 主要专业接口 73

第5章 隧道横断面设计 77

　5.1 概述 77
　　　5.1.1 隧道横断面设计的重要性 77
　　　5.1.2 隧道横断面的形式 77
　　　5.1.3 隧道断面布置原则 77
　　　5.1.4 设计车辆 78
　　　5.1.5 车行道建筑限界 78
　　　5.1.6 人行与车行横通道建筑限界 80
　5.2 隧道横断面设计 81
　　　5.2.1 断面设计要素 81
　　　5.2.2 明挖隧道断面 81
　　　5.2.3 矿山法隧道断面 83
　　　5.2.4 盾构隧道断面 84
　　　5.2.5 沉管隧道断面 87

第6章 线形、交叉口及路面设计 90

　6.1 概述 90
　　　6.1.1 隧道线形设计的特点 90
　　　6.1.2 隧道交叉口设计的特点 90
　　　6.1.3 隧道路面设计的特点 91
　6.2 线形设计 91
　　　6.2.1 设计原则 91
　　　6.2.2 控制要素 92
　　　6.2.3 平面设计 95
　　　6.2.4 纵断面设计 99
　6.3 交叉口设计 103
　　　6.3.1 概述 103
　　　6.3.2 设计原则 106
　　　6.3.3 控制要素 107

	6.3.4 出入口位置及间距	109
	6.3.5 分合流端设计	111
	6.3.6 变速车道及辅助车道设计	115
6.4	隧道与地面道路衔接	117
6.5	路面设计	119
相关规范		122
参考文献		123

第 7 章 隧道结构设计 — 124

7.1 明挖法隧道结构设计 — 124
- 7.1.1 概述 — 124
- 7.1.2 设计原则 — 126
- 7.1.3 基坑支护设计 — 128
- 7.1.4 主体结构设计 — 136
- 7.1.5 围护结构与主体结构的连接型式 — 157
- 7.1.6 工法接口设计 — 158
- 7.1.7 环境保护工程措施 — 161

7.2 矿山法隧道结构设计 — 162
- 7.2.1 概述 — 162
- 7.2.2 设计原则 — 163
- 7.2.3 衬砌结构设计 — 164
- 7.2.4 结构设计 — 176
- 7.2.5 隧道开挖方法 — 208
- 7.2.6 辅助工程措施 — 219
- 7.2.7 施工要求 — 233
- 7.2.8 监控量测与动态设计 — 235

7.3 盾构法隧道结构设计 — 247
- 7.3.1 概述 — 247
- 7.3.2 设计原则 — 248
- 7.3.3 构造设计 — 249
- 7.3.4 衬砌结构设计 — 255
- 7.3.5 环境保护工程措施 — 270
- 7.3.6 施工技术要求 — 271
- 7.3.7 施工监测 — 279

7.4 沉管法隧道结构设计 — 282
- 7.4.1 概述 — 282
- 7.4.2 设计原则 — 283
- 7.4.3 结构选型 — 286
- 7.4.4 结构设计 — 289

　　　　7.4.5 细部构造 310
　　　　7.4.6 管节附属结构设计 318
　　　　7.4.7 干坞设计 321
　　　　7.4.8 护岸结构设计 324
　　　　7.4.9 施工要求 326
　　　　7.4.10 施工监测 333
　　　　7.4.11 世界沉管隧道一览表 335
　　相关规范 339

第8章 工程防水及结构耐久性设计 340

　　8.1 概述 340
　　8.2 防水设计原则 340
　　8.3 防水设计标准 340
　　8.4 明挖隧道防水设计 341
　　　　8.4.1 结构防水层设计 341
　　　　8.4.2 混凝土接缝防水构造 344
　　　　8.4.3 接缝防水材料的选择与施工要求 349
　　8.5 矿山法隧道防水 351
　　　　8.5.1 隧道防水层 351
　　　　8.5.2 变形缝防水 355
　　　　8.5.3 施工缝防水 356
　　8.6 盾构法隧道防水 357
　　　　8.6.1 管片混凝土自防水 357
　　　　8.6.2 衬砌接缝防水 357
　　　　8.6.3 衬砌外防水防腐蚀 360
　　　　8.6.4 井接头防水 361
　　　　8.6.5 联络通道防水 362
　　8.7 沉管法隧道防水设计 364
　　　　8.7.1 管节外包防水层设计 364
　　　　8.7.2 管节接头防水设计 366
　　　　8.7.3 管节本体接缝防水设计 371
　　　　8.7.4 特殊钢构件防腐 373
　　8.8 耐久性设计 375
　　　　8.8.1 耐久性设计原则及环境作用等级判别 375
　　　　8.8.2 设计要求 375
　　　　8.8.3 混凝土耐久性检测 379
　　　　8.8.4 混凝土结构裂缝和渗水状况监测 380

第9章 通风设计 382

9.1 概述 ······ 382
    9.1.1 城市隧道的特点 ······ 382
    9.1.2 通风系统的基本功能 ······ 382
    9.1.3 主要设计内容和流程 ······ 383
    9.1.4 通风设计标准 ······ 385

9.2 通风方式及选择 ······ 388
    9.2.1 通风方式 ······ 388
    9.2.2 污染空气排放方式 ······ 390

9.3 通风计算 ······ 393
    9.3.1 污染物排放量和需风量计算 ······ 393
    9.3.2 通风系统计算 ······ 403
    9.3.3 隧道温度控制 ······ 412

9.4 通风监控 ······ 414
    9.4.1 监控目的和要求 ······ 414
    9.4.2 监测对象及传感器布置 ······ 414
    9.4.3 控制策略 ······ 415
    9.4.4 控制策略案例 ······ 417

9.5 设备选型、风道风井及机房布置 ······ 418
    9.5.1 大型轴流风机 ······ 418
    9.5.2 射流风机 ······ 419
    9.5.3 机房布置 ······ 420
    9.5.4 风道和风井 ······ 420

9.6 附表 ······ 421

相关规范 ······ 444

参考文献 ······ 444

第10章 给水排水设计   **445**

10.1 概述 ······ 445

10.2 隧道给水系统 ······ 446
    10.2.1 给水系统选择 ······ 446
    10.2.2 用水量 ······ 446
    10.2.3 给水系统布置 ······ 446

10.3 隧道排水系统 ······ 448
    10.3.1 排水系统选择 ······ 448
    10.3.2 排水量 ······ 448
    10.3.3 排水系统设计 ······ 449
    10.3.4 排水泵站设计 ······ 451

10.4 设备、管材及附属构筑物 ······ 458
    10.4.1 设备 ······ 458

| 10.4.2   管材 ……………………………………………………………………… 460
| 10.4.3   主要附属构筑物 …………………………………………………………… 460
相关规范 …………………………………………………………………………………… 461
参考文献 …………………………………………………………………………………… 461

第 11 章 照明设计 ……………………………………………………………………… 462

11.1 概述 …………………………………………………………………………………… 462
    11.1.1 照明设计流程 …………………………………………………………………… 462
    11.1.2 照明设计内容 …………………………………………………………………… 462
    11.1.3 照明系统构成 …………………………………………………………………… 464
    11.1.4 照明分级要求 …………………………………………………………………… 465
11.2 照明标准 ……………………………………………………………………………… 465
    11.2.1 入口段照明 ……………………………………………………………………… 465
    11.2.2 过渡段照明 ……………………………………………………………………… 468
    11.2.3 中间段照明 ……………………………………………………………………… 470
    11.2.4 出口段照明 ……………………………………………………………………… 470
    11.2.5 洞外引道照明 …………………………………………………………………… 470
11.3 应急照明系统 ………………………………………………………………………… 471
11.4 照明配电及控制 ……………………………………………………………………… 471
    11.4.1 照明配电方式 …………………………………………………………………… 471
    11.4.2 照明控制原则 …………………………………………………………………… 472
    11.4.3 照明控制方式 …………………………………………………………………… 472
11.5 照明计算 ……………………………………………………………………………… 473
    11.5.1 照度计算 ………………………………………………………………………… 474
    11.5.2 亮度计算 ………………………………………………………………………… 475
    11.5.3 均匀度计算 ……………………………………………………………………… 479
    11.5.4 隧道照明计算举例 ……………………………………………………………… 479
11.6 照明灯具布置 ………………………………………………………………………… 481
11.7 光源与灯具的选择 …………………………………………………………………… 483
    11.7.1 光源的选择 ……………………………………………………………………… 483
    11.7.2 灯具的选择 ……………………………………………………………………… 484

第 12 章 供配电设计 …………………………………………………………………… 485

12.1 概述 …………………………………………………………………………………… 485
12.2 供配电系统 …………………………………………………………………………… 487
    12.2.1 负荷分级与供电要求 …………………………………………………………… 487
    12.2.2 高压配电系统 …………………………………………………………………… 488
    12.2.3 低压配电系统 …………………………………………………………………… 491
    12.2.4 应急电源 ………………………………………………………………………… 493

12.2.5 电能质量	494
12.3 变配电所设计	495
12.3.1 变配电所所址的选择	495
12.3.2 变配电装置的布置	496
12.3.3 电力监控	499
12.3.4 继电保护和自动装置	500
12.4 配电计算	501
12.4.1 负荷计算	501
12.4.2 短路电流计算	507
12.5 配电设备及电线电缆选择	515
12.5.1 电器及开关设备的选择	515
12.5.2 电线电缆选择	517
12.6 防雷与接地	522
12.6.1 防雷	522
12.6.2 接地	523

第 13 章 监控系统设计 · · · · · · 524

13.1 概述	524
13.2 系统特点	525
13.3 设计前期	525
13.3.1 设计原则	525
13.3.2 系统接口	526
13.3.3 设计基础资料	526
13.4 系统设计	527
13.4.1 监控设施配置	527
13.4.2 拓扑结构	529
13.5 设备和交通监控系统	530
13.5.1 系统组成	530
13.5.2 局域网结构	531
13.5.3 系统方案及设备的选择	533
13.5.4 系统控制方案	536
13.6 电力监控系统	537
13.6.1 系统组成	537
13.6.2 系统设置及功能	538
13.6.3 系统监控的基本内容	539
13.7 视频监控系统	539
13.7.1 系统组成	540
13.7.2 系统设置及功能	540
13.7.3 设计方案选择	542

####### 13.7.4 系统设备选型 ········· 546
13.8 监控中心 ········· 548
####### 13.8.1 监控数据中心的选址和设置 ········· 548
####### 13.8.2 监控中心的环境要求 ········· 549
####### 13.8.3 监控中心的供电 ········· 549
####### 13.8.4 监控中心的接地 ········· 551
####### 13.8.5 监控中心的装修要求 ········· 551
####### 13.8.6 监控中心的静电防护要求 ········· 552
13.9 通信系统 ········· 552
####### 13.9.1 公网无线引入系统 ········· 552
####### 13.9.2 调频广播无线引入系统 ········· 560
####### 13.9.3 公安无线引入系统 ········· 562
####### 13.9.4 隧道紧急电话和广播系统 ········· 563
13.10 监控系统配电及防雷接地 ········· 564
####### 13.10.1 隧道监控系统配电 ········· 564
####### 13.10.2 防雷 ········· 565
####### 13.10.3 接地 ········· 565

第14章 防灾设计 ········· 567

14.1 概述 ········· 567
####### 14.1.1 设计内容 ········· 567
####### 14.1.2 设计原则 ········· 568
14.2 建筑防灾 ········· 568
####### 14.2.1 建筑消防布局 ········· 568
####### 14.2.2 防火分区和建筑构造 ········· 569
####### 14.2.3 安全疏散和消防救援 ········· 569
####### 14.2.4 人员疏散时间 ········· 572
####### 14.2.5 车行横通道 ········· 573
####### 14.2.6 隧道结构和构件防火设计 ········· 574
14.3 消防给水和灭火设施 ········· 575
####### 14.3.1 一般规定 ········· 575
####### 14.3.2 消火栓（和固定式泡沫灭火装置）系统 ········· 577
####### 14.3.3 水喷雾系统和泡沫—水喷雾系统 ········· 580
####### 14.3.4 灭火器 ········· 587
14.4 防烟与排烟系统 ········· 587
####### 14.4.1 防、排烟设计标准和火灾场景 ········· 587
####### 14.4.2 隧道烟气控制模式 ········· 588
####### 14.4.3 排烟设备 ········· 591
14.5 火灾自动报警系统 ········· 592

    14.5.1　设计流程 ·· 592
    14.5.2　系统组成 ·· 592
    14.5.3　系统功能 ·· 593
    14.5.4　火灾探测器的选用和布置 ·· 593
    14.5.5　探测区域、报警区域的划分 ··· 595
    14.5.6　手动火灾报警按钮的设置 ·· 595
    14.5.7　火灾报警装置的设置 ·· 595
    14.5.8　消防模块的设置 ··· 595
    14.5.9　火灾报警控制器的设置 ·· 596
    14.5.10　消防联动控制设计 ··· 596
    14.5.11　消防应急广播 ·· 597
    14.5.12　消防专用电话 ·· 597
    14.5.13　线缆的选择及敷设方式 ·· 597
    14.5.14　消防电源及接地设计 ·· 597
    14.5.15　消防控制室 ·· 598
  14.6　防灾用电与应急照明 ·· 598
    14.6.1　防灾用电 ··· 598
    14.6.2　应急照明类别 ·· 598
    14.6.3　应急照明设计 ·· 598
  相关规范 ·· 599

第15章　交通管理及安全设施设计 ··· 600

  15.1　概述 ·· 600
  15.2　设计原则 ·· 600
  15.3　交通标志 ·· 600
  15.4　交通标线 ·· 603
  15.5　交通管理设施 ·· 604
  15.6　交通安全设施 ·· 605
  相关规范 ·· 605
  参考文献 ·· 605

第16章　运营管理中心设计 ··· 606

  16.1　概述 ·· 606
  16.2　选址 ·· 606
  16.3　功能要求 ·· 606
  相关规范 ·· 612
  参考文献 ·· 612

第17章　建筑装饰及景观设计 ··· 613

17.1 隧道装饰原则 613
    17.1.1 隧道装饰应简洁、大方、流畅 613
    17.1.2 隧道装饰应考虑防火、防潮、耐腐蚀、抗震 613
    17.1.3 隧道装饰应具有耐久性 613
17.2 隧道内装 613
    17.2.1 侧墙装饰 613
    17.2.2 侧墙材料 613
    17.2.3 顶棚装饰 615
17.3 隧道洞口景观 616
    17.3.1 洞口景观设计原则 616
    17.3.2 洞口景观设计内容 616
    17.3.3 洞口景观设计要点 616
    17.3.4 洞口形式 616

第18章 设计程序 620

18.1 总体要求 620
    18.1.1 设计文件编制依据 620
    18.1.2 设计文件要求 620
18.2 设计程序 621
18.3 设计文件编排要求 621
    18.3.1 可行性研究 621
    18.3.2 初步设计 622
    18.3.3 施工图设计 622
18.4 工程设计资料 623
    18.4.1 可行性研究 623
    18.4.2 初步设计 623
    18.4.3 施工图设计 624
    18.4.4 主要设计资料参考清单 624
    18.4.5 设计资料验证 626

第19章 设计文件编制深度 627

19.1 可行性研究报告 627
    19.1.1 概述 627
    19.1.2 现状评价、规划及建设必要性分析 628
    19.1.3 工程建设条件 629
    19.1.4 建设规模和主要技术标准 629
    19.1.5 工程总体方案 629
    19.1.6 隧道工程 629
    19.1.7 接线道路工程 630

    19.1.8 附属工程 ………………………………………………………………… 630
    19.1.9 防灾救援 ………………………………………………………………… 630
    19.1.10 环境影响分析与节能评价 ……………………………………………… 630
    19.1.11 工程筹划 ………………………………………………………………… 630
    19.1.12 招标方案 ………………………………………………………………… 631
    19.1.13 公众利益和公共安全 …………………………………………………… 631
    19.1.14 社会评价 ………………………………………………………………… 631
    19.1.15 新技术应用与科研项目建议 …………………………………………… 631
    19.1.16 投资估算、资金筹措及经济评价 ……………………………………… 631
    19.1.17 研究结论与建议 ………………………………………………………… 632
    19.1.18 附件（重要的设计依据文件） ………………………………………… 632
    19.1.19 附图、附表 ……………………………………………………………… 632
  19.2 初步设计文件 ……………………………………………………………………… 632
    19.2.1 设计说明书 ……………………………………………………………… 632
    19.2.2 工程概算 ………………………………………………………………… 636
    19.2.3 设计图纸 ………………………………………………………………… 636
  19.3 施工图设计文件 …………………………………………………………………… 645
    19.3.1 道路 ……………………………………………………………………… 645
    19.3.2 隧道建筑 ………………………………………………………………… 646
    19.3.3 隧道结构 ………………………………………………………………… 646
    19.3.4 结构耐久性、防水 ……………………………………………………… 647
    19.3.5 隧道通风 ………………………………………………………………… 647
    19.3.6 隧道给水排水、消防 …………………………………………………… 648
    19.3.7 隧道照明 ………………………………………………………………… 648
    19.3.8 隧道供电 ………………………………………………………………… 648
    19.3.9 隧道监控 ………………………………………………………………… 648
    19.3.10 交通标志、标线和安全设施设计图 …………………………………… 648
    19.3.11 人防设计图 ……………………………………………………………… 648
    19.3.12 景观绿化和环保设施设计图 …………………………………………… 648
    19.3.13 附属工程设计图 ………………………………………………………… 648
    19.3.14 工程材料设备数量表 …………………………………………………… 649
    19.3.15 隧道主体工程结构图纸目录（参考） ………………………………… 649
  相关规范 ……………………………………………………………………………………… 662

第20章 设计文件技术要点 ………………………………………………………………… 663
  20.1 可行性研究报告技术要点 ………………………………………………………… 663
  20.2 初步设计文件技术要点 …………………………………………………………… 666
  20.3 施工图设计文件技术要点 ………………………………………………………… 669

第1章

绪论

1.1 隧道的定义和分类

隧道：为使道路从地层内部或水底通过而修建的建筑物，由洞身、洞门等组成。

本手册所指隧道为仅供机动车通行的隧道。

1.1.1 按功能形态分类

1. 下穿江河、山体的隧道

水下隧道：下穿江、河、湖的地下车行道路，与跨江桥梁的功能对应。

山岭隧道：穿越山体的地下车行道路。

特点：交通为单点出入，中间不设出入口，为穿越障碍物而设。

2. 下穿相交道路的隧道

下穿一条或多条相交道路的地下车行道路，分为主线隧道、立交匝道隧道，与跨线桥、匝道桥的功能对应。

特点：交通为单点出入，中间基本不设出入口，为了提高隧道方向的交通通行能力而设。

3. 系统性的多点进出隧道

这种类型的地下车行道路通常距离较长，规模较大，设有多个出入口，与路网联系较为紧密，在交通网络中承担较强的系统性交通功能，通常采用城市快速路或主干路标准，是城市骨架网络重要组成部分，与连续高架道路系统的功能对应。如已通车的南京的内环西线和内环东线等，以及正在建设的上海北横通道、东西通道浦东段，广州金融城起步区地下道路系统等。

特点：这种类型的地下道路系统性强，可与城市道路的标准相一致，也可采用专用标准，如采用小客车专用标准。在功能定位、使用功能、通风、防灾、应急救援设计方面与其他类型的地下道路具有显著差异。

4. 地下车库联络隧道

位于道路下方用于连接各地块地下车库并直接与城市道路相衔接的地下车行道路。

这种类型的地下道路可以减少进出停车库交通对地面道路的交通影响，整合地下车库资源，提高停车效率。北京中关村、金融街以及无锡高铁商务区等地都已建成该类地下道路。

地下车库联络隧道可作为城市支路的重要补充，在城市功能核心规划区域设置联系各地块地下停车库，小客车在进入核心区附近区域即直接通过地下道路快速到达目的地，实现静态交通与动态交通的转换，净化核心区的地面交通，也有利于提高停车效率。

1.1.2 按服务车型分类

1. 混行车隧道

混行车隧道的服务车型包含各种机动车和小客车，道路建筑界限、最小净高以及各类技术标准应满足《城市道路工程设计规范》CJJ 37 及《城市地下道路工程设计规范》CJJ 221 的要求。

一般情况下，短隧道应采用混行车隧道。

2. 小客车专用隧道

由于城市道路服务车型以小客车为主，当特长、长距离隧道按混行车设计时，受到实施条件、建设成本、运行安全等因素限制，服务车型可仅限于小客车；中短距离隧道如果实施条件有限，经论证后也可采用小客车专用隧道。

小客车专用隧道的相关技术标准可适当降低，减少工程实施难度和经济成本，节约地下空间资源。

相关技术标准可适当降低包含：净空可适当降低，车道宽度可适当减少，道路最大纵坡可适当增大等。

1.1.3 按封闭长度分类

城市隧道可按主线封闭段长度 L（暗埋段）根据表 1.1-1 的规定进行分类。

城市隧道长度分类　　　　　表 1.1-1

分类	特长距离隧道	长距离隧道	中等距离隧道	短距离隧道
长度 L(m)	$L>3000$	$3000 \geqslant L>1000$	$1000 \geqslant L>500$	$L \leqslant 500$

注：L 为主线封闭段的长度。

1.1.4 按施工工法分类

1. 明挖隧道

利用预先施做的围护结构，从地面开始往下挖到要做结构的位置，做完结构再回填恢复到地面的隧道。

围堰明挖隧道指在一些条件适合的浅水域建设隧道时，采用构筑堤坝的方法在隧道附近围出一定面积的隔水带，将其中的水排出，使水下地面出露，再进行明挖施工。

在城市交通繁忙地带修建隧道时，往往占用道路，影响交通。当交通不能中断，且需要确保一定交通流量要求时，可选用盖挖法。先用连续墙、钻孔桩等形式做围护结构和中间桩，然后做钢筋混凝土盖板，在盖板、围护墙、中间桩保护下进行土方开挖和结构施工的隧道。

2. 矿山法（钻爆法）隧道

用开挖地下坑道的作业方式修建的隧道，施工方法是按分部顺序采取分割式一块一块地开挖，并要求边挖边撑以求安全，所以支撑复杂，材料耗用多。随着喷锚支护的出现，使分部数目得以减少，并进而发展成新奥法。

3. 浅埋暗挖隧道

在距离地表较近的地下进行暗挖施工的隧道。

在城镇软弱围岩地层中，在浅埋条件下修建地下工程，以改造地质条件为前提，以控制地表沉降为重点，以格栅（或其他钢结构）和喷锚作为初期支护手段，按照"十八字"原则（管超前、严注浆、短开挖、强支护、快封闭、勤量测）进行施工，称之为浅埋暗挖法，即使用新奥法原理的矿山法。

4. 盾构隧道

采用盾构机械在地层中钻凿推进，通过盾构外壳和管片支承四周围岩防止发生坍塌，并进行开挖、拼装衬砌的修建隧道的方法，盾构法隧道由盾构工作井、盾构及隧道衬砌组成。

5. 掘进机法（TBM）隧道

用特制的大型切削设备，将岩石剪切挤压破碎，然后，通过配套的运输设备将碎石运出方式修建的隧道，主要在较硬岩层中施工隧道。

隧道采用掘进机开挖比钻爆法掘进速度快，用工少，施工安全，开挖面平整，造价低，但机体庞大，运输不便，只能适用于长洞的开挖，并且本机直径不能调整，对地质条件及岩性变化的适应性差，使用有局限性。

6. 沉管隧道

在干坞内预制管段（管段两端用临时端封墙进行密封），待舾装完毕后，将若干个预制段分别浮运到海面（河面）现场，并一个接一个地沉放安装在已疏浚好的基槽内，进行管段水下连接、处理管段接头及基础，然后覆土回填，再进行管段内部装修及设备安装，以此方法修建的水下隧道。

1.1.5 按防火要求分类

城市隧道的防火设计应综合考虑隧道内的交通组成、隧道用途、自然条件、隧道长度等因素进行，并按表1.1-2的要求进行分类。

城市隧道防火分类 表1.1-2

用途	隧道封闭段长度 L(m)			
	一类	二类	三类	四类
可通行危险化学品等机动车	$L>1500$	$500<L\leqslant1500$	$L\leqslant500$	—
仅限通行非危险化学品等机动车	$L>3000$	$1500<L\leqslant3000$	$500<L\leqslant1500$	$L\leqslant500$

1.2 我国隧道发展历程

我国隧道工程建设最早是从铁路隧道开始的，京张铁路上的隧道是我国首次自行设计施工的隧道。截至1949年全国共修建铁路隧道665座，共计156km。

20世纪50年代，我国开始大规模铁路建设，铁路向西部推进，隧道建设步入新阶段，10年中建成隧道数量比新中国成立前隧道总数量增长近1倍。

20世纪60～70年代，随着国民经济的发展和铁路线路的建设，铁路隧道得到了进一步发展，60年代共建隧道1113座，总延长660km；70年代共建隧道1954座，总延长1035km。

公路隧道的建设起步很晚，20世纪80年代才开始建设，城市隧道则从20世纪90年代初才逐渐开始，主要应用在城市道路隧道和地铁地下工程。随着经济的持续快速发展、综合国力的不断提升及高新技术的不断应用，我国隧道以及其他的城市地下工程得到了迅速发展。

我国正处于社会经济发展的重要时期，而基础设施建设在国民经济中一直占有举足轻重的地位。近年来，由于国民经济的迅速发展、城市人口的急剧增长，为了解决人口流动与就业点相对集中给交通、环境等带来的压力，满足国家环境和发展的需求，修建各种各样的隧道及地下工程（如城市地铁、公路隧道、铁路隧道、水下隧道、市政管道、地下能源洞库等）成为必然趋势，这给隧道及地下工程的发展建设带来了机遇。

近十几年来，我国隧道及地下工程领域有了较快的发展，不单表现在隧道数量、隧道长度的增长上，而且在技术上也得到了快速发展，在各种工法的应用方面也有不断突破，体现在以下几方面：

1. 浅埋暗挖技术

浅埋暗挖技术目前已广泛应用在地铁、城市道路及部分公路隧道、铁路隧道等。特别是注浆、超前管棚、超前管幕、超前小导管、水平旋喷、冻结、降水法、降水回灌等辅助工法进一步发展，大大拓宽了浅埋暗挖法的应用范围。

2. 盾构、TBM

经过十多年的引进、消化吸收、再创新，我国盾构与TBM的自主制造技术已取得了骄人的成果。

盾构技术在国内的地铁工程中得到了广泛应用，在穿越长江、黄河、黄浦江、珠江、湘江、赣江等大型河流的城市道路、高速铁路、地铁、引水、输气管道等工程方面都取得了许多技术成果。长达8.9km的上海长江隧道为目前世界上已建成的长度最长、直径最大（15.38m）的盾构隧道。

3. 超浅埋、大跨度、小间距矩形顶管技术

在穿越铁路、机场、城市道路、高速公路等浅埋隧道建设中，为了保护环境和满足相关运营要求，隧道采用了矩形顶进施工工艺。

上海市虹许路—北虹路下立交工程首次采用管幕内顶进箱涵施工，箱涵横断面外包尺寸为34m×7.75m，双向8车道，管幕穿越长度126m，取得成功；郑州市下穿中州大道105m的四孔通道建设中，采用了矩形顶管方式；断面最大跨度为10.12m，隧道上覆土厚仅为1m，也取得成功，该工法已在城市其他浅埋隧道中得到进一步发展。

4. 盾构始发、到达零覆土技术（GPST）

在地面与地下连接区域用盾构掘进代替大开挖施工，具有环境影响小、建设工期短的显著优势。该技术已在南京示范工程得到成功应用，解决了结构变形、接缝渗漏、轴线偏离等工程难题。

5. 沉管隧道技术

20世纪90年代至今，我国境内建成的沉管隧道有广州珠江4座（珠江隧道、仑头—

生物岛隧道、生物岛—大学城隧道、洲头咀隧道）、宁波甬江 2 座和上海黄浦江 1 座、佛山市东平河沉管隧道、港珠澳大桥海中沉管隧道、南昌赣江红谷沉管隧道、天津市海河沉管隧道等，结构主要采用钢筋混凝土箱式矩形结构。沉管隧道在内江内河和湾区近海环境，逐渐向外海环境建设发展，并在港珠澳大桥 6km 沉管隧道中采用了较多新技术，取得较多技术突破。

6. 管幕技术

城市隧道在穿越铁路、机场、城市道路、高速公路、建（构）筑物等浅埋暗挖或矩形顶进施工中采用管幕辅助技术，满足了浅埋暗挖和矩形顶进施工安全的要求，管幕辅助工程措施首次应用于上海市虹许路—北虹路下立交工程管幕顶进箱涵施工中，在港珠澳大桥珠海连接线拱北隧道下穿口岸段隧道管幕双层浅埋暗挖施工中得到发展，并取得成功应用，是城市浅埋隧道控制变形、满足安全和较严格环境保护要求很有效的工程措施。

7. 水下钻爆法隧道技术

翔安隧道不仅是我国内地第一条海底隧道，也是第一条由国内自行设计、施工的海底隧道，采用钻爆法工艺，取得了成功，相关技术在青岛胶州湾海底隧道中得到成功应用。

总结我国隧道及地下工程建设发展，有以下发展特点：

（1）修建的隧道工程单洞长度越来越长；以隧道方式穿越江、河、湖、海等水域的工程越来越多；城市隧道和地下铁道工程越来越多，将迎来建设的高潮。

（2）特长隧道在位于复杂的甚至是非常特殊的自然条件中，穿越江、河、湖、海等水域，建设安全、质量和工期目标要求越来越高，对快速施工能力、施工机械化配套能力、科学的施工管理制度和方法等基本条件要求会越来越严格。

（3）在隧道施工技术方面，从钢钎大锤作业的施工方法，到全面推广应用"新奥法"，从液压凿岩台车的应用到隧道掘进机的引进并推广应用，以及在地铁隧道和城市隧道中广泛采用盾构法，保障了建设的安全和质量，大大加强了对建设期城市环境的保护，相关技术达到甚至超过了国际先进水平。

（4）在隧道施工中，结合中国国情较为广泛地采用"新奥法"原则的矿山法技术；在保障安全质量的前提下不断提高开挖成洞速度和应变能力，降低工程成本，取得了较好的综合效益，同时进一步改善施工作业环境条件和安全技术；随着安全、质量、工期和环境要求的提高，采用隧道掘进机和盾构机施工将会得到进一步发展；水底地形较平坦，水深及跨度不太大和两岸接线控制的情况下，沉管隧道在我国也会逐渐得到进一步的发展。

1.3 我国城市道路隧道建设

改革开放以来，随着国民经济的发展，城市经济的繁荣，城市建设蓬勃发展，城市交通量日益增大，各大中城市的交通堵塞现象越来越严重，为此，各城市正着手加大城市基础设施的建设力度，逐步形成功能完善的路网结构，以解决交通拥挤问题。加宽城市道路、修建城市立交桥和隧道工程等措施都是各地方政府解决燃眉之急的重要举措。城市道路隧道不仅可以完善路网结构，解决交通问题，而且对城市环境影响相对桥梁工程小，同时结合城市地下空间的开发建设，将会取得更大的综合效益，也有利于城市的可持续发展。对此，各地方政府在城市范围内，结合自身条件，大力发展城市道路隧道工程的建

设,体现在以下几个方面:

1. 水下隧道建设

自上海黄浦江下修建第一条水下道路隧道开始,我国城市建设拉开了水下隧道的建设的帷幕,先后在上海黄浦江、广州珠江、武汉及南京长江、杭州钱塘江、南昌赣江等采用盾构法、沉管法修建了三十多条水下大型城市隧道,根据城市规划和发展建设要求,在城市内湖泊采用围堰法建设了杭州西湖隧道、南京玄武湖隧道、南京九华山隧道、苏州独墅湖隧道、武汉东湖隧道以及广州流花湖隧道等,采用钻爆法先后建设了厦门翔安海底隧道和青岛胶州湾海底隧道和长沙市营盘路湘江等水下隧道,大大促进了我国水下隧道在明挖、钻爆法、沉管法及盾构法等方面的技术进步。

2. 城市隧道的特殊工法运用

城市隧道建设中经常会穿越或近邻其他城市建(构)筑物、市政管线等,施工相互影响大,施工期交通组织困难,安全风险高、施工期环境保护要求高,在明挖、盾构、矿山暗挖及顶进施工中会配合采取其他辅助措施,如盖挖、管幕、MJS加固、结构托换、既有结构抗浮控制、地层注浆加固技术等,才能达到环境保护和施工安全的目的,对此,在城市隧道建设中已得到较广泛的发展应用,并取得快速进步。

3. 浅埋暗挖隧道建设

城市隧道在下穿其他城市道路、公路、铁路及其他建(构)筑物、市政管线等时,一般属于浅埋暗挖隧道,由于隧道断面较大,且多是双洞,两洞没条件设置大间距,隧道基本属于超小间距浅埋双洞隧道,对隧道开挖围岩稳定和变形控制难度极大,需采取针对性和很有效的辅助围岩加固措施,才能确保安全和质量,对此,在城市隧道建设中已取得较多成功经验。

4. 地下立体交叉隧道

在城市重要水下隧道两端立交节点和其他城市立交工程建设中,根据节点交通功能和城市环境的要求,需要建设全地下隧道立体交叉或桥隧组合立体交叉工程,在部分城市跨江隧道两端接线立体交叉和城市复杂立交工程中得到了应用,如长沙市营盘路湘江隧道、南昌市赣江红谷隧道及厦门市城市隧道立体交叉工程等,取得了较好的社会经济效益。

城市隧道工程由于位于城市环境,相比公路及铁路隧道工程,具有以下特点:隧道双向隧道线间距小、隧道车道数多断面大、隧道浅埋、环境保护要求高、防排水要求高、施工干扰大、风险高;隧道工程建设经常出现与其他工程结构相交叉或近邻,施工工艺复杂,环境控制严格。

城市隧道根据建设条件和环境要求,采用较多的施工方法主要有:明挖法、矿山暗挖法、盾构法和沉管法;结合建设特点,在施工期交通组织困难和施工难度大的地方,城市隧道也有采用顶进法和盖挖法结合管幕工艺暗挖法以及各种结构托换、高性能地层注浆加固工艺等辅助措施,确保了城市隧道建设期对周边环境的保护要求。

本城市隧道设计手册编制内容,将主要反映隧道建设中应用较普遍、成熟的明挖法、矿山法、盾构法及沉管法的设计应用情况,同时将隧道建设中可能采用的其他有效的辅助措施和工艺作一定的介绍,以较全面反映城市隧道建设中的最新技术发展。

相关规范

[1]《道路工程术语标准》GBJ124—98
[2]《城市地下道路工程设计规范》CJJ 221—2015
[3]《城市道路工程设计规范》CJJ 37—2012

参考文献

[1] 中华人民共和国交通运输部.道路工程术语标准 GBJ 124—1988 [S].北京：中国计划出版社，1988.
[2] 俞明健.城市地下道路设计理论与实践 [M] 北京：中国建筑工业出版社，2014.
[3] 中华人民共和国住房和城乡建设部.城市地下道路工程设计规范 CJJ 221—2015 [S].北京.中国建筑工业出版社.2015.
[4] 丁文其，杨林德.隧道工程 [M] 北京：人民交通出版社，2012.

第 2 章
建设条件调查

2.1 概述

建设条件是工程设计的基础，控制城市隧道工程的适宜性评价、线位确认、结构选型、支护体系确定、施工工法选取和景观匹配等工程建设的全过程工作。

建设条件的内容包括：规划条件、相关法律法规、相关专项研究报告、工程建设区域的地形地貌资料、工程测量资料、区域地质资料、区域水文资料、工程场地周边不小于 3km 范围内的基础地质资料和场地区的工程岩土水文资料、场地周边构筑物、管（沟）线（槽）等。

获取工程建设条件的手段有：收集、购置、专项研究、引测、调绘、地球物理探查和场区勘察等。实际工作中是通过这些手段的综合运用来获得满足隧道工程设计所需要的全部资料。

建设条件调查应根据隧道工程不同设计阶段的任务、目的、要求，针对隧道结构类型、特点和规模，确定搜集、调查资料的内容、范围、深度。通常按收集前期资料、初步调查和详细调查的顺序进行。

建设条件调查范围、对象及内容，可根据工程设计方案、环境风险等级、工程地质、水文地质及施工工法等条件确定。

建设条件调查应在取得工程沿线地形图、管线及地下设施分布图等资料的基础上，采用实地调查、资料调阅、现场勘查与探测等多种手段相结合的综合方法开展工作。

各阶段调查的资料应齐全、准确，并能满足设计要求，施工中遇到异常情况应补充调查内容。

2.2 建设条件调查

2.2.1 基础资料搜集

1. 地形、地貌资料、遥感与航测资料

地形地貌资料是线路确定方案，进行初步设计和施工图设计的基本资料；是进行线路选择、线形确定、用地以及自然环境、地形、地质判断的基本资料。主要有地形图、航空照片和遥感、遥测资料。

（1）地形图：一般情况下应从国家测绘系统收集或自行测绘经其校验获取。

  1) 1/50000～1/25000：主要用于路线规划。
  2) 1/2000～1/1000：主要用于隧道方案比选和隧道定位。
  3) 1/1000～1/500：主要用于初步设计及施工图设计。
  (2) 航空照片或卫星遥感照片：主要用于重要的长大隧道。
  2. 工程沿线及区域性地质及水文资料
  工程沿线及区域地形、地貌、地层岩性、地质构造、岩体结构、水文地质资料，隧址所在水域区段的水文条件、防洪标准、水下地形、航道航运要求、水下障碍物、河势演变分析等资料。特别是不良地质的资料不应缺乏。
  3. 邻近工程资料
  邻近相关的既有和规划隧道、轨道交通等地下工程资料及工程报告总结。
  4. 气象资料
  隧址地区的气温、气压、湿度、风速、风向、降水量、雾日、水温、地温等，其中气温、风速、降水量应调查其极端值。从气象台站和各种资料期刊、汇编、年鉴等处获得。气象资料可用于建筑设计、通风和照明设计、交通工程设计以及指导施工等。
  5. 用地及环境资料
  (1) 用地资料：工程施工及临时用地。工程用地是指工程竣工后所占用的土地，应该调查该范围内用地属性、是否有建筑，包括居民住宅、通信设施、排水设施、交通设施等，必须和有关部门协商处理好相关事宜。
  (2) 环境资料：包括自然环境（动植物的生态、地形、地质、水文等）、文物古迹、自然保护区、居民环境及项目建设环境评价影响报告等资料收集等。对需要保护的重要地物还应提出隧道建设对其影响的评价和保护措施。应对施工和营运中可能造成的环境问题进行预评估。
  (3) 既有建筑及构筑物资料：陆域工程沿线相关范围内两侧建（构）筑物结构及基础类型、地下障碍物及管线资料、通信设施、排水设施、交通设施等。
  6. 灾害资料
  隧道所在地区历史上的洪水内涝、暴雨、暴风雪、台风、地震、滑坡、雷电等发生的规模、频度，对于地震尚需补充区域地震历史、抗震设防烈度、设计地震分组和设计基本地震加速度等资料，可通过查阅资料、地方志和对居民访问等方法获得。
  7. 与隧道建设相关的资源资料
  工程周边地区的道路交通、市政建设、隧址上下游岸线、港区、航运、航道等现状和发展规划、建筑材料和水源，施工及运营所需电力的供电能力和供电网络及给水、排水条件等。
  8. 建设和运营管理单位需求
  建设单位和当地交通管理部门对隧道运营管理模式和运行管理的要求。当地交通管理、市政/城市管理、急救防灾管理、通信信号覆盖服务等部门对隧道通信和接口方式要求。
  9. 相关规划资料
  工程所在地区的控制性详细规划、市政专项规划、道路规划、交通规划、竖向规划、给水规划、排水规划、电力规划、通信规划等。

10. 相关法令法规调查

隧道规划、设计及施工中应遵循国家颁布的各项法律、法令，查阅与工程相关条文的内容，以制定相应措施及了解如何办理手续等。

11. 概（预）算资料

根据隧道设计规范及相应的路线设计规范要求，为编制设计概（预）算和施工方案收集所需的资料。

2.2.2 建设条件调查

2.2.2.1 调查程序

（1）建设单位负责组织工程周边环境调查工作，并在工程概算中确定工程周边环境调查费用。建设单位可以委托相关单位开展工程周边环境调查工作。

（2）建设单位应组织设计单位研究提出工程周边环境调查的技术要求，明确调查的范围、对象、内容及成果要求等，并向受委托从事工程周边环境调查的单位（以下简称"调查单位"）进行技术交底。

（3）调查单位在开展工程周边环境调查前应编制调查方案和调查表。调查方案主要包括工程概况、调查目的和依据、调查范围和对象、调查内容、调查方法和手段、调查成果要求等。

（4）工程周边环境调查宜分阶段进行，不同阶段环境调查内容应满足相应阶段深度要求。

1）可行性研究阶段应通过收集地形图、管线图等方式获取工程周边环境资料。对影响线路方案的重要工程周边环境，需进行重点调查。

2）初步设计阶段应通过查询收集资料、实地调查走访和必要的现场勘查探测等手段对工程周边环境现状进行全面调查。

3）施工图设计阶段应根据工程设计条件变化或工程需要，补充完善工程周边环境资料。

（5）对影响工程施工安全的地下管线、地表水体渗漏等情况，应根据设计要求或工程需要进行专项调查。

（6）勘察、设计、施工单位应对工程周边环境进行核查。工程周边环境实际状况与建设单位提供的资料不一致或工程周边环境调查资料不能满足勘察、设计、施工需要的，建设单位应组织补充完善。

2.2.2.2 环境现状调查方法

环境现状调查方法主要有三种：收集资料法、现场调查法和遥感法。

（1）收集资料法：应用范围广、收效大，比较节省人力、物力和时间。环境现状调查时，应首先通过此方法获得现有的各种有关资料，但此方法只能获得第二手资料，而且往往不全面，不能完全符合要求，需要其他方法补充。

（2）现场调查法：可以针对使用者的需要，直接获得第一手的数据和资料，以弥补收集资料的不足。这种方法工作量大，需占用较多的人力、物力和时间。

（3）遥感法：可以从整体上了解一个区域的环境特点，可以弄清楚人类无法到达地区的地表环境情况。

2.2.2.3 调查范围

(1) 工程周边环境的调查范围应根据城市隧道工程的线路位置、敷设方式、埋置深度、结构形式、施工方法、地质条件及工程周边环境重要性等因素综合确定。

(2) 城市隧道工程主要施工工法的调查范围可参考表 2.2-1 确定。

调查范围参考表　　　　　　　　　　　表 2.2-1

工法类别	调查范围	备注
明(盖)挖法	不小于基坑结构外边线两侧各 30m(或 3H,取大值)	H——基坑设计开挖深度
矿山法	不小于隧道结构外边线两侧各 30m(或 $3H_i$、$3B$,取最大值)	H_i——隧道设计底板埋深 B——隧道设计开挖宽度
盾构法	不小于隧道结构外边线两侧各 30m(或 $3H_i$、$3D$,取最大值)	H_i——隧道设计底板埋深 D——盾构隧道设计外径
沉管法	陆域段同上,水域段须考虑基槽开挖影响范围内的水下地形、水下障碍物和近岸侧水工建构筑物	

注:各地可根据本地区地质条件和工程经验等,适当调整调查范围。

(3) 城市隧道工程的调查范围原则上不小于线路结构外边线两侧各 30m。

2.2.2.4 地形、地质调查

无论是隧道设计还是施工,都受地形、地物、工程地质环境的影响,必须对隧道所处的地形、地物及地质环境有详细的了解,充分利用资料,以避免设计工作的盲目性。调查分为施工前调查和施工中调查。

1. 地形资料

地形资料是进行线路选择、线形确定、用地控制以及自然环境、地形地貌、既有建(构)筑物和地质判读的基本资料,包括各种比例的地形图(或数字地形)以及航摄影像图。

(1) 地形图一般是从当地测绘部门获得,地形图的比例应根据隧道所处的位置和不同的设计阶段来选择。城市隧道往往局限于比较小的区域范围,地形地貌主要以地貌、建(构)筑物、道路、河流居多,一般宜选择 1∶5000 和 1∶2000 以及 1∶1000 和 1∶500 的地形图,前者主要用于线路规划和走向比较等设计前期阶段,后者主要用于初步设计及施工图阶段。

(2) 航摄影像图可以比较直观地反映地形地物的平面分布状况,但通常不能反映出地形地物的具体高程,主要用于重要的长大隧道规划与线路走向研究。

(3) 对各种线路走向方案,都应该在实地与地形图进行现场核对。如发现有地形地物与地形图不符之处,应做相应的记录。对于可能直接影响隧道方案的控制性地形地物,还需进行地形修测更新。

2. 地质调查

地质调查主要包括工程地质特征、水文条件、不良地质和特殊地质现象、按照隧道所处地区确定地震基本烈度等级等方面的调查。城市地区一般有相对详细、比例尺较大的地质调查资料,对于线位确定、规模较小、地质条件较明确的隧道工程,可从当地地质调查部门或国土部门获取后直接使用;对于线位不确定、规模较大、地质条件不太明确的隧道

工程，包括山岭隧道、跨江隧道、跨海隧道，应在当地既有地质调查资料基础上对场区开展适当的补充地质调查。

地质调查专业性较强，一般由地质勘察专业部门完成。

地质调查内容广泛，基本步骤可分为资料搜集、现场调查两个阶段。

（1）资料搜集：主要是搜集邻近工程已有的地质勘测资料，搜集有关专业部门提供的区域地质图或航摄照片以及遥感资料。通过查阅、走访等方法了解隧道拟经区域发生地质灾害如地震、滑坡、泥石流等的规模、频度。

（2）现场调查：主要是为设计前期工作服务，一般应在资料搜集的基础上进行，搜集并分析相关地质资料，现场踏勘。

1）调查目的是查明地质条件对路线线形、隧道位置、接线道路布置、隧道施工方法以及对其他附属工程的影响。

2）地质调查主要查明崖锥、滑坡、崩塌、断层、破碎带、地下水以及其他地质特征。

3）调查范围根据隧道规模、已有资料的精度、露头的多少等决定，一般可在路线中线两侧各约500～2000m左右范围内进行，使用1∶25000～1∶10000的地形图。

通过调查应掌握所在地区的地形地质的全貌。调查的有效线路是与地层和断层的走向、褶皱轴成正交的路线，以及沿河流、洼地、山谷和新建道路的路线。

调查结果应予准确记录，并形成调查报告，绘制调查路线图、地质平面图和地质剖面图。

2.2.2.5　气象调查

气象调查内容主要包括温度、气压、湿度、风、雾、降雨、降雪等内容的历年观测和统计资料。一般可通过当地气象部门以及相关统计年鉴等渠道获得，具体如下：

（1）温度：包括气温、水温和地温，及其随高度（深度）的梯度变化规律。应搜集年平均气温、绝对最高和最低气温、日温差平均值和绝对值、冻结期、冻结深度、多年冻土深度、水温。

（2）气压：不同季节、不同海拔高程的气压变化规律。

（3）湿度：年平均湿度、绝对最大及最小湿度。

（4）风：风向、风速频率分布（年间、月间、日间）。

（5）雾：全年出现降雾天数、滞留时间和程度（能见度）。

（6）降雨：年平均降雨量、月平均降雨量、日最大降雨量、小时最大降雨量。

（7）降雪：最大降雪日、最大积雪量、积雪期、最大日降雪量、雪密度、雪温。

（8）雪崩、风吹雪：发生场所、规模、频度、时期、种类。

（9）洪水：洪水量、水位、时期。

（10）其他：灾害性天气如台风、雷电、强暴雨、沙尘暴等的观测统计资料。

2.2.2.6　自然环境调查

调查隧道场区及邻近地区相关地表水系、地下水露头、涌泉、温泉、沼泽、天然和人工湖泊、植被、矿产资源以及动植物生态等自然环境状况。通过调查，为预测隧道的修建、运营对自然环境的影响程度，提出必要的环保措施。对自然环境的调查和影响评估，专业性较强，一般由环境保护部门进行。

2.2.2.7 社会环境调查

调查隧道场区及邻近地区土地使用现状和规划、农田、水利设施、既有建（构）筑物、地下管线及各类市政和公用设施情况等。

1. 用地条件调查

对于城市隧道，用地往往受到城市建设与规划的控制和制约。因此应对隧道拟经线路的道路规划红线、两侧土地规划和开发的等情况进行充分调查。调查主要集中在以下方面：

(1) 现状道路等级宽度及断面组成。
(2) 规划道路等级和红线宽度。
(3) 两侧土地开发现状以及规划使用性质。
(4) 沿线建筑物保留或拆迁的可能性以及拆迁难度。
(5) 隧址上下游岸线、港区、航运、航道等现状和发展规划。

2. 既有建（构）筑物及地下管线调查

(1) 调查目的

1) 通过对既有建（构）筑物及地下管线详细调查及描述，制定可行的设计和施工方案，确保建筑物及管线的安全。

2) 形成真实可信的调查结果，为日后的仲裁和理赔提供原始资料。

(2) 调查流程：详细调查→资料整理→提交阶段成果→补充调查→提交最终成果。

(3) 既有建（构）筑物调查方法

1) 按拟定的调查计划和调查图表，通过走访建筑物业主及市规划局等有关单位，收集受调查建筑物（特别是深基础）的有关设计和竣工资料。

2) 通过现场踏勘、测绘等手段印证所搜集资料。

3) 进行资料整理分析，列出图表，提交成果。

(4) 既有建（构）筑物调查范围及重点

1) 对于明挖及盖挖隧道，调查范围为基坑周边每侧均不应小于3倍开挖深度。

2) 盾构隧道的调查范围为基坑周边每侧均不应小于2倍开挖基坑深度（或隧道埋置深度）。

3) 当地质条件较差或附近有重要建（构）筑物、精密仪器与设备的厂房、轨道交通设施、隧道、防汛墙等重要建（构）筑物及设施，或降水深度较大时应扩大调查范围。

4) 调查的重点是四层（含四层）以上的建筑物，尤其是位于隧道上方，施工影响范围内的业主未提供详细资料的重要建筑物要详细调查清楚，对已有资料的建筑物要进一步核实，未有资料的建筑物要全面调查。

5) 调查工程中应制定并填写建（构）筑物及管线资料调查表，所调查的建（构）筑物及管线应予以记录编号以便鉴别。

(5) 既有建（构）筑物调查具体内容

1) 地面建筑物基本情况调查

隧道影响范围内地面建筑物的名称、位置、权属、用途、楼层数、修建年代、结构形式、新旧程度以及建筑物的平面尺寸、定位坐标、基础形式、基础埋深（标高）、地基变形允许值及沉降观测等相关资料，以基础调查为重点。

若存在桩基础，则应对桩基的类型、桩径、桩长、桩位布置、桩基承载力、桩顶承台构造及与隧道的相对位置关系等相关资料进行调查（以竣工图为准）。

采用复合地基的建（构）筑物还包括地基基础的主要设计参数、施工工艺等内容。

对四层及四层以上的建筑物进行垂度测量。

2) 地面建筑物使用现状调查：通过目检、摄影、录像、量测等手段对建筑物的主要结构裂缝、开裂以及破损的混凝土、外露或锈蚀的钢筋等使用现状进行观测并记录；用光学裂缝仪量测建筑物外观、屋内的裂缝开展情况，应进行详细记录（包括裂缝的宽度、长度及走向等），重要照片应加草图或说明以显示相应拍摄物的位置，并进行专门备案。必要时请专业房屋鉴定机构对房屋进行评估、鉴定。调查建筑物的结构形式、材料强度、基础形式与埋深、沉降与倾斜及保护要求等。此项调查在隧道施工前进行，应随时跟踪。

3) 地面构筑物调查：对隧道影响范围内的地面电线杆、悬空的较大管线及文物建筑等构筑物应根据其具体情况进行调查、记录；尤其对文物建筑的保护、沉降要求等应做详细调查。调查构筑物的结构形式、材料强度、基础形式与埋深、沉降与倾斜及保护要求等。

4) 地下建（构）筑物及设施调查：城市基坑邻近的地下建（构）筑物及设施主要有地铁隧道、地铁车站、地下车库、地下商场、地下通道、人防、管线共同沟等。应与相关设计或使用单位联系，对地下建（构）筑物的围护结构及主体结构形式进行详细调查和资料收集。调查地下建（构）筑物的平面位置、结构形式、材料强度、外轮廓尺寸、基础埋深、基础形式、对变形与沉降的敏感程度、原施工开挖范围、围（支）护结构形式、抗浮措施、施工方法、运营情况及保护要求等。

(6) 地下管线调查

1) 地下管线调查范围与重点

对在施工影响范围内的所有管线进行调查，调查以与隧道相交管线为重点，尤其是隧道上方施工影响范围内业主未提供详细资料与隧道相交的管线要详细调查清楚，对已有资料的建筑物要进一步核实，未有资料的建筑物要进行全面调查。

2) 地下管线调查方法与内容

组织专门的管线调查小组，配备管线探测仪进行地下管线调查工作。

对照业主提供的管线图与隧道的平、纵、剖面设计图，确定在工程影响范围内但未显示的现有管线分布情况。

进一步收集工程影响范围内所有管线图纸和管线竣工资料，结合地质情况、周围环境及管道的实验结果，分析、确定现有管线的类型、功能、位置、走向、埋设方式、埋深（标高）、形状、材料、尺寸及入口位置、接口构造、施工方法等相关资料。

各类管道还包括管节长度、接口形式、拐折点坐标、管径变化位置、节（阀）门（或检查井）位置、载体特征（压力、流量流向）、使用情况（正常、废弃、渗漏）等内容。

在大城市中，基坑周围主要管线为燃气、给水、排水和通信电缆。

燃气管道应调查掌握下述内容：与基坑的相对位置、埋深、管径、管内压力、接头构造、管材、每个管节长度、埋设年代等。

给水管道应调查掌握下述内容：工程所在地区给水管道敷设现状，包括与基坑的相对位置、埋深、管径、压力、标高、管材、管节长度、接头构造、管内水压、基础形式、埋设年代等。

排水管道应调查掌握下述内容：工程所在地区排水体制、管道敷设现状，包括排水管道分类（雨水管道、污水管道、合流管道）、与基坑的相对位置、埋深、管径、管材、标高、管节长度、接头构造、基础形式、窨井间距、排放口等。

通信电缆调查应调查掌握下述内容：与基坑的相对位置、埋深（或架空高度）、规格型号、使用要求、保护装置等。电缆的种类很多，有高压电缆、通信电缆、照明电缆、防御设备电缆等。有的放在电缆沟内，有的架空；有的用共同沟，多种电缆放在一起。电缆有普通电缆与光缆之分，光缆的要求更高。

采用地下综合管道共同沟的，还包括共同沟的结构形式、断面尺寸、顶（底）板埋深（标高）、围（支）护结构形式、变形缝设置情况等内容。

对重要管线进行重点调查，若需拍摄，应同时做好相应记录，并将分析情况、结论提交有关部门确认，最后报业主存档。

必要时到现场进行人工挖孔探测。

与有关管线单位协商确定不同地下管线变形的容许曲率半径，并备案。

（7）桥梁调查：桥梁需重点调查结构形式、桥宽、桥长、跨度、基础形式及桥梁承载力、桥梁限载、限速、桥面破损情况、维修加固情况、桩基参数（桩长、桩径等）、试桩资料、地基变形允许值及沉降观测资料等内容。

（8）隧道调查：隧道需重点调查隧道的顶（底）板埋深（标高）、断面尺寸、衬砌厚度、施工方法、原施工开挖范围、附属结构（通道、洞门、竖井、小室）、变形缝设置及渗漏情况等内容。

（9）道路调查：

在城市进行基坑工程，邻近常有道路，应调查下述内容：

1）周围道路性质、类型、与基坑的相对位置。

2）交通状况与重要程度。

3）交通通行规则（单行道、双行道、禁止停车等）。

4）道路等级、路面材料、路面宽度、路基填料及填筑厚度、支挡结构及沉降观测资料等内容。

（10）既有轨道交通设施调查

既有轨道交通设施需重点调查敷设方式、线路形式、道床形式、行车间隔、运行速度、车辆荷载、轨道变形要求等内容。

1）轨道交通设施地下线参照隧道调查内容。

2）轨道交通设施地面线还包括路基形式、填筑厚度等内容。

3）轨道交通设施高架线参照桥梁调查内容。

（11）边坡、高切坡调查：边坡、高切坡需重点调查边坡的支挡结构形式、地基基础形式、设计参数、施工工艺、排水设施、边坡允许变形量及变形观测资料、破损及渗漏情况等内容。

（12）地表水体调查：重点调查河流、湖泊、江海等水域的周边情况，包括水域及堤坝岸床断面、水位、水深、水体底部淤积物及厚度、河流的流量、流速、水质及河床宽度、河床冲刷标高、通航要求、水利、防渗方式、渗漏情况等内容。

（13）水井调查：水井需重点调查井深、井径、井壁材质、出水量、服务范围等内容。

（14）文物调查：文物调查除参照地上建（构）筑物或地下构筑物的调查内容外，还需重点调查建筑的平面位置、名称、保护等级、结构形式、受力情况、地基基础形式与埋深、保护控制范围及要求等内容。

（15）水工构筑物调查：包括通航码头、防汛墙（坝）、防洪设施等，应查明其管理部门，重点调查构筑物的类型、结构形式、地基基础形式与埋深、使用现状及保护要求等。通航水域应调查是否存在沉船、大型铁制构件以及废弃炸弹等水下障碍物。

（16）架空线缆调查：重点调查架空线缆的类型、走廊宽度、线塔地基基础形式与埋深、线缆与隧道线路的交汇点坐标、悬高等。

（17）资料整理

1）以成果图的方式表明隧道影响范围内建（构）筑物及管线与隧道的位置关系。

2）对调查表、照片、录像等成果进行整理、存档，形成电子文件。

3）对重要建（构）筑物及管线建立档案以备查用。

（18）文件交付内容

1）调查范围内调查对象相关图纸。

2）建（构）筑物及管线调查成果表。

3）现场调查有关影像资料、实测数据。

4）重要建（构）筑物及管线档案，相关资料复印件。

2.2.2.8 生活环境调查

城市隧道的建设虽然能够解决现代城市交通堵塞、环境污染、生态失控、基础设施不足的等严重阻碍城市功能正常发挥的"城市综合症"，对国民经济发展和人民生活改善起着重要作用，但是隧道建设尤其是施工期间会对附近居民的生产和生活造成许多不良影响，因此，需要调查影响居民生活环境的主要因素，具体如下：

（1）调查场区周边的生产和生活用水情况，评估隧道建设对民众生产生活用水枯竭等环境问题的影响程度。

（2）调查场区周边的道路类别和交通状况，了解隧道建设对居民出行的影响，以便合理制定交通疏解方案，减少居民出行及交通不便的问题。

（3）调查区域供电条件和要求，以便落实供电电源点、供电电压和线路造价、电能计量及电费收取办法。

（4）调查水土流失情况，隧道造成的水土流失主要表现在以下几个方面，应着重对其影响进行分析：

1）工程占地及大量填挖方将破坏原地表的水土保持功能，导致地表土层松动，加剧水土流失。

2）建设过程中产生的大量弃土、弃渣为加剧水土流失提供了丰富的物质源，增强了水土流失的强度。

3）临时工程对原有地表林草植被的破坏使地表裸露，大大降低原有水土保持功能。

4）地下水大量流失可能造成地表沉降、塌陷、地面建筑物的破坏。

（5）调查污水排放对生态的影响，城市隧道施工产生的污水主要有三类：

1）隧道内流出的已被污染的地下水，含有泥沙和机械油污，化学注浆的药液进入地下水中也会对环境造成污染。

2）施工人员办公及生活区产生的生活污水。

3）施工场地出口处洗车所产生的污水。

(6) 调查大气污染情况，城市隧道施工和运营产生的大气污染主要有四类：

1）爆破产生的有害气体，主要成分为一氧化碳和氮氧化物等，对人体危害性极大，严重会导致死亡。

2）粉尘，打眼、放炮、装卸渣、车辆运输、混凝土拌合、喷射混凝土等作业均产生大量的无机粉尘，对人体健康危害极大。

3）施工机械燃油产生的尾气，施工期间各种车辆和施工机械在行驶和作业过程中排放的尾气中含有大量有害成分，隧道内有害气体浓度过高，将对施工人员的安全产生影响，且这些有害气体最终进入空气或土壤中，势必对环境造成危害。

4）运营阶段隧道内废气，经由洞口排放或高风塔排放对周边环境造成不利影响。

(7) 调查施工和运营产生的噪声和振动，由空气压缩机、装渣机、混凝土输送泵、电钻、凿岩机、发电机和通风机等机械的转动、撞击和摩擦产生大量的噪声，长期作用于人体，会产生不利的影响，引发听觉和神经系统疾病。采用"闹静分开"和"合理布局"，使高噪声设备尽可能远离噪声敏感区。限制冲击式作业，缩短振动时间。对各种车辆和机械进行强制性的定期保养维护，以减少因此产生的附加噪声和振动。

(8) 调查爆破震动的影响，主要有以下三个方面：

1）对人心理作用的影响，应做好群众安抚工作，在爆破前将爆破的起爆时间、地点、规模、警戒范围、人员和设备撤离时间、方式、地点及起爆方式等有关事项，以书面形式通知当地有关部门、附近居民及其他人员，并以书面形式张贴在各主要路口或便于看到的地方，做到家喻户晓。

2）对地面建筑物的影响，主要是引起地面建筑物的变形、开裂，地表位移，使地面突起。

3）对机器设备的影响，当爆破区域附近地面有工业机器控制设备和精密仪器时，爆破震动对这些设备、仪器会造成一定的影响和破坏。

2.2.2.9 施工条件调查

(1) 调查施工现场周围的交通运输、商业业态分类等情况，了解在基坑工程施工期间对土方和材料、混凝土等运输有无限制，必要时是否允许阶段性封闭施工等。这对选择施工方案有影响。

(2) 了解施工现场附近对施工产生的噪声和振动的限制。如对施工噪声和振动有严格的限制，则影响桩型选择和支护结构的爆破拆除混凝土支撑等。

(3) 了解施工场地条件，是否有足够场地供运输车辆运行、堆放材料、停放施工机械、加工钢筋等，以便确定是全面施工、分区施工还是用逆作法施工。

(4) 调查施工运输、水源、施工便道、施工场地、弃渣场地及容纳能力、供水、供电、通信条件和建筑材料及半成品的来源、品质、数量、价格及供应能力等以及其他可能影响施工的因素。

(5) 调查施工场地布置与洞口相邻工程、弃渣利用、农田水利、征地等的关系。

(6) 调查可利用的电源、动力、通信、机具车辆维修、物资、消防、劳动力、地方生活供应、医疗、卫生、防疫条件。

（7）调查建筑物、道路工程、水利工程和电信、电力线缆等设施的拆迁、保护情况和数量。

（8）调查当地气象、水文资料及居民点的社会状况和民族风俗情况。

（9）调查隧道施工对地表和地下既有结构物的影响情况。

（10）调查其他尚待解决的问题。

2.3 测绘

2.3.1 目的

（1）工程测绘宜在可行性研究或初步勘察阶段进行，在详细勘察阶段可对某些专门问题做补充测绘。测绘目的是为了研究工程区域实地地形地貌的分布规律。

（2）线路定线及纵横断面测量目的是按设计意图和要求，将线路的空间位置测设于实地，以指导线路施工：1）即在勘测设计阶段，主要是为工程设计提供必要的测绘资料和其他数据；2）施工建造阶段，是对线路中线和坡度按设计位置进行实地测设，包括施工控制网的布设及施测、施工导线测量、线路中线及腰线的放样、水平曲线与竖曲线的测设和纵断面测量及横断面测量，以及竣工测量和验收；3）在运营管理阶段，是对线路工程的危险地段进行定期和不定期的变形监测，以掌握工程的安全状态，便于必要时采取永久性或应急性措施，或为隧道工程的维修和局部改线提供测量服务。

（3）专项测绘是为了查明隧道工程线路中线两侧的管线、建筑、水域、房屋拆迁情况等，为设计和施工采用针对性的保护措施提供相关资料。

2.3.2 要求

1. 地形地貌测绘

（1）按设计阶段的要求，搜集或测绘地形图、线路横断面和纵断面图等。

（2）按规定设置测绘的平面控制点和水准点。

（3）地形测绘的范围一般应包括上、下行隧道轴线外侧 50～100m 范围，如设计有特殊要求，应扩大测绘范围。

（4）遥感资料收集编绘

1）遥感技术适用于下列地区：

① 地形、地质条件复杂的山区，不良地质作用发育、水文地质条件复杂的地区；

② 水文网密布、河流变迁频繁的平原地区；

③ 沙漠、石漠、荒漠地区和干旱、半干旱地区；

④ 目标物解释标志明显的其他地区。

2）内容及要求：

居民点、工厂、交通线（包括城市道路、公路、铁路）、山区、平原等一般地物、地貌、水系。

地貌：各种地貌形态、类型以及地貌分区界线；地貌与地层、地质构造之间的关系；

地貌的个体特征、组合关系和分布规律。

水系：水系形态的分类、水系密度和方向性的统计，冲沟形态及其成因；河流袭夺现象，阶地分布情况及特点；水系发育与岩性、地质构造的关系；岩溶地区的水系应标出地表分水岭的位置。

(5) 无人机航拍测绘

无人机航拍是遥感领域用于地形测绘的新兴技术，使用成本低，反应速度快，易于移动转场，对复杂的野外测绘环境有很好的适应能力，不仅可以完成传统飞机的航拍任务，而且可以进入传统手段无法覆盖的区域，得到精准影像，目前多用于弥补遥感资料的不足之处。

(6) 地貌调查与单元划分

调查地貌的成因类型和形态特征，划分地貌单元，分析地貌单元的发生、发展及其相互关系，并划分各地貌单元的分界线。

调查微地貌特征及其与地层岩性、地质构造和不良地质作用的联系。

调查地形的形态及其变化情况。

调查植被的性质及其与各种地形要素的关系。

调查阶地分布和河漫滩的位置及其特征，古河道、牛轭湖等分布和位置。

2. 线路定线及纵横断面测量

(1) 初步设计定线测量

1) 定线测量位置和测量精度应按设计要求及相关规范的规定执行。

2) 线路中线应埋设控制桩和加密桩，控制桩为百米桩和曲线要素桩。加密桩间距：直线段应为 50m、曲线段应为 30m。

(2) 纵横断面测量

纵横断面测量宜在初步设计定线完成后按设计要求进行。纵断面应沿线路中线测量；横断面在直线段应与中线垂直；曲线段应沿法线方向布设。

1) 纵断面图比例尺：水平方向宜为 1∶500～1∶2000，竖直方向宜为 1∶50～1∶200。

2) 横断面图比例尺：1∶50～1∶200。

3) 直线段纵断桩距宜为 50m、曲线段纵断桩距宜为 30m，或按设计要求确定。

4) 横断面在线路上的位置应与纵断面点相对应，横断面测量宽度及测点间距应符合下列要求：

① 左右线平行时，左线中线左侧、右线中线右侧各 30m 全部范围内。

② 左右线不平行时，左右线分别测量各中线两侧 30m 范围内。

③ 特殊地段断面按设计要求确定。

④ 横断面的断面测点间距宜为 10m，遇地形变化适当加桩。

(3) 施工定线测量

1) 线路中线控制点宜选择百米桩及曲线要素点。

2) 定线时，线路双线平行地段宜定右线，非平行地段应定双线。

3. 专项测绘

(1) 专项测绘的坐标、高程系统应与隧道工程的坐标、高程系统一致。

(2) 专项测绘应充分收集测区内已有的相关资料，并应通过检查、修测、补测和整理后予以利用。

(3) 专项测绘比例尺：

平面图比例尺宜与线路带状地形图相同，局部地区详细图的比例尺宜为1：50～1：200。

纵断面图比例尺：水平方向宜为1：500～1：1000，竖直方向宜为1：100。

横断面图比例尺宜按建筑复杂程度和地形起伏变化确定。

(4) 专项测绘控制点、地物点的平面位置和高程，其精度应与线路带状地形图图根控制点、地物点相同。

(5) 地下管线调查与测绘

1) 对埋设于地下的给水、排水、燃气、热力、工业和电力、电信等管线，均应进行调查与测绘。

2) 地下管线调查前的准备工作应符合下列要求：

① 必须全面收集和整理测区内已有的地下管线资料，包括各种地下管线图及技术说明等，并进行分析比较，确定其能否利用及需要补充的内容。

② 现场踏勘时，应察看地下管线分布和出露情况，直埋管线的地面标志保存情况，当地的地球物理条件及可能的干扰因素。

③ 制定地下管线调查、探测和测绘的实施计划。

3) 对线路沿线具有明显管线点的地下管线及其附属设施应进行实地调查、量测，记录管线点有关数据和填写管线调查表，并应满足下列要求：

① 实地调查时应查明管线的性质、类型、走向、电缆条数、材质、载体特征、敷设方式及日期、产权单位以及建筑和附属设施等。

② 在明显管线点上应测量地下管线的埋深。

③ 当地下管线中心线偏离窨井中心间距大于0.2m时，应以管线在地面的投影位置设置管线测点，窨井作为专业管线附属物处理。

④ 地下管廊、管沟或管线隧道应量测其外径或外壁断面尺寸。圆形断面可量测内直径，矩形断面可量取内宽度和高度，并应获取对应结构的厚度，同时在图上进行标注，单位以毫米表示。

4) 隐蔽地下管线宜采用物探方法查明其位置、走向、埋深等。

5) 地下管线的测绘内容应包括测量管线特征点、管线附属设施的平面位置及高程、管线剖面图及窨井平面图，并应符合下列要求：

① 应测量明显管线点和隐蔽管线点标志的坐标和高程。

② 平面图应绘制地下管线交叉、分支、转折、变径、变坡点及窨井（或小室）等位置，还应包括管线建筑及阀门、消火栓、排气、排水、排污装置等附属设施、管线走向、窨井轮廓以及井底高程等。

6) 综合地下管线点成果表的内容宜包括：管线点号、管线连接点号、管线类型、管径或断面尺寸、材质、埋深、管线点坐标、高程、压力或电压、电缆根数或总孔数及已用孔数、权属单位和埋设日期等。

7) 综合地下管线图上除绘制地下管线外，还应将道路、街坊以及与地下管线有参照作用的建筑绘于图上。

(6) 地下建筑测绘

1) 地下建筑包括人防工程、地下停车场、地下商店、仓库、地下通道及其出入口、竖井等，对地下建筑应进行详细测绘。

2) 地面、地下控制点测量均应布设成附合导线。有困难时，地下可布设成支导线。

3) 地下建筑的平面图及细部测量施测要求应符合下列要求：

① 测定地下建筑的内壁确定其内轮廓后，应调查或探测墙壁厚度，并应加绘外墙符号；困难时，次要建筑可仅绘制内轮廓。

② 地下建筑的底面高程注记应与地面高程注记相区分。

③ 测绘地下建筑的各种附属设施。

4) 地下通道除测量巷道及附属设施的平面位置外，还应测量起点、终点、折点、交点、变坡点等处内顶板、内底板的高程，并应进行断面测量。在地下通道平面图上应注记断面尺寸、衬砌材料和通道名称等。

(7) 跨越线路的建筑测绘

1) 对跨越线路的天桥、立交桥、栈桥和架空管线等主要建筑应进行测绘。

2) 跨越线路建筑测绘应测量建筑角点、外轮廓以及结构支撑柱等的坐标和高程。

3) 桥梁和管线应测定其离地面的净空高度。电缆、电线应加测与线路中线相交处的悬高。

4) 在平面图、纵断面图上应标注建筑的坐标、高程、宽度和净空高度等数据，并编制相应成果表。

(8) 水域地形测量

1) 水域应测绘水底地形图，测深点的布设可采用断面法或散点法。

2) 测深断面宜垂直于岸线，当线路中线与岸线近似正交时，可平行于线路中线布设。断面间距为图上 20mm，断面的起、终点应位于岸上且埋桩，并应测量断面起、终点的平面位置和高程。

3) 在测深开始及结束时，应测断面处的水位。若水位涨落较快，应定时测量水位，并记录各测点测深时间，也可设置临时水尺，与测深同步观测水位。

4) 水域地形测量完成后除应绘制水域等深线图外，还应将水域等深线与地面等高线进行拼接。

(9) 房屋拆迁测量

1) 为隧道建设而进行的房屋拆迁测量包括拆迁定界、拆迁调查测量、拆迁房屋建筑面积测量。

2) 拆迁定界依据规划及设计要求对拆迁范围线进行实地测设。建筑密集地段可在建筑上设置界线标记，空旷地区应埋设界线桩。

3) 拆迁调查测量应满足下列要求：

① 调查前应收集测区范围内的现状地形图，将拆迁范围线展绘在地形图上。

② 对拆迁范围内的每栋建筑进行实地对照检查，有变化的应进行修测或补测。

③ 对拆迁范围内的每栋房屋进行编号并实地标识；必要时实地拍摄能反映建筑现状、层数及结构特征的照片。

④ 丈量房屋各边边长，测房（层）高，记录门牌号、房（层）号、建筑结构类型和附属物相关数据；边长丈量可使用钢尺、手持测距仪、红外测距仪和全站仪等。

⑤ 外业应绘制房屋分层测量草图，图形复杂处可绘制局部放大图；遇有地下室、复

式房、夹层等应另行描绘。

⑥ 当日工作结束后，应对采集的外业数据进行整理、绘图、编辑和检查。

4) 拆迁房屋建筑面积测量，包括永久性房屋建筑面积测量和非永久（临时）性房屋建筑面积测量。非永久性房屋和附属物拆迁测量的详略程度，由规划或房地产行政主管部门确定。已有产权登记的房屋，不再进行房屋拆迁建筑面积测量。

5) 房屋拆迁测量结束后，应提供下列资料：

① 房屋拆迁平面位置图。

② 房屋拆迁建筑面积测算图。

③ 房屋拆迁测量成果表，表中应包括：地址门牌，房屋用途、层数和结构，基底面积，建筑面积，房屋现状照片。

④ 房屋拆迁测量成果汇总表。

⑤ 房屋拆迁测量报告。

（10）勘测定界测量

1) 城市隧道工程建设用地勘测定界测量工作主要包括：前期准备、实地放样、界址测量、绘制勘测定界图以及面积量算。

2) 前期准备工作包括接受委托、收集有关文件及资料、现场踏勘。

3) 需要收集的有关文件及资料主要包括：

① 由建设单位提供的建设用地规划许可证、批准的初步设计和有关资料；

② 土地管理部门在前期对项目用地的审查意见；

③ 由市县级人民政府民政部门提供的区（县）行政界线以及证明材料；

④ 由土地管理部门提供的土地利用现状调查图以及由专业设计单位提供的比例尺不小于 1∶2000 的建设项目工程总平面布置图。

4) 现场踏勘应实地调查用地范围内的行政界线、地类界线及地下埋藏物等。同时收集项目建址附近的各类测量控制点资料，并了解勘测的通视条件以及标石的完好情况。

5) 勘测定界图可在土地利用现状调查图或地形图上编绘，或直接绘制。勘测定界图主要内容应包括界址点、权属界线、地类界线、用地面积等，各种符号与注记应按勘测定界图图例绘制，绘图比例尺不应小于 1∶2000。

6) 勘测定界测量结束后，应提交土地勘测定界技术报告书，供土地管理部门审查核定。土地勘测定界技术报告书包括：

① 勘测定界技术说明；

② 勘测定界表；

③ 勘测面积表；

④ 土地分类面积表；

⑤ 用地范围略图；

⑥ 界址点坐标成果表；

⑦ 界址点点之记。

7) 依法批准的建设项目用地范围、面积与呈报的不一致时，应根据审批结果对变化的部分重新进行勘测定界。重新勘测定界成果经验收合格后，应重新提交土地勘测定界技术报告书。

2.4 勘察

2.4.1 目的

（1）工程勘察的目的是为了研究工程场地的地层、岩性、构造、地貌、水文地质条件和不良地质作用，为评价场地工程地质条件、场址选择和勘察方案的布置提供依据。

（2）勘察场地概貌。查明勘察范围内场地原始地形地貌特点、岩土层的成因、类型、深度、分布、工程特性和变化规律，分析评价地基的稳定性和均匀性。

（3）查明埋藏的河道、沟浜、孤石等对工程不利的埋藏物及其分布范围。

（4）查明影响工程场地稳定性的不良地质作用（包括岩溶、滑坡、危岩和崩塌、泥石流、采空区、地面沉降、场地的地震效应、活动断裂等）和特殊土（包括软土、填土、污染土、湿陷性土、膨胀土、多年冻土等）的类型、成因、分布范围、发展趋势和危害程度，并提出相应防止措施的建议。

（5）查明地下水埋藏情况、类型、补给及排泄条件，地下水位、水位变化幅度及规律，评价地下水（土）对建筑材料的腐蚀性。对基坑工程还应查明各土层的渗透性质，分析评价地下水的静水压力、动水压力及浮力的作用和影响，预估产生基坑突涌、流沙（土）或管涌等地下水不良作用的可能性及危害程度，并提出相应的防治措施建议，提供基坑工程施工降水的有关技术参数及施工方法的建议，提供用于计算地下水浮力的设计水位。

（6）查明场区地下水、地表水和场地土对建筑材料的腐蚀性。

（7）查明隧道沿线周边环境，提供隧道设计所需的岩土参数，分析评价适宜选用的支护结构类型及其稳定性，隧道开挖与降水对地基变形、周围建筑物和地下设施的影响。对穿山隧道或其他在岩层内掘进的隧道，还要查明围岩应力分布、围岩完整性、围岩强度等相关参数。

（8）为设计、施工提供地质勘察成果。

2.4.2 要求

应按规划、设计阶段的技术要求，分阶段开展相应的勘察工作。勘察阶段可分为可行性研究勘察（预可、工可）、初步勘察和详细勘察。遇异常情况或必要时可进行施工勘察。

隧道线路或场地附近存在对工程设计方案和施工有重大影响的岩土工程问题时应进行专项勘察。

应广泛收集已有的勘察设计和施工资料，科学制定勘察方案、精心组织实施，查明工程地质条件、水文地质条件，进行岩土工程评价，提供设计、施工所需的岩土参数，提出岩土治理、环境保护以及工程检测等建议，提供资料完整、数据可靠、评价正确、建议合理的勘察报告。

1. 勘察前期准备应遵循以下要求

（1）应在搜集当地已有勘察资料、建设经验的基础上，针对线路敷设形式、结构形式及施工方法等工程条件开展工作。

（2）应根据工程重要性等级、场地复杂程度等级和工程周边环境风险等级制定勘察方案，采用综合的勘察方法，布置合理的勘察工作量。

（3）根据地下设施探查情况，在现场确定勘探点位的落地或调整；根据政府相关管理规定需要勘探报批手续的，应事先按程序向住建部门、交通部门、交通执法部门、水利、航道、港务、地铁等相关主管部门或权属部门办理审批手续。

（4）工程场地土类型划分、场地类别划分、地基土液化判别应执行《建筑抗震设计规范》GB 50011 的有关规定。

（5）工程重要性等级划分。可根据工程规模、建筑类型和特点以及因岩土工程问题造成工程破坏的后果，按照表 2.4-1 的规定进行划分。

工程重要性等级划分表 表 2.4-1

工程重要性等级	工程破坏的后果	工程规模及建筑类型
一级	很严重	隧道主体结构
二级	严重	出入口、风井、施工竖井、盾构始发（接收）井
三级	不严重	次要建筑物

（6）场地复杂程度等级划分。可根据地形地貌、工程地质条件、水文地质条件按照下列规定进行划分，从一级开始，向二级、三级推定，满足其中一项即确定为该等级，以最先满足的为准，见表 2.4-2。

场地复杂性等级划分表 表 2.4-2

场地复杂性等级	地形地貌	建筑抗震地段评价	不良地质作用	特殊性岩土	地基、围岩或边坡的岩土性质	地下水对工程影响
一级	复杂	危险或不利地段	强烈发育	需要专门处理	差、较差	影响较大，需专门研究
二级	较复杂	一般地段	一般发育	不需要专门处理	一般	影响较小
三级	简单	烈度≤6度区或抗震有利地段	不发育	无	较好、好	无影响

（7）工程周边环境风险等级划分。可根据工程周边环境与工程的相互影响程度及破坏后果的严重程度进行划分，见表 2.4-3。

工程周边环境风险等级划分表 表 2.4-3

环境风险	工程周边环境与工程相互影响程度	破坏后果
一级	很大	很严重
二级	大	严重
三级	较大	较严重
四级	小	轻微

(8) 岩土工程勘察等级划分。可按工程重要性等级、场地复杂程度等级和工程周边环境风险等级进行划分，见表 2.4-4。

岩土工程勘察等级划分表　　　　表 2.4-4

岩土工程勘察等级	工程重要性等级	场地复杂程度等级	工程周边环境风险等级
甲级	某一项或多项为一级		
丙级	三级	三级	四级
乙级	其他情况		

2. 各阶勘察段实施应遵循以下要求

(1) 可行性研究勘察

1) 一般要求

应通过工程地质测绘与调查掌握隧道工程线路区域的地质构造环境、水文地质环境、潜在的不良地质问题及基本岩土工程条件，研究控制线路方案的主要工程地质问题和重要工程周边环境，为选址、路线比选等方案的设计与比选、技术经济论证、工程周边环境保护及编制可行性研究报告提供地形、水文、区域地质、地震、场区地层分布及地下水、不良地质、地下障碍物及管线、环境等基础资料。

以搜集、分析既有资料和现场踏勘为主，配合必要的现场勘测工作。对影响方案比选的单项重点可开展专门的岩土工程论证工作。

取样、原位测试、室内试验的项目和数量，应根据线路方案、沿线工程地质和水文地质条件确定。

范围大于路线方案范围，可在中线两侧各 200～500m 和洞口外延长线上 100m 范围内进行，通常使用 1:5000～1:1000 比例的地质图。

2) 工作内容

① 搜集区域地质、地形、地貌、水文、气象、地震、矿产等资料，以及沿线的工程地质条件、水文地质条件、工程周边环境条件和相关工程建设经验。

② 调绘线路沿线区域的地层岩性、地质构造、地下水埋藏条件等，划分工程地质单元，进行工程地质分区，评价场地稳定性和适宜性。

③ 对控制线路方案的工程周边环境，分析其与线路的相互影响，提出规避、保护的初步建议。

④ 对控制线路方案的不良地质作用、特殊性岩土，了解其类型、成因、范围及发展趋势，分析其对线路的危害，提出规避、防治的初步建议。

⑤ 研究场地地形、地貌、工程地质、水文地质、工程周边环境等条件，分析工程方案及施工方法的可行性，提出线路比选方案的建议。

3) 资料搜集内容

① 工程所在地的气象、水文以及与工程相关的水利、防洪设施等资料。

② 区域地质、构造、地震及液化等资料。

③ 沿线地形、地貌、地层岩性、地下水、特殊性岩土、不良地质作用和地质灾害等资料。

④ 沿线古城址及河、湖、沟、坑的历史变迁及工程活动引起的地质变化等资料。

⑤ 影响线路方案的重要建（构）筑物、桥涵、隧道、既有轨道交通设施等工程周边环境的设计与施工资料。

4）地质测绘与调查

① 地质测绘范围：

工程建设引起的工程地质现象可能影响的范围。

影响工程建设的不良地质作用的发育阶段及其分布范围。

对查明测区地层岩性、地质构造、地貌单元等问题有重要意义的邻近地段。

地质条件特别复杂时可适当扩大范围。

② 比例尺的选择：

小比例尺测绘：比例尺1：5000～1：50000，一般在可行性研究勘察（选址勘察）时采用。

中比例尺测绘：比例尺1：2000～1：5000，一般在初步勘察时采用。

大比例尺测绘：比例尺1：500～1：2000，适用于详细勘察阶段。当地质条件复杂或建筑物重要时，比例尺可适当放大。

③ 观测点布置：应尽量利用天然露头，当天然露头不足时，可布置少量的勘探点，并选取少量的土试样进行试验。观测点一般应定在下列部位：不同时代的地层接触线、岩性分界线、地质构造线、标准层位、地貌变化处、天然和人工露头处、地下水露头和不良地质作用分布处。

④ 地质测绘内容：

a. 地层岩性：

沉积岩地区：了解岩相的变化情况、沉积环境、接触关系，观察层理类型、岩石成分、结构、厚度和产状要素；对岩溶应了解岩溶发育规律和岩溶形态的大小、形状、位置、充填情况及岩溶发育与岩性、层理、构造断裂等的关系；对整个测区应绘制地层岩性剖面图，以了解地层岩性的变化规律和相互关系。

岩浆岩地区：了解岩浆岩的类型、形成年代、产状和分布范围；研究岩石结构、构造和矿物成分及原生、次生构造的特点；研究与围岩的接触关系和围岩的蚀变情况；研究岩脉、岩墙等的产状、厚度及其与断裂的关系，以及各侵入体间的穿插关系。

变质岩地区：调查变质岩的变质类型（区域变质、接触变质、动力变质、混合变质等）和变质程度，并划分变质带；确定变质岩的产状、原始成分和原有性质；了解变质岩的节理、劈理、片理、带状构造等微构造的性质。

b. 地质构造：

调查各构造形迹的分布、形态、规模和结构面的力学性质、序次、级别、组合方式以及所属的构造体系。特别注意对软弱结构面（或软弱夹层）产状和性质的研究。

研究褶皱的性质、类型和两翼的产状、对称性及舒展程度。建筑区还应注意褶皱轴部岩层的破碎和两翼层间错动情况，以及水文地质、工程地质特性。

研究断裂构造的性质、类型、规模、产状、上下盘相对位移及断裂带宽度、充填物和胶结程度。建筑区应特别注意断裂交汇带的情况，并着重研究断裂破碎及影响带的宽度和构造岩的水文地质、工程地质特性，以及断裂的产状、规模和性质在不同地段的变化情况。

研究新构造运动的性质、强度、趋向、频率，分析升降变化规律及各地段的相对运动，特别是新构造运动与地震的关系。

调查节理、裂隙的产状、性质、宽度、成因和充填胶结程度。对大、中比例尺工程地质测绘，应结合工程建筑的位置，选择有代表性的地段和适当的范围，进行节理裂隙的详细调查，为研究岩体工程地质特性，进行有关工程地质问题分析和评价提供资料。

c. 不良地质作用：

调查滑坡、崩塌、岩堆、泥石流、蠕动变形等不良地质作用形成的条件、规模、性质及发展状况。

当基岩裸露地表或接近地表时，应调查岩石的风化程度，研究建筑区的岩体风化情况，分析岩体风化层厚度、风化物性质及风化作用与岩性、构造、气候、水文地质条件和地形地貌等因素的关系。

d. 第四纪地质：

确定沉积物的年代。

划分成因类型。

确定第四纪沉积物的岩性分类，研究其变化规律。

e. 地表水和地下水：

调查河流及小溪的水位、流量、流速、洪水位标高和淹没情况。

了解水井的水位、水量、变化幅度及水井结构和深度。

调查泉的出露位置、类型、温度、流量和变化幅度。

查明地下水的埋藏条件、水位变化规律和变化幅度。

了解地下水的流向和水力梯度。

调查地下水的类型和补给来源。

了解水的化学成分及其对各种建筑材料的腐蚀性。

f. 建筑砂石料：

块石料调查：岩石名称、性质。对于层状岩石，需查明开采岩层的分布情况、地质构造、岩层的厚度、产状、胶结物性质及胶结程度、顶底板的接触关系；风化程度及其分带性，各风化带的厚度；裂隙发育程度、产状、裂隙面风化及充填情况；岩石的物理力学性质。

砂、碎石料调查：砂和碎石层的层位、层数、各层的厚度、长度、宽度、水平层理或交错层理的分布情况，顶底板的岩性及接触关系；颗粒级配、磨圆度、矿物及岩石成分；黏性土、粉土和粉砂的含量；覆盖层厚度及其变化；当砂、碎石料埋藏在地下水位以下时，应了解地下水位的变化幅度，砂、碎石料的透水性、涌水量及其与其他含水层和地表水体的水力联系。

粉土、黏性土调查：粉土、黏性土层的成因及其分布规律、厚度、长度、宽度；覆盖层的厚度、性质和分布情况；颗粒级配、可溶盐含量、有机质含量等。

5）勘探工作要求

① 勘探点剖面布置孔间距不宜大于1000m。勘探点数量应满足工程地质分区的要求；每个工程地质单元应有勘探点，在地质条件复杂地段应适当加密勘探点。

② 对于盾构法和沉管法隧道，勘探点间距宜为400～500m，且对沿线每一地貌单元

不应少于1孔，孔深不宜小于50m且不小于隧道底板以下20m，控制性钻孔深度应达到隧道底板以下2.0D～3.0D（D为盾构隧道外径）。

③ 对于盾构隧道，控制性钻孔应不低于总钻孔数量的50%。

④ 当有两条或两条以上比选线路时，各比选线路均应布置勘探点。

⑤ 控制线路方案的江、河、湖等地表水体及不良地质作用和特殊性岩土地段应布置勘探点。

6）勘探孔的深度应满足场地稳定性、适宜性评价和线路方案设计、工法选择等需要。

（2）初步勘察

1）一般要求

获取隧道工程线路和相关附属设施所需的地形（包括水下地形）、区域地质和水文地质条件、地震数据，初步提供沿线地层分布特点及性质、不良地质及范围、地下水的分布及特性，分析评价地基基础形式和施工方法的适宜性，预测可能出现的岩土工程问题，为隧道工程初步设计和施工方法的选择提供地质依据、岩土工程技术建议和相关技术参数，提出复杂或特殊地段岩土治理的初步建议。

方法以搜集、分析既有资料，配合必要的勘探、测绘工作为主。对影响方案比选的单项重点可开展专门的岩土工程论证工作。城市山岭隧道，应采用以地质调查测绘和物探为主的勘探方法。

工程地质测绘比例尺洞身段宜为1：1000～1：2000，隧洞口边坡影响范围按比例尺1：500，断面图按比例尺1：100～1：200。

范围为拟定路线及比选方案范围。

物探方法和物探测线的布置应根据隧道的地质条件、地形、地貌及周边环境条件综合确定。分离式隧道原则上沿隧道轴线纵向至少应布置物探测线1条，两洞口布置横测线各5条，测点间距5～10m；不同的地质体或构造类型，要有2～3条物探测线穿过，每条测线的测点应不少于3个，地质条件复杂时应适当加密。物理探测最常用的有电阻法与弹性波法（亦称震波法）两种。在人口稠密地区用电阻法为宜，以免动用炸药。钻探主要有螺旋钻、冲击钻等。遥感技术在工程地质测绘中可以在同一时间、同一条件下观察广大面积的资料，不受时间季节及观察条件的影响，有利于对大面积资料进行分析对比。

2）工作内容

搜集带地形图的拟建线路平面图、线路纵断面图、施工方法等有关设计文件及可行性研究勘察报告、沿线地下设施分布图。

初步查明沿线区域地质构造、岩土类型及分布、岩土物理力学性质、地下水埋藏条件，地下有害气体情况，进行工程地质分区。

初步查明特殊性岩土的类型、成因、分布、规模、工程性质，分析其对工程的危害程度。

划定构造复杂地段、不良地质和特殊地质地段，并初步查明其成因、类型、性质、发生、发展、分布规律及对隧道工程的危害程度，提出治理原则。

初步查明沿线地表水的水位、流量、水质、河湖淤积物的分布，以及地表水与地下水的补排关系，评价对隧道施工的影响。

初步查明地下水水位，地下水类型，补给、径流、排泄条件，历史最高水位，地下水动态和变化规律，评价对隧道施工的影响。

对抗震设防烈度大于或等于 6 度的场地，应初步评价场地和地基的地震效应。

评价场地稳定性和工程适宜性。

初步评价水和土对建筑材料的腐蚀性。

对可能采取的地基基础类型、工程开挖与支护方案、地下水控制方案进行初步分析评价。

季节性冻土地区，应调查场地土的标准冻结深度。

对环境风险等级较高的工程周边环境，分析可能出现的工程问题，提出预防措施的建议。

初步确定沿线岩土施工工程分级、围岩分级。提出围岩的物理力学性质参数，评价洞室围岩的稳定性。

根据隧道的结构形式及埋置深度，结合岩土工程条件，提供初步设计所需的岩土参数，提出地基基础方案的初步建议。初步评价进出洞口位置的工程地质条件以及岩土体稳定性，提出工程防护措施方面的建议。

每个水文地质单元选择代表性地段进行水文地质试验，提供水文地质参数，必要时设置地下水长期观测孔。

针对隧道的施工方法，结合岩土工程条件，分析基坑支护、围岩支护、盾构设备选型、岩土加固与开挖、地下水控制等可能遇到的岩土工程问题，提出处理措施的初步建议。

3）勘探点布置要求

勘探点应根据场地复杂程度和设计方案布置，并符合下列要求：

① 初步勘察阶段勘探点的数量和位置应根据区域地质资料分析、调绘与物探结果确定。对于地质条件复杂的隧道，勘探点数量应不少于 7 个，长、特长隧道勘探点间距宜 100～200m，隧道口宜布置勘探点；对于盾构法和沉管法隧道，勘探点间距宜为 100～200m，每个拟建工点均应有勘探点。对于盾构隧道，控制性钻孔数量应不低于总钻孔数量的 25%。在地貌、地质单元交接部位、地层变化较大地段以及不良地质作用和特殊性岩土发育地段应加密勘探点。

② 明挖隧道宜在开挖边界外开挖深度的 1～2 倍范围内布置勘探点。当基坑开挖边界外无法布置勘察点时，应通过调查取得资料。

③ 盾构隧道勘探孔应在隧道边线外侧 3～5m（水域 6～8m）范围内交错布置。当上行、下行隧道内净距离小于等于 15m 时，可沿双线隧道外侧布置。隧道工作井勘探孔间距宜为 20～35m，且勘探孔数量不应少于 3 个。

4）勘探孔深度要求

勘探孔深度应根据场地质条件及设计方案综合确定，应满足基坑支护稳定性验算、降水或止水帷幕设计的要求，并符合下列规定：

① 在松散地层中，一般性勘探孔的深度不宜小于隧道底板以下 1.5 倍隧道横断面最大高度；控制性勘探孔不宜小于隧道底板以下 2.5 倍隧道横断面最大高度；在微风化及中等风化岩石地层中孔深应进入隧道底板以下，且不宜小于 1.0 倍隧道横断面最大高度。

② 一般性勘探孔进入结构底板以下不应小于 15m；在结构埋深范围内如遇全风化、

强风化岩石地层进入结构底板以下不应小于10m；在结构埋深范围内如遇中等风化、微风化岩石地层进入结构底板以下不应小于5m。

③ 对于盾构法隧道，勘探孔深度不宜小于隧道底以下2.5D（D为盾构隧道外径），控制性钻孔深度应达到隧道底板以下2.0D～3.0D；敞开段、暗埋段、工作井处勘探孔深度不宜小于2.5H（H为基坑开挖深度），且满足基坑支护、抗拔桩等设计要求。

④ 对于沉管法隧道，勘探孔深度不宜小于隧道底板以下1.0B（B为沉管隧道底宽度），且不宜小于河床下40m；敞开段、暗埋段处勘探孔深度不宜小于2.5H（H为基坑开挖深度）。

⑤ 遇溶洞、暗河及不良地质时，应穿透并根据需要加深。

(3) 详细勘察

1) 一般要求

应详细查明隧道工程和相关附属设施的沿线工程地质和水文地质条件，提供土层分布特征及其他物理力学性质指标，分析评价地基、围岩及边坡稳定性，预测可能出现的岩土工程问题；查明地下水类型及相关参数并评价其对工程的影响；进行地震效应分析；查明不良地质及地下障碍物，分析其影响并提供建议和对策。为隧道工程施工图设计提供地基基础、围岩加固与支护、边坡治理、地下水控制、周边环境保护方案建议。

工作前应搜集附有坐标和地形的拟建工程的平面图、纵断面图、荷载、结构类型与特点、施工方法、基础形式及埋深、隧道埋置深度及上覆土层的厚度、变形控制要求等资料。

应充分利用沿线已有资料，综合钻探、物探、原位测试等勘测手段；对单项重点宜开展专门的岩土工程研究。

范围为隧道路线两侧及周围施工影响范围。

2) 工作内容

查明崩塌、错落、岩堆、滑坡、岩溶、自然或人工坑洞、采空区、泥石流、湿陷性黄土、流沙、盐渍土、盐岩、多年冻土、雪崩、冰川等不良地质作用的特征、成因、分布范围、发展趋势和危害程度，提出治理方案的建议。

查明场地范围内岩土层的类型、年代、成因、分布范围、工程特性，分析和评价地基的稳定性、均匀性和承载能力，提出地基基础方案的建议，对需进行沉降计算的建（构）筑物等，提供地基变形计算参数。

分析工程围岩的稳定性和可挖性，对围岩进行分级和岩土施工工程分级，提出对工程有不利影响的工程地质问题及防治措施的建议，提供基坑支护、隧道初期支护和衬砌设计与施工所需的岩土参数。

分析边坡的稳定性，提供边坡稳定性计算参数，提出边坡治理的工程措施建议。

查明对工程有影响的地表水体的分布、水位、水深、水质、防渗措施、淤积物分布及地表水与地下水的水力联系等，分析地表水体对工程可能造成的危害。

查明地下水的埋藏条件，提供场地的地下水类型、勘察时水位、水质、岩土渗透系数、地下水位变化幅度等水文地质资料，分析地下水对工程的作用，提出地下水控制措施的建议。

判定地下水和土对建筑材料的腐蚀性。

分析工程周边环境与工程的相互影响，提出环境保护措施的建议。

应确定场地类别，对抗震设防烈度大于 6 度的场地，应进行液化判别，提出处理措施的建议。

在季节性冻土地区，应提供场地土的标准冻结深度。严寒地区的大型越冬基坑应评价各土层的冻胀性，并应对特殊土受开挖、振动影响以及失水、浸水影响引起的土的特性参数变化进行评估

查明各岩土层的分布，提出各岩土层的物理力学性质指标及设计、施工所需的基床系数、静止侧压力系数、热物理指标和电阻率等岩土参数。

查明不良地质作用、特殊性岩土及对工程不利的饱和砂层、卵石层、漂石层等地质条件的分布特征，分析其对工程的危害和影响，提出工程防治措施的建议。

在基岩地区应查明岩石风化程度，岩层层理、片理、节理等软弱结构面的产状及组合形式，断裂构造和破碎带的位置、规模、产状和力学属性，划分岩体结构类型、分析隧道偏压的可能性及危害。

对隧道围岩的稳定性进行评价，分析隧道开挖、围岩加固及初期支护等可能出现的岩土工程问题，提出防治措施建议，提供隧道围岩加固、初期支护和衬砌设计与施工所需的岩土参数。

对基坑边坡的稳定性进行评价，分析基坑支护可能出现的岩土工程问题，提出防治措施建议，提供基坑支护设计所需的岩土参数。

分析地下水对工程施工的影响，预测基坑和隧道突水、涌砂、流土、管涌的可能性及危害程度。

分析地下水对工程结构的作用，对需采取抗浮措施的工程，提出抗浮设防水位的建议，提供抗拔桩或抗浮锚杆设计所需的各岩土层的侧摩阻力或锚固力等计算参数，必要时对抗浮设防水位进行专项研究。

分析评价工程降水、岩土开挖对工程周边环境的影响，提出周边环境保护措施的建议。

对出入口与通道、风井与风道、施工竖井与施工通道、联络通道等附属工程及隧道断面尺寸变化较大区段，应根据工程特点、场地地质条件和工程周边环境条件进行岩土工程分析与评价。

对地基承载力、地基处理和围岩加固效果等的工程检测提出建议，对工程结构、工程周边环境、岩土体的变形及地下水位变化等的工程监测提出建议。

3) 勘探工作量布置要求

勘探点应根据场地复杂程度、工程类别及工程的埋深、断面尺寸等特点可按表 2.4-5 的规定综合确定。

勘探点间距（单位：m） 表 2.4-5

场地复杂程度		复杂场地	中等复杂场地	简单场地
山岭隧道	洞口段	1~2 个横断面，每个断面不少于 3 个钻孔	1~2 个横断面,每个断面 2~3 个钻孔	1 个横断面，2~3 个钻孔
	洞身段	30~50	50~100	100~150
其他隧道		10~30	30~40	40~50

隧道主体勘探点宜沿结构轮廓线布置，结构角点以及出入口与通道、风井与风道、施工竖井与施工通道等附属工程部位应有勘探点控制。

勘探点宜在隧道结构外侧3～5m的位置交叉布置。

在隧道洞口、陡坡段、大断面、异型断面、工法变换等部位以及联络通道、渡线、施工竖井等应有勘探点控制，并布设剖面。

4）盾构法隧道勘探孔平面布置要求：

工作井勘察孔间距宜为15～30m，且不宜少于3个孔。

连接通道处的勘探孔应结合结构特点、施工工艺布置，且不宜小于2个孔。

敞开段、暗埋段根据线型特点布孔，总宽度小于等于25m时可按轴线投影布置，投影间距宜小于等于35m；总宽度大于25m时按单边布置，孔距宜在50m以内。若设置桩基，则孔距应同时满足桩基设计要求。

5）沉管法隧道勘探孔平面布置要求：

隧道勘探孔可沿隧道轴线和边线布设，呈梅花状排列，孔距宜为35～50m，并须在成槽浚挖范围内适当布孔。

当采用桩基础时，孔距应满足桩基设计要求。

敞开段、暗埋段的勘探孔平面布置参照盾构法隧道。

6）山岭隧道及岩溶发育场地宜布置物探测线，开展高密度电法、地震波法、跨孔CT法等地球物理勘探。物探测线宜沿隧道轴线平行布设。

7）勘探孔深度要求

控制性勘探孔的深度应满足地基、隧道围岩、基坑边坡稳定性分析、变形计算以及地下水控制的要求。

控制性勘探孔进入结构底板以下不应小于2.5倍隧道直径（宽度）或进入结构底板以下中等风化或微风化岩石不应小于5m。一般性勘探孔进入结构底板以下不应小于1.5倍隧道直径（宽度）或进入结构底板以下中等风化或微风化岩石不应小于3m。

对于盾构法隧道，一般性勘探孔深不宜小于隧道底以下$1.5D$～$2.5D$（D为盾构隧道外径）；控制性勘探孔不宜小于隧道下$2.5D$～$3.0D$；敞开段、暗埋段、工作井处一般性勘探孔深度不宜小于$2.5H$（H为基坑开挖深度），且应满足桩基设置及不同施工工艺和沉降计算的要求。

对于沉管法隧道，一般性勘探孔深不宜小于隧道底以下$0.6B$（B为沉管隧道底宽度），且不小于河床下30m；控制性勘探孔不宜小于隧道下$1.0B$，且不小于河床下40m；在微风化及中等风化岩石地层中孔深应进入隧道底板以下0.5倍隧道横断面最大高度并不小于5m。当采用桩基础时，勘探孔深度应按桩基勘察要求进行。敞开段、暗埋段的勘探孔深度可参照盾构法隧道要求布置。

遇溶洞、暗河及不良地质时，应穿透并进入下伏稳定地层不少于5m。

当采用承重桩、抗拔桩或抗浮锚杆时，勘探孔的深度应满足其设计要求。

当预定深度范围内存在软弱土层时，勘探孔应适当加深。松散地层中的一般性勘探孔深度不宜小于隧道底板以下1.5倍隧道横断面最大高度，控制性勘探孔不宜小于隧道底板以下2.5倍隧道横断面最大高度。

8）勘探孔数量要求

控制性勘探孔的数量不应少于勘探点总数的 1/3。采取岩土试样及原位测试勘探孔的数量不应少于勘探点总数的 2/3。

(4) 施工勘察

1) 施工专项勘察适用情况

场地地质条件复杂、施工工程中出现地质异常，对工程结构及工程施工产生较大危害。隧道通过有害气体、放射性物质或有害矿体的地层时，应查明其分布范围、有害成分和含量，并预测和评价其对施工、运营的影响，提出防治措施。

场地存在暗浜、古河道、空洞、岩溶、土洞等不良地质条件影响工程安全。进行超前探测及时预报解决施工过程中遇到的工程地质和水文地质问题。

场地存在孤石、飘石、球状风化体、破碎带、风化深槽等特殊岩土体对工程施工造成不利影响。

场地地下水位变化较大或施工中发现不明水源，影响工程施工或危及工程安全。

施工方案有较大变更或采用新技术、新工艺、新方法、新材料，详细勘察资料不能满足要求。

基坑或隧道施工工程中出现桩（墙）变形过大、基底隆起、涌水、坍塌、失稳等岩土工程问题，或发生地面沉降过大、地面塌陷、相邻建筑开裂等工程环境问题。

工程降水，土体冻结，盾构始发（接收）井端头、联络通道的岩土加固等辅助工法需要时。

需进行施工勘察的其他情况。

2) 施工专项勘察要求

搜集施工方案、勘察报告、工程周边环境调查报告以及施工中形成的相关资料。

搜集和分析工程检测、监测和观测资料。

充分利用施工开挖面了解工程地质条件，分析需要解决的工程地质问题。

根据工程地质问题的复杂程度、已有的勘察工作和场地条件等确定施工勘察的方法和工作量。

针对具体的工程地质问题进行分析评价，并提供所需岩土参数，提出工程处理措施的建议。

(5) 工法勘察

1) 一般要求

各勘察阶段均应开展工法勘察工作，满足相应阶段工法设计深度的要求。

2) 明挖法勘察

明挖法勘察应提供放坡开挖、支护开挖及盖挖等设计、施工所需要的岩土工程资料。为下列工作提供勘察资料：

① 基坑支护设计与施工。

② 土方开挖设计与施工。

③ 地下水控制设计与施工。

④ 基坑突涌和基底隆起的防治。

⑤ 施工设备选型和工艺参数的确定。

⑥ 工程风险评估、工程周边环境保护以及工程监测方案设计。

明挖法勘察应符合下列要求：

① 查明场地岩土类型、成因、分布与工程特性；重点查明填土、暗浜、软弱土夹层及饱和砂层的分布，基岩埋深较浅地区的覆盖层厚度、基岩起伏、坡度及岩层产状。

② 根据开挖方法和支护结构设计的需要提供必要的岩土参数。

③ 查明场地水文地质条件，判定人工降低地下水位的可能性，为地下水控制设计提供参数；分析地下水位降低对工程及工程周边环境的影响，当采用坑内降水时还应预测地下水位对基底、坑壁稳定性的影响，并提出处理措施的建议。

④ 根据粉土、粉细砂分布及地下水特征，分析基坑发生突水、涌砂流土、管涌的可能性。

⑤ 搜集场地附近既有建（构）筑物基础类型、埋深和地下设施资料，并对既有建（构）筑物、地下设施与基坑边坡的相互影响进行分析，提出工程周边环境保护措施的建议。

⑥ 明挖法勘察宜在开挖边界外按开挖深度的 1~2 倍范围内布置勘探点，当开挖边界外无法布置勘探点时，可通过搜集、调查取得相应资料。对于软土勘察范围尚应适当扩大。

⑦ 明挖法勘探点间距及平面布置应符合本书前述规定的要求，地层变化较大时，应加密布设勘探点。

⑧ 明挖法勘探孔深度应满足基坑稳定性分析、地下水控制、支护结构设计的要求。

⑨ 放坡开挖法勘察应提供边坡稳定性计算所需岩土参数，提出人工边坡最佳开挖坡形和坡角、平台位置及边坡坡度允许值的建议。

3）盖挖法勘察

盖挖法勘察应查明支护桩墙和立柱桩端的持力层深度、厚度，提供桩墙和立柱桩承载力及变形计算参数。

4）矿山法勘察

矿山法勘察应提供全断面法、台阶法、洞桩（柱）法等施工方法及辅助工法设计、施工所需要的岩土工程资料。应为下列工作提供勘察资料：

① 隧道轴线位置的选定。

② 隧道断面形式和尺寸的选定。

③ 洞口、施工竖井位置和明、暗挖施工分界点的选定。

④ 开挖方案及辅助施工方法的比选。

⑤ 围岩加固、初期支护及衬砌设计与施工。

⑥ 开挖设备选型及工艺参数的确定。

⑦ 地下水控制设计与施工。

⑧ 工程风险评估、工程周边环境变化和工程监测方案设计。

矿山法勘察应符合下列要求：

① 土层隧道应查明场地岩土类型、成因、分布与工程特性；重点查明隧道通过土层的性状、密实度及自稳性，古河道、古湖泊、地下水、饱和粉细砂层、有害气体的分布，填土的组成、性质、厚度。

② 在基岩地区应查明基岩起伏、岩石坚硬程度、岩体结构形态和完整状态、岩层风

化程度、结构面发育情况、构造破碎带特征、岩溶发育及富水情况、围岩的膨胀性等。

③ 了解隧道影响范围内的地下人防、地下管线、古墓穴及废弃工程的分布，以及地下管线渗漏、人防充水等情况。

④ 根据隧道开挖方法及围岩岩土类型与特征，提供所需的岩土参数。

⑤ 预测施工可能产生突水、涌砂、开挖面坍塌、冒顶、边墙失稳、洞底隆起、岩爆、滑坡、围岩松动等风险的地段，并提出防治措施的建议。

⑥ 查明场地水文地质条件，分析地下水对工程施工的危害，建议合理的地下水控制措施，提供地下水控制设计、施工所需的水文地质参数；当采用降水措施时应分析地下水位降低对工程及工程周边环境的影响。

⑦ 根据围岩岩土条件、隧道断面形式和尺寸、开挖特点分析隧道开挖引起的围岩变形特征；根据围岩变形特征和工程周边环境变形控制要求，对隧道开挖步序、围岩加固、初期支护、隧道衬砌以及环境保护提出建议。

⑧ 矿山法勘察的勘探点间距及平面布置应符合本书前述规定的要求。

5）盾构法勘察

盾构法勘察应提供盾构选型、盾构施工、隧道管片设计等所需要的岩土工程资料。应为下列工作提供勘察资料：

① 隧道轴线和盾构始发（接收）井位置的选定。

② 盾构设备选型、设计制造和刀盘、刀具的选择。

③ 盾构管片及管片背后注浆设计。

④ 盾构推进压力、推进速度、盾构姿态等施工工艺参数的确定。

⑤ 盾构始发（接收）井端头加固设计与施工。

⑥ 盾构开仓检修与换刀位置的选定。

⑦ 工程风险评估、工程周边环境保护及工程监测方案设计。

盾构法勘察应符合下列要求：

① 查明场地岩土类型、成因、分布与工程特性；重点查明高灵敏度软土层、松散砂土层、高塑性黏性土层、含承压水砂层、软硬不均地层、含漂石或卵石地层等的分布和特征，分析评价其对盾构施工的影响。

② 在基岩地区应查明岩土分界面位置、岩石坚硬程度、岩石风化程度、结构面发育情况、构造破碎带、岩脉的分布与特征等，分析其对盾构施工可能造成的危害。

③ 通过专项勘察查明岩溶、土洞、孤石、球状风化体、地下障碍物、有害气体的分布。

④ 提供砂土、卵石和全风化、强风化岩石的颗粒组成、最大粒径及曲率系数、不均匀系数、耐磨矿物成分及含量，岩石质量指标（RQD），土层的黏粒含量等。

⑤ 对盾构始发（接收）井及区间联络通道的地质条件进行分析和评价，预测可能发生的岩土工程问题，提出岩土加固范围和方法的建议。

⑥ 根据隧道围岩条件、断面尺寸和形式，对盾构设备选型及刀盘、刀具的选择以及辅助工法的确定提出建议，提供所需的岩土参数。

⑦ 根据围岩岩土条件及工程周边环境变形控制要求，对不良地质体的处理及环境保护提出建议。

⑧ 盾构法勘察的勘探点间距及平面布置应符合本书前述规定的要求。

⑨ 盾构下穿地表水体时应调查地表水与地下水之间的水力联系，分析地表水体对盾构施工可能造成的危害。

⑩ 分析评价隧道下伏的淤泥层及易产生液化的饱和粉土层、砂层对盾构施工和隧道运营的影响，提出处理措施的建议。

6）沉管法勘察

沉管法勘察应为下列工作提供勘察资料：

① 沉管法施工的适宜性评价。

② 沉管隧道选址及沉管设置高程的确定。

③ 沉管的浮运及沉放方案。

④ 沉管的结构设计。

⑤ 沉管的地基处理方案。

⑥ 工程风险评估、工程周边环境保护及工程监测方案设计。

沉管法勘察应符合下列要求：

① 搜集河流的宽度、流量、流速、含砂（泥）量、最高洪水位、最大冲刷线、汛期等水文资料。

② 调查河道的变迁、冲淤的规律以及隧道位置处的障碍物。

③ 查明水底以下软弱地层的分布及工程特性。

④ 勘探点应布置在基槽及周围影响范围内，沿线路方向勘探点间距宜为 20～30m。在垂直线路方向勘探点间距宜为 30～40m。

⑤ 勘探孔深度应达到基槽底以下不小于 10m，并满足变形计算的要求。

⑥ 河岸的管节临时停放位置宜布置勘探点。

⑦ 提供砂土水下休止角、水下开挖放坡坡角。

7）沉井法勘察

沉井法勘察应符合下列要求：

① 沉井的位置应有勘探点控制，并宜根据沉井的大小和工程地质条件的复杂程度布置 1～4 个勘探孔。

② 勘探孔进入沉井底以下的深度：进入土层不宜小于 10m，或进入中等风化或微风化岩层不宜小于 5m。

③ 查明岩土层的分布及物理力学性质，特别是影响沉井施工的基岩面起伏、软弱岩土层中的坚硬夹层、球状风化体、漂石等。

④ 查明含水层的分布、地下水位、渗透系数等水文地质条件，必要时进行抽水试验。

⑤ 提供岩土层与沉井侧壁的摩擦系数、侧壁摩阻力。

8）导管注浆法勘察

导管注浆法勘察应符合下列要求：

① 注浆加固的范围内均应布置勘探点。

② 查明土的颗粒级配、孔隙率、有机质含量，岩石的裂隙宽度和分布规律，岩土渗透性，地下水埋深、流向和流速。

③ 宜通过现场试验测定岩土的渗透性。

④ 预测注浆施工中可能遇到的工程地质问题，并提出处理措施的建议。

9）冻结法勘察

冻结法勘察应符合下列要求：

① 查明需冻结土层的分布及物理力学性质，其中包括含水量、饱和度、固结系数、抗剪强度。

② 查明需冻结土层周围含水层的分布，提供地下水流速、地下水中的含盐量。

③ 提供地层温度、热物理指标、冻胀率、融沉系数等参数。

④ 查明冻结施工场地周围的建（构）筑物、地下管线等分布情况，分析冻结法施工对周边环境的影响。

2.5 地下管线探测

2.5.1 目的

探明测区范围内地下管线类型及空间分布等有关物性参数，为设计和施工采用针对性措施提供相关依据资料。

2.5.2 要求

1. 探测范围

（1）水域物探测宽可根据路线比选范围及结构特点确定，宜控制在路线轴线上下游各 50～150m 范围内。

（2）陆域测宽控制在拟选路线结构边线外侧各 50m 范围内。

（3）路线确定后测宽宜控制在隧道结构边线外 25～30m 范围内。

2. 地下管线探测

（1）地下管线探测包括地下管线探查和地下管线测绘两个基本内容。地下管线探测的对象应包括埋设于地下的给水、排水、燃气、热力、工业等各种管道以及电力、电信电缆。

（2）地下管线探查应在现场查明各种地下管线的敷设状况，即管线在地面上的投影位置和埋深，同时应查明管线类别、材质、规格、载体特征、电缆根数、孔数及附属设施等，绘制探查草图并在地面上设置管线点标志。

（3）地下管线探查应在充分搜集和分析已有资料的基础上，采用实地调查与仪器探查相结合的方法进行。

（4）隐蔽管线探测时应确定其交叉点、分支点、转折点、起终点、变材点、变坡点、变径点、上杆、下杆及管线上的附属设施中心点等特征点在地面的投影位置，对设计、施工有特殊需要的位置也应进行探测。在没有特征点的管线段上，宜在现场按小于或等于 10m 间距设置管线点。

（5）经物探定位的管线点应设置地面标志并绘制点位示意图。

（6）探查所获资料尚不能满足设计与施工要求时，应开挖调查与测绘。

（7）地下管线探测的管线点包括线路特征点和附属设施（附属物）中心点，可分为明显管线点和隐蔽管线点两类。明显管线点应进行实地调查和量测有关参数。隐蔽管线点应采用物探方法,利用仪器探测或通过打样洞方法探查其位置及埋深。对地下管线探测的所有管线点均应在地面设置明显标志。

(8)地下管线探测采用的地形图比例尺应与城市基本地形图比例尺一致,施工场地管线探测地形图比例尺可按实际情况而定。

(9)地下管线现场探测前,应全面搜集和整理测区范围内已有的地下管线资料和有关测绘资料,宜包括下列内容:

1)已有的各种地下管线图。
2)各种管线的设计图、施工图、竣工图及技术说明资料。
3)相应比例尺的地形图。
4)测区及其邻近测量控制点的坐标和高程。

(10)现场踏勘应在搜集、整理和分析已有资料的基础上进行。踏勘应包括:

1)核查搜集的资料,评价资料的可信度和可利用程度。
2)察看测区的地物、地貌、交通和地下管线分布出露情况、地球物理条件及各种可能的干扰因素。
3)核查测区内测量控制点的位置及保存状况。

(11)实地调查要求:

1)对明显管线点上所出露的地下管线及其附属设施应作详细调查、记录和量测。
2)应查明每一条管线的性质和类型,要求如下:

给水管道可按给水的用途分为生活用水、生产用水和消防用水。

排水管道可按其所传输的燃气性质分为煤气、液化气和天然气;按燃气管道的应力 P 大小分为低压($P \leqslant 5\text{kPa}$)、中压($5\text{kPa} < P \leqslant 0.4\text{MPa}$)和高压($0.4\text{MPa} < P \leqslant 1.6\text{MPa}$)。

工业管道可按其所传输的材料性质分为氢、氧、乙炔、石油、排渣等;按管内压力 P 大小分为无压或自流($P=0$)、低压($0 < P \leqslant 1.6\text{MPa}$)、中压($1.6\text{MPa} < P \leqslant 10\text{MPa}$)和高压($P > 10\text{MPa}$)。

热力管道可按其所传输的材料分为热水和蒸汽。

电力电缆可按其功能分为供电(输电或配电)、路灯、电车等;按电压 V 的高低可分为低压($V \leqslant 1\text{kV}$)、高压($1\text{kV} < V \leqslant 110\text{kV}$)和超高压($V > 110\text{kV}$)。

电信电缆可按其功能分为电话电缆、有线电视和其他专用电信电缆等。

3)地下管线的埋深可分为内底埋深、外顶埋深和外底埋深,各种地下管线实地调查要求见表2.5-1。

各种管线实地调查项目　　　　　表2.5-1

管线类别		埋深		断面		根数	材质	构筑物	附属物	载体特征			埋设年代	权属单位
		内底	外顶	管径	宽×高					压力	流向	电压		
给水			○	○			○	○	○				○	○
排水	管道	○		○			○	○	○	○			○	○
	方沟	○			○		○	○	○	○			○	○

续表

管线类别		埋深		断面		根数	材质	构筑物	附属物	载体特征			埋设年代	权属单位
		内底	外顶	管径	宽×高					压力	流向	电压		
燃气			○	○			○	○	○	○			○	○
工业	自流	○		○			○	○	○		○		○	○
	压力		○	○			○	○	○	○			○	○
热力	有沟道	○			○		○	○	○		○		○	○
	无沟道		○	○			○	○	○				○	○
电力	管块		○	○	○	○	○	○	○			○	○	○
	沟道	○			○	○	○	○	○				○	○
	直埋		○	○		○	○	○	○			○	○	○
电信	管块		○	○	○	○	○	○	○				○	○
	沟道	○			○	○	○	○	○				○	○
	直埋		○	○		○	○	○	○				○	○

注：表中"○"表示应实地调查的项目。

地下沟道或自流的地下管道应量测其内底埋深；有压力的地下管道应量测其外顶埋深。

直埋电缆和管块应量测其外顶埋深；沟道应量测其内底埋深。

地下隧道或顶管工程施工场地的地下管线应量测其外底埋深。

4）地下管道及埋设电缆的管沟应量测其断面尺寸。圆形断面应量测其内径；矩形断面应量测其内壁的宽和高。

5）在明显管线点上，应查明地下各种管线上的建（构）筑物和附属设施（表2.5-2）。

地下各种管线上的建（构）筑物和附属设施　　表2.5-2

管线类别	建（构）筑物	附属设施
给水	水源井、给水泵站、水塔、清水池、净化池	阀门、水表、消火栓、排气阀、排泥阀、预留接头、阀门井
排水（雨水、污水）	排水泵站、沉淀池、化粪池、净化构筑物、暗沟地面出口	检查井、跌水井、水封井、冲洗井、沉泥井、进出水口、污水箅、排污装置
燃气、热力及工业管道	调压房、煤气站、锅炉房、动力站、储气站、冷却塔	涨缩器、排气（排水、排污）装置、凝水井、各种窨井、阀门
电力	变电所（站）、配电室、电缆检修井、各种塔（杆）	杆上变压器、露天地面变压器、各种窨井、人孔井
电信	变电所、控制室、电缆检修井、各种塔（杆）、增音站	交接箱、分线箱、各种窨井、检修井

（12）地下管线测量

1）地下管线测量前，应收集测区已有管线和地形资料。

2）对管线点的地面标志进行平面位置和高程连测；计算管线点的坐标和高程、测定地下管线有关的地面附属设施和地下管线的带状地形测量，编制成果表。

2.6 专题报告及批文

隧道应对各设计阶段遇到的涉及工程建设可行性、安全性、环境保护、社会影响等重大议题进行专题论证，提交专题报告并报请主管部门批准，主要如表 2.6-1 所示。

隧道主要专题报告一览表　　　　　　　　表 2.6-1

序号	名称	备注
1	选址论证报告	可研阶段
2	方案论证报告	可研阶段
3	环境影响评价报告	施设阶段
4	交通流量预测研究报告	可研阶段或初设阶段
5	航道通航条件影响评价报告	可研阶段或初设阶段
6	通航安全影响论证报告	可研阶段或初设阶段
7	防洪评价、河床演变	可研阶段或初设阶段
8	水文分析报告	可研阶段或初设阶段
9	地质灾害危险性评估报告	可研阶段或初设阶段
10	场地地震安全性评价报告	可研阶段或初设阶段
11	水土保持方案报告	可研阶段或初设阶段
12	节能评估报告	可研阶段或初设阶段
13	社会稳定风险分析评估报告	可研阶段或初设阶段

相关规范

[1]《城市轨道交通岩土工程勘察规范》GB 50307—2012
[2]《道路隧道设计规范》上海市规范　DG/TJ08—2033—2008
[3]《市政工程勘察规范》CJJ 56—2012
[4]《城市地下管线探测技术规程》CJJ 61—2003

第 3 章
交通分析及建设规模

3.1 路网分析与功能定位

3.1.1 路网分析和功能定位

隧道的服务对象以机动车为主,部分过江隧道可以兼顾过境市政管线(如电力、通信、给水等)及轨道交通,少量短隧道可同时设置行人道、非机动车道。

隧道的功能以交通功能为主,兼顾城市的其他功能,主要有:

(1) 穿越山体、水体等障碍,保证交通不中断,实现路网规划意图。

(2) 提高设置隧道方向的交通通行能力,减少道路交叉节点各方向交通的相互干扰,从而提高节点以及路网的通行能力。

(3) 从景观和环境方面考虑,隧道与桥梁相比较有优势。

(4) 节约土地资源,利用地下空间,增加城市空间使用效率。

城市路网是城市的骨架及城市运行的动脉,城市隧道设计的路网分析主要指根据项目周边的路网规划确定隧道所在道路的等级、功能定位、与周边路网的衔接、交通节点功能等。

隧道功能定位主要由所在道路在路网(现状路网和规划路网)、沿线环境(现状环境及规划环境)中的功能定位及其服务范围所决定。

《城市道路工程设计规范》CJJ 37 中对道路分级的说明如下:

城市道路应按道路在道路网中的地位、交通功能以及对沿线的服务功能等,分为快速路、主干路、次干路和支路四个等级,并应符合下列规定:

(1) 快速路应中央分隔、全部控制出入、控制出入口间距及形式,应实现交通连续通行,单向设置不应少于两条车道,并应设有配套的交通安全与管理设施。

快速路两侧不应设置吸引大量车流、人流的公共建筑物的出入口。

(2) 主干路应连接城市各主要分区,应以交通功能为主。主干路两侧不宜设置吸引大量车流、人流的公共建筑物出入口。

(3) 次干路应与主干路结合组成干路网,应以集散交通的功能为主,兼有服务功能。

(4) 支路宜与次干路和居住区、工业区、交通设施等内部道路相连接,应解决局部地区交通,以服务功能为主。

城市道路按其服务功能可分为交通性道路、生活性道路、景观道路等。隧道的建设应该与道路在路网中功能相适应,并与沿线环境相协调。

1. 交通性道路

交通性道路用来解决城市各用地分区之间的交通联系以及为城市对外枢纽之间的联系。交通性道路的特点是满足大量的交通流保持畅通，速度较快，交通流之间没有或很少有干扰，保证道路的畅通。这种道路一般情况可考虑设置桥梁，但如果周边居民密集，环境要求高，则可考虑隧道。

在交通性道路，隧道的功能主要为保证主要交通量的流向交通能力，提供快速通行的条件。下穿江河、山体的隧道、下穿一条或多条相交道路的主线隧道或立交匝道隧道较为常见；系统性的多点进出隧道在超大城市交通需求大、用地紧张、两侧环境要求高的区域逐渐出现。

正在建设的上海北横通道全长 19.4km（图 3.1-1），一端连着中环北虹路，一端连着周家嘴路越江工程，横跨长宁、静安、普陀、闸北、虹口、杨浦等 6 个中心城区，是上海市中心城"三横三纵"骨架性主干路网的组成部分，对支撑上海城市东西向主轴发展、服务中心城苏州河以北区域沿线重点地区、提高中心城东西向交通的可靠性、分流延安路交通压力有着较强作用，因此这条中心城区的快速通道堪称"地下的延安路高架"。道路等级为城市主干路，设计车速为每小时 60km，由地面、隧道和高架道路组合而成。其中，北虹路至泸定路、长安路至晋元路段为主线 4 车道高架道路；泸定路至长安路、晋元路至虹口港为主线 4 车道地下道路，地下道路净空 3.2m；吴淞路以东为双向 8 车道地面道路，保留非机动车和行人通行功能。全线隧道段约 10.5km，高架道路约 2.4km。

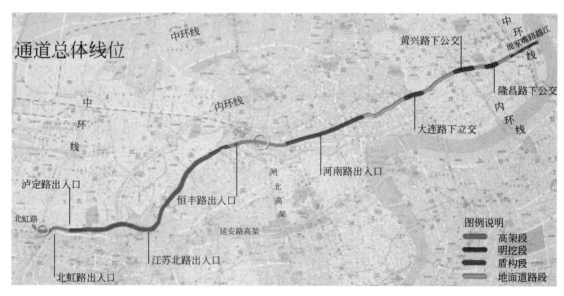

图 3.1-1　上海北横通道总体线位图

2. 生活性道路

生活性道路一般以满足城市生活性交通要求为主要功能的道路，主要解决城市各用地分区内部的生产和生活活动的需要，多为城市居民购物、社交等活动服务，其特点是车速慢，以客运为主，以步行和自行车交通为主。

在市区以小客车交通为主，用地受限，道路拓宽困难的情况下，立交节点修建技术标准较低的小客车专用隧道，既可以减少工程规模，也可以迅速与地面道路衔接，减少征拆范围，减少对周边环境的影响。地下车库联络隧道可采用小客车专用隧道的形式。

3. 景观道路

(1) 隧道作为景观道路组成部分

城市的景观大道为了解决交通需求而设置高架桥或隧道时，由于立交高架桥的建设对城市道路的空间造成一定的景观不利影响，如桥底空间压抑，绿化生长困难，噪声污染等，通常会选择隧道的形式。隧道除了要满足交通功能外，还应关注对隧道的景观设计，满足道路的景观要求，例如在隧道敞开段、隧道洞口、隧道暗埋段的地表，隧道的内部照明以及侧壁面板装饰等方面进行景观设计。

(2) 隧道与景观道路分离

考虑景观道路的空间要求，将通过的主要机动车交通采用隧道分离的形式，隧道功能以满足交通需求为主。

例如，上海外滩隧道，是位于上海外滩地下的城市快速路，南起中山南二路老太平弄，沿中山南二路、中山东二路、中山东一路、吴淞路至海宁路，全长 3.3km，其中在延安东路和长治路各有出入口。

上海外滩隧道于 2010 年 3 月 28 日正式建成通车。外滩的地面道路由原来的双向 10 车道降低至双向 4 车道，通过把目前大量的过境交通从地面转入地下，重塑外滩功能，重现外滩风貌，将外滩地面由一个以车为主的空间转变为一个以人为主的空间，也将百年历史建筑从交通的纷杂干扰中解脱出来。

3.1.2 案例分析

1. 广州金光东路隧道（在建）

广州金光东路隧道一端连接广州大学城，一端连接广州创新城，见图 3.1-2。起点位于金光东大道规划路，规划南大干线以北，沿金光东大道往北经新造水道，止于广州大学城外环路与中八路交叉口，线路全长约 2.3km。

从路网上分析，大学城与国际创新城周边有高速公路、城市快速路等高等级路网围绕，其中南沙港快速路、新化快速路、广明高速均为收费道路。

南沙港快速与新化快速间距约 5km，主要为大学城组团与国际创新城组团对外联系的远距离交通服务，并且为过境交通提高较好的交通条件。

广州金光东路隧道功能定位为城市主干路，主要为大学城与国际创新城间短距离交通服务，以承担组团（大学城组团与创新城组团）间联系为主，不宜作为区域过境交通通道。过江段设计为双向 4 车道沉管隧道。

在隧道的两端与路网衔接的选择上，不宜直接与交通性骨架路网直接相连，避免成为过境交通的选择路径，从而对大学城的区域交通造成较大冲击。隧道与大学城外环路节点设计应根据大学城的路网特点和总体布局，分清主次交通流，避免大量的过境交通对大学城核心区的干扰，根据交通转换的需求，至少应保证西往南和南往东两个方向的转向交通。因此，隧道与大学城外环路节点的设置方式宜采用平交或简易立交，尽量避免采用互通立交。

如果将隧道线位往北延伸，穿越大学城，通过生物岛隧道连接环城高速公路；南侧延

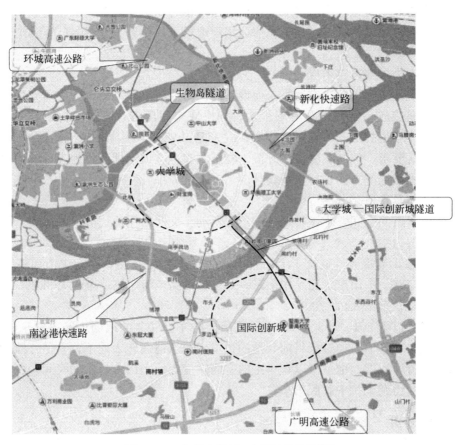

图 3.1-2　广州大学城—国际创新城隧道

长连接广明高速公路；并且在两端节点设置较强的交通功能；就会导致大量过境交通为了逃避收费公路上的费用，选择通过该交通走廊，对大学城和国际创新城的组团内部交通产生很大影响。

2. 广州如意坊放射线工程隧道（在建）

如意坊放射线是内环路的七条放射线之一，起点接内环路如意坊立交，终点接环城高速及广珠西线，是连接内环路与环城高速及向外继续辐射的联络性交通走廊，是广州市快速路网的重要组成部分，见图 3.1-3。

如意坊放射线不仅起终点连接广州市的高快速路，在芳村片区与芳村大道、穗盐路、龙溪大道、花地大道南等重要道路相交，见图 3.1-4。因此其功能定位为城市快速路，需满足快速交通功能及服务沿线功能。具体如下：

（1）是内环与环城高速的快速连接通道，实现内、外环交通快速转换；

（2）是广佛过境交通的重要通道，芳村中心区第二道过境交通屏蔽半环；

（3）是芳村地区重要的对外疏散通道；

（4）是芳村地区内部各组团间实现快速联系的重要通道。

如意坊放射线隧道作为项目的关键节点，过江段按双向 6 车道沉管隧道进行设计，在隧道两端与内环路、芳村大道节点的功能也尽量设置较强的交通功能。

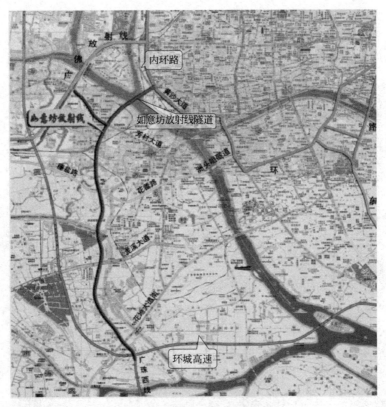

图 3.1-3　广州如意坊放射线路网图

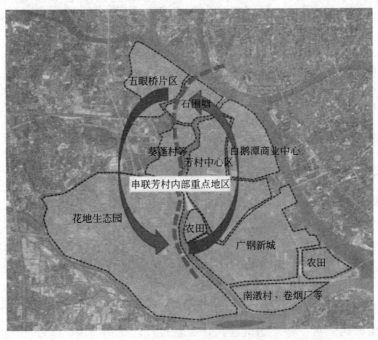

图 3.1-4　广州如意坊放射线连接芳村片区组团示意图

(1) 芳村大道立交

芳村大道立交设置为全互通立交，除了保证如意坊放射线和芳村大道主线交通分离外，还设置了四个方向的左转、右转匝道，以及南往北一对上下匝道，见图3.1-5。

图3.1-5 广州如意坊放射线芳村大道立交主要功能示意图

设置为三层互通立交：

1）第一层（地面）：芳村大道及四个右转辅道，芳村大道双向8车道，右转辅道为2～3车道；

2）第二层（高架）：如意坊主线双向6车道跨线桥、西往北环形左转匝道、西往南右转匝道；

3）第三层（高架）：北往东左转匝道、南往西左转匝道、南往东右转匝道。

(2) 内环路立交

内环路立交设计了三个方面的功能。

1）内环路高架与主线隧道连接：设置3条匝道连接内环路，其中2条北往返西方向双车道匝道，1条西往右转单匝道。东往南方向左转交通量较少，且可通过内环路东侧匝道提前接地，通过地面黄沙大道转换。见图3.1-6。

2）地面道路与主线隧道连接：通过在匝道和隧道两侧的地面辅道，可实现黄沙大道、多宝路及周边地面道路与主线隧道的连接，实现过江。见图3.1-7。

3）地面层与内环路高架连接：隧道两侧设置地面辅道，连接内环路高架与黄沙大道、多宝路及周边地面道路。见图3.1-8。

图 3.1-6　广州如意坊放射线内环路立交内环路高架与主线隧道连接示意图

图 3.1-7　广州如意坊放射线内环路立交地面道路与主线隧道连接示意图

3. 长沙营盘路湘江隧道

长沙营盘路湘江隧道位于银盆岭大桥与橘子洲大桥间,东起营盘路,西接咸嘉湖路,下穿潇湘大道、傅家洲、橘子洲和湘江大道。见图 3.1-9。

图 3.1-8　广州如意坊放射线内环路立交地面道路与内环路高架桥连接示意图

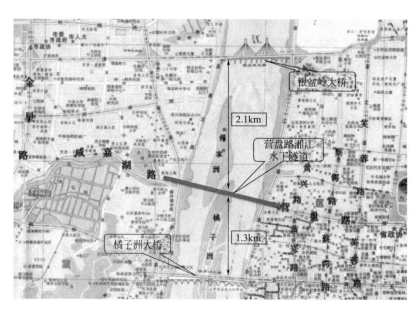

图 3.1-9　长沙营盘路湘江隧道周边路网

隧道轴线横穿的两岸沿江大道（潇湘大道和湘江大道）为长沙市城市内部"三横五纵"中的主要城区干道。该隧道是银盆岭大桥和橘子洲大桥之间的又一条长沙市东西向的大通道，鉴于两岸交通不断增长的需求，该隧道的功能应为一条东西为主、连接南北为辅道路，即除东西向的道路接线外，该隧道同时也应与南北向的潇湘大道和湘江大道相接。

从路网上分析，营盘路湘江隧道的定位为城市主干路，功能主要如下：

（1）西侧连通湘江西岸新城，东侧连通湘江东中心城区。该隧道作为新的东西向交通主轴，同城市发展主轴相吻合。

（2）目前中心区越江交通趋于饱和，银盆岭大桥、橘子洲大桥交通拥挤度已达到 0.95 以上，该项目将改善中心区越江交通格局，加密路网。

（3）实现东西方向的本隧道与南北方向的潇湘大道和湘江大道的交通流向转化。

（4）更有效地缓解银盆岭大桥和橘子洲大桥的东西向交通压力。

（5）匹配路网交通分配，更好的完善路网交通，形成网络交通、立体交通。

隧道主线设计为双向四车道，设计速度 50km/h，匝道设计速度 40km/h。其中主线分南北两线，北线长约 3km，南线长约 2.7km，另设四个匝道，东岸设一进一出两匝道，进口接主线南侧的湘江中路，出口接北侧的湘江中路，西岸设一进一出两匝道，接主线北侧的潇湘北路。见图 3.1-10。

图 3.1-10　长沙营盘路湘江隧道设计方案图

4. 南昌红谷隧道

红谷隧道位于南昌大桥与八一大桥之间，距上游南昌大桥约 1.4km，距下游八一大桥约 2.3km。红谷隧道西接怡园路，东至沿江中大道。见图 3.1-11。

从路网上分析，营盘路湘江隧道的定位为城市主干路，功能主要如下：

（1）西端连通红谷核心区，东端连通南昌老城区。

（2）分流南昌大桥和八一大桥的交通压力。

（3）东岸为南昌老城区，道路宽度较窄，在现状基础上提高通行能力的可能性较小，所以没有骨架路网可与隧道直接相连，需通过沿江中大道为主、中山西路、朝阳中路为辅的几条路进行多点疏散。

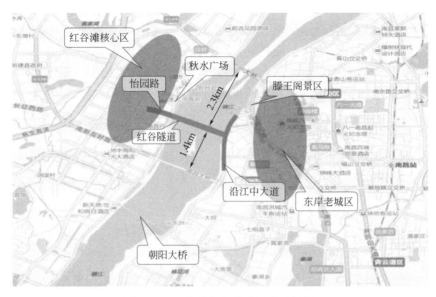

图 3.1-11　南昌红谷隧道周边路网图

隧道主线设计为双向六车道，设计速度 50km/h。采用沉管法，隧道埋深浅，与周边路网衔接好，能实现良好的交通功能。隧道在西岸怡园路上红谷中大道东侧设置 2 条匝道，与红谷中大道可实现左右转联系；由于东岸衔接道路紧邻江边，采用水下"双 Y"型互通立交，设置了 7 条匝道与沿江中大道、中山西路、朝阳中路连接。见图 3.1-12、图 3.1-13。

图 3.1-12　南昌红谷隧道方案示意图

图 3.1-13 南昌红谷隧道东侧水下立交方案

5. 青岛胶州湾海底隧道

青岛胶州湾海底隧道位于胶州湾湾口，从路网上分析，胶州湾海底隧道的定位为城市快速路，功能主要是越海，迅速连接青岛和黄岛两地，项目通车之后将使得青岛至黄岛由目前高速公路通行的 1.5h、轮渡通行的 40min 大大缩短。见图 3.1-14、图 3.1-15。

图 3.1-14 青岛胶州湾海底隧道位置图

隧道两端的道路与主要路网相交时，均设置了功能较强的互通立交，疏解海底隧道的交通。见图 3.1-16、图 3.1-17。

胶州湾海底隧道全长 7.8km，设计时速 80km/h，双向 6 车道。2010 年 4 月 28 日全线贯通。

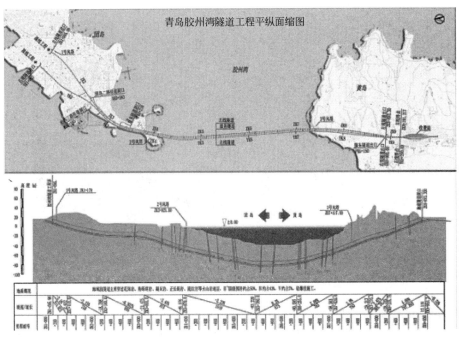

图 3.1-15　青岛胶州湾海底隧道示意图

图 3.1-16　青岛胶州湾海底隧道北端立交节点卫星图

6. 大连湾海底隧道（目前处于设计阶段）

项目起点为港湾广场东侧老港区搬迁改造西端，终点为中华路南端，连接甘井子区和中山区。隧道全长 8.45km，其中海域部分 3.5km，南岸陆地 1.95km，北岸陆地 3.0km。见图 3.1-18、图 3.1-19。

图 3.1-17 青岛胶州湾海底隧道南端立交节点卫星图

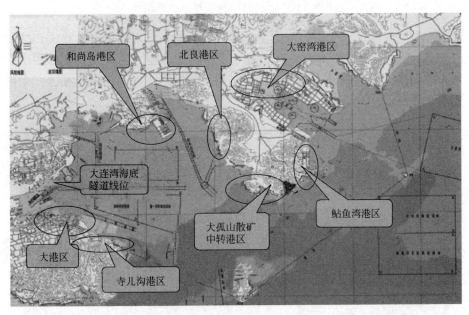

图 3.1-18 "一岛三湾"(大孤山半岛、大窑湾、鲇鱼湾、大连湾)规划示意图

从路网上分析,大连湾海底隧道的定位为城市快速路,功能主要如下:

(1) 越海功能:减少交通绕行,缩短交通距离。

(2) 分流功能:增加交通通道,分流其他现状路网的交通,解决大连市核心区与开发区-保税区之间、核心区与金州城区之间的交通瓶颈问题。

设计方案在海底及北端隧道采用双向六车道,南端设置西、南两个出入口分别与疏港路、延安路连通,分流一部分交通后,隧道主线采用双向四车道。

图 3.1-19　大连湾海底隧道示意图

全线共设置 3 对匝道。北岸梭鱼湾商务区东侧一对平行式隧道匝道接梭鱼湾 20 号路，为梭鱼湾商务区服务；南岸在港池南侧设置一对平行式匝道，为民主广场和中山广场片区服务，港隆西路港湾桥西侧设置一对平行式匝道，为港湾广场、三八广场、二七广场片区服务。见图 3.1-20、图 3.1-21。

图 3.1-20　大连湾海底隧道南端节点交通示意图

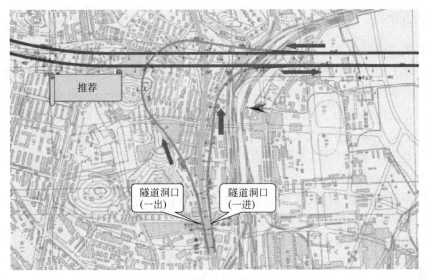

图 3.1-21 大连湾海底隧道北端节点交通示意图

3.2 交通分析

3.2.1 交通量预测要求

交通量预测通常需要根据现状和规划的基础资料进行预测,通常采用四阶段法,也有采用基于 OD 反推理论的交通预测方法、通道交通量预测方法、增长率法等。

城市隧道交通量预测的方式和成果与一般道路工程基本一致,交通预测工作开展所需交通预测方法、交通预测基础条件、交通量预测模型、相关预测系数、交通预测结果、通行能力和服务水平评价等内容请参见本设计手册系列《城市道路桥隧设计手册》中《城市道路分册》的交通量预测章节。本章节主要对隧道工程对交通量预测的成果的特殊需求进行说明。

隧道工程的交通量预测应提供以下方面的成果:

(1) 隧道断面的每日标准车流量及高峰小时流量,作为隧道断面车道数的设计依据之一;混合车型的高峰小时交通量,作为隧道通风设计依据之一;

(2) 隧道两端节点的各转向交通高峰小时流量,作为节点方案的设计依据之一;

(3) 交通量的车型组成及柴油车和汽油车的构成比例,作为隧道建筑限界的选取、隧道通风、防灾的设计依据之一;如果交通量预测无法提供柴油车和汽油车的构成比例,建议可以到当地交警车辆管理所进行调查,或参照《公路隧道通风设计细则》JTG/T D70/2-02—2014 提供的一般比例,如表 3.2-1 所示。

《公路隧道通风设计细则》中的各类车辆发动机类型比例　　　　表 3.2-1

车型	小客车	小货车	大客车	中货车	大货车	集装箱、拖挂车
柴油发动机(%)	10	30	100	80	100	100
汽油发动机(%)	90	70	0	20	0	0

3.2.2 交通分析

1. 重要节点的交通分析

对于隧道工程所在的重要节点或隧道前后相邻的重要节点应该着重进行交通分析。

根据交通量预测的结果、重要节点在路网中所处的地位来拟定重要节点所需提供的功能；结合节点的用地规划、征地拆迁等建设条件对节点方案进行分析、拟定，例如采用立体交叉还是平面交叉、立体交叉的匝道布置方式和采用的技术标准、平面交叉的各转向车道数设置和进出口道的展宽、相邻节点间的交通流交织是否合理等；对拟定方案的通行能力和服务水平进行评价。

对于需要设置隧道立体交叉或隧道平面交叉的节点，应从工程造价、行车环境以及工程建设等方面考虑，建议尽量简化节点的功能，保证主要交通流向的畅通即可。参见本手册中线路及交叉口设计章节。

对隧道前后相邻重要节点的交通分析和节点设计方面内容可参见本设计手册系列《城市道路与桥隧设计手册》中《城市道路设计手册》的交通组织设计、平面交叉设计和立体交叉设计章节。

2. 隧道总体布置相关交通分析

（1）下穿江河、山体的隧道

交通为单点出入，考虑以下因素：

1）隧道横断面车道数的交通通行能力必须满足交通需求。

2）路网的交通分析，影响隧道起终点的选择。

3）根据下一个交叉口的交通量预测，判定是否需设置立交，立交匝道布设的方式。

4）需要设平面交叉口时，隧道出口接地后与交叉口距离需满足隧道交通根据目的地选择左转、直行或右转车道的变换距离；如果有地面道路（辅道）与隧道出口汇流后进入下一个交叉口，应考虑隧道交通与地面交通间，由于选择左转、直行或右转车道产生的交织，距离交叉口的长度应大于交织长度。

5）设置立交时，隧道洞口与立交的距离是否满足匝道设置的平纵线形要求，并且满足出口交通指引预告标志设置的要求；立交交通功能重要，而隧道方案不能满足交通需求的情况下，越江通道需考虑桥梁方案进行比选，穿山隧道应考虑线位以及路网衔接点的调整。

（2）下穿相交道路的隧道

交通为单点出入，考虑以下因素：

1）隧道横断面车道数的交通通行能力必须满足交通需求。

2）根据交通预测的结果，隧道只需下穿一条相交道路还是连续多条相交道路。

3）根据下一个交叉口的交通量预测，判定是否需设置立交，立交匝道布设的方式。

4）需要设平面交叉口时，隧道出口接地后与交叉口距离需满足隧道交通根据目的地选择左转、直行或右转车道的变换距离；如果有地面道路（辅道）与隧道出口汇流后进入下一个交叉口，应考虑隧道交通与地面交通间，由于选择左转、直行或右转车道产生的交织，距离交叉口的长度应大于交织长度。

5）设置立交时，隧道接地点与立交的距离是否满足匝道设置的平纵线形要求，并且满足出口交通指引预告标志设置的要求（图3.2-1）；立交交通功能重要，而隧道方案不能满足交通需求的情况下，应先考虑调整隧道终点的位置，再考虑调整隧道或立交的交通功能。

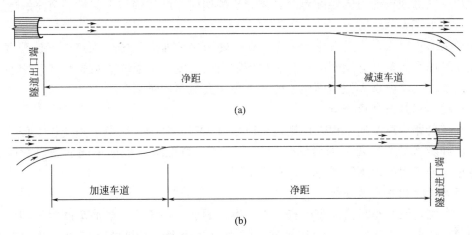

图 3.2-1　隧道洞口与地面立体交叉匝道间净距示意图
（a）隧道与前方主线出口之间；（b）主线入口与前方隧道之间

例如，广州大道隧道主线为双向6车道，地面辅道为双向4车道，考虑沿线相交的叠景路和敦丰路距离较近，所以选择连续下穿这两条道路，由于与下一个节点新滘南路立交距离较近，所以对新滘南路的匝道进行了改造，增加了交织长度。见图3.2-2。

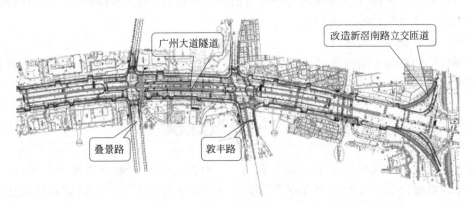

图 3.2-2　广州大道隧道与叠景路、墩丰路和新滘南路立交平面关系图

(3) 系统性的多点进出隧道

系统性的多点进出隧道可以避免景观和环境影响，但是如果存在大量出入口需要与地面道路相联系，其多点进、多点出的特征造成交通组织复杂，特别是在隧道视野受到局限的情况下，这个问题更加突出，交通分析尤为重要。应考虑以下因素：

1) 交通需求按一个连续交通系统进行分析。

2) 主线隧道横断面车道数的交通通行能力必须满足交通需求。

3) 节点的交通量流量大小、流向影响隧道进出口以及隧道立交的布置。根据交通量预测结果，确定匝道出入口设置必要性，以及匝道出入口位置的选择。隧道匝道出入口应与地面的规划路网适应，并考虑地面衔接道路的交通容量和集散能力。隧道匝道出入口间距应使分合流交通对主线交通干扰控制在较小程度，保证主线车流稳定。

4）隧道出入口注意与相邻平面交叉口或立交间的相互影响，如交织长度、交通标志设置距离、交通通行能力的匹配等。具体分析类似前面所述的"下穿相交道路的隧道"。

（4）地下车库联络隧道

交通为多点出入，主要考虑地下车库联络隧道接地面道路的出入口位置是否合理。注意与相邻平面交叉口或立交间的相互影响，如交织长度、交通标志设置距离、交通通行能力的匹配等。具体分析类似前面所述的"下穿相交道路的隧道"。

3. 交通工程相关交通分析

根据《公路隧道交通工程设计规范》JTG/T D71—2004，公路隧道交通工程分级根据隧道长度和隧道交通量两个因素划分为A、B、C、D四级。根据不同的交通交通工程分级，隧道交通工程的设施配置标准也有所不同。

4. 通风设计相关交通分析

同一车型，汽油车、柴油车的有害气体排放量是不一样的，柴油车产生的烟尘会对隧道洞内通风造成很大影响，汽油车排放的烟尘相对较少，且排放成分也与柴油车有所区别；发动机类型相同的汽车，重型车、大型车和小型车的有害气体排放量也不一样；车型组成和发动机类型会影响隧道的通风设计。

当隧道主线或匝道出口与地面交叉口距离较短，在交通量预测时应提供排队长度，排队车辆在隧道中的阻塞或停滞状态，对隧道通风设计影响较大。例如某隧道匝道出口建成后处于拥堵常态，在设计阶段如果通过交通预测、分析获知这种可能性，在通风设计中考虑这种工况，从而改善隧道出口的空气条件。

5. 消防设计相关交通分析

各种车型的最大火灾释放功率不同，车型比例影响防灾设计。是否通行危险化学品车辆，影响隧道的防火设计分类。

3.3 建设规模

城市隧道建设环境较为复杂，建筑密集，征地拆迁困难，地下管线多，迁改费用大，对隧道建设规模影响较大的主要有隧道长度、隧道横断面两个方面。隧道长度和隧道横断面的影响因素主要有：

1. 道路等级及设计速度

隧道的道路等级和设计速度一般情况应与所在道路一致，但如果因为地形地貌、规划用地、立交衔接等原因，在保证通行能力能与路网协调的情况下，可以适当降低隧道的标准，但与隧道两侧衔接道路的设计速度相差不应大于20km/h。

2. 道路通行能力分析

城市隧道的通行能力分析应按隧道设计通行能力、出入口匝道设计通行能力和地面道路设计通行能力分别考虑，要求三者间应能达到相对均衡、协调，既能发挥各自的交通功能，又不能在某个位置形成通行能力的瓶颈。例如隧道的设计通行能力过高，而出入口匝道的设计能力不足，就容易在出入口匝道处形成交通拥堵，影响整个交通系统运行以及交通安全；如果地面道路设计通行能力过高，而由于造价原因衔接的隧道通行能力不足，就容易在隧道两端的进口造成交通拥堵，形成交通黑点。

设计通行能力应根据不同的计算行车速度、绿信比、路口间距等进行折减；该部分内容宜参考《城市道路工程设计规范》CJJ37 和《美国道路能力通行手册》中道路通行能力的计算方法进行计算。

3. 车道规模论证分析

隧道的车道规模论证分析中，应按隧道车道规模、出入口匝道车道规模和地面道路车道规模，结合通行能力分析分别考虑。

3.3.1 隧道长度

隧道的长度对隧道的建设规模影响较大，主要从两个方面进行控制：

1. 隧道起终点

隧道起终点的选择，决定隧道的长度，从而影响隧道的建设规模。隧道起终点的选择需从路网上进行分析，在满足交通功能的前提下，选用隧道长度最短的方案；或在交通功能与工程造价不能兼顾时，选取一个平衡点，即交通功能进行简化，工程造价得到降低的方案。

2. 隧道纵断面

在规范允许的范围内，保障交通安全的前提下，可适当采取较低的技术标准，选取较大的纵坡进行设计，减少隧道的长度。

3.3.2 隧道横断面

1. 车道数

根据交通量预测的成果，选择隧道的车道数，并且对隧道采用的车道数进行适应性评价。

车道数＝预测年限末年交通量÷一条车道的设计通行能力

设计通行能力＝可能通行能力×相应设计服务水平

设计通行能力指在一定的时段，在具体的道路、交通、控制和环境条件下，对应设计服务水平下的最大服务交通流率。

可能通行能力是经过修正的基本通行能力，指在一定的时段，在具体的道路、交通、控制和环境条件下，期望能通过的最大小时流率。

服务水平以饱和度 V/C 进行评价，可根据建设工程所需的服务水平选取相应的 V/C 值。

服务水平有两种分级标准：

(1) 美国《通行能力手册》将道路的服务水平分为 A～F。

采用表 3.3-1 所示的服务水平划分标准。

美国《通行能力手册》中各级服务水平对应的饱和度　　　表 3.3-1

服务水平	V/C	交通状况
A级	≤0.30	畅行车流，基本上无延误
B级	0.30～0.50	稳定车流，有少量的延误

续表

服务水平	V/C	交通状况
C级	0.50~0.75	稳定车流,有一定的延误,但司机可以接受
D级	0.75~0.90	接近不稳定车流,有较大延误,但司机还能忍受
E级	0.90~1.00	不稳定车流,交通拥挤,延误很大,司机无法忍受
F级	≥1.00	强制车流,交通严重阻塞,车辆时停时开

通常情况下,对于路段机动车而言,D级以上的服务水平是可以接受的,对于交叉口而言,E级以上的服务水平是可以接受的。

(2)《城市道路工程设计规范》CJJ 37—2012采用一~四级服务水平

城市道路服务水平分为四级:一级服务水平时,交通处于自由流状态;二级服务水平时,交通处于稳定流中间范围;三级服务水平时,交通处于稳定流下限;四级服务水平时,交通处于不稳定流状态。

《城市道路工程设计规范》CJJ 37—2012新建道路采用三级服务水平。

通常来说,隧道的车道数可以按以上方式进行计算,并且取整。但在隧道建设过程中,隧道规模的设计应充分考虑对将来的环境适应性。国内经济发展迅速,城镇化进程加快,城市规划(用地规划、交通规划等)往往会随之进行调整、修正,重要的外部环境边界条件发生了变化,导致工程建设时的交通量预测结果的准确率下降,甚至严重失真。

隧道建成后改扩建非常困难,应在设计阶段将隧道规模应适当宽裕,以应对不确定的交通环境变化,避免将来出现交通瓶颈,成为交通拥堵黑点。

2. 净高

《城市道路工程设计规范》CJJ 193—2012和《公路工程技术标准》JTG B01—2014中对机动车设计车辆的总高规定是一致的,大型车总高为4.0m,小客车总高为2.0m。而《道路交通安全法实施条例》(2004年5月1日实施)中规定重型、重型载货汽车、半挂车载物,高度从地面起不得超过4m,载运集装箱的车辆不得超过4.2m。

《城市道路工程设计规范》CJJ 193—2012中对各种机动车的最小净高为4.5m,小客车的最小净高为3.5m。《公路路线设计规范》JTG D20—2006中高速公路、一级公路、二级公路的净高应为5.0m,三级公路、四级公路的净高应为4.5m。《城市地下道路工程设计规范》CJJ 221—2015中小客车专用的最小净高一般值为3.5m,极限值为3.2m;混合车隧道的最小净高为4.5m。

大小和重量不同的车辆具有不同的行驶特性,各种车型的交通组成影响隧道的几何尺寸的设计(车道宽度、净高)和影响隧道的通行能力。当小型车占了绝大多数,大型车有其他交通路径可以绕行到达,工程的建设条件和投资对隧道建筑限界很敏感时,可以考虑修建小型车专用隧道。

广州金融城起步区内部交通通过地下环路系统高效组织,核心区域(即翠岛和方城)地面完全实现电动车+慢行的绿色交通,这种情况下,必须采用混行车隧道,隧道的车道宽度以及净空都与地面道路一致。

金融城负三层地下环路系统由"两横两环"骨架组成,其中两横东西向的花城大道隧道和临江大道隧道主要解决过境交通,起步区核心区地面全慢行,两环翠岛环路和方城环路主要解决起步区内交通，两环通过九条联接匝道实现与两横的交通转换；地下环路还设置了九组出入口与外围地面主干路网联接。见图 3.3-1。

花城大道隧道通过花城北连接道与北面地块车库衔接，方城环路通过东西次环、南北及中央三条连接道与方城地块车库衔接。

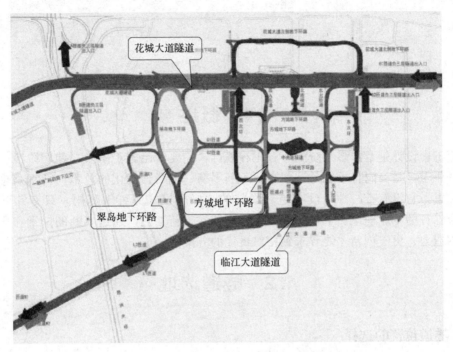

图 3.3-1　广州金融城负三层地下道路总图

上海外滩地面道路以通行大型车为主，进行了大型车分流后的外滩隧道采用小客车专用道。

相关规范

[1]《城市道路工程设计规范》CJJ 37—2012
[2]《公路立体交叉设计细则》JTG/T D21—2014
[3]《城市道路交叉口设计规程》CJJ 152—2010
[4]《城市道路路线设计规范》CJJ 193—2012
[5]《城市地下道路工程设计规范》CJJ 221—2015
[6]《公路路线设计规范》JTG D20—2017
[7]《公路隧道交通工程设计规范》JTG/T D71—2004
[8]《公路隧道通风设计细则》JTG/T D70/2-02—2014

第 4 章
隧道总体设计

4.1 概述

隧道工程设计是牵涉多系统的综合工程设计,它要满足施工阶段、使用阶段、特殊工况的多种要求,是一门技术也是一门需要不断平衡、创新、优化的艺术。特别是总体设计方案的构思,它没有唯一性,没有绝对最佳的"标准模式"可供套用。只有针对工程条件,综合已有的专业理论、工程实践,结合新技术、新工艺,通过不断的探索和比较,充分发挥创造力、勇于创新才能寻求到相对最优的方案。

4.2 隧道选址

4.2.1 隧道位置的选择

隧道位置的选择,应满足道路路线的选线要求。拟定隧道位置时,首先应分析采用隧道方案的技术合理性,以及与所在路段自然条件的适应性,还要分析其与路线总体方案的关系,从路线布置的全局着眼,采用动态的思维方式,多视野、多角度地进行分析,由面到带、由带到线,由浅入深反复比较论证。

隧道位置应根据路线总体规划、交通运输条件及周边环境和地形变化条件确定,设置在对环境影响小、利于隧道施工场地布置和隧道出渣、利于设置防灾救援系统和管理养护等设施的地段。

隧道位置应选择在岩性好、结构稳定的地层中。当条件限制无法绕避不良地质区时,隧道应尽量缩短其通过长度,并采取可靠的工程处理措施。

4.2.2 越江隧道的线位

越江隧道的线位综合考虑越江工程两岸接线道路等级形态、周边路网布局结构和交通发展特性,符合城市总体规划要求。

4.2.3 线路走向

线路走向优选与土地使用和规划矛盾小、对两岸岸线影响小、适应江中地形、与两岸路网连接具有灵活性、有利于施工、便于管理的方案。在综合考虑各种建设边界条件的基础上,寻求功能要求和工程条件之间的最佳结合点。

4.2.4　线路线形

线路满足工程线形要求的条件下，隧道平、纵曲线尽可能满足安全和舒适要求，并协调好与相邻工程、有关地上、地下建筑物之间的关系，避免与其他工程之间的矛盾，不留后遗症。

4.2.5　相关法律、法规

隧道位置的选择，应严格执行《中华人民共和国水法》《中华人民共和国土地管理法》《中华人民共和国环境保护法》《中华人民共和国文物保护法》等法律、法规对道路工程建设的相应规定。

4.3　控制条件

4.3.1　研究区域现状及规划

根据区域规划及土地使用现状，确定合理的隧道沿线走向。
根据区域道路交通现状与规划，确定隧道的两端接线道路。
根据越江通道规划，确定合理的隧道越江位置。
调研沿线相关轨道交通及铁路规划与建设情况，避免与隧道走向的矛盾，选择合理的交叉点和交叉方式。

4.3.2　交通流量预测及分析

通过交通调查分析、实地踏勘、科学预测等手段，分析论证区域交通流量流向特点，预测未来的交通需求，为确定隧道设施技术标准、研究工程方案提供依据。

4.3.3　用地预审

通过调查研究分析，编制项目节地评价报告，确保通过专家评审和政府部门审批；办理建设项目用地预审手续，收集建议书批复文件、地质灾害危险性评估报告、压覆重要矿产资源的证明材料等相关资料，编制项目节地评价报告。

4.3.4　环境影响评价

通过对项目进行工程分析和现状调查的基础上，根据工程特点评价项目建设对区域生态环境、社会环境及环境质量的影响程度和范围。

通过对项目在设计、施工和运营中的各种行为带来的对不同环境要素的影响评价，为项目建设提供依据。

对工程建设引起的环境污染与局部生态破坏提出可行的减缓或补偿措施，使工程建设带来的负面影响降低到最低程度。

为工程施工期和营运期的环境管理提供指导，为拟建项目沿线地区环境规划提供科学依据。

4.3.5　文物保护调查

文物调查范围定为工程两侧200m范围，应重点调查有价值的文物古迹的建设年代、保护级别、建筑结构类型等。根据文物调查的结果，文物调查报告应给出对工程建设的相关建议及下阶段需要深入研究的内容。

4.3.6 航道通航条件影响评价

根据《中华人民共和国航道法》第二十八条：建设与航道有关的工程，建设单位应当在工程可行性研究阶段就建设项目对航道通航条件的影响作出评价，并报送有审核权的交通运输主管部门或者航道管理机构审核。通航安全评估研究成果作为工程可行性研究的支撑文件，为工程选址、方案设计等提供技术支撑。

4.3.7 水文测验及分析计算

通过对工程区域的水流、泥沙、潮位，为通道位置选择、轴线优化、工程设计以及定动床物理模型试验、防洪影响评价、通航论证等其他相关专题提供基础资料。通过资料分析和数值计算，计算出通道处的各频率水位、流量、流速等数据，提供工程设计中所需相关水动力条件参数，为工程设计提供技术依据。

4.3.8 水下地形测量

水下地形测量的主要目的是为隧道布置、河势分析、通航论证、水流数值模拟和定床河工模型试验等提供河道原形基础资料。水文测验的目的是为河工模型试验、通道设计参数提供基础数据。

4.3.9 河势演变分析

通过工程河段的历史演变过程与特点，分析其近期河床的冲淤特性和河势变化情况，明确河床演变的主要特点、规律和原因，结合水利规划实施安排，对河道的演变趋势进行预估，为项目审批所涉及到的研究项目（防洪影响评价、通航安全评估）提供依据，同时作为工程的选址提供科学依据；提出更加经济合理的方案，从而达到节约工程投资的目的。

4.3.10 防洪影响评价

根据《中华人民共和国防洪法》规定，在防洪区、蓄滞洪区建设非防洪建设项目，应当就洪水对建设项目可能产生的影响作出评价。本专题需结合建设项目的特点，提出减少和消除各种工程对防洪的不利影响的防治与补救措施，为隧址选择、隧道方案设计等提供技术支撑，也是水利部门对通道工程行政许可的重要技术依据之一。

4.4 工法选择

4.4.1 明挖法的主要特点和应用

1. 工法特点

当隧道埋深较浅，且地面有足够施工场地的地段，一般采用明挖法施工。明挖法施工的隧道，在条件允许的情况下，基坑应尽量采用放坡开挖，以降低工程造价。在城区内时，当施工场地受到限制或放坡开挖会造成附带动迁过多时，宜采用基坑围护，其支护型式可根据隧道所处环境情况、地质条件及基坑深度确定，一般有钻孔桩、工法桩、地下墙等。

水下隧道采用较多的工法是水中围堰明挖法，即先行在水中施设围堰结构，然后将围堰内水抽干后进行支护结构的施工，再由河床面向下进行基坑开挖，完成隧道结构施工后再回填土、回灌水并拆除围堰的一种隧道施工方法。

水中围堰明挖法主要特点及适用工程条件：

(1) 可根据工程不同地质和环境条件灵活选择开挖和支护方式。
(2) 结构形式简单，工艺成熟可靠，造价较低。
(3) 可同时进行多个施工面作业，减少工程建设周期。
(4) 可根据防洪影响评价的需要，分段施工以保持施工期间的通水和通航需要。
(5) 适用于河床较平稳、水位较低、水流速度较慢的河流和湖泊内。同时开挖深度不深，对周围环境影响较小且施工期内可临时不通航或航道改道。
(6) 对于水域面积较小的，则可与水体的综合治理工程相结合。

2. 工程应用实例

南京的玄武湖隧道、九华山隧道和杭州的西湖湖滨隧道穿越的是著名的南京玄武湖和杭州西湖，项目结合玄武湖和西湖的综合整治采用水中围堰明挖法施工，水深约2m，通过环保措施，项目取得了良好的社会、环境和经济效益；正在建设中的昆明过草海（滇池一部分）的西三环隧道和南连接线高速公路隧道穿越的是草海，水深约3m，地质条件差，含有层厚较厚的泥炭质土，隧道在施工期和运营期均采取了环保措施以尽可能减少对草海的污染，并采用分导施工确保施工期的通水，工程同样采用的是水中围堰明挖法施工；苏州的独墅湖隧道采用桥隧组合的方式，以隧道穿越风景要求高的水域，水深约3m，局部水深达到5m，同样采用了水中围堰明挖法施工；此外，还有无锡的蠡湖隧道，沈阳的五爱隧道和南昌的青山湖隧道等均是采用水中围堰明挖法施工的成功实例。以上隧道的施工工期均在1～2年内，无锡蠡湖隧道（约1km）和沈阳五爱隧道（约1.75km）则更短，在8～10个月就建成通车。部分施工图中见图4.4-1～图4.4-3。

湖中段围堰干湖施工

湖中段围堰干湖放坡开挖施工全景

图4.4-1 南京玄武湖围堰干湖隧道施工现场照片

| 湖中围堰干湖施工 | 基坑放坡、降水开挖 |

图 4.4-2　苏州独墅湖隧道施工现场照片

| 临湖侧单侧围堰干湖施工 | 围堰、抽水 |

图 4.4-3　杭州西湖湖滨隧道施工现场照片

4.4.2　矿山法的主要特点和应用

1. 工法特点

传统的矿山法是在长期的施工实践中发展起来的,先凿眼爆破,以木或钢构件作为临时支撑,待隧道和地下工程开挖成形后,逐步将临时支撑撤换下来,代之以整体式衬砌作为永久性支护的施工方法。随着理论和施工技术的进步,又陆续发展出了新奥法和挪威法。

目前,城市区域的矿山法隧道大多采用浅埋暗挖法施工。浅埋暗挖法沿用新奥法(New Austrian Tunneling Method)基本原理,初次支护按承担全部基本荷载设计,二次模筑衬砌作为安全储备;初次支护和二次衬砌共同承担特殊荷载。应用浅埋暗挖法设计、施工时,同时采用多种辅助工法,超前支护,改善加固围岩,调动部分围岩的自承能力;并采用不同的开挖方法及时支护、封闭成环,使其与围岩共同作用形成联合支护体系;在施工过程中应用监控量测、信息反馈和优化设计,实现不塌方、少沉降、安全施工等,并形成多种综合配套技术。

矿山法的主要特点和适用条件:

矿山法适宜在岩石地层或地下水位低的土质地层中施工,对软硬地层及不同隧道变化断面（如连洞、多跨断面、渡线区段等）具有较好的适应性和灵活性。但矿山法有基本的适用条件：不允许带水作业和开挖面土体具有一定的自立性和稳定性。当土体难以达到所需的稳定条件时，必须通过地层预加固和预处理，来提高开挖面土体的自立性和稳定性，施工难度及风险较大，造价较高，对地面环境的影响也较大。

浅埋暗挖法的主要特点和适用条件：

浅埋暗挖法作为城市地下隧道的主要施工方法时，适用于不宜采用明挖施工且含水量较小的各种地层，尤其适用在都市区地面建筑物密集、地面交通繁忙、地下管线密布且对地面沉降要求严格下修建地下工程。根据国内外的实践经验，浅埋暗挖法对地层的基本适用条件为：①无水作业；②开挖面具有一定的自立性和自稳性。

2. 工程应用实例

矿山法修建的城市隧道在西部地区，如重庆等地修建较多，其他地区城市中应用较少。近年来，在哈尔滨应用浅埋暗挖法建成了保健路隧道（图 4.4-4），应用矿山法建成了长沙湘江营盘路隧道（图 4.4-5）和杭州的紫之隧道等。

图 4.4-4　哈尔滨保健路隧道断面

图 4.4-5　长沙营盘路隧道

4.4.3　盾构法的主要优点和应用

1. 工法特点

盾构法是采用盾构在地层中掘进，一边防止土砂的崩塌，一边在其保护下进行开挖、拼装衬砌的修建隧道的方法。构成盾构法隧道的主要工程内容是：盾构工作井、盾构及隧道衬砌。盾构是一个能支承地层压力而又能在地层中掘进的圆形、矩形或马蹄形等特殊形状的钢筒结构。主要由切口环、支承环及盾尾三部分组成。盾构每推进一环距离，就在盾尾支护下拼装一环衬砌，并及时向紧靠盾尾后面的衬砌环与土体之间的空隙中压注浆液，以防止隧道及地面下沉。在盾构推进过程中不断从开挖面排出适量的土石方。

盾构法隧道的主要特点及适用范围：

（1）除竖井施工外，施工作业均在地下进行，既不影响地面交通，又可减少对附近居民的噪声和振动影响，施工作业面相对较小；

（2）盾构推进、出土、拼装衬砌等主要工序循环进行，施工易于管理，施工人员也较少；

（3）穿越河道时不影响航运；

（4）施工不受风、雨等气候条件影响；

(5) 在土质差、地下水位高的地方建设埋深较大的隧道，盾构法具有较高的技术经济优越性。

2. 工程应用实例

自 18 世纪中叶建成世界上第一条盾构法隧道以来，其设计和施工技术得到了很大发展，出现了泥水加压和土压平衡式盾构。衬砌由铸铁转向钢筋混凝土或钢结构。我国自 20 世纪 50 年代开始建造盾构法隧道以来，已修建了直径 3～15m 的多种用途隧道。近些年来，盾构法隧道在国内应用越来越广泛，目前上海已建成和在建有 15 条大直径盾构的交通隧道（图 4.4-6、图 4.4-7），已经建成通车的武汉长江隧道、南京长江隧道、南京扬子江隧道等也是大直径盾构隧道，而目前国内通车的最大直径隧道是上海崇明长江隧道，圆隧道的外径为 15.0m，盾构机直径为 15.43m。

图 4.4-6　上海大连路隧道

图 4.4-7　上海上中路隧道

4.4.4　沉管法的主要优点和应用

1. 工法主要特点

沉管隧道是在干坞内预制管段（管段两端用临时端封墙进行密封），待舾装完毕后，将管段拖运至隧址（此时在设计位置上已预先进行了基槽的浚挖，设置了沉放管段所需的临时支座），然后沉放管段。待管段沉放完毕后，进行管段水下连接、处理管段接头及基础，然后覆土回填，再进行管段内部装修及设备安装，以完成全部隧道。

沉管法隧道主要特点及适用的工程条件：

(1) 主体结构质量有保证

水中隧道主体结构在干坞内制作，因此没有必要像普通隧道工程那样在遭受到水土压力作用下的有限空间内进行浇筑作业，从而可以制作出质量均匀且防水性能良好的隧道结构。

(2) 对地层适应性强

管段（包括压舱、装修、设备等）作用在河床上的附加应力一般小于河底未扰动时地基应力，故基底土层的承载能力一般不成问题。对各种土层均有很好的适应性。

(3) 隧道埋深浅，隧道长度短

隧道顶部覆土一般在 2.0m 左右，所以隧道可以尽可能浅埋，从而使隧道全长缩短到最小限度。隧道在水底位置对船舶航行和将来航路的疏浚影响不大，且在隧道顶部设置防锚层可避免船只锚击对管段造成的损伤。

（4）管段单节长度大，施工速度有保证

因为管段制作采取的是预制方式，且随着管段浮运与沉放的机械装置大型化，对施工安全和大断面隧道的施工都较有利，可大大缩短工期。

（5）能适应大断面、多车道、多功能的要求

由于隧道断面多为矩形，空间可以充分利用，适用于大断面、多车道隧道、公铁两用隧道。

2. 工程应用实例

沉管隧道建造始于1910年美国的底特律河隧道，由于沉管隧道关键技术如GINA橡胶止水带、基础处理方法、沉放作业工艺等的不断进步，沉管法已具有很好的适用性、可靠性。迄今为止世界上已有100多条在建和已建的沉管隧道，其中横断面宽度最大的是荷兰德雷赫特隧道，管段宽度达49m；沉埋长度最长的是美国海湾地区快速交通隧道（巴特隧道），长度达5825m。我国修建沉管隧道起步较晚，已建成的有：宁波甬江隧道（双向两车道）、广州珠江隧道（双向四车道＋两条地铁）、宁波常洪隧道（双向四车道，图4.4-8）、上海外环隧道（双向八车道，图4.4-9）、香港地铁隧道、香港西区跨港隧道（双向六车道，图4.4-10）、香港东区跨港隧道（双向四车道＋两条轨道交通）以及中国台湾的高雄隧道（双向四车道＋摩托车道）、广州进生物岛隧道、生物岛和大学城联络隧道（均为双向四车道）、广州洲头咀隧道（双向六车道）。

图4.4-8 宁波常洪隧道

图4.4-9 上海外环隧道

图 4.4-10 香港西区跨港隧道

近年来断面大、长度长的隧道有日本东京港隧道（双向六车道公路隧道，长 1.035km）；香港东区跨港公铁两用隧道（双向四车道和两条铁路轨道通行孔，长 1.859km）；丹麦厄勒海峡隧道（双向四车道、两孔单轨道和中央服务安全通道，长 3.15km，图 4.4-11）等。

图 4.4-11 丹麦厄勒海峡隧道

4.5 工程方案比较

主要从工程的适应性分析，和地质条件的匹配性，越江点选择与总体规划的符合性，与两岸接线道路的衔接，对航道、航运的影响，对周边环境的影响程度，动拆迁的数量，施工技术的可行性，安全风险，运营、养护的费用，建设周期，建设费用等方面做综合比选，选择合理、经济、可行的工程方案。

4.6 隧道总平面布置

4.6.1 应满足隧道运营、维护、防灾救援等综合需要

隧道总体设计时，应根据隧道工法的特点、断面的空间，综合考虑隧道的总体布局。设备用房、消防通道及检修通道的设置应满足消防、正常运营、管理维护、防灾救援的综

合需要。

4.6.2 合理选址

应根据隧道的长度、规模及相关专业要求布置设备用房，合理选址。

4.6.3 充分利用地下空间

城市隧道大多建于城市中心或交通要道处，地面用地局促，且景观要求高。隧道大部分设备用房无需值班人员值守（管理中心除外），但应满足运管人员可达、可检、可修的要求。故总平面布置应合理、充分地利用地下富裕的空间设置隧道附属用房（管理中心除外）。隧道内主要设有的附属用房如下：隧道变电所、隧道通风机房、隧道照明配电间、隧道弱电设备室、隧道消防泵房、隧道排水及废水泵房等。

1. 盾构法隧道

盾构法隧道中，由于受盾构结构的限制，一般将主要设备用房设置于隧道工作井内及相邻暗埋段上部的结构箱体内（一般盾构机进、出工作井有一定覆土要求，工作井相邻的暗埋段隧道上部有较大的地下空间）。如通风机房、变电所、消防泵房、照明配电间、弱电设备室等。

2. 沉管法隧道

沉管法隧道仅可用于穿越水域的城市隧道，且沉管法隧道以浅埋设计为原则，故水域段顶部的覆土较浅。隧道上岸之后，一般会在水域岸堤附近有较大的覆土深度，可利用此空间设置主要设备用房。如通风机房、变电所、消防泵房、照明配电间、弱电设备室等。

3. 明挖法、矿山法隧道

明挖与矿山法隧道由于不受隧道结构的限制，布置较为灵活，可布置在覆土较深的隧道顶部，或敷贴于隧道的侧面。

4.6.4 雨、废水泵房布置原则

1. 废水泵房

废水泵房用于收集隧道的渗漏水、冲洗水及消防水，一般在隧道线路的最低点进行布设。

2. 雨水泵房

雨水泵房用于收集隧道敞开段汇集的雨水，一般在隧道车辆出入口附近设置。

4.6.5 隧道管理中心

中央控制室是隧道正常运营的监视、控制、调度中心，也是事故救援的指挥中心。中控室须24小时有人值班，故一般设置于配备管理人员、救援人员办公和值班的管理中心内。管理中心一般设置于地面，可不贴近隧道设置，但应满足救援人员能快速进入隧道的需求，合理选址。管理中心内应配备管理人员所需的停车场及救援车辆停车场地。

4.6.6 事故救援点

事故救援点是提供隧道救援车辆停放及值班人员站岗的场地，一般可结合隧道接地点

和道口值班亭设置。管理中心也可作为救援点之一。对于超长、特长城市地下隧道来说，宜根据救援响应时间，综合考虑事故救援点布置，合理选址。

4.6.7 道口值班亭

道口值班亭一般设置于隧道入口接地点处，用于管理和引导超规车辆驶离隧道，并可兼顾救援人员的值班室。

4.6.8 排风塔

排风塔作为隧道内主要废气的排放口是总平面布置中最为重要的环节，排风塔的布置位置受周边环境的制约，并对隧道内其他主设备用房有所牵制。排风塔绝大部分设置于隧道出洞口附近（如采用特殊的通风系统设计，也可能在其他部位设置风塔或不设风塔），应根据隧道沿线周边环境合理选址，尽可能减少废气排放对敏感建筑物的影响。

4.6.9 人员出入口及低风亭

隧道主设备区及为满足隧道疏散、救援距离须设置人员出入口，人员出入口与低风亭宜结合周围绿化或建筑设置，降低对周围景观的影响。

4.6.10 总平面布置的注意点

（1）隧道主通风机房位置应根据风塔位置确定，隧道内轴流风机为用电大户，一般情况下变电所会跟随主通风机房设置。

（2）消防泵房设置于地下时，可结合主设备用房或洞口雨水泵房设置。消防水池应邻近消防泵房设置。目前，某些城市建设的隧道已不设消防水池，消防水源从市政给水管网内直抽，并须确保消防水源可靠。

（3）管理中心及事故救援点可结合隧道风塔地块设置，节约用地资源。

（4）隧道变电所不宜设置在线路最低点处，如必须设置时应有可靠的防淹措施。

（5）超长、特长隧道应根据设备专业需求，结合隧道断面考虑埋地变电箱的设置位置及空间。

（6）隧道主要附属用房其消防设计应符合现行国家工程建设消防技术标准的有关规定。

（7）隧道人行横通道、车行横通道及其他附属疏散、救援设施的布置应根据消防规范确定布置间距，特长、超长隧道应做防灾专项设计。见安全疏散和消防救援设计章节。

4.7 总体设计

4.7.1 基本要求

（1）隧道总体设计应符合城市总体规划、交通规划及土地使用计划的要求，协调好与地面建构筑物、地下构筑物、公用管线的关系，减少动拆迁。

(2) 隧道线位的确定，应根据规划线路走向，在充分的工程条件、社会人文和环保条件调查的基础上，综合比选隧道轴线位置、平纵线形、洞口位置、与两端路网连接、交通集散条件、交通功能发挥等，提出推荐方案。

(3) 工程总平面布置、附属用房安排、隧道安全运营管理设施的设置，应满足隧道正常运营、管理维护、防灾救援等综合需要。

(4) 隧道平面、纵断面设计，应避免穿越工程地质、水文地质特别复杂以及严重不良地质段。

(5) 水底隧道应尽量避开水域中深槽以及河（江）势变化较大的不稳定河（江）段。当必须穿越时应有针对性的、切实可行的工程技术措施。

(6) 隧道横断面设计应根据建设规模、道路等级、设计车速、施工工法特点、结构形式、设备布置和防灾等要求确定。并应与隧道的平面、纵断面设计相协调，满足行车安全舒适，维修管理方便的要求。

(7) 盾构法隧道顶部覆土厚度、平行或交叉隧道的净距，应根据地质条件、埋置深度、结构安全、盾构性能、施工工艺等综合研究确定。

(8) 沉管法隧道宜浅埋在规划航道及水域预测最深冲刷线下。当管段顶有局部高出河床时，应经航道、水利、航运等相关部门讨论，并有相应的技术措施。

(9) 隧道横断面不应采用同一通行孔中对向行车的交通布局格式，也不宜采用同一行驶方向分孔行驶的布局格式。

4.7.2 主要专业接口

1. 隧道线路

序号	图纸名称	会签专业						
		建筑						
1	线路平面图	√						
2	横断面图	√						

2. 隧道建筑

序号	图纸名称	会签专业						
		线路	通风	给水排水	供电	照明	监控	人防	结构
1	隧道总平面图	√	√	√	√				
2	隧道建筑平面图	√	√	√	√	√	√		√
3	隧道建筑纵剖面图、横剖面图								√
4	隧道建筑人防相关平面图、剖面图							√	
5	隧道附属建筑物建筑平面图、剖面图		√	√	√	√			√
6	隧道管线综合平面图		√	√	√	√			

3. 盾构法圆隧道结构

序号	图纸名称	会签专业							
		线路	建筑	防水	照明	道路	供电	监控	给排水
1	衬砌圆环布置图	√							
2	衬砌圆环、分块模板图			√					
3	连接通道模板图	√	√					√	
4	圆隧道内部结构模板图		√		√	√	√	√	
5	盾构进出洞连接构造图			√					
6	衬砌结构圆环图		√						

4. 隧道工作井、明挖段结构

序号	图纸名称	会签专业									
		建筑	线路	通风	给水排水	供电	照明	监控	人防	防水	圆隧道结构
1	工作井围护结构平面、剖面布置图	√	√								
2	工作井内部结构平面、剖面模板图	√	√	√	√	√	√	√	√		√
3	岸边段围护结构平面、纵横剖面布置图	√	√								
4	岸边段内部结构平面、纵横剖面模板图	√	√	√	√	√	√				
5	内部结构变形缝构造图									√	
6	安全通道、风道、电缆通道、电缆井等附属结构围护布置图	√	√								
7	安全通道、风道、风井、风亭等附属结构内部结构模板图	√	√	√(相关图纸)	√(相关图纸)	√(相关图纸)	√(相关图纸)	√(相关图纸)	√(相关图纸)		

5. 矿山法隧道

序号	图纸名称	会签专业								
		线路	建筑	防水	照明	道路	供电	监控	给排水	通风
1	隧道平、纵断面布置图	√								
2	隧道衬砌断面图		√	√	√	√	√	√	√	√
3	隧道洞门结构图		√							
4	车行横洞、人行横洞结构图	√								

6. 沉管段结构

序号	图纸名称	会签专业								
		线路	建筑	防水	照明	道路	供电	监控	给排水	通风
1	沉管段平面、纵断面布置图	√								
2	管段结构模板图		√	√	√	√	√	√	√	
3	管段接头构造图		√				√			

7. 防水

序号	图纸名称	会签专业						
		结构						
1	衬砌接缝防水构造图	√						
2	矿山法隧道衬砌防水构造图	√						
3	沉管段接头防水图	√						

8. 通风

序号	图纸名称	会签专业						
		线路	建筑					
1	隧道通风平面布置总图	√						
2	隧道纵剖面、平剖面图		√					
3	风井通风平面		√					
4	通风机房平剖面		√					

9. 给排水

序号	图纸名称	会签专业						
		建筑	线路	结构	照明	监控	通风	
1	给水排水总图	√						
2	给水排水平面图	√						
3	主要剖面图	√						
4	泵房布置图	√		√	√	√		
5	隧道给排水平、剖面图		√	√				

10. 供电

序号	图纸名称	会签专业						
		监控	建筑	通风	给水排水	照明		
1	设备布置图		√	√				
2	电缆桥架走向图		√	√				
3	水泵、风机设备控制原理图	√		√	√			
4	0.4kV 柜开关柜配置图	√		√	√	√		

11. 照明

序号	图纸名称	会签专业						
		建筑						
1	隧道段照明灯具及管线布置图	√						
2	连接通道照明布置图	√						

续表

序号	图纸名称	会签专业						
		建筑						
3	照明配电柜布置图	√						
4	遮光棚照明布置图	√						
5	引道照明布置图	√						
6	设备用房照明布置图	√						
7	工作井照明布置图	√						

12. 监控

序号	图纸名称	会签专业					
		建筑	通风	给水排水	照明	供电	
1	中控室平面布置图	√					
2	弱电设备室机柜布置及线缆走向图	√					
3	设备平面布置图	√					
4	监控信息点数表		√	√	√	√	
5	弱电设备室线缆走向图	√					
6	广播系统平面布置图	√					
7	电话系统平面布置图	√					
8	火灾报警设备平面布置图	√					

第 5 章
隧道横断面设计

5.1 概述

5.1.1 隧道横断面设计的重要性

隧道横断面设计是整个工程设计中至关重要的一个环节,合理、经济的隧道断面能有效提高隧道运营的安全性、舒适性和维护的便捷性,并能将隧道工程的社会经济效益发挥到最大。

5.1.2 隧道横断面的形式

城市道路隧道不宜采用在同一通行孔布置双向交通,双向交通可布设在同一隧道的结构内,但须采用防火墙体进行分隔,也可布置在完全独立的两个隧道结构内。

隧道横断面形式按主流的隧道施工工法分类,可分为明挖法隧道、矿山法隧道、盾构法隧道、沉管法隧道四类。

(1) 明挖法隧道一般为箱涵断面,外框为矩形,或是底部和两侧为矩形边,顶部采用折板拱的形式,视隧道埋深及断面布置需求确定。可采用两孔一管廊或无管廊形式。

(2) 矿山法隧道一般为马蹄形断面,可有单拱断面或连拱断面形式,连拱断面也可设置管廊或无管廊。

(3) 盾构法隧道一般为圆形断面。国内经历了近 50 年的圆形盾构机发展史,目前,已研究出类矩形盾构机具,类矩形断面的利用率比圆形高,并可从一定程度上减少隧道的覆土,类矩形隧道断面会成为今后盾构法隧道的一个断面趋势,但目前造价偏高,运用工程较少,故本设计手册中,仍以较常规的圆形断面进行说明。

(4) 沉管法隧道仅可用于水域段,是在水下开挖后,将预制的箱涵拖运到指定位置并沉放,故隧道断面的形式与明挖法隧道类同,但在结构计算上须考虑船的拖运与沉放要求。

5.1.3 隧道断面布置原则

(1) 隧道横断面布置在满足建筑限界要求的前提下,应充分利用空间、合理布置运营设备和安全疏散设施,有效控制断面的规模尺寸,并与工程施工工艺相配合。

(2) 隧道横断面设计应明确功能分区,满足行车安全、事故疏散、日常维护检修的要求。

5.1.4 设计车辆

机动车设计车辆应包括小客车、大型车、铰接车，其宽高尺寸见表 5.1-1 的规定。城市道路隧道中应禁止化学、危险品车辆驶入隧道。

机动车设计车辆及其外廓尺寸表　　　　表 5.1-1

车辆类型	总长(m)	总宽(m)	总高(m)
小客车	6	1.8	2.0
大型车	12	2.5	4.0
铰接车	18	2.5	4.0

注：1. 总长：车辆前保险杠至后保险杠的距离。
　　2. 总宽：车厢宽度（不包括后视镜）。
　　3. 总高：车厢顶或装载顶至地面的高度。

5.1.5 车行道建筑限界

（1）建筑限界应为道路上净高线和道路两侧侧向净宽边线组成的空间界线（图 5.1-1）。顶角抹脚宽度 E_L（E_R）不应大于车道的侧向净宽 $C+L_L$（L_R）。

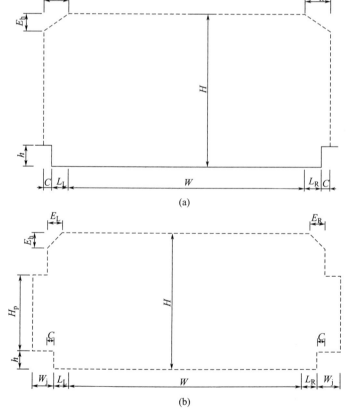

图 5.1-1　道路隧道建筑限界
（a）不含人行道或检修道；（b）含人行道或检修道

H——建筑限界净高；

W——行车道宽度；

L_L——城市道路隧道中指左路缘带宽度，公路隧道中指左侧向宽度；

L_R——城市道路隧道中指右路缘带宽度，公路隧道中指右侧向宽度；

C——城市道路隧道中指安全带宽度，公路隧道中指余宽；

h——防撞侧石或检修道高度；

E_L——建筑限界左顶角宽度，$E_L=L_L+C$；

E_R——建筑限界右顶角宽度，$E_R=L_R+C$，当 $E_R>1m$ 时，取 $1m$；

E_h——建筑限界顶角高度；

H_p——检修道或人行道的人行高度，不小于 $2.5m$；

W_j——检修道或人行道宽度，检修道 $0.75m$；当作为人行道使用时，应符合现行行业标准《城市道路工程设计规范》CJJ 37 的规定。

(2) 建筑限界最小净高 H 应符合表 5.1-2 的规定。

建筑限界最小净高　　　　　　表 5.1-2

道路性质	行驶车辆类型	最小净高 H(m)	E_h 值(m)
城市道路	各种机动车	4.5	0.5
	小客车专用	3.5	0.5

(3) 一条机动车道最小宽度应符合表 5.1-3 的规定。

一条机动车道最小宽度　　　　　　表 5.1-3

道路性质	车型及车道类型	设计车速(km/h)	
		≥60	≤60
城市道路	大型车或混行车道(m)	3.75	3.50
	小客车专用车道(m)	3.50	3.25

(4) 两侧带最小宽度应符合表 5.1-4 的规定。

两侧带最小宽度　　　　　　表 5.1-4

道路性质	道路等级	计算速度(km/h)	侧向宽度 L(m)		安全带宽度 C(m)
			左侧 L_L	右侧 L_R	
城市道路	快速路主、次干路	≥60	0.50	0.50	0.25
		<60	0.25	0.25	0.25

注：对设计速度 100km/h 的公路隧道，当不设检修带时，左侧 C 为 0.5m。

(5) 应综合考虑隧道横断面形势、工程造价、运营管养模式以及施工工法等，确定城市道路隧道是否需设置检修道。

故本手册中给出了设有检修道和不设检修道的两种建筑限界。

设置检修道目的主要考虑四个方面因素：一是保障养护人员与隧道使用者可以在与交通互不干扰的情况下处理紧急事件；二是检修道的路缘石可以阻止车辆爬上检修道，是步行者的安全限界，同时是保护隧道设备的安全限界；三是检修道的路缘石可作为驾驶员的行驶方向线;四是检修道除安全功能外,其下部空间还常被用来安装管道、缆线等。

对于矿山法的城市地下道路隧道,与公路隧道类似,其横断面轮廓主要采用三心圆等形式,形成偏平圆状断面,这样两侧具有较多的富余量,但这富余量又不能够为车行所用,为充分利用断面空间位置,可用于布置检修道。

对于盾构法、沉管法或明挖法的城市隧道,以圆形或矩形断面形式为主,若设置检修道势必会增大横断面尺寸,从而对工程造价造成很大影响;另外,城市地下道路由于交通量大、内部尾气等环境安全问题都不合适检修人员工作,所以一般城市隧道通过夜间封闭交通进行集中养护检修;管道和缆线一般设有专用管线通道;保护隧道、设备安全及驾驶员的行驶方向线可利用防撞侧石解决。且城市隧道可能存在地面红线宽度紧张,地下空间资源不足等问题,断面的尺寸可能直接影响工程的实施难度,因此,是否设置检修道应根据具体情况综合确定,一般情况下,上述三种工法的城市隧道可不设置检修道。

当城市地下道路内部不设检修道时,侧墙下部必须设置防撞侧石。

(6) 检修道及防撞侧石高度的设置要求。

当隧道内采用检修道或人行道,其高度应满足表 5.1-5 的要求。

检修道或人行道高度 h　　　　　　表 5.1-5

设计速度(km/h)	100	80	60	40～20
检修道或人行道高度	60～35	40～30	30～25	25

当隧道不设检修道,采用防撞侧石时,应结合隧道内通行的车辆确定侧石高度,如隧道内可通行大型车辆,建议采用城市快速路中常用的高防撞侧石标准,参见《城市快速路设计规程》CJJ 129;如隧道为小型车专用隧道,防撞侧石截面可取高防撞侧石的下半部分,高度 30～40cm 为宜。

(7) 长或特长单向 2 车道城市地下道路宜在行车方向的右侧设置连续式紧急停车带,单向 2 车道的城市地下快速路应在行车方向的右侧设置连续式紧急停车带,连续式紧急停车带的最小宽度宜符合表 5.1-6 的规定。当设置连续式紧急停车带困难时,宜设置应急停车港湾。在受到施工方法等制约条件下,可采取相应措施。

连续式紧急停车带最小宽度　　　　　　表 5.1-6

车型及车道类型	一般值(m)	最小值(m)
大型车或混行车道	3.0	2.0
小客车专用车道	2.5	1.5

(8) 单车道的城市道路隧道或匝道应设置连续式紧急停车带。

5.1.6　人行与车行横通道建筑限界

目前,几本相关的隧道规范对于人行与车行横通道的建筑限界写法不太一致,故本手册中,综合了几本规范提出人行横通道与车行通道的最小值。

(1) 人行横通道或人行疏散通道的净宽度不应小于 1.2m,净高度不应小于 2.1m。

(2) 车行横通道的净宽度不应小于 4m,净高与车道标准一致。

5.2 隧道横断面设计

5.2.1 断面设计要素

1. 车行道建筑限界

车行道建筑限界由车道宽度、路缘带和安全距离组成。应根据道路等级、设计速度等来确定车道、路缘带的宽度。车行道建筑限界应垂直路面横坡布置。

2. 设备安装空间

城市道路隧道内设有通风、消防、监控、照明等设备，一般在车行道建筑限界的上方和两侧布置，电缆和水管宜设有独立的管廊。设备布置的原则为：不得侵入建筑限界；满足工艺要求；并且便于维修保养。隧道顶部设备一般有射流风机、可变情报板、信号灯、照明灯具、扬声器等；如射流风机采用风机壁龛设置，顶部设备空间一般按可变情报板的安装高度进行控制；如无可变情报板，则按信号灯的高度控制。

3. 消防、疏散救援设施空间

道路隧道中主要采用的疏散救援设施有人行横向通道、人行纵向疏散通道，对于不在同层疏散的道路隧道，辅助设施有向下安全口、滑梯或楼梯等，长大隧道中还设有排烟道等消防设施。

4. 装饰空间

城市道路隧道一般较公路的山岭隧道更加注重"面子工程"，即隧道的内装饰工程，车行建筑限界距两侧墙体应预留出一定的装饰所需空间，根据所需装饰材料确定。

5. 施工误差

隧道在施工过程中不可避免的会产生一定的偏差，隧道自身也存在一定量的沉降与变形，一般在隧道两侧装饰空间与车道顶部预留一定的富裕空间，以满足当形成施工误差后，隧道内空间能仍满足运营与维护要求。

综合考虑上述五点断面设计要求，形成合理、经济的隧道横断面。

5.2.2 明挖隧道断面

明挖法是从地表开挖基坑或堑壕，修筑隧道结构后用土石进行回填的浅埋隧道、管道或其他地下建筑工程的施工方法。明挖隧道多用于可断航、浅埋深的河流或湖泊隧道，也用于施工盾构法、沉管法隧道两端的接线段工程。

明挖隧道一般采用矩形或类矩形箱涵，箱涵的顶板也会采用折板拱的形式。一般情况下，双向行驶的车道在箱涵腹腔内用结构墙体完全隔开，形成两个独立的行车空间。在条件允许的情况下，两车道孔之间设置中间管廊，便于管线敷设、检修和疏散、救援。折板拱断面形式适合于单向车道数在3车道及以上断面，且隧道覆土相对较厚，采用折板拱形式可以有效减少顶部覆土厚度，减薄顶板厚度。

采用中间管廊形式的横断面中，可将电缆管线布置于管廊的最上层的电缆通道内，通道的高度不宜低于1.8m；管廊中间为安全通道，兼做检修通道使用，通道的净高度不应低于2.1m；管廊的下部为水管沟。管廊的宽度应按两侧电缆支架的宽度加中间检修通道宽度计算，且不宜小于1.6m。

车道孔内除考虑车行道建筑限界外，顶部须考虑设备安装空间，顶部的设备空间主要有照明灯具、信号灯、射流风机和可变情报板等。射流风机处可设置风机壁龛，局部抬高顶板，故可不作为设备安装高度的控制因素，其余顶部设备宜按可变情报板的安装高度作为控制因素，如无可变情报板则按车道信号灯作为设备安装空间的控制高度，局部困难处可根据实际情况调整，但必须确保顶部设备安装不侵入建筑限界。如采用折板拱形式的断面，顶部设备安装控件一般直接考虑了射流风机的安装高度，而不再设置风机壁龛。

建筑限界两侧须考虑装饰的空间，如采用轻质装饰板做隧道墙面，装饰空间厚度一般在 10～15cm，如采用面砖等贴材，装饰厚度在 3～5cm。以上为参考值，应根据具体选用的装饰材料确定。

一般建议采用设有中间管廊的明挖法隧道断面，断面布置更为安全、可靠（图 5.2-1、图 5.2-2）。当隧道封闭段较短，或受地面道路红线宽度限制，须尽量压缩断面宽度的情况下，可采用无中间管廊的明挖法隧道断面（图 5.2-3）。无中间管廊的断面中，应考虑在两侧装饰层后设置管线支架及水管管位。

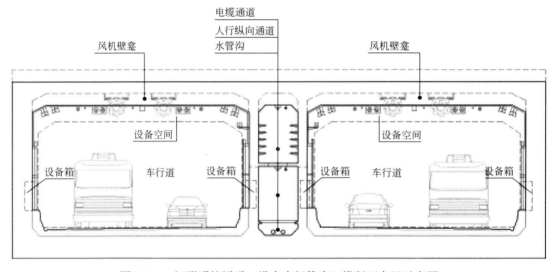

图 5.2-1　矩形明挖隧道（设有中间管廊）横断面布置示意图

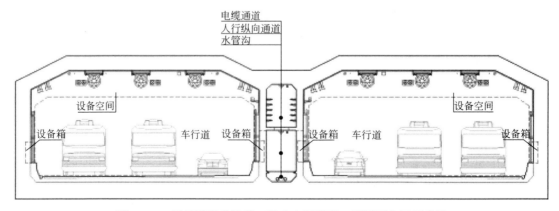

图 5.2-2　折板拱明挖隧道（设有中间管廊）横断面布置示意图

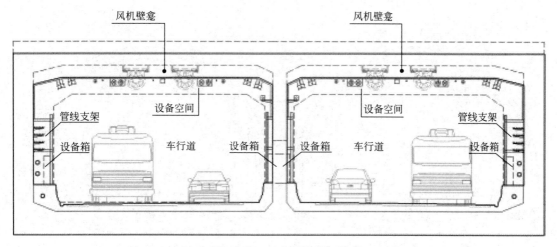

图 5.2-3　矩形明挖隧道（无中间管廊）横断面布置示意图

5.2.3　矿山法隧道断面

主要用钻眼爆破方法开挖断面而修筑隧道及地下工程的施工方法，因借鉴矿山开拓巷道的方法，因此得名。用矿山法施工时，将整个断面分部开挖至设计轮廓，并随之修筑衬砌。当地层松软时，则可采用简便挖掘机具进行，并根据围岩稳定程度，在需要时应边开挖边支护。分部开挖时，断面上部最先开挖导坑，再由导坑向断面设计轮廓进行扩大开挖。分部开挖主要是为了减少对围岩的扰动，分部的大小和多少视地质条件、隧道断面尺寸、支护类型而定。在坚实、整体的岩层中，对中、小断面的隧道，可不分部而将全断面一次开挖。如遇松软、破碎地层，须分部开挖，并配合开挖及时设置临时支撑，以防止土石坍塌。喷锚支护的出现，使分部数目得以减少，并进而发展成新奥法。

矿山法多用于山岭隧道，在城市中与遇山体或浅岩层地质可采用矿山法施工。矿山法断面多为马蹄形，一般情况下，一个单向车道孔为一个马蹄形。矿山法隧道有连拱和不连拱的形式（图 5.2-4、图 5.2-5），一般不在两孔车道之间设置中间管廊。矿山法的断面内一般都采用设有检修道的建筑限界，结构侧壁比较迎合建筑限界，故断面中可以布置管线的位置较少，一般都设置于检修道和设备箱下部一点空间内。由于大部分山岭隧道设备系

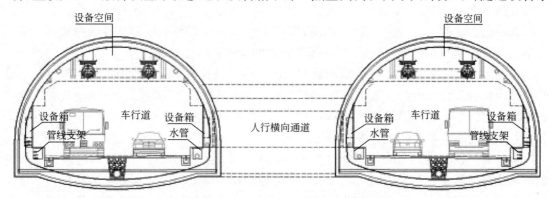

图 5.2-4　矿山法隧道横断面布置示意图

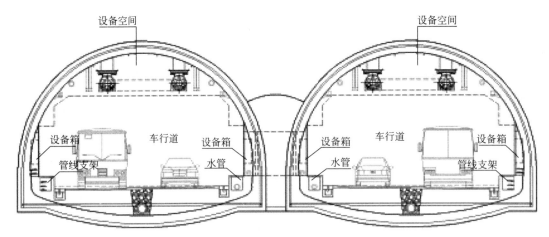

图 5.2-5　矿山法连拱隧道横断面布置示意图

统较为简单，布置线缆空间足够，但是城市隧道若采用矿山法断面，建议在装饰墙后面多留一些管线支架的敷设空间。

隧道内轮廓设计，除应符合隧道建筑限界的要求外，还应满足洞内路面、排水设施、装饰的需要，并为通风、照明、消防、监控、运营管理等设施提供安装空间，同时为衬砌变形及施工误差预留适当的富余量，使确定的断面形式及尺寸符合安全经济合理的原则。

5.2.4 盾构隧道断面

目前，国内常见的城市道路隧道的盾构外径基本有以下几种级别：

11m 级——可布设两条混行车道，利用两个盾构隧道组成双向四车道。

14m 级——可采用单个盾构隧道分隔为上、下层，单层内设置三条小车专用车道，或两条混行车道，形成双向六的小车专用隧道或双向四车道的混行隧道；也可采用两个盾构隧道组成双向八车道的混行隧道。

15m 级——相较 14m 级的盾构隧道，可适用于设计速度更高的双层城市道路隧道或双向六车道的混行隧道；并且，15m 级盾构可设计成为公铁两用的隧道断面。

以下列举各级别的盾构法隧道横断面：

1.11m 级

目前已建成的 11m 级盾构法道路隧道以 11～11.36m 的隧道断面直径最为常见，可满足单孔两车道通行。早期出现的 10m 隧道断面外径的盾构已被取代。

由图 5.2-6 可见，单个 11m 级的盾构法隧道内可设置两条混行车道的建筑限界。车行道顶部为设备安装空间，布置的设备主要包括：射流风机、车道信号灯、照明灯具、火灾探测器、扬声器、监控摄像机、COVI 检测仪、可变情报板等。车行道两侧布置各种设备箱，包括消防箱和各类配电、控制箱等。

车道板下部分为三个腔室，分别为逃生滑梯空间、人行纵向通道和管线通道。11m 级的盾构法隧道除了在两孔之间可设置人行横向通道作为疏散救援通道外，可在盾构下部空间内设置人行纵向通道，兼顾疏散与检修，并采用逃生滑梯与车道层相连。管线通道内主要敷设隧道的强、弱电缆和给排水管道，并可考虑预留光缆线位。

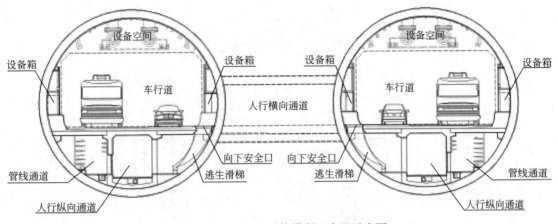

图 5.2-6　11m 级盾构横断面布置示意图

2. 14m 级

随着城市交通的快速发展,仅能提供双向四车道的 11m 级隧道断面渐渐不能满足城市地下隧道的建设需求,且需要两条盾构隧道才能组成双向四车道,宽度较宽,大多数情况下,不适宜在道路狭窄的老城区内建设地下隧道。因此,14m 级与 15m 级的盾构隧道断面逐渐被采用。

14m 级的隧道断面最初是为双层隧道的研究而设计的,最常见的隧道断面外直径为 14.5m,可满足单孔内设置双向四车道的混行车道,如利用两个盾构隧道的话,更是能组成双向八车道的城市隧道。另一种较为特殊的断面是上海外滩通道采用的 13.95m 外径的盾构隧道断面,断面内设双向六车道的小车专用通道。上海外滩通道建设时,因盾构隧道两侧受历史保护建筑地下桩基的限制,穿越条件非常狭窄,为了确保工程可实施和双向六车道的功能需求,断面中小车道的宽度和高度均采用了极限值,且两侧和上下的设备及预留空间也缩减至最低。往后工程中,双层的双向六车道的小车专用隧道断面以向 14.5m 或是 15m 级发展。而 13.95m 的隧道断面更多地被应用于设计速度较低的双层双向四车道的混行隧道。

双层隧道可充分利用大直径盾构隧道的空间进行合理布局,提高了盾构断面的利用率,与单层双洞的盾构隧道相比,可有效节约土地资源。但是,双层盾构隧道应直径大埋深深的原因,使得隧道出入口段长度较长,特别是下层隧道尤为明显。

盾构法双层隧道内的布置大多雷同,见图 5.2-7。盾构隧道被分为上、下层,车行道建筑限界占据最主要的位置,上、下层车道上部均留有设备安装空间,布置的设备主要包括:射流风机、车道信号灯、照明灯具、火灾探测器、扬声器、监控摄像机、COVI 检测仪、可变情报板等。各种设备箱(包括消防箱和各类配电、控制箱等)可在行车道单侧或双侧布置。车行道一侧布置管线通道,通道内主要敷设隧道的强、弱电缆和给排水管道,并可考虑预留光缆线位。另一侧,每间隔一定距离,布置上、下层车道之间的疏散楼梯。

盾构法双层隧道的疏散、救援是采用上、下层车道互为备用的形式,当隧道内一孔车道发生火灾时,另一孔安全隧道应立即停止正常运营,进入应急预案模式,事故孔中的乘行人员由连接上、下层车道的疏散楼梯撤离至另一孔安全车道,救援人员也可反向进入事

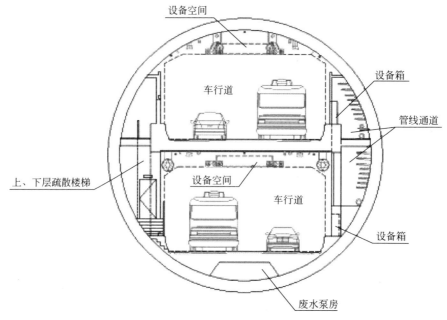

图 5.2-7 14m 级盾构双层横断面布置示意图

故点进行救援。上、下层之间的楼梯间应采用封闭楼梯间。

上海外滩通道服务对象为小型客车，目的将过境小客车引入地下道路，改善外滩地区的通行能力。通过制定特殊的建筑限界标准，双层双向六车道的盾构断面直径也可得到有效的利用。设计速度为 40km/h，单个车道宽度为 3m，建筑限界高度为 3.2m。见图 5.2-8。采用小车专用限界后，隧道的顶部和底部空间增加，下部空间内设置了管线通道。

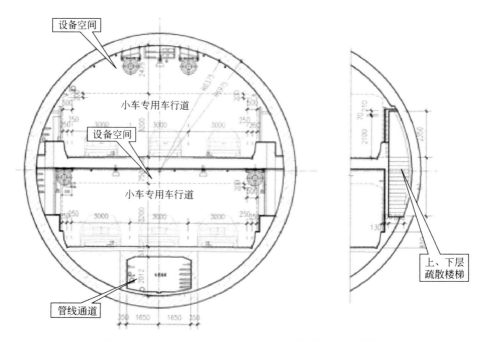

图 5.2-8 13.95m 上海外滩通道盾构段横断面示意图

3. 15m 级

国内，15m 级的隧道断面最早是在上海的长江隧道开始应用，单孔内可布设供大型车辆通行的三条混行车道，利用两条盾构隧道可组成双向六车道的混行车道。15m 级隧道断面能更好的适应城市中可通行大型货运车快速路，或单洞双层的小车专用双向六车道。

断面直径达到 15m 后，如采用单层布置三车道，车行道顶部会有较多富裕空间，扣除车道顶部所需的设备安装空间后，剩余的空间可做专用排烟道使用。设有专用排烟道（即采用终点排烟方式）的隧道断面能更好地适用于超长、特长隧道。各类设备箱仍旧布置在隧道两侧。车道下部空间较大，可形成三个独立的空间，一般一侧的通道会作为隧道电缆、水管通道，并可考虑预留一定的光缆空间。另一侧的通道作为人行纵向通道，兼顾疏散与检修，通道内间隔设置与车道层相连的逃生楼梯（或逃生滑梯，根据需求设置），近几年新建项目已将逃生楼梯与人行纵向通道采用墙体分隔开，确保车道层上的不利因素不会波及到人行纵向通道内。中间为"口"形空间，特长、超长隧道可利用该空间作为救援车辆的专用通道，有效降低特长、超长隧道的运营风险；也可作为轨道交通等预留空间，但当采用公、铁合用的大直径隧道断面时，应充分考虑其相互之间的影响和突发事故下的防灾联动和应急预案等。见图 5.2-9。目前，上海长江隧道采用了外直径为 15m 的盾构断面，武汉三阳路隧道采用了外直径为 15.2m 的盾构断面，"口"形空间内均为轨道交通预留空间。

另外，15m 级的盾构隧道断面可更好地适用于小车专用的双层双向六车道的隧道（上海外滩通道应受建设条件限制，最终采用了 13.95m 的直径），横断面布置形式类同于上海外滩通道断面。

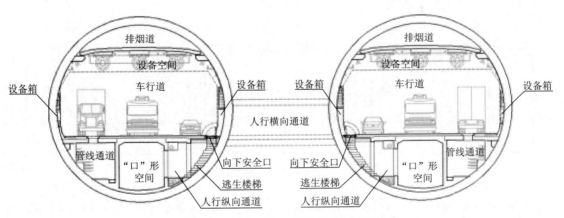

图 5.2-9　15m 级盾构双层横断面布置示意图

5.2.5　沉管隧道断面

国内采用沉管法施工的水底隧道不多，早期建成的有广州的珠江隧道，2000 年之后又建成了宁波常洪隧道、上海外环线隧道、广州生物岛隧道等，港珠澳大桥的主通航线位上也是用沉管法建造的海底隧道。国内，沉管法隧道断面以两孔一管廊的结构形式较多，而上海外环隧道则使用了较为特殊的三孔两管廊断面形式。以下以上海外环线隧道和港珠澳隧道作为工程实例进行横断面介绍。

1. 上海外环线隧道

上海外环线越江隧道工程是连接上海城市快速干道网络最基本骨架线的重要节点。设计标准为城市快速路，计算行车速度 80km/h，双向八车道，车道中设三超车（超长、超宽、超重）车道。

国内外沉管隧道横断面设计，多采用车道孔组合管廊的基本形式（表 5.2-1）。对向行驶的车道分孔布置，不仅减少因对向行驶引起的事故，保证行车安全，而且多车道增加使用的灵活性。运营设备和安全通道集中在管廊中，减少车辆行驶对其的干扰，确保安全。外环隧道的横断面设计根据通行车辆特点和功能要求，选择合适的车道孔和管廊的组合形式。

国内外沉管隧道断面形式 表 5.2-1

日本东京港隧道	双向六车道公路隧道	双孔三管廊
香港东区跨港公铁两用隧道	双向四车道公路两条铁路轨道通行孔	四孔两管廊
日本多摩川隧道	双向六车道公路隧道	双孔两管廊
德国新易北河隧道	每孔两车道＋一条慢车道	三孔两管廊

外环隧道的八车道布置有多种组合方案，从结构形式、交通服务水平和应急能力方面进行比较，外环隧道边孔为三车道孔，为定向车道孔；中孔是两车道，可根据早晚潮汐流式的交通而改变行车方向的可变车道，三孔二管廊设计具有合理性和经济性（图 5.2-10）。

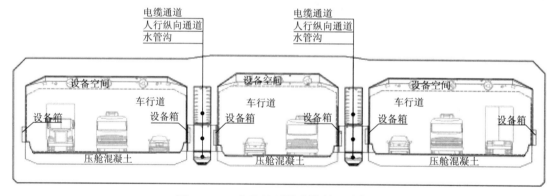

图 5.2-10　上海外环隧道横断面示意图

横断面设计中在车道间设置了管廊。管廊分为上中下三层，上层为专用的电缆通道，布置各种电缆管线；中间为人行纵向通道，可兼顾疏散与检修；下部为水管沟，布置多根给、排水总管。功能分区，利于日常维护和检修，并确保设备安全和检修人员的安全。而各类设备按照工艺要求，车道信号灯布置在每个车道的正上方；射流风机布置在局部抬高的风机壁龛里；照明灯具、漏泄电缆布置在车道上方；监控摄像机、$CO-Ⅵ$检测仪布置在侧墙的上部；各类设备箱布置在车道两侧侧墙下部（防撞侧石的上面）。

隧道横断面中在车道间管廊内的中部设置人行纵向疏散通道（兼做检修通道），并每隔一定距离对两侧车道孔开设安全门（甲级防火门）。当发生事故时人员可以通过安全门由一孔迅速疏散至另一孔，也便于消防和应急人员利用通道进行救援。通道内正压送风，减少事故时车道孔内火灾或烟雾对通道的影响，确保人员疏散安全。

沉管法隧道中横断面设计还需考虑一项重要的设计要素是管段的浮力计算，其中包含了管段浮运计算和运营阶段的管段抗浮计算，才能确定断面中的压舱混凝土厚度，详见沉管结构设计章节。

2. 港珠澳大桥隧道工程

港珠澳大桥是连接香港、珠海和澳门的跨海长通道，采用桥、隧结合，穿越伶仃洋海域主航道段采用了沉管隧道，隧道全长 6.7km。目前主体结构已贯通。

港珠澳隧道为双向六车道高速公路，设计车速 100km/h，通行客货运车辆（包括集装箱卡车）。隧道采用两孔一管廊的断面形式，单个车道孔通行三个车道。与外环线不同，港珠澳隧道管段内并没有采用射流风机壁龛，车道顶部留有 1.75m 高的设备安装空间，将顶部风机、信号灯、照明灯具等均容纳在内。设备箱安装与车行道两侧，嵌入预制的管段结构内，故在管段预制过程中对设备箱孔及预埋管均须做到精确的定位，满足设计需求。港珠澳采用设有检修道的建筑限界，检修道高约 0.6m。检修道腹内设有水管。

港珠澳隧道属于超长隧道，有设置排烟道和地埋变的需求，故横断面设计中考虑在中间管廊内设置。中间管廊的净宽度放宽至 4.25m，由上至下分为三层，上层为排烟道；中间为安全通道兼检修通道，通道可满足养护人员日常巡检，并在突发事故时，作为人员逃生和救援的应急通道。通道内设置了地埋变，满足长隧道供电需求。下部为管线空间，分为左右两个腔体，分别布置强、弱电管线和消防水管。另外，隧道最低点的废水泵房也布置在这个空间内，泵房处的管线须由下层过度至中间的通道内，将下部空间让给废水泵房。

由隧道横断面图（图 5.2-11）可见，隧道的结构外墙及内墙均有折板结构，底板和顶板转角处也设置加腋，这些尺寸的确定均须通过结构设计的精确计算，从而满足管段浮运及沉放时的要求。

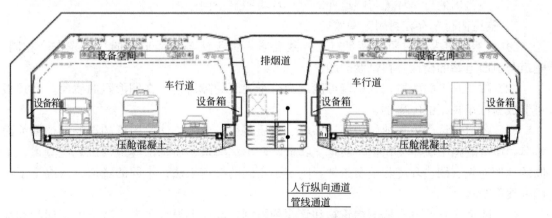

图 5.2-11 港珠澳大桥隧道工程横断面示意图

第 6 章

线形、交叉口及路面设计

6.1 概述

隧道与地面道路最大的区别是：隧道是道路交通路线上的承载交通流的一个结构物，暗埋段为封闭体（由底板、顶板和侧墙组成），敞开段为半封闭体（由底板和侧墙组成），由特定的工法建设而成，在进行隧道线形设计、交叉口设计以及路面设计时需考虑其特殊性，以满足行车安全及建设要求。

对于隧道交叉口，以前由于工程投资、技术等原因在隧道中设置交叉口（平面交叉口、立体交叉）的情况很少，近年随着社会经济和工程技术的发展，地下空间利用越来越多，国内的隧道相交形成地下交叉口逐渐出现、增多。

6.1.1 隧道线形设计的特点

隧道是道路交通的一部分，首先需满足道路的线形要求，同时进行隧道平面和纵断面设计时需考虑以下特殊性：

（1）隧道内的行车环境与隧道外的行车环境明显不同：

1）隧道内行车存在封闭空间效应；

2）虽然隧道内通过照明满足行车光线要求，但无法与地面道路的自然光完全相同，隧道与地面道路的衔接存在过渡问题。

（2）隧道在平曲线段，其侧墙可能成为行车视距的障碍物；在凹形竖曲线段，其顶板可能成为行车视距的障碍物。

（3）隧道建设受地形地貌、周边环境、地质条件、施工工法等因素的影响，根据前面章节，城市隧道工法主要包括：明挖法隧道、矿山法隧道、盾构法隧道及沉管法隧道。不同的地形地貌、周边环境和地质条件，决定了不同的隧道工法；不同的隧道工法决定了不同的线形要求。

（4）隧道布置受既有地下构筑物和管线的限制，其线形设计需考虑隧道施工期间和运营期间均要保障地下构筑物和管线的安全和正常使用。

6.1.2 隧道交叉口设计的特点

隧道交叉口可以分为平面交叉口、简单立体交叉和复杂立体交叉三种。设计时需考虑以下特点：

（1）一般隧道内交通均为连续流，没有在隧道内与其他方向车流冲突的经验。隧道交通流不连续，车辆的频繁启动、制动会大量增加尾气排放，从而对交叉口通风产生不利影响。

（2）隧道交叉口的封闭结构容易成为影响视距的障碍物。

（3）隧道内普遍存在出入口辨识度较差、光线亮度不够等不利影响因素。隧道出入口的位置、间距及形式，应综合考虑交叉道路的等级、功能和接入控制要求等因素，满足主线车流稳定，分合流处行车安全的要求。

（4）隧道主线与匝道的车道布置、运行速度应具有连续性；当连接地面匝道受环境条件限制时，应在运行安全的前提下，保障主要交通方向的优先通行，充分考虑协调匝道与地下主线、地面道路间的线形相互匹配程度，选取合适的技术指标。

6.1.3 隧道路面设计的特点

隧道为封闭结构，空间狭小，进行隧道路面设计时需考虑以下特殊性：

（1）隧道内存在汽车排放废气、积聚等现象，这些废气、油烟、粉尘在路面表面的粘附比一般路段大。油渍的污染、粉尘的粘聚使路面抗滑性能变差，且得不到天然降雨的冲洗，会影响路面的抗滑性能。

（2）隧道为封闭结构，空间狭小，行车产生噪声无法往外扩散。

（3）隧道内发生火灾时，其温度对路面的影响比一般路段严重。

（4）隧道内行车条件总体上光线差，视觉环境差，对行车不利。

（5）隧道内路面受场地条件影响，施工条件差，维护难度大。

（6）行车安全受气候环境影响大。雨天时，多使洞口段冷热空气变换，产生水珠，路面积雾，降低路面抗滑性能。

6.2 线形设计

6.2.1 设计原则

（1）隧道平面线形布置应符合城市总体规划及路网规划要求，综合地面道路、地形地物、地质条件、地下设施、障碍物及施工方法等确定。

（2）隧道纵断面线形布置应根据路网规划控制高程、道路净高、地质条件、地下管网等设施布置、道路排水、覆土厚度等要求，综合交通安全、施工工艺、建设期间工程费用与运营期间的经济效益、节能环保等因素合理确定。

（3）隧道线形设计的技术标准应首先满足现行《城市道路工程设计规范》CJJ 37 中有关地面道路线形的规定。

（4）隧道线形设计还应满足现行《城市道路工程设计规范》CJJ 37 中有关隧道线形的附加规定。相比于地面道路，隧道具有其自身的特点，故规范对隧道线形作了附加规定，包括洞口内外侧 3s 行程线形要求、最大纵坡要求、视距要求等。

（5）隧道平纵横线形组合设计应满足行车视距的要求，并保持视线的连续性。

6.2.2 控制要素

1. 隧道洞口内外侧的 3s 行程线形应保持连续流畅

《城市道路工程设计规范》CJJ 37—2012 第 13.3.5 条中规定：

（1）洞口内外侧各 3s 设计速度行程长度范围的平、纵线形应一致。特殊困难地段，经技术经济比较论证后，洞口内外平曲线可采用缓和曲线，但应加强线形诱导设施。

（2）洞口外相接路段应设置距洞口不小于 3s 设计速度行程长度，且不小于 50m 的过渡段，保持横断面过渡的顺适。

规范提到"3s 行程的线形一致性"，主要是由于隧道洞口光线的剧烈变化以及道路宽度和行车环境的改变，隧道进出洞口成为事故多发地段。因此，洞内一定距离与洞外一定距离保持线形一致是必要的，以保持横断面过渡的顺适，满足车辆行驶轨迹的要求。通过调研国内相关规范，"线形一致"可以理解为，洞口内外区域的线形应连续，指标相差不大，过渡均匀，不存在突变现象，即隧道洞内一段距离、洞外引道段及与之相连的一段地面道路线形需连续流畅，避免出现线形标准洞内低洞外高或洞内高洞外低衔接方式。

线形一致的理想线形是直线和圆曲线，但实践证明，在地形条件特别复杂的地段，若过分追求理想线形，往往造成工程规模和造价大幅增加，或为满足 3s 行程将线形指标降低，采用小半径的圆曲线，反而使行车安全性降低，因此，规范规定提出特殊地段（采用直线或圆曲线造成工程规模急剧增加或行车安全性降低），经技术经济论证后可在洞口布设缓和曲线，但需避免急剧的方向改变，注重线形的均衡协调性，同时采取相应的交通工程措施，保证行车安全。

另外，通常情况下，隧道与道路路基建筑限界宽度不同，断面的变化易诱发交通事故，形成通行瓶颈，影响通行能力和服务水平，因此需要采取交通工程或土建工程措施，来解决路基和洞内路面宽度的顺适过渡问题，如设置标志、标线、安全护栏、警示牌、信号等，使驾驶员能预知并逐渐适应驾驶环境的变化，避免车辆冲撞洞门墙、电缆槽。

2. 隧道内及隧道洞口段应分别满足对应的视距要求

（1）规范规定

《城市道路路线设计规范》CJJ 193—2012 第 8.3.2 条规定：隧道洞内外应满足相应道路等级对视距的要求。当隧道洞口连接段设中间分隔带时，应采用停车视距；当无中间分隔带时，应采用会车视距。

《城市道路工程设计规范》CJJ 37—2012 第 13.3.5 条中规定：洞口外道路应满足相应等级道路中视距的要求；当引道设中间分隔带时应采用停车视距。

（2）隧道视距的标准

《城市道路工程设计规范》CJJ 37—2012 明确指出，隧道洞内横断面不宜采用对向行车同一孔中的布置，故隧道设计时主要考虑满足停车视距的要求。隧道洞外，按有无分隔带分别采用停车视距和会车视距。会车视距为停车视距的两倍。

《城市地下道路设计理论与实践》一书提到，通过对我国相关规范中停车视距计算原理的研究，隧道内可以采用《城市道路工程设计规范》CJJ 37—2012 中的停车视距要求，原因：

1）从停车视距的定义看，停车视距由反应距离、制动距离及安全距离三部分组成，驾驶人的反应时间及路面摩阻系数这些因素差异不大，故停车视距的标准差异也不大。

2) 隧道内一般不会直接受雨水作用，根据英国道路设计规范，认为路面比较干燥，有较高的摩阻系数，故采用与地面道路相同的停车视距可能会更安全。

3)《城市道路工程设计规范》CJJ 37—2012 中对停车视距已经考虑一定的安全系数，因此采用规范中给出的停车视距标准能够满足停车需求。

综上所述，隧道的停车视距与地面道路的差异不大，可以采用与《城市道路工程设计规范》CJJ 37—2012 相同的技术标准。如表 6.2-1 所示。

停车视距　　　　　　　　　表 6.2-1

设计速度(km/h)	100	80	60	50	40	30	20
停车视距(m)	160	110	70	60	40	30	20

在进出隧道的洞口段，洞口亮度急剧变化会造成驾驶人明暗适应困难，应采取较高标准的停车视距。很多学者通过进出口的行车试验，利用眼动仪等高技术手段获取驾驶人瞳孔对光照强度的定量化反应，研究了洞口路段光线对驾驶人的视觉影像。研究表明，洞口明暗适应过程视觉振荡产生的视觉障碍，会使驾驶人认知反应时间延长，建议在洞口段增大停车视距的标准。城市隧道洞口是事故多发路段，为提高洞口段的行车安全，使驾驶人具有足够距离识别洞口位置，并对可能的障碍物及时察觉，采取措施，保证行车安全，洞口段的视距标准应适当增加，综合现有研究成果，隧道洞口的停车视距可取正常路段的 1.5 倍。

综上所述，在隧道线形设计时：①隧道内停车视距应符合现行标准《城市道路工程设计规范》CJJ 37 的规定。②进出隧道洞口段的停车视距宜采用隧道内停车视距的 1.5 倍，当条件受限时，应对洞口光过渡段进行处理。

(3) 隧道封闭体对视距的影响

区别于地面道路，隧道对视距的影响是明显的，主要因为封闭的空间构造存在侧墙和顶板。在平曲线路段，侧墙是遮挡视线的主要障碍物；在竖曲线路段，对凸形竖曲线，由于凸曲线的最小半径是按照满足停车视距的要求确定的，一般来说凸形竖曲线通常能够满足视距要求。但对于凹形竖曲线，隧道结构顶部可能会遮挡行车视线，尤其是小半径的凹形竖曲线或净空较低的小客车专用隧道，顶部对行车视距的影响更明显。视距不良路段容易成为事故多发点，因此，隧道设计时，在平曲线及竖曲线路段应严格进行停车视距验算，保证具有足够的行车视距，提高行车安全。

在平曲线路段，当验算停车视距不足时，可以增大侧向净宽、增大曲线半径等方面改善视距；在凹形竖曲线路段，当验算停车视距不足时，可以通过增大隧道净高、增大竖曲线半径、减小纵坡或凹曲线长度等方面改善视距。无论在平曲线路段或凹形曲线路段，条件限制、无法通过线形改善视距时，或为改善视距需付出较大经济代价时，可以采取限速措施，降低运行速度，保证停车视距。

3. 隧道线位应与既有地下建（构）筑物保持一定的安全距离

隧道结构位于地面以下，不仅受地质条件的影响，还受周边环境的影响，隧道线形布置需考虑周边既有地下结构物和管线的现状并保证一定的安全距离，确保隧道施工不影响既有地下结构物和管线的安全和正常使用。隧道线位接近地下既有构造物时，需要根据隧道的断面形状、交叉角度、施工工法及工期等决定相互间的距离，应考虑由于施工隧道而引起的结构物基础下沉、偏移，以及爆破、地下水的变化情况等的影响。隧道与地下既有构造物最小净距还应视其对变形的敏感程度而定。

4. 双向行驶隧道应根据隧道工法和环境条件确定双向线形的关系

（1）隧道双向行驶的线位及线形关系与施工工法有关系，明挖法、矿山法、盾构法和沉管法施工的隧道将对应不同的双向线形关系。一般情况下，明挖法和沉管法采用一个封闭结构包含双向行驶线，中间用隔墙分隔；矿山法和盾构法双向行驶分别布置在各自独立的封闭结构内，两封闭结构保持安全距离。

（2）在不同的建设环境条件下，即使采用相同的施工工法，双向的线形关系也可能不同。如遇障碍物，需改变双向线形关系——分离或靠拢，以避开障碍物，具体采用哪种方式还需满足线形的基本要素要求和用地要求。盾构隧道也可以布置成单孔双层解决双向行驶问题。

（3）特殊的双向线形关系需通过工程措施保证施工期间和运营期间的安全，因此，建设条件满足情况下优先采用各种工法对应的常规线形关系。

5. 下沉式隧道埋置深度及其纵断面应满足隧道结构顶覆土要求

影响隧道结构顶覆土因素较多，如地下管网、地质条件、结构安全、施工工艺、与轨道交通的关系等：

（1）管线敷设需求：城市道路一般需要敷设给水、排水、电力、电信、燃气等管线，往往需要在道路交叉口位置设置横向过路管线，因此隧道暗埋段结构顶部需预留足够的覆土供管线通过。

（2）地质条件和施工工艺要求：采用矿山法或盾构法施工的隧道，隧道结构顶部覆土需满足根据地质条件和工艺要求，预留足够的覆土，以保证隧道的安全施工。

（3）结构安全需求：一般覆土较浅的隧道如明挖隧道和沉管隧道，需考虑抗浮对覆土厚度的要求。沉管隧道的埋深和覆土还需满足航道要求和防冲刷要求。

（4）与轨道交通的关系：轨道交通是城市的重要交通方式，网络较密集，城市隧道建设不可避免与轨道交通（既有的或规划的）存在空间关系，需结合二者的施工工艺、安全要求等确定两者的竖向关系后再确定隧道的埋置深度。

（5）当隧道作为人防工程时，还应考虑防空工程的最小覆土要求。

6. 线形组合要求

线形组合设计是为了保证隧道线形满足汽车运动学和力学要求，同时满足驾驶人的视觉连续性要求。任何使驾驶人感到茫然、迷惑或判断失误的线形应尽量避免，组合的线形应在视觉上能自然诱导驾驶人视线。

在平曲线要素组合时，应注意前后线形协调，线形条件好的地区进入条件差的区段时，线形技术指标应该逐渐过渡，防止突变，如应避免在长直线或线形较好路段后接小半径圆曲线。

在平纵要素组合时，有条件时应尽量做到"平包竖，平纵相互对应"，但由于受条件限制，对于设计速度较低的隧道，不强求平纵相互对应，但要避免平面、纵断面极限值（最不利值）同时组合设计。避免在长下坡、大纵坡底紧接小半径平曲线，或在凸曲线顶部或凹曲线底部设置反向平曲线等。

此外，隧道除考虑平纵组合外，还应考虑横断面因素，及平纵横的组合设计对行车视距的影响，保证足够的行车视距。

6.2.3 平面设计

隧道平面设计的基本要素及要素之间的相互关系与道路平面设计一致，包括：直线、曲线、超高、加宽、视距等，因此相应的技术标准应首先满足现行《城市道路工程设计规范》CJJ 37 中有关地面道路平面线形的规定。

另外隧道在总体布置、设计原则、控制要素、相关技术标准等方面又与地面道路存在一定差异，因此相应的技术标准还应满足现行《城市道路工程设计规范》CJJ 37 中有关隧道平面线形的附加规定。本节重点介绍与道路平面设计存在差异的内容。

1. 不同隧道施工工法对应的双向线形的关系

（1）明挖隧道

明挖隧道暗埋段一般采用单箱双室断面，每个箱室分别布置不同方向的行车，即一个封闭结构包含双向行驶线，用中隔墙解决双向分离行驶问题，如图 6.2-1 所示；敞开段采用 U 形槽结构，双向行车根据不同情况可设置中央分隔带或不设置中央分隔带，图 6.2-1 为设置中央分隔带的隧道平面布置。

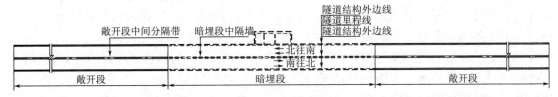

图 6.2-1　明挖法隧道平面示意（双向行驶线布置在一个封闭结构）

有时因为需要避让某些障碍物或预留其他建（构）筑物的设置空间需要将隧道设置成双线分离的独立隧道，此时两线隧道的净距根据障碍物的布置情况或所需预留空间、基坑开挖的安全距离等综合确定，如图 6.2-2 所示，图中双线分离，中间预留立交桥的桥墩承台和桩基布置空间。

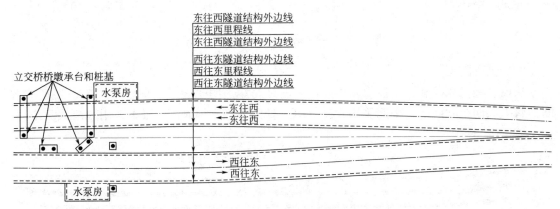

图 6.2-2　明挖法隧道平面示意（广州市洲头咀隧道海珠区段，双向行驶线分离）

（2）矿山法隧道

矿山法普遍为两条双向分离隧道，线形相对独立，一般呈左右大致平行布置并保留一定的安全距离，如图 6.2-3 所示。两条分离隧道的间距可参照《公路隧道设计规范》JTG 3370.1—2018 中对分离式独立双洞最小净距的规定。

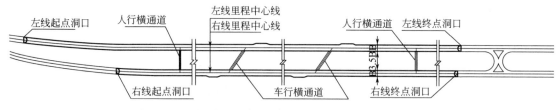

图 6.2-3　矿山法分离式隧道平面示意（广州市永龙隧道）

有时候在城市修建隧道往往因为地形环境复杂，道路总体展线困难，无法按规范规定的距离要求布置而出现小净距隧道或连拱隧道，国内也有不少成功案例。连拱隧道的平面线形与明挖隧道的平面线形类似。

（3）盾构隧道

目前盾构隧道形式分几种：①双孔单层隧道，双向线形相对独立地分别布置在两个盾构隧道孔中，一般呈左右平行布置并保留一定的安全距离；②单孔双层盾构隧道，双向线形呈上下平行布置一个盾构隧道孔中；③双孔双层盾构隧道，如双向八车道，每孔 4 车道，上下层各两个车道。受断面大小限制，目前双孔单层盾构隧道更为普遍。

两条平行隧道之间的净距不宜太近，一般不小于 $1D$（D 为隧道外径）；当盾构进出工作井时，在采取适当的技术措施后隧道净距可以减小到 $0.6D$，如图 6.2-4 所示。若受条件限制，在采取可靠技术措施后，可适当减小，但需做充分的技术论证。

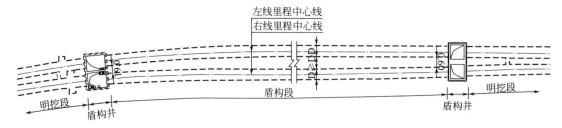

图 6.2-4　盾构法分离式隧道平面示意

（4）沉管隧道

从控制施工风险和工程造价角度，沉管隧道与岸上明挖隧道近似，采用单箱多室的大断面解决双向行驶问题，中间采用管廊分隔，如图 6.2-5 所示，一般不采用分离式隧道。

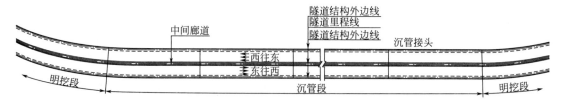

图 6.2-5　沉管法分离式隧道平面示意

2. 满足视距要求的平曲线半径

平曲线半径设置应能满足停车视距要求，如图 6.2-6 所示，曲线最内侧车道中心线半径 R 与视距 LS、最内侧车道的横净距 Z 之间的关系可以公式表达：

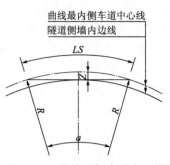

图 6.2-6 曲线最侧车道中心线最小半径计算图

$$Z = R\left(1 - \cos\frac{a}{2}\right); \quad a = \frac{LS}{R} \times \frac{180}{\pi}$$

因

$$\cos\frac{a}{2} = \cos\frac{LS}{2R} \approx 1 - \frac{1}{2}\left(\frac{LS}{R}\right)^2$$

所以

$$R \approx \frac{LS^2}{8Z} \qquad (6.2\text{-}1)$$

$$R_{smin} \approx R + L \qquad (6.2\text{-}2)$$

式中 LS——停车视距（m），见图 6.2-6；

Z——最内侧车道的横净距（m）；

R——曲线最内侧车道中心线半径（m）；

a——路线转角（°）；

R_{smin}——隧道理想的最小曲线半径（m）；

L——曲线最内侧车道中心线到隧道中心线的距离（m）。

由公式（6.2-2）可以算出隧道理想的最小曲线半径 R_{smin}。

在受建设条件限制时，当设置的曲线半径无法满足视距要求时，可以通过加宽、增加侧向净宽等方法来增加行车视距。因此，我国现行《城市地下道路工程设计规范》CJJ 221 提到平曲线布设时，仍应满足现行《城市道路工程设计规范》CJJ 37 的要求，此时为确保停车视距满足要求，必须进行视距验算。

3. 各类工法隧道对曲线的适应性

在条件允许的情况下，城市隧道的平曲线半径应尽可能取较大值，不宜采用较小值。采用较小的平曲线半径，会存在以下问题：

（1）行车视距难以保证。

（2）不利于自然通风，通风阻力大，加大机械通风负荷。

（3）小半径曲线路段通常还需要考虑加宽或设置超高，断面不统一，以及它们的相互过渡都增加了结构设计和施工的难度。

（4）不同施工工法对曲线、加宽或超高的适应性不同，平曲线半径如何取值，应考虑隧道的施工工法。

明挖法和矿山法隧道，在施工工法上对曲线的适应性较强，一般满足道路规范要求的曲线均能实施。

盾构隧道对曲线的适应性受盾构机选型、衬砌构造的影响，一般应尽量采用大半径曲线，根据相关工程经验，一般曲线半径不小于 50D（D 为盾构隧道直径）。由于车行隧道盾构直径一般 11～17m，那么盾构的平曲线一般不小于 550～850m，不同的盾构直径对应不同的平曲线半径最小值。

沉管隧道对曲线的适应性较差，一般宜采用直线，主要因为曲线沉管管节在浮运、安装过程及运营期间接头防水问题存在一定风险；当受条件限制需要采用曲线时，应与沉管分节长度、布置及沉放的稳定性相协调。目前国内也有曲线管节的成功案例，如上海外环沉管隧道、港珠澳大桥海底沉管隧道、广州如意坊放射线沉管隧道（在建）、大连湾海底沉管隧道（在建）等，上述隧道中大连湾海底沉管隧道曲线半径最小，为1050m。对于铁路方面的沉管隧道，也有曲线半径更小的，如香港机场铁路沉管隧道，曲线半径为850m，但其管节宽度仅12.42m，比一般车行隧道宽度窄。

4.各类工法隧道对超高的适应性

《城市道路工程设计规范》CJJ 37—2012第6.2.2条，不设超高圆曲线最小半径如表6.2-2所示。

不设超高的圆曲线最小半径　　　　　　　　表 6.2-2

设计速度(km/h)	100	80	60	50	40	30	20
不设超高最小半径(m)	1600	1000	600	400	300	150	70

明挖法和矿山法隧道：在施工工法上对曲线的适应性较强，可以采用结构直接形成坡度或增设调坡层进行调坡，利用调坡层调坡将增加结构高度。

盾构隧道：通过调整行车道板的结构坡度或增设调坡层可以形成超高，但在盾构隧道有限的空间内，超高值一般不宜超过4%。

沉管隧道：车行沉管隧道一般平曲线半径不宜小于1000m，从上表可见，设计速度不超过80km/h的隧道不需设置超高；对于设计速度更高的隧道，当需要设置超高时，将需要加大沉管管节的净空高度，由此将加大沉管管节的预制、浮运、安装以及抗浮的难度，超高值一般不宜超过4%。

由于隧道属于封闭结构，无论采用哪种工法施工，设置超高后都将增加排水的设计和施工难度，尤其对于单箱多室的封闭结构，随着平面从直线渐变到曲线，外侧箱室的排水边沟将从外侧变到内侧，排水泵房应设置在曲线的内侧及纵坡较低处。

5.各类工法隧道对加宽的适应性

《城市道路工程设计规范》CJJ 37—2012第6.2.6条：当圆曲线半径小于或等于250m时，应在圆曲线内侧加宽，并应设置加宽缓和段。

明挖隧道和暗挖隧道：在施工工法上，对加宽段或渐变段适应性较强。当然，隧道变宽将增加实施难度，在明挖支护或暗挖支护、模板、衬砌、内装等方面会变得复杂。

盾构隧道：一般设置始发井和接收井，盾构施工从始发井到接收井断面不变，故不宜将线路的渐变段设置在盾构隧道范围；隧道出入口或交叉口等若设置在盾构段，将大大增加施工难度，预计需要在盾构推进后再进行拓宽改造。对于曲线段，由于车行隧道盾构直径一般不小于11m，一般曲线半径不小于50倍盾构直径，即不小于550m，因此，即使在平曲线段，道路也无需加宽，与盾构隧道不适宜加宽是匹配的。

沉管隧道：根据前述，隧道沉管段一般平曲线半径不小于1000m，故不会因视距问题而加宽；为保证沉管管节在浮运和安装过程的安全，宜采用等宽断面；但在隧道出入口或交叉口附近，受接线条件限制渐变段可能需进入沉管段，此时虽然增加了实施难度，但可通过微调几何线形和采取相关技术措施，可保证施工期间及运营期间的安全，如已建成通车的广州市洲头咀隧道，沉管首尾两节均为变截面管节，如图6.2-7所示。

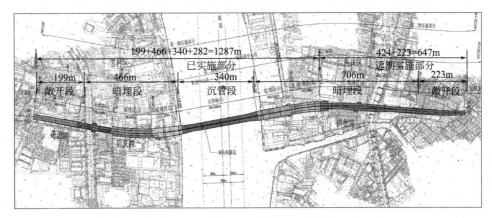

图 6.2-7 洲头咀隧道总体平面布置图

6.2.4 纵断面设计

隧道纵断面设计的基本要素及要素之间的相互关系与道路纵断面设计一致，包括纵坡、坡长、合成坡度、竖曲线等，因此相应的技术标准应首先满足现行《城市道路工程设计规范》CJJ 37 中有关地面道路纵断面线形的规定。

另外由于隧道是一个封闭体或半封闭体，与地面道路存在一定差异，因此相应的技术标准还应满足现行《城市道路工程设计规范》CJJ 37 中有关隧道纵断面线形的附加规定。本节重点介绍与道路纵断面设计存在差异的内容。

1. 纵断面总体线形设置

隧道的纵断面布置应根据地质、地形、地下既有构造物等因素综合确定，并考虑未来运营后的通风和节能。受地形影响，在城市里隧道的纵坡线形可按"U"形、"V"形、"W"形考虑，单向坡和"人"字坡往往在山岭隧道才会用到。另外隧道内纵坡的变换不宜过频，凸形竖曲线和凹形竖曲线的最小半径和最小长度均应满足相应设计标准的规定，并应与施工工法相协调；同时凹形竖曲线还需验算行车视距是否满足要求。隧道出入口接地点外的接线道路宜设置反向坡，形成"驼峰"。

图 6.2-8 广州洲头咀隧道纵断面图

图 6.2-8 为广州洲头咀隧道的纵断面图，全长 1934m，根据实际地形和接线情况设置了三个凹形竖曲线，从左往右，第一、三个凹形曲线下穿与之垂直的城市主干路并满足管线敷设要求，第二个凹形曲线下穿珠江并满足航道要求。

2. 不同工法对应的结构覆土要求

结构顶部覆土是控制城市隧道纵断面线形布置的重要指标。影响结构顶部覆土厚度因素较多，应根据地下管网、地质条件、航道条件、水利条件、结构安全、施工工艺等综合确定，当作为人防工程时，还应考虑防空工程的最小覆土要求。

明挖隧道主要应考虑路面铺装及地下管线的设置要求、抗浮要求以及竖向线形要求，与敞开段连接处覆土一般不小于 0.5m，最深处覆土应根据管线布设、隧道拉坡情况及抗浮要求而定。

矿山法隧道覆土需根据周围环境、围岩的稳定性、工程措施、工程造价等综合考虑。一般进出洞段覆土较浅，需采用浅埋暗挖的辅助措施；在城市复杂环境条件下，也有全线均为浅埋暗挖的短隧道，其覆土一般不宜小于 0.4 倍洞径（宽度）并不小于 5m。

盾构法隧道工作井以及区间的覆土厚度要求主要考虑盾构施工阶段和正常运营阶段的安全性，需保持一定的厚度保证减少对地面建筑物沉降等影响以及足够的抗浮能力。上海地方规范《道路隧道设计规范》DG/TJ 08—2033—2017 对与盾构法隧道工作井最小覆土厚度规定为不宜小于 $0.65D$，工作井区间的覆土厚度不宜小于 $0.85D$。对于下穿水道的盾构隧道，盾构埋深还应考虑规划航道深度、河床冲刷及航道疏浚的影响，且最小覆土应大于通航船只应急抛锚的入土深度要求。另外，交叉盾构隧道最小净距不宜小于 $0.4D'$（D' 为交叉隧道中较大直径隧道的外径）。

沉管法隧道覆土具体取值取决于以下因素：①隧道管节顶部应埋于现场河床以下或冲刷线以下，当不满足时进行专题论证确定；②隧道管节顶部应埋于规划航道底以下，并设置一定厚度的硬质覆盖层（防锚层）和软质覆盖层，两层各自的厚度应满足沉船撞击和临时抛锚的深度要求。以上指标要求需通过"通航条件影响评价"及"防洪评价"两项专题研究或更深入的研究确定。

3. 最大纵坡

《公路工程技术标准》JTG B01—2014 第 8.0.4 条规定，当隧道长度大于 100m 时，隧道内纵坡应小于 3%，大于 0.3%；高速公路、一级公路的中、短隧道，当条件受限制时，经技术经济论证、交通安全评价后，隧道最大纵坡口适当加大，但不宜大于 4%。《城市道路工程设计规范（2016 版）》CJJ 37—2012 第 13.3.5 条规定，当隧道长度大于 100m 时，隧道内的道路最大纵坡不宜大于 3.0%；当受条件限制时，经技术经济论证后最大纵坡可适当加大，但不应大于 5.0%。在复杂的城市环境下，往往因展线或交通组织困难并兼顾工程造价而采用大的纵坡，在目前一些大城市尤其是北京、上海、广州等地区已有较多工程实例。

上述规范都是笼统地给出最大纵坡，没有与隧道的设计速度相对应，导致不同设计速度都遵循相同的最大纵坡限值要求。从规范编制的背景和工程实践来看，上述规范主要针对穿越江河、山体等障碍物的隧道或下穿立交，通常是地面道路上的一个节点或路段，同时一般是较高等级的道路才会采用隧道形式，此类隧道设计车速一般较高，在 40km/h 以上。但是随着城市地下道路的发展，出现一些新类型的隧道，如地下车库联络通道，相当于城市支路网的补充，功能等级低，一般设计速度为 20km/h。对于这种设计速度低的隧道最大纵坡应进一步放宽。

表 6.2-3 为《城市地下道路工程设计规范》CJJ 221—2015 第 5.2.2 条给出的地下道路纵坡取值。

另外，《城市地下道路工程设计规范》CJJ 221—2015 第 5.2.3 条提到：地下道路匝道最大纵坡应满足现行行业标准《城市道路交叉口设计规程》CJJ 152 的规定。

隧道机动车道最大纵坡　　　　　　　　表 6.2-3

设计速度(km/h)	80	60	50	40	30	20
一般值(%)	3	4	4.5	5	7	8
最大值(%)	5			6	8	

注：1. 除快速路等级外，受地形条件或其他特殊情况限制，经技术论证后，最大纵坡最大值可增加1%。
2. 积雪和冰冻地区承担快速路功能的城市地下道路洞口敞开段最大纵坡不应大于3.5%，其他等级道路最大纵坡不应大于6%，否则应当在洞口敞开段采取相应措施确保路面不积雪结冰。
3. 城市地下道路最小纵坡不宜小于0.3%，当条件受限纵坡小于0.3%时，应采取排水措施。
4. 对于长度小于100m的短距离城市地下道路纵坡设计可采用与地面道路相同的技术标准。
5. 设置非机动车道的城市地下道路纵坡应满足现行《城市道路路线计规范》CJJ 193中非机动车道路要求。

本手册推荐按《城市地下道路工程设计规范》CJJ 221—2015执行隧道纵坡要求，同时隧道设计应尽量采用较小纵坡，当隧道采用较大纵坡时，应对行车安全性、通风设备和运营费用、工程经济性等作充分的技术、经济综合论证。汽车排出的废气随着纵坡的增大而急剧增多，需通过措施来弥补，如通过采取限速来降低废气排放量；适当增加通风设备和规模，以增加通风量；增加照明设备提高亮度，以抵消因增大纵坡而增加的烟雾排放对驾驶人视线的影响等。另外汽车从陡坡驶入缓坡段时后会加速行驶，必然使排气量增加，此时也应采取弥补措施。

4. 最大小坡

隧道的最小纵坡一般情况下与地面道路采用相同标准，即不宜小于0.3%，但考虑到城市地下空间一体化开发越来越多，存在着城市地下道路与地下建筑设施整体开发合建的情况，而建筑基地的机动车道最小纵坡规定为0.2%，同时地下道路受雨水影响小，因此在条件受限路段，与地下建筑设施合建时地下道路的最小纵坡可适当降低，但尽量不小于0.2%，同时还应严格控制坡长，采取其他措施，以确保排水畅通。

隧道运营期间的排水，包括渗水、漏水、清洗水、消防用水等。在高寒地区，为了减少冬季排水沟产生冻害，适当加大最小纵坡，使水流动能增加，对排水是有利的。对预计涌水量大的隧道，最小纵坡不宜小于0.5%。

5. 竖曲线

各级道路在纵坡变化处应设置竖曲线，隧道内的竖曲线除应满足现行《城市道路工程设计规范》CJJ 37有关竖曲线最小半径和竖曲线最小长度外，还要验算行车视距是否满足要求。

前面提到，在竖曲线路段，对凸形竖曲线，由于凸曲线的最小半径是按照满足停车视距的要求确定的，一般来说凸形竖曲线通常能够满足视距要求。但对于凹形竖曲线，隧道结构顶部可能会遮挡行车视线，尤其是小半径的凹形竖曲线或净空较低的小客车专用隧道，顶部对行车视距的影响更明显。视距不良路段容易成为事故多发点，隧道设计应严格进行停车视距验算，保证具有足够的行车视距，提高行车安全。

隧道凹曲线路段的视距验算可借鉴参考美国AASHTO《道路几何线形设计手册》中关于下立交的视距验算方法，计算如下：

图6.2-9中实际行车视距为LS，为简化计算可用直线视距LS'代替。

当停车视距LS'大于凹曲线长度L时

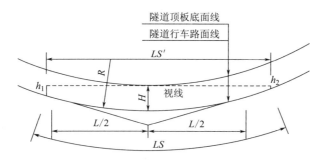

图 6.2-9 隧道凹曲线停车视距计算

$$LS'_{min} = \frac{L}{2} + \frac{4\left[H - \left(\frac{h_1 + h_2}{2}\right)\right]}{A} \qquad (6.2\text{-}3)$$

当停车视距 LS' 小于凹曲线长度 L 时

$$LS'_{min} = \sqrt{\frac{8L\left[H - \left(\frac{h_1 + h_2}{2}\right)\right]}{A}} \qquad (6.2\text{-}4)$$

式中 H——净高（m）；

L——凹曲线长度（m）；

LS'_{min}——最小停车视距（m）；

A——坡度代数差（%）；

h_1——视线高度（m）；

h_2——物体高度（m）。

另外，隧道的竖曲线设计还应结合隧道的施工工法进行设计，如沉管隧道，为保证基础处理质量、管节浮运安装的安全，每节沉管管节的纵向为直线，隧道内路面竖曲线需采用填充混凝土成型，竖曲线的半径、长度均影响填充层的厚度，从而影响管节断面的高度，因此隧道竖曲线的设置与沉管管节净空高度、长度、接头位置设置等需相互协调，使之既满足道路规范要求，又能在满足抗浮要求的前提下尽量减小沉管管节填充混凝土的厚度。盾构隧道的竖曲线设置也应结合盾构尺寸和施工工艺进行设置。

6. 长大纵坡

《城市道路路线设计规范》CJJ 193—2012 中提到，当纵坡大于最大纵坡一般值时，应对纵坡坡长加以限制，具体数值详见规范规定。当连续上坡或下坡时，应在规定的坡长之间设置缓和段，其纵坡不应大于 3%，其长度应符合最小坡长的规定。《城市快速路设计规程》CJJ 129—2009 在不同行驶速度下不同纵坡对应的最大坡长，具体数值详见规范规定。

随着城市隧道的建设发展，长大城市隧道不断涌现，当接线条件受限制时，为满足交通功能，往往需要考虑采用长大纵坡，如武汉长江隧道、南京长江隧道、上海长江隧道等，均采用了长大纵坡。长大纵坡对行车安全、通风消防及运营管理提出了更高的要求，设计需综合各项指标的纵坡及坡长。

7. 隧道进出口的驼峰设计

城市隧道的标高一般比两端的地面道路低，为防止周边地面道路雨水汇入，通常隧道引道接地口处设置反坡，形成排水驼峰。《城市地下道路工程设计规范》CJJ 221—2015 第 5.2.5 条：城市地下道路洞口宜在接地口处设置反坡形成排水驼峰，排水驼峰高度应根据排水重现期、地形、道路功能等级等综合确定。

一般情况下排水驼峰可参照《城市桥梁设计规范》CJJ 11—2011 中对立交的驼峰高程的规定，即应高出地面 0.2～0.5m。但有时受隧道总体纵断面布置限制，驼峰高程难以达到以上要求，需要在综合计算基础上采取其他措施，如在两端进出口接地处采取截水措施，减少隧道内坡地的聚水量，加强引道排水；同时还应提高周边区域的排水能力，以防止周边地面道路雨水等汇入隧道内部。

6.3 交叉口设计

6.3.1 概述

隧道交叉口可以分为平面交叉口、简单立体交叉和复杂立体交叉三种。

目前隧道平面交叉口大部分交通组织为右进右出的形式，如建成的北京中关村地下交通环廊、在建的广州金融城地下道路等；北京金融街地下交通工程的设计和地面一样，设有 4 处红绿灯，同时与金融街内的 11 个楼座的地下车库相连接，于 2007 年建成，但由于各种原因一直未投入使用。

隧道立体交叉除了实现主线交通的分离外，还可以通过匝道隧道实现部分转向功能，如建成的广州洲头咀隧道地下立交、南京青奥轴线地下立交、厦门万石山立交，在建的南昌红谷隧道东岸地下立交。

1. 平面交叉口

两条隧道平面相交，形成交叉口，交通组织形式与地面交叉口类似。

基于以下原因，一般情况下建议隧道平面交叉口设置为连续交通流，且交通的分合流在交叉口通过设置变速车道及渐变段进行：

（1）与驾驶员期望不一致。根据目前国内工程显示，采用地下平交口的工程很少，一般隧道内交通均为连续流，没有在隧道内与其他方向车流冲突的经验，交通安全隐患大。

（2）交通流不连续，车辆的频繁启动、制动会大量增加尾气排放，从而对地下通风产生不利影响。

（3）隧道空间环境封闭，为保证视距三角形范围内不应存在任何影响驾驶员视线的障碍物，使地下空间在宽度方向变大，工程造价急剧增加。

当交通功能确实需要，而受其他条件限制，必须设隧道平面交叉口时，考虑交通安全因素也不建议采用信号灯控制的交叉口，而是通过右进右出的交通组织，增设专用右转分合流车道或辅助车道的形式设置交叉口，降低对视距的要求。目前隧道平面交叉口大部分为地下车库联络隧道，交通组织为右进右出的形式，如建成的北京中关村地下交通环廊、北京金融街地下交通工程等；在建的广州金融城地下隧道是网状的地下道路，交通组织为右进右出的形式。广州金融城地下隧道（图 6.3-1 和图 6.3-2）在翠岛设置单向逆时针循环的地下主环路，环路单向两车道，翠岛环路设有四组出入口；在方城设置单向逆时针循环的地下主环路，环路单向三车道，环路通过公共循环通道与周边地块地下车库连接。

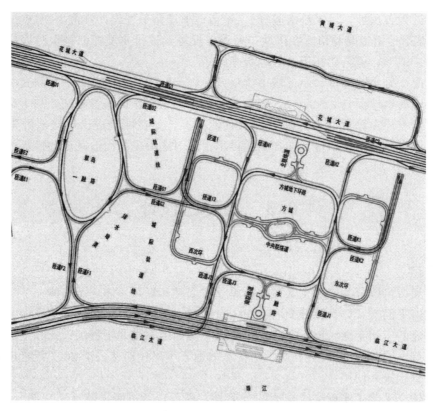

图 6.3-1 广州金融城地下道路交通组织图

图 6.3-2 广州金融城隧道平面交叉口效果图

2. 简易立体交叉

立交形式简单、匝道与主线或匝道与匝道间分合流数量少，立交层次少，转向功能不多的半互通立交。例如广州洲头咀隧道（图6.3-3），从过江主隧道中分离出两条接地面道路的隧道匝道，主线隧道继续往前下穿相交的工业大道后，才连接地面道路。

图 6.3-3　广州洲头咀隧道地下立交效果图

3. 复杂立体交叉

立交形式复杂，匝道与主线或匝道与匝道间分合流数量多，立交层次多的立交。如全互通或转向功能多的半互通立交。如厦门万石山地下立交（图6.3-4）、南昌红谷隧道东岸地下立交（图6.3-5）、南京青奥轴线地下立交等。

图 6.3-4　厦门万石山地下立交

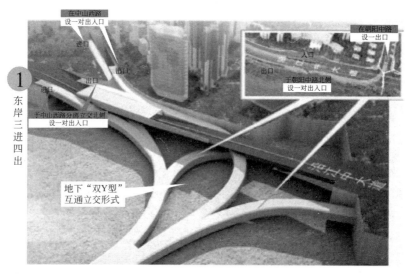

图 6.3-5　南昌红谷隧道东岸地下立交

厦门万石山地下立交是一座复杂的地下立交，将东西向的钟鼓山隧道、南北向的万石山隧道连接在一起。

考虑到隧道的建设成本、交通标志的设置空间、视线以及车道变换、交织带来的问题，以及将来运营的费用以及安全风险，不建议设置隧道与隧道间的平面交叉口以及复杂的立体交叉，可考虑通过匝道将转向交通通过接入地面，设置地面平面交叉口或立体交叉进行交通转换，并且与设置隧道平面交叉口、隧道立体交叉从工程技术、经济、运营以及用地等各方面进行详细比选。

从目前国内的情况看，隧道立交主要设置于下穿江河、山岭，与骨架路网距离较近，衔接困难的隧道，或者周边有大规模地下空间开发的隧道。

6.3.2　设计原则

（1）隧道交叉口的设计，应以运行安全为首要原则。

（2）隧道出入口的位置、间距及形式，应根据节点在路网系统中的地位和功能确定，并综合考虑交叉道路的等级、功能和接入控制要求等因素，满足主线车流稳定，分合流处行车安全的要求。

（3）隧道立交出入口及平面交叉口设置、几何结构及信息分布应与驾驶人期望相一致。驾驶员期望指驾驶员依据过去的成功操作方式对运行环境所做出的下意识反应，经训练和长期经验的积累形成。设计不应与驾驶员期望相悖，否则易造成驾驶人判断失误。

（4）隧道平面交叉口一般应采用右进右出的交通组织，并增设专用右转分合流车道或辅助车道，减少对交叉口视距三角形的范围。

（5）隧道主线与匝道的车道布置、运行速度应具有连续性。

（6）当连接地面匝道受环境条件限制时，应在运行安全的前提下，保障主要交通方向的优先通行，充分考虑协调匝道与地下主线、地面道路间的线形相互匹配程度，选取合适的技术指标。

（7）隧道立交匝道基本段的平面、纵断面、建筑限界要求同地面立交基本相同。

6.3.3 控制要素

1. 设计车辆

隧道交叉口中采用的设计车辆应与整个隧道工程的设计车辆一致。

《城市道路工程设计规范》CJJ 37—2012 中设计车辆有小客车、大型车、铰接车，当有集装箱、重大装备和国防等运输需求时，隧道设计宜采用最大车辆作为验算车辆，对匝道和平面交叉转弯车道的圆曲线半径、加宽和视距等设计指标进行验算。

由于地下工程的建设造价巨大，制约因素多，而城市交通运行车辆大部分为小客车。如果为小客车专用隧道，则匝道的平纵线形、视距、建筑限界等均可适当采用较低技术标准，减少工程造价；且由于分流了大客、货车，交通流组成单一，运行速度差异小，在一定程度上有助于提高道路安全。

城市隧道的设计中，应考虑设置小客车专用道的可行性。

2. 设计速度

隧道匝道基本路段的设计速度应根据匝道形式以及主线设计速度合理选取。

隧道匝道连接部的设计速度是确定出口匝道的线形指标的重要依据，应结合相邻路段的运行条件确定；入口匝道在合流鼻端附近的设计速度可以采用匝道的基本路段设计速度；出口匝道的分流鼻端设计速度应考虑从主线分流减速的因素，根据减速过程分析计算确定，通常处于主线设计速度与匝道基本路段设计速度之间，不应小于匝道基本路段设计速度。

考虑隧道立交的行驶条件复杂性，条件允许时，分流鼻端通过速度建议参照《公路立体交叉设计细则》JTG/T D21—2014 表 4.3.3 选取（表 6.3-1）。

《公路立体交叉设计细则》中分流鼻端通过速度 表 6.3-1

主线设计速度(km/h)	分流鼻端的设计速度(km/h)	
	一般值	最小值
120	70	65
100	65	60
80	60	55
60	55	45

条件受限时，分流鼻端通过速度建议参照《城市道路交叉口设计规程》CJJ 152—2010 表 5.3.5-1 选取（表 6.3-2）。

《城市道路交叉口设计规程》中分流鼻端的设计速度 表 6.3-2

主线设计速度(km/h)	分流鼻端的设计速度(km/h)
120	80
	60
100	55
80	50
60	≤40

按设计速度完成匝道线形设计后，宜对隧道匝道进行运行速度的校验，当不满足相邻路段运行速度连续性或设计速度与运行速度一致性的要求时，应调整匝道的设计。

3. 视距

隧道交叉设计中的视距应对识别视距、停车视距、视距三角形进行校验，满足安全行驶的要求。

在《城市道路交叉口设计规程》CJJ 152—2010 第 5.2.1 条中提出在进出立交的主线路段，其行车视距宜大于或等于 1.25 倍停车视距。

在《城市地下道路工程设计规范》CJJ 221—2015 对视距的有关要求如下：

第 5.3.1 条提出城市地下道路停车视距应符合现行行业标准《城市道路工程设计规范》CJJ 37 的规定，对以货运交通为主的城市地下道路，应验算货车停车视距，并应符合现行行业标准《城市道路路线设计规范》CJJ 193 的规定。

第 6.3.2 条提出城市地下道路主线分流鼻前应保证判断出口所需的识别视距，识别视距不宜小于 2 倍的主线停车视距，条件受限时应不小于 1.5 倍的主线停车视距。

第 6.3.3 条提出城市地下道路主线汇流鼻前应保证主线车辆判断入口所需的识别视距，识别视距应不小于 1.5 倍的主线停车视距。

由于隧道立交的行驶条件较差，且变化频繁，除对停车视距提出要求外，还需对识别视距提出要求，需要有比地面道路的停车视距有更大的距离。识别视距指驾驶人从发现并识别前方障碍物或方向改变到避让障碍物或调整操作所需的距离。

在设计中，隧道主线分流鼻端的识别视距宜为 2~3 倍主线停车视距，不宜小于 2 倍的主线停车视距，条件受限时不应小于 1.5 倍的主线停车视距。主线汇流鼻端前的识别视距不应小于 1.5 倍的主线停车视距。

在交通组成以大型车为主或对载重汽车视距有影响的路段，须校验大车或货车的停车视距。

隧道主线、匝道圆曲线内侧由于受到隧道结构的影响，应检验停车视距。

4. 交通量和服务水平

隧道的通风设计涉及隧道车辆的组成，交通量预测除提供标准车的交通量外，还需提供各种车型的组成比例。

隧道交叉口以及匝道的服务水平除应满足规范要求外，还应核实延误的排队长度，避免出现严重拥堵时，隧道内排队过长，容易出现交通安全事故，影响隧道通风。

5. 建筑限界

匝道的建筑界限必须满足《城市道路工程设计规范》CJJ 37—2012、《城市道路路线设计规范》CJJ 193—2012 及《城市道路交叉口设计规程》CJJ 152—2010 的要求。

建筑限界重点考虑净高及侧向净宽的要求。

《城市道路工程设计规范》CJJ 37—2012 的各种机动车的最小净高为 4.5m，小客车最小净高为 3.5m；《城市地下道路工程设计规范》CJJ 221—2015，小客车专用隧道的最小净高一般值为 3.5m，最小值为 3.2m。

在设计中最小净高的要求除满足规范要求外，还应考虑隧道所衔接路网以及有无特种车辆使用。如《公路路线设计规范》JTG D20—2017 中高速公路、一级公路、二级公路的净高为 5.0m，当城市隧道与公路衔接或者位于城乡接合部兼顾公路和城市道路功能时，应考虑与公路标准协调。

隧道的凹形竖曲线的净空高度应按最大设计车辆的有效净空控制（图6.3-6）。

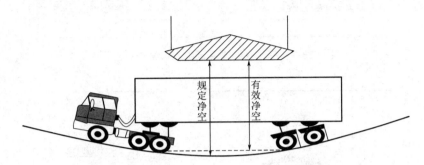

图6.3-6 《公路路线设计规范》中凹形竖曲线上方有效净空高度

6.3.4 出入口位置及间距

1. 出入口位置

一般来说右进右出模式的匝道符合我国驾驶员的行驶习惯，在布置出入口时通常都设置在主线右侧，方便驾驶员进出。交通事故统计资料及相关的研究表明，左侧出口匝道的设置，车辆需要变换到最左侧快车道然后再减速驶入匝道，与驾驶员期望不一致，容易出现走错路、犹豫的情况，存在一定的交通安全隐患，已建成的左侧出口匝道事故率也通常较高。

隧道的匝道出入口一般情况下应设置在主线右侧，当条件受限时，入口可设置在主线左侧，并应设置辅助车道。出口不应设置在主线左侧。

当条件受限时，可以在左侧设置入口，同时应做好交通组织，通过设置辅助车道以及完善的交通工程措施等手段来提高左入口区域的行车安全。《城市地下道路工程设计规范》CJJ 221—2015的条文说明中列出了几种安全措施，以供设计参考：

（1）条件允许情况下，可设置足够长度的辅助车道，辅助车道的具体要求应符合现行的相关标准要求。

（2）增加入口识别视距。

（3）增加合流段照明亮度。

（4）完善入口警告标志设置，提醒告知、重复强调驾驶员前方左侧存在汇流车辆，交通标志宜采用自发光形式，避免隧道内光线暗及普通标志牌镜面反射问题。

单孔双层式隧道采用左侧入口的例子：

对于单孔双层式隧道，为便于施工、减少造价，通常上下行双向交通的出入口布置在同一位置，因此当主线某一层方向的交通出（入）口设置在右侧时，则另一层方向交通的入（出）口将不可避免设置在左侧，形成"左进右出"或"右进左出"两种情况。

如果单孔双层隧道的上下层出入口不设在同一位置，工程造价增加，但可以避免左入的情况。

图6.3-7的匝道①属于上层右侧入口，下层左侧出口的情况，不应采用。而匝道②属于上层右侧出口，下层左侧入口的情况，条件受限时可以采用（图6.3-8）。采用盾构施工，为主线横断面变化，且平面线形连续时可以参考图6.3-9的形式，对匝道②的情况设置辅助车道。

图 6.3-7 单孔双层式隧道出入口平面示意图

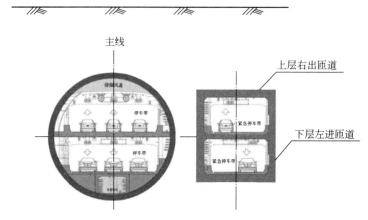

图 6.3-8 单孔双层式隧道出入口断面示意图

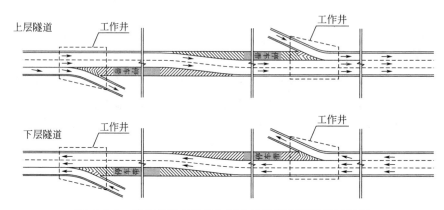

图 6.3-9 单孔双层式隧道左侧入口辅助车道设置示意图

2. 一般隧道出入口间距

隧道匝道的出入口最小间距长度由加速车道长度、交通标志识别距离、交织长度以及减速车道长度组成，应能保证主线交通不受分合流交通干扰，并为分合流交通加减速及转换车道提供安全可靠的条件。

隧道匝道出入口间距应满足《城市地下道路工程设计规范》CJJ 221—2015 的要求，其中设计速度为 80km/h 和 60km/h 时，出入口的最小间距与《城市快速路设计规程》CJJ 129—2009 表 7.2.2 是一致的，并且提供了设计速度为 50km/h 和 40km/h 的要求。以上要求比《城市道路交叉口设计规程》CJJ 152—2010 表 5.3.5-4 的要求高，考虑隧道立交行驶条件的复杂性，是合理的。

《城市地下道路工程设计规范》中城市隧道出入口最小间距（单位：m）　　表6.3-3

设计速度(km/h)	出—出	出—入	入—入	入—出
80	610	210	610	1020
60	460	160	460	760
50	390	130	390	640
40	310	110	310	510

如果驶出和驶入主线的交通量大，出入口间距较小的话，车辆在交织段形成交织将降低主线的通行能力。如果出入口端部间距不符合表6.3-3的要求时，应设置辅助车道，并应保证辅助车道长度满足交织要求。

3.地下车库联络道出入口间距

地下车库联络道的设计速度应为20km/h，不应超过20km/h，地下车库联络道应在有地块接入侧设置辅助车道。

地下车库联络道内部设置出入口与周边地块地下车库连接，与一般的快速路出入口形式具有一定差别，考虑到地下车库联络道主线设计速度低，地下车库联络道出入口间距主要考虑接入口停车视距、接入口识别视距、交通标志设置距离、分离右转冲突重叠区域、接入道路的出入道通行能力的要求。

根据《城市地下道路工程设计规范》CJJ 221—2015，地下车库联络道中与地块车库联系的出入口在接入侧布有辅助车道后，接入间距不应小于30m（图6.3-10）。

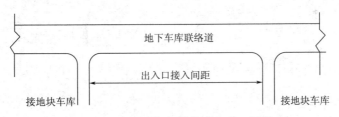

图6.3-10　地下车库联络道出入口间距

地下车库的出入口应避免设置在进出地下车库联络道的匝道纵坡上，与匝道坡道起止线距离不宜小于50m。

6.3.5　分合流端设计

1.主线线形要求

《城市道路交叉口设计规程》CJJ 152—2010 第5.2.1条，立交主线平面线形技术要求应与路段一致；《城市道路交叉口设计规程》CJJ 152—2010 表5.2.2中对机动车道的最大纵坡推荐值与《城市道路路线设计规范》CJJ 193—2012 表7.2.1机动车道最大纵坡一般值一致，而《城市道路交叉口设计规程》CJJ 152—2010 的机动车道的最大纵坡限制值比《城市道路路线设计规范》CJJ 193—2012 机动车道最大纵坡极限值大。

《城市地下道路工程设计规范》CJJ 221—2015 对隧道立交的主线平纵线形没有提出要求。

隧道出入口区域交通运行环境复杂、车速变换大，如果主线存在小半径平曲线、竖曲线或平纵组合不良，都会增加行车安全隐患，更易引发交通事故，因此应避免在这些路段设置出入口。

隧道出入口的分合流端宜设置在主线的平缓路段，应避免设置在平纵组合不良路段，分合流端附近主线的平曲线、竖曲线应采用较大半径。

基于以上考虑，建议参照《公路路线设计规范》JTG D20—2017、《公路立体交叉设计细则》JTG/T D21—2014的思路，对隧道立交的主线线形要求提出更高的要求。

（1）平面

设有变速车道路段的主线圆曲线半径的控制，实质为控制弯道外侧变速车道连接部的横坡差，以提高车辆行驶的安全性。圆曲线半径应满足匝道分合流处的超高与主线超高间平顺过渡的超高渐变的要求，横坡附加路拱线不应穿越车道，避免车辆按车道行驶时穿越横坡附加路拱线引起跳车导致交通事故。

当主线为曲线且设有超高时，曲线外侧的变速车道渐变段到一个车道宽度处的路段应采用与主线相同的横坡。鼻端处的匝道横坡宜向外倾斜，并通过设于三角区的附加路拱完成反向过渡。见图6.3-11。

确定主线圆曲线最小半径的主要依据为：当设计速度40km/h<V≤80km/h时，一般值按超高不大于3%取值，极限值按超高不大于4%取值；当设计速度V≤40km/h时，按超高为2%取值。

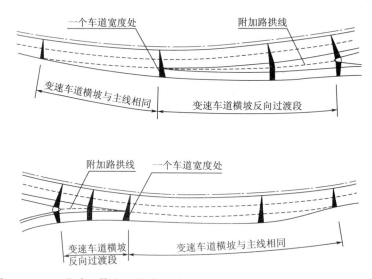

图6.3-11 《公路立体交叉设计细则》中主线曲线外侧及变速车道超高过渡

（2）纵断面

主线最大纵坡度的控制，主要为流出主线的车辆提供平稳减速的运行条件，对于流入主线的车辆则有利于平稳加速和安全合流。

主线竖曲线的最小半径控制，主要基于保证足够视距的考虑。

凸形竖曲线的最小半径一般按2倍停车视距计算确定，极限值按1.5倍停车视距计算确定，物高取值0.1m。分流鼻端前识别视距范围内的凸形竖曲线最小半径按识别视距计算确定，物高取值为0。

凹形竖曲线最小半径也应满足2倍停车视距、分流鼻端的识别视距的要求，一般可取基本路段最小竖曲线半径的4倍，条件受限时可取2~3倍。

2. 匝道分合流端线形要求

(1) 平面

出口匝道分流鼻端的运行速度与匝道基本路段的设计速度存在一定差值，从安全的角度考虑，该段应按运行速度进行设计，进行过渡，使车辆能在过渡段内连续、平稳的完成减速。

分流点的曲率半径和回旋线的最小参数均应按照分流鼻端的设计速度选取。回旋线长度应能满足超高过渡所需最小长度的需要。

考虑隧道立交的行驶条件复杂性，条件允许时，建议参照《公路立体交叉设计细则》JTG/T D21—2014 表8.4.1及表8.4.3选取（表6.3-4）；条件受限时，建议参照《城市道路交叉口设计规程》CJJ 152—2010 表5.3.5-1选取（表6.3-5）。

《公路立体交叉设计细则》中的分流鼻端处出口匝道平曲线的
最小的曲率半径及分流鼻端附近回旋线最小参数　　　　　　　表6.3-4

主线设计速度(km/h)	分流鼻端的设计速度(km/h)		分流点的最小曲率半径(m)		回旋参数 A	
	一般值	最小值	一般值	极限值	一般值	极限值
120	70	65	350	300	100	80
100	65	60	300	250	80	70
80	60	55	250	200	70	60
60	55	45	200	150	60	40

《城市道路交叉口设计规程》中分流鼻端的曲率半径和回旋线参数　　　表6.3-5

主线设计速度(km/h)	分流鼻端的设计速度(km/h)	分流点的最小曲率半径(m)	回旋参数 A	
			一般值	低限值
120	80	250	110	100
	60	150	70	65
100	55	120	60	55
80	50	100	50	45
60	≤40	70	35	30

(2) 纵断面

《城市道路交叉口设计规程》CJJ 152—2010 提出以下要求，但没指出定量的因素：

匝道端部出入口宜设在主线下坡路段，应保持充分的视距；在条文说明中提出为了保证不受凸形竖曲线视距影响，避免视距不足产生凸形竖曲线后出现匝道小半径平曲线弯道，应将竖曲线设计长些，使驾驶员能在行驶中较早发现凸形竖曲线下坡道出匝道平曲线起点和方向。

建议参照《公路立体交叉设计细则》JTG/T D21—2014 的思路从定量上提出设计的

控制要求。

分流鼻端的竖曲线最小半径应按鼻端的设计速度确定，不宜小于根据表6.3-4的分流鼻端设计速度一般值选取的竖曲线最小半径的一般值和极限值。

但当匝道基本路段设计速度超过分流鼻端设计速度时，按匝道基本路段的设计速度选取分流鼻端的竖曲线最小半径。

在合流鼻端的入口匝道竖曲线最小半径参照分流鼻端进行选取。入口匝道竖曲线最小半径不宜小于根据对应主线设计速度的分流鼻端设计速度一般值选取的竖曲线最小半径；当按匝道基本路段设计速度选取的竖曲线半径大于上述值时，应按匝道基本路段设计速度取值。

例如：主线设计速度为80km/h，按表6.3-4选取匝道分流鼻端的设计速度一般值为60km/h，根据《城市道路交叉口设计规程》CJJ 152—2010的表5.3.3-2选取竖曲线的最小半径的一般值和极限值。如果分流鼻端的设计速度规范表中没有时，可通过计算或取比插值偏大的值。

3. 匝道入口与主线直行车道隔离段

根据《城市地下道路工程设计规范》CJJ 221—2015第6.3.4条，匝道接入主线入口处从汇流鼻端开始应设置与主线直行车道的隔离段，隔离段长度不应小于主线的停车视距值，隔离设施不应遮挡视线，见图6.3-12。

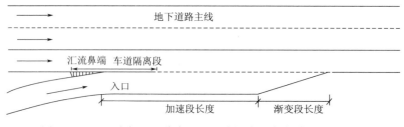

图6.3-12 《城市地下道路工程设计规范》中车道隔离段长度

《城市地下道路工程设计规范》CJJ 221—2015的条文说明提出：

互通立交区域汇流鼻前，通常匝道与主线应保证一个通视三角区，主线100m和匝道60m，在这三角通视区范围内不应有遮挡视线的障碍物。地下道路由于主线、匝道两侧都存在侧墙，在汇流鼻端无法和地面道路一样保证三角通视区，因此匝道上车辆在汇流前无法获知主线交通量状况，为避免匝道车辆随意汇入主线，而造成主线车辆发现不及而发生侧碰、追尾等交通事故发生。阻止匝道上车辆随意或者过早汇入主线，必须保证其能够有足够时间观察主线车流状况，同时加速到一定车速后减少与主线运行速度差异，才能提高行车安全。

隔离方式有标线隔离和物理分隔隔离，建议采用物理隔离，分隔设施颜色宜醒目，能反光，具体还应符合《城市道路交通设施设计规范》GB 50688—2011的规定，且注意隔离设施的高度，自身不能影响行车视距。

4. 匝道出口鼻端的偏置加宽

《城市道路交叉口设计规程》CJJ 152—2010提出：立A1类立交主线与驶出匝道的出口分流点处，当需给误行车辆提供返回余地时，行车道边缘宜设置偏置加宽，并应采用圆弧连接主线和匝道路面的边缘。偏置加宽值和楔形端部鼻端半径应符合表 5.3.5-2 的规定。高架结构段可不设偏置加宽。

在《公路路线设计规范》JTG D20—2017、《公路立体交叉设计细则》JTG/T D21—2014 中均提出匝道出口鼻端偏置加宽的要求，并未允许高架结构可不设偏置加宽。

考虑隧道内行车相对环境较差，尤其是分流点处车流复杂，而误行车辆返回正确方向时，车速较低，易与后方来车造成碰撞，发生交通事故，因此不建议在隧道匝道出口处给误行车辆提供返回余地，即鼻端不设置偏置加宽。

5. 匝道汇流鼻端与隧道洞口的距离

进出隧道洞口，光线明暗过渡，驾驶员通常需要一个视觉适应过程，以适应"黑洞""白洞"的影响。进出隧道洞口与道路的分合流端都是行车危险、事故多发区域，控制道路的分合流鼻端与隧道间距问题实质就是避免两者距离过近，避免两种危险区域的叠加。为减少在进入隧道洞口适应过程范围内主线车辆行车受干扰，提高入口附近的行车安全，汇流鼻端与洞口应有足够的距离。

根据《城市地下道路工程设计规范》CJJ 221—2015 第 6.3.5 条，隧道设计不应在驾驶员进入隧道后的视觉变化适应范围内设置合流点，见图 6.3-13。汇流鼻端与洞口的距离不应小于表 6.3-6 的规定。

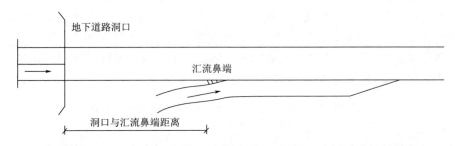

图 6.3-13 《城市地下道路工程设计规范》隧道洞口与汇流鼻端的距离

《城市地下道路工程设计规范》中隧道洞口与汇流鼻端的最小距离　　表 6.3-6

设计速度(km/h)	最小间距(m)
80	165
60	85
50	60
≤40	35

6.3.6 变速车道及辅助车道设计

1. 变速车道

匝道与主线之间的连接部应设置变速车道。变速车道的组成包括渐变段、变速段和鼻端等，当车道数不平衡时，应设置辅助车道。

《城市地下道路工程设计规范》CJJ 221—2015 的条文说明提出：当隧道主线的直行方向交通量较少或匝道与主线速度相差较小时，可采用直接式减速车道；当直行方向交通量较大或匝道与主线速度相差较大时，宜采用平行式，由于地下道路通视特性差，加速车道宜采用平行式汇入主线。

当主线圆曲线半径较小，且设置直接式困难时，曲线外侧的减速车道可采用平行式；当出口匝道为环形时，减速车道宜采用平行式。

《城市地下道路工程设计规范》CJJ 221—2015 的条文说明提出：隧道的加减速车道设置还应考虑施工工法，由于横断面变化会给某些工法的施工带来困难，尤其是在采用盾构法施工时，不宜频繁变化横断面布置，此时通常直接设置辅助车道将出入口之间连接，而避免分别设置加减速车道。

考虑隧道入口与地面立交的差异，隧道入口匝道的加速车道比地面立交长。

单车道加减速车道长度不应小于表 6.3-7 的规定。

《城市地下道路工程设计规范》中隧道单车道加减速车道长度　　表 6.3-7

主线设计速度(km/h)	80	60	50	40
减速车道长度(m)	80	70	50	30
加速车道长度(m)	220	140	100	70

双车道变速车道必须设置辅助车道。双车道的变速车道长度宜为单车道变速车道规定长度的 1.2~1.5 倍。考虑到在隧道中过于频繁的车道合并容易对主线交通流的稳定性产生影响，降低主线的服务水平，发生交通事故，不建议在隧道立交中采用双车道出入口匝道。

下坡路段减速车道和上坡路段加速车道的长度应按现行行业标准《城市道路交叉口设计规程》CJJ 152—2010 规定的修正系数进行修正，见表 6.3-8。

《城市道路交叉口设计规程》中变速车道长的修正系数　　表 6.3-8

纵坡度(%)	$0<i\leqslant 2$	$2<i\leqslant 3$	$3<i\leqslant 4$	$4<i\leqslant 6$
减速车道长度(m)	1.00	1.10	1.20	1.30
加速车道长度(m)	1.00	1.20	1.30	1.40

平行式变速车道渐变段的长度应符合现行行业标准《城市道路交叉口设计规程》CJJ 152—2010 的规定，见表 6.3-9。

《城市道路交叉口设计规程》中平行式变速车道渐变段的长度　　表 6.3-9

主线设计速度(km/h)	80	60	50	40
渐变段长度(m)	50	45	40	40

直接式变速车道的渐变段长度以出入口的渐变率进行控制，应符合现行行业标准《城市道路交叉口设计规程》CJJ 152—2010 的规定，见表 6.3-10。

《城市道路交叉口设计规程》中直接式变速车道出入口渐变率　　表 6.3-10

主线设计速度(km/h)	80	60、50、40
出口渐变率	1/20	1/15
入口渐变率	1/30	1/20

2. 辅助车道

当隧道交叉口车道数变化大于1时，应设辅助车道过渡。

由于隧道施工复杂，横断面变化会给某些工法的施工带来困难，尤其是在采用盾构法施工时，不宜频繁变化更改横断面布置。因此对于施工工法受限、造价变化不敏感时，隧道出入口之间宜将出入口加减速车道直接连接，形成辅助车道，用辅助车道实行加减速功能，同时避免了横断面的过渡变化带来的施工困难。

当不满足表6.3-3的出入口间距最短要求时，应设置辅助车道，但是当出入口间距很短，同时交织流量比较大时，可能即使设置辅助车道后也会不满足要求，建议对于距离小于表6.3-3时，设置辅助车道后，还应该进行交织区的通行能力验证，以保证交织需求。

地下车库联络道两侧均有接入地块时，出入口间距较近时宜采用"主线车道+两侧辅助车道"布置形式，参考图6.3-9；仅有单侧接入地块，宜采用"主线车道+一侧辅助车道"布置形式。

6.4 隧道与地面道路衔接

隧道出入口引道布置可根据环境条件，集中布置在地面道路的中央或两侧，离路口展宽段距离较近应按转向拓宽分车道渠化。

（1）隧道出口接地点与地面平面交叉口的距离

从行车安全角度确定城市隧道出口接地点与地面交叉口的距离。研究表明隧道进出口的亮度急剧变化，会造成驾驶明暗适应困难，剧烈的明暗过渡会使驾驶员瞳孔面积急剧变化，如果超出了驾驶员视觉适应能力，瞳孔将难以准确聚焦在视网膜上成像，从而产生瞬时盲期，因此在交叉口与隧道洞口之间应保证足够的距离。

对于平原地区的隧道，出隧道后通常设置一定长度的上坡敞开段，由于受竖曲线影响，车辆在爬升至地面接地点前通常很难对前方路况有详细了解，对于此类型的隧道，规定了接地点与交叉口的距离，当后接平面交叉口时，隧道接地点应与之保证一定距离，以保证驾驶人具有足够距离发现前方交叉口存在，能够有充足的视距发现交叉口车辆运行状况。

交叉口排队至纵坡较大的隧道引道段时，易发生斜坡起步后溜的现象，而排队至隧道洞口附近时，由于视觉的"白洞"效应，更易发生追尾的交通事故。设计应避免以上情况。

隧道出口接地后，与交叉口距离还需满足隧道交通根据目的地选择左转、直行或右转车道的变换距离。如果有地面道路与隧道出口汇流后进入下一个交叉口，更应考虑隧道交通与地面交通间，由于选择左转、直行或右转车道产生的交织，距离交叉口的长度应大于交通交织所需长度。

隧道出口接地点处与邻接地面道路上的平面交叉口距离应满足下列要求：

1）与无信号控制平面交叉口的距离不宜小于2倍停车视距。视线条件好、具有明显标志时，不应小于1.5倍停车视距。

2）与信号控制交叉口的停车线距离不宜小于1.5倍停车视距，条件受限时不得小于1倍停车距离。

3) 应根据红灯期间车辆排队长度以及匝道与地面道路转换车道所需的交织段长度综合确定, 避免排队车辆进入隧道纵坡较大的范围或进入隧道洞口附近。

(2) 隧道入口接地点与地面平面交叉口的距离

如果存在隧道入口与地面道路分流, 则隧道入口接地点与上游地面平面交叉口的距离应满足交叉口出口车道的车辆选择进入隧道或地面道路的识别视距, 以及提前设置预告标志的要求。

(3) 隧道洞口与地面立体交叉的距离

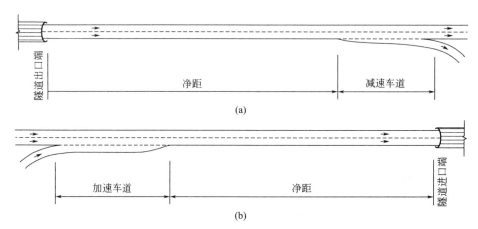

图 6.4-1 《公路立体交叉设计细则》中隧道洞口与地面立体交叉匝道间净距示意图
(a) 隧道与前方主线出口之间; (b) 主线入口与前方隧道之间

分流端与隧道洞口间距过小, 车辆驶出隧道后进入互通前驾驶员需要对大量道路信息做出判断, 受隧道压抑环境和, 容易产生紧张和急躁情绪, 极易错过互通出口或在互通出口处犹豫、突然变换车道、急刹车等情况, 影响了主线正常行车, 严重时会引发追尾等交通事故, 影响隧道正常运营。

条件允许时, 出口预告标志应在隧道洞口以外设置, 隧道洞口与邻接地面立体交叉出口匝道减速车道渐变段起点的距离应满足设置出口预告标志的需要, 并满足出口预告标志的辨认、读取和行动决策等过程所需的距离。

条件受限时, 隧道洞口与邻接地面立体交叉出口匝道减速车道渐变段起点的距离应考虑车辆出隧道后驶离主线的运行过程所需要的最小距离, 该过程包括驾驶员明适应、寻找间隙、变换车道和出口确认等, 而出口预告标志的辨认、读取和行动决策等过程均假定在出隧道前完成, 所以应在设计中采取出隧道之前开始设置完善的出口预告标志等交通管理措施。有条件时建议参照《公路立体交叉设计细则》选取, 见图 6.4-1 及表 6.4-1。极限值建议参照《城市地下道路工程设计规范》选取, 不应小于 1.5 倍主线停车视距。

《公路立体交叉设计细则》中隧道与前方主线出口之间的最小净距 (单位: m) 表 6.4-1

主线设计速度(km/h)	120	100	80	60
主线单向双车道	500	400	300	250
主线单向 3 车道	700	600	450	350
主线单向 4 车道	1000	800	600	500

隧道洞口与邻接地面立体交叉入口匝道加速车道渐变段终点的距离应为刚驶入主线的车辆在进入隧道前的安全准备距离，包括车辆驶入主线后调整车道和位置所需的最小距离。建议参照《公路立体交叉设计细则》选取，见表6.4-2。

《公路立体交叉设计细则》中主线入口与前方隧道之间的最小净距（单位：m） 表6.4-2

主线设计速度(km/h)	120	100	80	60
最小净距	125	100	80	60

当条件特别困难，不能满足上述净距要求而地面立体交叉必须设置时，应结合运行速度控制和隧道特殊结构设计等，提出完善交通组织、管理和运行安全的保障措施，经综合分析论证后确定设计方案。

6.5 路面设计

城市隧道内路面与一般道路路面相比，具有其自身的特点，详见本章6.1节。因此，隧道内路面设计时，必须根据其特点提出经济合理、安全可靠，能满足长期营运要求的方案。

1. 隧道路面类型

隧道路面一般采用水泥混凝土路面及复合式路面两大类型，都属于刚性路面。水泥混凝土路面又分为设接缝的普通水泥混凝土路面、连续配筋的混凝土路面或钢纤维混凝土路面。复合式路面由沥青混合料上面层与水泥混凝土下面层组成。

我国在早期的隧道普遍采用水泥混凝土路面，后来随着城市道路交通流量的增加以及路面等级的提高，道路路面以柔性路面为主，为与道路统一，同时提供路面行车的性能，隧道内路面越来越多采用上面层为沥青混合料与下面层为水泥混凝土结合的复合式路面。

一般城市隧道内路面宜与隧道外地面道路路面相同，由于面层为沥青混凝土的复合式路面造价较高，有些道路即使隧道地面道路采用沥青混凝土路面，从造价上考虑，隧道内路面也可能采用水泥混凝土路面。

（1）水泥混凝土路面

1）参考《公路隧道设计规范》JTG 3370.1—2018，若采用水泥混凝土路面，城市次干路、支路上隧道内的水泥混凝土路面宜采用设接缝的普通水泥混凝土路面，主干路、快速路上隧道内的水泥混凝土路面宜采用连续钢筋混凝土面层或钢纤维混凝土面层。其层面厚度、接缝构造与布设间距、钢纤维混凝土的钢纤维掺量、连续配筋混凝土的配筋率、面筋特殊部位的配筋均应符合现行《公路水泥混凝土路面设计规范》JTG D40的有关规定。

2）路面表面构造应刻槽、压槽、拉毛或凿毛等方法制作，构造深度在使用初期应满足下表的要求。表面构造采用刻槽时，宜采用纵向刻槽，或同时采用纵向和横向刻槽，表面构造深度要求见表6.5-1。

各级城市道路上隧道路面面层的表面构造深度要求 表6.5-1

道路等级	快速路、主干路	次干路、支路、地下车库联络道
构造深度(mm)	0.8~1.2	0.6~1.0

（2）复合式路面

1）当采用复合式沥青路面上面层时，沥青面层应具有与混凝土面板粘结牢固、防水渗入、抗滑耐磨、低温抗开裂、高温抗车辙、抗剥离的良好性能；必要时，可采用阻燃性良好的、有利于光电照明、反光特性良好的沥青路面类型；对特长、超长隧道宜采用阻燃性沥青面层。

2）隧道复合式路面沥青上面层铺装结构应由粘结层和沥青面层组成。沥青面层厚度一般为80～100mm，宜采用双层式沥青面层。其表面层应采用抗滑表层，沥青混凝土料配合比设计、高低温性能、水稳性等要求应符合现行《公路沥青路面设计规范》JTG D50的有关规定。沥青表面层的厚度、混合料类型宜与洞外段相同。

3）粘结层是使沥青下面层、防水层与混凝土面板联接成整体的结构层；在粘结层上应设置防水层。有关粘结层、防水层的要求应符合《公路沥青路面设计规范》JTG D50对水泥混凝土桥面沥青铺装的有关规定。

4）在隧道伸缩缝位置，一般沥青路面连续，不设置变形缝装置，对于大型过江、越海隧道，受各种因素影响，变形缝位置容易产生相对位移，此时可参考桥梁伸缩缝的做法设置变形缝装置，沥青路面断开。

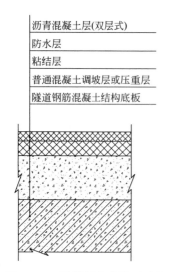

图 6.5-1　隧道复合式路面示意

如图 6.5-1 所示，隧道钢筋混凝土结构底板与普通混凝土调坡层或压重层形成复合式路面的下面层，其技术标准应符合现行《公路水泥混凝土路面设计规范》JTG D40 的有关规定。上海市地方标准《道路隧道设计规范》DG/TJ 08—2033—2018 第 15.2.3 条提到："水泥混凝土找坡层厚度不宜小于80mm，且应按要求设置钢筋网。混凝土强度等级不应小于C30、找坡层应与隧道底板紧密结合"。

复合式路面上面层为双层式沥青混凝土层，上面层和下面层之间为防水层和粘结层。值得注意的是，图中的防水层一般指防水卷材或防水涂料等柔性防水材料；当采用刚性防水层如水泥基渗透结晶型防水层时，则直接涂刷于隧道钢筋混凝土结构底板的顶面。

2. 水泥混凝土路面与复合式路面的性能差别

《公路隧道设计规范》JTG 3370.1—2018 提到，浙江省高速公路交警支队有交通事故调查研究表明，混凝土路面的摩擦系数比沥青混凝土路面的摩擦系数低，在隧道内因侧滑发生交通事故的通常是水泥混凝土路面。洞外采用沥青混凝土路面与洞内采用水泥混凝土路面在干湿状态下的实测路面摩阻系数见表 6.5-2。

水泥混凝土路面在干、湿两种状态下路面摩擦系数　　表 6.5-2

测区	隧道外路段（沥青）	洞内 150～250m		隧道中段	
状态	干	干	湿	干	湿
纵向附着系数	0.74	0.58	0.37	0.53	0.36
横向附着系数比	100	75	50	70	48

洞外为沥青路面时，纵（横）向附着系数无明显差异，而隧道内为水泥混凝土路面时，纵（横）向附着系数有明显差异，且在湿态下路面下下降一半。

水泥混凝土路面附着系数下降的原因分析及其对交通事故的影响如下：

（1）由于多往车辆尾气中的微小颗粒在隧道路面中的沉积、加上车辆行驶中滴漏的燃油、机油等物质，会在隧道路面上形成滑腻性薄膜层，从而使隧道路面的附着系数降低。

（2）中、短隧道由于通风好，此类物质不易在路面上积聚，受影响不大，而长隧道受此影响严重。

（3）路面干燥时，此类物质对路面附着系数尚不构成明显影响，而当路面处于潮湿状态时，此物质形成一层"滑膜"，使路面附着系数明显下降。

（4）无论干燥或潮湿状态，此类物质仅对水泥混凝土路面的附着系数构成影响，而对沥青路面不构成影响。

（5）路面附着系数下降后，对交通安全有一定影响，但不是最主要的。造成隧道内事故高发的最直接的原因是隧道入口处两种路面工况（洞外为沥青路面，洞内为混凝土水泥路面）附着系数的巨大差异。车辆从道路驶入隧道的时候，由于路面附着系数瞬间发生差异，对行车的适应性带来巨大影响，从而造成车辆侧滑发生事故。

研究表明，总体上，高速公路隧道使用水泥混凝土路面存在事故率高的缺点，中短隧道次之。洞口段洞外与洞内的路面类型不同，造成附着系数的差别，这是造成事故高发的另外一个主要原因。

另外，与水泥混凝土路面相比，沥青路面的平整性、吸引性也比较优良；较容易养护；在照明方面，由于路面与标线反差大，视觉明显，事故发生率也相应降低。但在造价上，沥青混凝土路面比混凝土路面相对较高。

综上所述，城市隧道路面宜与隧道外道路路面相同，目前城市主干路、快速路的路面普遍采用沥青混凝土路面，连接城市主干路、快速路的隧道，从技术性、适用性等角度，建议推广下面层为水泥混凝土而上面层为沥青混凝土的复合式路面，下面层为隧道结构底板及混凝土调坡层或压重层。但鉴于国内地域辽阔，地区差异大，发展不平衡，交通量和运输状况就同等级的道路在东部沿海与西部等存在明显的差异，要求也不同，各等级道路也可采用水泥混凝土路面，尤其对于次干路或支路，当隧道外地面道路采用水泥混凝土路面，那么隧道一般也采用水泥混凝土路面。

无论采用水泥混凝土路面或复合式路面，随着技术的发展，都有可改进或需改进的空间。对水泥混凝土路面，需要增加其摩擦系数，可从混凝土骨料上、结构构造上改进。对下面层为水泥混凝土而上面层为沥青混凝土的复合式路面，沥青面层需有效保证其阻燃性和反光特性。

从欧洲几座隧道火灾调查发现，沥青混凝土路面发生火灾后，在火灾区出现路面融化，但未燃烧。我国尚未这种事故发生。我国在2012年出台《道路用阻燃沥青混凝土》GB/T 29051—2012，规范中提到道路用阻燃沥青燃烧性能的指标应符合表6.5-3规定。

道路用阻燃沥青燃烧性能指标　　　　表6.5-3

项目	单位	要求
氧指数（OI）	%	≥23
烟密度等级（SDR）	—	≤75

其中，烟密度等级（SDR）为长大隧道、重要通道或安全级别要求的特殊工程所要求的项目，对于一般工程不作要求。

对隧道路面高反光特性的要求是从照明方面提出的。国际照明委员会（CIE）提出了基于照明的路面分类有 R_1、R_2、R_3、R_4、R_5，其中 R_1 为最高级路面，R_5 为最次，反射率最低。建议采用 R_1、R_2 路面，CIE 分类见表 6.5-4（见《Calculation and measurement of luminance in road lighting（道路照明中照度与亮度、计算与测量）》表 5.3-4，CIE 30-2 第二版（1982），ISBN 9290340304）。

基于照明的 CIE 路面分类　　表 6.5-4

R_1	1	沥青混凝土路面面层：含至少 15% 的人造反光材料，或含至少 30% 反光很好的钙长石、宫拉玄武岩
	2	碎石路面：80% 以上路面用碎石铺盖且碎石中含有大量人造反光材料，或 100% 都是反光很好的钙长石
	3	混凝土路面
R_2	1	质地粗糙且含标准集料的面层
	2	含 10%～15% 人造反光材料的沥青路面
	3	粗糙沥青混凝土路面，含 60% 以上集料且集料尺寸大于 10mm
	4	新加铺的胶粘沥青面层
R_3	1	沥青混凝土（冷沥青、胶结沥青）含尺寸不小于 10mm 的集料，且质地有一定粗糙度
	2	粗质地但经磨光的铺装层
R_4	1	经过几个月使用后的胶粘沥青路面
	2	质地颇光或磨光的路面
R_5		主要指表面光滑且磨光的沥青路面，集料含量低且尺寸小，过量粘胶剂，尚在流淌的沥青路面

在欧洲国家，隧道大多采用 R_1 标准的沥青面层，我国目前还没这方面的经验，建议有条件的地方可做试验。国内学者研究，在 OGFC-13 混合料面层中掺加 10%～15%、粒径为 2～3 mm 的玻璃珠，在满足路用性能各项技术指标要求的同时，起到了反光的效果。国内学者通过室内试验研究，得出 4 种方案能够实现沥青路面明色化铺装，相同照明条件下，隧道沥青路面明色化铺装比现有常用的隧道沥青路面铺装，路面亮度提高 75% 以上，有利于安全诱导交通，提高驾驶员判断路面上障碍物的能力。以上研究成果还有待进一步验证。

相关规范

［1］《公路工程技术标准》JTG B01—2014
［2］《城市道路路线设计规范》CJJ 193—2012
［3］《城市道路工程设计规范》CJJ 37—2016
［4］《公路路线设计规范》JTG D20—2017
［5］《城市地下道路工程设计规范》CJJ 221—2015
［6］《公路隧道设计规范》JTG 3370.1—2018
［7］《道路隧道设计规范》DG-T J08—2033—2008

[8]《公路沥青路面设计规范》JTG D50—2017
[9]《公路水泥混凝土路面设计规范》JTG D40—2011
[10]《城镇道路路面设计规范》CJJ 169—2012
[11]《道路用阻燃沥青混凝土》GB/T 29051—2012
[12]《公路立体交叉设计细则》JTG/T D21—2014
[13]《城市道路交叉口设计规程》CJJ 152—2010
[14]《城市道路交通设施设计规范》GB 50688—2011

参考文献

[1] 黄兴安.公路与城市道路设计手册[M].北京：中国建筑工业出版社，2004.
[2] 俞明建.城市地下道路设计理论与实践[M].北京：中国建筑工业出版社，2014.
[3] 史小丽，王选仓，刘昆.公路隧道反光沥青路面[J].长安大学学报（自然科学版），2009，29（3）：19-22.
[4] 郝增恒.隧道沥青路面明色化铺装技术研究[J].中外公路，2012，32（2）：280-283.

第 7 章

隧道结构设计

城市隧道总体设计时必须进行施工工法比选,依据项目实际情况确定施工工法后进行隧道结构设计,本章分别论述城市隧道常用的明挖法、矿山法、盾构法、沉管法隧道的设计技术特点。

7.1 明挖法隧道结构设计

7.1.1 概述

凡是采用明挖法施工的隧道主体结构都是明挖结构,明挖结构在城市隧道中应用广泛。

在场地条件允许的条件下,城市隧道大多会优先考虑采用明挖隧道结构,如建设场地开阔、周边建筑物较少的新建道路交叉口的下穿隧道,或施工期间交通疏解能解决的改扩建道路交叉口的下穿隧道等,如图 7.1-1 所示。

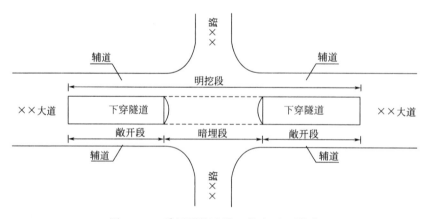

图 7.1-1 采用明挖法施工的交叉口隧道

穿越江河、湖泊的隧道,当水中段采用沉管法或盾构法施工,岸上段连接地面道路时也往往采用明挖隧道结构,如图 7.1-2、图 7.1-3 所示。

暗挖隧道的两端,若连接地面道路仍存在高差时,同样也采用明挖隧道结构进行过渡,以连接地面道路,如图 7.1-4 所示。

由于明挖结构具有断面布置灵活的特性,当有匝道分合流出入口的系统型隧道或地下车库联络道也多采用明挖隧道结构,如图 7.1-5、图 7.1-6 所示。

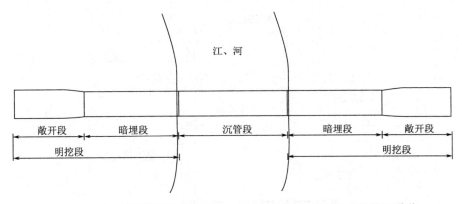

图 7.1-2 江中段采用沉管法施工、岸上段采用明挖法施工的越江隧道

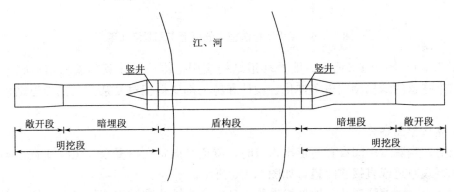

图 7.1-3 江中段采用盾构法施工、岸上段采用明挖法施工的越江隧道

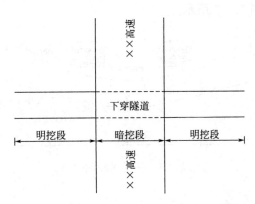

图 7.1-4 下穿段采用暗挖法施工、正常段采用明挖法施工的下穿隧道

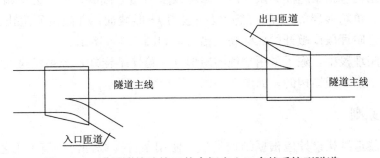

图 7.1-5 采用明挖法施工的中间出入口多的系统型隧道

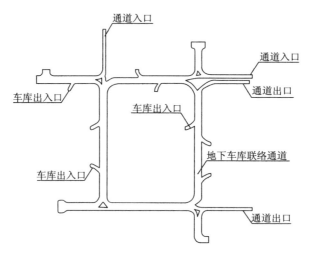

图 7.1-6 采用明挖法施工的地下车库联络通道

如图 7.1-1～图 7.1-6 所示，明挖隧道结构应用范围广，尤其随着城市道路多元化的发展，城市隧道的结构型式也多样化，设计和施工都变得相对复杂。明挖隧道结构具有如下特点：

1. 平纵线形复杂化

平面上，当隧道中间设置匝道出入口时，隧道平面将变得复杂，主线变宽，单侧或两侧存在平行式匝道或直接式匝道，如图 7.1-5 所示。

纵断面上，随着隧道从一般地面道路，到下穿水域或陆域构造物时，基坑深度及主体结构受力随之变化，如图 7.1-7 所示。

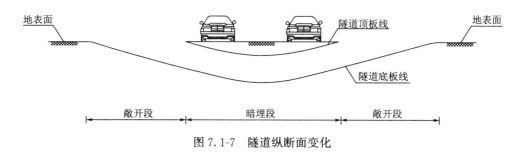

图 7.1-7 隧道纵断面变化

2. 断面型式多样化

明挖隧道结构包括暗埋段和敞开段，暗埋段多为箱形截面，可以为单箱多室、多箱多室、单箱单层、单箱多层等形式；敞开段一般为 U 形截面；在隧道匝道出入口附近，主线暗埋段和匝道暗埋段或敞开段在标高上错台，如图 7.1-8 所示。

明挖结构暗埋段中，除了采用常规的矩形框架箱体结构外，当箱室跨度大时，顶板也有采用折形板或拱形板结构的，如图 7.1-9、图 7.1-10 所示。

7.1.2 设计原则

（1）明挖隧道结构设计应根据结构类型、使用条件荷载特性、施工工艺等条件进行，结构或构件应满足强度、刚度、稳定性和耐久性要求，并满足防水防火技术要求。为确保

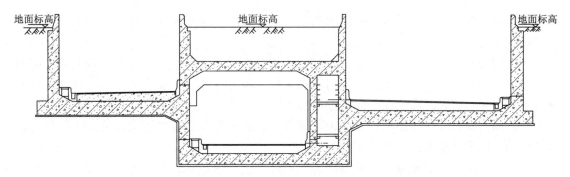

图 7.1-8 主线暗埋段和匝道敞开段错台示意图

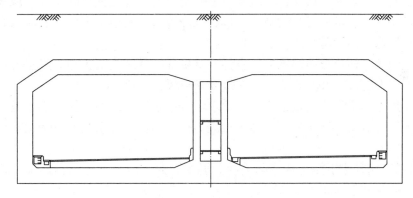

图 7.1-9 折板框架结构示意图

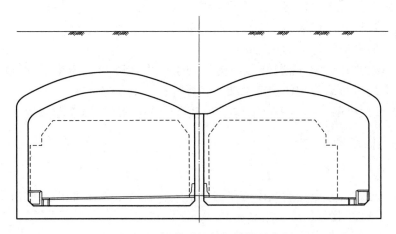

图 7.1-10 拱形板框架结构示意图

明挖隧道结构具有足够的耐久性,明挖隧道结构应根据环境类别,按设计使用年限 100 年的要求进行耐久性设计。

(2) 明挖隧道结构净空尺寸除满足建筑限界、设备限界和其他使用、施工工艺的要求外,尚应考虑施工误差、测量误差、结构变形、后期沉降等因素予以确定。

(3) 明挖隧道结构应分别对其在施工阶段和正常使用阶段进行强度计算,必要时还应进行刚度和稳定性计算。对于混凝土和钢筋混凝土结构尚应进行抗裂或裂缝宽度验算。钢筋混凝土的裂缝开展允许值应根据结构类型、使用要求、所处环境条件和防水措施等因素加以确定。

（4）结构设计按最不利地下水位情况进行抗浮稳定验算，不计地层与结构侧壁摩阻力时的抗浮安全系数≥1.05，考虑地层与结构侧壁摩阻力时的抗浮安全系数≥1.15。当结构抗浮不满足要求时，应采取相应的抗浮措施。

（5）明挖隧道结构按照当地地震设防烈度进行抗震验算，并在结构设计时采取相应的构造措施，以提高结构的整体抗震能力。

（6）针对位于软弱地基上的隧道结构基底还需进行垂直承载力、地基变形和稳定性验算，并采取合理的工程技术措施进行地基加固处理。

（7）在结构、工程地质条件或荷载发生显著变化处，应设置沉降缝或采取既能获得一定的自由沉降又能限制过大沉降的措施，确保沉降缝两边的结构不产生影响行车安全的差异沉降，并应采取可靠的防水措施。

（8）明挖隧道结构应根据周围环境条件、基坑开挖深度、工程地质及水文地质条件确定支护结构的安全等级，并按相应安全等级要求分段进行设计。

（9）应根据不同工程段基坑的安全度要求，分段采用合理的支护体系，并按施工阶段最不利的荷载组合对支护结构进行极限承载能力计算和正常使用状态下的变形、裂缝宽度验算。

（10）当围护墙兼作主体结构或与内衬共同受力时，应与主体结构底板、顶板等采取可靠的连接，确保变形协调。

（11）明挖隧道结构应采用以概率理论为基础的极限状态设计方法，采用分项系数的设计表达式按承载能力极限状态、正常使用极限状态的要求进行计算和验算。主体结构安全等级为一级，设计使用年限为100年，结构重要性系数为1.1。

结构计算、验算应符合下列规定：

1）按承载能力极限状态应进行结构构件的承载力计算和整体稳定性（倾覆、滑移、飘浮）验算，并应进行结构构件抗震承载力验算等；

2）按正常使用极限状态应进行结构构件的变形验算、裂缝宽度验算等。

7.1.3 基坑支护设计

1. 基坑特点

城市道路隧道基坑分为一般城市道路隧道基坑、工作井基坑和在江河湖海中需要围挡起来施工的基坑（即围堰）。

工作井基坑主要用于当隧道采用盾构法、矿山法或者沉管法施工时，由于工法施工需要而配置的竖井基坑。例如当隧道部分采用盾构法施工时，由于盾构机设备进出、通风逃生、工程筹划等需要而安排的盾构始发井或者盾构吊出井的基坑；当隧道部分采用矿山法施工时，由于进洞、出渣、通风逃生等需要而设置的矿山工作井基坑等。工作井基坑一般深度较深，面积较小，而且施工工序在盾构工法（矿山工法）的前面，是盾构（矿山）工法掘进的前提条件，其工作井宽度比相对应工法接头处断面宽度略宽，深度比相对应工法接头处深度略深。

当车行隧道采用沉管法过江河湖海时，与沉管隧道连接的明挖段，一般情况下需延伸到水中一定距离，此段需采用围堰施工，另外直接将江河湖海围起来施工的隧道，也需要采用围堰施工。围堰施工最大的特点是需要采取措施在江河湖海中围挡其所需区域进行明挖基坑开挖，围堰施工需做到止挡住区域外的水，承受水侧压力，并且做到取材便利，施工方便。

根据城市道路隧道基坑的特点，综合考虑基坑所处周边环境、地质等，其基坑支护通常采用以下支护型式：

（1）放坡或土钉支护，如放坡、土钉墙、预应力锚杆土钉墙、桩＋复合土钉墙等。
（2）重力式支护，如重力式水泥土墙等。
（3）板式支护，如钢板桩支护、排桩支护、连续墙支护、SMW（内插型钢）等。

根据工作井基坑特点，综合考虑基坑所处周边环境、地质等，其基坑支护通常采用以下支护型式：

（1）板式支护，如钢板桩支护、排桩支护、连续墙支护、SMW（内插型钢）等。
（2）喷锚逆筑支护。

根据围堰施工特点，综合水深、水域航道要求、地质条件、使用要求等综合分析选择，围堰可以考虑以下一种或两种的结合：

（1）土石围堰。
（2）模袋砂围堰。
（3）单排或双排钢板（管）桩围堰。

2. 支护结构选型

（1）选型考虑因素

1）基坑深度；
2）土的性状及地下水条件；
3）基坑周边环境对基坑变形的承受能力及支护结构一旦失效可能产生的后果；
4）主体地下结构及其基础形式、基坑平面尺寸及形状；
5）支护结构施工工艺的可行性；
6）施工场地条件及施工季节；
7）经济指标、环保性能和施工工期等。

当基坑不同部位的周边环境条件、土层性状、基坑深度等不同时，可在不同部位分别采用不同的支护形式，支护结构也可采用上、下部不同结构类型组合的形式。在采用不同支护形式的结合处，应考虑相邻支护结构的相互影响，其过渡段应有可靠的连接措施。

（2）隧道基坑支护选型

1）放坡或土钉墙支护特点

放坡或土钉墙支护就是逐层开挖基坑，逐层布置排列较密的土钉强化土体，并在坡面铺设钢筋喷射混凝土的支护体系。土钉可以采用钢筋、钢管、锚杆或者预应力锚杆等，为了加强开挖土体的刚度，控制变形，还可以采用水泥土桩或者微型桩与土钉组合形成复合土钉墙。

放坡或土钉墙支护属于一种柔性支护，其基坑变形较大，同时放坡或土钉支护需要较大的施工空间，不适宜在软土和砂土中使用，因此在城市道路明挖隧道中，放坡与土钉支护只适用于较浅的基坑或者在板式支护的顶部采用部分土钉支护的体系。当隧道基坑较浅，周边场地较为开阔，基坑周边环境较为简单时，采用放坡或土钉墙基坑支护是节约造价、节省工期的较好的选择。

2) 重力式支护特点

重力式支护结构是通过加固基坑侧壁形成一定厚度的重力式挡墙，达到挡土挡水的目的。水泥土搅拌桩支护结构是近年发展起来的一种重力式支护结构，它是通过搅拌桩机将水泥与土进行搅拌，形成连续搭接的水泥土柱状加固体挡墙，它既具有挡土作用，又兼具有隔水作用。常采用整体式与格栅式两种平面布置方式。

重力式支护结构也是一种柔性支护，其基坑变形较大，另外重力式支护结构厚度较大，占用的施工场地较大，在临近红线位置处可能占用红线以外的空间，因此在城市道路明挖隧道中，当基坑较浅，周边场地较为开阔，基坑周边环境较为简单时，适宜采用重力式支护结构体系。

重力式支护较放坡或土钉支护造价略高，比板式支护经济节省。

3) 板式支护特点

板式支护结构有两大系统：挡墙系统和支撑系统（或者拉锚系统）。

挡墙系统：常用的有槽（型）钢、钢板桩、灌注桩及地下连续墙等。

支撑系统：常用的有钢管、H 型钢、现浇钢筋混凝土支撑等。

拉锚系统：常用的有钢筋、钢（锚）索、型钢或土锚杆等。

板式支护体系由于有挡墙系统，且本身具有一定的刚度，因此对隔断基坑内外水源有好处，且能较好的控制基坑的变形，也能较好的保护基坑周边的环境，控制周边建构筑物的沉降。板式支护体系由于可以根据计算需要设置多道支撑系统或者拉锚系统，因此可以适用于较深的基坑。由于城市道路隧道基坑一般情况下对周边建（构）筑物变形较为敏感，所以城市道路隧道明挖基坑支护选型时，板式支护体系应用最为广泛。

在城市道路明挖隧道基坑中，在敞开段和暗埋段均可以采用板式支护体系。例如根据基坑深度和受力需要，板式支护体系支挡系统可以采用灌注桩＋桩外止水帷幕；如果地质条件较差、砂层较厚，或者基坑周边环境对变形要求较为严格，也可以采用地下连续墙支护；地质条件较好时也可以选用 SMW 工法（内插型钢等）；基坑深度不深时也可以选用钢板桩等。当基坑布置支撑受限的情况下，有一定深度的基坑也可以采用双排桩不加支撑的支护体系。

板式支护体系除了自身具有一定的刚度，能较好的控制基坑变形外，还可以被利用来作主体结构抗浮压顶的作用。目前，在城市道路明挖隧道基坑中，板式支护体系的应用十分广泛，也广泛的被用作连接压顶梁，起抗浮压顶的作用。

4) 支护型式对比与选择

对于敞开段埋深较浅处，整体抗浮满足要求，且周边有一定场地的隧道基坑，可以优先选择放坡或土钉支护，这种支护节省造价、缩短工期、施工方便快捷。

对于敞开段埋深较浅处，如果放坡与土钉支护场地受限，也可以选用钢板桩支护，或者 SMW 工法（内插型钢支护等），或者采用重力式支护，重力式支护较放坡或土钉支护造价略高，比板式支护经济节省。

对于敞开段埋深较深处，同时一般情况下隧道主体结构需采取抗浮措施，宜优先采用板式支护，板式支护刚度大，能较好的控制基坑变形，同时板式支护还能兼作主体结构抗浮。板式支护根据基坑深度、地质条件和周边环境等选择是悬臂式或是支撑式或者锚拉式。

对于暗埋段一般埋深较深，宜优先采用板式支护，能较好的控制基坑变形，同时板式支护还能兼作主体结构抗浮。

对于暗埋段开挖深度较深处，由于各种原因不能做支撑式或锚拉式，也可以采用双排桩的支护结构型式。

（3）工作井基坑支护选型

1）板式支护特点

明挖工作井基坑由于深度较深，竖井平面尺寸不大，平面形状一般为矩形，当所处地质条件为非岩层时，较为适合采用板式支护，支护特点参见同节前述内容。

2）喷锚逆筑支护特点

喷锚逆筑基坑支护是在浇筑好锁口圈梁后，在锁口圈梁的挂护下，边往下开挖基坑一段距离（一次开挖竖向深度不宜超过1m）后，在开挖的基面上及时初喷射混凝土、铺设钢筋网、架设格栅钢架、喷射混凝土使得开挖面喷射挂网封闭成环状，再往下开挖一段距离后，喷射混凝土初喷射混凝土、铺设钢筋网、架设格栅钢架、喷射混凝土封闭成环状，依此循环直至开挖到基坑底部。

喷锚逆筑基坑支护施工便捷、造价低、无需大型施工机械，但是喷锚逆筑对地质条件要求较高，只有在地质条件较好，没有砂层和软弱层或者只在上部有少量砂层或者软弱层时才使用。

当明挖工作井所处地层较好、周边环境要求较为宽松时，宜选用喷锚逆筑支护型式。

（4）围堰形式选型

围堰工程系临时性水工建筑物，使用期短、修建时间受限制、使用任务完成后需拆除。因此，围堰结构型式在满足安全运用的基础上，力求结构简单、受力明确、修筑及拆除方便，对航道影响较小。

1）土石围堰特点

土石围堰具有结构简单，可就地取材，充分利用开挖弃料，既便于快速施工，又易于拆除，可在任何地基上修建，所以土石围堰是用得最广泛的一种围堰型式，如图7.1-11所示。但是围堰断面尺寸较大，需要大量的土石料，使用寿命短，寿命期一般为5年以下。

2）模袋砂围堰特点

模袋围堰属于土工织物围堰，随着土工编织水平的提高，其可靠性已得到认可，稳定性好，占地面积小，近来在沉管隧道围堰中广泛使用，如图7.1-12所示。

3）单排或双排钢板（管）桩围堰特点

单排或双排钢板（管）桩围堰施工较快，形成的围堰体结构稳定，挡护强度高，防冲蚀、防渗性好，围堰体占地面积小，原材料用量少，使用寿命较长，可达10年左右，如图7.1-13所示，但是单排或双排钢板（管）桩围堰体刚度不大，当围堰深度较深时，钢板（管）桩型围堰难以满足其要求。

图 7.1-11 土石围堰

图 7.1-12 模袋砂围堰

图 7.1-13 钢板(管)桩围堰

3. 基坑特殊位置处理

明挖隧道基坑由于行车道路的特点，其基坑较一般的建筑基坑或者地铁基坑有其特点如下：

(1) 在暗埋段最深处一般有集水井设置；

(2) 道路隧道主线和两侧或单侧的出入段线的两个基坑存在高差如图7.1-14所示。

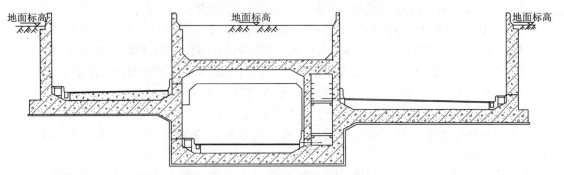

图7.1-14 隧道基坑存在高差示意图

针对隧道基坑的特殊位置，其基坑中的处理方法如下：

1) 对集水井处局部坑中坑的情况，如果地质条件较好且坑中坑开挖高度较小，可以采用放坡开挖坑中坑的集水井，当地质条件一般或者坑中坑开挖高度较大，可以采用预先打设木桩或者钢板桩临时支护来开挖集水井处的基坑。

2) 如图7.1-14所示，当隧道主线和两侧的出入段线的两个基坑存在高差时，其基坑一般作如下处理：

① 当出入段线基坑较浅时，如小于2.5m时，且周边场地较为开阔满足放坡条件，则两端的出入段基坑采用放坡开挖，中间的主线基坑采用板式支护型式开挖；

② 当出入段线基坑和主线基坑均较深，且两基坑底有一定高差时，宜分别作板式支护，分别开挖；

③ 当出入段线基坑和主线基坑均较深，且两基坑底高差较少时，只在出入段线基坑外侧加板式支护，两基坑同时开挖，基坑高差相接处采用放坡开挖，局部回填的处理。这种情况下，一般基坑较宽，需要根据情况判断是否设置支撑中立柱。

4. 基坑开挖与地下水控制

(1) 基坑开挖

基坑开挖前，需先保证原有交通系统畅通和策划好场地内土方外运的路径，做好外部交通的临时道路或者临时交通便桥疏解。基坑开挖前，还需要做好基坑开挖范围内的管线迁改，做好基坑开挖范围内的建（构）筑物的保护与迁移。

基坑开挖应符合下列规定：

1) 当支护结构构件强度达到开挖阶段的设计强度时，方可向下开挖；对采用预应力锚杆的支护结构，应在施加预加力后，方可开挖下层土方；对土钉墙，应在土钉、喷射混凝土面层的养护时间大于2d后，方可开挖下层土方。

2) 应按支护结构设计规定的施工顺序和开挖深度分层开挖。

3) 开挖至锚杆、土钉施工作业面时，开挖面与锚杆、土钉的高差不宜大于0.5m。

4) 开挖时，挖土机械不得碰撞或损害锚杆、腰梁、土钉墙墙面、内支撑及其连接件等构件，不得损害已施工的基础桩。

5) 当基坑采用降水时，地下水位以下的土方应在降水后开挖。

6) 当开挖揭露的实际土层性状或地下水情况与设计依据的勘察资料明显不符，或出现异常现象、不明物体时，应停止挖土，在采取相应处理措施后方可继续挖土。

7) 挖至坑底时，应避免扰动基底持力土层的原状结构。

8) 当基坑开挖面上方的锚杆、土钉、支撑未达到设计要求时，严禁向下超挖土方采用锚杆或支撑的支护结构，在未达到设计规定的拆除条件时，严禁拆除锚杆或支撑。

9) 基坑周边施工材料、设施或车辆荷载严禁超过设计要求的地面荷载限值。

10) 当基坑为软土基坑时，软土基坑开挖尚应符合下列规定：

① 应按分层、分段、对称、均衡、适时的原则开挖；

② 当主体结构采用桩基础且基础桩已施工完成时，应根据开挖面下软土的性状，限制每层开挖厚度；

③ 对采用内支撑的支护结构，宜采用开槽方法浇筑混凝土支撑或安装钢支撑；开挖到支撑作业面后，应及时进行支撑的施工；

④ 对重力式水泥土墙，沿水泥土墙方向应分区段开挖，每一开挖区段的长度不宜大于 40m。

(2) 基坑地下水的控制

基坑工程的设计与施工中，必须采取合理的方法对地下水进行有效的控制，防止地下水渗入基坑造成渗流破坏或坑壁坍塌，防止地下水大幅波动对基坑周围环境造成影响，为基坑开挖与基础工程施工提供作业条件。

基坑地下水的控制分为以下四种：基坑内排水；基坑外截水；基坑内降水；基坑外回灌。

明挖隧道基坑可根据场地内地质条件、周边环境、基坑支护型式选型等情况来选择其中一种或几种组合来实现对基坑地下水的控制。

1) 基坑内排水主要排除基坑顶底浅层积水、滞水和表层渗水等。一般可采用明沟排水，当基坑底土层为软土或松散砂土时可采用盲沟排水。同时基坑顶部周边应布设排水沟，当坑内地下水抽排到地面排水沟后，经过沉淀有组织地接入市政雨水管网中。

2) 基坑外截水帷幕根据场地工程地质、水文条件、周边环境和支护结构型式可以选择以下两种形式：

① 在支护结构外侧采用相互搭接的深层搅拌桩、高压旋喷桩或素混凝土咬合桩等形成截水帷幕。

② 支护结构是排桩时，可在桩间采用深层搅拌桩、高压旋喷桩等形成截水帷幕部分围护结构型式如连续墙围护、钢板桩围护、咬合桩围护等围护结构可兼做止水帷幕。

3) 当基坑内不降水开挖困难、主体结构底板或工程桩施作困难时，基坑内常采用基坑内降水的方法来保证基坑内的挖土和工程施作。基坑内降水采用管井、真空井点、喷射井点等方法。要求降水后基坑内的水位应低于坑底 0.5m，当主体结构局部有加深的集水井时，坑底应按照集水井底面考虑或者另行采取局部地下水控制措施。

4) 当基坑内降水影响到周边建（构）筑物变形较大时，可采用基坑外回灌的方式来防止基坑外水位较大幅度的下降。回灌可采用井点、地沟等形式回灌。当建筑物离基坑较远且为均匀透水层、中间无隔水层时，可采用地沟回灌；当建筑物离基坑较近且浅部有弱透水层或者隔水层时，可采用井点回灌。

5. 基坑监控与量测

（1）一般规定

1）基坑开挖过程中建设单位应委托专业的监测单位开展各项监测工作。

2）基坑开挖前必须作出系统的监测方案，监测方案包括监测项目、监测方法及精度要求、监测点的布置、观测周期、监控时间、工序管理和记录制度、报警标准以及信息反馈系统等。

3）基坑开挖过程中应根据监测数据进行信息化施工，及时对开挖方案进行调整，当监测数据超过报警值时，应及时通报有关部门。

4）观测点的布置应能满足监测要求。基坑开挖影响的范围随开挖深度的增加而增大，一般从基坑边缘向外 2～4 倍开挖深度范围内的建（构）筑物均为监测对象，邻近重要建（构）筑物，尤其是古文物保护区应列入监测范围内。

（2）监控量测项目与要求

基坑工程监测项目可根据基坑侧壁安全等级按表 7.1-1 选择。

基坑监测项目选择表　　　　　　　　　　　　　　表 7.1-1

基坑安全等级	支护结构水平位移	周围建(构)筑物、地下管线变形	地下水位	锚杆拉力	支撑轴力或变形	立柱变形	桩墙内力	土体侧向变形	孔隙水压力	土压力
一级	√	√	√	√	√	√	√	√	△	△
二级	√	√	√	△	△	△	△	△	○	○
三级	√	√	△	○	○	○	○	○	○	○

注：√为必测项目，△为应测项目，○为宜测项目。

各监测项目、测点布置和精度要求等应符合表 7.1-2 的规定。

监测项目、测点布置和精度要求　　　　　　　　　表 7.1-2

	监测项目	位置或监测对象	仪器	监测精度	测点布置
1	支护结构水平位移	支护结构上端部	经纬仪	1.0mm	间距 10～15m
2	孔隙水压力	周围土体	孔隙水压力计	≤1Pa	2～4 孔，同一孔测点间距 2～3m
3	土体侧向变形	靠近支护结构的周边土体	测斜管、测斜仪	1.0mm	2～4 孔，同一孔测点间距 0.5m
4	支护结构变形	支护结构内	测斜管、测斜仪	1.0mm	孔间距 15～20m，测点间距 0.5m

续表

	监测项目	位置或监测对象	仪器	监测精度	测点布置
5	支护结构侧土压力	支护结构后和入土段支护结构前	土压力计	≤1/100 (F·s)	3~4孔,同一孔测点间距2~3m
6	支撑轴力	支撑中部或端部	轴力计或应变仪	≤1/100 (F·s)	每层8~12点
7	地下水位	基坑周边	水位管、水位仪	1.0mm	3~5个孔
8	锚杆拉力	锚杆位置或锚头	钢筋计、压力传感器	≤1/100 (F·s)	不少于锚杆总数的5%,且不少于5根
9	沉降、倾斜	需保护的建(构)筑物	经纬仪、水准仪	1.0mm	间距15~20m
10	地下管线沉降和位移	管线接头	经纬仪、水准仪	1.0mm	间距5~10m
11	支撑立柱沉降观测	支撑立柱顶上	水准仪	1.0mm	不少于立柱总数的20%,且不少于5根

注：测点间距和数量根据基坑侧壁安全等级而定。三级基坑侧壁的测点间距可疏一些，测点数可少一些。

各项监测工作的时间间隔根据施工进程确定，在开挖卸载急剧阶段，间隔时间不宜超过3d，其余情况下可延至5~10d。当变形超过有关标准或场地条件变化较大时，应加密观测。当有危险事故征兆时，则需进行连续监测。每次监测工作结束后，及时提交监测简报及处理意见。有特殊要求的基坑侧壁的测点布置和精度要求可根据实际需要而定。

（3）监测报警

基坑工程设计施工需采取信息化施工，根据监控量测情况来指导施工，当出现下列情况时，必须进行危险报警，并采取相应的保护或应急措施。

1）基坑支护结构或周边土体的位移值突然明显增大或基坑出现流沙、管涌、隆起、陷落或较严重的渗漏时；

2）基坑支护结构的支撑或锚杆体出现过大变形、压屈、断裂、松弛或拔出的迹象；

3）周边建筑的结构部分、周边地面出现较严重的突发裂缝或危害结构的变形裂缝；

4）周边管线变形突然明显增长或出现裂缝、泄漏等；

5）监测数据达到监测报警值的累计值时。

监测报警值可以参考《建筑基坑工程监测技术规范》GB 50497—2019 中的相关要求进行。

7.1.4 主体结构设计

1. 主体结构选型

目前城市道路隧道主体结构常采用的型式有以下四种：

矩形框架结构如图 7.1-15 所示；

折板框架结构如图 7.1-16 所示；

拱形板框架结构如图 7.1-17 所示；

双层板框架结构如图 7.1-18 所示。

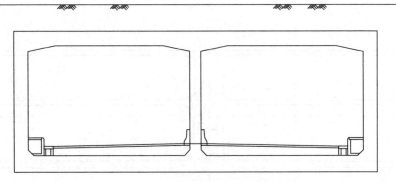

图 7.1-15 矩形框架结构示意图

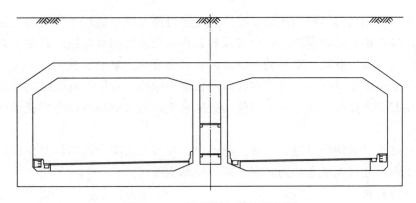

图 7.1-16 折板框架结构示意图

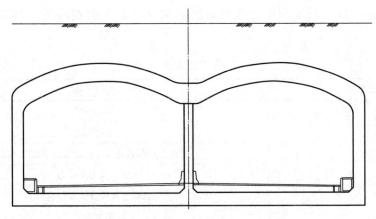

图 7.1-17 拱形板框架结构示意图

一般情况下，优先选择矩形框架结构，矩形框架结构也是目前城市道路隧道主体结构采用最多的一种型式。

在顶板覆土厚度较厚，且框架结构的跨度较大时，可以选择折板框架结构，折板框架结构可以减少顶板和侧墙交接处的负弯矩。

在顶板覆土厚度很厚，且框架结构的跨度较大时，也可以选择拱形板框架结构，拱形

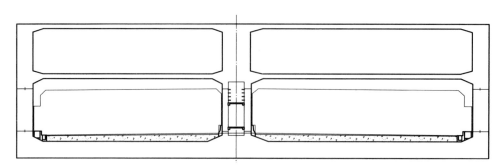

图 7.1-18 双层板框架结构示意图

板框架结构可以利用拱形结构的优势，其拱效应使得部分顶板的水土压力转化成顶板的轴向压力，可以减少顶板的竖向荷载，使得顶板和侧墙交接处的负弯矩、跨中正弯矩都相应减少，但是其施工较为麻烦，双拱的中间部位容易形成应力集中区域。

在顶板覆土厚度很厚时，还可以选择双层板框架结构，双层板框架结构可以减少顶板覆土荷载，使其受力更加合理。从空间使用效率来说，上层空间可以考虑隧道的通风电气等设备使用。

在矿山法隧道、盾构法隧道和沉管法隧道中，与各工法配合的工作井主体结构根据工作井埋深、平面尺寸等大小常采用多层多跨框架结构型式。

2. 荷载及荷载组合

（1）荷载分类

主体结构设计荷载主要有永久荷载、可变荷载和偶然荷载，对应各种荷载就结构整体或构件可能出现的最不利组合进行计算。表 7.1-3 为明挖隧道主体结构上的荷载分类。

荷载分类表　　　　　　表 7.1-3

荷载类型		荷载名称
永久荷载		结构自重
		地层压力
		结构上部和破坏棱体的设施及建筑物压力
		静水压力及浮力
		混凝土收缩及徐变影响力
		预加应力
		固定设备重量
		地基下沉影响
可变荷载	基本可变荷载	地面车辆荷载及其动力作用
		地面车辆荷载引起的侧向土压力
		隧道内部汽车荷载及其动力作用
		人群荷载

续表

荷载类型		荷载名称
可变荷载	其他可变荷载	温度变化影响
		水压力变化1
		水压力变化2
		施工荷载
偶然荷载		地震荷载
		人防荷载
		沉船、爆炸或锚击等灾害性荷载

注：1. 设计中要求考虑的其他荷载，可根据其性质分别列入上述三类荷载中；
2. 水压力变化1、水压力变化2分别对应设计常水位与设计最高水位差、设计常水位与设计最低水位差。

（2）荷载计算

1）永久荷载标准值的计算

① 结构自重：隧道结构自重可按设计断面尺寸及材料重度标准值计算。

② 地层竖向压力：一般按计算截面以上全部土柱重量考虑。

③ 地层水平压力：根据结构在施工和使用阶段受力过程中围护结构的结构位移与地层间的相互关系，可分别按主动土压力、静止土压力或被动土压力理论计算；在施工阶段，对于粘性土层宜采用水土合算，对于砂性土宜采用水土分算；在使用阶段，无论砂性土或粘性土宜采用水土分算。

④ 静水压力及浮力：垂直方向的水压力取为均布荷载，作用在结构顶部的水压力等于作用在其顶点的静水压力值，作用于底部的水压力等于作用在结构最底点上的静水压力值。水平方向的水压力取为等变线性分布荷载，其值等于静水压力。

⑤ 混凝土的收缩和徐变比较难以计算，可以通过降温一定的温度来模拟收缩和徐变的作用，降温数值可以考虑为5~10℃。

⑥ 地下水位的取值：由于地下水位是随季节变化的，所以存在不同的地下水位情况，计算水压力时，所采取的地下水位应按最不利的情况确定。施工阶段宜采用常水位计算，使用阶段采用100年内的最不利组合情况进行计算。例如在计算抗浮工况时，可以取抗浮水位（高水位）计算，在计算永久使用工况时，可以取常水位或常水位偏高一些的水位计算，在计算以竖向受力为主时，可以取低水位计算。

2）可变荷载标准值的计算

① 地面超载一般可按20kPa考虑，对于大型施工机械作业区域、施工堆场、覆土厚度特别小或规划用途已定的情况，地面超载应根据实际情况分析后取用。

② 地面超载引起的侧向土压力按照地面超载乘以侧向土压力系数取值。

③ 隧道内部汽车荷载及其所产生的冲击力应按照《城市桥梁设计规范》（2019年版）CJJ 11—2011的有关规定计算。

④ 变形受约束的结构，宜考虑温度变化和混凝土收缩徐变对结构的影响。温度变化引起的隧道整体升温或降温的幅度可以按照10℃考虑；除了考虑整体温差，同时还应考虑隧道顶底板的梯度温差，在夏季，顶底板梯度温差可以按照5℃考虑，在冬季，顶底板梯度温差可以按照5℃考虑。

⑤ 施工荷载一般包括：

a. 设备运输及吊装荷载；

b. 施工机具及人群荷载；

c. 相邻隧道施工影响；

d. 施工堆载；

e. 压浆荷载。

3）偶然荷载标准值的计算

① 地震荷载应按《建筑抗震设计规范》GB 50011—2010 的规定计算确定；

② 人防荷载应按《人民防空工程设计规范》GB 50225—2005 规定计算确定；

③ 沉船、爆炸、锚击等灾害性荷载应根据工程建设条件分析后确定。

（3）荷载组合

在城市道路明挖隧道设计中，应根据各类荷载同时存在的可能性，采用以概率理论为基础的极限状态设计方法，采用分项系数的设计表达式按承载能力极限状态、正常使用极限状态的要求分别进行计算和验算，并同时验算偶然荷载组合情况和考虑施工过程中荷载变化情况的分阶段计算，并取各自最不利的效应组合进行设计。主体结构安全等级为一级，主体结构使用年限为 100 年。

结构计算、验算应符合下列规定：

按承载能力极限状态应进行结构构件的承载力计算和整体稳定性（倾覆、滑移、上浮）验算；

按正常使用极限状态应进行结构构件的变形验算、裂缝宽度的验算等；

同时验算偶然荷载组合工况，如地震组合、人防组合等。

目前对于荷载效应组合及其组合系数，参照不同的规范有两种不同的组合系数，一种是以上海市地方标准《道路隧道设计规范》DG/T J08—2033—2008 为基础的组合系数，一种是以《公路桥涵设计通用规范》JTG D60 为基础的组合系数都是可以采用的。

1）以上海市地方标准《道路隧道设计规范》DG/T J08—2033—2008 为基础的荷载组合及其组合系数

对于承载能力极限状态，采用下列设计表达式进行设计：

$$\gamma_0 S \leqslant R \qquad (7.1\text{-}1)$$

式中 γ_0——重要性系数，对安全等级为一级的结构构件，应取 1.1；在抗震设计中，不考虑结构构件的重要性系数；

S——荷载效应基本组合的设计值；

R——结构构件抗力的设计值；

荷载效应基本组合的设计值 S，应按下列规定确定：

$$S = \gamma_G S_{GK} + \sum_{i=1}^{n} \gamma_{Qi} \psi_{Ci} S_{Qik} \qquad (7.1\text{-}2)$$

式中 γ_G——永久荷载的分项系数，当作用效应对结构不利时取 1.35，当作用效应对结构有利时取 1.0；

γ_{Qi}——第 i 个可变荷载的分项系数，地表水或地下水的作用应作为第一可变作用，取 1.30，对其他可变作用应取 1.40；

S_{GK}——按永久荷载标准值 G_K 计算的荷载效应值;

S_{QiK}——按可变荷载标准值 Q_{iK} 计算的荷载效应值;

ψ_{Ci}——可变荷载 Q_i 的组合系数,如无特别规定可取 0.90 计算;

n——参与组合的可变荷载数。

对于正常使用极限状态,荷载效应的标准组合设计值 S_s 和荷载效应的准永久组合设计值 S_d 应分别按下列公式确定:

① 标准组合

$$S_s = S_{GK} + S_{Q1K} + \sum_{i=2}^{n} \psi_{qi} S_{Qik} \tag{7.1-3}$$

② 准永久组合

$$S_d = S_{GK} + \sum_{i=1}^{n} \psi_{Qi} S_{Qik} \tag{7.1-4}$$

式中 ψ_{qi}——第 i 个可变作用的准永久值系数。

对于偶然荷载参与的组合,可参照《建筑结构荷载规范》GB 50009—2012、《建筑抗震设计规范》GB 50011—2010、《人民防空地下室设计规范》GB 50038—2005 等规范中的相关规定要求进行组合与验算。

综合起来,按照上海市地方标准《道路隧道设计规范》DG/T J08—2033—2008 中的规定,其荷载基本组合、偶然组合及其系数见表 7.1-4。

基本组合与偶然组合系数表 表 7.1-4

荷载		分项系数	1	2	3	4	5	6	7	8	9	10
结构自重		1.35	★	★	★	★	★	★	★	★	★	★
地层竖向压力		1.35	★	★	★	★	★	★	★	★	★	★
土侧压力		1.35	★	★	★	★	★	★	★	★	★	★
静水压力及浮力		1.35	★	★	★	★	★	★	★	★	★	★
混凝土收缩及徐变		1.35	★	★	★	★	★	★	★	★	★	★
地面汽车荷载及其引起的侧向土压力		1.4	★	★	★	★	★	★	★	★	★	★
温度	升温	1.4	★		★							
	降温	1.4		★		★						
隧道内部汽车荷载		0.9			★	★		★		★		★
地震作用		1.3					★	★				
人防荷载		1.0							★	★		
爆炸荷载		1.0									★	★

2) 以《公路桥涵设计通用规范》JTG D60—2015 为基础的荷载组合及其组合系数

按照承载能力极限状态设计时,荷载效应基本组合的设计值 S_{ud},应按下列规定确定:

$$S_{\mathrm{ud}} = S(\sum_{i=1}^{m} G_{id}, \ Q_{1d}, \ \sum_{j=2}^{n} Q_{jd}) \qquad (7.1\text{-}5)$$

对于作用偶然组合的效应设计值，可按下式计算：

$$S_{\mathrm{ad}} = S(\sum_{i=1}^{m} G_{ik}, \ A_{d}, \ (\psi_{\mathrm{f1}} \text{ 或 } \psi_{\mathrm{q1}})Q_{1k}, \ \sum_{j=2}^{n} \psi_{qj}Q_{jk}) \qquad (7.1\text{-}6)$$

S_{ud}——承载能力极限状态下，作用基本组合的效应设计值；

S_{ad}——承载能力极限状态下，作用偶然组合的效应设计值；

$S(\ )$——作用组合的效应函数；

G_{ik}、G_{id}——第 i 个永久作用的标准值和设计值；

Q_{1k}、Q_{1d}——汽车荷载的标准值和设计值；

Q_{jk}、Q_{jd}——在作用组合中除汽车荷载外的其他第 j 个可变荷载的标准值和设计值；

A_{d}——偶然作用的设计值。

式中其余的系数，按照《公路桥涵设计通用规范》JTG D60—2015 规定取值。

对于偶然荷载参与的组合，可参照《建筑结构荷载规范》GB 50009—2012、《建筑抗震设计规范》GB 50011—2010、《人民防空地下室设计规范》GB 50038—2005 等规范中的相关规定要求进行组合与验算。

综合起来，按照《公路桥涵设计通用规范》JTG D60—2015 中的规定，其荷载基本组合、偶然组合及其系数见表 7.1-5。

基本组合与偶然组合系数表 表 7.1-5

荷载		分项系数	1	2	3	4	5	6	7	8	9	10
结构自重		1.2	★	★	★	★	★	★	★	★	★	★
地层竖向压力		1.2	★	★	★	★	★	★	★	★	★	★
土侧压力		1.4	★	★	★	★	★	★	★	★	★	★
静水压力及浮力		1.0	★	★	★	★	★	★	★	★	★	★
混凝土收缩及徐变		1.0	★	★	★	★	★	★	★	★	★	★
地面汽车荷载及其引起的侧向土压力		1.4	★	★	★	★	★	★	★	★	★	★
温度	升温	1.2	★			★						
	降温	1.2		★		★						
隧道内部汽车荷载		0.9			★	★		★		★		★
地震作用		1.3					★	★				
人防荷载		1.0							★	★		
爆炸荷载		1.0									★	★

3. 基础设计与地基处理

（1）基础设计

城市道路明挖隧道根据工程地质条件、水文条件、车行道数、结构跨度、覆土情况等，一般情况下基础采用筏板基础或者桩基础。

在敞开段U形框架中，在埋深H不是很深、结构跨度不是很大，且基底地基满足一定的承载能力和变形能力时，可选择筏板基础；在暗埋段覆土厚度较厚、结构跨度不是很大，且基底地基满足一定的承载能力和变形能力时，可选择筏板基础；其余一般情况下，需选择桩基础来承受竖向压力或者抵抗水浮力。

当分段结构采用不同的基础型式时，应考虑不同基础型式之间的变形差异带来的基础沉降差别问题，当采用不同基础沉降差较大时，可以在相应段设置减沉桩，例如，由于跨越沉降控制严格的高速公路、铁路等时，在跨越段采用了桩基础，在跨越段的相邻地基范围内如果采用天然地基时，两种基础之间的沉降差较大，此时可以选择在跨越段相邻范围内采用减沉桩段来过渡。

（2）地基处理

城市道路由于功能使用特性和考虑水位的极端变化、行车的振动、温度的变化等因素，要求基底土层有一定的承载能力和地基变形能力，当基底地层达不到一定的承载能力或者变形能力时，需对隧道基底地层进行处理。

当明挖隧道采用筏板基础或者桩基础时，考虑100年最低水位计算出的各种工况和组合下的弹性地基弹簧反力即为理论上需要的最小的基底承载能力的要求，同时需考虑基底的变形能力要求。当地基不满足要求时，需对地基进行处理。

地基处理一般采取换填和复合地基处理方式，对于地质条件很差如结构底板以下淤泥层厚度超过一定厚度的情况，可考虑采用桩基础。复合地基处理优先选用深层水泥搅拌桩，高压旋喷桩和CFG桩。当考虑与基坑支护设计结合时，可有限考虑格栅式布置的水泥搅拌桩兼作被动区加固。复合地基桩径常用值一般取500~600mm。处理方法和计算等可参照《建筑地基处理技术规范》JGJ 79—2012执行。

当分段结构采用不同的地基处理时，应考虑分段变形之间的地基刚度渐变的协调。

4. 主体结构设计

（1）主体结构计算原则

城市道路明挖隧道在敞开段通常采用U形现浇框架钢筋混凝土结构如图7.1-19所示，在暗埋段通常采用单跨或多跨矩形框架现浇钢筋混凝土结构如图7.1-20所示，主线带出入口匝道处分为渐变段（图7.1-30）、分离前段（图7.1-31）和分离后段（图7.1-32）的多跨或单跨矩形框架或者U形框架或者矩形框架与U形框架相结合的结构。

主体结构计算原则：

1）主体结构计算采用荷载-结构模型，弹性抗力采用弹性地基梁理论确定。

2）主体结构计算应按照结构的实际工作条件，并反映结构与周围地层的相互作用，通常只进行横断面方向的受力计算，遇到下列情况时，也应对其纵向强度和变形进行受力分析：

① 覆土沿道路纵向有较大变化时；

② 道路主体结构上部直接承受建、构筑物等较大局部荷载时；

③ 地基地质条件有显著变化时；

④ 空间受力作用明显的区段宜按照空间结构进行分析。

3）主体结构可按照底板支撑在弹性地基上的平面框架进行内力分析，计算应考虑中

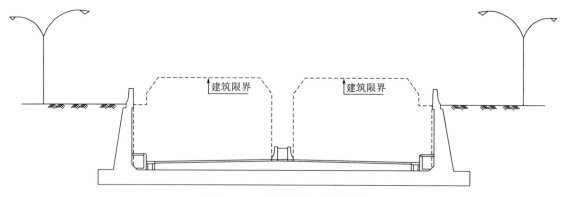

图 7.1-19 敞开段的 U 形框架

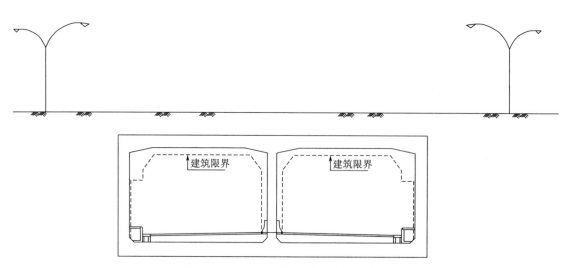

图 7.1-20 暗埋段的多跨矩形框架结构

间隔墙、立柱等的影响。底板底的弹性地基可以用弹簧来模拟，弹簧应设置成只受压不受拉的弹簧。计算中应注意两点：

① 底板的计算弹簧反力不应大于地基的承载力；

② 在水浮力的作用下，底板弹簧不能受拉。

4）主体结构如在底板下方设置有抗拔（压）工程桩，当工程桩嵌入中微风化岩层时，可以把桩简化成固定支座；当工程桩未嵌入中微风化岩层时，可以用受拉压的弹簧来模拟桩，此时弹簧的刚度可以用桩-土弹簧模型简化刚度，此时的弹簧应设置为可以受拉压的弹簧。

5）主体结构与围护结构采用复合结构时，围护结构和主体结构可以采用只受压不受拉的压杆来连接；当明挖隧道主体结构与围护结构采用分离结构时，围护结构和主体结构之间不连接，水土压力等直接作用在主体结构外侧上。

6）顶底板、侧墙、柱等可以用梁单元来模拟。

7）板墙构件截面计算原则：

① 当顶板覆土较小时，顶板一般按照纯弯构件计算；当顶板覆土较大时，顶板也可

以按照压弯构件来计算，要求考虑轴力的最大最小可能值。

② 底板、侧墙一般可以按照压弯构件来计算，要求考虑轴力的最大最小可能值及挠度对轴向力偏心距的影响，以确保结构安全。

（2）典型计算模型

横断面结构分析可采用平面应变模型进行计算，以支承弹簧模拟基底反力，如图7.1-21和图7.1-22为围护结构和主体结构为复合结构时的典型明挖道路隧道U形框架结构和矩形框架结构的典型计算模型（图中各结构构件的自重荷载没有示意出来，模型中为有设置抗拔桩的情况）：

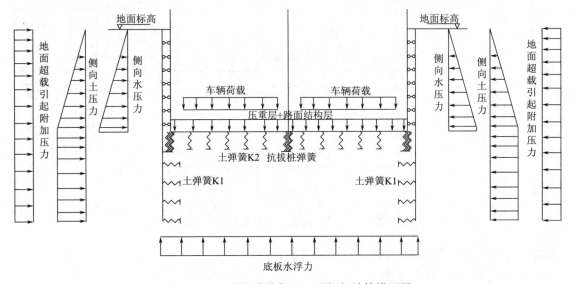

图7.1-21 明挖隧道典型U形框架计算模型图

在建立模型的过程中，底板底部的弹簧刚度，抗拔桩的弹簧刚度，还有围护结构与主体结构的连杆刚度的取值目前规范还没有给出明确的规定，结合设计经验和工程实际情况，对这几种取值可以作如下处理：

1）底板底部的弹簧刚度可以结合地勘报告中底板底部以下一定范围内（比如底板底下方0~10m范围内的）的土层的垂直基床系数的加权平均值作为基底弹簧的刚度，底板底弹簧设置为只受压不受拉的弹簧。

2）抗拔桩的弹簧刚度可以分为两种情况，一种是当桩底为基岩时，可以假设桩底不动为固定端，桩与桩周土体不产生相对滑动，此时抗拔桩的弹簧刚度即为桩体刚度$=EA/L$（其中E为钢筋混凝土的弹性模量，A为桩的截面积，L为桩长）；另外一种当桩端为可压缩性土岩层时，可以假设桩和土体位移相等，桩土之间没有相对位移，此时抗拔桩的弹簧刚度即为桩土刚度，此时桩土刚度K可以近似采用$K=UK_sL$来表示（其中U为桩截面周长，K_s为桩长范围内土体弹簧刚度的加权平均值，L为桩长。由于抗拔桩可以承压和抗拔，所以抗拔桩弹簧设置为可以受压，也可以受拉的弹簧。

3）围护结构与主体结构的连杆起到把围护结构的压力传递到主体结构上的作用，不考虑连杆的压缩变形，只考虑压力的传递，所以围护结构与主体结构之间的连杆的刚度的取值大小对整体计算结果不敏感，一般设计时考虑取为钢筋混凝土的刚度。围护结构与主

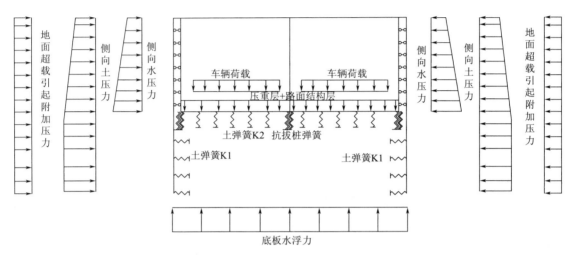

图 7.1-22 明挖隧道典型矩形框架计算模型图

体结构之间的连杆设置为只受压不受拉的连杆。

(3) 工程材料与构件配筋

主体结构各断面可以根据计算模型、计算荷载、荷载组合等计算出各工况下的各构件最不利弯矩、剪力、轴力值等,根据各构件的弯矩、剪力、轴力等值来合理确定构件的截面尺寸和截面配筋。

主体结构通常采用钢筋混凝土现浇结构,其混凝土材料和钢筋材料等按照相应的计算采用的规范选用其相应的配套规范。例如采用《道路隧道设计规范》DG/T J08—2033 中的荷载组合和组合系数时,计算出来的各构件的弯矩、剪力、轴力值根据《混凝土结构设计规范》GB 50010 来进行配筋计算,其材料可根据《混凝土结构设计规范》GB 50010、《混凝土结构耐久性设计规范》GB/T 50476 的要求来选用;当采用《公路桥涵设计通用规范》JTG D60 中的荷载组合和组合系数时,计算出来的各构件的弯矩、剪力、轴力值根据《公路钢筋混凝土及预应力混凝土桥涵设计规范》JTG 3362 来进行配筋计算,其材料可根据《公路钢筋混凝土及预应力混凝土桥涵设计规范》JTG 3362 的要求来选用,不同系列的规范不能混用。

(4) 常用构件截面选用表

城市道路明挖隧道横断面宽度由车行道数、检修道宽度等确定,按照横断面宽度、覆土厚度、水位条件等情况可以对常用的城市明挖隧道构件截面尺寸进行计算确定,下表按照常规的城市道路明挖隧道的宽度,计算出的构件截面等,可以参照选用。其中表格中单位均为米,横向净宽计算时,侧向净宽取为 1.0m,防撞墩宽度取为 0.35m,检修道宽度取为 0.85m。常用构件截面尺寸表如表 7.1-6 和表 7.1-7 所示。

敞开段 U 形框架截面尺寸选用表（单位：m）　　　　　表 7.1-6

车行道数	每条车道宽	检修道宽	路缘带宽度+安全带宽度	每孔净跨 W_{PC}	侧墙高 H	底板厚 $B2$	侧墙底厚 $B1$
单向单车道	3.25 3.5	0.75+装饰厚度(0.1～0.15)	0.5～0.75	7.95～8.75	0.5～7.5	0.6～1.1	0.6～1.1
双向两车道	3.25 3.5	0.75+装饰厚度(0.1～0.15)	0.5～0.75	7.95～8.75	0.5～7.5	0.6～1.1	0.6～1.1
双向四车道	3.25 3.5	0.75+装饰厚度(0.1～0.15)	0.5～0.75	8.7～9.75	0.5～8.0	0.6～1.2	0.6～1.2
双向六车道	3.25 3.5	0.75+装饰厚度(0.1～0.15)	0.5～0.75	11.9～13.25	0.5～8.0	0.7～1.2	0.6～1.2
双向八车道	3.25 3.5	0.75+装饰厚度(0.1～0.15)	0.5～0.75	15.2～16.75	0.5～8.0	0.7～1.2	0.6～1.2

注：单向单车道、双向两车道的每孔净跨含紧急车道宽 2.5m。

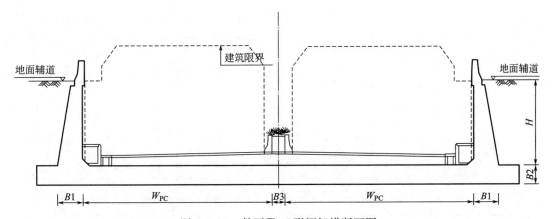

图 7.1-23　敞开段 U 形框架横断面图

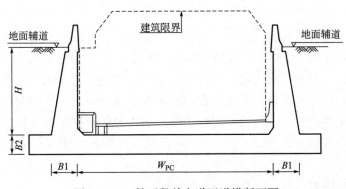

图 7.1-24　敞开段单车道匝道横断面图

暗埋段矩形框架截面尺寸选用表（单位：m）　　　　表 7.1-7

车行道数	车道宽、检修道宽、路缘带宽	每孔净跨 W_{PC}	覆土厚度	顶板厚 B4	底板厚 B2	侧墙厚 B1	中墙厚 B3	行车限界净高	结构净高 H
单向单车道	同敞开段	7.95～8.75	1.0～4.0	0.8～1.0	0.8～1.0	0.8～1.0	—	4.5、5	H＋压重层厚度＋设备层预留厚度
双向两车道	同敞开段	7.95～8.75	1.0～4.0	0.8～1.0	0.8～1.0	0.8～1.0	0.6～0.7	4.5、5	
双向四车道	同敞开段	8.7～9.75	1.0～4.0	0.8～1.0	0.8～1.0	0.8～1.0	0.6～0.7	4.5、5	
双向六车道	同敞开段	11.95～13.25	1.0～4.0	1.0～1.2	1.1～1.3	1.0～1.1	0.7～0.8	4.5、5	
双向八车道	同敞开段	15.2～16.75	1.0～4.0	1.2～1.4	1.2～1.5	1.1～1.3	0.8～1.0	4.5、5	

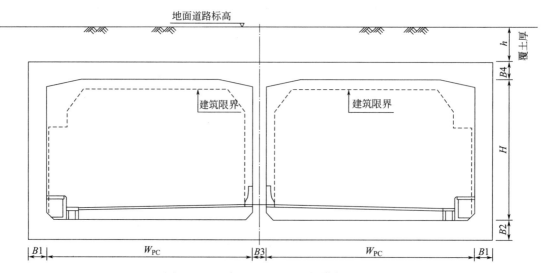

图 7.1-25　暗埋段矩形型框架横断面图

5.抗浮设计

（1）抗浮水位与抗浮计算

隧道结构使用年限为 100 年，在确定抗浮水位时，需考虑 100 年内最高水位、当地工程经验抗浮水位、工程地质报告提供的抗浮水位等，并选择合适的抗浮水位。

当选定合适的抗浮水位后，需计算在标准组合工况下，永久荷载参与组合的主体结构向下的压力需大于明挖隧道主体结构底板上的浮力（此种标准组合工况下，可变荷载和偶然荷载不参与组合计算中）。如果结构自身不满足抗浮要求，需采取必要的抗浮措施进行抗浮设计。

（2）抗浮计算内容

抗浮计算阶段分为施工阶段抗浮计算和使用阶段抗浮计算。

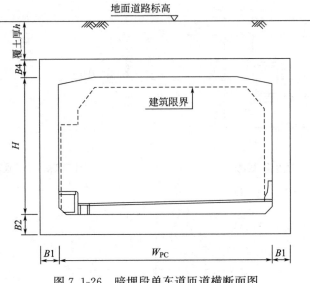

图 7.1-26　暗埋段单车道匝道横断面图

施工阶段抗浮往往是在明挖结构底板完成后，底板底部产生部分水压，而上部还没有相应的压重时，使得底板底部水压力大于上部压重而使底板上浮的情况。施工阶段抗浮处理方法见第（3）项内容。

使用阶段抗浮计算内容包括整体抗浮计算和局部抗浮计算。一般先进行整体抗浮计算再进行局部抗浮计算。

整体抗浮计算是选定基坑深度、隧道宽度、上部压重、结构板厚等条件相近的一部分整体，计算此部分整体标准组合工况下，永久荷载参与组合的主体结构向下的压力 G_k 需大于隧道主体结构底板上的浮力 F_k（此种标准组合工况下，可变荷载和偶然荷载不参与组合计算中）。当不考虑围护结构摩阻力时，$G_k/F_k \geqslant 1.05$ 认为整体抗浮满足要求；当考虑围护结构摩阻力时，$G_k/F_k \geqslant 1.15$，认为整体抗浮满足要求。

局部抗浮计算是对地下室底板的梁、板、墙在地下水浮力荷载作用下进行强度、变形和裂缝宽度等的计算。

整体抗浮计算是选定的整体的稳定性问题计算，而局部抗浮计算是强度和变形的计算。

整体抗浮计算需要根据基坑深度变化、隧道宽度变化、上部压重变化、结构板厚变化、外挑情况变化等变化情况来划分不同区域的整体计算。

（3）抗浮处理方法

主体结构抗浮设计处理方法分为临时抗浮处理方法和永久抗浮处理方法。

1）临时抗浮主要是在施工期间对主体结构的抗浮，一般采取施工期间底板上预留泄水孔、主体结构包括覆土荷载完成后再封闭底板上泄水孔的处理方法抗浮。

2）永久抗浮是在永久使用期间对主体结构的抗浮，通常采用的处理方法有顶板压载法、底板压载法（图 7.1-27）、抗浮墙趾法（图 7.1-28）、抗拔桩法、利用围护结构抗浮法（图 7.1-29）、适当加大断面结构厚度法、基底抗拔锚杆法等，其中基底抗拔锚杆法由于耐久性问题现在已经较少采用。

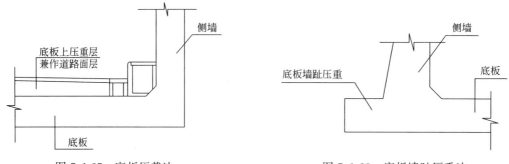

图 7.1-27　底板压载法　　　　　图 7.1-28　底板墙趾压重法

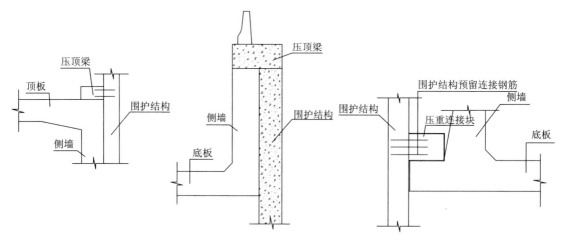

图 7.1-29　利用围护结构抗浮法

（4）抗浮处理方法选用

在城市道路明挖隧道中，一般综合采用顶板压重法、底板压重法、抗浮墙趾法、抗拔桩法、利用围护结构抗浮法等中的一种或几种组合来抗浮。

1）顶板压重法是在满足城市规划要求的前提下，适当提高顶板的覆土厚度和提高覆土的容重，顶板压重法适用于暗埋段，使用简单成本低，但受到地面规划标高和周围环境的限制。

2）底板压重法是在满足线路标高和结构内净空的前提下，在结构底板以上线路标高以下加载，其操作简单，但是需要加大结构净空，从而加大了结构底板埋深。

3）抗浮墙趾法是在结构两侧底板向外延伸而形成翼板，由翼板承托覆土以抵抗上浮力，这种抗浮力可能有 2 种：一种是垂直压力和侧翼压力之和，另一种是为垂直压力与土间摩擦力之和，取这两种力量中的较小者，但是设置墙址需要扩大基坑开挖宽度，一般适用于不受场地限制的隧道工程。

4）抗拔桩法一般采用钻冲孔灌注桩，是利用桩体与土体间的摩阻力来抗拔的，是在城市地下道路隧道中广泛使用的一种抗浮方法，抗拔桩可同时承受上部荷载竖向压力。

5）利用围护结构抗浮法主要适用于围护结构是排桩或者连续墙的板式支护时，在主体结构顶板上做压顶梁"盖"在围护结构上，利用围护结构的自重和围护结构与土体的摩阻力来抗浮。利用围护结构抗浮有两种方式，第一种是围护结构外伸压顶块，压在顶板上；第二种是围护结构外伸压顶块，压在底板外伸的墙趾上（图7.1-29）。利用围护结构抗浮的两种方式均需要在围护结构的相应位置预埋连接钢筋。

在城市道路明挖隧道特殊地段中，也可采用地势高差或埋设排水管道引排一定隧道范围内的地下水，从而降低隧道范围处的地下水位来抗浮或减小水浮力从而降低抗浮工程费用，采用引排法来减小浮力在城市道路隧道中须慎重，以免引起城市地下水的流失，引发环境次生问题。

6. 出入口节点处处理

(1) 出入口渐变段节点处理

如图7.1-30所示为带出入口匝道隧道出入口渐变段的隧道，此种节点情况下，有以下三点需要注意：

1) 从行车的顺畅性和视觉效果考虑，主线隧道和出入口渐变段处不加柱子为宜。

2) 当不加柱子时，主线隧道跨度＋出入口渐变段跨度合起来的跨度一般较大，使得顶底板结构厚度较厚，可以考虑底板中间加抗拔桩增加支座，或者顶底板考虑密排的密肋梁板结构、双层箱梁结构等、顶板也可以考虑顶板起拱减少顶板荷载等措施，来减少顶底板的厚度等使得框架结构计算通过。

3) 当跨度进一步增大，如跨度大于一定的跨度时，采用一般的钢筋混凝土梁板结构计算较难通过时，也可以考虑局部中间加柱子的结构方案，加柱子的位置需考虑行车的空间需要和行车便利、视觉等的需要而加设。

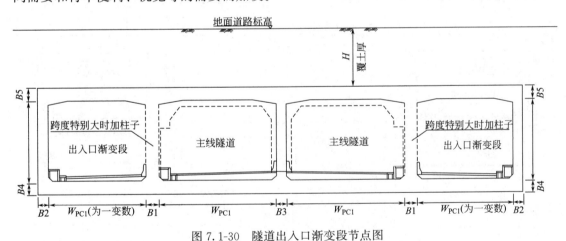

图7.1-30　隧道出入口渐变段节点图

(2) 出入口分离前节点处理

如图7.1-31所示为带出入口隧道出入口分离前的隧道，此种节点情况下，有以下几点需要注意：

1) 出入口隧道下方地基土处理：如果出入口基坑和主线基坑同时开挖到主线基坑的深度，那么出入口下方的地基是回填地基，需保证回填地基的地基承载力和变形能力和主线基坑下地基较为接近，以免由于沉降差导致侧墙拉裂的情况。

2) 侧墙B1连接主线侧墙和出入口侧墙，但是两侧的高度不一样，侧墙B1在出入口隧道处有附加的弯矩和剪力，因此宜适当加大侧墙B1的刚度，加强相交处的节点锚固和

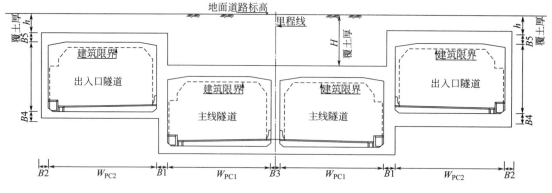

图 7.1-31　隧道出入口分离前节点图

连接。

3）如果出入口只有单侧有，需注意主线隧道偏压荷载产生的影响。

（3）出入口分离后节点处理

如图 7.1-32 所示为带出入口隧道出入口分离后的隧道，此种节点情况下，有以下两点需要注意：

1）随着主线隧道和出入口隧道间净距的变化，当净距较小时，属于小间距近距离隧道，需注意小间距对两隧道间土体的加固处理，同时需考虑小间距隧道受力的互相影响。

2）如果出入口只有单侧有，需注意主线隧道偏压荷载产生的影响。

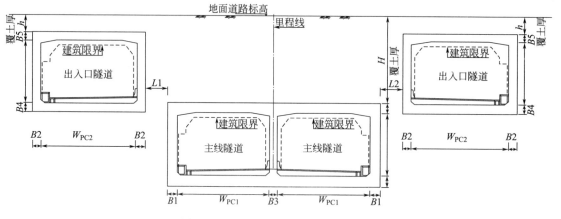

图 7.1-32　隧道出入口分离后节点图

7. 敞开段与暗埋段的接口设计

敞开段与暗埋段接口设计一般有两种，第一种是直接平接，第二种是顶板设置一小段过渡段来相接。

（1）平接

平接就是暗埋段的标准段和敞开段直接相接，在暗埋段顶板端部上设置挡土墙，和敞开段相接，敞开段侧墙和暗埋段侧墙在接口位置处会有结构突变的"坎"，可以通过装饰物来装饰平顺。一般宜在接口处设置变形缝。敞开段和暗埋段平接接口示意图如图 7.1-33

所示，接口处侧墙过渡断面如图 7.1-34 所示。

平接接口处理较为简单，但是覆土较深时，从敞开段到暗埋段的断面变化较大，引起视觉变化较为突兀和压抑，在接口处覆土较小时宜为采用。

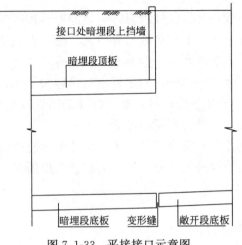

图 7.1-33　平接接口示意图

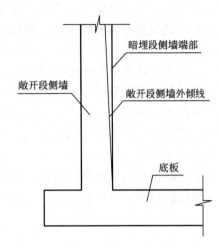

图 7.1-34　接口处侧墙过渡断面示意图

（2）设置过渡段相接

当敞开段和暗埋段接口处覆土较深时，通常在顶板端部设置一定长度范围的过渡段来相接。在暗埋段顶板上设置挡土墙，和敞开段相接，敞开段侧墙和暗埋段侧墙在接口位置处会有结构突变的"坎"，可以通过装饰物来装饰平顺。一般宜在接口处设置变形缝。敞开段和暗埋段设置过渡段相接接口示意图如图 7.1-35 所示。

设置过渡段相接接口断面使暗埋段截面高度稍有变化，但是从敞开段到暗埋段视野较为开阔，光线较好，视觉变化较为平顺，在接口处覆土较大时宜为采用。

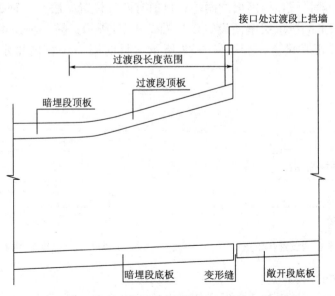

图 7.1-35　敞开段和暗埋段设置过渡接口示意图

8. 常见问题处理

(1) 变形缝的设置

由于隧道纵向应力变化、纵向地基刚度不均匀等，同时由于温度引起的温度应力会引起混凝土开裂，因此城市地下道路隧道纵向需设置变形缝。

变形缝设置宜根据地质条件、结构形状、荷载条件、受外界温差荷载的影响程度等具体设置，一般地质条件差异较大，结构形状变化较大，上部荷载差异较大，受外界温度影响较大、温差变化较大等的地方宜设置变形缝，变形缝宽度一般取20～30mm。

对于标准的敞开段结构，变形缝设置间距可取30～50m，对于标准的暗埋段结构，变形缝长度可取40～60m。如上部结构荷载均匀，地基条件较好，对于标准的暗埋段结构，在施工时采取控制混凝土结构收缩的措施时，变形缝设置间距还可酌情加大。

在地质条件较差的情况下，为了防止变形缝处竖向沉降差异过大，宜在变形缝的位置处采取竖向限位措施，如可以通过一端锚固在钢筋混凝土里面、另一端在套筒里面可以相对自由移动的钢筋来限位等如图7.1-36所示。

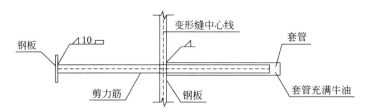

图 7.1-36　变形缝处限位措施示意图

(2) 纵向排水沟的设置

城市地下道路隧道横断面上宜设置成中间高、两端低的"倒 V"形坡，以便于收集的水排向两端的纵向排水沟，由纵向排水沟收集到纵坡最低的集水井和泵房。

纵向排水沟一般设置在横断面的两端，目前有两种设置方法，一种是隧道底板做成等厚，排水沟在底板上的压重层里面设置，如图7.1-37所示；另一种是由底板局部下凹做排水沟，上部面层正常设置，如图7.1-38所示。目前第一种纵向排水沟的设置方式较常见。

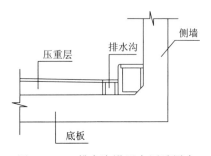

图 7.1-37　排水沟设置在压重层内

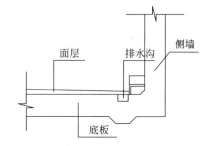

图 7.1-38　排水沟设置在底板内

(3) 敞开段侧墙内侧外倾

为保证地面辅道宽度，隧道敞开段侧墙内侧通常垂直设置，用地条件允许时，为减少行车墙壁效应，敞开段侧墙内侧宜采用外倾的做法，来减少墙壁效应产生的压迫感，形成较好的视觉效果。侧墙内侧外倾做法如图 7.1-34 所示。

（4）顶板开孔

在城市地下道路隧道中，可以采用顶板开孔来满足自然通风排烟、消防疏散逃生等，同时可以利用顶板开孔充分利用自然条件通风照明，减少能耗和设备维护费用。顶板开孔为了满足自然通风排烟、消防疏散逃生的要求，按照《建筑防火设计规范》GB 50016—2014 的要求，开孔间净间距须小于 60m。

顶板开孔可以采用顶板全开孔，此时顶板结构宜隔一定距离做横向拉梁，如图 7.1-39 所示。顶板开孔也可以采取部分开孔，此时顶板结构宜根据开孔做孔梁形成梁板结构，顶板开孔处需做好防水和安全防护措施，同时需做好开孔处防坠物安全设施，如图 7.1-40 所示。

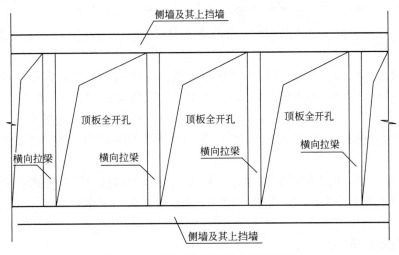

图 7.1-39 顶板全开孔横向拉梁示意图

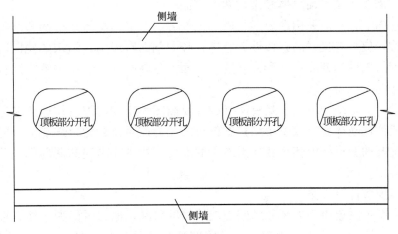

图 7.1-40 顶板部分开孔示意图

9. 抗震设计

（1）抗震设防目标和设防标准

依据住房和城乡建设部下发的《市政公用设施抗震设防专项论证技术要点（地下工程篇）》及相关规范，如《建筑抗震设计规范》GB 50011—2010、《城市轨道交通结构抗震设计规范》GB 50909—2014、《铁路工程抗震设计规范》GB 50111—2006 等要求，抗震设防目标如下：

1）当遭受低于本工程抗震设防烈度的多遇地震影响时，市政地下工程不损坏，对周围环境和市政设施正常运营无影响；

2）当遭受相对于本工程抗震设防烈度的地震影响时，市政地下工程不损坏或仅需对非重要结构部位进行一般修理，对周围环境影响轻微，不影响市政设施正常运营；

3）当遭受高于本工程抗震设防烈度的罕遇地震（高于设防烈度1度）影响时，市政地下工程主要结构支撑体系不发生严重破坏且便于修复，无重大人员伤亡，对周围环境不产生严重影响，修复后市政设施可正常运营。

抗震设防目标可以简要概括为小震不坏、中震可修、大震不倒。

抗震设防标准根据设防建筑的功能和重要性可以分为标准设防类、重点设防类和特殊设防类。

1）标准设防类：抗震措施应按本地区抗震设防烈度确定；地震作用应按照现行国家标准《中国地震动参数区划图》GB 18306—2015 规定的本地区抗震设防要求确定；

2）重点设防类：抗震措施应按本地区抗震设防烈度提高一度的要求确定；地震作用应按照现行国家标准《中国地震动参数区划图》GB 18306—2015 规定的本地区抗震设防要求确定；

3）特殊设防类：抗震措施应按本地区抗震设防烈度提高一度的要求确定；地震作用应按照国务院地震工作主管部门批准的建设工程的抗震设防要求且高于本地区抗震设防要求确定。

（2）抗震要求结构选型

城市道路明挖隧道需要选择合理的抗震设计构筑物来减少地震时引起的灾害，合理的抗震设计选型需要兼顾平面总体和结构两个方面。

在平面总体上，不应采用严重不规则的设计方案；平面总体及抗侧力结构的平面布置宜规则、对称，应具有良好的整体性；总体在竖向剖面宜规则，结构的侧向刚度宜均匀变化，竖向抗侧力构件的截面尺寸和强度宜自下而上逐渐减少，避免抗侧力结构的侧向刚度和承载力突变。

在结构设计上，结构体系应具有明确的计算简图和合理的地震作用传递途径；应避免因部分结构或构件破坏而导致整个结构丧失抗震能力或对荷载的承载能力；应具备必要的抗震能力、良好的变形能力和消耗地震能量的能力；对可能出现的薄弱部位，应采取措施提高抗震能力。

（3）地震反应计算方法

城市道路明挖隧道由于处于和周围土层接触的状况，地震时周围土体和地基对结构物有约束和吸收强变形的延性，考虑城市道路明挖隧道的这种特性和结合现行的抗震规范《城市轨道交通结构抗震设计规范》GB 50909—2014、《铁路工程抗震设计规范》GB 50111—2006 的要求，城市道路明挖隧道抗震反应计算方法有反应位移法、反应加速度法、弹性时程分析方法、非线性时程分析方法等。

（4）抗震构造措施

城市道路明挖隧道地下结构的抗震构造措施应按照《铁路工程抗震设计规范》GB

50111—2006、《地铁设计规范》GB 50157、《建筑抗震设计规范》GB 50011—2010、《城市轨道交通结构抗震设计规范》GB 50909—2014 中有关规定执行。

7.1.5 围护结构与主体结构的连接型式

1.围护结构与主体结构连接型式

（1）连接型式分类

城市道路明挖隧道围护结构与主体结构的连接型式一般有三种，分别是分离结构型式、复合结构型式和叠合结构型式如图 7.1-41～图 7.1-43 所示。

在城市道路明挖隧道中，围护结构和主体结构采用分离式和复合式的连接比较多。

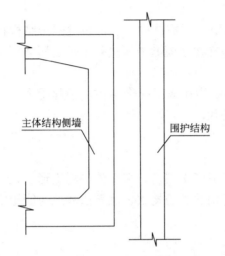
图 7.1-41 围护结构与主体结构分离式连接

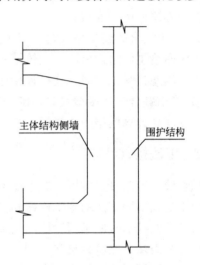
图 7.1-42 围护结构与主体结构复合式连接

（2）各种连接型式的优缺点及连接处理

这三种连接型式的优缺点和连接处处理如下：

1）采用分离式结构型式时，主体结构施工空间开阔、施工速度快，防水施工简便，防水效果好，但是分离式连接型式需要扩大基坑开挖宽度，临时施工占用空间大，后期其分离段还需要回填。分离式连接型式由于主体结构和围护结构是两个完全独立分离的体系，他们之间无连接。

2）采用复合式结构型式时，不需要扩大基坑开挖宽度，临时施工空间相对占用较小，可以在主体结构顶板上设置压顶梁连接围护结构，利用围护结构来抗浮，但是围护结构和主体结构在空间上紧密相连，主体结构侧墙施工空间小，侧墙上防水施工较为不方便，防水效果较好。复合式连接型式由于

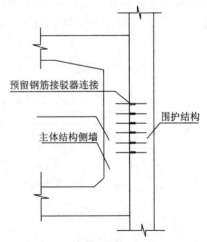
图 7.1-43 围护结构与主体结构
叠合式连接

主体结构和围护结构在空间上紧密相连，围护结构直接和水土侧接触，所以水土压力直接传给围护结构，通过围护结构把水土压力传给主体结构。

3）采用叠合式结构型式时，围护结构一般采用地下连续墙，叠合结构不需要扩大基坑开挖宽度，临时施工空间相对占用较小，主体结构侧墙厚度可以相应减薄，可以利用围护结构抗浮，但是叠合结构由于不能采用外防水，同时自防水由于和围护结构相连，自防水较差，因此叠合结构防水效果较差，渗漏水情况较为严重。叠合结构连接型式由于围护结构预留钢筋和主体结构钢筋连接，所以叠合结构是把围护结构和主体侧墙结构连成了一个结构。

2. 各种连接型式在主体结构计算模型中的处理

这三种连接型式在主体结构计算模型中的处理如下：

1）采用分离式连接型式时，水土压力直接作用在主体结构上，主体结构和围护结构在建立计算模型中无连接。

2）采用复合式连接型式时，水土压力直接作用在围护结构上，再通过围护结构把水土压力传递给主体结构侧墙，主体结构和围护结构在建立模型中通过一个短受压连杆来传递压力，当连杆受拉力时，连杆连接作用失效。

3）采用叠合式连接型式时，围护结构和主体结构连成了一个整体，一起受力，一起变形，在建立计算模型中直接用一个综合刚度来替代。

7.1.6 工法接口设计

随着城市道路日益发展，城市地下道路隧道形成了多层次、多工法的隧道形式，一般来说由于受到不同工法的施工机械和空间影响，矿山法、盾构法、沉管法隧道与明挖隧道的接口都在明挖部分的暗埋段里面实施。

1. 与矿山法隧道接口设计

在城市地下道路隧道中，由于地质条件和周边环境的影响也会有局部采用矿山法施工的城市地下道路隧道，矿山法隧道与明挖法隧道的接口部分一般情况下放在明挖暗埋段内。图 7.1-44 所示为明挖法隧道与矿山法隧道的接口示意图。

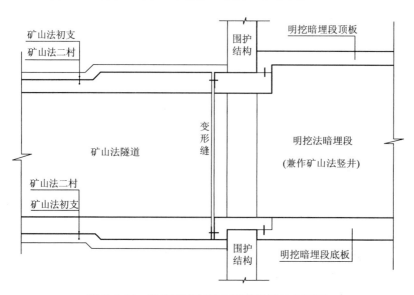

图 7.1-44　明挖隧道与矿山隧道的接口立面图

明挖隧道与矿山法隧道接口有以下特点：

1) 接口部分在明挖暗埋段中施工完成，此明挖部分同时兼做矿山法施工工作井；

2) 明挖部分作为矿山法施工的工作井时，一定范围内的明挖段需考虑矿山法施工的空间条件；

3) 接口处宜设置变形缝，接口处需做好防水和后期防水处理措施。

2. 与盾构法隧道接口设计

在城市地下道路隧道中，由于地质条件和周边环境的影响也会有采用大断面盾构机的盾构法施工的城市地下道路隧道，盾构法隧道和明挖隧道的接口部分一般情况下放在明挖暗埋段内。图 7.1-45 为明挖隧道与盾构隧道的接口示意图。

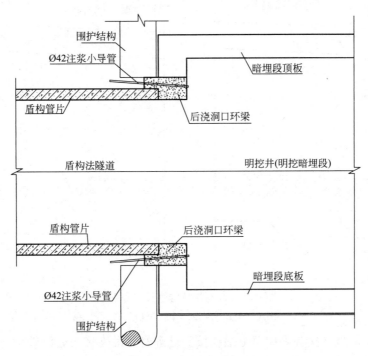

图 7.1-45　明挖隧道与盾构隧道的接口立面图

明挖隧道与盾构隧道接口有以下特点：

1) 接口部分在明挖暗埋段中施工完成，此明挖部分同时兼做盾构机的始发或者接收工作井；

2) 由于盾构拼装管片和先期施工环梁之间的密封性不严，一般情况下宜凿掉洞口处盾构管片，施做后浇洞口环梁，和先浇洞口环梁连成一体，这样，接口处是连成一体的，接口处不设变形缝；

3) 接口处虽然不设变形缝，但是存在施工缝，接口处需做好防水和后期防水处理措施；

4) 由于一定范围内的明挖段是作为盾构机的始发或者接收井，因此明挖部分一定范围内需满足盾构机始发或者接收的空间条件，例如一定范围内明挖部分的底板比盾构管片的底板低一定的距离，顶板比盾构管片的顶板高一定的距离，平面上也要求比盾构管片的范围宽一定的距离等。

3. 与沉管法隧道接口设计

在下穿江河湖海的城市隧道中,水中段采用沉管法时,需与岸上的明挖段连接,沉管段与明挖段的连接方式与接头形式有关。

当沉管隧道的最终接头为水中接头时,沉管隧道两端与明挖段的接头形式如图 7.1-46 所示;此时,明挖段应满足以下要求:

(1) 端部应分别满足刚性接头连接或柔性接头连接的构造要求;
(2) 端部设置的封门应满足设计最高水位下的水密性和结构干作业施工期间基坑开挖或回填期间的受力要求;
(3) 沉管段对接前,明挖段的长度应足以抵抗水压接产生的推力。

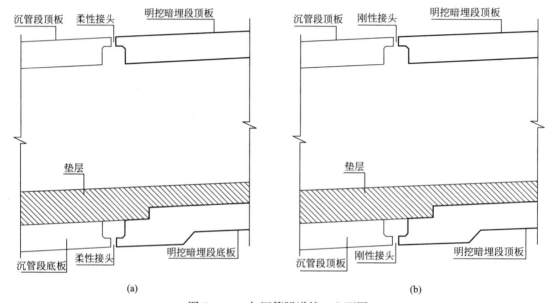

图 7.1-46 与沉管隧道接口立面图
(a) 刚性接头方式连接;(b) 柔性接头方式连接

当沉管隧道的最终接头采用岸上最终接头处理时,最终接头处沉管段与明挖段的连接如图 7.1-47 所示。此时,明挖段应满足以下要求:

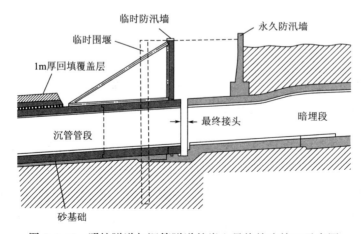

图 7.1-47 明挖隧道与沉管隧道的岸上最终接头接口示意图

(1) 端部应分别满足最终接头的构造要求；

(2) 端部设置的封门应满足设计最高水位下的水密性和结构干作业施工期间基坑开挖或回填期间的受力要求；

(3) 最后一节沉管段沉放前，明挖段的底板构造及两侧墩墙的构造应足以抵抗水压接产生的推力，底板处也可以设置单独的止推构造，与两侧墩墙止推系统共同抵抗水压接产生的推力；

(4) 最后一节沉管段沉放后，明挖段与沉管段之间的最终接头（合拢段）采用干作业施工。

7.1.7 环境保护工程措施

1. 环境影响因素

城市道路隧道工程由于存在深基坑工程，在深基坑工程施工过程中，会对周边环境、周边建筑物、周边构筑物带来不良影响。

城市道路隧道深基坑工程施工过程中，主要由于以下原因会对周边环境、周边建筑物、周边构筑物带来不良影响。

(1) 基坑降排水带来的环境影响

为了保证基坑工程土方开挖和施工处于较干的状态，需要通过降低地下水位或配以设置止水帷幕使地下水位在基坑底面下 $0.5\sim1.0m$ 以下，但是基坑降排水时有可能使得基坑周边的水位也下降，从而给周边环境带来不利影响。

(2) 止水帷幕渗漏水带来的环境影响

基坑工程的止水帷幕渗漏水，使得基坑外侧的水由于渗水路径而渗入道基坑内，不仅使得基坑外侧的水位下降，特别是位于砂层地区，渗漏水还会带走砂层中的颗粒，对周边环境带来不利影响。

(3) 基坑围护结构变形过大带来的环境影响

基坑围护结构变形过大时，会使得基坑周边土体也相应变形，从而给周边环境带来不利影响。

(4) 基桩施工带来的环境影响

基桩施工时，很多时候是考虑基坑开挖到底后，再在基坑底进行基桩施工，会使得基坑底暴露时间过长，同时基桩施工会产生振动、挤土效应，对基坑底的土体产生扰动，基桩施工时的泥浆排放等也会软化基底的土层，使得基坑底的被动土压强度降低，给周边环境带来不利影响。

2. 环境保护工程措施

从环境影响因素入手，对周边环境影响最大的主要是地下水的处置问题和围护结构变形的问题，对地下水的问题，宜"堵"和"防"，不宜"疏"和"放"，对围护结构变形过大的问题，主要是需要采取刚度较大的支护体系。因此，对周边环境要求较高的基坑工程，需采取稳妥的止水措施，减少基坑开挖时基坑外侧的水位变动，同时需采取合理的基坑支护刚度，减少支护结构变形。

对离基坑较近的建筑物、构筑物（一般定义为2倍基坑深度范围内的建筑物），需要调查清楚基坑2倍深度范围内的建（构）筑物的结构型式、基础型式、基础埋深、建筑年代等情况，然后视建（构）筑物离基坑的距离、基础的型式、基础的埋深、建筑物的重要程度等情况采取不同的环境保护工程措施。

常用的环境保护工程措施主要有以下几种类型：

（1）设置回灌井；

（2）注浆加固；

（3）隔水隔离桩。

设置回灌井，是当基坑开挖引起基坑周边水位浅层下降，通过设置回灌井回灌水，使得基坑周边的水位不下降或者少下降，从而不影响或者少影响周边的建（构）筑物。

注浆加固是加固基础下面和周边的土层，从而使得建（构）物的基础不变形或者少变形；而隔水隔离桩是通过对基础设置灌注桩、旋喷桩、搅拌桩等，保护建（构）筑物的基础不受或少受基坑开挖的影响。

不论采取何种环境保护工程措施，都需要对建（构）筑物进行监测，保护工程措施可以根据监测结果进行调整。

7.2 矿山法隧道结构设计

7.2.1 概述

受城市环境、地面道路无法占用、地下建（构）筑物无法拆迁等因素的影响，隧道在城市中不得已而采用矿山法实施。城市矿山法隧道应采用复合式衬砌结构体系，在初期支护实施前可采用多种辅助工法，超前支护，改善加固隧道周边围岩，同时采用不同的开挖方法及时支护、封闭成环，使其与围岩共同作用形成联合支护体系。由于城市矿山法隧道要求隧道初期支护刚度大，支护要及时且须适应不同地层，因此其设计有别于国内常见的山岭隧道（新奥法隧道）。

城市矿山法隧道包括山岭隧道和潜埋暗挖法隧道两种形式。其中山岭隧道主要是指修建于山地城市中、埋深较大、地质条件为岩质的市政公路工程、轨道交通工程隧道；浅埋暗挖法隧道主要指构筑于非山地城市中、埋深较小、地质条件为第四系沉积物的浅埋隧道。本手册所述的城市矿山法隧道结构设计，其对象为浅埋暗挖法隧道，山岭隧道的结构设计可参照《公路隧道设计规范》JTG 33701—2018。

城市矿山法隧道理论源于新奥法，但强调预支护，及时支护，控制地面沉降，保证施工和地面地下建筑物的安全，十八字方针"管超前，严注浆，短开挖，强支护，快封闭，勤量测"是其精髓。城市矿山法机械化程度低，主要靠人工施工，机动灵活，对工程的适应性强，可作成各种结构型式，在地质情况较差的情况下要采取辅助施工措施。

相比明挖法隧道，具有占地少、不扰民、不干扰交通、节省大量拆迁投资等优点；与盾构法相比具有无需多种专用设备，灵活方便，适用于不同地层、不同跨度、多种断面等优点。其主要缺点是施工速度慢、隧道内施工环境差、劳动强度高、施工风险较高、施工质量不宜保证、高水位地层中结构防水质量不宜控制等。

7.2.2 设计原则

(1) 隧道结构设计应符合强度、刚度、防排水的要求，满足施工工艺的要求；应尽量减少施工中和建成后对环境造成的不利影响；并应尽可能考虑城市规划及城市建设引起周围环境的改变对隧道结构的影响。

(2) 隧道衬砌的结构设计，应根据沿线不同的工程地质、水文地质及城市总体规划要求，结合周围地面既有建筑物和地下管线状况、交通状况、工期要求，通过技术、经济、环境影响和使用效果等综合比较，选择合适的结构形式和施工方法。隧道根据围岩情况以及埋深，按超浅埋暗挖、浅埋暗挖与深埋暗挖进行设计和施工。

(3) 对于复合式衬砌，施工期间其初期支护应按主要承载结构设计。二次衬砌应根据其施工时间、施工后荷载的变化情况、工程地质和水文地质条件、埋深和耐久性要求等因素按下列原则设计：

1) 第四纪土层中的浅埋结构及通过流变性或膨胀性围岩中的结构，由二衬承担外部荷载，岩质地层中宜根据围岩和衬砌结构力学特性，由初支和二衬按一定比例共同承受外部荷载；

2) 考虑在长期使用过程中，外部荷载因初期支护材料性能退化和刚度下降向二次衬砌的转移；

3) 作用在不排水型结构上的水压力由二次衬砌承担。

(4) 初期支护采用锚喷支护，应以网喷混凝土、格栅或钢拱架和锚杆（管）为主要支护手段，辅助工程措施主要采用小导管注浆、大管棚等。位于第四系土层中的浅埋隧道及通过软弱围岩中的隧道，初期支护应具有较大的强度和刚度，环向应及时封闭，必要时应采取措施对围岩进行加固，以确保隧道的稳定，保证最终的地面沉降控制在允许范围之内。根据监测数据反馈的信息，及时调整初期支护和二此衬砌的设计参数及施工方法。

(5) 衬砌结构的刚度在全断面中应尽量均匀，防止应力集中。仰拱矢跨比宜采用 1∶5～1∶6。

(6) 城市矿山法隧道初期支护或喷锚衬砌，外侧 40mm、内侧 40mm；二次衬砌，外侧 35mm、内侧 35mm；当二次衬砌厚度大于 50cm 时，保护层厚度可取 40mm。

(7) 矿山法施工应千方百计创造无水施工的条件，施工期间可采用辅助性洞内全断面注浆堵水。

(8) 隧道施工引起的地面沉降应控制在环境条件允许的范围以内。应依据周围环境、建筑物基础和地下管线对变形的敏感程度，采取稳妥可靠的措施。采用暗挖法施工时，一般地段地面沉降量宜控制在 30mm 以内；当穿越建筑物、重要地下管线时，上述数值应按相应的规范和规程允许值从严确定，对于空旷地区考虑适当放宽。

(9) 当隧道从建筑物下（或附近）穿越时，应采用可靠的技术方案和确保建筑物正常使用而不受影响的施工方法。对建筑物允许产生的沉降和次应力，应根据不同的建筑类型、基础情况按有关规程规范的要求予以验算。

(10) 钻爆法施工隧道按信息化设计施工。根据工程地质、水文地质状况、施工方法、隧道埋深和周围环境条件，进行隧道应力和稳定性分析，并结合工程经验确定支护、衬砌等设计参数。结构计算模式的确定，应符合结构的实际工作条件，并反应结构与周围地层的相互作用。对于初期支护参数通过地层结构模型—塑性区分布结构计算并经工程类比确定。隧道衬砌结构通常只进行横断面方向的受力计算，遇下列情况时，还应对其纵向强度和变形进行空间分析：

1) 覆土荷载沿隧道纵向有较大的变化时；
2) 隧道直接承受地面建筑物等较大局部荷载时；
3) 基底地层或基础有显著差异时；
4) 隧道结构沿纵向有较大变化时，施工期间加强监控量测，并对信息进行反馈和处理。

（11）结构在施工及使用期间具有足够的强度、刚度、稳定性及耐久性。

（12）结构净空尺寸满足行车限界、各种设备使用功能、施工工艺的要求，考虑施工误差、结构变形和后期沉降位移等因素的影响，预留必要的富裕量。结构设计应满足施工、运营、城市规划、防火、人防、防水、抗震的要求。

（13）结构设计应分别按施工阶段和使用阶段，根据承载能力极限状态及正常使用极限状态的要求，进行承载力、稳定、变形、抗浮、抗裂及裂缝宽度等方面的计算和验算。必要时尚应进行刚度及稳定性检算。

（14）城市矿山法隧道隧址区地下水抽排对隧道周围环境影响大或排水量太大，应考虑限排或以堵为主的控制措施，如全包防水措施；若隧址区地下水量不大（如第四系上层滞水、基岩裂隙水等）或地质条件较好，排水引起的沉降对周边建构筑影响较小可采取"防、排结合"的防排水措施，通过设置纵横向的排水盲沟将地下水排入废水泵房。

7.2.3 衬砌结构设计

1. 概述

城市矿山法隧道应采用复合式衬砌。复合式衬砌是由内外两层衬砌组合而成。第一层称为初期支护，第二层为二次衬砌，初期支护与二次衬砌之间夹防水层。目前，我国矿山法隧道已普遍采用复合式衬砌。复合式衬砌的初期支护采用喷锚支护，二次衬砌采用模筑混凝土衬砌。其优点是能充分发挥喷锚支护快速、及时、与围岩密贴的特点，充分发挥围岩的自承能力，使二次衬砌所受的力减到最小。复合式衬砌在初期支护与二次衬砌之间敷设防水层，解决隧道衬砌渗漏水问题；二次衬砌通常采用模筑混凝土衬砌，具有长期可靠的作用，能保证隧道平整，满足隧道对外观的基本要求。

复合式衬砌设计规定如下：

（1）隧道衬砌断面形式常用的有曲墙拱形衬砌和直墙拱形衬砌。隧道跨度较大时，荷载及变形也较大。根据大量工程实例和力学分析表明曲墙拱形衬砌较直墙拱形衬砌结构受力合理，围岩及结构稳定性较好，抵抗侧压力的能力较强，适用于多种围岩条件；在严寒地区调查，曲墙式衬砌隧道墙部破坏的情况远小于直墙拱式衬砌隧道。对于车型横通道、人行横通道、通风道等断面较小的隧道及风机洞室、工作室，一般地质条件较好，对净空断面有特殊要求，可采用直墙拱形衬砌。

（2）在Ⅳ～Ⅵ级围岩条件下，围岩自稳能力差，侧压力较大，地基承载力弱，为保证结构整体安全，控制沉降，采用有仰拱的封闭式衬砌断面。设置仰拱以后，不仅满足了地基承载力的要求，也能够减小沉降变形，抵抗较大的侧压力，调整围岩和衬砌的应力状态,保持隧道围岩和衬砌结构的稳定。隧道断面越大,围岩自稳能力越差,围岩变形也越大。

(3) 有洞口段的城市隧道,隧道洞口段一般埋置较浅,地质条件较差,受环境影响较大,岩石易风化,围岩长期稳定性较洞内差,长期受力情况也较洞内不利,有时还须承受仰坡方向的纵向推力,因此,洞口段应设加强衬砌。加强衬砌的设计通常是将洞口围岩级别降低一级考虑。加强段长度应根据洞口地形条件、地质条件、埋深、隧道跨度确定,一般应不小于1倍洞跨。隧道洞口段应设加强衬砌。加强衬砌的长度应根据地形、地质和环境条件确定,一般情况下两车道隧道应不小于10m,三车道隧道应不小于15m。

(4) 洞身围岩地质条件不同,围岩压力和变形也不相同,加上围岩级别分界里程很难准确划分,围岩级别的变化有时是渐变的,围岩较差段的衬砌向围岩较好段延伸使衬砌能适应这种条件变化,起过渡作用。围岩交叉地段的超前应向围岩较好地段延伸5~10m。

(5) 隧道内交叉口是指两相交洞室在拱部相交的叉洞结构,受力关系复杂,计算和施工都比较繁琐,为保证叉洞结构的安全,一般规定宽度大于3m的车型横洞、避难支洞及通风横道等主洞的交叉段,其交叉部位在主洞拱部或侵入拱部的衬砌段应作加强处理。为了保证交叉段的结构稳定,交叉段范围应从交叉口边缘向交叉洞延伸,主洞延伸长度不小于5m,横洞延伸长度不小于3m,如图7.2-1所示。

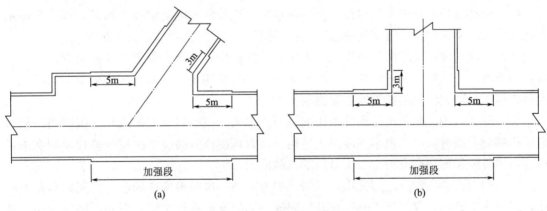

图7.2-1 交叉口部示意图

2. 复合式衬砌设计

单洞隧道复合式衬砌设计,应考虑包括围岩在内的支护结构、断面形状、开挖方法、施工工序和断面的闭合时间等综合因素,充分利用围岩所具有的自承能力。

单洞隧道复合式衬砌的初期支护宜采用锚喷支护,即由喷射混凝土、锚杆、钢筋网和钢架等支护形式单独或组合使用。锚杆支护宜采用全长粘结锚杆。二次衬砌宜采用模筑混凝土结构,衬砌截面宜采用连接圆顺的等厚衬砌断面,仰拱厚度宜与拱墙厚度相同。

各级围岩中,所确定的开挖断面,除应满足隧道净空和结构尺寸外,还应考虑围岩及初期支护的变形,并预留适当的变形量。预留变形量的大小可根据围岩级别、断面大小、埋置深度、施工方法和支护情况等,采用工程类比法预测,并根据现场量测结果进行调整,可参考表7.2-1选用。

预留变形量参考表（单位：mm）　　　　　　　　　　　表 7.2-1

围岩级别	双车道隧道	三车道隧道	四车道隧道
Ⅲ	30～50	50～80	80～120
Ⅳ	50～80	80～120	120～150
Ⅴ	80～120	100～150	150～250
Ⅵ	现场监测确定		

注：1. 深埋、软岩隧道取大值；浅埋、硬岩隧道取小值。
　　2. 有条件时，Ⅴ级围岩地段的四车道隧道的预留变形量，宜通过现场监测确定。
　　3. 有明显流变、原岩应力较大和膨胀性围岩时，应根据量测所反馈的数据分析确定。

单洞隧道复合式衬砌可采用工程类比法进行设计，并通过计算分析进行验算。Ⅴ级、浅埋Ⅳ级围岩地段的衬砌以结构内力计算强度分析为主，洞身Ⅳ级、Ⅲ级围岩地段的衬砌宜以围岩稳定性分析为主。设计中应特别注意洞口浅埋段、地形偏压段、Ⅴ级及其以下围岩地段及高地应力地段的结构强度分析。

对软弱流变围岩、膨胀性围岩，隧道支护参数的确定还应考虑围岩形变压力继续增长的作用。

四车道隧道的衬砌支护应采用复合式衬砌方案，衬砌分两次或三次施作。Ⅱ级与Ⅲ级围岩宜采用二次支护方案；Ⅳ级与Ⅴ级围岩可采用三次支护方案。

（1）初期支护：Ⅲ级围岩地段，由径向锚杆、钢筋网及喷射混凝土组成；Ⅳ、Ⅴ级围岩地段由工字钢钢拱架（或钢筋格栅）、径向锚杆、钢筋网及喷射混凝土组成。

（2）二次衬砌：对于两层衬砌设计方案，二次衬砌仅承担少量围岩变形荷载；对于三层衬砌方案，二次衬砌是对初期支护的补充加强，与初期支护共同组成主要承载结构。二次衬砌可采用型钢钢拱架或钢筋拱架混凝土结构。

（3）三次衬砌：第三次衬砌可采用素混凝土结构；当围岩压力荷载较大需要第三层衬砌承担部分荷载时，可采用钢筋混凝土结构，其合理施作时间应严格按照监控量测数据进行，应尽可能发挥初期支护与二次衬砌的承载能力。

（4）初期支护应边开挖边施作，三层支护方案的二次衬砌应在洞室开挖完成后及时施作，或在施工开挖过程中分步施作。开挖完成后初期支护在后续施工期间不能完成稳定的洞室，应立即施作二次支护，在确定洞室周边收敛变形基本稳定的条件下，可进行三次支护施工四车道隧道的支护参数应根据实际地形地质条件，结合拟定的施工开挖方法，进行围岩稳定分析或进行结构强度校核后确定。四车道隧道的衬砌支护参数初步确定后，应在实际施工过程中核对现场地形地质条件，实施围岩监控量测，根据地质条件的变化监控量测结果及时调整支护参数，保证施工安全。在施作最后一层衬砌之前，宜根据现场地质条件及监控量测数据对隧道结构的永久可靠性进行评价，以确保隧道运营期间的安全。

3. 明洞衬砌设计

（1）以下情况应设置明洞衬砌：

1）洞顶覆盖层薄，不宜大开挖修建路堑，并难于用暗挖法修建隧道的地段。

2）路基或隧道洞口受边坡坍方、岩堆、落石、泥石流等不良地质危害；新建路堑会危及到附近重要建筑物安全的地段。

3）铁路、公路、沟渠和其它人工构造物必须在隧道上方通过，不宜采用暗洞或立交桥涵跨越时。

4）为了保护洞口的自然景观而延伸隧道长度时。

（2）明洞衬砌设计应符合下列规定：

1）当采用拱形明洞时，可按整体式衬砌设计。

2）半路堑拱形明洞应考虑偏压，拱形明洞外边墙宜适当加厚。当地形条件允许时，可考虑采用反压回填、设反压墙平衡偏压荷载，减小或消除偏压。

3）当拱形明洞边墙侧压较大及地层松软时，宜设仰拱。

4）明洞宜采用钢筋混凝土结构。

5）采用棚洞结构时，顶板一般可采用 T 形、π 形或空心板截面构件，内边墙可采用挡墙结构；当内侧岩体完整、坚固、无地下水时，可采用锚杆挡墙；外侧边墙可视地形、地基、边坡坍方、落石等情况选用墙式、柱式、钢架等结构类型。

6）当明洞作为整治滑坡的措施时，应按支挡工程设计，并应采用综合治理措施，确保滑坡体稳定和明洞安全。

7）在地质情况变化较大地段应设置沉降缝；气温变化较大地区，应根据长度等情况设置伸缩缝。

（3）明洞基础设计应符合下列规定：

1）明洞基础应置于稳固的地基上，明洞基础底标高不宜高于隧道侧沟沟底标高或路面基层标高。

2）当基岩埋深较浅时，基础可设置于基岩上；当基础位于软弱地基上时，可采用仰拱、整体式钢筋混凝土底板，也可采用桩基、扩大基础、基础加深和地基加固处理等措施。

3）外墙基础趾部应保证一定的潜入基岩深度和护基宽度。在冻胀性土上设置明洞基础时，基底埋置深度应不小于冰冻线以下 250mm。当地基为斜坡地形时，地基可切割成台阶。

4）当地基外侧受水流冲刷影响时，应采取加固和防护措施。

5）明洞外边墙、棚洞立柱基础埋置深度超过路面以下 3m 时，宜在路面以下设置钢筋混凝土横向水平拉杆，并锚固于内边墙基础或岩体中，或用锚杆锚固于稳定的岩体中；立柱可在路基平面处加设纵撑，应与相邻立柱及内边缘连接。

（4）明洞洞顶回填、拱背处理应根据明洞设置的目的、作用，以及地形条件、山坡病害而定，并符合下列规定：

1）当山坡有严重的危石、崩坍威胁时，应予清除或作加固处理。为防护一般的落石、崩坍危害时，明洞拱背回填土厚度不小于 1.5m，填土表面应设置一定的排水坡度。

2）不设洞门端墙时，可采用拱背部分裸露、按自然山坡坡度填土，填土表面一般应植草。

3）立交明洞上的填土厚度应结合公路、铁路、沟渠及其他人工构造物的标高、自然环境、美化要求和结构设计需要等研究确定，不宜时可设护拱。

4）当明洞顶设置过水、泥石流等渡槽、沟渠及其他穿越构造物时，设计应考虑其影响。一般过水沟渠或普通截水沟沟底距洞顶外缘厚度不小于 1.0m。当为排泄山沟洪水、泥石流等的渡槽时，泥石流等渡槽沟渠底距洞顶外缘不小于1.5m。

4. 小净距隧道衬砌设计

小净距隧道的设计与施工开挖应遵循"少扰动、快加固、勤量测、早封闭"的原则，并将中夹岩柱的稳定与加固作为设计施工的重点。

根据地质条件，小净距隧道中夹岩柱的最小厚度 D 可参考表7.2-2规定取值。

中夹岩柱的最小厚度 D（单位：m） 表7.2-2

围岩级别	双车道隧道				三车道隧道			
	坚硬岩	较坚硬岩	较软岩	软岩	坚硬岩	较坚硬岩	较软岩	软岩
Ⅲ	2.5	3.0	3.5	—	3.0	3.5	4.0	—
Ⅳ	3.5	4.5	5.5	6.5	4.5	5.5	6.5	7.5
Ⅴ	—	4.5	6.0	7.5	—	6.0	7.5	9.0

当两洞室之间的中夹岩柱大于表7.2-3所规定的无影响最小厚度时，两洞室之间的相互影响可忽略不计，作为两座独立的隧道进行设计施工。

不考虑相互影响的中夹岩柱的最小厚度（单位：m） 表7.2-3

围岩级别	双车道隧道				三车道隧道			
	坚硬岩	较坚硬岩	较软岩	软岩	坚硬岩	较坚硬岩	较软岩	软岩
Ⅲ	20	25	30	—	25	30	35	—
Ⅳ	25	30	35	40	35	40	45	50
Ⅴ	—	35	40	45	—	45	50	55

小净距隧道中夹岩柱的加固措施，可根据其净距，参考表7.2-4a、表7.2-4b规定的加固措施进行设计。

双车道小净距隧道中夹岩柱加固措施 表7.2-4a

围岩级别	中夹岩柱净距			
	$(0.25\sim0.375)B$ $(3\sim4.5m)$	$(0.375\sim0.5)B$ $(4.5\sim6m)$	$(0.5\sim0.75)B$ $(6\sim9m)$	$(0.75\sim1.0)B$ $(9\sim12m)$
Ⅲ	对穿预应力锚杆加固中夹岩柱	预应力长锚杆加固中夹岩柱	适当加长系统锚杆加固中夹岩柱	—
Ⅳ	中夹岩柱超前小导管注浆加固,对穿预应力锚杆加固中夹岩柱	预应力长锚杆加固中夹岩柱	适当加长系统锚杆加固中夹岩柱	
Ⅴ	—	中夹岩柱超前小导管注浆加固,对穿预应力锚杆加固中夹岩柱	中夹岩柱超前小导管注浆加固,预应力长锚杆加固中夹岩柱	

注：表中 B 为隧道开挖跨度。

三车道小净距隧道中夹岩柱加固措施　　　　　　表 7.2-4b

围岩级别	中夹岩柱净距			
	$(0.25\sim0.375)B$ $(4\sim6\text{m})$	$(0.375\sim0.5)B$ $(6\sim8\text{m})$	$(0.5\sim0.75)B$ $(8\sim12\text{m})$	$(0.75\sim1.0)B$ $(12\sim16\text{m})$
Ⅱ	对穿预应力锚杆加固中夹岩柱	预应力长锚杆加固中夹岩柱	适当加长系统锚杆加固中夹岩柱	—
Ⅲ	对穿预应力锚杆加固中夹岩柱		预应力长锚杆加固中夹岩柱	—
Ⅳ	中夹岩柱超前小导管注浆加固,对穿预应力锚杆加固中夹岩柱	中夹岩柱超前小导管注浆加固,对穿预应力锚杆加固中夹岩柱	对穿预应力锚杆加固中夹岩柱	预应力长锚杆加固中夹岩柱
Ⅴ	—	中夹岩柱超前小导管注浆加固,对穿预应力锚杆加固中夹岩柱		中夹岩柱超前小导管注浆加固,对穿预应力锚杆加固中夹岩柱

注：表中 B 为隧道开挖跨度。

在进行小净距隧道的支护设计过程中，应注意如下几方面问题：

（1）双车道小净距隧道的中夹岩柱厚度不宜小于 4.5m；三车道小净距隧道中夹岩柱厚度不宜小于 6m。

（2）当小净距隧道有偏压时，支护参数、施工方法、施工工序应进行特殊设计。

（3）当小净距隧道处于浅埋状态时，设计应重点考虑中夹岩柱的稳定性评定与加固措施。

（4）当小净距隧道的中夹岩柱的稳定有保障时，隧道支护参数可参照一般分离式隧道设计。

（5）小净距隧道设计应考虑左右幅隧道施工爆破时对已施作衬砌的不利影响。

（6）在地震动峰值加速度大于 0.15g 的地区，应对小净距隧道进行抗震强度和稳定性验算。

5. 连拱隧道衬砌设计

连拱隧道严格地说是隧道侧墙相连，这里选用了工程上的习惯叫法。连拱隧道的最大优点是双洞轴线间距较小，可以少占地，便于洞外接线。但是，连拱隧道较独立的双洞隧道在设计、施工上更为复杂，工程造价更高、工期更长。

连拱隧道发展大体经历了两个阶段，第一阶段主要采用整体式中墙结构形式，一般结构如图 7.2-2 所示。它与单洞隧道主要区别在于中墙一次施作和排水系统不同。中墙在中导洞贯通后即浇筑，它既是初期支护和二次衬砌的支撑点，又是防水层的支撑结构。洞室开挖后初期支护支撑于中墙，而防水层则绕过初期支护与中墙的结合部，超越中墙顶与洞室内其它防排水设施形成完整的排水系统；中墙的中央纵向每隔一定间距埋设竖向排水管，以排除中墙顶凹部的积水。中墙与中导洞之间的空洞待初期支护和中墙防水层施工完成后回填。其优点是双洞净距最小，但有三个较为明显的缺点：其一，由于中墙与中导洞之间的空洞得不到及时的回填造成开挖时毛洞跨度增大，B/H 值较大（其中 B 为毛洞跨度，H 为毛洞高度），使洞周围岩处于较为不利的受力状态，从而影响施工安全和进度。在回填空洞时，由于受支护等因素干扰，往往没有办法回填密实，这就给运营安全留下隐患。其二，由于部分围岩裂隙水经中墙顶凹部通过排水排入水沟，容易造成凹部积水，并且该部位排防水系统施工难度大，质量难以控制，造成隧道中墙渗漏水，影响结构耐久性和营运安全。其三，由于行车单洞两侧不对称，结构不美观。因此，对这一结构形式一般不倡导。

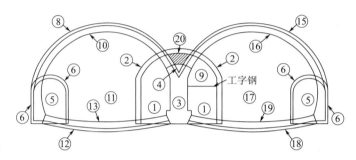

图 7.2-2 整体式中墙连拱隧道的施工步骤

第二阶段主要采用"复合式中墙连拱隧道"的结构形式。它与"整体式中墙连拱隧道"的主要区别在于，中墙和中墙处的排防水处理。它在中导洞贯通后随即修建中墙。并要求中墙顶与中导洞顶紧密接触。这样就克服了中墙与围岩之间存有空洞的缺点，使主洞开挖时毛洞跨度相对减小，有利于洞周围岩稳定，从而减少了施工时的辅助措施，加快了施工进度，节省了工程投资，并可大大提高结构的可靠性，使施工与营运安全得到进一步的保证。由于中墙分次施作两侧外轮廓的做法与双洞隧道初期支护轮廓的做法一致，有利于防水板的全断面敷设，从而使连拱隧道中间部分的排水结构与独立的单洞隧道的相同。

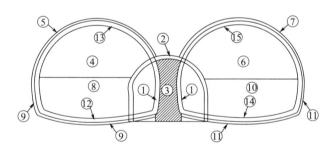

图 7.2-3 复合式中墙连拱隧道的施工步骤

连拱隧道的设计应结合洞外接线、地形、地质和施工条件进行，并应符合下列规定：

（1）隧道暗挖段应采用复合式衬砌，支护参数可采用工程类比、计算分析综合确定。

（2）中隔墙设计应在满足荷载效应与施工安全的前提下，综合考虑洞外接线的要求、防排水系统的可靠性等因素。

（3）双车道连拱隧道设计为整体式中隔墙时，中隔墙厚度不宜小于 1.4m；设计为复合式中隔墙时，中隔墙厚度不宜小于 1.0m。三车道连拱隧道设计为整体式中隔墙时，中隔墙厚度不宜小于 1.6m；设计为复合式中隔墙时，中隔墙厚度不宜小于 1.2m。

（4）采用整体式中隔墙的连拱隧道，应注意纵向施工缝的预留位置、施工缝止水方式、中隔墙纵横向排水管与防水层的布置，避免出现施工缝漏水、排水管堵塞等缺陷。采用复合式中隔墙的连拱隧道，其防排水设计与分离式隧道相同。

（5）连拱隧道应根据结构受力与变形需要设置变形缝，双洞变形缝应设置在同一位置，并应注意隧道纵向荷载对结构的影响。

（6）设计中应采取有效的辅助措施，防止施工中拱部产生不平衡推力对中隔墙结构造成危害。

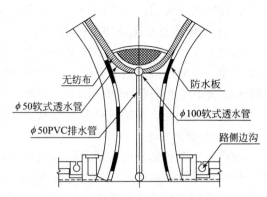

图 7.2-4 中墙顶部防、排水设计示意图

（7）在地震动峰值加速度大于 0.15g 的地区，连拱隧道应进行抗震强度和稳定性验算。

6. 水下隧道衬砌设计

（1）最小覆盖层厚度

据有关资料介绍，日本关门海底铁路隧道是世界上最早的海峡隧道之一，全长 3.6km，海底段长度 1.14km，隧道高度 5.75m，海水深 14m，隧道覆盖的平均厚度为 11m，而靠海底填石和填黏土进行覆盖工程的覆盖层厚度最薄处仅有 9.5m，该隧道已经安全运行了五十余年。日本青函公路隧道全长为 53.85km，海底部分长 23.0km，该隧道的最小覆盖层厚度为 100m，水深 140m。国内第一条水底隧道翔安隧道全长为 6.05km，海底部分长 4.5m，最小岩石覆盖厚度 37.2m（包括 18.2m 厚强风化和 19m 厚弱～微风化花岗岩层）。根据目前水底隧道资料来看，有如下一些认识：

① 最小岩石覆盖层厚度是影响水底隧道造价和安全的最重要的设计参数之一。

② 隧道坡度决定后，最小岩石覆盖层厚度就成为决定水底隧道长度的主要因素。

③ 最小岩石覆盖层厚度越小，水底隧道越短，静水压力越低，则作用在隧道衬砌上的势能荷载也越小。相应地，覆盖层越厚，渗流通道就越长，就会降低流向隧道的渗水量。

④ 最小岩石覆盖层厚度必须足够，以便在发生意外的岩石崩落和坍塌时不至于在隧道里出现危险，同时也可以避免大量渗漏。

⑤ 选择最小岩石覆盖厚度通常主要采用工程类比法和围岩稳定性分析（即数值分析）等两种方法和途径。

⑥ 所有确定最小岩石覆盖厚度的方法都是建立在详细的地质调查基础之上的。然而水底地质勘察工作的开展远比在陆地上困难的多，地质资料中的不确定因素可能会在以后施工中造成很多意外事故。从这个意义上讲，事先很难确定一个绝对安全的最小岩覆盖层厚度。

⑦ 应该认识到最小岩石覆盖层厚度并没有技术上的限制，意思是说：不会因为最小岩石覆盖厚度的问题，在技术上使水底隧道无法修建，无非是采用较高的开挖支护和投入较高的费用。

1）控制最小覆盖层厚度的主要影响因素

隧道最小覆盖层厚度反映了围岩的自承与自稳能力，因此与岩体的物理力学性质密切相关。影响最小覆盖层厚度的因素主要有以下几方面。

① 工程地质及水文地质的影响

水底段工程地质岩性、断层破碎带以及裂隙的渗透性是影响水底隧道顶板厚度的重要因素，尤其以断层破碎带的开度、充填物密实性、互连性的影响最大。在含水的岩体中开挖隧道，尤其是在有压水的作用下，与无水的岩体相比较，水会从根本上改变隧道周围应力场和应变场，使岩体的残余黏聚力减小，岩体的弹塑性演变为弹脆性。

② 水底地形影响

水底地形是控制水底隧道顶板的主要因素。要准确探明沿线水底隧道最低点。尤其是受水侵蚀，冲刷严重的地区，若遗漏最低点（即最大水深处），将产生不可估量的后果。目前，可采用折射地震测量法获得岩石表面精确位置；用声波剖面法测得水底地形图，并确定水底松散沉积物类型，分布和厚度。

③ 洞室形状和尺寸

洞室的形状和尺寸会影响围岩的应力分布，从而影响最小覆盖层厚度的大小。一般而言，圆形、团圆形和拱形洞室的应力集中程度较小，破坏也少，岩石比较稳定，最小覆盖层厚度也就较小，而矩形和梯形洞室其最小覆盖层厚度较大，因为后者易在顶部围岩中出现较大的拉应力，并在两边转角处出现明显的应力集中。

洞室的跨度对岩石最小覆盖层厚度的影响较大。跨度越大，围岩的自稳能力就越差，相应最小覆盖层厚度也就越大。

④ 施工方法

钻眼爆破掘进施工会对隧洞围岩产生不利的扰动，从而削弱围岩的自稳能力。尤其对工程地质条件较差的岩层，常常引起围岩严重破碎，甚至产生塌方现象。采用光面爆破、预裂爆破和掘进机开挖能尽量减少对围岩的扰动。

⑤ 支护形式

结构支护的强弱与围岩紧密结合状况以及结构支护的及时性对隧道顶部围岩的自承和自稳能力有较大影响。

⑥ 初始地应力

目前一般仅是根据初始地应力的主方向与洞轴走向之间的关系来评价围岩的工程地质条件。当洞轴走向与初始地应力的主方向一致或夹角较小时，岩体都比较稳定，否则岩体稳定性就较差。

2) 最小岩石覆盖厚度的确定

选择最小岩石覆盖厚度通常主要采用工程类比分析和围岩稳定性分析（数值分析）法。

① 挪威海峡水底隧道最小岩石覆盖厚度经验分析

挪威是世界上采用钻爆法修建海峡水底隧道最多的国家，至今已建成累计 100 多千米的水底隧道。挪威的交通水底隧道大部分位于火成岩和变质岩等比较坚硬的岩石层内，并对水底隧道最小岩石覆盖层厚度的问题上曾经做过专门的研究。挪威的海底隧道研究学者根据挪威已建的海峡海底隧道经验，还统计出如图 7.2-5 所示的经验曲线，即分别对比较好的岩石和比较差的岩石，确定了海底隧道最小岩石覆盖与海水水深的关系曲线。

② 国内顶水采煤经验

国内顶水采煤积累了较多经验。顶水采煤时,要考虑安全开采上限,既要考虑安全因素,防止水淹矿井;又要考虑经济因素,避免留的煤柱过大,造成浪费。水底隧道最小埋深的确定与煤矿安全开采上限的确定有异曲同工之处,值得借鉴。

基岩直接裸露时的开采上限:

$$H = a + s + h \tag{7.2-1}$$

式中 H——开采上限高;

a——表面裂隙深度,基岩经验值取 $10\sim15m$;

s——保护层厚度;

h——爆破引起的扰动高度(导水裂隙带高度)。

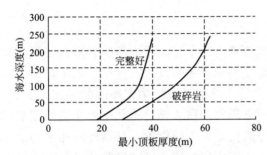

图 7.2-5 挪威海底隧道最小顶板厚度与海水深度的经验曲线

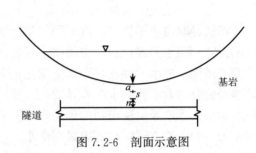

图 7.2-6 剖面示意图

保护层厚度 s 的确定(根据多年以来煤矿开采经验,推导出经验公式):

$$s = 1.5 \frac{\sqrt{h_1 \times h_2}}{f} + c \tag{7.2-2}$$

式中 s——保护层厚度(m);

h_1——水头高度(m);

h_2——坑道宽度(m);

c——岩层强风化带厚度,一般取 5m;

f——普氏强度。

导水裂隙带高度 h 的确定可由岩石爆破力学:

$$h = k \cdot \omega \cdot \sqrt[3]{F(n)} \tag{7.2-3}$$

式中 k——地基系数;

ω——单个最危险药包的最小抵抗线;

$F(n)$——相应药包爆破指数的函数。

基岩顶部有沉积层时的开采上限:

当沉积层为相对隔水层时,其厚度可以考虑在 s 值之内,即 $H = s + h$,保护层厚度 s 之内包括隔水层厚度。

③ 隔水岩柱经验法

隧道工程经验爆破开挖扰动后,产生导水裂隙,为保证施工运营安全,留设隔水岩柱将上部水域与隧道"隔离"是必须的。根据国内相关经验及大量水下隧道实践总结,提出了如下的经验公式：

$$h_r \geqslant n\sqrt{h_t} + qh_h \tag{7.2-4}$$

式中 h_h——隔水岩柱高（m）；

n——基岩以上覆盖层厚度系数，取 15～20；

h_t——隧道开挖高度（m）；

q——水深系数，取 0.8～1.2。

④ 日本经验法

日本第一条钻爆法海底铁路隧道修建距今已有 60 余年历史，并于 1985 年竣工了世界瞩目的青函海底隧道，在此方面积累了较多经验。日本经验公式：

$$H = (1/3 \sim 2/3) \cdot h \tag{7.2-5}$$

式中 H——海底隧道埋深（m）；

h——最大海水深（m）。

挪威经验法适用性广，对不同完整性质的岩石都给出了经验的取值临界限制，但其取值偏保守。顶水采煤经验法应用防水煤岩柱来降低突水事故的发生，应用于水下隧道有一定的适用性。隔水岩柱法与顶水采煤法有相似之处，其中导水裂隙带高度的确定是关键。日本经验公式对不同的水深差异较大。相同情况下隔水岩柱法相对于其他方法岩石覆盖层厚度偏小；顶水采煤法得到的最小岩石覆盖层厚度则处于中间位置；日本经验法平均值相对是最小的，但有可能在历史最高洪水位时会大于隔水岩柱法；挪威经验法是最安全最保守的。

⑤ 数值计算

在数值计算中，可采用弹塑性有限元法、三维快速拉格朗日法、准三维弹塑性断裂损伤、三维固流耦合分析等方法，不同的方法都应考虑施工开挖顺序。

根据水下隧道的工程地质、水文地质的特点，确定计算范围，计算边界可以确定在 3～5 倍的开挖宽度，在确定的计算范围内将岩体和支护结构离散为仅在节点处铰接的单元体，构建三维有限元计算网格。

结合工程勘察报告建议的岩体力学参数和合适的本构模型，应用弹塑性有限单元法，分部开挖和支护模拟水底隧道卸荷荷载释放及支护过程，模拟水下隧道不同围岩级别时施工与支护顺序对围岩和衬砌结构稳定性的影响，根据围岩的破损区和支护结构的安全系数，提出合理的施工工法和结构支护参数。

应用三维固流耦合弹塑性有限元法，模拟水下隧道衬砌结构在不同防排水设计方案时，衬砌结构的外水压力分布特征。

应用随机有限元方法计算水底隧道顶板厚度对隧道衬砌结构的安全系数的敏感性，优化最小顶板厚度。并将三维数值仿真的研究成果与经验类比法的结果进行比较后，确定其最小顶板厚度。

（2）衬砌结构设计

1）衬砌类型的选择

水下隧道衬砌结构分为排水复合衬砌、限排复合衬砌及全封闭复合衬砌三种类型，其选择应根据使用要求、围岩级别、工程地质和水文地质条件、隧道埋置深度、结构受力特点、静水头高度、地下水对结构的腐蚀情况、总渗水量以及控制排放量综合分析确定。

① 两车道隧道当静水头压力小于 70m 的地段，三车道隧道当静水头压力小于 60m 的地段，可采用全封闭复合衬砌。

② 静水头压力较大地段，应通过地层注浆减少围岩的总渗水量，结构宜采用限排复合衬砌。

③ 静水头压力较小且岩层坚硬，开挖后的总渗水量少的地段，可采用排放复合衬砌。

2）初期支护的技术要求

初期支护应按与围岩共同受力能保证施工阶段施工安全和控制地表沉降量的要求来确定。Ⅳ级以下围岩初期支护荷载应考虑地下水渗流压力。Ⅴ级以下围岩应根据开挖及拆除工序对初期支护的结构安全进行校核。海底隧道不宜将初期支护作为永久结构的一部分。

喷射混凝土的一般规定如下：

① 喷射混凝土的设计强度不宜低于 C25；

② 喷射厚度不低于 80mm，抗渗等级不低于 P8；

③ 为了提高喷射混凝土的抗裂性能，喷射混凝土可添加合成纤维，掺量应根据实验资料确定。

锚杆支护设计时应根据隧道围岩条件、隧道断面尺寸、作用部位、施工条件等合理选择锚杆设计参数，并符合下列规定：

① 宜优先选用全长黏结锚杆或预应力注浆锚杆，锚孔内必须注满水泥砂浆或树脂；

② 锚杆不宜过长，间距不宜小于 1.0m；

③ 海底隧道可采用玻璃纤维增强钢筋锚杆。

在围岩条件较差地段初期支护应设置钢架，钢架宜采用工字钢或钢筋格栅，并符合下列规定：

① 边墙与仰拱钢架的链接应采用圆弧方式；

② 钢架应按设计开挖工序分节段制作，节段与节段之间通过钢板用螺栓链接或焊接，院里较大处节段之间链接宜增设筋肋板；

③ 拱腰以下每节段钢架应设置牢靠的锁脚锚杆。

水下隧道应严格限制初期支护结构的变形与收敛，Ⅱ、Ⅲ级围岩可参照一般山岭隧道，水下段Ⅳ、Ⅴ级围岩可参照表 7.2-5 选用，并根据现场监控量测结果进行调整。

预留变形量（单位：mm） 表 7.2-5

围岩级别(级)	两车道隧道	三车道隧道
Ⅳ	30～50	40～60
Ⅴ	40～60	50～80

3）二次衬砌的技术要求

作用在二次衬砌上的外水压力按如下规定执行：

① 全封闭复合衬砌外水压力应按全部静水头高度计算；

② 限制复合衬砌外水压力折减应根据总渗水量以及控制排放量大小，由渗流计算得出水压力分布规律及折减系数，并以全静水压力按正常使用极限状态标准组合进行结构验算；

③ 排水复合衬砌可不考虑外水压力，但应采用不小于 0.05MPa（拱顶）水压力按正

常使用极限状态标准组合进行结构验算。

全封闭复合衬砌的二次衬砌设计应符合下列规定：

① 支护结构需设置仰拱，宜采用近圆形结构断面形式；

② 二次衬砌应设置为变截面形式，仰拱与边墙角应采用较大半径曲线连接，截面应加厚；

③ 二次衬砌全断面都宜采用钢筋混凝土结构；

④ Ⅳ、Ⅴ级以及拱顶水头大于30m的Ⅲ级围岩地段，仰拱尺寸应比拱部尺寸加厚5～15cm。

限排复合衬砌的二次衬砌设计应符合下列规定：

① 在岩石较硬，节理不发育地段，可采用无仰拱的结构断面形式；

② 二次衬砌可设置为等截面或变截面，当静水压力较大时，宜采用变截面形式；

③ Ⅳ、Ⅴ级以及拱顶水头大于30m的Ⅲ级围岩地段，仰拱尺寸应比拱部尺寸加厚5～10cm。

排放复合衬砌的二次衬砌要求可参照普通钻爆法隧道。

全封闭、限排、排放复合衬砌之间的链接应符合下列规定：

① 支护结构强的衬砌应向支护结构弱的衬砌延伸不少于20m；

② 不同衬砌类型之间应设置深入围岩内的横向封堵混凝土墙。

4）衬砌支护参数

水下隧道支护参数可采用工程类比法初步拟定，以地层-结构法考虑渗流效应与衬砌支护耦合相互作用进行分析计算，并采用荷载-结构法对不同荷载组合作用下衬砌结构内力与强度进行计算优化及验算。

7.2.4 结构设计

目前城市矿山法隧道支护结构设计仍以工程类比法为主，辅以量测为手段的现场监控设计法和计算为依据的理论分析设计法；二衬结构设计主要采用荷载-结构理论，认为在隧道使用期限内支护结构会随着时间增加而劣化失去承载能力，围岩压力将主要由二衬结构承担。

围岩压力计算对结构设计是关键的因素，该章节所述的围岩压力计算主要针对城市矿山法修建的浅埋暗挖隧道和水下钻爆法隧道，对于深埋隧道围岩压力计算可参考《公路隧道设计规范》JTG 3370.1—2018 执行。

作用在隧道支护结构上的围岩压力为松散压力、变形压力、膨胀压力以及冲击压力等。围岩压力计算应综合考虑隧道所处地形条件、地质条件、隧道跨度、结构形式、埋置深度、隧道间距以及开挖等因素。

埋深较浅的隧道可只计入围岩的松散压力；埋深较大的隧道不仅应计入围岩的松散压力，而且还应计入围岩的形变压力；连拱隧道、小净距隧道可不计入形变压力。

围岩松散压力为作用在隧道全部支护结构的压力总和。在对初期支护或二次衬砌进行内力计算时，应采用适当的方法进行荷载分配，确定该支护层相应的计算荷载。当隧道采用光面爆破、掘进机开挖等可减轻围岩损伤破坏的施工方法时，围岩松散压力的计算值可适当折减。

7.2.4.1 隧道围岩压力的计算

1. 单洞隧道的围岩压力

(1) 深、浅埋隧道的判断

浅埋和深埋隧道的分界，按荷载等效高度值，并结合地质条件、施工方法等因素综合判定。按荷载等效高度的判定公式为：

$$H_p = (2 \sim 2.5) h_q \tag{7.2-6}$$

$$h_q = \frac{q}{\gamma} \tag{7.2-7}$$

式中 H_p——浅埋隧道分界深度 (m)；

h_q——荷载等效高度 (m)；

q——按式 (7.2-8) 计算出的深埋隧道垂直均布压力 (kN/m²)；

γ——围岩重度 (kN/m³)。

在矿山法施工的条件下，Ⅳ～Ⅵ级围岩取 $H_p = 2.5 h_q$，Ⅰ～Ⅲ级围岩取 $H_p = 2.0 h_q$。

深埋隧道垂直均布压力：

$$q = \gamma h_q \tag{7.2-8}$$

$$h_q = 0.45 \times 2^{s-1} \omega \tag{7.2-9}$$

$$\omega = 1 + i(B_t - 5) \tag{7.2-10}$$

式中 s——围岩级别；

ω——宽度影响系数；

B_t——隧道最大开挖跨度，应考虑超挖影响 (m)；

i——B_t 每增减 1m 时的围岩压力增减率，以 $B_t = 5$m 的隧道围岩垂直均布压力为准；当 $B_t < 5$m 时，$i = 0.2$；当 $B_t > 5$m 时，取 $i = 0.1$。

应用上述公式时，须同时具备下列条件：

1) 采用钻爆法开挖的隧道；
2) $H/B < 1.7$，H 为隧道开挖高度 (m)，B 为隧道开挖跨度 (m)；
3) 不产生显著偏压及膨胀力的一般围岩；
4) 隧道开挖跨度小于 15m。

(2) 浅埋无偏压单洞隧道围岩压力计算

1) 深埋 H 小于或等于 h_q

垂直压力：

$$q = \gamma H \tag{7.2-11}$$

式中 q——垂直均布压力 (kN/m²)；

γ——隧道上覆盖围岩重度 (kN/m³)；

H——隧道埋深，即隧道拱部至地面的垂直距离 (m)。

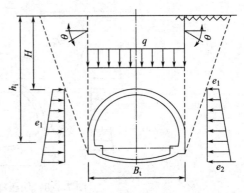

图 7.2-7 浅埋隧道荷载分布示意图

侧向压力：

$$e = \gamma \left(H + \frac{H_t}{2} \right) \tan^2 \left(45° - \frac{\varphi_c}{2} \right) \tag{7.2-12}$$

式中 e——侧向均布围岩压力 (kN/m²)；

H_t——隧道开挖高度（m）；

φ_c——围岩计算摩擦角（°）。

2) 深埋 H 大于 h_q 而小于或等于 H_p

垂直压力：

$$q = \gamma H(1 - \frac{\lambda H \tan\theta}{B_t}) \quad (7.2\text{-}13)$$

式中　B_t——隧道开挖跨度（m）；

　　　θ——顶板土柱两侧破裂面摩擦角（°），经验值，无实测资料时可按表 7.2-6 规定采用；

　　　λ——侧压力系数，按式（7.2-14）计算：

$$\lambda = \frac{\tan\beta - \tan\varphi_c}{\tan\beta[1 + \tan\beta(\tan\varphi_c - \tan\theta) + \tan\varphi_c \tan\theta]} \quad (7.2\text{-}14)$$

　　　β——产生最大推力时的破裂角（°），按式（7.2-15）计算：

$$\tan\beta = \tan\varphi_c + \sqrt{\frac{(\tan^2\varphi_c + 1)\tan\varphi_c}{\tan\varphi_c - \tan\theta}} \quad (7.2\text{-}15)$$

各级围岩的 θ 值　　　　　　　表 7.2-6

围岩级别	Ⅰ、Ⅱ、Ⅲ	Ⅳ	Ⅴ	Ⅵ
θ 值	$0.9\varphi_c$	$(0.7\sim0.9)\varphi_c$	$(0.5\sim0.7)\varphi_c$	$(0.3\sim0.5)\varphi_c$

侧向压力：

$$e_i = \gamma h_i \lambda \quad (7.2\text{-}16)$$

式中　h_i——内、外侧任意点 i 到地面的距离（m）。

（3）浅埋偏压单洞隧道围岩压力计算

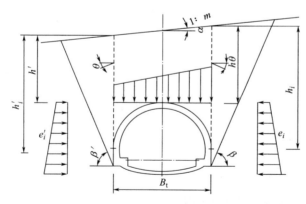

图 7.2-8　偏压隧道围岩荷载分布示意图

垂直压力：

$$Q = \frac{\gamma}{2}[(h+h')B_t - (\lambda h^2 + \lambda' h'^2)\tan\theta] \quad (7.2\text{-}17)$$

式中　h、h'——内、外侧由拱顶水平面至地面的高度（m）；

γ——隧道上覆围岩重度（kN/m^3）；

B_t——隧道开挖跨度（m）；

λ、λ'——内、外侧的侧压力系数，由下式计算：

$$\lambda = \frac{1}{\tan\beta - \tan\alpha} \times \frac{\tan\beta - \tan\varphi_c}{1 + \tan\beta(\tan\varphi_c - \tan\theta) + \tan\varphi_c \tan\theta} \quad (7.2\text{-}18)$$

$$\lambda'' = \frac{1}{\tan\beta' + \tan\alpha} \times \frac{\tan\beta' - \tan\varphi_c}{1 + \tan\beta'(\tan\varphi_c - \tan\theta) + \tan\varphi_c \tan\theta} \quad (7.2\text{-}19)$$

β、β'——内、外侧产生最大推力时的破裂角（°），由下式计算：

$$\tan\beta = \tan\varphi_c + \sqrt{\frac{(\tan^2\varphi_c + 1)(\tan\varphi_c - \tan\alpha)}{\tan\varphi_c - \tan\theta}} \quad (7.2\text{-}20)$$

$$\tan\beta' = \tan\varphi_c + \sqrt{\frac{(\tan^2\varphi_c + 1)(\tan\varphi_c + \tan\alpha)}{\tan\varphi_c - \tan\theta}} \quad (7.2\text{-}21)$$

α——地面坡坡角（°）。

侧向压力：

内侧 $\qquad\qquad\qquad\qquad e_i = \gamma h_i \lambda \qquad\qquad\qquad\qquad (7.2\text{-}22)$

外侧 $\qquad\qquad\qquad\qquad e_i' = \gamma h_i' \lambda' \qquad\qquad\qquad\qquad (7.2\text{-}23)$

式中 h_i、h_i'——内、外侧任意一点 i 至地面的距离（m）。

2. 连拱隧道的围岩压力

（1）连拱隧道深浅埋判定

连拱隧道深埋或浅埋一般可根据荷载等效高度值，并结合地质条件、施工方法等因素按式（7.2-24）综合判定。

$$H_p = (2 \sim 2.5) h_q \quad (7.2\text{-}24)$$

$$h_q = h_{q1} + h_{q2} \quad (7.2\text{-}25)$$

式中 H_p——连拱隧道深浅埋分界深度（m）；

h_q——拱部内侧荷载的等效高度（m）；

h_{q1}——拱部基本垂直围岩压力荷载等效高度（m），按式（7.2-26）计算；

h_{q2}——拱部附加垂直围岩压力荷载内侧等效高度（m），按式（7.2-27）计算。

（2）深埋连拱隧道围岩压力

深埋连拱隧道围岩压力包括以下部分（图7.2-9）：

1）拱部基本围岩垂直压力：由单侧洞室形成的稳定承载拱下部的围岩压力，为均布荷载。

2）拱部附加围岩垂直压力：左右洞室共同形成的极限承载拱下部松散岩体压力减去基本松岩体及中隔墙顶预支撑围岩压力后的荷载。

3）中隔墙顶松散围岩垂直压力：左右洞拱顶至中隔墙顶之间松散岩体形成的分布荷载。

4）中隔墙顶附加围岩垂直压力：中隔墙对上部松散土体的支撑力。

5）侧向围岩压力。

拱部基本围岩垂直压力：

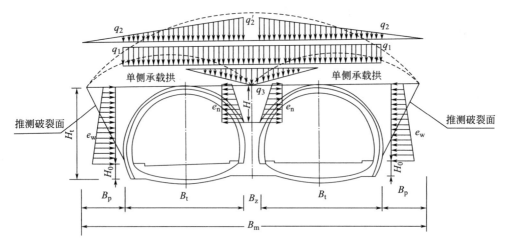

图 7.2-9 深埋连拱隧道荷载分布图

$$q_1 = \gamma \times h_{q1} = \frac{\gamma B_m}{4f_{kp}} \quad (7.2\text{-}26)$$

拱部附加围岩垂直压力：

拱部外侧
$$q_2 = \gamma \times h_{q2} = \frac{2\gamma B_p}{3f_{kp}} - \frac{4B_p G_z}{B_m^2} \quad (7.2\text{-}27)$$

拱部内侧
$$q_2' = \gamma \times h_{q2}' = \frac{\gamma B_m}{3f_{kp}} - \frac{2G_z}{B_m} \quad (7.2\text{-}28)$$

中隔墙顶松散围岩垂直压力：

$$q_3 = \gamma H \quad (7.2\text{-}29)$$

中隔墙顶附加围岩垂直压力：

$$q_z = \min(P_s, \frac{G_z}{B_z}) = \min(\frac{R_s^B}{K_s}, \frac{\gamma B_m H_t}{B_z}) \quad (7.2\text{-}30)$$

以上式中：

γ——拱顶附近岩体的计算重度（kN/m³）；

B_m——整个连拱隧道平衡拱跨度（m）；

$$B_m = 2B_t + 2B_p + B_z \quad (7.2\text{-}31)$$

B_t——单侧隧道的开挖宽度（m）；

B_p——侧边破裂面在水平面上的投影宽度（m），可按下式计算：

$$B_p = (H_t - H_0)\tan(45° - \frac{\varphi_c}{2}) \quad (7.2\text{-}32)$$

H_t——隧道开挖高度（m）；

H_0——隧道基础至破裂面起始点的高度（m）；

φ_c——围岩计算摩擦角（°）。

B_z——中隔墙的厚度（m）。

G_z——附加荷载的总重量，可按下式计算：

$$G_z = \frac{\gamma B_m^2}{6f_{kp}} \quad (7.2\text{-}33)$$

f_{kp}——普氏围岩坚固系数（似摩擦系数）；
H——隧道中隔墙到隧道拱顶之间的距离（m）；
P_s——中隔墙顶岩体的承载能力（kPa）；
R_s^B——中隔墙顶岩体的设计抗压强度（MPa）；
K_s——中隔墙对上部岩体支撑能力的安全系数；

作用在衬砌外侧拱部及边墙的侧向压力荷载 e_w 为：

破裂面以下
$$e_{wi} = \lambda(q_1 + q_2 + \gamma h_i) \tag{7.2-34}$$

破裂面以上
$$e_w = 0$$

内侧拱部水平方向土压力荷载 e_n 为：

$$e_{ni} = \lambda(q_1 + q_2' + q_3^i) \tag{7.2-35}$$

式中 q_3^i——计算点 q_3 荷载的大小。
h_i——计算点到拱顶的距离（m）；
λ——侧压力系数，按朗金公式计算：

$$\lambda = \tan^2\left(45° - \frac{\varphi_c}{2}\right) \tag{7.2-36}$$

(3) 浅埋无偏压连拱隧道的围岩压力

浅埋无偏压连拱隧道的围岩压力可按以下方法计算：

1) 埋深 H 小于或等于等效荷载高度 h_q（图 7.2-10）

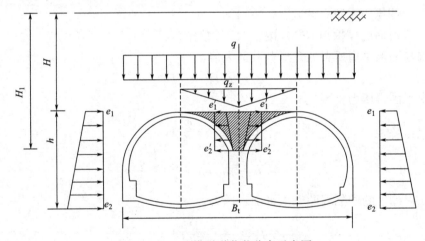

图 7.2-10 连拱隧道荷载分布示意图

垂直压力：

$$\begin{cases} q = \gamma H \\ q_z = \gamma(H_1 - H) \end{cases} \tag{7.2-37}$$

式中 q——隧道垂直均布压力（kN/m²）；
q_z——中隔墙与两侧拱肩所夹三角形荷载最大值（kN/m²）；
γ——围岩重度（kN/m³）；
H_1——中隔墙顶到地面的距离（m）；
H——隧道埋深，指隧道顶部到地面的距离（m）。

侧向压力：

$$\begin{cases} e_1 = \gamma H \tan^2(45° - \dfrac{\varphi_c}{2}) \\ e_2 = \gamma(H+h)\tan^2(45° - \dfrac{\varphi_c}{2}) \end{cases} \tag{7.2-38}$$

式中 e_1、e_2——隧道拱顶与底部的侧向压力（kN/m²）；
h——隧道开挖高度（m）；
φ_c——围岩计算摩擦角（°）。

作用在中隔墙两侧衬砌上的水平围岩压力：

$$\begin{cases} e'_1 = q \tan^2(45° - \dfrac{\varphi_c}{2}) \\ e'_2 = (q+q_z)\tan^2(45° - \dfrac{\varphi_c}{2}) \end{cases} \tag{7.2-39}$$

式中 e'_1、e'_2——如图 7.2-10 所示。

2）埋深 H 大于 h_q、小于 H_q（图 7.2-10）
垂直压力：

$$q = \gamma H (1 - \dfrac{H}{B_t}\lambda \tan\theta) \tag{7.2-40}$$

式中 B_t——连拱隧道总宽度（m）；
λ——侧压力系数，同式（7.2-36）；
θ——滑面的摩擦角（°），按表 7.2-6 确定。

中隔墙与两侧拱肩所夹三角形荷载最大值：

$$q_z = \gamma(H_1 - H) \tag{7.2-41}$$

隧道两侧水平围岩压力：

$$\begin{cases} e_1 = q \tan^2(45° - \dfrac{\varphi_c}{2}) \\ e_2 = (q+\gamma h)\tan^2(45° - \dfrac{\varphi_c}{2}) \end{cases} \tag{7.2-42}$$

作用在衬砌上的中隔墙两侧水平围岩压力：

$$\begin{cases} e'_1 = q \tan^2(45° - \dfrac{\varphi_c}{2}) \\ e'_2 = (q+q_z)\tan^2(45° - \dfrac{\varphi_c}{2}) \end{cases} \tag{7.2-43}$$

以上式中符号如图 7.2-10 所示。

（4）浅埋偏压连拱隧道围岩压力

浅埋偏压连拱隧道围岩压力可按以下方法计算（图 7.2-11）：
垂直压力：

$$Q = \dfrac{\gamma}{2}[(h+h')B_t - (\lambda h_2 + \lambda' h'^2)\tan\theta] \tag{7.2-44}$$

式中 h、h'——内、外侧由拱顶水平面至地面的高度（m）；

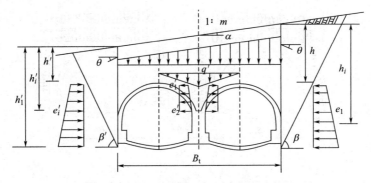

图 7.2-11 偏压连拱隧道荷载示意图

B_t——连拱隧道总宽度（m）；

γ——隧道上覆围岩重度（kN/m³）；

θ——顶板土柱两侧摩擦角（°），按表 7.2-6 确定；

λ、λ'——内、外侧的侧压力系数，同单洞偏压隧道。

偏压隧道水平侧压力：

内侧 $\qquad\qquad\qquad\qquad e_i = \gamma h_i \lambda \qquad\qquad\qquad\qquad (7.2\text{-}45)$

外侧 $\qquad\qquad\qquad\qquad e_i' = \gamma h_i' \lambda' \qquad\qquad\qquad\qquad (7.2\text{-}46)$

式中 h_i、h_i''——内、外侧任一点 i 至地面的距离（m）；

e_i、e_i''——内、外侧偏压隧道水平侧压力（kN/m²）。

3. 小净距隧道围岩压力计算

(1) 小净距隧道深埋或浅埋的判定

小净距隧道深埋或浅埋的判定可根据荷载等效高度值，并结合地质条件、施工方法等因素按式（7.2-47）及式（7.2-48）判定。

$$H_p = (2 \sim 2.5) h_q \qquad (7.2\text{-}47)$$
$$h_q = h_{q1} + h_{q2}' \qquad (7.2\text{-}48)$$

式中 H_p——小静距隧道深浅埋隧洞分界深度（m）；

h_q——深埋小静距隧道拱部内侧围岩垂直压力的荷载等效高度（m）；

h_{q1}——深埋小静距隧道基本围岩垂直压力的荷载等效高度（m），按式（7.2-50）计算；

h_{q2}'——深埋小静距隧道内侧附加围岩垂直压力荷载等效高度（m），按式（7.2-50）计算。

(2) 深埋小净距隧道的围岩压力

深埋小净距隧道的围岩压力由以下几部分组成：

1) 基本松散压力 q_1：单侧洞室形成的稳定平衡拱下部的围岩压力，计算时可视为均布荷载；

2) 附加松散压力 q_2：左右洞室共同形成的极限平衡拱下部围岩松散压力减去基本松散压力及中岩墙体承担的上部围岩压力后的荷载，假定其为梯形分布荷载。

深埋小净距隧道的围岩压力可按以下方法计算（图 7.2-12）：

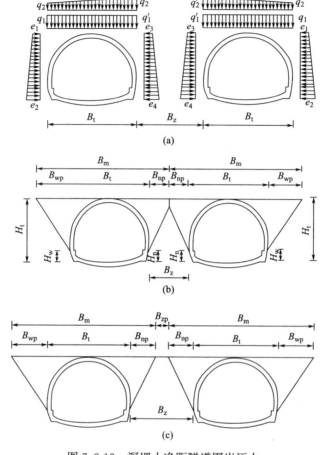

图 7.2-12 深埋小净距隧道围岩压力
(a) 小净距隧道荷载分布示意图；(b) 小净距隧道荷载计算示意图；
(c) 小净距隧道荷载计算示意图（$B_{zp}>0$）

垂直压力由基本松散压力 q_1 和附加松散压力 q_2 组成，可按下列公式计算：

外侧
内侧
$$\begin{cases} q_w = q_1 + q_2 = \gamma(h_{q1} + h_{q2}) \\ q_n = q_1 + q'_2 = \gamma(h_{q1} + h'_{q2}) \end{cases} \quad (7.2\text{-}49)$$

$$\begin{cases} h_{q1} = \dfrac{1}{2}\dfrac{B_m}{f_{kp}} \\ h_{q2} = \left(\dfrac{2}{3}\dfrac{B_m}{f_{kp}} - \dfrac{P_Z}{\gamma B_m}\right)\dfrac{B_{wp}}{B_m} \\ h'_{q2} = \left(\dfrac{2}{3}\dfrac{B_m}{f_{kp}} - \dfrac{P_Z}{\gamma B_m}\right)\dfrac{B_{wp}+B_t}{B_m} \\ \text{当 } h_{q2} \leqslant 0 \text{ 时，取 } h_{q2}=0\text{；当 } h'_{q2} \leqslant 0 \text{ 时，取 } h'_{q2}=0 \end{cases} \quad (7.2\text{-}50)$$

式中　q_1——小净距隧道的基本垂直压力荷载（kPa）；
　　　q_2——小净距隧道的附加垂直压力荷载（kPa）；
　　　f_{kp}——普氏围岩坚固系数（似摩擦系数）；

γ——围岩重度（kN/m^3）；

B_{wp}——外侧边破裂面在水平方向的投影长度（m），可按式（7.2-51）计算；

B_{np}——内侧边破裂面在水平方向的投影长度（m），可按式（7.2-51）计算；

$$\begin{cases} B_{wp}=(H_t-H_w)\tan(45°-\dfrac{\varphi_c}{2}) \\ B_{np}=\max[\dfrac{1}{2}B_z,(H_t-H_n)\tan(45°-\dfrac{\varphi_c}{2})] \end{cases} \quad (7.2\text{-}51)$$

B_m——小静距隧道单侧洞室可能坍塌的宽度，按式（7.2-52）计算：

$$B_m=B_t+B_{wp}+B_{np} \quad (7.2\text{-}52)$$

B_t——单侧隧道的开挖宽度（m）；

H_w——洞室外侧破裂面与侧边开挖轮廓线交点的高度（m）；

H_n——洞室内侧破裂面在边墙上起始的高度（m），可取预应力加固区顶点；

P_z——中夹岩柱对上部岩体的支撑力。

两侧水平压力：

当围岩质量较好（Ⅰ～Ⅲ级）时

外侧
内侧
$$\begin{cases} e^i_{1\sim2}=\lambda_w(q_1+q_2) \\ e^i_{3\sim4}=\lambda_n(q_1+q'_2) \end{cases} \quad (7.2\text{-}53)$$

当围岩质量较差（Ⅳ～Ⅵ级）时

外侧
内侧
$$\begin{cases} e^i_{1\sim2}=\lambda_w(q_1+q_2+\gamma h_i) \\ e^i_{3\sim4}=\lambda_n(q_1+q'_2+\gamma h_i) \end{cases} \quad (7.2\text{-}54)$$

式中 $e^i_{1\sim2}$——外侧拱部及边墙任意点水平方向土压力（kPa）；

$e^i_{3\sim4}$——内侧拱部及边墙任意点水平方向土压力（kPa）；

h_i——计算点到拱顶的距离（m）；

λ、λ'——内、外侧压力系数。

（3）浅埋无偏压小净距隧道的围岩压力

浅埋无偏压小净距隧道的围岩压力可按以下方法计算：

1）当小净距处于以下两种状态时，作用于隧道的均布垂直压力及侧向围岩压力与单洞隧道计算方法一致：

① 隧道埋深 H 小于 h_q；

② 隧道埋深 H 大于 h_q、小于或等于 H_p，但破裂面交点位于地表及以上时。

2）当小净距隧道埋深大于 h_q、小于或等于 H_p，且地表面接近水平，破裂面交点位于地表以下时（图 7.2-13）：

垂直压力：

外侧
$$q_1=\lambda h(1-\dfrac{\lambda_1 H\tan\theta}{B_t}) \quad (7.2\text{-}55)$$

内侧
$$q_2=\lambda h(1-\dfrac{\lambda_2 H\tan\theta}{B_t}) \quad (7.2\text{-}56)$$

$$\lambda_1=\dfrac{\tan\beta-\tan\varphi_c}{\tan\beta[1+\tan\beta(\tan\varphi_c-\tan\theta)+\tan\varphi_c\tan\theta]} \quad (7.2\text{-}57)$$

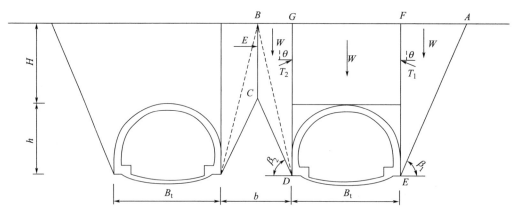

图 7.2-13 假定滑动面示意图

$$\lambda_2 = \frac{b}{2} \times \frac{\gamma(2H - 0.5b\tan\beta)\sin(\beta - \varphi_c)\cos\theta}{H^2\cos(\theta + \beta - \varphi_c)} \quad (7.2\text{-}58)$$

$$\tan\beta = \tan\varphi_c + \sqrt{\frac{(\tan^2\varphi_c + 1)\tan\varphi_c}{\tan\varphi_c - \tan\theta}} \quad (7.2\text{-}59)$$

水平压力：

当围岩质量较好（Ⅰ～Ⅲ级）时

外侧 $\quad e_{1i} = \lambda_1 q_1 \quad (7.2\text{-}60)$

内侧 $\quad e_{2i} = \lambda_2 q_2 \quad (7.2\text{-}61)$

当围岩质量较差（Ⅳ～Ⅵ级）时

外侧 $\quad e_{1i} = \lambda_1(q_1 + \gamma h_i) \quad (7.2\text{-}62)$

内侧 $\quad e_{2i} = \lambda_2(q_2 + \gamma h_i) \quad (7.2\text{-}63)$

以上式中：

B_t——隧道宽度（m）；

γ——围岩重度（kN/m³）；

h_i——计算点到拱顶的距离（m）；

θ——顶板土柱两侧摩擦角（°），无资料时可按表 7.2-6 的规定采用；

λ_1、λ_2——内、外侧的侧压力系数；

β——侧边产生最大推力时的破裂角（°）；

φ_c——围岩计算摩擦角（°）；

其余符号如图 7.2-13 所示。

(4) 浅埋偏压小净距隧道围岩压力

浅埋偏压小净距隧道围岩压力可按以下方法计算：

1) 地面横坡偏斜，隧道埋深 H 小于 h_q，或隧道埋深大于 h_q、小于或等于 H_p，且破裂面交点位于地表及以上时，其垂直压力及两侧水平压力可采用单洞隧道的计算方法。

2) 地面横坡偏斜，隧道埋深 H 大于 h_q、小于或等于 H_p，且破裂面交点位于地表以下时，按下列公式计算：

垂直压力：

$$q_i = \lambda h_i = \frac{\gamma \tan\theta(\lambda_1 h_1^2 + \lambda_2 h_2^2)}{2B_t} \tag{7.2-64}$$

$$q_i = \lambda h_i = \frac{\gamma \tan\theta(\lambda_3 h_3^2 + \lambda_4 h_4^2)}{2B_t} \tag{7.2-65}$$

$$\lambda_1 = \frac{1}{\tan\beta_1 + \tan\alpha} \times \frac{\tan\beta_1 - \tan\varphi_c}{1 + \tan\beta_1(\tan\varphi_c - \tan\theta) + \tan\varphi_c \tan\theta}$$

$$\lambda_2 = \frac{1}{\tan\beta_2 + \tan\alpha} \times \frac{\tan\beta_2 - \tan\varphi_c}{1 + \tan\beta_2(\tan\varphi_c - \tan\theta) + \tan\varphi_c \tan\theta}$$

$$\lambda_3 = \frac{1}{\tan\beta_3 + \tan\alpha} \times \frac{\tan\beta_3 - \tan\varphi_c}{1 + \tan\beta_3(\tan\varphi_c - \tan\theta) + \tan\varphi_c \tan\theta}$$

$$\lambda_4 = \frac{1}{\tan\beta_4 + \tan\alpha} \times \frac{\tan\beta_4 - \tan\varphi_c}{1 + \tan\beta_4(\tan\varphi_c - \tan\theta) + \tan\varphi_c \tan\theta}$$

$$\tan\beta_1 = \tan\varphi_c + \sqrt{\frac{(\tan^2\varphi_c + 1)(\tan\varphi_c + \tan\alpha)}{\tan\varphi_c - \tan\theta}}$$

$$\tan\beta_4 = \tan\varphi_c + \sqrt{\frac{(\tan^2\varphi_c + 1)(\tan\varphi_c - \tan\alpha)}{\tan\varphi_c - \tan\theta}}$$

$$\tan\beta_3 = \tan\beta_2 = \frac{h_2' + h_3'}{D}$$

式中 q_1、q_2、q_3、q_4——左洞左侧、左洞右侧、右洞左侧、右洞右侧垂直压力；

λ_1、λ_2、λ_3、λ_4——左洞左侧、左洞右侧、右洞左侧、右洞右侧土压力系数；

β_1、β_2、β_3、β_4——左洞左侧、左洞右侧、右洞左侧、右洞右侧破裂面与水平面夹角；

其余符号如图 7.2-14 所示。

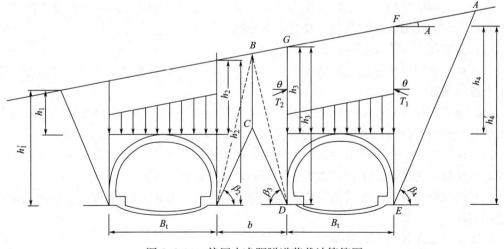

图 7.2-14 偏压小净距隧道荷载计算简图

3) 水平分布压力：

$$e_i = \lambda_i \gamma h_i \quad (i=1、2、3、4) \tag{7.2-66}$$

$$e'_i = \lambda_i \gamma h'_i \quad (i=1、2、3、4) \tag{7.2-67}$$

式中 e_i——左洞左侧、左洞右侧、右洞左侧、右洞右侧顶围岩水平压力；

e'_i——左洞左侧、左洞右侧、右洞左侧、右洞右侧底部围岩水平压力；

h_i、h'_i——如图 7.2-14 所示。

7.2.4.2 水压力计算

隧道结构承受水压力的问题，铁路和公路隧道设计规范在确定衬砌结构外水压力时，对地下水处理是按"以排为主"的原则出发，不考虑水压力；地铁设计规范规定隧道防排水遵循"以防为主"的原则，作用在隧道结构上的水压力根据不同的地质情况，按全水头进行水土合算（粘性土地层）或水土分算（砂性土地层）；水下隧道根据开挖后地下水的渗入情况，参考水工隧洞设计规范采用折减系数的方法计算隧道衬砌的外水压力。

静止地下水的压力可以按照下式计算：

$$u = \gamma_w h_w \tag{7.2-68}$$

式中 u——静止水压力（kN/m^2）；

γ_w——地下水重度（kN/m^3）；

h_w——隧道底板至地下水稳定水位之间的垂直距离（m）。

7.2.4.3 隧道支护的地层——结构计算

在具有一定自支承能力的围岩中建造的隧道，可采用地层—结构法对洞室及支护结构的稳定性进行分析计算。采用地层—结构法进行设计计算时，应符合以下规定：

（1）计算范围应同时包含支护结构和地层围岩。

（2）计算过程中应考虑施工开挖步骤的影响。

（3）应对施工阶段及适用阶段的围岩与支护结构进行检算。

（4）应同时检验围岩的稳定性和支护结构的受力状态。

（5）初期支护和围岩局部可处于弹塑性受力状态，但应能保持整体体系稳定。

（6）二次衬砌结构应处于弹性受力状态，或经论证可保持稳定的弹塑性受力状态。

地层—结构计算方法的荷载应符合如下原则：

（1）围岩压力应为释放荷载。

（2）对可能同时出现在隧道结构上的荷载，应按规定的原则进行组合，并按最不利荷载组合进行计算。

（3）释放荷载应按当前地应力（不一定是初始地应力）计算。各类影响因素，可根据施工开挖步骤和支护施作时机等，设定相应的荷载释放过程。

（4）在初期支护计算过程中，较好的围岩可采用较大的释放荷载分担比，使初期支护和围岩承受较大的荷载，结构产生较小的变形；较差的围岩则相反。

（5）当初期支护和二次衬砌设定不同的释放荷载分担比时，可通过设定相应的荷载释放过程实现。

1. 隧道施工开挖过程的模拟

隧道开挖的边界应根据施工方案确定，释放荷载应根据前一开挖步骤完成时的地应力计算。隧道施工开挖中，释放荷载的作用效应与计算断面的位置、围岩材料的性态、施工开挖方法、支护施作时间等有关，开挖效应的计算应能体现这些因素的影响。荷载释放过程的确定除应综合考虑各类因素的影响外，尚应使围岩和支护结构的受力状态满足对释放荷载分担比预定的设计要求。围岩最终应力和支护结构的内力，可由增量法叠加求得，其中围岩应力尚应叠加初始应力。

模拟过程中可在洞周施加与当前围岩应力大小相等、方向相反的释放荷载。在未经扰动的岩体中开挖隧道时，当前围岩应力即为初始地应力；在已扰动过的岩体中开挖隧道时，当前围岩应力为围岩本开挖步骤的应力。初始地应力可采用水压至裂法、钻孔应力法、位移反分析法和回归分析法等方法确定，宜将多种方法结合使用，准确地把握地应力分布规律。

在进行隧道施工开挖过程模拟计算时，可采用荷载释放系数模拟洞周初始应力在空间及时间上的作用效应。荷载释放系数应充分反映每个施工开挖步骤内开挖面的空间作用效应，且应反映支护施作时间的影响。

各开挖步骤承载阶段的荷载释放系数之和即为合荷载释放系数。在Ⅲ、Ⅳ、Ⅴ级围岩中，合荷载释放系数可按表 7.2-7 采用。

合荷载释放系数建议值（单位:%）　　　　　　　　　　表 7.2-7

围岩级别		围岩	围岩+初期支护	围岩+初期支护+二次衬砌
Ⅲ		50～70	50～30	0
Ⅳ		30～40	25～35	45～25
Ⅴ	初期支护	5～10	60～75	35～15
	二次衬期	5～10	10～30	85～60

Ⅴ级和Ⅴ级以上的围岩采用复合式支护建造公路隧道时，设计计算应确定合适的释放荷载分担比，保证支护结构和围岩组成联合受力的整体，共同承受释放荷载的作用。确定释放荷载分担比时，应符合以下规定：

（1）围岩、初期支护及二次衬砌的释放荷载分担比之和不应小于100%。

（2）Ⅰ～Ⅲ级围岩地段的隧道，围岩形成的荷载应100%由围岩与初期支护承担，二次衬砌的荷载分担比理论上可为0。为保证工程的可靠度，其承担比例宜达到5%～10%。

（3）Ⅳ～Ⅴ级围岩地段的隧道、围岩及初期支护的释放荷载分担比应能确保工程施工的安全，二次衬砌的分担比应能保证支护结构的永久安全性。

（4）双车道隧道释放荷载分担比可按表7.2-8选用。

双车道隧道释放荷载分担比建议值　　　　　　　　　　表 7.2-8

围岩级别	分担比(%)		
	围岩	初期支护	二次衬砌
Ⅲ	70～80	30～20	10
Ⅳ	60～80		40～20
Ⅴ	20～40		80～60

注：1. 本表提出的比例适用于双车道公路隧道，也可供其他类型的公路隧道参考使用。
　　2. 对于同一级围岩，当岩性较好时，围岩+初期支护的荷载分担比宜取较大值，二次衬砌宜取较小值；岩性较差时则相反。

采用地层—结构法对隧道进行分析计算时，应按使用阶段的计算和施工阶段的验算分别组合。采用地层—结构法计算时,使用阶段计算的荷载组合,包括结构自重、附加恒载、释放荷载、混凝土收缩和徐变力、水压力及其他可能存在的可变荷载和偶然荷载;施工阶段验算的荷载组合,除包括结构自重和释放荷载等之外,还应计入施工荷载的作用。

2. 地层—结构法计算

采用地层—结构法对隧道施工开挖过程进行计算时,应选用与围岩地层及支护结构材料的受力变形特征相适应的本构模型。

岩土材料的本构模型可选用线弹性模型、非线性弹性模型、弹塑性模型、粘弹性模型、弹粘塑性模型及节理模型等。其中最常用采用的围岩材料本构模型是线弹性模型、粘弹性模型和弹塑性模型。

隧道支护结构中的钢筋材料应采用弹性变形状态设计,喷射混凝土作为初期支护时允许进入塑性受力状态,应作内衬结构的喷射混凝土和混凝土材料均宜处于弹性受力状态。经论证认为支护结构体系可保持稳定时,局部构件结构材料也可处于弹塑性受力状态。当允许结构材料进入塑性状态时,本构模型宜采用理想弹塑性模型,否则应采用各向同性弹性模型或各向异性弹性模型。

采用有限单元法对隧道支护结构进行计算时,计算区域的左右边界应在离相邻侧隧道毛洞壁面的距离达 3~5 倍以上毛洞跨度的位置上设置,下部边界离隧道毛洞底面的距离应为隧道毛洞高度的 3~5 倍以上,上部边界宜取至地表。

计算初始自重应力和开挖效应时,左右边界为受水平向位移约束的边界,底部边界为受垂直向位移约束的边界,上部边界为自由变形边界。计算初始构造应力时,左右边界之一为受初始构造应力作用的自由变形边界。

计算自重应力场时,作用荷载为各单元的自重;计算初始构造应力场时,作用荷载为作用在计算区域垂直边界一侧的初始构造应力;计算开挖效应时,作用荷载为沿开挖轮廓线分布的释放荷载。

采用有限单元法计算时,岩土介质和支护结构与离散为仅在节点相连的单元,荷载 φ 移置于结点,利用插值函数建立位移模式和确定边界条件后,由矩阵位移法方程求解结点位移,并据此计算岩土介质的应力和位移,及支护结构的内力,计算时尚应符合以下规定:

(1) 围岩地层和支护结构均被离散为仅在结点相连的单元。

(2) 锚杆可离散为杆单元,或提高加固区围岩的 C、φ 值计入锚杆作用效应的影响。

(3) 喷射混凝土可采用梁单元或四边形等参数单元近似模拟。

(4) 钢拱架与格栅拱可不单独划分单元,其作用可通过提高喷射混凝土层的强度指标近似模拟。

(5) 超前管棚支护的作用效应可通过提高地层 C、φ 值近似模拟。

采用矩阵位移法计算时,取用的基本未知数是单元结点的位移。对弹性问题的分析,将作用在结点上的外荷载以 $\{R\}$ 表示,节点位移以 $\{\sigma\}$ 表示,刚度以 $[K]$ 表示。其基本方程式为:

$$[K]\{\sigma\} = \{R\} \tag{7.2-69}$$

当岩体介质与支护结构材料本构模型的特征呈非线性性态时,本构模型曲线需分段线性化,应力应变关系宜用增量形式表示。相应的基本方程式为:

$$[K(\sigma)]\{\Delta\sigma\} = \{\Delta R\} \qquad (7.2\text{-}70)$$

式中 $\{\Delta\sigma\}$——结点位移的增量;

$\{\Delta R\}$——节点荷载的增量;

$[K(\sigma)]$——刚度矩阵,矩阵元素的量值与变形有关。

采用荷载增量初应变法进行隧道模拟计算时,可按以下步骤进行:

(1) 计算岩土体的初始地应力,包括自重应力、构造应力及其合应力。

(2) 计算当前开挖步骤的开挖释放荷载。

(3) 按荷载增量步逐级施加开挖释放荷载。

(4) 对各开挖步骤,可在设定的荷载增量步内施加锚喷支护或衬砌结构。

(5) 每次施加增量荷载后,先按弹性状态进行计算,得出各单元的应力增量和位移增量。

(6) 将算得的单元应力增量和位移增量与增量加载前的单元应力、位移分别叠加,计算出增量加载后的单元应力和位移。

(7) 计算单元主应力。

(8) 检验节理单元抗拉强度和抗剪强度是否满足要求。

(9) 检验节理单元等是否发生受拉或受剪破坏。

(10) 将各单元中的过量塑性应变等转化为等效结点力,并将其作为附加荷载向量,再次进行迭代计算。

(11) 转至步骤 5,重复步骤 5～9 的计算过程,直至满足步骤 8、9 规定的计算要求。

(12) 转至步骤 3,再次施加荷载增量,直到该开挖步加载结束。

(13) 输出计算结果。

3. 隧道稳定性的判别

判断隧道的稳定性,应将洞周是否存在稳定的承载环作为基本条件。洞周承载环可分为如下几种类型:

(1) 围岩地质条件好,自支承能力强时,洞周围岩可形成稳定的承载环。

(2) 围岩地质条件较差,自支承能力低,隧道开挖后洞周岩体易坍塌时,由初期支护与围岩共同形成承载环。

(3) 围岩地质条件极差,围岩基本无自稳能力时,洞周承载环仅由初期支护和二次衬砌组成。

进行隧道稳定性的判断时,应同时检验围岩和结构的工作状态。隧道处于稳定状态时,洞周承载环应处于如下工作状态:

(1) 洞周围岩自身可起承载环作用的条件是围岩处于弹性变形状态,或在拱圈和两侧边墙部位出现的塑性区不连通的弹塑性变形状态。

(2) 当支护结构起承载环作用时,支护结构应处于弹性变形状态,或出现的塑性铰少于 3 个,且均不在同一侧的侧墙上的弹塑性变形状态。

围岩的工作状态可采用德鲁克-普拉格准则(简称 D-P 准则)或摩尔-库伦准则(简称 M-C 准则)检验。

(1) 采用 D-P 准则判断时,单元应力的屈服条件为:

$$f = \alpha I_1 + \sqrt{J_2} - k = 0 \qquad (7.2\text{-}71)$$

$$J_2 = \frac{1}{6}(\sigma_1 - \sigma_2)^2 + (\sigma_2 - \sigma_3)^2 + (\sigma_3 - \sigma_1)^2 \tag{7.2-72}$$

$$I_1 = \sigma_1 + \sigma_2 + \sigma_3 \tag{7.2-73}$$

$$\alpha = \frac{\sqrt{3}\sin\varphi}{3\sqrt{3 + \sin^2\varphi}} \tag{7.2-74}$$

$$k = \frac{\sqrt{3}c \cdot \cos\varphi}{\sqrt{3 + \sin^2\varphi}} \tag{7.2-75}$$

(2) 采用 M-C 准则检验时，单元应力的屈服条件为：

$$2f = \frac{\sigma_1 - \sigma_3}{2} - \frac{\sigma_1 + \sigma_3}{2}\sin\varphi - c \cdot \cos\varphi = 0 \tag{7.2-76}$$

式中　　I_1——应力张量第一不变量；

J_2——偏应力张量第二不变量；

f、α、k——D-P 准则参数；

σ_1、σ_2、σ_3——计算点的主应力；

c——围岩的黏聚力；

φ——围岩的内摩擦角。

(3) 判定围岩屈服条件的粘聚力和内摩擦角等参数应计入系统锚杆加固效应、注浆加固的效应及开挖过程中的松动效应。

对支护结构工作状态的判断应符合以下规定：

(1) 支护结构应按承载能力极限状态设计，且变形后仍能满足使用功能对净空的要求。

(2) 对素混凝土衬砌，应验算控制截面的抗压、抗拉强度。

(3) 对钢筋混凝土结构，应根据相关规定进行计算。

7.2.4.4 隧道支护的荷载—结构计算

当隧道支护结构在稳定洞室过程中起主要作用、承担外部荷载较明确、自重荷载可能控制结构强度时，宜采用荷载—结构模型进行内力计算，并对其极限状态进行校核。明洞结构、棚洞结构、浅埋隧道衬砌结构、Ⅳ～Ⅵ级围岩深埋地段衬砌结构及特殊地质条件下的衬砌结构等，应进行支护结构内力计算及强度校核。

当隧道支护结构采用极限状态法计算时，应按结构承载能力极限状态及正常适用极限状态进行设计。隧道结构计算过程中应考虑围岩对结构的弹性抗力作用。弹性抗力作用的范围、分布形式及计算方法等，应根据地质条件、结构形式、回填密实程度以及计算方法等条件确定。

当隧道采用分布开挖方法施工，各部分支护结构需要在较长时间内分步建成时，宜对施工过程中的主要支护构件的安全性进行验算。计算荷载及材料强度可根据设计工序及施工工艺的实际情况确定。

隧道结构在设计基准期内，应具有规定的可靠度，隧道支护结构应保持处于正常设计、正常施工和正常使用状态。

1. 荷载的分类、计算与组合

作用在隧道支护结构之上的计算荷载应根据其所处的地形条件、地质条件、埋置深度、结构特征和工作条件、施工方法、相邻隧道间距以及周边环境等因素综合确定。

隧道建设环境复杂,施工工序与施工工艺多变,为保证隧道结构的可靠度指标,应采取措施,保证隧道结构的工作模式与设计模式基本一致。对于地质条件复杂的隧道,宜通过实地测量确定荷载大小及分布规律。在隧道建设过程中,如发现结构实际工作条件与设计条件差异较大,应对作用在支护结构之上的荷载进行修正,并重新对结构进行验算。

隧道结构按极限状态计算时,应根据各类荷载可能出现的组合状况分别按满足结构承载能力和满足结构正常使用要求进行验算,并按最不利荷载组合进行设计。作用在隧道结构之上,在结构设计基准期内可能出现的各类荷载,列于表 7.2-9。

隧道荷载分类　　　　　　　　　表 7.2-9

编号	荷载分类		荷载名称
1	永久荷载		围岩形变压力或膨胀压力
2			围岩松散压力
3			结构自重
4			结构附加恒载(装修或设备自重荷载)
5			混凝土收缩和徐变影响力
6			水压力
7			水的浮力
8			结构基础变位影响力
9			地面永久建筑荷载影响力
10	可变荷载	基本可变荷载	通过隧道的车辆荷载、人群荷载(路面)
11			与隧道立交车辆荷载及其所产生的冲击力、土压力
12			与隧道立交铁路荷载及其所产生的冲击力、土压力
13			风机等设备引起的动荷载
14		其他可变荷载	与隧道立交渡槽流水压力
15			温度变化的影响力
16			冻胀力
17			地面施工荷载(加载或减载)
18			隧道施工荷载(注浆等)
19	偶然荷载		落石冲击力
20			地震作用力、地层液化产生的压力与浮力
21			人防荷载

注:1.围岩弹性抗力不作为设计荷载。
　　2.若要求考虑爆炸、火灾等引起的荷载,可参考偶然荷载相关规定。

2. 永久荷载标准值的计算

(1) 围岩形变压力 Q_1。隧道开挖后,软弱岩体会呈现一定的塑性与流变特性,当支护结构与围岩密贴时,会产生变形压力。当为浅埋隧道时,可不考虑围岩的形变压力;当初始地应力小于岩石饱和极限抗压强度15%时,可不考虑围岩的形变压力;当初始地应力大于岩石饱和极限抗压强度的25%时,可能出现较大的围岩形变压力;当围岩在地下水或应力变化作用下具有明显膨胀性时,应考虑围岩的膨胀压力。

(2) 围岩松散压力 Q_2。围岩松散压力为作用在隧道全部支护结构的压力总和。当设计条件与设计设定的条件相差较大时,应另行研究确定。

作用在隧道支护结构之上的围岩松散压力与地质条件、地形条件、隧道埋置深度、隧道跨度、隧道结构形式等多种因素有关。作用在隧道结构之上的形变压力、松散压力以及弹性抗力互为关联、较难区分。其中松散压力为最危险荷载,应限制其发展;形变压力是与结构刚度有关的荷载,宜通过适当的方式进行释放;弹性抗力为对结构有利的作用,应充分利用。

(3) 结构自重荷载 Q_3 可根据结构厚度、计算宽度以及结构材料重度等参数按照下式计算:

$$Q_3 = HB\gamma \tag{7.2-77}$$

式中 Q_3——自重荷载(kN/m);

H——构件计算截面的设计厚度(m);

B——构件计算截面的设计宽度(m);

γ——结构材料重度的标准值(kN/m^3)。

(4) 结构附加恒载 Q_4 为隧道内部装修、设备安装或分割空间而产生的荷载,应根据设计基准期内可能发生的实际情况计算。

(5) 当结构为超静定体系时,应计入混凝土收缩和徐变的影响力 Q_5,可作为混凝土整体温度降低考虑:对于整体现浇的素混凝土衬砌可按降温20℃考虑;对于整体现浇的钢筋混凝土衬砌可按整体降温15℃考虑;对于分次浇筑的整体式素混凝土或钢筋混凝土结构可按整体降温10℃考虑;对于装配式钢筋混凝土结构可按整体降5~10℃考虑。

(6) 当限制地下水排放或采用全封闭衬砌时,应计入衬砌外围的水压力荷载 Q_6。

当采用排水衬砌时,可不考虑水压力荷载,但需考虑运营期排水系统可能产生淤塞的影响,在结构设计时应采用一定的水压力对二次衬砌的强度进行校核:对于浅埋隧道,校核水压力为隧道计算点高程与地下水位高程之差;对于地下水较为活跃区域的深埋隧道,校核水压力不小于0.05MPa(拱顶)。

当隧道仰拱位于比较完整的岩石基础之上,能够保证仰拱结构与围岩黏结良好时,可不考虑仰拱的水压力作用。

静水压力高度范围内的松散土压力应按浮重度计算。

(7) 浮力 Q_7 为作用在顶板及底板上的水压力之差。下部未封闭的结构可不计浮力作用;在岩石地层中,如计入水压力荷载,应同时计入浮力作用;在土层中,浮力作用于结构顶板区。

(8) 当结构支护体系为超静定结构,基础有可能出现变位时,应考虑基础变位影响力 Q_8。基础相对变位值可按表7.2-10规定采用。

基础的竖向、水平相对变位计算值(单位:mm)　　　　表7.2-10

地基类型	双车道隧道	三车道隧道
Ⅲ级围岩(硬岩)	2	3
Ⅲ级围岩(软岩)	3	5
Ⅳ级围岩(硬岩)	4	6
Ⅳ级围岩(软岩)	6	8

注:1. 本表为独立单洞基础的相对变位计算值,连拱隧道可参照本表进行。
　　2. 初期支护的相对变位计算值可在本表基础上适当提高。

当隧道支护设计为带仰拱的封闭结构,且仰拱先期施工时,可以不计入基础变位的影响力;当仰拱在拱部结构施工之后浇筑时,宜计入基础变位影响力;当地基承载力不均匀或隧道作用荷载不对称时,宜提高基础相对变位值进行验算。

(9) 地面永久建筑荷载影响 Q_9 为隧道施工前或施工完成后,在隧道上方或两侧影响范围内施作的永久建筑物或永久构筑物的荷载影响力。应根据结构设计基准期内隧道周边的建设规划,确定建筑荷载影响力的作用位置与量值。

地面永久建筑物对隧道结构的影响可按以下方法计算:将建筑物重力换算为地表(或地层内)分布荷载(或集中荷载),应用应力扩散理论分析其对隧道结构的作用力。对于无黏性的砂性土可采用扩散角理论计算;对于黏性土及岩体可采用土力学中应力传递理论公式计算。

3. 基本可变荷载标准值的计算

(1) 公路车辆荷载、人群荷载 Q_{10},应根据结构设计基准期内隧道净空公路的荷载标准确定其作用位置与量值。计算方法可参考公路桥涵设计相关规范的规定。

(2) 立交公路车辆荷载及其产生的冲击力、土压力 Q_{11},应根据结构设计基准期内隧道周边公路建设规划确定其作用位置与量值。计算方法可参考公路桥涵设计相关规范的规定。

(3) 立交铁路荷载及其产生的冲击力、土压力 Q_{12},应根据结构设计基准期内隧道周边建设铁路规划确定其作用位置与量值。计算方法可参考铁路桥涵设计相关规定。

(4) 风机等设备引起的动荷载 Q_{13} 可按以下规定计算:对于射流风机,可按其静止重量的 10~15 倍计算其对隧道结构的动荷载作用;对于轴流风机,可按有关规范的经验公式计算或根据机械振动理论分析后确定;对于架空结构,除计入标准设备荷载外,还应计入不小于 $2kN/m^2$ 的使用期分布荷载。

4. 其他可变荷载标准值的计算

(1) 对于立交渡槽流水压力 Q_{14},应计算立交渡槽的结构重量及渡槽内流水的重量。

(2) 当隧道结构受温度影响时,应考虑温度变化影响力 Q_{15}。温度变化影响力按下式计算:

$$\delta_1 = \alpha L \delta_\tau \tag{7.2-78}$$

式中 δ_1——构件温度变化引起的变形值(m);

α——构件材料的线膨胀系数,混凝土及钢筋混凝土的线膨胀系数为 1.0×10^{-5};

L——构件的计算长度(m);

δ_τ——构件的计算温度差,可取构件施工时温度与设计基准期内最低月平均气温或最高月平均气温之差(℃)。

(3) 冻胀力 Q_{16} 计算应视当地的自然条件、围岩冬季含冰量、衬砌防冻构造及排水条件等确定。当隧道所在区域最低平均气温低于 $-15℃$ 时,隧道结构设计应计入冻胀力;当无实测资料时,可按下式计算:

$$P_b = \frac{naE_2}{pq + (m_2+1)[e(m_1-\mu_1)+(m_2+\mu_2)]} \tag{7.2-79}$$

$$m_1 = \frac{b^2+a^2}{b^2-a^2}; \quad m_2 = \frac{(b+H_f)^2+b^2}{(b+H_f)^2-b^2} \tag{7.2-80}$$

$$p=\frac{2b^2}{(b+H_\mathrm{f})^2-b^2};\ q=\frac{2(b+H_\mathrm{f})^2}{(b+H_\mathrm{f})^2-b^2};\ e=\frac{E_2}{E_1} \tag{7.2-81}$$

式中 P_b——衬砌所受冻胀力（kPa）；

n——围岩完整度系数，与围岩分级相关；

α——季节性融冻区冻结后的体积膨胀系数，可以根据调查结果确定，或按 $\alpha=(1.2\sim1.4)\beta$ 计算；

β——季节性融冻区岩土体内的含冰率，与地质条件有关；

a、b——衬砌内半径及外半径（m）；

H_f——季节性融冻区厚度（m）；

E_1、E_2——衬砌混凝土及围岩的弹性模量（kPa）；

μ_1、μ_2——衬砌混凝土及围岩的泊松比。

（4）地面施工荷载 Q_{17} 为工程建设期中，短期堆放物体或临时开挖覆土层导致隧道周边荷载的短期变化，应根据实际或预计发生的情况计算。当堆放或开挖引起的荷载变化可能长期存在时，应作为永久荷载考虑；浅埋隧道之上的大面积施工荷载，可简化为覆土厚度。

（5）隧道施工荷载 Q_{18} 为支护结构完成后，在初期支护或二次衬砌背后注浆、开挖或回填施工所引起的短期作用，其量值及作用范围应根据施工实际情况或设计工艺确定。

5. 偶然荷载标准值的计算

（1）明洞及棚洞等覆盖层浅、受冲击荷载作用大的结构，如果附近高边坡在设计基准期内可能出现坍塌，应计算落石冲击荷载 Q_{19} 的作用。

（2）地震荷载 Q_{20} 应根据隧道抗震设防烈度下的地震动参数进行计算。抗震计算可采用拟静力法、响应位移和地震波动输入法等多种方法。

（3）人防荷载 Q_{21} 应按现行《人民防空地下室设计规范》GB 50038 的有关规定执行。

6. 荷载组合

在结构计算过程中，应对支护结构之上可能出现的荷载，按承载能力状态和正常使用极限状态进行组合，取最不利组合进行设计或验算。荷载组合分类如下：

（1）基本组合Ⅰ（QZH-Ⅰ）：用于正常使用极限状态的校核，即在结构设计基准期内可能出现的全部永久荷载＋在结构使用期间可能出现的基本可变荷载＋其他可变荷载。该项荷载组合验算结构在荷载作用下的变形或裂缝开展，控制其规定范围内。

$$Q_1^\mathrm{I}=\sum(Q_1+Q_2+Q_3+Q_4+Q_5+Q_6+Q_7+Q_8+Q_9) \tag{7.2-82}$$

$$Q_2^\mathrm{I}=\sum(Q_1^\mathrm{I}+Q_{10}+Q_{11}+Q_{12}+Q_{13}+Q_{14}+Q_{15}+Q_{16}) \tag{7.2-83}$$

（2）基本可变荷载组合Ⅱ（QZH-Ⅱ）：用于承载能力极限状态校核，即在结构设计基准期内可能出现的全部永久荷载＋在结构使用期间可能出现的基本可变荷载。该项荷载组合验算结构在基本可变荷载作用下的可靠度。

$$Q^\mathrm{II}=\sum(Q_1+Q_2+Q_3+Q_4+Q_5+Q_6+Q_7+Q_8+Q_9+Q_{10}+Q_{11}+Q_{12}+Q_{13})$$

$$\tag{7.2-84}$$

（3）其他可变荷载组合Ⅲ（QZH-Ⅲ）：用于承载能力极限状态校核，即在结构设计基准期内可能出现的全部永久荷载＋在结构适用期间可能出现的基本可变荷载＋在结构使用期间可能出现的其他可变荷载。该项荷载组合验算结构在其他可变荷载参与作用下的可靠度。

$$Q_1^{\text{III}} = \sum (Q_1^I + Q_{10} + Q_{11} + Q_{12} + Q_{13} + Q_{14} + Q_{15} + Q_{17} + Q_{18}) \quad (7.2\text{-}85)$$

$$Q_2^{\text{III}} = \sum (Q_1 + Q_3 + Q_4 + Q_5 + Q_7 + Q_8 + Q_9 + Q_{10} + Q_{11} + Q_{12} + Q_{13} + Q_{14} + Q_{15} + Q_{17} + Q_{18}) \quad (7.2\text{-}86)$$

本类组合中，冻胀力不参与水压力及松散土压力组合。

(4) 偶然荷载组合Ⅳ（QZH-Ⅳ）：用于承载能力极限状态校核，即在结构设计基准期内可能出现的全部永久荷载＋在结构使用期间可能出现的偶然荷载＋可能与偶然荷载同时出现的基本可变荷载。该项荷载组合验算结构在偶然荷载参与作用下的可靠度。

偶然坍塌组合：

$$Q_1^{\text{IV}} = \sum (Q_1 + Q_2 + Q_3 + Q_4 + Q_5 + Q_6 + Q_7 + Q_8 + Q_9 + Q_{10} + Q_{13} + Q_{19}) \quad (7.2\text{-}87)$$

偶然地震组合：

$$Q_2^{\text{IV}} = \sum (Q_1 + Q_2 + Q_3 + Q_4 + Q_5 + Q_6 + Q_7 + Q_8 + Q_9 + Q_{10} + Q_{13} + Q_{20}) \quad (7.2\text{-}88)$$

偶然人防组合：

$$Q_3^{\text{IV}} = \sum (Q_1 + Q_2 + Q_3 + Q_4 + Q_5 + Q_6 + Q_7 + Q_8 + Q_9 + Q_{10} + Q_{13} + Q_{21}) \quad (7.2\text{-}89)$$

本类组合中：基本可变荷载中，立交公路及立交铁路荷载不参与偶然荷载组合；其他可变荷载不参与偶然荷载组合；偶然荷载相互之间不组合。

(5) 验算荷载组合Ⅴ（QZH-Ⅴ）：用于承载能力极限状态校核，即在结构设计基准期内可能出现的全部永久荷载＋在结构使用期间可能出现的基本可变荷载。该项荷载组合验算结构在变形压力、水压力及基础变位影响力参与作用下的可靠度。

$$Q^{\text{IV}} = \sum (Q_1 + Q_2 + Q_3 + Q_4 + Q_5 + Q_6 + Q_7 + Q_8 + Q_9 + Q_{10} + Q_{11} + Q_{12} + Q_{13}) \quad (7.2\text{-}90)$$

当采用分项安全系数法进行结构承载能力校核时，各类荷载的分项安全系数应参考表 7.2-11 取用。

在各类荷载作用下内力组合的分项系数　　表 7.2-11

编号	荷载分类	荷载名称	QZH-Ⅰ	QZH-Ⅱ	QZH-Ⅲ	QZH-Ⅳ	QZH-Ⅴ
1	永久荷载	围岩形变压力或膨胀压力	1.0	1.2	1.1	1.0	1.35
2		围岩松散压力	1.0	1.35	1.2	1.0	1.2
3		结构自重	1.0	1.35	1.2	1.0	1.2
4		结构附加恒载	1.0	1.35	1.2	1.0	1.2
5		混凝土收缩和徐变影响力	1.0	1.35	1.2	1.0	1.2
6		水压力	1.0	1.0	1.0	1.0	1.0
7		水的浮力	1.0	1.0	1.0	1.0	1.0
8		结构基础变位影响力	1.0	1.2	1.2	1.0	1.35
9		地面永久建筑荷载影响力	1.0	1.35	1.2	1.0	1.2

续表

编号	荷载分类	荷载名称	QZH-Ⅰ	QZH-Ⅱ	QZH-Ⅲ	QZH-Ⅳ	QZH-Ⅴ
10	基本可变荷载	通过隧道的公路车辆荷载、人群荷载	1.0	1.4	1.4	1.0	1.2
11		与隧道立交的公路车辆荷载	1.0	1.4	1.4	—	1.2
12		与隧道立交的铁路荷载	1.0	1.4	1.4	—	1.2
13		风机等设备引起的动荷载	1.0	1.4	1.4	1.0	1.2
14	其他可变荷载	与隧道立交的渡槽流水压力	1.0	—	1.4	—	—
15		温度变化影响力	1.0	—	1.4	—	—
16		冻胀力	1.0	—	1.4	—	—
17		地面施工荷载	—	—	1.4	—	—
18		隧道施工荷载	—	—	1.4	—	—
19	偶然荷载	落石冲击力	—	—	—	1.0	—
20		地震作用力	—	—	—	1.0	—
21		人防荷载	—	—	—	1.0	—

当采用综合安全系数法进行结构强度校核时,各类荷载的安全系数均取 1.0。

7.隧道支护结构的内力计算

明洞、棚洞、整体式衬砌以及装配式衬砌等结构,应按极限状态进行设计计算,或按容许应力法进行弹性受力阶段内力分析强度校核,充分保证结构设计的可靠性或具有规定的安全系数。

公路隧道双车道及三车道分离式复合衬砌隧道,初期支护与二次衬砌的支护承载比例可参照表 7.2-12。

复合式衬砌的初期支护与二次衬砌承载比例(单位:%) 表 7.2-12

围岩级别	初期支护承载比例		二次衬砌承载比例	
	双车道隧道	三车道隧道	双车道隧道	三车道隧道
Ⅲ	100	≥80	安全储备	≥20
Ⅳ	≥70	≥60	≥30	≥40
Ⅴ	≥50	≥40	≥50	≥60
Ⅵ	≥30	≥30	≥80	≥85
浅埋地段	≥50	≥30～50	≥60	≥60～80

当初期支护的设计承载比例小于设计荷载 50% 时,理论上不能保证施工过程中的长期安全。此时,应采取合理的分步施工方案,给出二次衬砌的合理施作时间。

隧道结构计算时,应考虑隧道周边岩体或土体对结构的弹性抗力作用。弹性抗力的大小可按下式计算:

$$F_d = K_d \delta \tag{7.2-91}$$

式中 F_d——弹性抗力(kPa);

K_d——弹性抗力系数(kPa/m);

δ——结构变形量(m)。

隧道周边岩土体的弹性抗力系数可视为常数，但是当周边岩土体差异较大或隧道埋置深度较浅时也可取变化值。

对于隧道初期支护及仰拱，在结构计算时应验算压应力、拉应力、剪切应力；对设置有柔性防水层的复合衬砌的二次衬砌，可仅考虑围岩对结构的压应力作用。计入弹性抗力时应注意：

（1）考虑弹性抗力作用出现拉应力的区段，应不超过结构与围岩的黏结力及岩体抗拉强度；在拱部90°范围内可不计入弹性抗力作用；当隧道为极浅埋结构或为明洞结构，且周边为相对软弱的土体时，侧边的最大弹性抗力与被动土压力大小相关，但不应超过被动土压力的50%；当为深埋隧道时，侧边的最大弹性抗力不应超过计算点土体的地基承载容许值。

（2）影响弹性抗力大小及分布形式的因素有岩体强度、结构刚度与变形量、衬砌周边回填状况以及外荷载的大小与分布形式等。岩体强度越高，弹性抗力系数越大，弹性抗力作用越显著；结构刚度相对于岩体越大，弹性抗力分布越均匀，反之则越集中于结构产生最大变形量附近；衬砌回填越密实，弹性抗力越能发挥作用。

弹性抗力可采用假定分布函数法、弹性地基梁法、连杆单元法、弹性地基单元法等多种方法计算，应根据结构计算方法及结构工作状态合理选取。

（1）弹性抗力分布函数法可假定拱部弹性抗力按抛物线分布，其中抗力零点位于拱顶两侧45°附近，抗力最大点位于拱脚。对于边墙的弹性抗力计算则有如下假定：

1) 如为弹性地基刚梁，可假定弹性抗力按直线分布。

2) 如为弹性地基短梁，可假定弹性抗力按负抛物线分布。

3) 如为弹性地基长梁，可取上部换算长度为短梁的部分，其弹性抗力按负抛物线分布，其余部分为零。

（2）弹性地基梁法可用于计算边墙及仰拱的弹性抗力作用。

（3）连杆单元法将地层对结构的反作用简化为若干与围岩弹性抗力系数、结构计算宽度以及单元长度相关的弹簧，将弹簧刚度并入结构总刚度矩阵中求解。在不考虑拉抗力作用的部位，可将该部位弹簧连杆的刚度值取为零。

（4）弹性地基单元法将结构视为与围岩共同变形的弹性地基上的梁，对于边墙用仰拱结构应是既考虑围岩对结构的压力又考虑围岩对结构的拉力的完全弹性地基梁，直接采用标准刚度矩阵法进行计算；二次衬砌则仅计入围岩对结构的压力作用，应作为不完全弹性地基梁，对标准刚度矩阵进行适当修正。

8. 系统锚杆计算

（1）系统锚杆计算适用于能在隧道周边形成稳定承载拱的Ⅲ、Ⅳ级围岩。

（2）系统锚杆形成的承载拱（图7.2-15）的内力计算可分为两种状况：

1) 当初期支护内设置有钢拱架时，仅计入系统锚杆与围岩的作用，而喷射混凝土的作用在计算钢拱架承载能力时再计入。

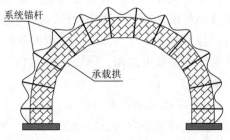

图7.2-15 系统锚杆形成的承载拱示意图

2) 当喷射混凝土层内未设置钢拱架时，喷射混凝土层较薄（约 5~15cm），喷射混凝土的承载能力通过与围岩联合作用来发挥。此时，不仅要计入系统锚杆与围岩的作用，而且还应计入喷射混凝土层的作用；承载拱应为由岩体及喷混凝土两种材料构成的组合拱。

（3）在计算内力过程中，承载拱的重度及弹性模量直接取用初始围岩的参数，但是进行强度校核时应计入系统锚杆的作用，对围岩相关强度值进行修正。

（4）由系统锚杆及喷射混凝土层形成的承载拱厚度可近似按下式计算：

$$D_g = L_0 - B_s \cot\varphi_c - D_0 + D_{ph} \tag{7.2-92}$$

对于矩形布置的系统锚杆：

$$B_s = 0.5\sqrt{ab(1+L_0/R_0)} \tag{7.2-93}$$

对于梅花形布置的系统锚杆：

$$B_s = 0.3\sqrt{ab(1+L_0/R_0)} \tag{7.2-94}$$

式中 D_g——系统锚杆形成的承载拱厚度（m）；

L_0——系统锚杆的设计入土长度（m）；

D_{ph}——喷射混凝土层厚度（m），如果喷射混凝土内设置钢拱架，则不考虑喷射混凝土层的影响，此时 $D_{ph}=0$；

a、b——系统锚杆纵向及环向间距（m）；

B_s——系统锚杆外侧端部折算间距（m）；

R_0——承载拱内轮廓线半径（m），可取设计开挖轮廓线半径；

D_0——承载拱厚度安全系数，与开挖质量有关，可取 $D_0=0.1\sim0.3$m；

φ_c——岩体的计算内摩擦角（°）。

（5）计算由系统锚杆形成的承载拱的内力时，应考虑其周边岩体的弹性抗力，弹性抗力的作用范围宜由计算确定。当锚杆承载拱的弹性抗力零点为 35°~45°时，也可直接按经验确定弹性抗力作用范围。承载拱的基础可模拟为弹性铰座支承方式。

（6）系统锚杆宜紧随开挖面施作，所承受的形变荷载，由作用在承载拱之上的荷载侧压力系数进行计算。侧压力系数可取大于规范给出的松散岩土荷载的侧压力系数，小于（接近）地层初始侧压力系数。

9. 初期支护钢拱架的内力计算

（1）Ⅳ~Ⅵ级围岩地段，喷射混凝土层内部需设钢拱架，喷射混凝土层厚度应为 18~35cm，宜将喷射混凝土层与钢拱架视为整体进行内力计算，共同分析其承载能力。

（2）在计算喷射混凝土及钢拱架承载能力时，周边岩体对结构的弹性抗力应按完全的弹性地基梁计算。在边墙及拱部靠近边墙一定范围内，当结构在外荷载作用下具有压向围岩的位移时，应计算围岩对结构的压抗力作用；当结构具有远离围岩的位移时，应计算围岩对结构的拉力作用，作用力的大小与位移成正比。拱部弹性抗力作用范围应根据分析计算确定。

10. 二次衬砌的内力计算

二次衬砌的内力计算简图见图 7.2-16。

（1）当初期支护与二次衬砌之间设有防水层时，围岩对二次衬砌的弹性抗力作用仅计入径向压力。

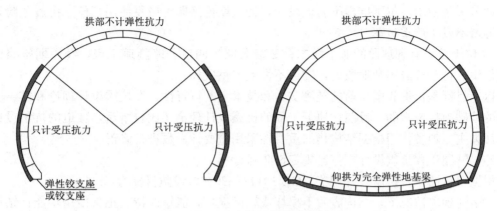

图 7.2-16 二次衬砌结构计算简图

（2）当初期支护与二衬砌间未设置防水层时，应按叠合梁结构计算内力，并根据刚度大小进行内力分配。

（3）当二次衬砌基础较窄时，宜将其简化为完全铰支座；当二次衬砌基础较宽时，宜将其简化为弹性铰支座；如果二次衬砌设有仰拱，且先期施工的仰拱与边墙基础连接良好时，宜将其简化为封闭的受力结构，或将二次衬砌基础简化为完全固接的支座形式。

7.2.4.5 隧道抗震设计

1. 一般规定

（1）抗震设计原则

隧道抗震设计应按照概念设计、计算设计与构造设计的步骤，由于地下结构抗震理论的不完善性以及地震荷载的不确定性，概念设计对于隧道抗震设计显得尤为重要，良好的概念设计是抗震设计成功的前提和保证。

根据《公路工程技术标准》JTG B01—2003，抗震设计应符合以下规定：

1）地震动峰值加速度系数小于或等于 0.05 地区的公路工程，除有特殊要求外，可采用简易设防。

2）地震动峰值加速度系数在 0.10、0.15、0.20、0.30 地区的公路工程，应进行抗震设计。

3）地震动峰值加速度大于或等于 0.40 地区的公路工程，应进行专门的抗震研究和设计。

4）做过地震小区划地区的公路工程，应按主管部门审批的地震动参数进行抗震设计。

（2）抗震设防目标

抗震设防目标的制定要以现有经济条件和科学水平为前提，即以一定的经济投入取得必要的抗震安全度，还要考虑采用的设计理论或方法实现这种目标的能力。

1）《公路工程抗震设计规范》规定设防目标

根据公路工程抗震设计规范，在发生相当于《中国地震动参数区划图》上规定的地震动峰值加速度（或相应的基本烈度地震）影响时：

① 位于抗震有利地段的高速公路、一级公路及干线二、三级公路隧道工程，经一般

休整即可正常使用；位于抗震不利地段的，经短期抢修即可恢复使用；位于抗震危险地段的，隧道不发生严重破坏。

② 位于抗震有利地段的非干线二、三级公路、四级公路隧道工程，经短期抢修即可恢复使用，位于抗震不利地段的，隧道不发生严重破坏。

以上目标是根据我国当前的经济实力和技术上的可行性，在抗震设计理论和震害实际调查的基础上提出来的。目前，地下工程的抗震设计理论还比较落后，隧道的抗震设计以静力法为主，地震作用根据结构物的重要性采用重要性系数进行修正。

2）《铁路工程抗震设计规范》规定设防目标

根据《铁路工程抗震设计规范》GB 50111—2006，设防目标为：

在多遇地震情况下，结构震后不损坏或轻微损坏，能够保持其正常使用功能；结构处于弹性工作阶段；

在设计地震情况下，结构震后可能损坏，经修补，短期内能恢复其正常使用功能；结构整体处于非弹性工作阶段；

在罕遇地震情况下，结构震后可能产生较大破坏，但不出现整体倒塌，经抢修后可限速通车；结构处于弹塑性工作阶段；

上述设防目标的思路与《建筑抗震设计规范》GB 50011—2010 中提出的"小震不坏、重震可修、大震不倒"是一致的。

为实现上述设防目标，建筑抗震计算分析应分为两阶段。第一阶段是强度验算，取第一水准（小震）的地震动参数进行弹性结构分析，这样既满足了在第一水准下具有必要的承载力可靠度，又满足第二设防水准的损坏可修的目标。第二阶段是弹塑性变形验算，通过相应的构造措施，实现第三水准的设防要求。

（3）抗震设防标准

抗震设防标准是衡量抗震设防要求的尺度，由抗震设防烈度和道路工程结构物使用功能的重要性确定，包含地震作用和抗震措施两方面的内容。

1）地震作用

隧道的地震作用一般可采用静力法计算，高烈度区域隧道及重点隧道可采用动力法核算。验算隧道结构的抗震强度和稳定性时，地震荷载应只与结构重力和土的重力组合。

① 地震系数

验算隧道结构地震作用时，水平地震系数 K_h 应按表 7.2-13 采用，竖向地震系数 K_v 取 $0.5K_h$ 值。

水平地震系数　　　　　　　　　表 7.2-13

抗震设防烈度（度）	7		8		9
地震动峰值加速度（g）	0.10	0.15	0.20	0.30	0.40
水平地震系数 K_h	0.10	0.15	0.20	0.30	0.40

注：表中水平地震系数为地表值，主要适用于浅埋段，对深埋隧道不适用。

根据震害调查结果，除震中等极高烈度区外，竖向地震作用对公路隧道结构的影响较小。因此，除高烈度区（9 度及以上）以及大跨或棚洞结构外，验算隧道结构的地震作用时可不考虑竖向地震作用。

② 重要性修正系数

对隧道结构的地震作用,应根据路线等级及修复(抢修)的难易程度,按不低于表 7.2-14 的规定进行修正。

重要性修正系数 C_i　　　　　表 7.2-14

路线等级	重要性修正系数
高速公路、一级公路、干线二级公路及生命线工程	1.3
非干线二级公路、干线三级公路	1.0
非干线三级公路、四级公路	0.8

2)抗震措施

隧道结构需按设防烈度采取抗震措施。对于高速公路和一级公路上的隧道工程,可比设防烈度提高一度采取抗震措施,设防烈度为 9 度的地区,提高一度的抗震措施应专门研究。

(4)结构强度及稳定性验算规定

1)对于隧道衬砌结构,应根据结构设计安全等级以及抗震设防烈度参照表 7.2-15 确定是否对结构强度及整体稳定性进行验算分析。

隧道衬砌抗震强度和稳定性验算建议表　　　　　表 7.2-15

结构安全等级	结构条件	抗震设防烈度(度)		
		7 度	8 度	9 度
一级	浅埋偏压Ⅲ~Ⅳ级	●	★	★
	Ⅴ~Ⅵ级	●	★	★
二级	浅埋偏压Ⅲ~Ⅳ级	—	●	★
	Ⅴ~Ⅵ级	—	★	★
三级	浅埋偏压Ⅲ~Ⅳ级	—	—	●
	Ⅴ~Ⅵ级	—	—	★

注:1.★表示一般情况下应进行验算,●表示动参数取高值或为大跨度隧道时应进行验算;
　　2.当为大跨度或超大跨度隧道,应适当扩大验算范围;
　　3.当抗震设防烈度大于 9 度时应专门研究。

2)明洞结构强度和稳定性验算,一般情况下可参照表 7.2-16 执行。

明洞及棚洞抗震强度和稳定性建议表　　　　　表 7.2-16

结构安全等级	抗震设防烈度		
	7 度	8 度	9 度
一级	●	★	★
二级	—	★	★
三级	—	—	★

注:1.★表示一般情况下应进行验算,●表示动参数取高值或为大跨度隧道时应进行验算;
　　2.当为大跨度或超大跨度隧道,应适当扩大验算范围。

3)洞门结构强度和稳定性验算,一般情况下可参照表 7.2-17 执行。

洞门结构抗震强度和稳定性验算建议表　　　　表 7.2-17

结构安全等级	抗震设防烈度		
	7度	8度	9度
一级	—	★	★
二级	—	●	★
三级	—	—	●

注：1. ★表示一般情况下应进行验算，●表示动参数取高值或为大跨度隧道时应进行验算。
　　2. 当为大跨度或超大跨度隧道，应适当扩大验算范围。

（5）结构强度安全系数

隧道衬砌和明洞结构的强度安全系数应符合表 7.2-18 的规定。

衬砌和明洞结构的强度安全系数　　　　表 7.2-18

受力特征 \ 材料种类	钢筋混凝土	混凝土	石砌体
混凝土或砌体达到抗压极限强度	—	1.8	2.0
混凝土达到抗拉极限强度	—	2.5	—
钢筋达到设计强度或混凝土达到抗压极限强度	1.5	—	—
混凝土达到抗拉极限强度（主拉应力）	1.8	—	—

（6）结构稳定安全系数

洞门墙、洞口挡土墙、单压明洞外墙和棚洞边墙的抗滑稳定系数 K_c 应不小于 1.1，抗倾覆稳定系数 K_0 不小于 1.2。

2. 衬砌抗震设计

（1）设防措施

1）隧道衬砌宜采用带仰拱的曲墙式衬砌。

2）明暗洞交界处、软硬岩交界处以及断层破碎带段宜结合沉降缝、伸缩缝的设置综合考虑设置抗震缝。对于地震动峰值加速度系数为 0.2~0.4 的地区，抗震缝纵向间距可取 10~15m。

3）严禁衬砌背后存在空洞，当存在以上问题时，衬砌背后应压注水泥砂浆。

4）当隧道穿越发震断裂时，衬砌断面应适当加大。根据以往震害调查资料，当隧道穿越发震断裂时一般可将衬砌断面加大 30~100cm。

5）隧道的洞口段、浅埋偏压段、深埋段内软弱围岩段、活动性断层及断层破碎带为抗震设防地段，其设防长度可根据地形、地质条件确定，浅埋软弱带设防范围应适当向两端质量较好的地段延伸：中跨度及其以下隧道延伸 5~10m，大跨度及其以上隧道延伸 10~20m。

隧道抗震设防范围的最小长度（单位：m）　　　　表 7.2-19

地段	围岩级别	地震动峰值加速度系数				
		0.1	0.15	0.2	0.3	0.4
洞内段	Ⅲ~Ⅳ	15	15	20	20	20
	Ⅴ~Ⅵ	20	20	25	25	25

续表

地段	围岩级别	地震动峰值加速度系数				
		0.1	0.15	0.2	0.3	0.4
洞口段	Ⅲ~Ⅳ	15	20	25	25	30
	Ⅴ~Ⅵ	20	25	30	30	35

（2）建筑材料

抗震设防段衬砌结构建筑材料可按表 7.2-20 采用。

抗震隧道衬砌建筑材料基本要求　　　　表 7.2-20

工程名称	围岩级别（级）	地震动峰值加速度系数				
		0.1	0.15	0.2	0.3	0.4
深埋衬砌	Ⅲ	混凝土				钢筋混凝土
	Ⅳ	混凝土			钢筋混凝土	
	Ⅴ~Ⅵ	混凝土或钢筋混凝土			钢筋混凝土	
浅埋偏压衬砌	Ⅲ	混凝土				钢筋混凝土
	Ⅳ	混凝土			钢筋混凝土	
	Ⅴ~Ⅵ	混凝土或钢筋混凝土			钢筋混凝土	
活动性断层衬砌	Ⅳ~Ⅵ	钢筋混凝土				

注：本表主要针对结构安全等级为一级的双车道隧道，其他等级或跨度的隧道可适当调整。

3. 明洞及棚洞抗震设计

地震区明洞应采用钢筋混凝土结构；当抗震设防烈度高于 7 度时，明洞边墙及拱部外侧应采用浆砌片石或素混凝土回填；单压明洞外侧平衡挡墙与明洞衬砌宜采用分离的构造方式；棚洞应采取措施防止落梁；抗震设防烈度 8 度及以上地区，不宜采用悬臂式棚洞。

（1）拱形明洞抗震设防措施

1）明洞应置于稳定基础之上，当基础可能出现地震液化或震陷等不良地震反应时，应采取可靠的处置措施。

2）明洞整体稳定受滑动控制时，应采取抗滑措施，如加强仰拱、加大基础埋深、设钢筋混凝土拉杆或采用桩基础等。

3）耳墙式明洞的耳墙与拱部结构间的空隙，宜采用浆砌片石或混凝土回填密实。

4）对难以避免的施工缝应进行加强处理，以增强结构的整体性。

5）明洞左右侧或前后端基础差异较大时应采取措施，减小结构不均匀沉降。

（2）棚洞抗震设防措施

1）当棚洞采用预制 T 形顶梁或 H 形梁结构时，应采用与梁翼等宽的垂榫嵌固于内边墙钢筋混凝土顶帽凹槽内，如就地灌注的顶梁，应用钢筋与内边墙顶帽作柔性链接。

2）内边墙钢筋混凝土顶帽宜用锚杆锚固于边坡基岩中，已成路堑内边墙后修建空腹结构物时，宜将锚杆通过空腹结构物锚固于边坡基岩中。

3）对于钢架式棚洞，当立柱基底埋置在路面以下大于 3m 时，应设置钢筋混凝土纵撑和横撑；超过 10m，应另行验算。

4.洞门抗震设计

(1) 洞门设计原则

地震区隧道洞门应重视概念设计,从建筑材料、洞门形式、地基处理、构造措施等方面着手提高隧道洞门的抗震性能。首先,应从隧道洞门形式入手,因地制宜选择抗震性能良好的洞门,在高烈度地震区不可采用棚洞,宜多采用削竹式洞门,地质条件较好及受地形条件限制时可采用端墙式洞门;其次,应辅以必要的抗震验算;最后,还应采取有效可靠的构造措施。

(2) 洞门建筑材料

洞门建筑材料见表7.2-21。

洞门建筑材料　　　　　表7.2-21

工程部位		抗震设防烈度(度)		
		7级	8级	9级
洞门端墙	单车道	—	M10浆砌片石	片石混凝土
	双车道	M7.5浆砌片石	片石混凝土	混凝土
	三车道	M10浆砌片石	混凝土	钢筋混凝土
洞口挡土墙或翼墙	$H \leqslant 10m$	M7.5浆砌片石	M10浆砌片石	
	$H > 10m$	M10浆砌片石	片石混凝土或混凝土	

(3) 墙式洞门设防措施

1)墙式洞门宜采用仰斜式。

2)洞门端墙平面及内部结构布置应对称简洁,端墙顶部应避免设置凸出或挑出结构,否则应采取可靠措施保证链接牢固。

3)抗震设防烈度8度及以上地区,洞门端墙与衬砌之间、端墙与挡翼之间应加设短钢筋或设置榫头等抗震链接措施,端墙嵌入两边边坡的深度应适当加大。

4)洞门端墙、翼墙及其他挡土墙后的空隙应回填密实,填料可用浆砌片石,且应注意排水,以免墙后地下水阻塞而淤积在背后。

5)洞门端墙与距洞门不大于3m的翼墙、挡土墙以及洞口衬砌应同时连续施工,链接为整体。

6)洞门基底应牢固可靠,当基底承载力不足时,应采取换填、扩大基础、基底注浆等措施处理。

7)洞口在地震作用下可能发生坍塌时,应严格限制边仰坡开挖高度,并在不利于抗震的地形处设置明洞或其他防落石措施。

8)洞门墙长度较大或地基条件有明显变化处应设置抗震缝。

(4) 削竹式洞门设防措施

1)必须确保洞门正面回填土坡稳定,仰坡坡率的确定应充分考虑地震的影响,地质条件较差时,应采用锚、喷、注浆等措施进行处理。

2)洞门边仰坡宜采用植被防护,利用植物根系稳固松散边坡。

3)洞门衬砌应突出仰坡面一定高度,设防烈度8度及以下不小于2m,设防烈度8度以上不小于3m。

4) 洞门衬砌端部外侧宜设环框,环框高度不宜小于0.3m。

5.隧道减震

(1) 隧道减震措施分类

减轻地震灾害主要有两个途径,即抗震和减震。抗震即加强结构、加大构件截面尺寸、加强构件配筋、提高结构刚度等;减震即在结构中合理设置减震耗能装置,或通过隔震装置限制和减少地震波向结构的输入。对于地下结构,可以通过改变地下结构的刚度、质量、强度、阻尼等使之适应地层的变形,从而减少结构的地震反应,或在结构与地层之间设减震层,使地层的变形难于传递到结构,减小结构的地震响应。地下结构减震技术分类见表7.2-22。

地下结构减震技术分类　　　　表 7.2-22

序号	结构情况	减震方法	实现途径
1	改变结构	减少质量	采用轻集料混凝土
2		增加强度	采用钢纤维混凝土
3		增加阻尼	采用聚合物混凝土
4		减少刚度	粘贴大阻尼材料,使其成为复合结构
5			喷锚网支护或钢纤维喷射混凝土
6	不改变结构	设置减震装置	在衬砌与围岩间设置减震器
7			在衬砌与围岩间设置板式减震层
8			在衬砌与围岩压注减震材料

(2) 减震装置

减震装置设置在地下结构与围岩之间,其弹性系数比围岩小,用以吸收围岩形变能,从而减小地下结构的内力。

减震装置主要包括:减震器、板式减震层、压注式减震层等,表7.2-23列出了常规的减震装置及其基本特征。

减震装置　　　　表 7.2-23

序号	减震装置	基本特征
1	减震器	由提供刚度的弹簧和提供阻尼的橡胶料组成,主要有承压式和承剪式减振器,目前已有很多厂家生产
2	板式减震层	由橡胶等材料制成的具有一定厚度的板材,或由软质橡胶和废轮胎,用黏合剂固结形成橡胶碎片板
3	沥青系	在沥青乳剂中混入硬化材料作为主材,添加作为胶凝材料的高吸水性、高分子物质
4	氨基甲酸乙酯	由主材和硬化材料构成的两液混合型氨基甲酸乙酯系材料,加入调整塑性的多元醇化合物形成
5	硅树脂系	由主材和硬化材料构成的两液混合型硅树脂系材料,加入调整塑性的多元醇化合物形成
6	液态橡胶系	由液状橡胶系和沥青构成主材,加入硬化材料形成

7.2.5 隧道开挖方法

隧道开挖方法的选择是隧道设计、施工过程中的重要部分，应对地形、地质条件、隧道埋深、衬砌类型、断面形状及跨度、施工的技术条件等因素综合分析后确定。隧道施工开挖方法选择需遵循"安全、实用、经济合理"的原则。

开挖方法应考虑以下主要因素：
(1) 隧道工程地质及水文地质条件。
(2) 隧道的长度与隧道跨度。
(3) 有关环境污染、地面沉降等环境方面的要求和限制。
(4) 为加快施工进度和通风而增设竖井、斜井、横洞及平行导洞等。
(5) 施工技术条件和机械装备情况。
(6) 施工过程中安全状况。

1. 单洞隧道开挖方法

单洞隧道（或分离隧道）的施工方法可根据岩体稳定程度及隧道跨度等条件，采用全断面法、台阶法、分部开挖法三大类及由其变化的开挖方法。各类隧道施工方法见表7.2-24。

施工开挖方法分类表　　　　　　　　　　　表7.2-24

编号	施工方法	
1	全断面法	
2	台阶法	长台阶法
		短台阶法
		超短台阶法
3	分部开挖法	台阶分部开挖法
		单侧壁导坑法
		双侧壁导坑法
		CRD开挖法

钻爆设计应使用光面爆破或预裂爆破技术，宜放小炮，尽量减少爆破对围岩的扰动。爆破参数的选择，均应通过试验确定。爆破或其它作业所引起地面震动，不得损坏地面现有建筑物和公共设施。为此，必须在建筑物和公共设施设置震动观测点进行爆破振动速度检测，量测最大振动速度应符合表7.2-25。

矿山法隧道工程爆破振动速度安全允许标准　　　　　表7.2-25

序号	保护对象	安全允许振动速度(cm/s)		
		<10Hz	10~50Hz	50~100Hz
1	土窑洞、土坯房、毛石房屋、旧房、危房	0.5~1.0	0.7~1.2	1.1~1.5
2	一般砖房、非抗震的大型砌块建筑物	2.0~2.5	2.3~2.8	2.7~3.0
3	钢筋混凝土结构房屋	3.0~4.0	3.5~4.5	4.2~5.0
4	一般古建筑与古迹	0.1~0.3	0.2~0.4	0.3~0.5

续表

序号	保护对象	安全允许振动速度(cm/s)		
		<10Hz	10~50Hz	50~100Hz
5	锚喷隧道(稳定的围岩类别)		15.0	
6	锚喷隧道(不稳定的围岩类别)		10.0	
7	衬砌隧道(初凝≤3d)		2.0	
8	衬砌隧道(初凝 4~28d)		4.0	
9	衬砌隧道(初凝>28d)		5.0	
10	地面浅埋管线		1.5	
11	居民区人员		1.5	
12	水下附近岩层(海、河处岩层)		5.0	

(1) 全断面法

全断面法是按照隧道设计轮廓线一次爆破成型的施工方法，一般适用于围岩级别Ⅰ~Ⅱ级，岩质较完整的硬岩中。施工中须具备大型机械设备。全断面法的工序少，相互干扰少，便于组织施工和管理；工作空间大，便于组织大型机械化施工，施工速度快的优点。采用全断面法施工应注意初期支护需及时跟进，及时约束围岩变形，充分发挥围岩的承载作用。图 7.2-17 是全断面法示意图。

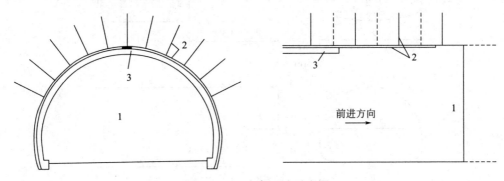

图 7.2-17 全断面法示意图

(2) 台阶法

台阶法包括长台阶法、短台阶法和超短台阶法三种，其是根据台阶长度来划分的。

1) 长台阶法

长台阶法是将断面分成上半断面和下半断面两部分进行开挖。上、下断面相距较远。一般上台阶已施工 50m 以上或大于 5 倍洞跨距离，上、下断面才可平行作业。当隧道长度较短时，亦可先将上半断面全部挖通后，再进行下半断面施工，即为半断面法。长台阶法施工时应防止拱脚下沉。当围岩软弱不易改变施工工序时，应根据围岩变形情况设置锁脚锚杆或加大拱脚宽度。当监控、量测变形下沉较大时，应及时改变施工方法，及时落底。

2) 短台阶法

短台阶法是将隧道分成上、下两个断面进行开挖，但两个断面相距较近。一般上台阶长度小于5倍但大于1～1.5倍洞跨。两台阶不能全部平行作业。采用短台阶法时，初期支护全断面闭合宜在距开挖面30m以内，或距开挖上半断面开始的30天内完成。当初期支护变形、下沉显著时，要及时采取稳固措施。

3）超短台阶法

超短台阶法要求上台阶仅超前5～10m，只能采用交替作业。因机械设备集中，作业时相互干扰较大，生产效率较低，施工速度较慢。采用超短台阶法施工时应特别注意开挖工作面的稳定性，应设置强有力的超前辅助施工措施。

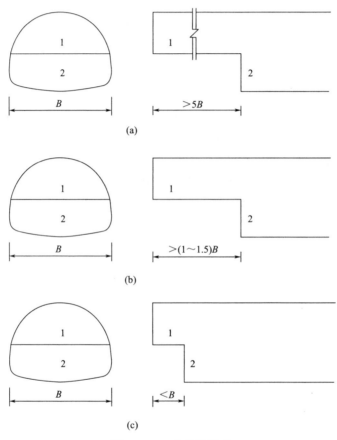

图 7.2-18　台阶法示意
(a) 长台阶法；(b) 短台阶法；(c) 超短台阶法

对于在全断面法中开挖面不能自稳，但围岩坚硬不需要用仰拱封闭断面的情况，可采用长台阶法，一般适用于Ⅲ级以上围岩；短台阶法可缩短支护结构闭合的时间，改善初期支护的受力条件，有利于控制隧道收敛速度和量值，一般适用于Ⅴ～Ⅲ级围岩；超短台阶法初期支护全断面闭合时间更短，更有利于控制围岩变形，适用于膨胀性、土质软弱围岩，要求及早闭合断面的场合。

台阶法施工时下半断面的开挖（又称落底）和封闭要求采用单侧落底或双侧交错落底，避免上部初期支护两侧拱脚同时悬空。并视围岩状况严格控制落底长度，一般采用1～3m，并不得大于6m。设计时可采取扩大拱脚、打设拱脚锚杆、加强纵向联接等措施。

（3）分部开挖法

分部开挖法一般主要包括四种变化方案：台阶分部开挖法、单侧壁导坑法、双侧壁导坑法、CRD法。

1）台阶分部开挖法

台阶分部开挖法又称环形开挖留核心土法，一般将断面分成为环形拱部、上部核心土、下部台阶三部分，一般适用于软弱的Ⅴ级围岩。根据断面的大小，环形拱部又可分成几块交替开挖。环形开挖进尺为0.5~1.0m，不宜过长。上部核心土和下台阶的距离，一般为1倍隧道洞跨。当围岩稳定性差，开挖后掌子面坍塌时，可转化为三台阶法施工，上台阶开挖长度1~2m，中台阶及时跟进，做到及早落底成环。

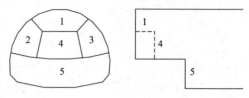

图7.2-19　台阶分部开挖法示意

① 台阶分部开挖法中，由于上部留有核心土支挡着开挖面，而且能迅速及时地施作拱部初期支护，所以开挖面稳定性好，适用于一般土质或易坍塌的软弱围岩中。与超短台阶法相比，台阶长度可以加长，减少上下台阶施工干扰；而与下述的侧壁导坑法相比，施工机械化程度较高，施工速度可加快。

② 采用台阶分部开挖时，虽然核心土增强了开挖面的稳定，但开挖中围岩要经受多次扰动，而且断面分块多，支护结构形成全断面封闭的时间较长，这些都有可能使围岩变形增大。应结合辅助施工措施对开挖工作面及其前方岩体进行预支护或预加固。

③ 台阶分部法适合台阶法施工的及时转换，且较台阶法落底成环较早，可有效的减小围岩的变形收敛受力。

2）单侧壁导坑法

单侧壁导坑法又称中隔墙法或CD法。该工法是将断面分成两大块，其中每一块采用上下台阶法开挖。单侧壁导坑法一般适用于Ⅵ、Ⅴ级围岩，断面跨度大，地表沉陷要求控制的隧道中。侧壁导坑尺寸应充分考虑地质条件、断面形状、机械设备和施工条件而定，其宽度通常为0.5倍洞宽。临时中隔壁设置为弧形或直线，其强度应根据地质条件而定。图7.2-20是单侧壁导坑法示意图。

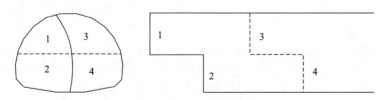

图7.2-20　单侧壁导坑法示意

单侧壁导坑法的施工作业顺序为：

① 以上下台阶法开挖侧壁导坑，并进行初期支护（锚杆加钢筋网，或锚杆加钢支撑，或钢支撑，喷射混凝土），应尽快使导坑的初期支护闭合。

② 相隔30~50m后以上下台阶法开挖另一侧导坑，使其一侧支承在导坑的初期支护上，并尽快施作底部初期支护，使全断面闭合。

③ 拆除导坑临时部分的初期支护。
④ 浇筑二次衬砌。

3）双侧壁导坑法

双侧壁导坑法又称眼镜工法。该工法是将断面分成四块：左、右侧壁导坑、上部核心土、下台阶。图 7.2-21 为双侧壁导坑法示意图。

它一般适用于隧道跨度相对较大，地表沉陷要求严格，围岩条件特别差，单侧壁导坑法难以控制围岩变形的情况。双侧壁导坑法中导坑宽度应充分考虑机械设备和施工条件，尺寸不宜超过断面最大跨度的 1/3。左、右侧导坑错开的距离，应根据开挖一侧导坑所引起的围岩应力重新分布的影响不致波及另一侧已成导坑稳定的原则确定，通常不小于 15m。临时支护导坑设置为弧形。

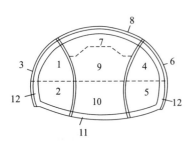

图 7.2-21 双侧壁导坑法示意图

双侧壁导坑法设计的施工作业顺序为：
① 开挖一侧导坑，并及时地将其初期支护闭合；
② 相隔适当距离后开挖另一侧导坑，并施作初期支护；
③ 开挖上部核心土，施作拱部初期支护，拱脚支承在两侧壁导坑的初期支护上；
④ 开挖下台阶，施作底部的初期支护，使初期支护全断面闭合；
⑤ 拆除临时支护，浇筑二次衬砌。

图 7.2-22 为双侧壁导坑法开挖工序平面示意图。

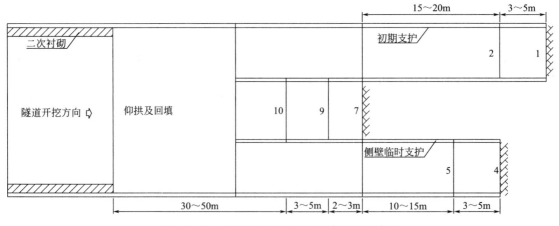

图 7.2-22 双侧壁导坑法开挖工序平面示意图

4）CRD 工法

CRD 工法又称带临时仰拱的中壁墙法。该工法是将隧道整个断面分割成若干个开挖单元，具有台阶法及侧壁导坑法的优点，同时又具有施工进度快，工序转换灵活的特点。一般适用于大跨度或特大跨度隧道断面，特别是软弱围岩施工和受力不均的隧道。CRD 工法应配备小型挖掘及转载设备，临时中隔壁设置为弧形。

CRD 工法设计的施工作业顺序可采用 1、2、3、4 类似单侧壁导坑法施工，或采用 1、

3、2、4类似台阶法施工。但每一开挖导坑的距离应小于1倍洞跨,各导坑应及时封闭成环。如图7.2-23所示。

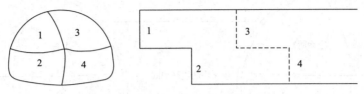

图7.2-23 CRD工法示意

2. 小净距隧道施工方法

小净距隧道的主要施工方法有双洞单侧壁导坑法、单洞单壁导坑法以及双洞上下台阶法三种。双洞单侧壁导坑法一般适用于地质条件较差(地层以土质或强风化为主,开挖方式主要采用机械辅以弱爆破)的Ⅴ级围岩地段;单洞单侧壁导坑法一般适用于Ⅳ级围岩地段;双洞上下台阶法一般适用于Ⅲ级围岩地段。

在选择小净距隧道的施工方法时,应保证中岩柱(墙)的围岩稳定,重点控制爆破震动对中岩柱(墙)的危害。Ⅴ级围岩应以机械开挖为主,辅以微量的弱爆破,对Ⅲ、Ⅳ、Ⅴ级围岩,小净距隧道爆破震动速度控制标准见表7.2-26。

小净距隧道爆破震动速度控制标准值　　　　　　　　　　表7.2-26

围岩级别	小净距隧道爆破震动速度控制标准值(cm/s)		
	A(严重影响)	B(一般影响)	C(轻微影响)
Ⅲ	8~10	10~12	15~20
Ⅳ	5~8	8~10	10~15
Ⅴ	<5	5~8	8~10

一般先行洞的开挖可采用与分离式隧道相同的施工方法。后行洞的开挖,当采用侧壁导坑法开挖时,宜先开挖远离中岩柱(墙)一侧。小净距隧道施工应符合以下要求:

1) 为了降低小净距隧道开挖爆破振动造成的相互影响,避免中岩墙受到多次扰动,小净距隧道的两隧道掌子面距离宜控制在2倍开挖跨度以上。

2) 在开挖掌子面前、后1倍开挖跨度范围内应加强监控量测,在掌子面前、后2B(B是隧道跨度)范围内宜注意量测,超过此距离,监控量测频率可以减小。

3) 在小净距隧道施工中,初期支护应及时跟进并封闭,对保证围岩、中岩柱、支护受力较为有利。二次衬砌宜在初期支护和围岩变形基本稳定后再浇筑。为减轻后行洞开挖爆破对先行洞二次衬砌的影响,先行洞二次衬砌宜落后于后行洞掌子面2B以上,并满足稳定的条件。

4) 后行洞的初期支护(落底成环后的)应超前先行洞的二次衬砌1倍开挖跨度以上。

5) 先行、后行隧道的相邻洞室掌子面距离宜保持2倍开挖跨度以上。

(1) 双洞单侧壁导坑法

主要工序如下:

1) 先行洞施工顺序:上台阶1超前支护(含中间岩柱超前注浆加固)→上台阶1开

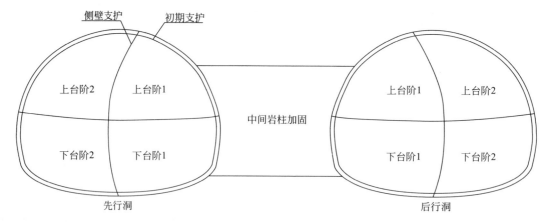

图 7.2-24 双洞单侧壁导坑法开挖工序横断面图

挖→上台阶 1 初期支护（含侧壁临时支护及中间岩柱加固）→下台阶 1 超前支护（含中间岩柱超前注浆加固）→下台阶 1 开挖→上台阶 1 初期支护（含侧壁临时支护及中间岩柱加固）→上台阶 2 超前支护→上台阶 2 开挖→上台阶 2 初期支护→下台阶 2 开挖→下台阶 2 初期支护→拆除侧壁临时支护→仰拱及仰拱回填施工→防水板及二次衬砌施工。

2）后行洞施工顺序同先行洞。

3）施工时应注意先行洞二次衬砌应晚于后行洞初期支护成环 10m 以上。

（2）单洞单侧壁导坑法

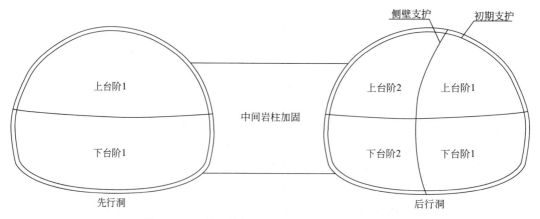

图 7.2-25 单洞单侧壁导坑法开挖工序横断面图

主要工序如下：

1）先行洞施工顺序：上台阶 1 超前支护（含中岩墙超前注浆加固）→上台阶 1 开挖→上台阶 1 初期支护（含中岩墙加固）→下台阶 1 中岩墙超前注浆加固（如有）→下台阶 1 开挖→下台阶 1 初期支护（含中岩墙加固）→仰拱及仰拱回填施工→防水板及二次衬砌施工。

2）后行洞施工工序：上台阶 1 超前支护（含中岩墙超前注浆加固）→上台阶 1 开挖→上台阶 1 初期支护（含侧壁临时支护及中岩墙加固）→下台阶 1 超前支护（含中岩墙超前注浆加固）→下台阶 1 开挖→上台阶 1 初期支护（含侧壁临时支护及中岩墙加固）→上

台阶 2 超前支护→上台阶 2 开挖→上台阶 2 初期支护→下台阶 2 开挖→下台阶 2 初期支护→拆除侧壁临时支护→仰拱及仰拱回填施工→防水板及二次衬砌施工。

3) 应注意先行洞二次衬砌应晚于后行洞初期支护落底 10m 以上，且距掌子面不小于 30m，为支护收敛变形预留一定的时间。

（3）双洞上下台阶法

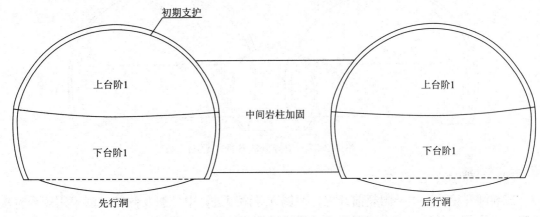

图 7.2-26　双洞上下台阶法开挖工序横断面图

主要工序如下：

1) 先行洞施工顺序：上台阶 1 超前支护（含中岩墙超前注浆加固）→上台阶 1 开挖→上台阶 1 初期支护（含中岩墙加固）→下台阶 1 中岩墙超前注浆加固（如有）→下台阶 1 开挖→下台阶 1 初期支护（含中岩墙加固）→仰拱及仰拱回填施工→防水板及二次衬砌施工。

2) 后行洞施工顺序同先行洞。

3) 后行洞开挖一般落后先行洞 2B 以上距离，掏槽眼布置宜远离中间岩柱。

4) 应注意先行洞二次衬砌应晚于后行洞初期支护落底 10m 以上，且距掌子面不小于 30m，为支护收敛变形预留一定的时间。

3. 连拱隧道施工方法

连拱隧道受力复杂，施工中工序转换较多，对支护的质量要求高，施工步骤、施工工序应紧密结合，避免受力体系转化过程中出现问题。连拱隧道开挖时应考虑其埋深浅、跨度大、地质条件复杂、受雨季地表水影响大的特点，必须遵守"弱爆破、短进尺、紧支护、早闭合"的原则，按照设计要求严格控制监控量测，用量测分析结果指导施工。连拱隧道应根据结构需要设置变形缝，双洞变形缝应设置在同一位置，并应注意隧道纵向荷载对结构的影响。

主洞开挖爆破时应符合下列规定：

1) 后开挖的一侧中隔墙侧边应回填或支撑顶紧，以防止拱部不平衡推力对中墙结构造成危害。

2) 爆破设计时，不得以中导洞作为爆破临空面。

3) 相邻洞室的最大临界震动速度不宜大于 15m/s。

连拱隧道施工方法主要有中导洞开挖法和三导洞开挖法。处于Ⅱ～Ⅲ级围岩地段的连拱隧道宜采用中导洞开挖法；处于Ⅳ～Ⅴ级围岩地段的连拱隧道宜采用三导洞开挖法。

(1) 中导洞法

中导洞开挖法：即先贯通中导洞并浇筑中墙混凝土，然后采用台阶法开挖左右主洞，最后全断面施作二次衬砌。施工时左右洞错开的距离一般不小于20m，如图7.2-27所示。

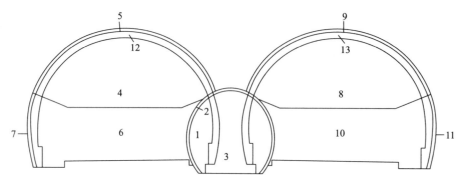

图7.2-27 中导洞法开挖示意图

(2) 三导洞法

三导洞开挖法：中导洞超前开挖，两侧壁导洞跟进，中导洞及侧壁导洞采用短台阶法施工，中导洞贯通后浇筑中墙混凝土，拱部采用预留核心土环型开挖法，然后采用台阶法开挖左右主洞，最后全断面施作二次衬砌，如图7.2-28所示。

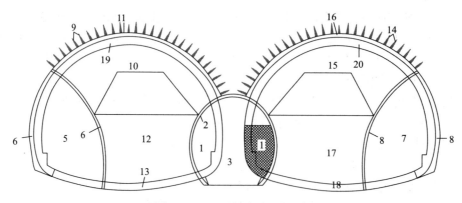

图7.2-28 三导洞法开挖示意

4. 分岔隧道施工方法

分岔隧道施工方法包括大拱段施工、连拱段施工、小净距段施工、过渡段施工。应根据地形、地质条件、隧道埋深、断面形状及尺寸、施工的技术条件等因素选择合适的施工方法。连拱段及小净距段施工参见其他章节相关内容。

(1) 大拱段施工

分岔隧道中四车道大拱段衬砌长度一般在100m左右，不宜频繁转换施工开挖方法，因此宜根据该段最差的地质条件制定统一的施工开挖方案。Ⅴ级围岩地段的四车道大拱段宜采用三导坑（双侧导坑＋上导坑）法开挖，也可采用双侧壁导坑法开挖；Ⅳ级围岩地段的四车道大拱段宜采用双侧壁导坑法开挖或上导洞先行的多台阶法开挖；Ⅱ、Ⅲ级围岩地段的四车道大拱段宜采用多台阶法开挖。

1) 大拱段双侧壁导坑法主要施工工序如下（图 7.2-29）：

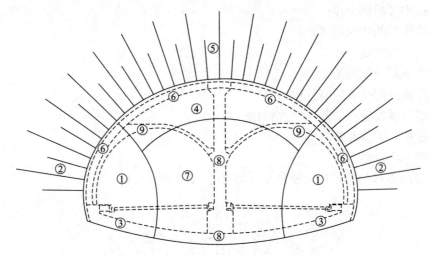

图 7.2-29　大拱段双侧壁导坑法开挖示意

① 开挖左右侧导洞：地质条件偏好时可以同步开挖；
② 施作左右导洞初期支护；
③ 施作导坑内仰拱二次衬砌及边墙基础；
④ 上半断面弧形开挖；
⑤ 施作上半断面初期支护；
⑥ 用组合模板施作全断面二次衬砌；
⑦ 核心土及仰拱开挖；
⑧ 施作仰拱；
⑨ 施作三次衬砌。

2) 大拱段多台阶开挖法（上导洞先行）主要施工工序如下（图 7.2-30）：

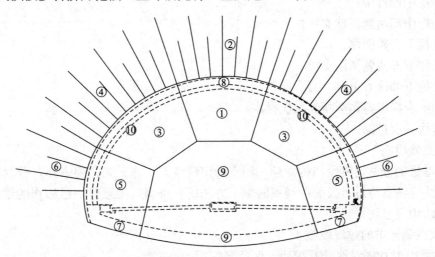

图 7.2-30　大拱段多台阶开挖法（上导洞先行）开挖示意

① 开挖上部导洞；

第 7 章　隧道结构设计

② 施作上部初期支护；
③ 开挖中部两侧土体；
④ 施作中部两侧初期支护；
⑤ 开挖下部两侧土体；
⑥ 施作下部两侧初期支护；
⑦ 施作两侧仰拱及边墙基础；
⑧ 用组合模板施作全断面二次衬砌；
⑨ 开挖核心土体及施作仰拱；
⑩ 施作三次衬砌。

3) 大拱段多台阶开挖法主要施工工序如下（图7.2-31）：

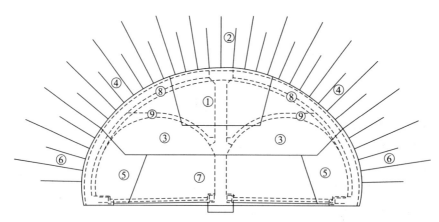

图 7.2-31　大拱段多台阶开挖法开挖示意

① 开挖上部台阶；
② 施作上部初期支护；
③ 开挖中部台阶；
④ 施作中部两侧初期支护；
⑤ 开挖下台阶两侧；
⑥ 施作下部两侧初期支护；
⑦ 开挖下部核心土；
⑧ 用组合模板施作全断面二次衬砌；
⑨ 施作三次衬砌。

(2) 过渡段施工

分岔隧道的分岔过渡段结构复杂，洞室稳定性较差，施工工艺要求高，分岔隧道过渡段施工方法应注意与过渡段前后洞室的施工方法统一协调，注意保护已施作的结构及保护需要保留的中夹岩柱。

1) 大拱到连拱的过渡段施工

① 注意及时加固过渡处开挖面，保证开挖面的稳定。
② 只能在大拱段初期支护完成落底甚至仰拱施作完成后才能进行连拱隧道的开挖。
③ 连拱衬砌起始段10m可考虑降低一级围岩进行支护设计，施工开挖方法也应按降

低围岩级别进行，以保证施工安全。

④ 地质条件较差时应适当加强连拱起始段的超前支护以及导洞支护。

⑤ 施工过程中注意保证衬砌背后排水系统的通畅以及防水层的完整性。

2）连拱到小净距隧道的过渡段施工

① 只能在连拱段中隔墙施作完成并达到设计强度后才能向前开挖小净距隧道。

② 小净距隧道衬砌起始段 10m 可考虑降低一级围岩进行支护设计，施工开挖方法也应按降低后围岩级别进行，以保证施工安全。

③ 开挖过程注意保护已施作的连拱隧道中隔墙以及需要保留的中夹岩柱。

④ 充分重视中夹岩柱上系统锚杆或对拉钢筋的施工质量。

在施工过程中，应加强对分岔过渡段洞室周边变形及支护结构内力的监控量测，根据监控量测数据及时调整开挖方法以及支护参数，确保施工安全及结构的永久安全。

7.2.6 辅助工程措施

1. 概述

当隧道浅埋、严重偏压、穿越岩溶、流泥地段、砂土层、砂卵（砾）石层、回填土、自稳性差的软弱破碎地层、断层破碎带以及大面积淋水或涌水地段时，应采用辅助措施对既有地层进行加固处理。

隧道常用的辅助施工措施按其功能和效果，可分为地层稳定措施与涌水处理措施。地层稳定措施又可分为地层支护措施与地层加固措施；涌水处理措施又可分为排水措施与注浆止水措施，见表 7.2-27。

常用辅助施工措施分类　　　　　表 7.2-27

地层稳定措施	地层支护措施	超前支护	超前锚杆
			超前自进式锚杆
			超前小钢管
			超前小导管
			超前大管棚
			超前水平高压旋喷
		临时封闭或支撑	掌子面封闭
			临时仰拱封闭
			临时构件支撑
			拱部扇形支撑
			双侧壁开挖法导坑支护
	地层加固措施	超前加固	超前周边加固注浆
			超前全断面加固注浆
		周壁加固	周壁加固注浆
		地表加固	地表砂浆锚杆
			地表加固注浆
		保护构造物	墙式遮挡

续表

		超前排水	超前钻孔排水
涌水处理措施	排水措施		超前导坑排水
		排水槽(坑)	
		井点降水	轻型井点降水
			深井降水
	注浆止水措施	超前周边止水注浆	
		超前帷幕止水注浆	
		周边止水注浆	

对施工中不稳定的作业面应采取掌子面封闭、设置临时仰拱封闭等临时或局部的辅助措施,在完成开挖或主体结构支护封闭后,临时封闭措施应予以拆除;在地层极其松散、软弱的地段,为预防洞室周边岩体坍塌、减少洞室周边地层的变形,宜采用地层加固措施;在地质条件较差且地下水较为丰富的地段,宜采用注浆止水措施。

辅助施工措施应与隧道主体支护结构的设计、施工开挖方法的选择密切配合,在施工过程中应加强监控量测与信息反馈,以便及时调整辅助施工方法或设计参数。辅助工程措施及其适用条件见表7.2-28。

辅助工程措施及其适用条件　　表7.2-28

	辅助工程措施	适用条件
地层稳定措施	管棚法	Ⅴ级和Ⅵ级围岩,无自稳能力,或浅埋隧道及其地面有荷载
	超前导管法	Ⅴ级围岩,自稳能力低
	超前钻孔注浆法	Ⅴ级和Ⅵ级软弱围岩地段、断层破碎带地段,水下隧道或富水围岩地段、塌方或涌水事故处理地段以及其他不良地质地段
	超前锚杆法	Ⅳ~Ⅴ级围岩,开挖数小时内可能剥落或局部坍塌
	拱脚导管锚固法	Ⅴ级围岩,自稳能力低
	地表锚杆及注浆加固法	Ⅴ级围岩浅埋地段和埋深≤50m的隧道
	墙式遮挡法	浅埋隧道,且隧道上方亮泽(或一侧)地面有建筑物
涌水处理措施	注浆止水法	地下水丰富且排水时挟带泥沙引起开挖面失稳,或排水后对其他用水影响较大的地段
	超前钻孔排水法	开挖面前方有高压地下水或有充分补给源的涌水,且排放地下水不会影响围岩稳定及隧道周围环境条件
	超前导洞排水法	同上
	井点降水法	渗透系数为0.6~80m/d的匀质砂土及亚粘土地段
	深井降水法	覆盖较浅的匀质砂土及亚粘土地层

2.超前支护设计

在开挖面前方进行预支护后,再进行开挖而采用的支护类型,称超前支护。

(1)超前小钢管或超前小导管

Ⅳ~Ⅴ级围岩地层宜设置超前小钢管或超前小导管,其尾端应支撑在开挖面后方已施作初期支护的钢拱架上，与钢拱架共同形成超前支护体系。超前小钢管宜使用在地质条件差但又不需要注浆或不宜注浆的地段，以充分发挥钢管抗弯刚度大的特点；超前小导管是利用钢花管对隧道开挖面前方的拱部软弱围岩进行注浆加固的一种辅助施工方法，可用于地下水量较小的砂石土、砂卵（砾）石层、断层破碎带、软弱围岩及浅埋等地段。

超前小导管一般采用热轧无缝钢管，杆体外径一般为 $\varphi42mm$，壁厚3.5mm；注浆小导管壁上应每隔10～20cm交错钻直径为6～8mm的注浆孔，前端制成锥型，尾部应预留不小于30cm长的无孔止浆段；小导管纵向搭接长度不宜小于100cm，特殊情况下可采用150～200cm；环向间距宜为30～40cm，当地质条件偏差时可为20～30cm，当地质条件偏好时可为40～50cm；超前小导管一般设置于拱顶120°～150°范围内，采用直墙拱形的断面可于拱部180°设置；当地形地质条件明显不对称时应采用不对称布置，当地质条件较差时可设置双层小导管及加大纵向搭接长度；外插角一般不易大于20°。

砂卵石地层中，超前小导管打设困难，费时费力，工作面易塌方。此类地层施工中应采用小直径钢管（一般可采用直径25mm钢管）、长度不易超过2.0m、加密钢拱架榀距，并每榀打设超前小导管。

（2）超前长管棚

管棚是将钢管（导管）安插在已钻好的孔中，沿隧道开挖轮廓外侧排列形成钢管棚，管内注浆，并与强有力的型钢钢架组合成预支护系统（图7.2-33），以支撑和加固自稳能力极低的围岩，适用于极破碎的地层、塌方体、岩堆等地段，对防止软弱围岩的下沉、松弛和坍塌等有显著效果。其特点是支护能力强大，适用于含水的砂土质地层或破碎带，以及浅埋隧道或地面有重要建筑物的地段。

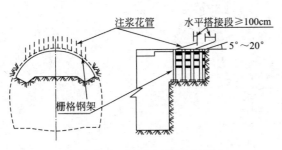

图7.2-32 超前小导管示意图

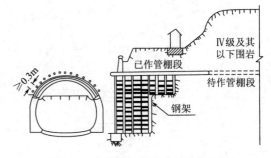

图7.2-33 型钢钢架组合预支护系统

超长管棚的设置应符合以下规定：

1）长管棚的布置应根据需要加固和支承的范围而定。

2）管棚钢管可采用节长3～6m、直径 $\varphi80$～$\varphi180$ 的热轧无缝钢管，环向间距30～50cm，或按 $(2.0～2.5)d$（d为导管外径）布置。

3）钢管管壁四周应钻 $\varphi10$～$\varphi16mm$ 注浆孔，间距15～20cm，采用梅花形布置，尾部应预留3～4m的无孔止浆段。

4）长管棚起点应设置套拱。套拱宜采用纵向长200cm、厚60～80cm的C25钢筋混凝土结构，可在套拱内用工字钢或格栅钢架代替配筋。

5）洞身位于规模较大的软弱地层及断层破碎带时，可采用多循环长管棚（循环长度控制在10m左右），要求每循环长管棚之间搭接长度不小于300cm，洞内长管棚套拱可设置在扩大的管棚工作室内。洞口长管棚套拱应设置在明洞衬砌之外。管棚尽可能水平打设。

6) 应保证长管棚施工时钻进方向的准确，并计入钻进中的下垂影响，实际钻孔方向应较钢管设计方向偏1°左右。

7) 注浆完成后，管内应以M20～M30水泥砂浆填充（水下隧道用M30水泥砂浆）；如果地质条件较差，可在钢管内设置钢筋笼。

8) 长管棚注浆可在钻孔过程中采用前进式注浆，也可在钻孔完成后采用孔口管注浆或利用长管棚钢花管注浆。长管棚的注浆扩散半径可按0.5～0.6m计算，注浆压力与地质条件有关，注浆初始压力宜为0.5～1.0MPa，终压宜为2.0MPa（水下隧道可达3.0MPa）。若地下水量较大，注浆浆液内可添加5%的水玻璃或通过现场试验确定添加水玻璃的比例。每孔的注浆量达到设计注浆量或注浆压力达到2.0MPa时，继续保持10min以上后可以结束注浆。

9) 管棚钢管应采用丝扣长度不小于15cm的厚壁套筒进行连接。

管棚形状见图7.2-34。

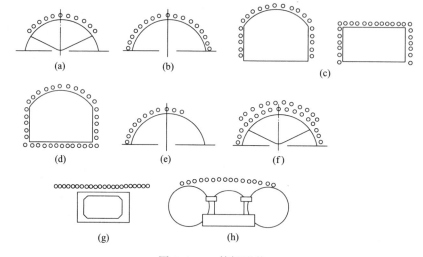

图 7.2-34 管棚形状

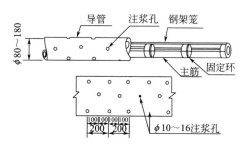

图 7.2-35 梅花型布置导管

(3) 超前小导管及超前长管棚注浆

超前小导管及超长管棚注浆宜采用水泥浆。水泥浆水灰比可采用1∶0.5～1∶1。加固地层或堵水注浆时可采用水泥—水玻璃双液注浆。不透水的粘土层宜采用高压劈裂注浆。每孔注浆量达到设计注浆量，或注浆压力达到最高设计注浆压力并保持10min以上时，可以结束注浆。注浆量计算可见以下规定：

1) 土层中注浆所需的浆液总用量 Q 可参照下式计算：

$$Q = KVn \tag{7.2-95}$$

式中 Q——浆液总用量（m^3）；
　　　V——注浆对象的土量（m^3）；
　　　n——土的孔隙率；
　　　K——经验系数，按表 7.2-29 取用。

经验系数 K　　　　表 7.2-29

类别	软土、黏性土、细砂	中砂、粗砂	砾砂	湿陷性黄土
K	0.15~0.4	0.4~0.6	0.5~0.7	0.5~0.8

注：黏性土地层中的浆液注入率宜为 15%~20%。

2）岩层中注浆用量 Q 可根据浆液扩散半径及岩层裂隙率按下式估算：

$$Q = \pi r^2 H \eta \beta \tag{7.2-96}$$

式中 r——浆液扩散半径（m）；
　　　H——压浆段长度（m）；
　　　η——岩层裂隙率，可取 1%~5%；
　　　β——浆液裂隙内的有效充填系数，可取 0.3~0.9，视岩层性质而定。

对于大的溶裂、大的溶洞，η（裂隙率）>5%时，浆液注入量难以计算，宜采用注浆压力控制注浆量。注浆量可按注浆终压规定值时的注浆总量来确定。

（4）超前水平高压旋喷

水平高压旋喷又称喷射注浆，是日本在 20 世纪 70 年代初期首次开发使用的地层加固技术。超前水平旋喷注浆法是在一般垂直旋喷注浆法基础上发展起来的。以高压旋喷的方式压注水泥浆，从而在隧道开挖轮廓线外形成拱形预衬砌以起到加固的作用。其原理是浆液在高压作用下（20MPa 以上）剪切置换地层，在隧道前方形成浆土加固混合体。

目前，国内尽管垂直旋喷注浆技术已经比较成熟，但水平旋喷注浆技术的应用还很不成熟，且所注注浆桩抗弯性能不强，施工控制难度也较大。特别是旋喷注浆的浆液压力不易控制。若压力过小，注浆桩的效果不好；压力过大，易引起地表隆起。而国外在特殊地层及复杂环境条件下，相对较多地采用水平旋喷注浆进行地层预加固。

水平旋喷注浆法的优点是加固效果直观、浆液固结体强度高，缺点是仅能适用软土地层，注浆工作压力很高，对地层破坏剪切严重，浆液回流损失率高（50%以上），施工成本较高，施工环境差。水平旋喷注浆法适合在隧道周围没有重要构筑物情况下的软土地层加固，不适合压缩性小的卵砾石地层和砂性地层。

在处理淤泥、淤泥质土、黏性土、粉土、黄土、砂土、人工填土和碎石等地基时，可采用超前水平高压旋喷法对隧道进行超前支护。但地下水流速过大、浆液无法在注浆管周围凝固，或无填充物的岩溶地段、永久冻土及对水泥有严重腐蚀的地基等，均不宜采用高压喷射注浆法。超前水平高压旋喷设计应符合以下规定：

1）外倾角宜为 3°~10°；
2）一次施作深度宜为 10m 左右，最深可达到 20m，具体深度可依施工机械的性能确定；
3）每一循环的搭接长度应不小于 2m；
4）布孔的环向间距应根据围岩的实际情况而定，可为 30~60cm，以相邻孔浆液能相互连接形成拱形结构为原则；

5) 超前水平旋喷桩的设计直径可参考表 7.2-30，大型或重要的工程，旋喷桩的设计直径应通过现场试验进行确定。

旋喷桩的设计直径（单位：m） 表 7.2-30

土质		单管法	二重管法	三重管法
黏性土	0<N<5	0.5~0.8	0.8~1.2	1.2~1.8
	6<N<10	0.4~0.7	0.7~1.1	1.0~1.6
	11<N<20	0.3~0.6	0.6~0.9	0.7~1.2
砂性土	0<N<10	0.6~1.0	1.0~1.4	1.5~2.0
	11<N<20	0.5~0.9	0.9~1.3	1.2~1.8
	21<N<30	0.4~0.8	0.8~1.2	0.9~1.5

注：N 为标准贯入锤击数。

6) 超前水平旋喷桩喷射参数应随着地层的变化进行调整，应根据设计直径来选用喷射注浆的种类和旋喷方式。定喷和摆喷的有效直径宜为旋喷桩直径的 1.0~1.6 倍。

7) 高压旋喷的浆量计算可采用体积法或喷量法。应取其计算结果大者为设计喷浆量。

① 体积法

$$Q = \frac{\pi}{4}D_e^2 k_1 h_1 (1+\beta) + \frac{\pi}{4}D_0^2 k_2 h_2 \quad (7.2\text{-}97)$$

式中 Q——需要用的浆量（m³）；

D_e——旋喷管直径（m）；

D_0——注浆管直径（m）；

k_1——填充率（0.75~0.9）；

h_1——旋喷长度（m）；

k_2——未旋喷范围土的填充率（0.5~0.75）；

h_2——未旋喷长度（m）；

β——损失系数（0.1~0.2）。

② 喷量法

以单位时间喷浆量及喷射持续时间计算浆量，计算公式为：

$$Q = \frac{H}{v} q (1+\beta) \quad (7.2\text{-}98)$$

式中 Q——浆量（m³）；

v——提升速度（m/min）；

H——喷射长度（m）；

q——单位时间喷浆量（m³/min）；

β——损失系数（0.1~0.2）。

根据计算所需的喷浆量和设计的水灰比，即可确定水泥的使用数量。

8) 根据注浆目的的不同，注浆材料可采用普通型、速凝早强型、高强型或抗渗型等，宜按以下原则选用：

① 普通型可采用 32.5 级或 42.5 级硅酸盐水泥浆，不加入任何外加剂，水灰比为 1：1～1.5：1。无特殊要求的工程宜采用普通型。

② 地下水丰富的工程应在水泥浆中掺入速凝早强剂。

③ 为了提高固结体强度，可采用高强度等级水泥，或采用高效扩散剂和无机盐组成的复合配方。

④ 抗渗型注浆材料的水玻璃模数宜为 2.4～3.4，浓度宜为 30～45 波美度。

9) 要求高压喷射桩的支护具有较高强度时，可在旋喷桩内插入型钢或钢管，可增强旋喷桩的抗拉强度和抗弯刚度。

3. 临时封闭措施设计

隧道常用的临时封闭措施可分为：掌子面临时封闭、初期支护临时仰拱封闭、临时构件支撑、拱部扇形支撑及双侧壁开挖法导坑支护等。无论采用哪种临时封闭措施，均应注意方法的有效性、施工的可操作性以及后期拆除的方便性和可重复利用性。掌子面、临时仰拱及导坑喷锚加固宜尽量少用或不用钢筋拱架及钢筋网喷射混凝土，宜采用塑料锚杆及化学纤维喷射混凝土等新材料，以方便拆除。

(1) 掌子面临时封闭

地质条件较差，掌子面难以自稳的地段；地应力较高，掌子面可能发生岩爆或大变形的地段；发生全断面塌方，需对前方坍塌土体注浆的地段；需要采用全断面注浆加固或止水的地段；需要严格控制开挖面前方地层变形的地段，应采用掌子面临时封闭措施。

当掌子面具备一定自稳能力时，可采用锚喷支护封闭。封闭锚杆宜采用塑料锚杆，以方便拆除；当掌子面发生坍塌或涌水泻泥时，可采用袋装土挡土墙封闭；当需要对前方进行高压注浆时，宜采用现浇混凝土挡土墙封闭。

采用喷锚封闭时，喷射混凝土厚度不宜超过 10cm，锚杆长度不宜超过 250cm。当需要加长锚杆时，应适当调整掌子面开挖形状或采用纤维喷射混凝土，以提高封闭结构的抵抗能力。在紧急抢险时可采用袋装土挡土墙作为临时封闭构造物。在袋装土挡土墙的外侧可再喷射 5cm 厚混凝土。现浇混凝土挡墙厚一般为 50cm，采用 C15～C20 低强度等级混凝土施作。当注浆压力或土压力较大时，现浇混凝土挡墙厚度宜为 100～150cm。

(2) 临时仰拱封闭

大跨度Ⅳ级围岩地段，可采用喷锚混凝土临时仰拱；Ⅴ级围岩地段或地下水较丰富的Ⅳ级围岩地段，可采用型钢临时仰拱；Ⅵ级围岩地段或地下水较丰富的Ⅴ级围岩地段，可采用喷射混凝土结合型钢临时仰拱。

(3) 临时构件支撑

不宜采用锚喷支护的地段，可采用构件支撑，并应符合下列要求：支撑应有足够的强度和刚度，能承受开挖后的围岩压力；支撑基础应铺设垫板；当支撑出现变形、断裂时，应立即加固或部分撤换；围岩出现底部压力、产生底鼓现象或可能产生沉陷时，应加设底梁；当围岩极其松软破碎时，必须先护后挖，暴露面应采用支撑封闭；根据现场条件，可结合管棚或超前小导管等支护，形成联合支撑；支撑作业应迅速、及时、有效。

(4) 拱部扇形支撑

当仰拱初期支护不能及时跟进封闭时，应设置拱部扇形支撑，以控制拱部的变形。扇形支撑宜采用刚度较大的型钢，横撑可采用双排型钢，设置在初期支护断面的最大跨径处；竖撑可采用单排型钢。施工期间应备足型钢，提前做好扇形支撑杆件，作为临时支撑预案。

(5) 双侧壁开挖法导坑支护

当隧道跨度较大、地表沉陷要求严格、围岩条件特别差时，可采用双侧壁导坑法施工。双侧壁导坑尺寸应由初期支护形成闭合断面的时间要求和开挖、支护、出渣等施工机械设备对施工场地的要求来确定，但宽度不宜超过断面最大跨度的1/3。左、右侧导坑错开的距离，应按开挖一侧导坑时，围岩应力重分布的影响不致波及另一侧已成导坑为原则予以确定。

4.超前帷幕注浆设计

(1) 概述

暗挖法施工中，当围岩的自稳能力在12h以内，甚至没有自稳能力时，为了稳定工作面，控制沉降，确保施工环境的安全，需要进行注浆加固地层。

按注浆施工与工作面开挖施工的先后顺序不同，隧道注浆施工主要分为两大类：第一类为在隧道开挖施工之前对即将开挖的土（岩）体进行注浆加固，称为超前预注浆（超前帷幕注浆）；第二类为在隧道开挖施工之后对隧道周围土（岩）体进行环向打孔注浆加固，称为常规做法。

如按注浆成孔方式和最终注浆长度来分，则又可分为超前短孔注浆（常规超前小导管注浆）和超前深孔注浆。

如按注浆的施作位置来分，又可分为地表注浆加固和隧道内注浆（洞内注浆）。

注浆材料主要采用改性水玻璃、普通水泥单液浆、水泥—水玻璃双液浆、超细水泥四种。

一般地层条件下，多采用小导管进行超前预注浆和径向补偿注浆（初支背后回填注浆），但对控制沉降要求高的复杂环境条件下施工时，多采用超前帷幕注浆。一般而言，在城市环境条件下多采用超前帷幕注浆。但在环境许可的条件下，应优先选择地表注浆。鉴于地表注浆的施工作业条件、施工技术与工艺难度相对简单，故本节主要介绍洞内超前帷幕注浆。

一般来说隧道穿越下列地层时，须采用超前帷幕注浆：

1) 涌水、涌泥或塌方严重地段。
2) 水下隧道富水围岩段。
3) 因地下水位的变化造成地层变形，可能会影响到周边重要构筑物安全的地段。
4) 地下水十分丰富的断层破碎带等。

(2) 超前帷幕注浆设计

超前帷幕注浆加固范围应根据隧道埋深、地下水压力及浆液固结体强度，通过计算确定，加固范围宜为开挖轮廓线外3~5m，或根据式(7.2-99)计算后确定：

$$E = R\sqrt{\frac{[\sigma]}{[\sigma] - 2P} - 1} \tag{7.2-99}$$

$$[\sigma] = R_b/K \tag{7.2-100}$$

$$P = 1.3 \times \gamma \times H \tag{7.2-101}$$

$$R = 2A/S \tag{7.2-102}$$

式中 E——洞室周边及尾端帷幕的厚度（m）；

$[\sigma]$——注浆固结后土体的容许抗压强度（MPa）；
R_b——固结体极限抗压强度（MPa）；
K——安全系数，可取为 2；
P——初始地层压力（MPa）；
γ——覆盖层平均重度（kN/m³）；
H——覆盖层厚度（m）；
R——隧道断面当量半径（m）；
A——开挖面面积（m²）；
S——开挖面周长（m）。

超前帷幕注浆施工前应对注浆工作面进行封闭，可采用加固止浆岩墙或施作现浇混凝土止浆墙，设计时宜符合以下规定：

1) 止浆岩墙的厚度一般取 5～10m，可根据设计注浆压力及地质条件按式（7.2-103）确定：

$$H = \frac{P_0 A \lambda}{[\tau] S} \qquad (7.2\text{-}103)$$

式中 H——止浆岩墙的厚度（m）；
P_0——设计注浆压力（MPa）；
A——隧道断面积（m²）；
$[\tau]$——岩体的容许抗剪强度（MPa）；
S——隧道断面周长（m）；
λ——过载系数，取 1.1～1.2。

2) 现浇混凝土止浆墙的厚度一般取 1.0～3.0m。对于接近矩形的止浆墙，可根据地质条件及注浆压力按式（7.2-104）确定其厚度：

$$H = K \sqrt{\frac{P_0 A b}{2h [\sigma]}} \qquad (7.2\text{-}104)$$

式中 H——止浆岩墙的厚度（m）；
P_0——设计注浆压力（MPa）；
A——隧道断面积（m²）；
b——隧道断面宽度（m）；
h——隧道断面高度（m）；
$[\sigma]$——混凝土的容许抗压强度（MPa）；
K——安全系数，取 1.4～1.5。

3) 现浇混凝土止浆墙一般适用于竖井注浆中，在隧道工作面预注浆宜采用止浆岩墙。施工止浆墙前，应对掌子面进行网喷混凝土封闭处理。宜根据注浆压力不同调整封闭掌子面混凝土的厚度，可采用 10～15cm，必要时应铺设钢筋网并打设锚杆，确保掌子面在注浆时不产生裂纹和隆起。

浆液扩散半径可根据地质条件及注浆压力按式（7.2-105）计算：

$$R = \sqrt[3]{\frac{300 K h r t v_w}{n v_g} + r^3} \qquad (7.2\text{-}105)$$

式中　　R——浆液扩散半径（cm）；
　　　　n——围岩空隙率（%）；
　　　　r——注浆孔半径（cm）；
　　　　v_w——水的粘度（Pa·s）；
　　　　v_g——浆液粘度（Pa·s）；
　　　　h——以水头表示的注浆压力（cm）；
　　　　K——围岩渗透系数（cm/s）；
　　　　t——注浆时间（s）。

注浆孔宜按伞形呈辐射状布置，如图 7.2-36 所示。钻孔布置成一圈或数圈，内外圈梅花形排列，并采用长短孔相结合。

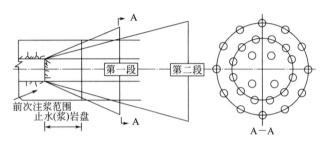

图 7.2-36　钻孔布置

注浆孔的孔底间距可按单孔注浆的浆液扩散半径 R 来确定，孔间距 D 宜为（1.4～1.7）R。注浆钻孔深度、倾角和偏角可根据注浆段长度、注浆范围等作图确定或计算求得。

注浆方式和注浆分段长度应根据不同工程地质、水文地质等条件确定，可按表 7.2-31 的规定采用。

注浆方式和注浆分段长度　　　　表 7.2-31

岩石裂缝发育程度	钻孔出水量(m^3/h)	注浆分段长度(m)	注浆方式
发育	≥10	5～10	前进式
较发育	5～10	10～15	前进式
不够发育	2～5	15～20	后退式
不发育	≤2	20～30	一次全孔

注浆方式有前进式、后退式及全孔一次式等，可根据涌水量大小及注浆孔的深度选用。

当钻孔遇有较大涌水时，应暂停钻孔，待再压浆后，重复钻孔、注浆，这种注浆方式称为前进式注浆。当涌水量较小时，则钻孔可直接钻到设计深度，然后从孔底向孔口进行分段注浆，这种注浆方式称为后退式注浆。钻孔直接钻到孔底，然后依次注浆完毕，这种注浆方式称为全孔一次注浆。一般在软弱地层中多采用分段前进式注浆。

注浆结束后应及时对注浆效果进行检查，检查方法通常有分析法、检查孔法、声波监测法等。检测孔设置数量应为注浆孔的 10%～15%，注浆效果检查及结束标准应符合下列规定：单孔结束标准可按当注浆压力达到设计终压，并持续保持 10min 以上或总注浆量大于单孔设计注浆量的 80% 以上即可结束本孔注浆。全断面结束注浆效果的检验和评价方法可按表 7.2-32 选用控制。

注浆效果评价标准　　表 7.2-32

项目	探孔涌水量 (L/m·min)	胶结体强度 (MPa)	堵水率(%)	取芯率(%)	综合评价	级别
评价指标	$q \geqslant 10.0$	$P<10$	$\eta<60$	$\xi<65$	较差	I
	$1.0 \leqslant q \leqslant 10.0$	$10 \leqslant P<0$	$60 \leqslant \eta<80$	$65 \leqslant \xi<80$	一般	II
	$0.2 \leqslant q<1.0$	$20 \leqslant P<30$	$80 \leqslant \eta<90$	$80 \leqslant \xi<90$	较好	III
	$q<0.2$	$P \geqslant 30$	$\eta \geqslant 90$	$\xi \geqslant 90$	很好	IV

注：表中四项评价内容应都为 III 以上，则可开挖，否则应研究确定是否采用局部补充注浆等措施。

注浆材料的可灌性要好，易注入岩石裂缝中；要求早期强度高且后期强度下降不大，有一定的胶凝时间，其结石体透水性低，材料配合及操作简单，料源广，价格便宜，不会污染地下水，对操作人员无伤害等。

注浆压力可采用下列经验公式计算确定：

1) 按已知的地下水静水压力计算，注浆压力应大于静水压力，终压力宜为静水压力的 2~3 倍，最大可达 3~5 倍，即：

$$P_s < (3 \sim 5)p \tag{7.2-106}$$

式中　p——注浆处静水压力（MPa）；
　　　P_s——设计注浆压力（终压值）（MPa）。

超前帷幕注浆宜为劈裂注浆，注浆压力不宜过高。初始注浆压力宜采用 1.2~1.5 倍静水压力，最高注浆压力可采用 2~2.5 倍静水压力。

2) 根据注浆处地层深度计算：

$$P_s = KH \tag{7.2-107}$$

式中　P_s——设计注浆压力（终压值）（MPa）；
　　　H——注浆处深度（m）；
　　　K——由注浆深度确定的压力系数，可按表 7.2-33 的规定采用。

注浆压力系数 K　　表 7.2-33

注浆处地层深度(m)	<200	200~300	300~400	400~500	>500
K	0.023~0.021	0.021~0.020	0.020~0.018	0.018~0.016	0.016

5. 管幕法设计

(1) 概述

管幕法是利用小口径顶管机建造大断面地下空间的技术。其原理是以单根钢管顶进为基础，各钢管间依靠锁口相连，并在锁口处注入止水剂，形成密封的止水帷幕。然后在管幕的保护下，对管幕内土体加固处理后，边开挖边支撑，直至开挖贯通，再浇注结构体；或者先在两侧工作井内现浇箱涵，然后边开挖土体边推进箱涵。适用于回填土、砂土、粘土、软土和岩层等多种地层，其主要特点为：①无需进行道路改建；②不影响地面正常交通；③无需管线改迁；④无需降水等施工措施；⑤无需加固房屋地基和桩基；⑥光幕钢管锁扣注浆可有效防止渗漏水；⑦有效控制地表沉降和对环境影响，有利于环境保护；⑧钢管敷设精度要求高；⑨工程投入大，单位延米造价较高。

 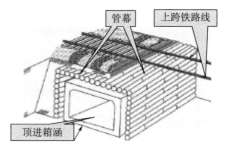

图 7.2-37 管幕法示意图

国内外已有多个项目采用管幕法实施，详见表 7.2-34。

已采用管幕法实施的项目　　　　　　　　　表 7.2-34

编号	年代	地点	项目名称
1	1971	日本	Kawase-Inae 下穿铁路通道工程
2	1979	比利时	Antewerp 地铁车站工程
3	1982	新加坡	Ochard Road 城市街道下穿通道
4	1994	美国	East Line Subway Extension in Atlanta
5	2004	中国	上海中环线虹许路北虹路地道工程
6	2004	中国	北京地铁 5 号线崇文门车站工程
7	2016	中国	港珠澳大桥珠海侧接线拱北隧道工程
8	2016	中国	上海田林路下穿中环地道

（2）管幕法设计

1）两端工作井设计

应考虑钢管幕的顶进、箱涵制作以及箱涵顶进等施工工序及工艺要求以及工程周围环境情况，在管幕段两端分别设置上述工艺所要求的施工空间；施工期间作为钢管幕顶进、箱涵制作及箱涵顶进的结构空间为始发井，另外一侧为接收井。

工作井结构设计时应结合工作井实施过程中及管幕、箱涵施工时结构的受力情况，分阶段进行分析计算，选择最不利情况作为设计依据：

阶段 1——工作井实施阶段（基坑开挖及结构实施）；

阶段 2——钢管幕施工顶进（接收）阶段；

阶段 3——箱涵制作及箱涵前端地下墙凿除阶段；

阶段 4——箱涵顶进阶段（出发、顶进及接收）（如为挖土施工则无）；

阶段 5——管幕与工作井连接段施工以及工作井余下结构实施阶段。

2）管幕设计

① 钢管配置

钢管配置主要是确定钢管直径、壁厚、管节长度、间距、管幕断面形式。国内外管幕直径一般在60~250cm之间，具体数值需结合地质、埋深及工艺条件等，经过计算分析后确定。管幕壁厚与其埋深和推进长度相关联，埋深小水土压力较小，管壁相对较薄，反之，则需要增大厚度，提高管幕刚度，另外尚需结合温度应力等最终确定管幕厚度。管节长度与线路曲率半径、弧长、施工工艺、钢板规格及结构稳定性相关，短管节易形成曲线管幕且纠偏作业方便，单焊接工作量大，反之，在曲线段易产生错位，但焊接施工方便，一般取4m左右，根据线路曲率和弧长适当增减。管幕间距主要受暗挖断面大小、管幕与初支间距等因素有关；断面形式主要取决于箱涵结构空间尺寸、地质条件及箱涵施工方法等。

② 钢管连接设计

管幕锁口常用以下6种构造形式，详见图7.2-38。

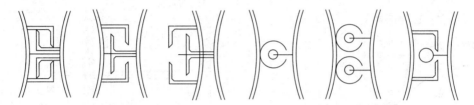

图 7.2-38 管幕连接形式

管幕纵向接口形式，详见图 7.2-39。

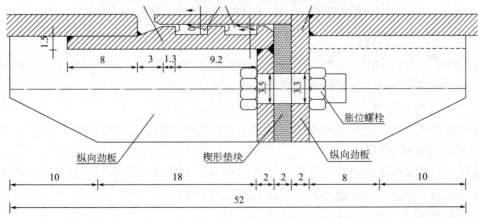

图 7.2-39 管幕纵向接口形式

③ 管幕防水设计

防水重要节点主要包括管幕防水、箱涵间接缝防水、箱涵中继间防水、箱涵出洞防水等（图7.2-40）；管幕防水主要是管幕环向锁口和纵向接口处防水，环向锁口采用锁口相接处预先涂布润滑止水浆液，初期可减小顶进摩擦阻力，后期遇水固结封闭渗水途径，纵向接缝采用F型承插口内置鹰嘴橡胶圈防水；箱涵间接缝防水、箱涵中继间防水、箱涵出洞防水参考传统结构防水并结合管幕防水结构形式进行优化。

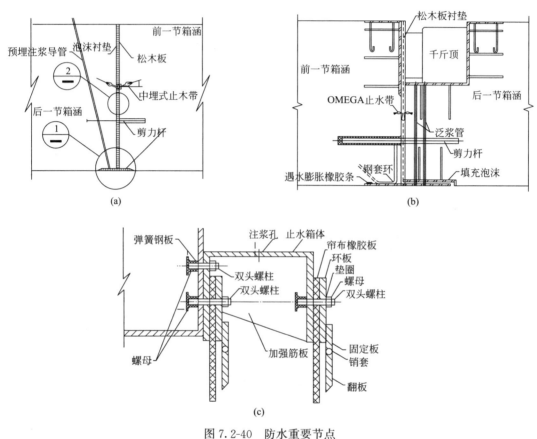

图7.2-40 防水重要节点
(a) 箱涵间接缝防水；(b) 箱涵中继间防水；(c) 箱涵出洞防水

④ 管幕泥浆工艺参数

管幕顶进结束后采用一定压力注射纯水泥惰性浆液将顶进过程中的触变浆液进行置换防止管幕出现滞后沉降，注浆压力根据现场试验确定。

⑤ 混凝土填充方案

管幕顶进结束后采用自密实微膨胀混凝土进行充填，以提高管幕刚度，控制沉降。

⑥ 管幕润滑减阻措施

主要采用同步注浆和锁口相接处预先涂布润滑止水浆液，减小顶进过程中摩阻力，同步注浆采用出边泥浆，其性能要求应满足相关规范要求。

⑦ 钢管顶进力学变形计算

管幕顶力主要考虑顶管机迎土面阻力及管幕周围摩阻力，目前主要依据《给水排水管道工程施工及验收规范》中的方法进行计算。

（3）管幕法施工

1）管幕内开挖施工

① 支撑布置

管幕内支撑系统的主要构件包含支撑、角撑及围檩。管幕内隧道开挖后，支撑系统即承受开挖外侧水土压力，设计时需对支撑、角撑和围檩进行计算分析，最终确定支撑形式。

② 临空面稳定性评价

管幕内部土体开挖，需对临空面进行稳定性分析评价，水土压力依靠内支撑体系维持临空面稳定性，采用有限元方法或有限差分方法进行分析。

③ 地表沉降分析与控制

管幕工程中地表沉降包括以下三个方面段：管幕顶进阶段引起的地表沉陷，可采用 Pcek 理论进行评估；管幕内隧道开挖支撑阶段和结构体构筑阶段引起的地表沉降，采用有限元或有限差分方法进行分析计算。

目前对于管幕变形量无统一标准，日本规定容许变形量 $[\delta]=5\mathrm{mm}$。工程中，在一般情况下，管幕变形量小于 5mm 时，地表沉降可控制在 20mm 内。

④ 土体加固设计

在软弱土层中进行管幕法施工时，由于土体强度较低，自立性不足，因此，需要对开挖土体进行加固处理，其加固强度需满足开挖面的稳定性以及地表沉降控制的双重要求。适用于软弱土层中的水平注浆方式包括：DOU-BLEPACKER（栅管式）及置换式（双套管式）两种。

2）箱涵顶进施工

① 出洞口地基加固

大断面箱涵出洞时需要拆除接收井相应位置处的内撑和围护结构，基坑的稳定性由出洞段的加固土体维持，可以按照有管幕作用下重力式挡墙理论计算加固范围和强度能否满足稳定性要求。

② 开挖面稳定性分析

管幕内为加固土体的开挖面稳定性由网格维持，作用在土体上的土压力向网格衡量转移，提高开挖面稳定性，可通过三维有限元计算。

③ 顶进力计算

管幕顶力主要考虑顶管机迎土面阻力及管幕周围摩阻力，目前主要依据《给水排水管道工程施工及验收规范》中的方法进行计算。

④ 切土网格结构结构

网格内土体由网格内壁和土体摩擦平衡，据此建立平衡方程，得到网格内壁土压力分布规律，建立维持稳定的网格长度计算公式。

7.2.7 施工要求

（1）应严格按照国家和当地现行有关的规定、规范、规则施工。

（2）隧道施工前应认真审阅设计图纸，对在施工中发生过变更的分项工程，应按有效图纸施工。

（3）施工单位在施工前应全面熟悉设计文件，做好现场的调查研究工作，核实地形、地物，编制详细的施工组织设计。施工方案应安全可靠，对可能发生的不利情况，应有应急处理措施及材料。

（4）隧道采用信息化设计和施工，施工中应重视和加强监控量测工作，把监控量测工作贯穿于施工过程的始终，并应及时反馈信息指导设计和施工，确保隧道结构施工安全、经济。

（5）对于软弱围岩，必要时采用喷射混凝土临时封闭掌子面。施工应严格遵循"管超前、严注浆、短进尺、弱爆破、强支护、快封闭、勤量测、速反馈"的原则，开挖后及时支护及时封闭成环。

（6）作好地质超前预报工作，注意预防和处理可能出现的不良地质问题。注意加强对既有建（构）筑物的监测，针对可能出现的施工问题应有紧急处理方案。

（7）隧道内初期支护必须紧跟掌子面及时施作，初期支护必须紧贴围岩，钢筋网沿隧道岩面凹凸起伏敷设，与围岩共同作用，应控制好围岩变形，在变形允许的情况下尽量发挥围岩的自承能力。

（8）混凝土结构施工须满足《混凝土结构工程施工质量验收规范（2011版）》GB 50204—2002。钢筋接头须采用机械连接，施工要求须按照《钢筋机械连接通用技术规程》JGJ 107—2010；箍（拉）筋弯钩按抗震设计，施工中应满足设计要求。钢筋焊接接头应满足《钢筋焊接及验收程》JGJ 18—2012 的规定。

（9）混凝土内部设置的各种钢筋或绑扎铁丝，不得接触模板，固定模板用螺栓必需穿过混凝土结构时应有止水措施。

（10）注浆浆液配合比设计建议值应由施工单位根据现场情况，通过试验，调整后方可进行施工。初期支护和二次衬砌背后要及时进行回填注浆，以填充结构物之间的空隙，保证结构受力均匀。

（11）施工中，隧道开挖循环进尺应根据围岩地质情况及监控量测情况进行调整，不稳定围岩的开挖面稳定时间满足不了初期支护施工时，应采用超前支护或注浆加固措施。隧道开挖断面不得有欠挖，其允许超挖值应符合相关规定。

（12）隧道开挖过程中必须做好排水工作，并及时喷混凝土封闭。出现超挖时用 C20 混凝土回填。

（13）钢架、钢筋网的加工及架设需满足相关规范。

（14）喷射混凝土应密实、平整、无裂缝，无脱落、漏喷、漏筋、空鼓、渗漏水等情况。

（15）加强施工管理，确保初期支护喷射混凝土及二衬模筑混凝土密实，防止出现蜂窝麻面现象。

（16）施工过程中的监控量测的项目、测点布置和量测频率需满足相关规范要求。在过地面房屋密集区、地质条件较差和结构变化较大等地段须特别加强监控量测，且量测数据准确、可靠。当出现以下情况时，应立即停工，并采取相应补救措施：变形时态曲线不收敛且有不断增大的趋势；支护结构变形过大或出现明显的受力裂缝且不断发展。

（17）开挖前应准备一定数量的钢架、注浆锚管及临时支撑型钢等应急处理材料。当险情出现时应及时启动处理预案。

（18）施工过程中必须加强对洞内、地表及周围临近建（构）筑物进行基础沉降、裂缝、变形等全方位的监测和保护，及时反馈信息，必要时修正设计、施工参数。如发现严重开裂、倾斜时，应立即组织人员进行紧急疏散，并立即进行支撑加固或拆除，同时上报上级主管部门。

（19）严格执行初支，二衬背后压浆的施工工艺，控制地面沉降。

（20）紧邻或下穿重要管线、建（构）筑物施工前应做好施工应急预案，确保施工安全。

（21）施工通风、排水管路除满足正常施工需要外，须及时将管路延伸到掌子面，满足紧急情况需要。

（22）在钢筋绑扎前应设置具有一定强度的垫块（其强度、密实度和耐久性应不低于结构本体混凝土的相应要求），防止钢筋网挠度过大，确保受力钢筋的保护层厚度。

7.2.8 监控量测与动态设计

1. 概述

由于岩体的生成条件和地质作用的复杂性，岩石的产状和结构也非常复杂，并且在隧道构筑过程中，加上开挖方法、支护方法、支护时机、支护结构刚度等对围岩稳定性都有影响，所以寻求能正确反映岩体状态的物理力学模型非常困难。因此，用数解法所得到的成果至今还不能作为现代隧道设计的依据。所以，现场监控量测是监视设计、施工是否正确的眼睛，是监视围岩是否安全、稳定的手段，它应始终伴随着施工的全过程。

隧道面临的不确定性因素很多，目前还很难找全面、合理地表达各种情况下支护系统和围岩之间的相互关系及其工作条件。动态设计方法就是在此背景下发展起来的一种隧道及地下工程设计方法。动态设计的是依据施工过程中反馈的各种信息（包括地质超前预报、监控量测数据）、掌子面的地质描述和实际存在的地质条件，通过分析与反分析所获得的这些信息，与预设计时的地质资料对比，得出地质变化情况，对隧道施工方法（包括特殊的、辅助的施工方法）、断面开挖步骤及顺序、支护参数等进行合理调整，作出修改设计，以保证施工安全、围岩稳定、施工质量和支护结构的经济性。在实施过程中，依据修改后的设计方案，进行监测，再次获得信息，反馈到设计、施工单位。如此反复循环，直至工程完工交付使用为止。这样就使得设计和施工更符合或接近工程实际，也能够适应复杂多变的地质条件和各种不同的施工环境。

动态设计的主要内容包括现场量测、量测数据处理及信息反馈、修改或调整设计参数和施工方法三个方面。

现场量测包括选择量测项目、量测手段、量测方法及测点布置等内容。

数据处理包括分析研究处理目的、处理项目和处理方法以及测试数据的表达形式。量测数据反馈一般有定性反馈（经验反馈）与定量反馈（理论反馈）。定性反馈是根据人们工程实践经验及理论上的推理所获得的一些准则，直接通过量测数据与这些准则的比较而反馈于设计与施工。定量反馈则是以测试所得的数据作为计算参数，通过力学计算进行反馈。

修改或调整设计参数和施工方法是根据施工中水文地质调查结果、量测信息反馈结果以及工程其它信息的分析,提出支护系统设计参数修正,施工方法的调整,并形成新的设计成果。

动态设计流程可参考图 7.2-41 所示。

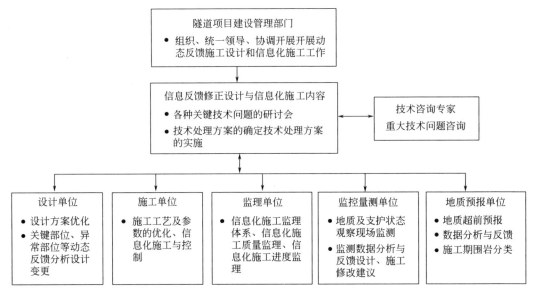

图 7.2-41 动态设计施工流程图

2.工程地质和水文地质信息采集

工程地质和水文地质信息主要是通过预设计之前的地质勘查和施工时超前地质预报获得的。超前地质预报设计主要包括内容:

(1) 地层岩性的预测预报,特别是对软弱夹层、破碎地层、煤层及特殊岩土的预测预报;

(2) 地质构造预测预报,特别是对断层、节理密集带、褶皱轴等影响岩体完整性的构造发育情况的预测预报;

(3) 不良地质预测预报,特别是对岩溶、人为坑洞、瓦斯等发育情况的预测预报;

(4) 地下水预测预报,特别是对岩溶管道水及富水断层、富水褶皱轴、富水地层中的裂隙水等发育情况的预测预报。

超前地质预报可采用地质调查法、超前钻探法、物探法和超前导坑预报法,各预报方法如下:

(1) 地质调查法包括隧道地表补充地质调查和隧道内地质素描等。

隧道地表补充地质调查包括:对已有地质勘察成果的熟悉、核查和确认;地层、岩性在隧道地表的出露及接触关系,特别是对标志层的熟悉和确认;断层、褶皱、节理密集带等地质构造在隧道地表的出露位置、规模、性质及其产状变化情况;地表岩溶发育位置、规模及分布规律;煤层、石膏、膨胀岩、含石油或天然气、含放射性物质等特殊地层在地表的出露位置、宽度及其产状变化情况;人为坑洞位置、走向、高程等,分析其与隧道的空间关系;根据隧道地表补充地质调查结果,结合设计文件、资料和图纸,核实和修正超前地质预报重点区段。

隧道内地质素描是将隧道所揭露的地层岩性、地质构造、结构面产状、地下水出露点位置及出水状态、出水量、煤层、溶洞等准确记录下来并绘制成图表，是地质调查法工作的一部分，包括开挖工作面地质素描和洞身地质素描。

（2）超前钻探法包括超前地质钻探、加深炮孔探测及孔内摄影。

超前地质钻探是利用钻机在隧道开挖工作面进行钻探，获取地质信息的一种超前地质预报方法。它适用于各种地质条件下的隧道超前地质预报，在富水软弱断层破碎带、富水岩溶发育区、煤层瓦斯发育区、重大物探异常区等地质条件复杂地段必须采用。超前地质钻探主要采用冲击钻和回转取芯钻，二者搭配使用，提高预报准确率和钻探速度，减少占用开挖工作面的时间。一般地段采用冲击钻。冲击钻不能取芯，复杂地质地段采用回转取芯钻，回转取芯钻岩芯鉴定准确可靠。

加深炮孔探测是利用风钻或凿岩台车等在隧道开挖工作面钻小孔径浅孔获取地质信息的一种方法，适用于各种地质条件下隧道的超前地质探测，尤其适用于岩溶发育区。

（3）物探法包括弹性波反射法、电磁波反射法（地质雷达探测）、红外探测、高分辨直流电法等。

弹性波反射法是利用人工激发的地震波、声波在不均匀地质体中所产生的反射波特性来预报隧道开挖工作面前方地质情况的一种物探方法。它包括地震波反射法、水平声波剖面法、负视速度法和极小偏移距高频反射连续剖面法（简称"陆地声纳法"）等方法。主要适用于划分地层界线、查找地质构造、探测不良地质体的厚度和范围等，采用弹性波反射法应符合探测对象与相邻介质应存在较明显的波阻抗差异并具有足以被探测的规模；断层或岩性界面的倾角应大于35°，构造走向与隧道轴线的夹角应大于45°。

电磁波反射法主要采用地质雷达探测作超前地质预报。地质雷达探测是利用电磁波在隧道开挖工作面前方岩体中的传播及反射，根据传播速度和反射脉冲波及时进行超前地质预报的一种物探方法。其主要用于岩溶探测，亦可用于断层破碎带、软弱夹层等不均匀地质体的探测。采用地质雷达探测应符合：探测目的体与周边介质之间应存在明显介电常数差异，电磁波反射信号明显；探测目的体具有足以被探测的规模；不能探测极高电导屏蔽层下的目的体。

红外探测是根据红外辐射原理，即一切物质都在向外辐射红外电磁波的原理，通过接收和分析红外辐射信号进行超前地质预报的一种物探方法。其适用于定性判断探测点前方有无水体存在及其方位，不能定量给出水量大小等参数。

高分辨直流电法是以岩石的电性差异（即电阻率差异）为基础，在全空间条件下建立电场，电流通过布置在隧道内的供电电极在围岩中建立起全空间稳定电场，通过研究电场或电磁场的分布规律预报开挖工作面前方储水、导水构造分布和发育情况的一种直流电法探测技术。它适用于探测任何地层中存在的地下水体位置及相对含水量大小，如断层破碎带、溶洞、溶隙、暗河等地质体中的地下水。

（4）超前导坑预报法是以超前导坑中揭示的地质情况，通过地质理论和作图法预报正洞地质条件的方法。其适用于各种地质条件。分为平行超前导坑法和正洞超前导坑法。线间距较小的两座隧道可互为平行导坑，以先行开挖的隧道预报后开挖的隧道地质条件。超前导坑预报法对煤层、断层、地层分界线等面状结构面预报比较准确，对岩溶等有预报不准（漏报）的可能。在岩溶发育可能性较大的地段可利用物探、钻探手段由导坑向正洞探测预报。超前导坑中探测正洞地质条件的物探方法可采用地质雷达探测、陆地声纳法、水平声波剖面法等，探测方法的有效探测长度应达到或超过隧道被探测的范围。

3. 工程监控量测

隧道施工监测监控主要目的在于：及时掌握、反馈围岩力学动态及稳定程度和支护、衬砌的可靠性等信息，预测可能出现的施工隐患，防患于未然，保障围岩稳定和施工安全；通过对围岩和支护结构的变形、应力量测，了解支护构件的作用与效果；将监测数据与预测值相比较，判断前一步施工工艺和支护参数是否符合预期要求，以确定和调整下一步施工，优化施工方案；积累第一手资料，为施工中调整围岩级别、修改支护系统设计、变更施工方法提供参考依据。

监控量测项目可分为必测项目、选测项目及抽检项目三大类，如表7.2-35所示。必测项目是现场量测的核心，在隧道施工时用来判别围岩稳定及衬砌受力状态，以指导施工的经常性量测。我国锚喷支护规范中规定，Ⅳ、Ⅴ级不稳定围岩及大跨度洞室Ⅲ级围岩应进行监控量测。监控量测中的量测项目是必须量测的，主要包括洞内观察、隧道净空变形测量、拱底下沉测量等。选测项目是指在重点和有特殊意义的隧道或区段进行补充的测量，用来判断隧道施工过程中围岩的应力状态、支护衬砌效果。抽检项目主要包括围岩内部变形、地表沉陷、锚杆轴力和拉拔力、衬砌内力、围岩压力和围岩物理力学指标等。

监控量测项目 表7.2-35

序号	量测项目及类别		方法及工具	布置	量测间隔时间(d)				要求及目的
					1～15	16～30	30～90	>90	
1	必测项目	地质和支护状况观察	地质罗盘、数码相机	开挖后及初级支护后进行	每次爆破后进行				对岩性、岩层产状、结构面、溶洞、断层进行描述、支护结构裂缝观察
2		拱顶下沉	高精度全站仪、水平仪、水准尺、钢尺或测杆	每5～100m一个断面	1～2次/天	1次/2天	1～2次/周	1～3次/月	监视隧道拱顶下沉，了解断面的变形状态，判断隧道拱顶的稳定性
3		周边收敛	各种类型收敛计	每5～100m一个断面，每断面2～3对测点	1～2次/天	1次/2天	1次/周	1～3次/月	根据位移、收敛状况、断面变形状态等量测，对以下项目做出判断：①周边围岩体的稳定性；②初期支护的设计与施工方法是否妥善；③二次衬砌的浇注时间等
4		地表下沉	高精度全站仪、水平仪、水准尺	每5～100m一个断面，每断面至少11个测点，每隧道至少2个断面。中线每5～20m一个测点	开挖面距量测断面前后<2B时，1～2次/天；开挖面距量测断面前后<5B时，1次/2天；开挖面距量测断面前后>5B时，1次/周（B为隧道开挖宽度）				从地表设点观测，根据下沉位移量判定开挖对地表下沉的影响，以确定隧道支护结构

续表

序号	量测项目及类别		方法及工具	布置	量测间隔时间(d)				要求及目的
					1~15	16~30	30~90	>90	
5	选测项目	围岩内部位移(地表设点)	地面钻孔中安设各类型多点位移计	每代表性地段一个断面,每断面3~5个钻孔	1~2次/d	1次/2d	1~2次/周	1~3次/月	了解隧道围岩的松弛区、位移量,为准确判断围岩的变形发展提供数据
6		围岩内部位移(洞内设点)	洞内钻杆中安设单点、多点杆式或钢丝式位移计	每5~100m一个断面,每断面2~11个测点	1~2次/d	1次/2d	1~2次/周	1~3次/月	
7		围岩和初衬间接触压力	压力盒、频率计	每代表性地段一个断面,每断面宜为15~20个测点	1~2次/d	1次/2d	1~2次/周	1~3次/月	判断围岩荷载大小,初期支护承担围岩压力情况
8		初衬和二衬间接触压力	压力盒、频率计	每代表性地段一个断面,每断面宜为15~20个测点	1~2次/d	1次/2d	1~2次/周	1~3次/月	判断复合式衬砌中围岩荷载大小,初期支护与二次衬砌各自分担围岩压力情况
9		钢支撑内力及外力	钢筋应力计、频率计	每10榀钢支撑设置一对测力计	1~2次/d	1次/2d	1~2次/周	1~3次/月	量测钢拱架应力,推断作用在钢拱架上的压力大小,判断钢拱架尺寸、间距及设置钢拱架的必要性
10		衬砌内力	钢筋应力计、频率计	每代表性地段一个断面,每断面宜为11个测点	1~2次/d	1次/2d	1~2次/周	1~3次/月	量测二次衬砌内应力、喷射混凝土内轴向应力。了解支护衬砌内的受力状态
11		锚杆轴力量测	钢筋应力计、频率计	每代表性地段一个断面,每断面不少于7个测点	1~2次/d	1次/2d	1~2次/周	1~3次/月	根据锚杆所承受的拉力,判断锚杆布置是否合理,了解围岩内部应力的分布情况
12		衬砌裂缝监测	测缝计、频率计	衬砌完成后进行	1~2次/d	1次/2d	1~2次/周	1~3次/月	监测衬砌裂缝的运动及发展趋势
13		围岩弹性波测试	声波仪及配套探头	在有代表性地段设置	—	—	—	—	在隧道开挖后、初期支护施工前进行,对围岩级别及支护参数进行复核,确保支护结构的安全性与经济性
14	抽检项目	锚杆拉拔力检测	锚杆拉拔力检测	必要时进行					检查锚杆抗拔能力,检查锚杆砂浆饱满程度

(1) 洞内观察

在隧道开挖工作面爆破后应立即对开挖后没有支护的围岩进行观测，以便了解开挖工作面的工程地质和水文地质条件。观测内容主要包括：岩质种类和分布状态，境界面位置的状态；岩性特征：岩石的颜色、成分、结构、构造；地层时代归属及产状；节理性质、组数、间距、规模，节理裂隙的发育程度和方向性，断面状态特征，充填物的类型和产状等；断层的性质、产状、破碎带宽度、特征；地下水类型，涌水量大小、涌水位置、涌水压力、水的化学成分，湿度等；开挖工作面的稳定状态，顶板及侧壁有无剥落现象等。

对开挖后已支护段观测应每天不间断的进行。观察中，如果发现异常情况，要详细记录发现时间、距开挖工作面的距离、附近测点的各项量测数据及超前地质预报情况，同时应增加目测观察的频率。目测观察主要包括：初期支护完成后对喷层表面的观察以及裂缝状况的描述和记录；有无锚杆被拉脱或垫板陷入围岩内部的现象；喷射混凝土是否产生裂隙或剥离，要特别注意喷射混凝土是否发生剪切破坏；有无锚杆和喷射混凝土施工质量问题；钢拱架有无屈服现象；是否有底鼓现象；喷射混凝土表面有无大量涌水、渗水情况等。

(2) 周边收敛量测

围岩收敛位移量测的目的主要是：周边位移是隧道围岩应力状态变化的最直观反映，量测周边位移可为判断隧道空间的稳定性提供可靠的信息；根据变位速度判断隧道围岩的稳定程度为二次衬砌提供合理的支护时机；指导现场设计与施工。监测断面必须尽量靠近开挖工作面，但太近会造成开挖爆破下碎石砸坏测桩，太远又会漏掉该量测断面开挖后的变位值。一般测点应距开挖面 2m 的范围内尽快安设，并应保证爆破后 24h 内或下一次爆破前测读初次读数。监测断面沿隧道纵向设置的间隔如表 7.2-36 所示。

净空位移、拱顶下沉测点间距表　　　　表 7.2-36

围岩级别	V		IV	III	II
	浅埋段	深埋段			
间距(m)	5	10	20	30～40	50

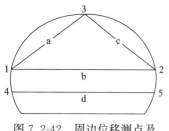

图 7.2-42　周边位移测点及测线布置图

周边位移测点及测线布置图如图 7.2-42 所示。

根据隧道施工方法及衬砌断面的不同，对测点及测线布置的要求也不尽一致。

1) 当采用全断面开挖时，在一般地段每个监测断面通常埋设测点 1、2、3、4、5 号共 5 个，布置 a、b、c、d 共 4 条测线；

2) 若为半断面开挖，可先埋设 1/2/3 号测点，对 a、b、c 3 条测线进行量测、当下台阶开挖达到相应监测断面位置时，再埋设 4、5 号测点，对下部 d 测线进行量测；

3) 1、2、3、4、5 号测点应埋设在同一垂直断面内；

4) 1～2、3～4 号测点应分别在同一水平线上，3 号测点应埋设在拱顶中央；

5) 1、2 号测点以及 4、5 号测点的埋设根据隧道开挖情况而定，一般设置在路基以上 1m 左右，以利于现场量测为基本原则；

6) 在特殊地段，根据具体情况，可另增设测点及测线；

7) 在行车横洞、行人横洞、通风横洞、施工导洞等小断面隧道中，可根据断面的大小及围岩级别的不同，对测桩及测线进行适当减少。如在行车横洞中可仅设 1、2、3 号测点及 a、b、c 3 条测线。

周边收敛量测结果不应大于 30mm，警戒值为 20mm。

(3) 拱顶下沉量测

拱顶下沉测点布置如图 7.2-43 所示。

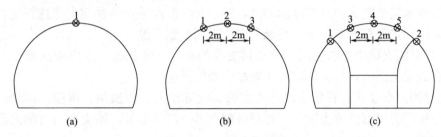

图 7.2-43 测点布置图
(a) 全断面法；(b) 台阶法或 CRD (CD) 法；(c) 双侧壁导坑法

拱顶下沉测点布置与隧道施工方法有关。

1) 当采用全断面法时，一般只在拱顶中央位置布设 1 个下沉测点；

2) 当采用台阶法，CD 法或 CRD 法时，在拱顶布设 3 个拱顶下沉测点，两侧测点距中心测点的水平距离约为 2m；

3) 当采用侧壁导坑法开挖时，在两侧壁导坑开挖时各补充一个拱顶下沉测点；

4) 在特殊地段，根据具体情况，可另增设测点及测线。

拱顶下沉量测与净空水平收敛量测宜应用相同的量测频率。根据《公路隧道施工技术规范》JTG F60—2009 规定的量测频率见表 7.2-37。

水平收敛及拱顶下沉测试频率表　　　　　　　　　表 7.2-37

开挖	量测频率
1～15d	1～2 次/d
16～30d	1 次/2d
1～3 月	1～2 次/周
>3 月	1～3 次/月

若以测试值和测试断面距工作面的距离为判断标准，量测频率选择可参照表 7.2-38 所示。

断面收敛及拱顶位移量测频率　　　　　　　　　表 7.2-38

位移速度(cm/d)	距工作面距离(D 为隧道宽度)	量测频率
>1	(0～1)D	1～2 次/d
0.5～1	(1～2)D	1 次/d
0.2～0.5	(2～5)D	1 次/2～3d
<0.1	>5D	1 次/周

由位移速度（开挖后时间）决定的量测频度和由距开挖面的距离决定的量测频度中，现场实际应用中原则上采用频度高的。施工状态发生变化时（开挖下台阶、仰拱或撤除临时支护等），应增加量测频率。

拱顶下沉量测结果不应大于 20~40mm，警戒值为 15~30mm，当隧道跨度较小时取小值，当隧道跨度大时取大值。

（4）钢架内力量测

目前双车道隧道中，在Ⅳ~Ⅵ级围岩段，尤其是浅埋、偏压隧道中，早起围岩压力增长较快，需要提高初期支护的强度和刚度，隧道开挖后需采用各种钢支撑进行支护，一般在Ⅳ级围岩段采用格栅支撑，Ⅴ、Ⅵ级围岩中采用型钢支撑。

1）通过对刚支撑应力的量测，可知钢支撑的实际工作状态，进而验证此压力条件下钢支撑具有的安全系数，视具体情况采取相应加固措施。

2）应把测点布设在具有代表性的断面的关键部位上，如拱顶、拱腰、拱脚，注意测点布置时与拱架搭接部位适当错开，并对各测点逐一进行编号。钢支撑内力的测点布置图如图 7.2-44 所示。

3）型钢支撑应力量测多采用应变计，格栅支撑应力量测多采用钢筋应力计。型钢支撑测点成对布设，应变计布置在型钢腹板上下侧靠近翼缘位置，格栅支撑使用与格栅主筋尽量等刚度的钢筋计焊接到主筋测点位移，宜采用对焊。

4）当隧道变形较大、衬砌开裂或有较大塌方风险时，一般在隧道内设置立柱以及横撑作为够时支护措施，部分立柱或横撑可能采用钢支撑（型钢或钢管）作为支护手段。由于是规避塌方或衬砌进一步损坏的最后一道防护措施，临时支撑内力及其稳定性需要进行监测。其中未施作二次衬砌段的临时支护，需支撑在既有拱架上面。立柱内力的测点布置在立柱顶端，横撑内力测点布置在两端，其布置如图 7.2-44 所示；具体量测可采用反力计，结合量测结果，按压杆稳定理论验篡基稳定性。

图 7.2-44 钢支撑内里测点布置图

5）钢架荷载的量测工作应与围岩内空变形的量测工作同步进行，量测频度可参照围岩内空变形的量测时间间隔进行。对整理出的量测资料应做以下分析：

① 根据同一时间内所测定的钢架受力与隧道围岩变形的大小，可以获得隧道围岩位移与围岩压力（钢架上的压力）间的关系；

② 通过分析钢架受载与围岩变形关系，了解钢架的工作状态和围岩的适应性，为设计合理的钢架提供依据；

③ 分析整个观测过程中，隧道围岩变形与围岩压力的关系，确定在规定围岩条件下支护结构应具有的力学特性。

(5) 二衬内力量测

复合式衬砌中的二次衬砌，Ⅰ～Ⅲ级围岩中为安全储备，并按构造要求设计；Ⅳ、Ⅴ围岩中为承载结构，需要计算其内力和变形。

1) 通过二次衬砌内应力量测，可了解支护衬砌内的受力状态。钢筋混凝土衬砌一般采用钢筋应力计量测，把测点成对布设在具有代表性的断面的关键部位上，如拱顶、拱腰、拱脚等。成对布设的方法是在同一截面衬砌内外侧主筋沿环向布设，如图 7.2-45 所示。

2) 钢筋计安装时与二次衬砌主筋环向对焊，应保证钢筋计轴向刚度与主筋一致，按照混凝土基本原理，通过主筋应变值可以反算衬砌在该部位所受的轴力和弯矩，验算其安全性。

(6) 锚杆轴力量测

锚杆轴向力的量测主要有电测法和机械法。电测法量测是沿锚杆轴线方向黏贴电阻应变片作为应变传感元件，将它埋设在垂直于隧道壁面的钻孔中，用电阻应变仪测出锚杆在钻孔方向的径向应变，根据锚杆的径向应变来转求锚杆径向收受的应力。机械式量测是在钢管内固定有长度不等的细长变形传递杆，每一传递杆的一端分别固定在锚杆内壁预定的不同位置上，另一端引至孔口与锚杆端头基准板相应的测孔相连，由于量测锚杆内设置的测点不同，机械式量测锚杆有三点式、四点式及六点式量测锚杆。

1) 锚杆轴向力测试在每一监测断面内一般布置 5 个量测位置（孔），每一量测位置的钻孔内设测点 3～6 个（根据量测深度和所选的量测锚杆决定）。一般布置形式为在拱顶中央 1 个，在拱基线上（或拱基线上 1.5m 处）左右各设一个，在两侧墙及底板线上 1.5m 处各设一个。量测锚杆的布置形式见图 7.2-46。

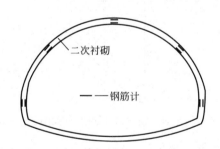

图 7.2-45 二次衬砌内力测点布置图

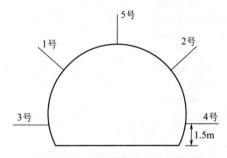

图 7.2-46 量测锚杆的布置形式

2) 锚杆轴向力测试频率可参照内空收敛的量测频度，即在埋设后 1～15d 内每天测 1 次，16～30d 每 2d 测 1 次，30d 以后每周测 1 次，90d 后可每月测 1 次。

3) 通过对量测结果的分析，推断围岩松动圈的范围，判断围岩变形的发展趋势，确定锚杆长度及数量等参数是否合适。量测结果一般包括以下几个方面：

① 根据量测所得的各测点应变值，绘制应变沿锚杆长度的分布状态曲线；

② 根据计算得出的锚杆轴力绘制轴向力沿锚杆长度的分布状态曲线；

③ 根据锚杆轴向力的最大值确定适宜的锚杆长度。

(7) 孔隙水压力监测

孔隙水压力监测可采用孔隙水压计量测。水压计应埋入带刻槽的测点位置，采用措施确保水压计直接与水接触，通过数据采集设备获得各测点数据，并换算出相应的水压力值。

1) 孔隙水压力测点布置同土压力测点，其中隧道一般为防排结合型防水结构，水压量测埋设在初支支护外侧。对于全包型防水衬砌结构，则直接设置在二次衬砌外侧。

2) 对于承受外水压力隧道，隧道衬砌结构的安全度需结合外水压力综合验算。

（8）地表下沉量测

当隧道位于软弱、破碎、自稳时间极短围岩及地表有对沉降要求非常严格的地面构造物的浅埋隧道施工时，应进行地表下沉量测，浅埋隧道地表下沉量测的重要性随隧道埋深变浅而增大，表7.2-39指示了地表沉降量测的重要性。

地表沉降量测的重要性　　　　　　　　　　　表 7.2-39

隧道埋深 h	重要性	量测与否
$h>3B$	小	不必要
$2B<h<3B$	一般	最好量测
$B<h<2B$	重要	必须量测
$h<B$	非常重要	必须列为主要量测项目

注：B 为隧道开挖宽度。

地表下沉横断面测点布置见图 7.2-47。地表下沉量测点最好布置在洞内净空收敛量测测点所在横断面上，纵向间距可按表 7.2-40 采用。每个隧道至少应布置 2 个纵向断面。

地表下沉测点纵向间距　　表 7.2-40

隧道埋深 h	测点间距(m)
$h>2B$	20～50
$B<h<2B$	10～20
$h<2B$	5～10

注：B 为隧道开挖宽度。

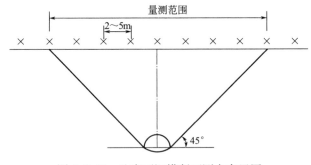

图 7.2-47　地表下沉横断面测点布置图

地表下沉测点的布置密度应根据隧道开挖方法、围岩级别、隧道埋置深度和隧道开挖宽度而定；在隧道中线附近，测点应布置密些，远离隧道中线，测点应布置疏些。监测频率可参照表 7.2-41 所示。每次的量测数据整理绘制成地表下沉量-时间关系曲线及地表横向下沉量-时间关系曲线。

地表下沉量测频率　　　　　　　　　　　表 7.2-41

开挖面与量测断面的前后距离 d	量测频率
$d\leqslant 2B$	1～2次/天
$2B<d\leqslant 5B$	1次/2天
$d>5B$	1次/周

注：B 为隧道开挖宽度。

地表下沉量应控制在40mm内，警戒值为30mm。

4. 信息反馈修正设计

城市矿山法隧道设计、施工必须紧密配合，共同研究，综合分析各项施工信息，及时反馈，最终确定和修改设计参数。信息反馈修正设计，是指在隧道开挖后根据施工观察、现场地质调查、现场监控量测等信息，对施工前预设计所确定的结构形式、支护参数、预留变形量、施工工艺、施工方法以及各工序施作时间等的检验和修正，应贯穿于整个施工过程。修正设计的主要内容包括：围岩级别的变更；支护结构的变更；辅助工法的追加；开挖分部尺寸的变更；开挖断面的变更及断面的早期闭合等。

遇到以下情况之一，应改变设计参数，增强初期支护：隧道开挖后，工程地质和水文地质条件、围岩级别比预计的差；观察发现喷射混凝土层裂纹多、裂缝大或不断扩展；实测位移量超出规范规定或类似围岩条件下的位移值；位移量可能超出预留变形量；稳定性特征出现异常状态。

遇到以下情况时，应调整设计参数，适当降低初期支护：隧道开挖后，围岩级别比预设计的有明显好转，或有具体工程类比时；初期支护未完成前，位移已收敛，达到施作二次衬砌的指标；初期支护全部施作完，实测位移量远小于规范规定时，可适当降低其他类似地段初期支护设计参数。

隧道施工在遇到特殊地质地段时，有时仅依靠改变施工工序、施工方法及支护参数还不能完全保证隧道围岩的稳定。此时，应根据不同的地质条件采用不同的针对性施工辅助措施，确保施工安全。

目前已对需要减轻和增强设计的两种情况进行了归纳，如表7.2-42所示，同时对施工中经常出现的一些现象及处理措施进行了归纳，如表7.2-43所示。

设计修正方法　　　　　　　　　　　　　　　表7.2-42

	现象	研究事项	修正方案
需要减轻设计的场合	• 位移值小； • 锚杆轴力小； • 喷混凝土应力小而且无变异； • 掌子面稳定	• 不连续面的间隔、状态； • 涌水的多少； • 围岩强度比	• 减轻支护结构； • 增加一次掘进长度； • 变更断面分部； • 减小变形富裕值
需要增强设计的场合	• 位移大； • 喷混凝土发生变异； • 锚杆产生过大的轴力； • 钢支撑发生变异； • 掌子面不稳定	• 初期位移速度； • 位移的收敛性； • 围岩的应力、应变状态； • 松弛区域的大小； • 围岩强度比； • 掌子面的自稳性； • 涌水的多少	• 增加支护结构； • 补强掌子面附近； • 断面早期闭合； • 变更断面分部； • 变更开挖断面； • 增加变形富裕值

修正设计时应注意：根据一个断面的施工信息综合分析结果，进行设计参数修正，只适用于该断面前后不大于5m的同级围岩地段。隧道较长地段同级围岩设计参数的确定，特别是降低设计参数，必须以不小于三个断面的施工信息综合分析为依据。按修正后的设计参数进行开挖的地段，其设计参数的正确性和合理性应根据施工信息（监控量测）综合

分析予以验证。修正设计可分为两种情况考虑：修正未开挖部分的预设计，对于根据地质调查结果设计的标准支护模式，根据施工中的观察、量测结果和具体的围岩状况，对未开挖地段的支护模式或施工方法进行合理的修正。此时，因围岩条件、位移值和当初预计的差异不同，修正的内容和规模也不同。同时，为确保施工的安全、高效，也要修正辅助工法。变更已开挖部分的设计。根据量测，修正设计的方法分为两类，即按净空位移值大于和小于预测值分类。当净空位移大于预测值时可采用扩大变形富裕量，增强支护构件，断面闭合，加强掌子面及掌子面前方变更开挖方法等方法修正设计；当净空位移小于预测值时可采用减少支护构件，缩小变形富裕量等方法修正设计。

施工中的现象及处理措施　　　　　　　　　表 7.2-43

	施工中的现象	处理措施 A	处理措施 B
开挖面及其附近	正面变得不稳定	• 缩短一次掘进进尺； • 开挖时保留核心土； • 向正面喷混凝土； • 用插板或小导管	• 缩小开挖断面； • 打正面锚杆； • 改善围岩状况
	开挖面顶部掉块增多	• 缩短开挖时间及提早喷射混凝土； • 用插板和小导管； • 缩短一次掘进长度； • 开挖面分部施工	• 加钢支撑； • 改善围岩状况
	开挖面出现涌水或者涌水量增加	• 使喷混凝土早硬化； • 喷射前做好排水； • 设小网格的金属网； • 设排水板	• 采用排水方法（如排水钻孔、井点降水等）； • 改善围岩状况
	地基承载力不足，下沉增大	• 注意开挖不要损伤底部围岩； • 加厚底脚处喷混凝土，增大支承面积	• 增加锚杆； • 缩短台阶长度，及早闭合； • 用喷混凝土作临时仰拱； • 改善围岩状况
	产生底鼓	• 及早进行仰拱喷射；	• 在仰拱部分打锚杆； • 缩短台阶长度及早闭合
喷混凝土	喷混凝土离层或剥离	• 开挖后尽快进行喷射； • 加金属网； • 解除涌水压力； • 加厚喷层	• 打锚杆或增强锚杆
	喷混凝土应力增大，产生裂缝和剪切破坏	• 加金属网； • 在喷混凝土中设纵向伸缩缝	• 增强锚杆（如加长）； • 加入钢支撑
锚杆	锚杆轴力增大，垫板松弛或锚杆断裂	—	• 增加锚杆（加长）； • 采用承载大的锚杆； • 视条件，为增加锚杆的变形能力，可在垫板间加入可压缩构件
钢支撑	钢支撑中应力增大，产生屈服	• 松解接头螺栓，清除喷混凝土，使之可伸缩	• 增强锚杆； • 采用可缩式钢支撑，喷混凝土设纵向收缩缝

续表

施工中的现象		处理措施 A	处理措施 B
净空位移	净空位移量增大，位移速度变大	• 缩短从开挖到支护的时间； • 提早打锚杆； • 缩短台阶及仰拱的一次开挖长度； • 当喷层有裂缝时，应设纵向伸缩缝	• 增加锚杆； • 缩短台阶长度，提早闭合时间； • 视条件，为增加锚杆的变形能力，可在垫板间加入可压缩构件； • 采用超短台阶法或临时仰拱

量测结果反馈应注意如下几方面：

（1）量测数据是定量的数据，很容易识别其变化动向和量测地点的差异，是极为有用的指标。但一般说量测条件不会是一样的，评价时，要考虑这种量测上的限制，在数据处理上要慎重。

（2）为了把支护模式改变成适合围岩条件，要对各支护构件的功能进行评价。用各支护构件应力测定的数据和解析的构件荷载分配，来判断各构件的增减。

（3）量测结果比预计的大很多时，要增强支护、降低围岩级别、改变支护模式尽早稳定围岩。

（4）在一般围岩中，对于衬砌及仰拱，原则上是在确认围岩位移收敛后灌注的。此时，周边围岩包括隧道在内是稳定的。

（5）在膨胀性围岩中位移收敛的大致标准（管理标准）是1mm/月。土压强大时，仅用初期支护不能抵抗膨胀变形的特殊位移时，在设计施工上不能等待位移收敛，而应采用高性能的衬砌或增强衬砌，来确保周边围岩稳定。

7.3 盾构法隧道结构设计

7.3.1 概述

盾构法施工隧道已有近200余年历史，世界各国已建造了数以千计的盾构法隧道工程。随着城市化进程的加快，地面交通对土地资源的占用以及环境的污染等问题日益突出，盾构法因其不占用地面资源、机械化程度高、对环境影响小的优势，成为了隧道工程的首选。随着盾构法施工技术的迅猛发展以及盾构机械设备制造技术的不断突破创新，从早期人工开挖敞开式盾构发展到如今的超大直径的机电液控一体化的混合式盾构，既可长距离大深度穿越江河湖海，也可灵活穿行于道路狭窄，高楼桩基密布的城市地下空间，成为安全、快速、先进的隧道工程技术。因此不同城市、不同地区均开始采用盾构法建造城市道路隧道。

我国应用盾构法施工技术始于20世纪50年代，1966年上海率先建造了中国第一条跨越黄浦江的城市道路隧道——打浦路隧道工程。为单管双向二车道隧道，全长2.7km，采用Φ10.22m的大型网格式盾构机施工。此后几十年来，特别是步入21世纪之后，盾构法隧道工程不断向大断面、大深度、长距离、适应不同地层条件的方向发展。2004年上海完成了世界率先投入运营的双管双层双向六车道盾构法隧道——复兴东路隧道；2010年完成世界上最大直径（Φ15m）的双向六车道、预留轨道交通空间的多功能超大特长隧道——

长江隧道。

国内先后已建以及在建中的盾构法道路隧道，直径 Φ11m 的左右的隧道有上海的延安东路南线隧道、大连路隧道、复兴东路隧道以及武汉长江隧道等，直径 Φ13～14m 的左右的隧道有上海的外滩通道隧道、迎宾三路隧道以及香港屯门～赤腊角跨海隧道等，直径 Φ14.5m 的左右的隧道有上中路隧道、军工路隧道、虹梅路隧道以及南京纬三路通道、纬七路南京长江隧道、扬州瘦西湖隧道、珠海横琴第三通道隧道等，直径 Φ15m 及以上的隧道有上海崇明长江隧道、长江西路隧道、杭州钱江隧道、武汉三阳路隧道、深圳春风路隧道等，香港屯门～赤腊角连接段隧道直径则达 17.0m。

我国大型盾构法道路隧道工程一览表 表 7.3-1

工程名称	隧道直径、规模	隧道长度(km)	建设时间
上海上中路隧道	$\Phi_{外}$=14.5m/双线双层八车道	1.25×2	2005—2009
上海长江隧道	$\Phi_{外}$=15m/双线单层六车道，预留轨道交通走廊	7.5×2	2005—2010
南京纬七路长江隧道	$\Phi_{外}$=14.5m/双线单层六车道	3.02×2	2005—2010
上海外滩地下道路隧道	$\Phi_{外}$=13.95m/单线双层六车道	1.1	2008—2010
上海军工路隧道	$\Phi_{外}$=14.5m/双线双层八车道	1.02×2	2005—2011
上海迎宾三路隧道	$\Phi_{外}$=13.95m/单线双层六车道	2.86	2009—2011
上海长江西路隧道	$\Phi_{外}$=15m/双线单层六车道	1.5×2	2008—2011
杭州钱江隧道	$\Phi_{外}$=15m/双线单层六车道	3.25×2	2008—2012
扬州瘦西湖隧道	$\Phi_{外}$=14.5m/单线双层四车道	1.28	2010—2013
南京纬三路通道	$\Phi_{外}$=14.5m/双线双层八车道	4.14+3.56	2011—2014
武汉三阳路长江隧道	$\Phi_{外}$=15.2m/双线单层六车道，下层为轨道交通	2.59×2	2013—2017

由此可见，根据国内多年来盾构法隧道发展现状来看，盾构法城市道路隧道工程的需求越来越大，使用范围也越来越广，由于地下工程环境的复杂性，计算模型、计算理论多种多样，有必要结合前期各地隧道工程的成功案例，对我国城市工程环境条件下盾构法隧道工程设计理论体系进行规范，指导进行精细化设计，在满足结构受力、耐久性的基础上，达到控制工程投资、节约能源的目的。

本章节适用围岩条件较为软弱的城市道路隧道，采用封闭型的盾构法隧道设计，对于位于围岩条件良好的采用 TBM 施工的城市道路隧道，则隧道围岩压力计算按《铁路隧道设计规范》TB 10003 的相关规定确定，其他结构构造设计等可参照本手册。

7.3.2 设计原则

（1）隧道衬砌宜采用具有一定刚度的柔性结构，应限制其变形和接头张开量，满足结构强度和刚度的前提下，还同时满足防水、防腐蚀等要求。

（2）衬砌结构横向计算模式应根据地层情况、衬砌构造特点、结构的实际工作条件等确定，宜考虑衬砌与地层共同作用及装配式衬砌接头的影响。在进行结构横向内力、变形计算时，应考虑由可能产生的纵向变形所引起的横向内力及变形值。

（3）隧道在荷载、结构、地质条件发生变化的部位或因抗震要求需设置变形缝时，应采取可靠的工程技术措施,确保变形缝两侧的结构不产生影响使用的差异沉降。变形缝的形式、宽度和间距应根据允许纵向沉降曲率、沉降差、防水和抗震要求等确定。

(4) 盾构法隧道不宜设于可液化地层中。当隧道周边存在可液化地层时,应根据地层的液化等级、液化范围及其与隧道的位置关系等因素,分析地层液化后对隧道结构强度和稳定性的不利影响,并应采取相应的地层抗液化或隧道结构加强措施。

(5) 盾构法隧道结构在施工阶段抗浮安全系数≥1.1,施工阶段≥1.2。

7.3.3 构造设计

1. 衬砌结构选型的基本要求

(1) 盾构法隧道结构型式宜为预制钢筋混凝土管片组成的圆形结构。

(2) 衬砌结构可采用单层衬砌或在其内侧现浇钢筋混凝土内衬的双层衬砌。在满足工程使用、受力、防水和耐久性等要求的前提下,宜优先选用装配式钢筋混凝土单层衬砌。

(3) 装配式管片分块及尺寸应根据隧道横断面要求,考虑钢模制作、管片吊装、运输、拼装、结构受力以及盾构施工的安全和方便。接头设计应满足受力、防水和耐久性要求。

(4) 盾构隧道管片宜采用钢筋混凝土管片或添加纤维的钢筋混凝土管片,也可采用钢管片、铸铁管片等。

(5) 在连接通道或废水泵房等特殊区段,可采用钢管片、铸铁管片或钢与钢筋混凝土管片组成的复合管片。

2. 衬砌结构类型

盾构法圆形隧道结构一般是由预制衬砌管片拼装而成的,称为单层衬砌结构,在单层衬砌结构内侧再浇筑一层混凝土结构的称为双层衬砌结构。

单层衬砌结构可采用钢筋混凝土管片、钢管片、铸铁管片或钢与钢筋混凝土管片组成的复合管片。钢筋混凝土管片结构刚度大,具有良好的抗压性能和耐久性,不易变形;钢管片强度高,易加工,重量小,但易变形,需要进行防腐处理,价格较高;铸铁管片延性好,强度高,制作精度高,防腐性能好,价格高;复合管片一般由钢与钢筋混凝土管片组成,用于局部开口或者有特殊使用要求的部位,既提高了普通钢筋混凝土管片的强度和刚度,经济性又优于钢管片和铸铁管片。

国内盾构法隧道衬砌采用较多的为钢筋混凝土管片,在局部有特殊荷载要求或者其它功能要求的条件下,亦采用钢管片或者铸铁管片。另外为增强管片的局部承压能力,防止管片角部挤压破损,上海亦有采用钢纤维混凝土,它可以提高管片抗裂性能,甚至可以减少钢筋含量,钢纤维混凝土、聚酯纤维混凝土等新型材料在其他行业已经得到了广泛应用,由于隧道结构力学行为的特殊性,其在隧道工程管片中的应用还需进一步研究与探讨。

衬砌结构类型的选择需要根据使用功能、围岩条件、施工工艺等条件进行技术经济合理性比选。

单层衬砌施工工艺单一、工程实施周期短、投资经济。只要衬砌圆环的变形、接缝张开、混凝土裂缝开展、防水效果等控制在预期的要求内,满足道路隧道的工程使用要求,衬砌结构类型应优先选用装配式钢筋混凝土单层衬砌。

双层衬砌多是为了满足高内水压、高抗震性能、隧道内表面装饰、接头防水以及加固等要求而采用的。

总结国内外已建成运营的各种类型城市道路盾构法隧道成功先例，无论是在软土地层、砂土地层、砂卵石地层、岩层或复合地层条件下，还是跨江跨海高水压条件下，绝大多数道路隧道均采用了有一定接头刚度的单层柔性衬砌结构，如英吉利海峡隧道、德国易北河第四座公路隧道（图 7.3-1）、荷兰西斯凯尔特隧道（图 7.3-2）、上海长江隧道（图 7.3-3）、外滩通道隧道（图 7.3-4）、武汉长江隧道、南京长江隧道等。采用双层衬砌的隧道较少，日本东京湾横越道路隧道为增加结构重量和防灾需要，采用了外层预制管片＋现浇内衬的双层衬砌结构型式。

图 7.3-1　易北河第四座公路隧道

图 7.3-2　荷兰西斯凯尔特隧道

图 7.3-3　上海长江隧道

图 7.3-4　上海外滩通道

另外从结构受力以及施工的便利角度出发，圆形断面无疑是盾构法隧道的首选，但隧道断面的空间利用率不是最经济，而随着城市地下空间的开发，越来越需要提高地下空间的有效利用率，同时为尽可能地减小对地下环境的影响，需要不同用途的隧道合建，因此产生了特殊断面盾构法隧道。在日本东京、大阪等城市因城市土地资源紧张，就采用了双圆、三圆的组合圆形断面，也有椭圆形、马蹄形、矩形隧道断面（图 7.3-5）。现在国内轨道交通地铁隧道也有采用双圆断面隧道以及类矩形隧道断面的成功案例，上海也已经开展类矩形道路隧道的研发工作。

3. 衬砌环组合形式

为满足道路曲线线形及施工纠偏的需要，应设计环宽相等的直线衬砌环和环宽不等具有锥度的楔形衬砌环。这里衬砌环的组合形式主要是曲线地段直线衬砌环和楔形衬砌环的组合。

目前，国内、外采用较多的衬砌环类型组合有以下三种形式：

（1）楔形衬砌环与直线衬砌环的组合

根据道路线型、线路转弯方向及施工纠偏需要，设计直线衬砌环、左转弯、右转弯楔形衬砌环三种管片。设计上采用楔形衬砌环与直线衬砌环的优选组合来进行线路拟合。如上海大连路隧道、复兴东路隧道、翔殷路隧道等。

图 7.3-5　日本相模纵贯川尻矩形盾构法隧道

（2）楔形衬砌环之间相互组合

根据道路线型、线路转弯方向及施工纠偏需要，设计左转弯、右转弯楔形衬砌环两种管片。在直线段通过左转弯＋右转弯衬砌环组合形成直线。如马来西亚 Smart 隧道等。

以上两种衬砌环组合形式，对于平面曲线可通过不同组合进行拟和，竖曲线则通过在管片环面分段贴设不同厚度的楔子来解决。衬砌环制作前，需要设计根据线路资料预先提供全线衬砌环数量、类型，才能保证管片的正常生产供应。

（3）通用楔形环

通用楔形环即采用一种类型的楔形衬砌环，通过圆环不同的旋转角度同时满足平、纵断面上不同曲线线路要求，可实现空间三维轴线拟合。如德国易北河第四座公路隧道、上海长江隧道等。

由于通用楔形环的楔形量不变，各分块管片尺寸一定，可以减少钢模的种类和制作数量。管片生产不受衬砌布置设计制约，管片供应和调整较灵活。但盾构施工推进时需借助专用施工轴线修正计算软件，逐环调整楔形衬砌环的旋转角度，进行线路拟合。

管片类型的组合形式选择需要结合线路条件、工程地质水文条件、施工技术水平、盾构设备类型进行经济、技术比选后综合确定。

4. 衬砌管片分块形式

衬砌管片分块方式应根据管片制作、运输、盾构推进千斤顶布置、拼装方式、结构受力性能、防水要求等因素综合确定。

隧道外径 10~14m 的衬砌环宜分为 8~10 块、外径大于 14m 的衬砌环宜分为 10 块~12 块。

衬砌管片分块形式目前国内外采用较多的有两种形式，一种是小封顶分块形式，即全环管片由数块标准块、两块邻接块和一块最后拼装的封顶块组成，见图 7.3-6。封顶块的大小与管片的制作、运输能力、盾构机内起吊、拼装方式、千斤顶行程的选择等都有相关影响。封顶块的拼装形式有径向插入和纵向插入等方式，为减小盾构千斤顶的行程，也减小盾构机的长度。国内道路隧道多采用半纵向插入方式，即封顶块先径向搭接 1/2~2/3

长度，再纵向插入。

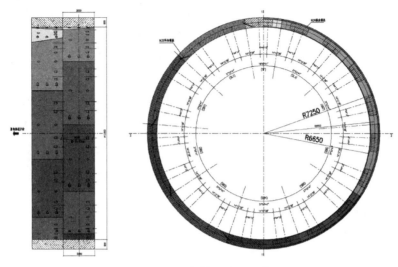

图 7.3-6　小封顶分块形式

封顶块接头角和插入角应根据截面内力传递、拼装方式、盾构设备及管片生产条件等因素综合确定。插入角斜率不宜大于 1/6，在满足施工要求下宜采用较小的接头角和插入角。

日本东京湾公路隧道、上海长江隧道均采用了全环分 11 块，小封顶（K 块），纵向插入的方式。

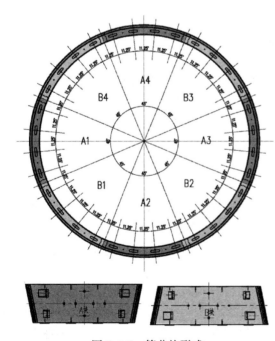

图 7.3-7　等分块形式

另一种是等分块形式，即全环管片由 A、B 型两类管片组成，A、B 型管片均设计成纵向锥形管片，见图 7.3-7。

上海的西藏南路隧道、新建路隧道、武汉长江隧道等采用了 8～9 等分块的形式。

5. 衬砌管片环宽、厚度

管片宽度应根据隧道最小曲线半径、隧道直径、管片制作、运输、管片拼装工艺以及盾构千斤顶行程等因素综合确定，在满足上述要求的前提下，宜采用较大的管片宽度。

衬砌环环宽越大，即管片宽度越宽，同一条隧道衬砌环接缝就越少，因而漏水环节，螺栓数量就越少，施工速度就越快，费用就越省。但随着环宽增加，相应要求盾构机千斤顶的行程要大，盾构机长度要增加，设备投资、施工难度均相应增加。尤其在小半径曲线上，环宽较大的管片比环宽较小的管片设计拟合误差大，易发生因盾尾壳体挤压隧道内衬，造成管片碎裂的现象。

在已建道路隧道中，衬砌圆环环宽多采用 1.5~2.0m 范围环宽，直径大的隧道多选用较大的衬砌环宽。

衬砌环厚度需要根据工程全线的隧道覆土深度、周围环境、工程地质和水文地质条件、结构特点、施工条件等综合因素，通过结构计算确定。同时隧道衬砌管片厚度随隧道外径增大而增大，在已建道路隧道中，管片结构厚度与衬砌圆环的外径之比为 0.041~0.044。

6. 衬砌管片接缝环面、纵面构造

管片接缝构造应满足受力、拼装定位、防水的要求，其尺寸和角度应有利于减少局部应力集中，以及管片制造、运输、拼装过程中的碰撞破损。目前国内外道路隧道采用较多的接缝构造形式有平接头和榫槽接头两种形式。

平接头有利于钢模制作，也符合结构计算假定，在地质条件较好的地域应用较多。在软土地层中，受施工阶段管片拼装误差，后期车辆运营动荷载作用，地层不均匀沉降等不利因素的影响，管片环与环、块与块间易产生"错台"现象，多设置榫槽接头。通过凹凸榫槽部位的咬合作用进行力的传递，对于管片拼装精度要求较高。上海人民路隧道、新建路隧道等均采用了此种构造形式。

近年来由于榫槽结构削弱了管片环向受力后传递轴向压力的能力，同时由于分块面受力面积较小，容易发生应力集中局部管片碎裂的现象，也有采用在管片环面迎千斤顶处设一略高于环面的凸面，纵缝端部设一略高于端面的凸面的薄榫接头形式，提高管片的局部抗压能力和接头的抗压能力，也可以防止管片角部由于应力集中发生破损。上海长江隧道、上中路隧道等均采用了此种构造形式。

另外为控制管片间的拼装定位，在管片块与块间也有设置定位棒设计，可以提高接头的抗压能力以及管片拼装的真圆度。

7. 衬砌管片连接形式

衬砌管片连接形式有螺栓连接、铰连接、销连接、榫槽连接等方式，目前，国内隧道工程界常用的衬砌管片连接方式为螺栓连接，螺栓连接主要有以下三种型式：弯螺栓、直螺栓和斜螺栓连接形式。螺栓连接形式的选取要充分考虑衬砌接头的强度和刚度要求、钢模制作、管片拼装的精度和便利性要求。

直螺栓连接方式允许的施工误差相对较大，管片安装难度小，而且直螺栓抵抗弯矩的能力较大，但直螺栓手孔面积大，对管片的削弱也较大，根据管片设计、制作经验，环向手孔如采用直螺栓，为便于脱模，钢模手孔多设计成活动模芯，这对管片生产的质量控制是一个不稳定因素。

采用弯螺栓可将钢模设计成固定模芯，降低了管片生产中人为因素的干扰，提高了产品的质量，同时也方便了施工。弯螺栓手孔较直螺栓小，对衬砌结构削弱较少。但弯螺栓刚度较小，较易变形，螺栓较长，材料消耗较大，且在螺栓预紧力、高水土压力和地震作用下对端头混凝土产生的挤压作用较大，易造成混凝土破坏。

斜螺栓为一端预埋螺母，一端加紧固件的连接方式，斜螺栓在结构上加强了构件的联结，接头两边错动小，可有效地承担接头处的剪力和弯矩，但其对管片的预埋件精度及管片拼装精度要求很高，对钢模设计水平、制作工艺、管片生产工艺、拼装水平等有一系列较高的产品控制要求。斜螺栓手孔最小,对管片断面的削弱最小,且螺栓较短,材料消耗小,满足自动化拼装的程度最高,施工速度较快。

螺栓孔可采用预埋套管做成等直径螺栓孔,也可采用芯棒制作成带有一定锥度的变直径螺栓孔。螺栓孔径太大的话管片之间会出现较大的错台,螺栓孔径太小的话施工精度要求高,给施工会带来一定的困难。螺栓孔径一般比螺栓直径大 3~6mm,螺栓孔中心一般设置在距管片内侧面 1/3~1/2 管片厚度处。

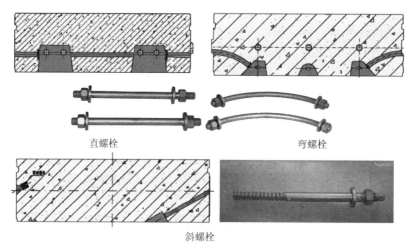

图 7.3-8 螺栓连接形式

我国目前盾构法隧道衬砌接头采用较多的是不同型式的螺栓接头(直螺栓、弯螺栓、斜螺栓),需要依赖于人工作业,对于大断面隧道来讲,操作困难,紧固质量也难以控制。国外对机械化新型接头型式和材料做了大量研究,有插入式的锁扣或者摩擦环向接头,有销插式纵向接头、钢管插入式环向接头、TA-SRING 纵向接头等,以上接头方式减小了手孔面积,对管片整体刚度削弱小,更重要的是连接便捷,减少了人工操作时间,提高了管片拼装效率。因此在考虑接头受力性能的基础上,从施工的高效便捷、拼装精度质量、工期成本的控制、运营维护的便利等角度出发,开发研究新型的衬砌接头型式与材料也是隧道工程技术的一个重要方面。

图 7.3-9 日本块间 ST 型快速接头

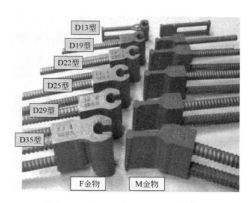

图 7.3-10 日本块间锥形接头

图 7.3-11　日本环间 TAS 接头

图 7.3-12　环间榫头+推卡快速接头

8. 衬砌管片楔形量的确定

衬砌环楔形量应满足线路拟合及施工纠偏的需要。楔形量可根据管片环类型、隧道直径、管片宽度、最小转弯半径、曲线拟合误差等综合确定,同时还应考虑管片制作的便利性和盾尾操作间隙,一般采用双面楔形。环面斜率不宜大于1:300,根据已建成的工程经验,楔形量一般在40~70mm,楔形角在10°~25°范围内。当根据可拟合的最小曲线半径设计楔形环时,管片环楔形量计算公式如下:

$$\Delta = B \times D / R \tag{7.3-1}$$

式中　Δ——衬砌环计算楔形量;
　　　B——管片环宽;
　　　D——盾构隧道外径;
　　　R——可拟合的最小曲线半径。

9. 预埋件的设计

管片应根据连接方式、起吊方式、拼装方式、注浆要求,以及结构受力等因素确定螺栓手孔、定位孔、吊装孔、注浆孔的位置与尺寸。

采用真空吸盘吊装的管片,应在内弧面预留拼装定位孔;每块管片上定位孔数量不应少于2个,定位孔宜为杯状结构,杯口直径不宜小于100mm,定位孔深度不宜小于150mm。

管片上宜预埋壁后注浆预埋件,以便对衬砌与土体之间的空隙二次注浆,控制隧道变形和地面沉降。注浆孔的孔径需根据注浆工艺及注浆材料确定,一般采用ϕ50mm左右内径。注浆预埋件应带逆止阀装置,其迎土面应保留不小于40mm的素混凝土保护层。

当采用抓举头吊装时,吊装孔宜与注浆孔合并设置,设置于管片的中心位置,预埋件抗拔力设计必须满足管片吊装或拼装荷载要求,安全系数一般取2~3。

另外为控制软弱地层中隧道的纵向不均匀沉降及变形,从上海崇明长江隧道开始,就在衬砌管片环面设置了若干剪力销,以提高在浅覆土地段、地层变化位置和连接通道处衬砌环间的抗剪能力,减少环间高差。

管片手孔、螺栓孔、预留孔洞、预埋件等部位,应设置构造加强钢筋。

7.3.4　衬砌结构设计

1. 荷载的计算

(1) 荷载分类

圆形隧道衬砌结构计算中主要考虑的荷载有永久荷载、可变荷载、偶然荷载等。荷载分类详见表7.3-2。

荷载分类 表7.3-2

荷载分类		荷载名称
永久荷载		结构自重
		地层压力或围岩压力
		隧道上部和破坏棱体范围的设施及建筑物基底附加压力
		静水压力
		侧向地层抗力及地基反力
		固定设备重量
		地基下沉影响
可变荷载	基本可变荷载	地面车辆荷载及其动力作用
		地面车辆荷载引起的侧向土压力
		隧道内部汽车荷载及其动力作用
	其他可变荷载	人群荷载、施工荷载
		温度变化影响
偶然荷载		地震荷载、人防荷载
		沉船、爆炸、锚击等灾害性荷载

注：1. 设计中要求考虑的其它荷载，可根据其性质分别列入上述三类荷载中；
2. 表中所列荷载本节未加说明者，可按国家有关规范或根据实际情况确定。

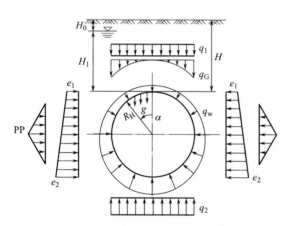

图7.3-13 隧道横断面计算荷载简图

（2）荷载计算

1）结构自重：可按结构设计断面尺寸及材料重度标准值计算。衬砌自重标准值 g（kN/m²）计算见式（7.3-2）：

$$g = \gamma_c t \quad (7.3-2)$$

式中 γ_c——隧道衬砌结构的重度标准值（kN/m³）；

t——管片厚度。

一般情况下钢筋混凝土计算重度可采用 25kN/m³，素混凝土计算重度可采用 23kN/m³。运营工况下结构自重尚应包括隧道内部行车道板、分隔墙板、管道及支架等自重荷载等。

2）地层竖向压力：地层压力应根据结构所处工程地质和水文地质条件、埋置深度、相邻隧道间距等因素，结合已有的试验、测试和研究资料确定。

竖向地层压力计算应考虑地面及临近的其他荷载对竖向压力的影响。当施工中发现地层压力设计值与实际不符时，应及时修正。对于地质复杂的隧道，必要时应通过实地量测确定。

浅埋隧道竖向地层压力应按计算截面以上全部覆土压力考虑；对于覆土厚度大于 $2D$ 的深埋隧道，竖向压力可根据具体工程条件（地层性质、埋深）按卸载拱理论或全部覆土重量计算。隧道顶部竖向土压力全部覆土重量标准值 q_1 应按式（7.2-3）计算：

$$q_1 = q_0 + \sum_i \gamma_i \cdot h_i \qquad (7.3\text{-}3)$$

式中 q_0——地面超载标准值（kPa），一般取 20kPa；

γ_i——隧道顶各层土的重度标准值（kN/m³），地下水位以上土层取天然重度；地下水位以下土层，当水土分算时取浮重度、当水土合算时取饱和重度；

h_i——隧道顶各层土的厚度（m）。

在砂性土中，当覆土厚度大于 2D 时可按卸载拱理论采用松弛土压力计算；在粘性土中，如果是由硬质粘土（N≥8）构成的良好地基，当覆土厚度大于 2D 时可采用松弛土压力计算。松弛土压力可按泰沙基公式或普氏公式计算，当计算塌落拱高度＜2D 时取 2D。泰沙基松弛土压计算如式（7.2-4）：

$$P_v = \frac{B\gamma - C}{K\tan\varphi}(1 - e^{-K\frac{H}{B}\tan\varphi}) + P_0 e^{-K\frac{H}{B}\tan\varphi} \qquad (7.3\text{-}4)$$

$$B = \frac{D_0}{2}\cot\left(\frac{45° + \varphi/2}{2}\right)a \qquad (7.3\text{-}5)$$

$$h = \frac{B(1 - \frac{C}{\gamma B})}{K\tan\varphi}(1 - e^{-K\frac{H}{B}\tan\varphi})$$

式中 P_v——泰沙基松弛土压力；

B——衬砌顶部的松弛宽度；

K——取 $K=1.0$；

γ——土体单位重度；

C——土体粘聚力；

φ——土体内摩擦角；

H——覆盖层厚度；

D_0——衬砌环外径；

h——松散土体高度。

3) 隧道拱背土压力标准值 q_G（kPa）应按式（7.2-6）计算：

$$q_G = \gamma_t \cdot R_H \cdot (1 - \cos\alpha) \qquad (7.3\text{-}6)$$

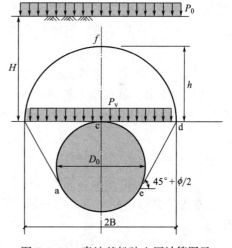

图 7.3-14 泰沙基松弛土压计算图示

式中，γ_t 为隧道所穿越的土层内水平轴线以上各层土的加权平均重度标准值（kN/m³），地下水位以上土层取天然重度；地下水位以下土层，当水土分算时取浮重度、当水土合算时取饱和重度。

4) 水平地层压力：施工阶段粘性土水平地层压力按水土合算，采用经验系数计算；砂性土按水土分算，采用郎肯主动土压力公式计算。使用阶段均按水土分算，采用静止土压力系数作为侧压力系数计算。

① 施工阶段

水土合算可按公式（7.2-7）计算：

$$\begin{aligned}(e_1) &= \lambda \cdot q_1 \\ (e_2) &= (e_1) + 2 \cdot \lambda \cdot \gamma_{t1} \cdot R_H\end{aligned} \qquad (7.3\text{-}7)$$

式中 γ_{t1}——隧道所穿越土层的加权平均重度标准值（kN/m^3），地下水位以上土层取天然重度、地下水位以下土层取饱和重度；

(e_1)、(e_2)——顶、底部水平向水土压力标准值（kPa）；

λ——隧道所穿越土层的经验侧压力系数。

水土分算可按公式（7.2-8）计算：

$$e_1 = q_1 \cdot \tan^2(45° - \varphi/2) - 2 \cdot C \cdot \tan(45° - \varphi/2)$$
$$e_2 = e_1 + 2 \cdot \gamma'_{t1} \cdot R_H \cdot \tan^2(45° - \varphi/2)$$
(7.3-8)

式中 γ'_{t1}——隧道所穿越土层的加权平均重度标准值（kN/m^3），地下水位以上土层取天然重度、地下水位以下土层取浮重度；

c、φ——隧道所穿越土层的加权平均粘聚力标准值（kPa）、加权平均内摩擦角标准值（°），按直剪固快试验峰值强度指标平均值取用。

② 使用阶段

水平地层压力按静止土压力计算，采用水土分算，见式（7.2-9）。

$$e_1 = K_0 \cdot q_1 \quad (7.3-9)$$
$$e_2 = e_1 + 2 \cdot K_0 \cdot \gamma'_{t1} \cdot R_H$$
$$K_0 = a - \sin\varphi' \quad (7.3-10)$$

式中 K_0——隧道穿越土层的静止土压力系数，由试验测定，也可按式（7.2-10）计算；

a——土层系数，当隧道穿越砂土、粉土时取 $a=1$，当隧道穿越粘性土、淤泥质土时取 $a=0.95$；

φ'——隧道所穿越土层的加权平均有效内摩擦角标准值（°）。

5）水压力：静水压力沿隧道四周布置，方向指向隧道圆心，大小根据水位确定。静水压力标准值 q_w（kN/m^2）按式（7.3-11）计算：

$$q_w = \gamma_w(H_1 + R_H(1 - \cos\alpha)) \quad (7.3-11)$$

式中 γ_w——地下水的重度标准值（kN/m^3）；

H_1——隧道顶部的静水头高度（m）。

水土分算时，静水压力沿隧道四周布置，方向指向隧道圆心；水土合算时不另计静水压力。

6）底部地基竖向反力标准值 q_2（kN/m^2）以平衡其他竖向力计。

按水土分算时，q_2 按式（7.3-12）计算：

$$q_2 = q_1 + (1 - \pi/4)\gamma_t R_H + \pi g - \pi \gamma_w R_H/2 \quad (7.3-12)$$

按水土合算时，q_2 按式（7.3-13）计算：

$$q_2 = q_1 + (1 - \pi/4)\gamma_t R_H + \pi g \quad (7.3-13)$$

7）侧向土抗力 P_p（kPa）

由隧道受上述力作用变形后被动产生，土抗力作用于隧道后又会影响结构的最终变形。因此土抗力和隧道变形相互影响，耦合作用。管片结构与地层间的相互作用可采用假定抗力法或地基弹簧法进行模拟。

① 假定抗力法通常采用三角形抗力来等效模拟。

② 地基弹簧模型基于局部变形理论和 Winkler 假定进行衬砌结构收敛计算，并宜采用

径向不抗拉弹簧与切向抗剪弹簧模拟，弹簧刚度依据地层参数取值。

当隧道位于较好土层（标准贯入击数 $N > 2$）中时，可考虑侧向土抗力 P_p 的作用，土抗力图形假设呈一等腰三角形，其范围为隧道水平轴线上下 45°之内，如图 7.3-13 所示。计算土抗力首先需要准确计算隧道圆环水平直径处变形 y。水平直径处变形 y 与隧道所受的所有荷载以及土层水平抗力系数 k 有关，可按式（7.2-14）近似估算：

$$P_P = k \cdot y(1 - \sqrt{2} \cdot |\cos\alpha|) \tag{7.3-14}$$

$$y = \frac{(2q_1 + 0.4292\gamma_t R_H + \pi g - e_1 - e_2)R_H^4}{24(\eta EI + 0.045kR_H^4)} \tag{7.3-15}$$

式中 η——隧道衬砌抗弯刚度折减系数，一般可取为 0.5～0.8；

E——为隧道衬砌材料的弹性模量（kPa）；

I——为隧道断面的惯性矩（m^4）；

K——隧道穿越土层的抗力系数（kN/m^3），一般由地质详勘报告提供。土质地层中的抗力系数也可参照表 7.3-3 取用，岩质地层可参考《铁路隧道设计规范》TB 10003—2016 或者《公路隧道设计手册》取用。

地层被动抗力系数 k 参考值 表 7.3-3

地质条件		标贯击数 N	k（kN/m^3）
良好地层	密实砂	$N \geqslant 30$	40000～55000
	固结粘土	$N \geqslant 25$	30000～45000
	中密砂	$10 < N < 30$	20000～40000
	硬粘土	$8 \leqslant N < 25$	15000～30000
	中塑粘土	$4 < N < 8$	9000～15000
软弱地层	极松砂	$N < 10$	3000～10000
	软弱粘土	$2 < N < 4$	3000～5000
	极软弱粘土	$N \leqslant 2$	0

8）施工荷载一般包括：

① 设备运输及吊装荷载；

② 施工机具及人群荷载；

③ 相邻隧道施工影响；

④ 施工堆载；

⑤ 压浆荷载。

9）地面建筑物荷载

在计算隧道上部和破坏棱体范围内的设施和建筑物，对已有或已经批准待建的建筑物压力在结构设计中均应考虑。

计算地面建筑物荷载对衬砌结构的影响时，应根据建筑物荷载大小、基础类型、基础与隧道之间土层情况等，考虑土层中应力传播规律，采用布辛尼斯克或威士特卡德公式等计算，也可采用有限元数值计算方法。

（3）荷载组合

设计中应根据表7.3-2中各类荷载同时存在的可能性，分别组合为基本组合和偶然组合两类，采用各自最不利的组合情况并分别按有关规定进行计算。

1) 结构设计应根据使用过程中在结构上可能同时出现的荷载，按承载能力极限状态和正常使用极限状态分别进行荷载（效应）组合，并取各自最不利的效应组合进行设计。

2) 对于承载能力极限状态，基本组合的荷载分项系数，应按下列规定采用：
永久荷载的分项系数：
① 当作用效应对结构不利时取1.35；
② 当作用效应对结构有利时取1.0。
注：对于某些特殊情况，可按建筑结构有关设计规范的规定确定。

3) 对于承载能力极限状态，偶然组合的荷载分项系数，应按下列规定采用：
① 人防荷载的分项系数取1.0，地震荷载取1.3；
② 永久荷载的分项系数应取1.2；
③ 可变荷载（参与组合时）的分项系数应取1.4。

4) 对于正常使用极限状态，应根据不同的设计要求，采用荷载的标准组合、频遇组合或准永久组合，荷载的代表值均不乘分项系数，仅根据不同组合考虑可变荷载的频遇值系数和准永久值系数。

5) 结构设计时，分别就施工阶段、正常运行阶段和特殊阶段可能出现的最不利荷载组合进行结构强度、刚度和裂缝宽度验算。但特殊荷载阶段每次仅对一种特殊荷载进行组合（无需验算裂缝宽度），见表7.3-4。

隧道横断面计算工况 表7.3-4

工况	工况描述		荷载组合
1a	拼装就位阶段	浅覆土段	荷载效应的基本组合
1b		深覆土段	
2a	正常运营阶段	车辆荷载	
2b		温度变化	
3a	地震（地震等效荷载）	浅覆土段	荷载效应的偶然组合
3b		深覆土段	

2. 计算模型的选择

圆形隧道衬砌按结构横断面进行计算，设计成具有一定刚度的柔性结构，严格限制荷载作用下的结构计算变形≤3‰D、接头最大张开限值为2~4mm。接头设计以满足受力、防水和耐久的要求为前提。设计中常用的计算模型可分为四种：弹性匀质圆环法、弹性铰圆环法、梁～弹簧模型计算法和有限元法。

(1) 弹性匀质圆环法

弹性匀质圆环法模型中假定：结构为弹性匀质体，忽略接头的影响；忽略管片的手孔、肋等的荷载作用特征，认为有效断面为全宽度和全厚度。对通缝拼装衬砌结构，必须考虑接头部位抗弯刚度的下降。

其荷载包括主要荷载（即竖向与水平土压力、水压力、自重、超载和地基反力）、次要荷载（即内部荷载、施工期荷载和地震效应）和特殊荷载（即相邻隧道的影响、地基沉陷的影响和其他荷载）。该计算方法通常也叫惯用计算法。

试验结果和计算结果的对比研究表明，由于接缝的存在将造成衬砌环整体刚度的降低，衬砌环是具有刚度 ηEI（弯曲刚度有效系数 $\eta<1$）的匀质环。即使是采用错缝拼装的衬砌环，其变形仍然大于完全刚度 EI 的匀质环。而且，通过相邻环间的纵向螺栓或环缝面上的凹凸榫槽的剪切阻力，纵缝上的部分弯矩将传递到相邻环的管片截面上，见图 7.3-15。

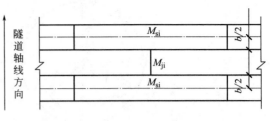

图 7.3-15　错缝拼装弯矩分配示意图

衬砌环在接头处的内力如式（7.3-16）：

接头处内力：

$$M_{ji}=(1-\xi)M_i, \quad N_{ji}=N_i \tag{7.3-16}$$

相邻管片内力：

$$M_{si}=(1+\xi)M_i, \quad N_{si}=N_i \tag{7.3-17}$$

式中　ξ——弯矩调整系数；

M_i、N_i——分别为匀质圆环模型的计算弯矩和轴力；

M_{ji}、N_{ji}——调整后的接头弯矩和轴力；

M_{si}、N_{si}——调整后的相邻管片本体的弯矩和轴力。

根据日本错缝拼装的管片的荷载试验结果，参数取值大致为 $\eta=0.8\sim0.6$，$\xi=0.3\sim0.5$。以上使用 ξ、η 进行截面内力修正的方法也叫修正惯用计算法。

（2）弹性铰圆环法

实际上圆形衬砌环是由多块管片拼装而成的，管片与管片之间的接缝弯曲刚度小于管片本体截面的弯曲刚度，但仍能传递一定的弯矩。因之可将接缝视作一个"弹性铰"。整个圆环变成一个含多个"弹性铰"的圆环。

弹性铰圆环模型将管片接头视为可承担一定弯矩的弹性铰接结构，其接头刚度一般由试验或经验确定。弹性铰圆环承受的荷载与弹性匀质圆环相同，接头处的"弹性铰"是采用一个旋转弹簧来模拟的，并假设弯矩与转角 θ 成正比，衬砌结构接头处所承受的弯矩 M 按下列公式确定：

$$\text{当} M>0 \text{时}, M=k_1'\theta \tag{7.3-18}$$

$$\text{当} M<0 \text{时}, M=k_1''\theta \tag{7.3-19}$$

式中　M——衬砌结构接头处所承受的弯矩（kN/m），以内侧受拉为正，外侧受拉为负；

　　　θ——接头转角（rad）；

　　　k_1'、k_1''——接头的抗正弯矩回转弹簧刚度、抗负弯矩回转弹簧刚度（kNm/rad）。

由于管片接头处受轴力、弯矩、螺栓预紧力等作用，以及管片接触面相互挤压时几何条件的约束，接头转动刚度表现出复杂的力学特性。在确定旋转弹簧刚度时，有必要进行充分的验算。

日本的试验结果表明，$10000(\text{kN} \cdot \text{m})/\text{rad} \leqslant K_\theta \leqslant 100000(\text{kN} \cdot \text{m})/\text{rad}$。同济大学在进行上海延安东路隧道（外径 11.0m，内径 9.9m）的直接头模型（1:3）试验时，得到

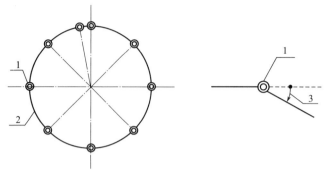

图 7.3-16 弹性铰圆环计算模型
1—环向接头回转弹簧；2—管片本体；3—环向接头转角

的 K_θ 取值范围为 $2000(\text{kN}\cdot\text{m})/\text{rad} \leqslant K_\theta \leqslant 10000(\text{kN}\cdot\text{m})/\text{rad}$。上海地铁圆形隧道衬砌接头试验得到的 K_θ 取值范围为 $1500(\text{kN}\cdot\text{m})/\text{rad} \leqslant K_\theta \leqslant 30000(\text{kN}\cdot\text{m})/\text{rad}$。一般来说，$K_\theta$ 的具体取值受管片（材料强度、厚度等）、接头螺栓（材料强度、数量、安装位置等）和承受内力大小（弯矩、轴力等）影响。对于同一衬砌环承受负弯矩的接头刚度，约为承受正弯矩的接头刚度的 1/3～1/2。

(3) 梁—弹簧模型计算法

梁—弹簧模型主要是用于模拟错缝拼装的衬砌环的荷载效应。该模型的管片被简化为曲梁，将衬砌环的纵缝接头考虑为具有一定刚度的旋转弹簧，将相邻衬砌环（A 环和 B 环）之间的剪切相互作用力考虑为径向和切向剪切弹簧，计算模型见图 7.3-17。

梁—弹簧模型中的环向接头回转弹簧刚度一般由管片直接头试验获得；径向和切向剪切弹簧刚度一般由管片夹片试验获得。

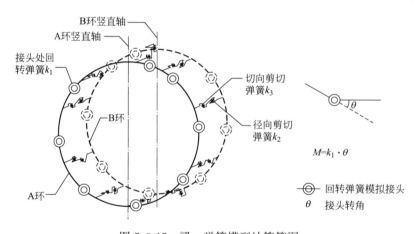

图 7.3-17 梁—弹簧模型计算简图

(4) 有限元法

有限元法以连续介质力学理论为基础，适用于构筑在软岩或非常稳定的地层内的衬砌设计。在有限元法中，土体弹性模量和泊松比均为计算参数。按平面问题的连续介质有限元法计算简图见图 7.3-18。

(5) 多铰圆环法

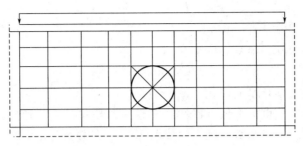

图 7.3-18 二维有限元计算简图

把管片接头作为铰结构,衬砌环作为多铰圆环计算的方法叫做多铰圆环法。一般适用于围岩条件较好的地层,因多铰圆环是非静定结构,只有在围岩支撑条件下才成为静定结构。作用于衬砌圆环上的荷载可以采用弹性匀质圆环法荷载模型,地层抗力可以根据 Winkler 假定进行计算。

多铰圆环法把管片接头作为铰接考虑,整体刚度减小,因此计算内力偏不安全,采用该计算方法需要对围岩条件、接头设计进行充分论证,确保接头发挥铰的作用。

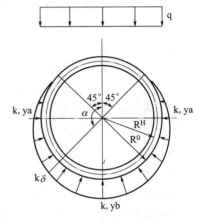

图 7.3-19 多铰圆环法计算简图

3. 隧道纵向计算

(1) 遇下列情况时,应对隧道进行纵向结构强度及变形分析计算:

1) 覆土荷载沿隧道纵向有较大变化时;
2) 隧道上方有地面建、构筑物等较大局部荷载时;
3) 地基或基础有显著差异,隧道沿纵向易产生不均匀沉降时;
4) 地震作用时。

(2) 管片衬砌结构纵断面内力计算可采用以下模型:

1) 梁—弹簧模型。该模型管片结构沿纵向视为均质的细长梁,以弹簧的轴向、剪切和转动效应模拟环向接头和螺栓,以弹簧模拟土体与隧道之间的相互作用。

2) 等效刚度模型。该模型将管片结构沿纵向视为均质的细长梁,通过梁刚度的折减考虑接头对管片结构纵向刚度的削弱效应。

3) 三维壳体模型。该模型将管片结构视为横观各向同性的壳体,壳体纵向刚度的折减同弹性地基梁模型,横断面内的刚度折减同均质圆环模型。

(3) 在进行纵断面方向结构计算时,应对管片纵向抗拉、抗弯和抗剪刚度进行折减。

(4) 纵断面方向管片结构与地层间的相互作用可依据弹性地基梁理论采用地层弹簧模拟,弹簧刚度依据地层参数取值。

4. 抗浮计算

隧道结构在施工和使用阶段应按式(7.2-20)、式(7.2-21)进行抗浮验算:

$$F_\mathrm{f} \leqslant \frac{W_\mathrm{s}}{\gamma_\mathrm{s}} + \frac{W_\mathrm{a}}{\gamma_\mathrm{f}} \tag{7.3-20}$$

$$F_f = \gamma_b \gamma_w V \qquad (7.3\text{-}21)$$

式中 F_f——浮力设计值（kN/m）；

γ_b——浮力作用分项系数，取 1.0；

γ_w——水的重度（kN/m³），可按 10kN/m³ 采用；

V——隧道结构排开水的体积（m³/m）；

W_s——隧道结构自重标准值（kN/m）；使用阶段可计入隧道内部结构自重；

γ_s——自重抗浮分项系数，施工阶段取 1.1，使用阶段取 1.2；

W_a——隧道上覆土层的有效压重标准值（kN/m）；

γ_f——有效压重抗浮分项系数，施工阶段取 1.1，使用阶段取 1.2。

5. 接头计算

管片接头计算内容应包括接缝张开量计算及连接件强度检算等内容。管片的接缝张开量应小于弹性密封垫的允许张开量。

钢筋混凝土管片的环向螺栓应按照现行国家标准《混凝土结构设计规范》GB 50010 矩形截面偏心受压构件的承载能力极限状态计算。钢管片的环向螺栓，采用以管片边缘为回转中心的模型计算螺栓应力。

钢筋混凝土管片宜验算纵向螺栓的抗拉及抗剪强度。

6. 混凝土局部承压计算

承受盾构千斤顶的管片环面应按照现行国家标准《混凝土结构设计规范》GB 50010 进行局部受压承载能力计算。首先根据盾构外径和地层条件，计算出盾构机总的装配推力，平均分配到每组千斤顶，根据千斤顶垫块的尺寸确定管片局部承压面积。千斤顶最大顶推力也可以征询盾构制造商，按其最大额定推力进行验算。

7. 环、纵肋计算

在进行管片螺栓连接处手孔形式设计时，对螺栓连接处混凝土环肋、端肋结构，应按照现行国家标准《混凝土结构设计规范》GB 50010 进行抗剪和抗冲切承载力的计算。

8. 抗震设计

（1）抗震设计的基本原则

1）地下圆形隧道结构抗震设计，主要是保证结构在整体上的安全，允许出现裂缝和塑性变形。

2）隧道结构应具有必要的强度，良好的延性。

3）为了使隧道结构具有整体性和连续性，在装配式钢筋砼结构设计中，要采取必要的措施，加强管片间连接，使之整体化。

4）因地震波长通常总比区间隧道短，故地下结构纵向将产生不同相位的变形；在隧道沿线地层突变处，不同形状、刚度的结构连接处亦存在一定的变形，故可设置必要的抗震缝（变形缝），允许其在一定限度内变形。

（2）抗震计算

1）盾构隧道抗震计算应包括横断面方向抗震计算和纵向抗震计算。

2）抗震计算方法的选择应根据隧道的工程规模、重要程度、周围环境、地形地质条件、结构型式等因素综合确定。

3）盾构隧道抗震计算方法主要包括反应位移法、广义反应位移法、修正地震系数法以及动力分析法。

4) 隧道横断面抗震计算方法应符合下列要求：

① 土质围岩条件下盾构法隧道宜采用反应位移法；

② 隧道周边地层分布显著不均匀时宜采用广义反应位移法；

③ 岩质围岩盾构法隧道宜采用修正地震系数法；

④ 大断面隧道或抗震要求高的隧道工程宜同时采用时程分析法校核。

5) 隧道纵向抗震计算方法应符合下列要求：

① 土质围岩盾构隧道和岩质围岩盾构隧道宜采用反应位移法；

② 穿越地形或地质条件突变区域等情况时宜采用广义反应位移法；

③ 大断面隧道或抗震要求高的隧道工程宜同时采用时程分析法校核。

6) 抗震计算时应根据抗震分析方法的不同采用相应的设计地震动参数，主要包括速度反应谱、峰值位移、峰值加速度、加速度时程等。

盾构法隧道处于土质地层中，地震反应受地层控制明显，而反应位移法和反应加速度法均是基于地下结构的振动特性而提出，对盾构法隧道抗震设计的适用性好，因此对于盾构法隧道推荐采用反应位移法、反应加速度法等方法进行抗震计算；修正地震系数法基本能综合反映隧道工程的地震响应特性，参数易于确定，早期隧道工程抗震计算多采用该方法，工程经验丰富，易于被设计工程师接受。时程分析法能较好地处理介质中的非均匀性、各向异性、非线性及复杂几何边界条件，可以全面考虑地震动的峰值、频谱特性和持续时间，得到地层和结构在地震全时段的内力和位移响应，较好地揭示隧道在地震荷载作用下的响应规律。但由于围岩介质对结构的动力影响在时间与空间上都是耦合的，动力分析复杂且求解代价很大，在工程实际应用中广泛推广还有困难。因此一般条件下，推荐采用反应位移法、反应加速度法或修正地震系数法进行抗震计算。而当隧道穿越地形或地质条件突变区域等特殊情况时，纵向抗震计算宜采用纵向广义反应位移法进行抗震计算。

对于外径 10m 及以上的大断面隧道或重要工程以及复杂结构需要全面考虑地震动的峰值、频谱特性和持续时间，得到地层和结构在地震全时段的内力和位移响应，宜采用时程分析法进行抗震计算。盾构隧道抗震计算方法可按表 7.3-5 进行选用。

盾构隧道抗震计算方法 表 7.3-5

抗震设防类别	地层条件	计算模型	抗震计算方法
重点设防类	土质	横向	反应位移法或时程分析法
		纵向	反应位移法或时程分析法
		三维	时程分析法
	岩质	横向	修正静力法或时程分析法
		纵向	时程分析法
		三维	时程分析法
	复杂	横向	时程分析法
		纵向	
		三维	

续表

抗震设防类别	地层条件	计算模型	抗震计算方法
标准设防类	土质	横向	反应位移法
		纵向	反应位移法
		三维	时程分析法
	岩质	横向	修正静力法
		纵向	时程分析法
		三维	时程分析法
	复杂	横向	时程分析法
		纵向	
		三维	

（3）抗震构造措施

1）盾构隧道的接头构造，应有利于减小地震时防止管片接头的错动和管片因地震动位移的磕碰破坏；

2）管片接头的防水应能保证地震后接缝不漏水；

3）盾构管片间的连接螺栓，在满足常规受力要求的前提下，宜采用小的刚度；

4）管片宜采用错缝拼装方式；

5）在软弱地层或地震后易产生液化的地层，管片端面宜设置凹凸榫槽、环面增设剪力销等构造措施。

9. 内部结构设计

圆形隧道内部结构包括道路车道板、风道烟道板和泵房等结构。其实施方式选择的原则：满足总体施工进度的要求；考虑盾构机掘进过程中管片运输与道路结构施工的相互影响。

根据已建工程的成功经验，可以采用现浇钢筋混凝土的道路结构形式，也可以采用预制框架结构与现浇路面结构相结合的形式，实施隧道内道路结构。在隧道贯通后，实施风道烟道板和江中泵房。风道烟道板可采用预制或现浇施工，搁置在隧道顶部两侧的现浇牛腿上；泵房设置在隧道最低点处，一般采用现浇施工方法。

（1）道路结构形式

上海延安东路隧道、大连路隧道等较早建设的盾构法道路隧道，道路结构采用现浇钢筋混凝土结构形式的较多，根据隧道断面布置，采用双跨或者三跨连续板设计。

荷兰"绿色心脏"隧道、上海长江隧道等工程均采用了预制"口"字型框架与现浇路面结构结合的形式，实施隧道内道路结构。道路结构分两阶段实施：第一阶段：在盾构机推进的同时，安装预制"口"字框架和现浇两侧牛腿；第二阶段：相隔掘进面一定距离后，安装两侧的预制路面板，最后现浇路面层和防撞侧石。"口"字型框架作为中间道路结构，两侧道路板可现浇，也可预制，采用简支梁设计。

上海外滩通道、上海军工路隧道为双层道路结构，上层道路结构一般采用车道板、梁、柱框架结构形式，下层道路结构可采用现浇钢筋混凝土结构形式，也可采用预制结构形式。

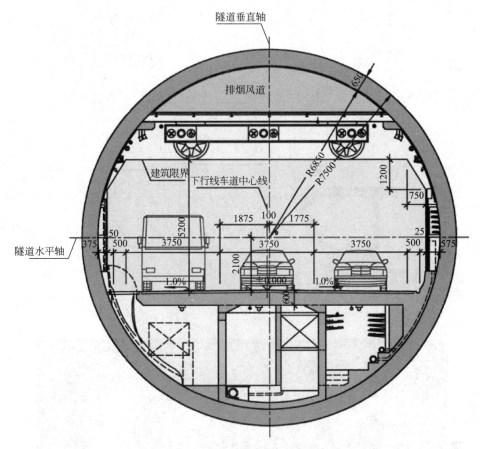

图 7.3-20 长江隧道内部结构布置

(2) 车道板的设计

1) 计算模式

车道板为分块预制结构时,车道板计算纵向取一个预制节段,每一节段横向又分成三个预制构件,中间预制件一般为"口"字型箱形结构,吊装就位后直接作为管片运输平板车的运输通道,两侧为预制板,一头搁置在管片牛腿上,另一头搁置在中间箱形结构的牛腿上。车道板计算模式如图 7.3-22 所示。

图 7.3-21 "口"字型框架安装现场

2) 计算荷载及荷载组合

计算中主要考虑的荷载有:

① 永久荷载:结构自重、二期恒载(铺装及固定设施自重);

② 基本可变荷载:按道路荷载等级确定;

③ 施工荷载(运输车辆荷载)。

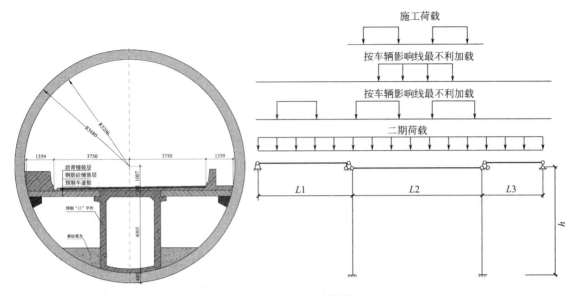

图 7.3-22　车道板计算模型

图 7.3-23　已施工完成的车道板

如果是双层道路结构形式，下层车道板考虑盾构施工工艺要求一般采用上述车道板设计方法，上层车道结构形式相对较复杂，可以采取为支承于下层车道结构上的刚架体系结构，上层车道板两侧纵向支承采用梁柱框架体系，包括下部支承梁、立柱、上部支承梁、上层车道板等现浇钢筋砼结构，上部荷载（结构自重、车辆荷载等）通过板下的梁、柱传力给下部支承梁。下部支承梁与管片也通过植筋形成整体，以承受上部荷载，并保证整个上层车道结构的稳定性。上海外滩通道隧道、军工路隧道均采用了这种结构形式。如图 7.3-24 所示。

（3）泵房设计

泵房设在隧道内的最低点，废水由隧道集水井沿管线廊铺设的排水管排入工作井排水泵房，再由工作井排水泵房抽排入市政雨水管。

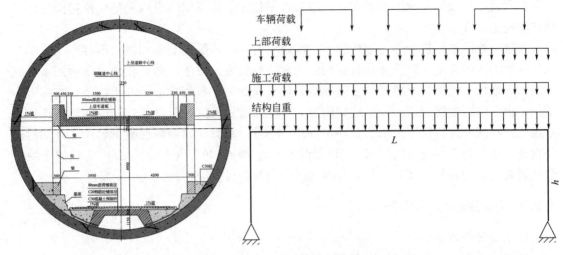

图 7.3-24　上层车道板计算模型

圆形隧道车道板下方如果空间足够的话，泵房可以直接设置在圆形隧道结构内，圆形隧道不需要进行任何改造。如果圆隧道底部已被下层车道及设备占用，则泵房必须建在隧道结构（底部）外，则需要在圆形隧道结构上开孔向外施做现浇钢筋砼泵房结构。如果隧道位于软弱地层，则需从隧道内对泵房部位土体进行加固，然后打开圆形隧道衬砌环预留孔，再开挖、支撑、现浇泵房结构。而泵房相应里程处的衬砌环一般亦需采用特殊加强衬砌环，特殊加强衬砌环可采用钢（或铸铁）管片（拱底部位）和混凝土管片复合组成。泵房与管片连接处设止水条，并将泵房内钢筋与钢管片焊接，增加结构的整体刚度和提高接缝防水能力。

（4）连接通道设计

盾构法圆隧道段一般线路较长，为确保火灾等事故工况时乘行人员能及时、安全、无误地撤离；救援人员能迅速进入现场，从"以人为本"的设计理念出发，在两条隧道之间设置连接通道。

连接通道结构一般采用圆形或者马蹄形现浇钢筋砼结构，连接通道内净尺寸不得小于1.2m×2.1m。连接通道较长、地质条件合适的情况下，亦可采用箱涵顶进或者顶管法施工。

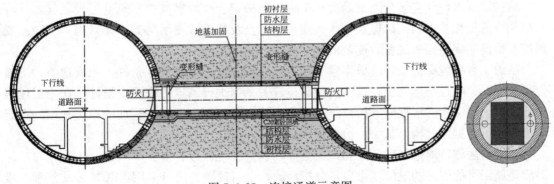

图 7.3-25　连接通道示意图

在围岩条件较好的地区连接通道一般最常用的方法是采用隧道内局部切割衬砌管片后横向暗挖施工方法。

在软弱地层地区连接通道暗挖施工一般需要对开挖地层先实施加固，最常用的方法是采用隧道内水平冻结加固土体后开挖构筑内衬结构的施工方法，即：在隧道内利用水平冻结法加固地层，使连接通道外围土体冻结，形成强度高、封闭性好的冻土帷幕，在冻土中采用矿山法进行连接通道的开挖构筑施工。连接通道处根据需要设置二环或四环特殊加强衬砌环，特殊加强衬砌环可采用全环钢管片，亦可由钢管片和钢筋混凝土管片复合的衬砌环构成。连接通道开孔处需设置不可拆卸的"L"型或"C"型钢管片及需拆除的小块钢管片拼装而成的管片，其外形尺寸及螺栓孔位均与普通衬砌环的分块一一对应。

7.3.5 环境保护工程措施

1. 地面沉降的控制

盾构隧道施工时应严格控制工程施工引起的地层变形量，其变形控制值应根据工程场地、地质情况、邻近建（构）筑等实际情况确定，并因地制宜地采取相关变形控制值措施。

盾构隧道应严格控制施工引起的地层损失率，一般情况下地层损失率不应大于1.5%，当隧道位于饱和流塑～软塑状的软土地层中时，地层损失率不应大于1%。当隧道周边环境条件和地层条件均较复杂且邻近有重大风险源邻近建（构）筑时，地层损失率不应大于0.5%。

两条相邻隧道间净距小于1倍隧道直径时，应根据隧道所处的工程地质条件、周围环境、两隧道净距等，考虑相邻隧道施工对周边环境、隧道结构自身强度和刚度的影响，必要时应采取相应的变形控制措施。在软土地层中如相邻隧道间净距小于0.5倍隧道直径时，可根据地质水文条件采取设置隔离桩、加固两条隧道间的地层以及在已建隧道内设置横向临时支撑等辅助施工方式控制后续隧道施工的挤压变形影响。

2. 建构筑物保护

盾构法隧道应严格控制隧道施工对邻近建构筑物产生的影响。当盾构隧道下穿或邻近建（构）筑时，应对建（构）筑结构形式、基础形式、使用现状等进行调查。工程风险较大的建（构）筑尚应按有关规范和规定的要求进行风险评估。可根据评估结论采取地基加固、结构加固或桩基托换等处理方式。

盾构法隧道设计应结合当地经验和工程类比确定合理的建（构）筑变形控制值，并应采取相应的工程技术措施确保建（构）筑物的安全及其正常使用功能。建（构）筑物的变形控制值尚应满足相关规程、规范的规定。

隧道工程环境保护设计应根据建（构）筑物的结构形式及现状条件、工程地质、隧道直径及埋深、隧道与建（构）筑物的相对位置关系等进行风险工程控制设计。在施工过程中，在软土地层中可根据建（构）筑物的沉降速率进行洞内二次注浆加固稳定地层。在岩质地层中可根据建（构）筑物的情况采用基底跟踪注浆。

当盾构法隧道周边环境条件和地层条件均较复杂且邻近有重大风险建（构）筑时，应对隧道施工可能引起的地层变形进行分析预测，分析预测方法可采用PECK公式法和三维有限元数值模拟分析方法。当有可靠经验时，可根据当地工程经验对分析结果进行修正。

根据国内道路隧道实施经验来看，在地质条件较好的地区，穿越建（构）筑时一般无需进行地面预加固，只要盾构机在掘进该段时根据地质条件对注浆配比、压力、盾构推力、速度等参数进行优化，确保盾构机连续、平稳的通过。可以使建（构）筑物的附加变形控制在满足正常使用的要求内。在地质条件较软弱的地区，或者是由于现状建（构）筑物自身因素对沉降变形比较敏感，则需要在盾构推进前预先对穿越范围地层进行适当加固，或者在隧道与建（构）筑物之间设置隔离桩等。保护方案需要结合建（构）筑物基础形式、使用现状、现场施工条件、详细的工程地质勘察和隧道埋深等因素综合考虑。

上海长江西路越江隧道采用 $\phi 15.43m$ 泥水平衡盾构近距离连续穿越逸仙路高架、轨交 3 号线高架桩基，最小距离仅 1m。因在软土地层穿越，高架桩基外侧采用了一排 MJS 旋喷桩隔离，最终高架桥立柱的最大累计沉降为 9.26mm，确保了高架的安全运营。上海外滩通道采用了 $\phi 14.27m$ 土压平衡盾构从外白渡桥桩基下方穿越，距离桩尖最小距离仅 1.5m，最后外白渡桥墩没有沉降，仅隆起 4mm。武汉长江隧道穿越武九铁路，采用 2 台 $\phi 11.38m$ 泥水平衡盾构机先后掘进，在不采取地面加固的条件下，通过控制盾构施工参数，加强同步注浆等措施，在铁路运输不限速的条件下，成功地将对铁路的影响控制在允许的变形范围内。

7.3.6 施工技术要求

1. 盾构选型

城市道路圆隧道直径基本在 $\phi 11m$ 以上，采用的盾构机属于大型及超大型盾构掘进机。不论是国际还是国内，对大型盾构掘进机的设计、制造和应用技术已达到相当先进的水平，现代高科技的计算机技术、激光导向技术、声波探测技术、机械自动化技术等一系列的智能化技术应用于大型盾构掘进机，使得大型盾构掘进机设计愈加完备、愈加科学、施工愈加安全可靠、快捷。

（1）选型原则

盾构选型主要依据岩土工程勘察报告，按照适用性、可靠性、先进性、经济性相统一的原则进行盾构机选型。盾构机选型满足以下几点要求：

1）需适应工程的地质和水文条件，明确地层掘进对盾构机性能和功能的要求，盾构机设备配置必须考虑特殊地质情况的处理，围岩条件是决定盾构选型的首要因素。

2）需满足工程的隧道条件和管片参数，盾构设备（包括后续车架）安全可靠，推进速度需满足工期要求。

3）在不同地层掘进的情况下，均有压力平衡等开挖面稳定对策，有效减少施工时对周围土体的影响，掘进过程中能确保沿线建筑及地下管线的安全。

4）能根据压力自动检测前方地层状况，当围岩类型发生变化时，盾构能通过操作自动转换掘进模式。

5）有恰当的安全措施，能有效应对施工过程中出现的突发状况，确保工程安全。

6）为满足长距离掘进要求，盾构机各系统，各部件必须有较高的可靠性，且故障少、维修方便、使用寿命长。

7）盾构机能灵活的调整刀盘的扭矩和盾构的推力，具备强大的渣土改良能力。

（2）盾构机类型

1) 土压平衡盾构机

土压平衡盾构机的工作原理是向密封舱内加入塑流化改性材料,与开挖出的废土经过充分搅拌,形成具有一定塑流性和透水性低的塑流体,同时通过控制推进千斤顶速度与螺旋机向外排土的速度来调节平衡压力,实现工作面的压力平衡。

土压平衡盾构主要适用于软土地层中,也可用于卵石、岩石地层中掘进,但需加向土舱内加泥或泡沫,以改善土舱内土体的成分建立平衡。

土压平衡盾构最早用于小直径断面的市政管道隧道,1987年上海在消化吸收国外土压盾构技术的基础上自主研制成功了我国第一台 $\phi4.35m$ 加泥式土压平衡盾构机,用于过江电缆隧道工程,进入上世纪九十年代之后,上海开始大量制造 $\phi6.34m$ 土压平衡盾构机用于地铁隧道施工。

近几年开始,随着城市化建设的发展,现代隧道工程除具备长大深的趋势之外,在城市建(构)筑物密集区狭小空间内进行大型隧道施工已成为当前隧道发展新趋势。在这种施工条件下,土压平衡盾构的优势凸显。如穿越上海外滩核心地区的上海外滩通道工程和穿越上海虹桥机场的迎宾三路隧道,两个工程均采用了国内最大直径($\phi14.27m$)的土压平衡盾构施工。

大直径土压平衡盾构法隧道工程一览表　　　　表 7.3-6

工程名称	工程概况				盾构机直径(m)	工程地质
	建造时间	盾构段长度(m)	隧道直径(m)	横断面布置		
马德里 M30 通道	2004～2006	3650	外径 14.65 内径 13.45	双管双向 6 车道,每车道宽 3.5m,并设 0.5m 宽的路肩和 0.8m 宽的人行道,净空高度 4.5m	南线 15.2 北线 15.1	粘土,固体石膏
德国卡森伯格铁路隧道	2005～2012	8984	外径 10.8 内径 9.6	双管双线,列车时速 250km/h	11.12	泥灰岩,粘土,石灰岩和砂岩
上海外滩通道	2007～2010	1098	外径 13.95 内径 12.75	单管双层双向 6 车道,车道宽 3m,上、下层通行限界均为宽 10m、高 3.2m	14.27	淤泥质粉质黏土、淤泥质黏土、黏土、粉质黏土
意大利斯帕尔沃公路隧道	2011～	2431	外径 15 内径 13.6	双管双向 4 车道,每管内设 2 条宽 3.75m 的车道和一条同宽度应急车道	15.55	粘土,泥岩,砂岩
西雅图 Alaskan Way 隧道	2011～	2800	外径 17.07 内径 15.85	单管双层 4 车道,上、下层横断面布置为:2.44+3.35+3.35+0.61m	17.48	粘土,粉砂,砂,砾石,卵石和石块
奥克兰水景连接线工程	在建	2500	—	双向 6 车道	14.5	粘土

 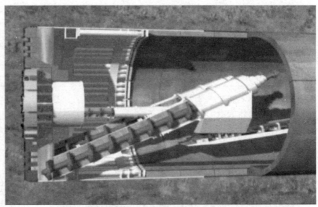

图 7.3-26 马德里 M30 地下道路隧道 φ15.2m 双子星土压平衡盾构

2) 泥水压力平衡盾构机

泥水压力平衡盾构机一般是在开挖土体的同时,向土舱内注入一定配比的泥浆,以使土舱内的泥浆水形成一定压力,来平衡开挖面的土压力和水压力,保持开挖面的稳定。

泥水平衡盾构对砂层、粘土层、卵石、岩石地层均有较好的适应性,尤其适用于地层含水量大、上方有大水体的越江隧道和海底隧道的施工。泥水压力平衡盾构在施工过程中,需要不断地向土舱内输入大量的泥浆水,并要求现场有足够的泥水处理场地,对含有弃土的废水进行泥水分离后排放。

1996 年,上海延安东路隧道南线工程首次采用从日本引进的 φ11.22m 泥水加压平衡盾构进行施工,大大提高了大直径盾构施工的机械化、自动化、信息化水平。由于开挖面水土压力的平衡更加容易控制,地面沉降和环境影响更小。泥水平衡盾构近 20 年来国内发展迅速,发展主要表现有三大特点:隧道断面不断增加、隧道长度不断增大、隧道埋深不断增加。从当初上海延安路隧道、复兴路隧道、大连路隧道的 φ11.36m,到上中路隧道、军工路隧道的 φ14.89m,再到上海长江隧道的泥水平衡盾构 φ15.43m,技术日趋成熟,特别是在地面有大水体的情况下具有显著的优势。

泥水平衡盾构采用管道化、连续化的出土方式,有利于缩短隧道的施工周期;管道输送方式在隧道内占用空间小,便于隧道的内部结构和道路等的同步施工;泥水平衡盾构中刀盘、刀头磨损慢,刀头使用寿命长,有利于盾构长距离掘进施工;同时土压平衡盾构直径太大时,盾构密封舱内弃土与添加物混合搅拌困难,另外土压盾构刀盘扭矩一般要比泥水盾构大,而刀盘扭矩又和盾构直径呈立方关系,过大的扭矩对盾构的动力配置带来一定困难,因此隧道规模较大的情况下,采用泥水压力平衡盾构的案例较多。

大直径泥水平衡盾构法隧道工程一览表　　　　　　表 7.3-7

工程名称	盾构直径、机型	隧道长度(km)	工程地质	建设时间
上海上中路隧道	1 台 14.89m 泥水盾构	1.25×2	软粘土、粉质粘土	2005—2009
上海军工路隧道	1 台 14.89m 泥水盾构	1.525×2	软粘土、粉质粘土、粉砂	2008—2010
上海长江隧道	2 台 15.43m 泥水盾构	7.47×2	软粘土、粉质粘土、粉砂	2005—2009
南京长江隧道	2 台 14.9m 泥水盾构	3.02×2	淤泥、粉细砂、砾砂、卵石	2005—2010

续表

工程名称	盾构直径、机型	隧道长度(km)	工程地质	建设时间
杭州钱江隧道	1台15.43m泥水盾构	3.25×2	粉质粘土、粉土、粉砂	2008—2011
东京湾道路隧道	8台14.14m泥水盾构	9.4×2	冲积粘土、砂及洪积粘土、砂土	1989—1996
德国易北河第4隧道	14.2m泥水盾构	2.56	砂、冰川泥灰岩、冲积土层	1995—2003
莫斯科地下道路隧道		2.5+2.2×2		2003—2009
荷兰绿色心脏隧道	14.9m泥水盾构	7	粘土、泥炭	2001—2006

图 7.3-27 荷兰绿色心脏隧道泥水平衡盾构

图 7.3-28 上海长江隧道泥水平衡盾构

3) 复合式盾构机

复合式盾构机主要是指盾构的最大特点具有复合性：一是刀盘布置与刀具的可更换性，使得盾构破岩方式既可采用滚压破岩，又可采用切削破岩，或者是二者的复合；二是掘进模式的复合性，根据被掘进地层的岩土特性可分别采用敞开式、半敞开式或土压平衡式掘进，且各种掘进模式能够进行快速转换。

复合式盾构的适应性较大，能用于粘结性、非粘结性、有水或无水、软土或软岩、硬岩等多种复杂的地层，施工速度较高，能有效的控制地表沉降。随着盾构机和辅助功能的完善与发展，如局部气压平衡系统的采用，加泥加泡沫系统的采用，以及防喷涌功能系统和保压泵碴装置的应用等，已使复合式盾构具有了十分完善的功能和先进的技术性能。复合式盾构同时也包含有土压平衡盾构和泥水平衡盾构两种机型。

复合式盾构机的刀盘结构具有刀具（盘刀、滚刀）的可更换性，针对不同的地层条件进行合理的刀具配置，在掘进过程中，及时根据地质情况进行刀具的变化。因此能适应强度差别较大的土质以及掘进面土层不均匀等复杂地层的施工要求。还可设置专门用来对付碎石、漂砾的粉碎机和超强的盾尾密封构造等措施，以保证盾构掘进施工的安全性。

当掘进区段内地层强度或开挖面稳定性差异较大时，宜采用复合式盾构，且应考虑掘进过程中安全经济的刀具更换措施。当掘进区段内存在长距离的在卵石、圆砾、漂石等地层及岩土复合地层时，盾构应配备有利于实施刀盘维修、换刀、土体改良等措施的设备。特殊地段大直径盾构机选型可考虑选配常压换刀刀盘、全断面超前注浆、超前探测等特殊设备。

2000年,广州地铁2号线海珠广场至江南新村区间隧道采用2台ϕ6.14m复合型土压平衡盾构,首次在珠江底风化岩地层中掘进成功,使盾构法隧道工程技术在复合地层中的应用取得新突破。随后广州地铁2号线、南京地铁1号线、深圳地铁1号线、北京地铁5号线、天津地铁1号线先后从德国、日本引进多台ϕ6.14m～6.34m的复合型土压盾构,掘进地铁隧道。2000—2006年,广州、深圳地铁区间隧道采用40台次盾构在软土、风化岩复合地层100多公里的实践,复合地层的概念逐步形成,复合地层中的盾构施工技术也有了突破性的发展。建立了复合地层盾构选型模式(刀盘、刀具及其数量等);提出了"泥饼""喷涌""有效推力""隧道上浮控制"等一系列概念,建立和提出了复合地层地表及建筑物的沉降规律。形成矿山法过硬岩、高水头江底下气压法换刀技术、花岗岩球状风化体处理技术及盾构切割钢筋混凝土桩基技术等。

2006年,广深港铁路狮子洋隧道开工,是我国第一条采用盾构施工的水底铁路隧道。全长10.8km,隧道外径10.8m。2条隧道采用4台盾构相向推进、地中对接技术。穿越狮子洋隧道海底破碎带,先后克服了高水压、强透水、掘进风险大、更换尾刷难、带压进仓换刀危险系数高等多项技术难题。

复合地层隧道关键技术研究,包括复合盾构刀盘刀具设计及对复杂地层环境适应性研究;复合地层开挖面稳定及环境保护技术研究;复杂地质环境盾构法施工风险及应对措施研究。适应不同复杂地层的复合型土压盾构还有待开发研制。

大直径复合式盾构法隧道工程一览表 表7.3-8

工程名称	盾构直径、机型	隧道长度(km)	工程地质	建设时间
伊斯坦布尔海峡公路隧道	1台13.66m混合式盾构			2014—2015
广深港高速铁路隧道	1台13.17m混合式盾构	10.8×2		2010—2015
俄罗斯Lefortovo隧道	1台14.2m泥水复合盾构	6.9×2		2001—2003
苏伊士运河隧道	4台13.02m混合式盾构			2015—2018
屯门-赤腊角隧道	1台17.6m泥水复合盾构 2台13.95m泥水复合式盾构	4.2+		2013—2020
武汉三阳路越江隧道	2台15.76m泥水复合式盾构	2.59×2		2014—2017
珠海横琴第三通道隧道	2台14.97m泥水复合式盾构	1.08×2		2014—2017
汕头苏埃通道隧道	泥水复合式盾构	3.05×2		2017—2020
深圳春风路隧道	1台15.73m混合式盾构			2018—2021

2.盾构井空间尺寸要求

盾构井根据其功能可分为盾构始发井、盾构接收井及盾构调头井三种。

盾构井内净尺寸应根据盾构机类型、尺寸、重量、顶推力、施工工艺等因素确定,并应满足盾构机起吊、安装、解体或整体移位等施工要求。

盾构始发井的平面内净长宜大于盾构主机长度3m,内净宽宜大于盾构总外包宽度3m;盾构始发井底板顶面距洞门底部不宜小于0.8m,洞门顶部距上层框架底不宜小于0.6m。考虑盾构始发后续机架段的安放,一般盾构井后方40～50m范围的明挖暗埋段宜与盾构始发井同时施工,该部分暗埋段的内净宽度和高度除满足道路隧道限界要求外,亦

图 7.3-29 混合型泥水盾构机效果图

需考虑盾构机架的宽度、高度和施工便道要求,通常需与盾构承包商进行协商后确定。

盾构接收井的平面内净长宜大于盾构主机长度 2m,内净宽宜大于盾构总外包宽度 2m;盾构接收井底板顶面距洞门底部不宜小于 0.8m,洞门顶部距上层框架底不宜小于 0.6m。

盾构始发井和接收井均需预留盾构吊装孔。盾构吊装孔尺寸为盾构主机长度外放 1m。

盾构调头井内净尺寸除满足进、出洞要求外,还应满足盾构调头的要求,对盾构调头有影响的上翻底梁及中柱等构件宜后筑。

目前大多数道路隧道盾构工作井设计并不完全是考虑盾构施工临时使用,而是作为隧道运营功能设计,一般需考虑排风道、排烟风道、紧急疏散通道、救援、疏散的空间,设有安全通道风机房、电缆通道风机房、废水泵房、管线转换层等设备用房;并设有至地面的疏散楼梯、消防电梯,以供事故时人员疏散以及维护人员检修用。因此盾构工作井的净空尺寸需要根据建筑布置而定,兼顾盾构始发、接收及调头等施工需要。

3. 盾构进出洞设计

(1)洞门预埋钢环

圆形隧道与盾构工作井接口为后浇环形钢筋混凝土井圈。为保证圆隧道结构与工作井结构的可靠连接,需在盾构工作井的洞门处预埋环形钢板。为保证盾构进出洞在打开洞门时水土尽量少流失,预埋环形钢板的直径一般比盾构机的外径大 500~1000mm;另外在盾构出洞前还需通过预埋环形钢板上预留的螺栓孔安装铰链板、帘布橡胶板等出洞防水装置。软土高水位地区大直径泥水盾构在出洞时多采用双道的铰链型密封压件与帘布橡胶圈组成防水装置。双道铰链型密封压件之间以止水箱体相连接,止水箱体为一整体密封构件,可通过箱体上的注浆孔灌注防水砂浆与压注堵水材料,以加强两道出洞防水装置之间的止水效果,形成新一道组合密封止水措施。

(2)盾构始发、到达前的地层加固

盾构机始发和到达时,如果地层的自立性不足,拆除工作井洞门墙时,会造成工作井外侧土体失去侧向支持,导致工作井端头地层、地面产生塌陷,因此一般在盾构始发、到达前需采用注浆、深层搅拌、高压旋喷、冻结、素桩、素墙、管棚等方式对洞门周围地层

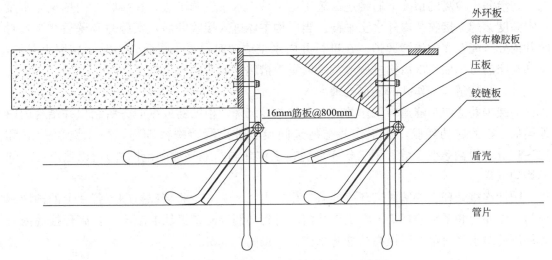

图 7.3-30　盾构出洞双道止水装置示意图

进行预加固，如遇复杂不良地质条件时尚需辅以降水或气压施工等其他辅助措施。

地层加固范围应能满足洞门凿除后的土体的自稳性和防水土涌出的目的，确保洞口掘进段的地层不坍塌，周边地下管线和建筑物得到有效保护。

地层加固范围通常指地层的隧道纵向加固厚度、横向的加固宽度和竖向的加固高度。

地层加固厚度计算包括稳定性计算、冲剪计算、抗弯和抗拉计算。加固体的强度及抗剪验算可将加固体视为厚度为 t 的周边自由支承的弹性圆板；洞外加固土体在上部土体和地面堆载等作用下，可能沿某滑动面向洞内整体滑动，因此也需进行整体稳定性验算。

地层加固宽度计算包括塑性变形区计算和加固体滑移计算。盾构在掘进过程中，周围土体受到挤压切削扰动，洞周会形成塑性松动圈，地层加固高度及宽度应大于塑性松动圈的范围。

根据上海、南京、杭州等地层较软弱的地区道路隧道实施经验，地基加固范围也可按照洞圈外周围 $D/2$ 地层加固宽度，洞口外 $1D$ 加固长度设计；确保加固后的土体要有良好的自立性，密封性及均匀性。

松散砂性土地层易产生涌水涌砂等风险，因此通常考虑适当加大其地基加固的长度和深度，且预设降水井。当砂性土地下水位较高或地下水具有承压性时，为了防止地下水从盾构后方流入工作井内，宜对盾构机长＋1～2 环衬砌宽度范围的土体进行加固，以便盾构机在加固体内采取应急措施，使周边地下管线和建筑物得到有效保护。根据上海、南京等地的经验，当洞口处于砂性承压水地层时，还同时采取降水、冻结洞门土体等辅助措施防止涌水涌砂。

图 7.3-31　盾构水中进洞实例

在渗漏风险高的情况下盾构进洞施工也可采用水中进洞工法，在接收井内填土充水至一定高度，建立接收井内外水土平衡。当盾构主体进入接收井后，实施衬砌壁后注浆，封闭井内外可能存在的渗漏通道。在进行井内水土清理时，逐步将盾壳与洞圈用钢板封闭，全部封闭后可采取二次盾构进洞或割除盾尾等措施完成盾构进洞施工。

（3）圆隧道与工作井的连接处理

为减少并适应圆隧道与工作井间存在的差异沉降，根据隧道纵向分析结果并结合国内外类似工程的成功经验，在工作井与隧道间设置进出洞特殊衬砌环，井外侧3～4m和10～12m各设两条变形缝（第二条变形缝在工作井洞门地基加固范围外），以适应一定的不均匀沉降。

刚性连接处理：特殊衬砌环应伸入工作井内0.8～1m，将特殊衬砌环管片上的预埋钢板与工作井的联系钢筋焊接，在工作井内沿衬砌环四周浇筑钢筋混凝土。衬砌环接缝内设置加厚的防水密封垫，以提高接缝防水能力，见图7.3-32。

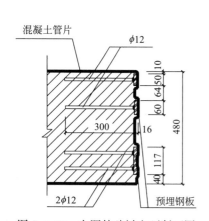

图7.3-32 出洞特殊衬砌环断面图

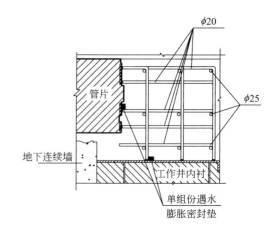

图7.3-33 圆形隧道与工作井的连接构造图

4.辅助施工技术措施

辅助施工技术是用于改善隧道施工环境，通过采取措施来改变周围地层的工程和水文地质条件，从而消除由此引起的种种土工问题。常用的辅助施工技术有：降水法、气压法、冻结法和注浆法等。其中前三种方法主要用于控制地下水位，注浆法则兼有改善地基的作用。选择辅助施工技术应综合考虑地质条件、施工环境、施工方法、工程进度和经济效益等因素。

（1）注浆技术要求

注浆法是将一定材料配制成浆液，用压送设备将其灌入地层或缝隙内，使其扩散、胶凝或固化，以达到加固地层或防渗堵漏目的的方法。注浆法可用于防渗堵漏、提高地基土的强度和变形模量、充填空隙、进行既有建筑地基基础加固和控制变形。

盾构法隧道注浆的目的主要为填充盾尾与衬砌管片之间的空隙，防止软弱地层因施工扰动而产生过量变形，从而保护周边环境。盾构法隧道注浆分为同步注浆、跟踪注浆和二次注浆，注浆应根据地层特点、结构受力及变形要求、环境控制和现场具体情况等分一次或多次完成。

同步注浆指在盾构管片脱出盾尾的同时，通过安装在盾构壳体外侧注浆管向盾构开挖洞径和管片之间的环形带状空间进行的注浆；跟踪注浆指在盾构掘进一定长度内，通过管片预留注浆孔向该带状空间进行的注浆，弥补因同步注浆充填不及时而造成的衬砌管片背后的空隙；二次注浆指盾构掘进一段长度后或者盾构施工结束后，地层沉降仍有发展趋势或者周边环境比较敏感，通过管片内预埋注浆孔持续向地层进行深孔注浆加固，注浆管深入地层一定长度，注浆范围一般根据地层条件及环境条件而定，需要多次反复才能达到地层加固要求，直至地层稳定。

注浆材料应根据地质条件、工程要求、周边环境及现场具体情况等综合选用，除满足固结强度、凝结时间等主要要求外，还应满足可填充性、流动性、收缩率、环保等其他相关要求。

浆液固结强度为注浆材料的主要考虑指标，固结强度需考虑早期强度和长期强度两方面，通常同步注浆和即时注浆，浆液早期强度不宜小于 0.05MPa，长期强度宜大于 1MPa；二次注浆，浆液强度应根据现场确定。

特殊情况下，浆液凝结时间也是选择浆液材料的主要考虑因素，为满足凝结时间的要求，目前国内常常加入水玻璃等加快浆液的凝结时间。

浆液凝固后的强度和凝结时间为选择浆液材料时考虑的主要因素，除了满足以上主要要求外，注浆材料应满足以下一般要求：注浆全过程浆液不易产生离析；具有较好的流动性、易于施工；浆液固化后收缩率小，对环境无影响或影响较小等要求。

目前国内注浆材料主要有单液和双液两大类，在砂、砂卵石、砂砾石等地层中，使用双液型的比例相对较多；而在淤泥、粘土等地层中，使用单液型的比例较多。上海长江隧道等工程采用高重度、高稠度、高剪切强度的单液浆，及时充填盾尾间隙，控制地表沉降的效果较好。

注浆压力应根据地质条件、注入方式、管片类型、设备性能、浆液特性以及隧道埋深等综合确定。通常注浆压力值为在地层阻力强度的基础上增加 0.1~0.2MPa。

盾构隧道在浅覆土、下穿或邻近建（构）筑物、连接通道、换刀等特殊区段，可在管片中增加预留注浆管，根据具体情况采取洞内多次注浆地层加固或其它施工辅助措施。

(2) 冻结法

冻结法是利用人工制冷技术，使地层中的水结冰，把天然岩土变成冻土，增加其强度和稳定性，隔绝地下水与地下工程的联系，以便在冻结壁的保护下进行隧道施工的特殊施工技术。冻结加固地层，具有强度高、均匀性好、隔水性好等优点。在盾构法隧道工程中，冻结法主要应用于盾构进出洞加固、连接通道加固以及换刀区加固等。

地层冻结加固，根据冻结管的布置形式，有垂直冻结、水平冻结，全深冻结、局部冻结之分。冻结法设计主要围绕冻结壁的厚度、强度计算而展开的，其厚度取决于地压大小和冻土强度，冻结壁厚度一般在 2~6m 之间。由于冻结壁内温度分布的差异，其冻土强度也并非是均质的。

7.3.7 施工监测

1. 监控量测范围

(1) 隧道工程监测范围应根据地质条件、环境条件、工法特点等并结合当地的工程经验确定。

（2）遇下列情况时应适当调整监测范围：

1）当隧道周边土体主要以淤泥、淤泥质土或其它高压缩性土为主时，盾构施工影响范围应相应扩大；

2）隧道穿越基岩时，应按照覆盖土层厚度和岩层的构造、产状等穿越的实际情况综合确定影响区范围；

3）施工期间发现开挖面出现严重的涌砂和冒水、衬砌结构过大变形、邻近建（构）筑物或地下管线严重变形等异常情况时，监测范围应适当加大；

4）盾构隧道穿越断裂破碎带、岩溶、土洞、强风化岩石或花岗岩残积土等对工程施工不利的地质体时，应根据影响范围分析确定监测范围；

5）其他不良地质条件、环境条件复杂的部位，监测范围应适当加大。

2.监控量测项目

（1）盾构隧道的监测项目应根据表7.3-9的规定选择确定。

监控量测项目　　　　　　　　表7.3-9

类别	监测项目
必测项目	地表隆起或沉降变形
	隧道位移及变形
	邻近建（构）筑物变形
	地下管线变形
选测项目	地层位移（包括垂直和水平）
	衬砌环应力
	地层与管片的接触应力
	土体孔隙水压力
	地下水位

注：1.隧道位移包括隧道整体沉降、上浮或水平变位；
2.隧道变形包括隧道拱顶下沉、拱底隆起及净空收敛；
3.邻近建筑物变形包括整体沉降和差异沉降等；
4.应同时对变形值和变形速率进行监测。

（2）工程周边环境条件复杂的区域，宜对环境风险等级高、现状安全状态差、控制标准高的环境对象进行重点监测。

（3）当遇到下列情况时，应对隧道周围岩土体进行监测：

1）隧道围岩的地质条件复杂，岩土体易产生较大变形、空洞、坍塌的部位或区域，应进行岩土体沉降监测；

2）当地基软弱的高大建筑物临近盾构隧道周边时，应进行土体深层水平位移监测；

3）当施工扰动引起孔隙水压力或围岩压力产生较大变化，并对支护结构、周围环境或施工可能造成危害时，应进行孔隙水压力和围岩压力监测。

3.监测点布设与监测方法

（1）监测点布设应符合以下规定：

1）监测点布设应满足反映监测对象实际状态和变化规律、分析工程安全状态的要求；

2) 对于管片衬砌和周边岩土体位移、内力最大的部位及其变化最大的部位，影响工程安全的关键部位，工程结构变形缝、伸缩缝及其他特殊部位应布设监测点；

3) 监测点布设时，宜使监测断面可反映监测对象或监测项目的监测数据的相互关系或内在变化规律；

4) 监测点的布设应便于观测，不应影响和妨碍监测对象结构的正常受力和使用，并应避免因施工影响而破坏；

5) 周边环境监测点的布设应根据各类环境对象的性质、环境风险等级、所处影响区、地质条件、监测方法以及设计、产权单位的要求综合确定。

(2) 监测断面布设应符合以下规定：

1) 盾构始发与接收段、连接通道附近、左右线交叠或邻近、小半径曲线段等地段应布设监测断面；

2) 存在地层偏压、围岩软硬不均、地下水位较高等地质条件复杂地段应布设监测断面；

3) 下穿或邻近重要建（构）筑物、地下管线、河流湖泊等周边环境条件复杂地段应布设监测断面。

(3) 隧道环境监控量测应符合下列规定：

1) 地表隆沉观测应沿线路中线按监测断面布设，横向监测点间距宜为 3~10m，监测断面间距宜为 50~100m。

2) 应根据施工变形区内建（构）筑物的结构状况、重要程度和影响大小有选择地进行监控量测。

3) 变形量测频率应根据工程要求和监测对象的变形量和变形速率确定。

4) 盾构穿越地面建（构）筑物、地下工程、铁路、桥梁、防汛墙和地下管线等重要构筑物时，除应对穿越体进行观测外，还应对邻近周围土体进行变形观测。

4. 监测频率与周期

(1) 监测频率应根据施工工法、施工进度等情况，结合监测对象和监测项目的特点、工程地质及水文地质条件和当地工程经验等综合确定。

(2) 盾构法施工周边环境和周围岩土体监测频率应符合表 7.3-10 的规定。

盾构法施工周边环境和周围岩土体监测频率表 表 7.3-10

施工状况	监测频率
掘进面距监测断面前后≤20m 时	1~2 次/d
掘进面距监测断面前后≤50m 时	1 次/2d
掘进面距监测断面前后＞50m 时	1 次/7d
根据数据分析确定沉降基本稳定后	1 次/30d

5. 监测控制值与报警

(1) 盾构隧道设计必须确定监测项目的控制值，控制值应满足地下工程结构安全及周边环境保护的要求。

(2) 盾构隧道施工中的监测控制值可按表 7.3-11 和表 7.3-12 采用。

盾构管片结构竖向位移监测控制值　　表 7.3-11

监测项目	累计值（mm）	平均变化速率（mm/d）	最大变化速率（mm/d）
管片结构的隧道整体沉降	20	1	3
管片结构的隧道整体隆起	10	1	3
管片结构间差异位移	10～15/环	1	3
隧道相对变形量	1/2500	—	—
管片结构净空收敛	10	1	3

注：位移平均速率为任意 7d 的位移平均值；位移最大速率为任意 1d 的最大位移值。

盾构法施工地表竖向位移控制值　　表 7.3-12

监测项目	累计值（mm）	平均变化速率（mm/d）	最大变化速率（mm/d）
地表沉降	20～40	1	3～5
地表隆起	10	1	3

注：位移平均速率为任意 7d 的位移平均值；位移最大速率为任意 1d 的最大位移值。

7.4 沉管法隧道结构设计

7.4.1 概述

沉管隧道就是在干坞内预制管节，管节两端用临时端封墙进行密封，待舾装完毕后，将管节拖运至隧址（设计位置上已预先进行了基槽的浚挖并设置临时支座或基础垫层），然后沉放管节。待管节沉放完毕后，进行管节水下连接、处理管节接头及基础，然后覆土回填，再进行管节内部附属结构施工、装修及设备安装，以完成全部隧道。

沉管隧道的建造历史始于 1910 年美国的底特律河隧道，随着沉管隧道设计、施工中的关键技术逐步解决、发展和日趋完善，沉管隧道已具有很好的适用性、可靠性。迄今为止世界上已有 100 多条已建和在建的沉管隧道（可参见本章附录）。其中横断面宽度最宽的是深中通道隧道，管节断面宽达 55.46m；沉管段长度最长的是美国海湾地区交通隧道，长达 5825m。

我国大陆沉管法隧道起步较晚，直到 20 世纪末期才开始逐步发展。2000 年以前，我国大陆仅有两条沉管法隧道建成。进入 2000 年以后，我国沉管隧道的建设进入了一个快速发展期。目前国内建成（在建）共有 18 条沉管法隧道；分别是宁波甬江隧道、广州珠江隧道、宁波常洪隧道（图 7.4-1）、上海外环隧道（图 7.4-2）、嘉兴电厂二期取水工程（输水通道）、广州生物岛隧道、广州大学城隧道、天津海河隧道（图 7.4-3）、广州洲头咀隧道（图 7.4-4）、沈家门港海底隧道（人行通道）、南昌红谷隧道、佛山东平隧道、港珠澳大桥岛隧工程沉管隧道（图 7.4-5）、广州车陂路-新滘东路隧道（在建）、广州如意坊放射线系统工程过江隧道（在建）、广州金光东隧道（在建）、深圳至中山跨江通道工程（在建）和大连湾海底隧道工程（在建），另有多条沉管隧道尚在规划和设计阶段。港澳台地区建成的有香港红磡海底隧道、地铁隧道、东区海底隧道、机场铁路隧道和西区跨港隧道以及台湾高雄隧道。

国内已建（在建）的沉管隧道中，用途较广，既有公路隧道、城市道路隧道，也有地铁隧道、人行隧道和输水隧道。在本篇章中主要按城市道路工程、结合沉管隧道技术特点，对水域沉管段目前国内应用较多钢筋混凝土管节结构设计进行展开，其余类型仅在选型和断面设计方面进行简述。

图 7.4-1　宁波常洪隧道

图 7.4-2　上海外环隧道

7.4.2　设计原则

（1）贯彻执行国家的技术经济政策，按技术标准要求，使结构设计做到安全可靠、技术先进、经济合理、方便施工。

图 7.4-3　天津海河隧道

图 7.4-4　广州洲头咀隧道

图 7.4-5　港珠澳大桥岛隧工程沉管隧道

（2）结构的净空尺寸应满足隧道建筑限界、设备限界和其它使用、施工工艺的要求，并考虑施工误差、结构变形和后期沉降的影响。

（3）结构应采用以概率理论为基础的极限状态设计方法，采用分项系数的设计表达式按承载能力极限状态、正常使用极限状态的要求进行计算和验算。主体结构安全等级为一级，设计使用年限为100年，结构重要性系数1.1。

（4）结构构件的最大裂缝宽度应按现行国家标准《混凝土结构设计规范》GB 50010和《混凝土结构耐久性设计规范》GB/T 50476结合环境类别及作用等级综合确定。管节正常使用极限状态下的结构控制裂缝宽度≤0.2mm。

（5）钢筋混凝土结构构件的截面承载力应按现行国家标准《混凝土结构设计规范》

GB 50010、《钢结构设计规范》GB 50017 和《球墨铸铁件》GB/T 1348 的规定计算。

(6) 沉管段平面线形宜采用直线，不满足时宜结合隧道功能、管节长度、断面宽度、施工工艺等因素综合确定合理的平曲线半径。

(7) 沉管管节应埋设在规划航道底标高以下，并满足规划航道实施及管节顶部防锚层敷设要求。

(8) 管节顶部宜埋置在冲刷包络线以下。当不满足要求或管节顶局部高出河床、海床时，应进行专题研究。

(9) 管节长度和分节数应根据管节制作、浮运、沉放、隧道纵坡等要求，并应结合航道规划、地质、水文、河床形态等因素综合确定。

(10) 沉管管节可采用整体式管节或节段式管节。

(11) 管节间接头宜采用柔性接头，外侧设置 GINA 止水带，内侧设置 OMEGA 止水带，并设置横向、竖向、纵向限位装置。

(12) 节段接头宜采用中埋式可注浆止水带为主的柔性接头，并设置竖向和水平剪切键。

(13) 管节横断面宜采用左右对称的矩形断面。

(14) 管节横断面尺寸除应满足建筑限界、设备布置、结构受力、变形和浮力设计要求外，尚应满足施工误差的要求。

(15) 管节结构应就其在施工阶段和运营期不同工况下可能出现的最不利荷载组合，分别进行横向和纵向结构分析，并应按承载能力极限状态和正常使用极限状态进行承载力计算、变形、稳定性、抗浮、沉降等计算分析。

(16) 管节干舷高度应根据管节外形尺寸、混凝土重度、结构含钢量、水体重度、施工荷载、管节制作误差等因素确定，管节完成舾装后的干舷高度宜控制在 100~200mm 间。管节在漂浮状态的定倾高度不宜小于 300mm。

(17) 管节在施工期和运营期的抗浮安全系数应符合下列规定：

1) 沉放、对接阶段 1.01~1.02；
2) 对接完成后 1.05；
3) 压舱混凝土、回填覆盖完成后 1.10~1.20。

(18) 管节舾装设施应满足系泊、浮运、沉放、对接等施工工艺要求。

(19) 干坞位置、规模及类型应结合工程周边环境、地质和航道条件、施工工期、工程造价、管节预制工艺等综合确定。

(20) 干坞设计应与沉管管节制作要求、施工工艺流程密切配合，保证管节制作质量、满足管节起浮、舾装、出坞要求；施工期间确保干坞基坑的稳定，并满足防汛要求；坞底结构设计除应满足坑底抗隆起，抗管涌的稳定性要求外，尚应满足管节起浮要求。

(21) 干坞坞顶防洪标高应符合国家现行标准《堤防工程设计规范》GB 50286 的有关规定。

(22) 干坞基坑开挖与支护应进行强度、变形和稳定性计算，并应符合现行行业标准《建筑基坑支护技术规程》JGJ 120 的有关规定。

(23) 护岸结构形式应根据工程地质、水文条件、周边建（构）筑物、岸壁结构变形量、承载力要求及稳定性、堤防等级、经济性等因素综合确定，并与永久性堤岸工程结合设计。

（24）护岸结构应根据基槽开挖边坡变化情况以及功能要求分段设计。

（25）护岸结构的防洪、防渗及变形标准不应低于既有堤岸。当护岸结构作为永久性堤岸时，还应满足规划要求。

（26）护岸结构设计应根据不同工况，按最不利水位计算。

7.4.3 结构选型

纵观目前世界上已建成通车的沉管隧道，可供参照的结构类型有以下三大类：钢筋混凝土土结构、钢板混凝土结构、预应力混凝土结构。

1. 钢筋混凝土管节

钢筋混凝土管节在欧洲建造较多，断面多呈矩形，对4车道以上公路或道路隧道尤为适用。与钢板混凝土管节相比，钢筋混凝土管节结构在断面选择上具有很大的灵活性，从单孔双向两车道至三孔双向八车道断面和多孔、能容纳公路、铁路、轨道交通在内的矩形断面，如广州珠江隧道（公轨合建，双向六车道）、上海外环隧道（双向八车道）、广州洲头咀隧道（双向六车道、异形断面）等。

钢筋混凝土管节特点：

（1）主体结构质量有保证。

管节主体结构在干坞内制作，可以制作出质量均匀且防水性能良好的隧道结构。

（2）能适应大断面、多车道、多功能的要求。

由于隧道断面多为矩形，空间可以充分利用，适用于大断面、多车道隧道、公铁两用隧道。

（3）根据不同建设条件，管节可设置为整体式管节和节段式管节。

传统钢筋混凝土管节沿纵向由施工缝划分为若干施工段，施工段之间由纵向钢筋连接形成整体式管节，也称为刚性管节。钢筋混凝土管节采用节段式管节时，节段之间纵向钢筋完全断开，节段间通过纵向临时预应力拉索连接在一起，节段之间形成类似变形缝的节段接头，如丹麦厄勒海峡隧道、韩国釜山隧道和港珠澳大桥沉管隧道。节段式管节在沉放完毕后剪断纵向临时预应力，以节段结构的变形适应地基的不均匀沉降，从而减小结构内力，该种形式被称为柔性管节。也有保留节段间纵向临时预应力的情况，形成半刚性的管节。

在钢筋混凝土管节中，目前国内除港珠澳大桥沉管隧道采用半刚性管节和在建的大连湾海底隧道采用柔性管节外，其余均为整体式管节。港珠澳大桥沉管隧道，隧道段全长6766m，其中沉管段长5664m；管节采用两孔一管廊断面（折板形式），外包尺寸（宽×高）37.95m×11.4m（图7.4-6），管顶最低点标高在平均水位下33m；双向四车道的韩国釜山隧道沉管段全长3240m，管节外包尺寸（宽×高）26.5m×10m（图7.4-7）。

2. 钢板混凝土结构

钢板混凝土结构形式的沉管隧道分单层钢板混凝土结构和双层钢板混凝土结构两种。

单层钢板混凝土结构的钢板通常设置在结构外侧，既作为管节本体结构的永久防水又作为受力构件。在钢板内侧布置加劲肋，施工时钢板作为浇捣结构内部钢筋混凝土的外模。混凝土浇筑后，形成钢、混凝土的组合结构。

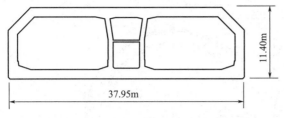
图 7.4-6 港珠澳大桥沉管隧道

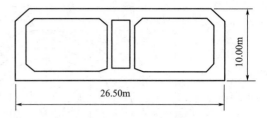
图 7.4-7 韩国釜山隧道

双层钢板混凝土结构的钢板设置在结构两侧，其内侧均布置加劲肋。施工时，以混凝土充填内外层钢板之间的空隙以保证必要的压重，内外钢板与结构内部混凝土形成钢、混凝土的组合结构。外层钢板作为模板，也可作为管节本体结构的永久防水；当然也有外层钢板仅作为模板而不作为永久防水的情况。

钢板混凝土管节自重一般较小，通常在造船厂预制。管节下水前，一般先浇好管节底部龙骨混凝土，以增加下水拖运时管节的强度、刚度和稳定性。下水方法通常有端部下水和侧边下水两种，浮运时管节干舷高度一般控制在300～450mm。

管节钢板厚度通常不由应力水平控制而是主要按永久防水、耐久性的要求，同时兼顾管节制作时的变形控制。内部混凝土的厚度由管节抗浮稳定性决定。钢板中的最大应力一般出现在施工阶段。管节在下水和拖运阶段，须对管节应力进行校核。管节内部混凝土通常在管节漂浮状态下浇筑，因此须严格控制混凝土浇筑顺序，保持对称施工，使管节受力平衡；在管节混凝土浇筑过程中，管节逐渐下沉，作用在管节上的水压力也逐渐增大，应注意由不均匀荷载引起的纵向弯曲。

钢板混凝土管节特点：

(1) 管节断面基本为圆形，结构受力较有利，但不能充分、有效利用断面空间；

(2) 管节基底宽宽度较小，基础处理相对容易，多采用先铺法基础；

(3) 管节钢壳存在现场大量焊接作业，需确保焊缝的水密性；

(4) 管节漂浮阶段浇筑内部混凝土时，整个结构受力条件复杂，须严格控制混凝土浇筑顺序，保持对称施工，使管节受力平衡；

(5) 管节结构耗钢量巨大，造价较高。

钢板混凝土管节在北美建造的较多，早期的结构通常为圆形断面，采用单孔或者双孔布置，见图7.4-8、图7.4-9。日本也有钢板混凝土管节的工程实例，而断面多为矩形断面。如：日本神户港隧道（双向六车道，图7.4-10），采用双层钢板混凝土结构，两孔两管廊断面，底板最大埋深22.6m，外包宽度34.4m，外包高度9.1m。双层钢板采用工厂化预制，干坞内拼装，管节采用高流动性混凝土浇筑；日本那霸港隧道采用两孔两管廊断面，外包宽度36.94m，外包高度8.7m（双向六车道，图7.4-11）。

3. 预应力混凝土结构

对于埋深大、跨度大的沉管结构，如能在横断面设计中

图 7.4-8 双层钢壳管节断面示意图

Ⅰ—覆盖混凝土；Ⅱ—导管浇筑混凝土；Ⅲ—龙骨混凝土

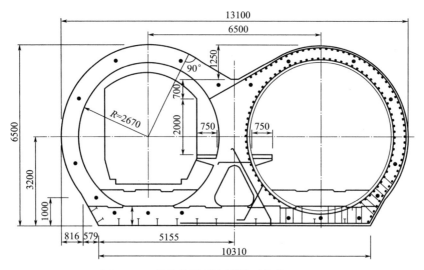

图 7.4-9 香港地铁过海隧道（单位：mm）

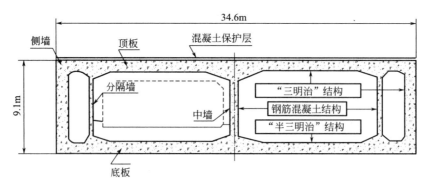

图 7.4-10 日本神户港隧道

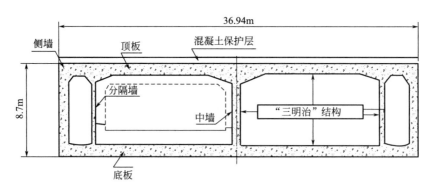

图 7.4-11 日本那霸港隧道

采用预应力结构形式，则可以充分发挥钢筋和混凝土的各自特性，从而有可能减小结构断面，减轻自重，减少钢筋用量。

世界上第一条采用横向预应力混凝土沉管隧道是古巴的哈瓦那隧道（双向四车道，图 7.4-12），采用两孔断面，底板最大埋深 23m，外包宽度 21.85m，外包高度 7.1m，该隧道设置了纵横向预应力，施工阶段在结构顶、底板的上下两侧对称布置了临时竖向拉索;加拿大拉丰泰恩隧道(双向六车道,图 7.4-13),采用两孔一管廊断面,底板最大埋深 23m,外包宽度 36.75m,外包高度 7.84m,采用横向预应力,并在管节顶、底板之间设置了临时预应力拉杆。

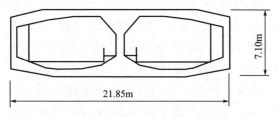
图 7.4-12 古巴哈瓦那隧道

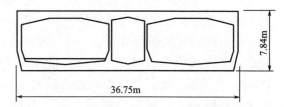
图 7.4-13 加拿大拉丰泰恩隧道

4. 结构选型

管节结构设计中,断面高度的变化是颇为敏感的参数,其数值变化的影响大于宽度变化的影响,直接影响到工程的造价。因此在管节结构设计中,力求在满足工程功能、结构受力要求的前提下,尽可能减少构件尺寸和结构总高,以使总体设计更经济合理。

对于钢筋混凝土结构,在大跨度和大埋深的情况下,结构含钢量通常较高,结构单侧出现需要布置多排钢筋的情况,施工质量难以保证,长期使用情况下难以保证混凝土不开裂;钢筋混凝土管节一般自身重量较重,通常需要对管节外包高度进行调整以满足管节干舷高度之需,会使得管节基槽浚挖、回填覆盖、干坞规模相应增加,有时会略显不经济。

预应力混凝土结构方案结构刚度大,长期使用情况下混凝土不易开裂,用钢量经济合理,理论上能满足现行规范和结构安全要求。但因受制于结构最大拉、压应力的限制和预应力束架设空间的需求,管节顶、底板中支座范围内需对结构厚度进行加厚,为确保管节干舷高度,需对管节外包高度进行加高调整,会面临钢筋混凝土管节中的问题;且其施工期间涉及横向预应力束分批张拉、竖向预应力张拉、纵向预应力束张拉,张拉工序复杂、繁琐,施工质量和工期不易保证;运营期火灾工况对预应力束的影响较大,预应力束失效工况时对结构影响较大且无法更换,不可预知因素多,风险较高。

钢板混凝土结构方案用钢量较大,焊接工艺要求高,运营阶段钢板可作为管节永久防水,施工阶段钢板可作为浇捣内部钢筋混凝土的外模,混凝土浇筑后形成钢—混凝土的复合结构共同受力,可减小结构厚度,减轻自身重量,能较为有效的降低横断面高度、减少基槽开挖土方量及混凝土用量;钢板混凝土结构中,钢板与混凝土脱空是施工期间能发生的主要缺陷之一,过大的脱空将明显影响结构承载能力,参照日本沉管工程实践及现有国内研究成果,需采用合理设计混凝土配比、浇注工艺、结构构造等,以有效控制混凝土脱空率。

三种管节结构形式各有优缺点,在具体管节结构选型时,应根据工程建设规模、管节预制工艺、结构防水和耐久性、管节纵向体系、干坞选址、基槽、基础方案及航道疏浚等综合考虑,同时还涉及工程建设风险、工期、造价、环保等其他因素。

7.4.4 结构设计

1. 管节分节长度

沉管管节长度、分节数的确定,须综合考虑管节制作、接头数量、管节干舷高度、拖运沉放、通航条件、河床形态、纵剖面线型拟合、管节轴向受力情况、水力计算、抗震设防、工程的经济性、长期作用等因素后确定。根据近年来国内外已建成通车的沉管隧道的工程实例（表7.4-1），目前《沉管法隧道设计标准》送审稿和国内外已建沉管隧道工程案例，整体式管节的长度多在80～120m之间，一般情况下管节长度不宜大于130m。当然由于建设条件及管节结构形式的不同，也有管节长度大于130m的工程实例，如2000年竣工通车的丹麦厄勒海峡隧道，节段式管节长度达175.2m；2010年竣工通车的韩国釜山隧道，节段式管节长度达180m；港珠澳大桥岛隧工程沉管隧道，节段式管节长度达180m；此类长度的沉管隧道约占总数的11%。目前亚洲地区仅港珠澳大桥岛隧工程、大连湾海底隧道、韩国釜山隧道采用了节段式管节；节段式管节在欧洲地区运用的较多（表7.4-2、表7.4-3）。

国内外沉管隧道一览表　　　　　　　　　表7.4-1

隧道名称	完工时间	沉管段长度（m）	管节长度（m）	管节宽度（m）	管节高度（m）
英国康维隧道	1991	710	118	24.10	10.40
澳大利亚悉尼港隧道	1992	960	120	29.40	7.80
英国梅德伟隧道	1996	370	118/126	25.10	9.15
荷兰威杰克隧道	1996	574	95.67	31.50	8.05
日本神户港隧道	1997	520	88	34.4	9.10
日本大阪南港隧道	1997	1025	100/105	35.20	8.60
香港西区跨港隧道	1997	1363.5	113.5	33.4	8.57
中国常洪隧道	2002	395	95/100	22.80	8.45
日本新潟港隧道	2002	850	105/107.5	28.60	7.64
中国上海外环隧道	2003	736	100～108	43.00	9.55
越南西贡隧道	2009	371	92.5/93.5	33.30	8
中国广州生物岛隧道	2010	277	55～77	23	8.70
中国广州大学城隧道	2010	214	94/116+4	23	8.70
英国泰恩河隧道	2010	360	90	14.96	8.535
中国广州洲头咀隧道	2015	340	85	31.40	9.68
中国天津海河隧道	2015	255	85	36.60	9.65
南昌红谷隧道	2017	1350	115	30.0	8.3
佛山东平隧道	2017	445	105～115	39.9	9
港珠澳大桥岛隧工程沉管隧道	2018	6766	112.5/180	37.95	11.4
广州车陂路—新滘东路隧道	在建	492	123	30.4	8.7
广州如意坊放射线系统工程过江隧道	在建	618	103	30.4	9.5
深圳至中山跨江通道工程	在建	5035	123.8/165	46	10.6
大连湾海底隧道工程	在建	3038	148/180	33.4	9.7

节段式管节一览表 表 7.4-2

隧道名称	国家	管节长度	节段长度
鹿特丹地铁隧道	荷兰	90	15m
埃姆斯河隧道	德国	127.5	25.5
泽比格隧道	荷兰	112	22.4
利弗肯舒克隧道	比利时	142	23.65
威廉斯普尔隧道	荷兰	115-138	23
诺德隧道	荷兰	100/130	24.85/26.15
梅德伟	英国	118/126	21
斯希普尔铁路隧道	荷兰	125	6 节节段
皮特海茵隧道	荷兰	160	—
杰克林奇隧道	爱尔兰	122	—
马格丽特公主河隧道	荷兰	77	4 节节段
厄勒海峡隧道	丹麦	176	25
釜山隧道	韩国	180	22.5
港珠澳大桥岛隧工程沉管隧道	中国	180	22.5
大连湾海底隧道工程	中国	140/180	22.5

整体式管节一览表 表 7.4-3

隧道名称	国家	单节管节长度
伦茨堡隧道	德国	140
易北河隧道	德国	132
海姆斯普尔隧道	荷兰	134～268
亚伯尔隧道	比利时	137.9/99.8/98.3
古尔堡隧道	丹麦	230
利弗肯舒克隧道	比利时	142
威廉斯普尔隧道	荷兰	115～138
川崎航道隧道	日本	131.2
厄勒海峡隧道	丹麦	176
普雷韦扎隧道	希腊	49～134.5
深圳至中山跨江通道工程	中国	123.8/165

2. 管节横断面设计

管节横断面设计以充分利用空间为原则，满足隧道正常运营、故障检修、事故安全疏散等多种工况的功能要求，并能满足管节浮运时所需干舷高度、运营阶段抗浮安全等要求。横断面设计包括隧道建筑限界、设备设置空间、安全疏散设施设计，并考虑适当的施工误差和不均匀沉降预留量；同时应根据工艺要求，综合考虑安全和美观等因素，在横断面中需要考虑各种设备所需的布置空间，并设定相应的设备限界，布置这些设备应以不得侵入车辆通行建筑限界、满足各设备的工艺要求和维修保养方便为原则。

管节横断面设计应满足隧道功能要求，选取单孔或多孔的矩形断面，管节断面宜左右对称。以双向四车道城市主干路标准、设计车速60km/h为例，根据《城市道路工程设计规范》CJJ 37—2012，车道宽度取 2×3.5m，车道两侧路缘带宽 0.50m，安全带宽度 0.25m，合计侧向净宽 0.75m；通行净高 4.5m。由此可得：

管节单孔净宽＝3.5×2＋0.5×2＋0.25×2＋两侧设备安装空间＋水平施工误差

管节单孔净高＝4.50＋压舱、路面厚度＋顶部设备安装空间＋垂直施工误差

管节横断面建筑限界可如图 7.4-14 所示，可初步框定的管节横断面如图 7.4-15 所示，管节断面高度与宽度尚须结合管节浮力计算、横断面和纵断面计算作进一步的调整。

管节结构的断面形应综合考虑隧道功能、断面建筑限界布置、结构受力性能、管节制作方式和周边环境条件确定。就断面形式而言，可基本分为圆形断面（圆形衍生断面）与矩形断面两大类，见表 7.4-4 和表 7.4-5。

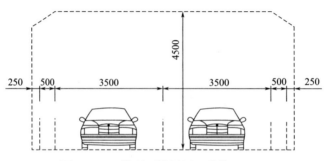

图 7.4-14 横断面限界图（单位：mm）

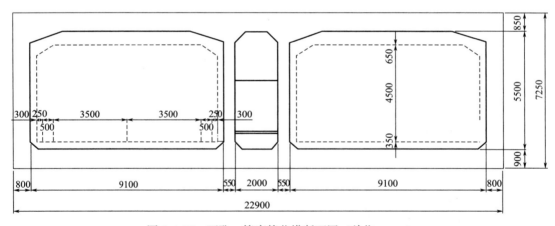

图 7.4-15 两孔—管廊管节横断面图（单位：mm）

断面基本是矩形的沉管隧道工程实例　　　　表 7.4-4

断面形式	隧道名称	隧道类别及用途
单孔	荷兰斯希普尔铁路隧道	两条铁路线
单孔	法国地铁隧道	两条地铁线
两孔	香港地铁隧道	两条地铁线
两孔	英国梅德伟隧道	双向四车道

续表

断面形式		隧道名称	隧道类别及用途
	两孔一管廊	荷兰威杰克隧道	双向六车道
		宁波常洪隧道	双向四车道
	两孔两管廊	日本神户港隧道 香港西区跨港隧道	双向六车道
		日本新潟港隧道	双向四车道
	三孔一管廊	广州珠江隧道 荷兰皮特海茵隧道	双向四车道＋两条铁路线
	三孔两管廊	上海外环隧道	双向八车道
	三孔三管廊	天津海河隧道	双向六车道
	四孔	荷兰威廉斯普尔隧道	四条铁路线
	四孔一管廊	丹麦厄勒海峡隧道	双向四车道＋两条铁路线

断面基本是圆形（圆形衍生）的沉管隧道工程实例　　　　　　　　表 7.4-5

断面形式		隧道名称	隧道类别及用途
	单孔	美国汉普顿公路 2 号隧道 美国伊丽莎白河 2 号隧道	两车道
		阿根廷巴拉那隧道 美国韦伯斯特街隧道	两车道
	两孔	日本大马河隧道 日本羽田（京滨海峡）隧道	两条地铁线
		美国泰德威姆斯隧道 美国麦克亨利隧道	双向四车道
		中国香港地铁隧道	两条地铁线
		美国莫比耳河隧道	双向四车道
		中国香港跨港隧道 美国巴尔的摩港隧道	双向四车道

3.荷载分类与组合

(1) 荷载分类

参照《建筑结构荷载规范》GB 50009—2012，并根据沉管隧道施工工艺及隧道运营安全等因素，作用在隧道结构上的荷载应符合表 7.4-6 的规定。

隧道荷载分类表　　　表 7.4-6

荷载分类		荷载名称
永久荷载		结构自重
		地层压力
		静水压力
		混凝土收缩和徐变影响
		预加应力
		固定设备重量
		地基下沉影响
可变荷载	基本可变荷载	地面汽车荷载及其动力作用
		隧道内部汽车荷载及其动力作用
		水压力变化
	其他可变荷载	温度作用
		水流力、风荷载
		施工荷载
偶然荷载		地震荷载
		人防荷载
		沉船、爆炸、锚击等荷载

注：1.设计中要求考虑的其他荷载，可根据其性质分别列入上述三类荷载中；
2.静水压力按设计常水位计算；
3.表中所列荷载本节未加说明者，可按有关现行规范或根据实际情况确定。

1) 永久荷载标准值应符合下列规定：

① 隧道结构自重可按结构设计断面尺寸及材料重度标准值计算；

② 隧道竖向地层压力应按管顶以上全部覆土压力考虑；

③ 施工阶段黏性土水平地层压力按水土合算，可采用经验系数计算；砂性土按水土分算，采用朗肯土压力公式计算。朗肯土压力可按式（7.4-1）、式（7.4-2）计算：

$$e_{ak} = (\sum \gamma_i h_i + q_k) k_a - 2c_k \sqrt{k_a} \quad (7.4\text{-}1)$$

$$k_a = \tan^2(45° - \varphi_k/2) \quad (7.4\text{-}2)$$

式中　e_{ak}——计算点处由土体自重和地表面均布超载产生的主动土压力强度标准值（kPa），当 $e_{ak} < 0$ 时，取 $e_{ak} = 0$；

γ_i——计算点以上各层土的重度（kN/m³），地下水位以上土层取天然重度；对地下水位以下土层，按水土分算时取浮重度，按水土合算时取饱和重度；

h_i——计算点以上各层土的厚度（m）；

q_k——地表面均布超载标准值（kPa），应按实际情况取值，通常按 20kPa 计算；

k_a——计算点处土的主动土压力系数;

φ_k——计算点处土的内摩擦角(°);可按三轴固结不排水剪切试验测定的峰值强度指标 φ_cu 或直剪固结快剪试验峰值强度指标 φ_cq 取用;

c_k——计算点处土的黏聚力(kPa),可按三轴固结不排水剪切试验测定的峰值强度指标 c_cu 或直剪固结快剪试验峰值强度指标 c_cq 取用。

④ 运营阶段水平地层压力应按静止土压力计算,采用水土分算。

⑤ 对于穿越感潮水域的隧道,设计常水位可取平均高潮位,对于穿越其他水域的隧道,设计常水位可参考历年水文统计资料确定。设计最高水位、设计最低水位可根据工程技术标准按 100 年一遇或以上的水位标准取用。

⑥ 混凝土的徐变和收缩效应,可根据经验将其等效为温度作用。具体方法可参考有关资料和文献。如在现行行业标准《水工混凝土结构设计规范》SL 191 中规定,初估混凝土干缩变形时可将其影响折算为 10~15℃的温降。

⑦ 管节沉放、对接完成后,即进行两侧的锁定回填和一般回填,因此在结构计算分析时,需考虑两侧边坡在管侧回填后引起的边载效应,边载分布范围和大小可根据回填范围确定。

2) 可变荷载的标准值可按下列规定计算:

① 地面超载一般可按 20kPa 考虑,对于岸边段大型施工机械作业区域、施工堆场等情况,地面超载应根据实际情况分析后取用。

② 汽车荷载及其动力作用应按照现行国家标准《城市桥梁设计规范》CJJ 11 和《公路桥涵设计通用规范》JTG D60 的有关规定计算;

③ 水压力变化分别对应设计常水位与设计最高水位差、设计常水位与设计最低水位差;

④ 在考虑温度变化应力时,若无类似隧道温度变化的实测数据,根据国内广州珠江隧道、上海外环隧道、广州仑头—生物岛隧道、广州生物岛—大学城隧道类似经验,横向内力计算中对顶板和外墙考虑隧道内外±10℃的线性温度梯度。

⑤ 作用在管节上的水流力的标准值可根据《港口工程荷载规范》JTS 144-1—2010 按公式(7.4-3)计算:

$$F_\mathrm{k} = \frac{1}{2} C_\mathrm{w} \gamma_\mathrm{w} v^2 A \qquad (7.4\text{-}3)$$

式中 C_w——水阻力系数,可按《港口工程荷载规范》JTS 144-1—2010 规定取值;

γ_w——水重度(t/m³),淡水取 1.0,海水取 1.025;

v——水流设计流速(m/s);

A——管节在与水流流向垂直竖向平面上的投影面积(m²)。

⑥ 施工荷载包括:设备运输及吊装荷载、施工机具及施工堆载、沉管拖运、沉放和水力压接等荷载。

3) 偶然荷载可按下列规定计算:

① 地震荷载应按《建筑抗震设计规范》GB 50011—2010 和《水工建筑物抗震设计规范》SL 203—1997 的规定计算确定;

② 人防荷载应按《人民防空工程设计规范》GB 50255—2014 的规定计算确定;

③ 沉船、爆炸、锚击等荷载应根据工程建设条件分析后确定。

沉船荷载同航等级、船型、吨位、船只装载情况、船只沉没方式和管顶覆土厚度等因素有关。广州珠江隧道处于珠江主航道上，规划通航 5000T 货轮、沉船及抛锚荷载取 50kN/m²；日本东京港隧道按东京港通行 70000T 吨位船只考虑，其沉船荷载取 130kN/m²；丹麦大海峡沉管隧道，其规范规定沉船荷载为 100kN/m²，作用面积为 250m²。

港珠澳大桥隧道规划通航 30 万吨船舶，沉船荷载考虑以下两种情况：隧道埋深在河床以下 1m 或者更多，并且水深 9m 以上时，隧道应能承受作用于隧道整个宽度方向以及沿长度方向 17.6m（对应于设计船只的宽度）范围内 58.5kPa 的均布荷载；当隧道埋深在河床以下不足 1m，并且水深 9m 或者以上时，隧道应能承受作用于隧道整个宽度方向以及沿长度方向 19m 范围内 95kPa 的均布荷载。

国外水底隧道的沉船荷载，一般按如下规律取值：

a. 隧道顶部与河床表面基本持平，船只正在下沉并与河床或隧道上表面接触时，其对隧道的附加接触压力值取为 50～100kN/m²。

b. 隧道顶部在河床表面以下或水深不足 5m 时，沉船对隧道的附加接触压力取为 35kN/m²。

c. 接触压力分布范围的长度有的取为沿隧道纵轴长 20～30m（沉船纵轴与隧道纵轴垂直），有的取 200m（沉船纵轴与隧道纵轴平行）；宽度取为隧道宽度。

对于锚击荷载，由于船锚可能在水中自由下落，撞击管节顶板上的混凝土保护层，若管顶具有一定的覆土厚度，一般不需要增加额外的钢筋混凝土；另一种可能，是船锚钩住管节顶板边缘或侧墙，而船还在行驶，此时对管节会产生一个侧向拉力，对于大型船只而言，该拉力可能会达到 3000kN。

（2）荷载组合

参照《建筑结构荷载规范》GB 50009—2012，荷载（效应）组合应按下列规定确定：

1）结构设计中，应根据施工、使用过程中在结构上可能同时出现的荷载，按承载能力极限状态和正常使用极限状态分别进行荷载组合，并应取各自最不利的组合进行设计。

2）对于承载能力极限状态，应按荷载基本组合或偶然组合计算荷载组合的效应设计值，并采用设计表达式（7.4-4）进行设计：

$$\gamma_0 S_d \leqslant R_d \tag{7.4-4}$$

式中 γ_0——重要性系数，对安全等级为一级的结构构件，应取 1.1；对地震设计状况下应取 1.0；

S_d——荷载组合的效应设计值；

R_d——结构构件抗力的设计值，应按有关结构的建筑结构设计规范规定确定。

3）荷载基本组合的效应设计值 S_d，应按公式（7.4-5）规定确定：

$$S_d = \sum_{j=1}^{m} \gamma_{Gj} S_{Gjk} + \sum_{i=1}^{n} \gamma_{Qi} \Psi_{ci} S_{Qik} \tag{7.4-5}$$

式中 γ_{Gj}——第 j 个永久荷载的分项系数，当永久荷载效应对结构不利时取 1.35，当永久荷载效应对结构有利时不应大于 1.0；

γ_{Qi}——第 i 个可变荷载的分项系数，应取 1.40；

S_{Gjk}——按第 j 个永久荷载标准值 G_{jk} 计算的荷载效应值；

S_{Qik}——按第 i 个可变荷载标准值 Q_{ik} 计算的荷载效应值；

Ψ_{ci}——第 i 个可变荷载 Q_i 的组合值系数；

m——参与组合的永久荷载数；

n——参与组合的可变荷载数。

4）对由永久作用控制的基本组合，也可采用简化规则，按现行国家标准《建筑地基基础设计规范》GB 50007 规定，基本组合的效应设计值 S_d 可按公式（7.4-6）确定：

$$S_d = 1.35 S_k \qquad (7.4\text{-}6)$$

式中 S_k——标准组合的作用效应设计值。

5）荷载偶然组合的效应设计值 S_d 可按公式（7.4-7）采用：

$$S_d = \sum_{j=1}^{m} S_{Gjk} + S_{Ad} + \Psi_{fi} S_{Q1k} + \sum_{i=2}^{n} \Psi_{qi} S_{Qik} \qquad (7.4\text{-}7)$$

式中 S_{Ad}——按偶然荷载标准值 A_d 计算的荷载效应值；

S_{Qik}——诸可变荷载标准值 Q_{ik} 中起控制作用的荷载效应值；

Ψ_{fi}——Q_{1k} 可变荷载的频遇值系数；

Ψ_{qi}——第 i 个可变荷载的准永久值系数。

6）对于正常使用极限状态，应采用荷载的标准组合、频遇组合或准永久组合，并应按公式（7.4-8）进行计算：

$$S_d \leqslant C \qquad (7.4\text{-}8)$$

式中 C 为结构或结构构件达到正常使用要求的规定限值，例如变形、裂缝、振幅、加速度、应力等的限值，应按《混凝土结构设计规范》GB 50010—2010 和《钢结构设计规范》GB 50017—2017 等有关规定采用。

7）对于正常使用极限状态，荷载标准组合、荷载频遇组合和荷载准永久组合的效应设计值 S_d 应分别按公式（7.4-9）～式（7.4-11）确定：

① 荷载标准组合的效应设计值 S_d

$$S_d = \sum_{j=1}^{m} S_{Gjk} + S_{Q1k} + \sum_{i=2}^{n} \Psi_{ci} S_{Qik} \qquad (7.4\text{-}9)$$

② 荷载频遇组合的效应设计值 S_d

$$S_d = \sum_{j=1}^{m} S_{Gjk} + \Psi_{fi} S_{Q1k} + \sum_{i=2}^{n} \Psi_{qi} S_{Qik} \qquad (7.4\text{-}10)$$

③ 荷载准永久组合的效应设计值 S_d

$$S_d = \sum_{j=1}^{m} S_{Gjk} + \sum_{i=1}^{n} \Psi_{qi} S_{Qik} \qquad (7.4\text{-}11)$$

4. 结构计算

（1）管节浮力设计

与一般隧道结构相比，沉管隧道的特点在于，在系泊、舾装、拖运阶段需确保管节浮在水面上，而在管节沉放完成后，又须确保管节不会浮起。因此在设计中须通过浮力计算处理好管节浮力与其重量之间的关系。浮力计算的内容主要包括管节干舷高度、定倾高度和抗浮安全系数。

1）干舷高度

管节在浮运时，为保持其稳定，须使管节顶面露出水面。干舷高度是指管顶露出水面线以上的高度，管节浮运状态相对位置关系见图 7.4-16 所示。由于管节制作时，混凝土重度和断面尺寸均会存在一定幅度的误差，同时水重度也会有一定变化。所以在进行干舷计算时，应考虑：管节外形尺寸、混凝土重度、结构含钢量、水重度变化、施工荷载及管节制作误差对干舷高度影响。

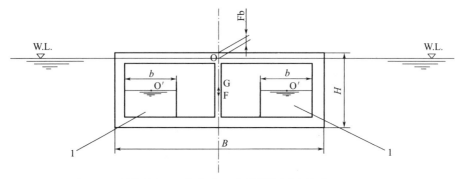

G—管节重心；F—管节浮心，即管节排水体积的重心；
B—管节外包宽度(m)；b—压舱水箱

图 7.4-16　管节浮运状态相对位置

矩形断面管节干舷高度可近似按公式（7.4-12）计算：

$$F_\mathrm{H} = H - \frac{G_\mathrm{G} + G_\mathrm{O}}{B \times L_1 \times \gamma_\mathrm{w}} \tag{7.4-12}$$

式中　F_H——管节干舷高度（m）；
　　　G_G——管节自重（kN）；
　　　G_O——舾装重量（kN）；
　　　L_1——管节端封墙之间的外包长度（m）；
　　　B——管节外包宽度（m）；
　　　H——管节外包高度（m）；
　　　γ_w——水体重度（kN/m³）。

管节干舷高度不宜过大，过高的干舷一方面会造成在管节下沉过程中，须压注较多的压舱水消除上述干舷的浮力，对压舱水箱的数量和布置造成一定的负担；另一方面对运营阶段管节的永久抗浮也不利；过低的干舷高度，在管节拖运过程不易控制其稳定，易造成施工风险。管节完成舾装后的干舷高度宜控制在 100～200mm。管节干舷计算可分两种工况：工况一管节坞内起浮，管节完成一次舾装；工况二管节完成全部舾装工作。一般可通过对管顶混凝土保护层厚度的调整，使管节二次舾装后干舷控制在适宜高度。

2）定倾高度

为了保证管节在漂浮状态的稳定性还要验算管节的定倾高度。定倾高度指定倾中心与重心之间的距离，定倾中心是指当管节倾斜一个微小角度时浮力矢量与管节竖向中性轴平面的交点。需要注意的是，以定倾高度评价管节的稳定性只适用于小倾角状态，如果管节在施工过程中可能因为侧向牵引、锚拉、横向水流或风压而产生倾角大于 10°的状态，则必须根据船舶工程的计算方法进行稳定性验算。

管节在漂浮状态的定倾高度不宜小于 30cm，定倾高度可下列公式进行计算。

① 管节内有压舱水时定倾高度计算：

定倾高度为定倾中心与管节重心之间的距离，当定倾中心位于管节重心之上时定倾高度为正，反之为负。一般管节横向摆动倾角小于 10°，定倾高度可按公式（7.4-13）计算：

$$\overline{MG} = \frac{J - \sum J_w}{V} - \overline{GF} \tag{7.4-13}$$

式中 $\overline{MG}$——定倾高度（m）；

J——管节沿水位线包围的平面绕 O 轴的惯性矩（m^4）；

$\sum J_w$——管节各部分压舱水的液面分别绕各自 O′轴的惯性矩之和（m^4）；

V——管节排水体积（m^3）；

$\overline{GF}$——管节浮心与管节重心之间的距离（m），管节重心位于管节浮心之上为正。

② 浮运阶段矩形断面管节内部无压舱水时的定倾高度可按以下简化公式（7.4-14）计算：

$$\overline{MG} = \frac{B^2}{12 \times (H - F_b)} - \overline{GF} \tag{7.4-14}$$

③ 沉放阶段，矩形断面管节内部有压舱水时（压舱水箱如对称布置）的定倾高度可按以下简化公式（7.4-15）计算：

$$\overline{MG} = \frac{L \times B^3 - 2 \times L' \times b^3}{12 \times B \times (H - F_b) \times L} - \overline{GF} \tag{7.4-15}$$

式中 L'——压舱水箱沿管节纵向的总长度（m）。

3）抗浮安全系数

管节在施工和运营阶段应按公式（7.4-16）进行抗浮验算：

$$G_G + W_O \geqslant F_S \times B \times L_2 \times H \times \gamma_w \tag{7.4-16}$$

式中 G_G——管节结构自重（kN）；

W_O——施工阶段舾装、压舱重量，正常运营阶段为覆盖层的有效压重（kN）；

F_S——抗浮安全系数；

B——管节外包宽度（m）；

L_2——管节接头之间的外包长度（m）；

H——管节外包高度（m）；

γ_w——水体重度（kN/m^3）。

管节沉放、回填覆盖阶段，由于施工作业会导致周边水体重度增加、管节浮力增大，因此在施工期间应该对水体重度进行实时监测，适时调整管内压舱重量，以免造成管节"复浮"。

各阶段抗浮安全系数 F_S 取值为：

① 沉放、对接阶段 1.01～1.02；

② 基础处理阶段 1.04～1.05；

③ 压舱混凝土施工完成后 1.10；

④ 回填覆盖完成后 1.20。

进行管节抗浮验算时，应取实测水体重度，充分掌握施工阶段水体重度变化的影响，如隧道所处水域回淤严重，应适当考虑提高舱内压载物重量，以满足施工阶段水体重度变化情况下的抗浮安全度。

（2）管节横向结构计算

1）钢筋混凝土管节

管节结构应就其在预制、系泊、拖运、沉放、对接、基础处理、回填覆盖等不同工况下可能出现的最不利荷载组合，并考虑地基的不均匀性和基础处理的质量，分别进行横向和纵向的结构分析，并按承载能力极限状态和正常使用极限状态进行承载力计算和变形、裂缝验算。

横断面结构分析可采用平面应变模型进行计算，以支承弹簧模拟基底反力，如图 7.4-17 所示。内力分析时，根据不同的工况可能发生的各种不利荷载组合进行计算，按内力包络图进行结构配筋。图 7.4-18 为德国埃姆斯河隧道管节在最深点处横断面弯矩及配筋情况。

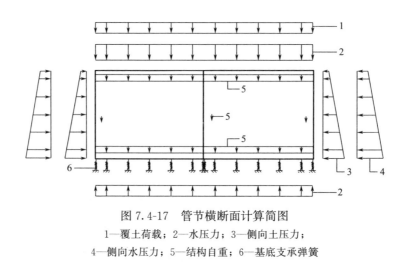

图 7.4-17 管节横断面计算简图
1—覆土荷载；2—水压力；3—侧向土压力；
4—侧向水压力；5—结构自重；6—基底支承弹簧

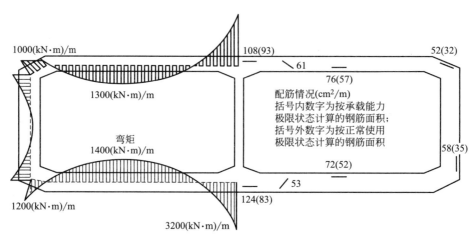

图 7.4-18 德国埃姆斯河隧道管节横断面弯矩及配筋示意图

对于管节宽度比较大的断面，在进行横断面内力计算时，宜考虑管底基础不均匀的情况。如日本东京港隧道管节断面为两孔三管廊，断面宽达37.4m。在进行横断面计算时，采用了单一基床系数与不同组合的基床系数分别进行计算。有如下四种基床系数分布假定，第一种沿管节底宽为单一基床系数（均匀分布），其他三种采用不同的基床系数并进行不同组合，如图7.4-19所示。

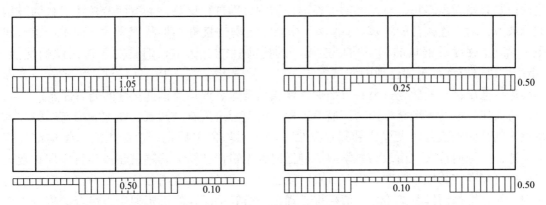

图7.4-19 日本东京港隧道管节横断面计算管底基床系数分布假定（10000kN/m³）

2）钢板混凝土管节

施工阶段，钢板在管节内部混凝土浇筑过程中作为外模和横向支撑体系，外侧抵抗水压力，内侧承受混凝土的重量，其须具有足够的强度、刚度和防水性能。在管节内部混凝土浇筑过程中，随着管节吃水深度的加大，作用在钢板上的水压力也在逐步增大。横断面计算中，一般将钢板的横肋视为独立闭合的钢架进行设计。一旦形成钢板混凝土组合结构，结构横向计算同钢筋混凝土管节。

日本在该领域研究较早，通过钢板混凝土组合结构的研究，优化结构尺寸，最终以桁架理论为基础，并依托神户港港岛隧道的建设，起草了《钢-凝土三明治构造设计指南》（以下简称《指南》）。结构示意详见图7.4-20、图7.4-21。

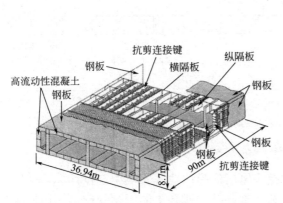

图7.4-20 那霸隧道沉管管节示意图

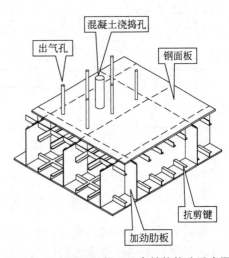

图7.4-21 钢板混凝土组合结构构造示意图

《指南》中对于结构抗弯计算，建议采用钢筋混凝土塑性配筋计算方法设计，此条件基于将钢结构比拟配筋,由于钢板纵向加劲良好,且通过设置的抗剪连接键将钢板和混凝土结构紧密粘结,这种计算方法相对保守;对于结构抗剪计算,基于桁架模型验算,建议分四种情况分别进行设计,分别为无纵横隔板结构、有纵无横隔板结构、有横无纵隔板结构和纵横均布置隔板结构,针对实际结构中多采用的纵横均布置隔板结构,《指南》中仅建议按照有横无纵隔板、有纵无横隔板两种结构分别进行计算,并取两者较大值作为结构的承载力;对于连接件的计算,《指南》中指出抗剪连接键的形状、尺寸、面外约束、间距、混凝土强度及钢板的钢材均对连接件的抗剪性能有影响,但是对于连接件的性能,《指南》建议应进行更加合理的测试方法。日本的学者在进一步的连接件研究中,一方面继续进行推出试验的验证,另一方面通过深梁桁架体系评估角钢连接件的受力性能。

目前建设中的深圳至中山跨江通道工程,沉管隧道具有"超长、超宽、变宽"等技术特点,因受制于工程建设规模和建设条件,其中水域段采用钢板混凝土组合结构沉管管节,这也是国内首次运用。为科学解决钢板混凝土组合结构沉管隧道在该项目应用和建设过程中可能存在的技术问题,借鉴日本、欧美等工程经验和成熟方法,目前正开展相应的研究工作,即采用模型试验、数值模拟、理论分析等手段,对钢板混凝土组合结构的抗弯承载性能、抗剪承载性能、抗剪连接件的作用机理以及正常使用极限状态和短暂状况下的应力状态进行分析,针对结构的各板件探究结构的合理构造,提出钢板混凝土组合结构的设计计算方法并评估结构的安全可靠性,形成适合于深中通道的钢板混凝土组合结构沉管隧道设计方法等,从而为钢板混凝土组合结构沉管隧道的顺利实施提供技术支撑。

(3) 管节纵向结构计算

1) 钢筋混凝土管节

施工阶段管节纵向受力分析,应根据管节结构形式、施工工艺、波浪力、水流力等因素进行计算;主要是计算管节在拖运、沉放、对接、基础处理期间由施工荷载所引起的管节纵向内力,可简化为简支梁模型,见图 7.4-22。通过对纵向内力分析,以确定适宜的吊点和水下临时支承点位置。对于受力状态复杂的施工工况宜采用三维有限元方法进行结构分析,见图 7.4-23。

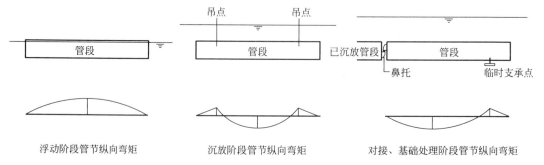

图 7.4-22 施工阶段管节纵向计算模型及弯矩示意图

运营阶段管节纵向结构分析可采用考虑接头刚度的弹性地基梁模型进行计算,采用弹簧系统代替原土层的支承作用,同时考虑管节底部基础和地基土的压缩变形,并用连接弹簧来模拟管节之间的柔性接头。沉降量计算中应考虑基底土先卸载再回填的效应及沉管基槽回淤对沉降量的影响。

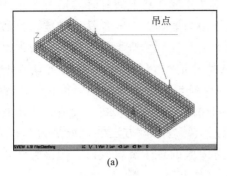
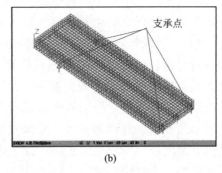

图 7.4-23 管节沉放阶段三维计算模型
(a) 管节沉放阶段计算模型；(b) 管节临时支承阶段计算模型

2) 钢板混凝土管节

施工阶段钢板混凝土管节纵向内力会因管节下水方式不同而不同，当采用在船台上纵向下水方式时，在钢板中部位置会产生较大弯矩，该部位顶面外板内会产生很大的压应力，须验算局部压屈，必要时进行结构补强；另外对于在管节沉放对接、基础处理时管节处于临时支承状态，作为临时支承部位，须确保其截面强度足以抵抗支点集中反力。当钢板在陆上制造、吊入水域时，尚需对起吊工况进行验算；为使钢板混凝土管节设计较为经济，须优化内部混凝土的浇筑顺序，使钢板内产生的应力尽可能小。

运营阶段纵向计算基本同钢筋混凝土管节，将钢板混凝土管节整体视为弹性地基梁进行设计。

(4) 管节抗震计算

美国旧金山市海湾快速轨道运输系统（BART）是第一座以地震波动理论为基础进行抗震设计的沉管隧道。该海湾隧道长 5.8km，设计为双线沉管，位于著名的 San Andreas 活断层附近，受大小不等的地震影响的可能性很大，因此制订了抗震设计标准。根据以前的地震记录资料，得到设计波谱、预期振幅包络线和波长，并以此为基础，然后再根据隧址处基床系数和沉管隧道自身的刚度计算沉管隧道本体的振幅和波长，从而算出因地震产生的内力和应力。在 BART 系统的沉管隧道中使用的是 HOUSNER 波谱，这个波谱是根据美国西海岸地震记录为基础绘制成的。其基本假定：隧道周围土的刚度比隧道本身的刚度大，故土在地震力作用下产生变形，将迫使隧道产生相同的变形；不考虑土与隧道之间的相互作用；对隧道结构的设计原则是要求隧道结构有足够的延性或变形能力来吸收由于地震作用而施加于其上的变形。

在日本东京港沉管隧道抗震设计中，质点-弹簧模型首次得到应用。该模型是田村重四郎和冈本舜三于 1976 年提出，主要是弥补 BART 系统沉管隧道抗震设计的不足，即 BART 系统的抗震设计方法只求出地震波传播时地震波特性不变情况下沉管隧道中产生的应力和应变，没有考虑到沿沉管隧道轴向地基的不均匀性，而使地震力可能产生变化的情况。此计算模型至今仍得到广泛的使用。其基本假定：围岩是由单一的表土层和其下方的坚硬基岩组成，其自振特性不受隧道存在的影响，表土层的剪切振动基本振型对隧道在地震中产生的应变起主导作用；隧道的自身惯性力对其动力性态的影响很小，分析中可不予考虑；隧道变形可根据围岩变形计算，并视隧道为一弹性地基梁。

目前我国共建的几条大型沉管隧道中，广州珠江隧道和上海外环隧道都曾采用简化方法进行过地震响应分析。简化方法将沉管隧道抽象为地基土中的弹性地基梁，地震时随地基土一起变形，沉管隧道和地基土被简化成一个由质量、弹簧和阻尼器所组成的动力体系进行地震响应分析。该方法首先对隧道周围的地基进行切片分析，计算各切片的自振特性，并根据其自振特性采用等效质量-弹簧系统来模拟，隧道用梁单元模拟，地基土切片模拟成等效质点，等效质点与梁单元和基岩之间通过弹簧相互联结，代表各段沉管管节的梁单元之间采用伸缩、剪切和扭转弹簧来模拟接头特性。该方法的特点是力学模式清晰、计算规模小、速度快，特别适用于设计方案比选阶段的总体抗震分析，但该方法无法得出接头细部构造的受力和变形情况。

沉管隧道作为浅埋水底隧道有必要进行总体抗震分析，以分析地震作用造成的沉管变形特别是接头部位的变形和应力水平。目前，国内已经开展了采用高性能计算机进行沉管隧道地震响应的三维数值模拟的研究，该方法对于计算的软硬件环境要求很高。

管节接头应能满足施工阶段和使用阶段的抗震设计要求，当采用柔性接头时，接头处应设置限制接头三向变位的构造措施，宜采用模型实验估计柔性接头在抗震时的抗震性能；当采用刚性接头时，应避免接头成为结构的薄弱点。

管节结构应按平面应变问题进行抗震设防烈度作用下的内力和变形析，并假定结构构件均基于弹性工作状态，分析时可根据结构特点采用等代荷载法（包括惯性力法和等代地震加速度法）或反应位移法计算横断面上的水平地震响应，计算结果应叠加上按相关规定所得的静力荷载计算结果。

采用惯性力法计算地震反应时，可按弹性地基上的平面框架结构计算水平地震作用的地震反应，计算简图如图 7.4-24 所示。图中 S_i 的计算式为：$S_i = k_c a_{max} m_i$，k_c 为修正系数，具体取值应根据实际土层条件、结构埋深和结构断面尺寸确定；a_{max} 为地面峰值加速度，与地震设防烈度有关；m_i 为与该结点相连各构件质量总和的一半；p_k 为地层水平分布抗力的最大值，可由沿水平方向作用的等代地震荷载的平衡条件确定；k 为地基土竖向基床系数。

采用等代地震加速度法计算地震反应时，侧向边界采用自由边界，宜取至离结构中心 5 倍结构宽度处；底部边界应采用固定边界，宜取至离地表至少 70m 深处。在纵向取单位厚度的结构及土体进行平面应变问题的结构受力分析。可按如图 7.4-25 所示的等代地震加速度分布规律确定等代地震荷载。图中 β 为修正系数，具体取值应根据实际土层条件、结构埋深和结构断面尺寸确定。

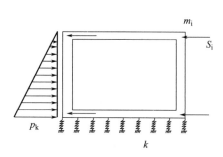

图 7.4-24　惯性力法计算简图

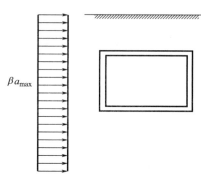

图 7.4-25　等代地震加速度法计算简图

5. 基础处理

管节基础处理方式应综合考虑管节结构选型、工程地质条件、通航情况、施工工艺等因素确定。一般按其材料和充填作业工序可大致分为先铺法和后铺法两大类。从基础处理的发展趋势来看，管节基础处理主要有刮铺法、喷砂法、砂流法（灌砂法）和注浆法四种。欧洲传统上习惯采用喷砂法和砂流法，美国大多数采用刮铺法，而压浆法在日本采用最多。目前国内内陆地区各条隧道所采用的基础处理形式见表7.4-7所示。

管节基底处于淤泥、淤泥质土、冲填土、液化土或其他高压缩性土层及软弱下卧层时，应综合分析采用合理的结构措施和地基处理方法。

国内已建沉管隧道基础形式一览表　　　　　　表7.4-7

隧道	基础形式	基础厚度
宁波甬江隧道	注浆法	—
广州珠江隧道	砂流法基础	600mm
宁波常洪隧道	桩基础	—
上海外环隧道	灌砂法基础	600mm
广州生物岛隧道	灌砂法基础	600mm
广州大学城隧道	灌砂法基础	600mm
舟山沈家门港海底隧道	注浆法基础	600mm 碎石＋400mm 砂浆混合垫层
天津海河隧道	注浆法基础	600mm 碎石＋400mm 砂浆混合垫层
广州洲头咀隧道	灌砂法基础	1000mm
佛山东平隧道	灌砂法基础	600mm
南昌红谷隧道	灌砂法基础	600mm

（1）先铺法基础

先铺法又多称刮铺法，即在已开挖好的基槽底面，沿隧道纵坡均匀地铺上级配碎石，管节直接搁置在碎石基础上。按其铺设材料的不同，可分为刮砂法与刮石法。

以韩国釜山隧道基础铺设为例，管节基床设计宽31.66m，厚1.5m，基床结构采用横向垄沟碎石基床，垄顶宽1.6m，垄沟宽1m，垄中心间距2.6m，见图7.4-26。采用整平船作为碎石基床铺设施工专用船舶，以实现对整平定位、碎石输送系统的控制、下料管升降的控制、整平刮刀的高程调节、整平台车纵横向移动的控制、水下高程动态定位、下料管料位的控制、碎石铺设的同步质量检测等铺设施工作业的自动化、一体化管理。整平船主要性能见表7.4-8。釜山隧道标准段管节碎石垫层长180m，分为12个船位进行铺设，见图7.4-27。单个船位碎石垫层整平工艺流程如下：整平船移船定位→整平船插桩抬升→作业参数校准→抛石管定位→供料船定位供料→碎石垫层铺设→成形测量验收→进入下一船位。

碎石垄沟基床采用平台式整平船整平，抛石管底部的方形整平头整平后的设计宽度是1.6m，整平长度可达34m，满足整平范围要求。整平时抛石管从一条垄的起点开始定位，皮带机向抛石管供料5～10m的高度后，大车带抛石管横向移动，碎石从管底排出、并整平成型，皮带机保持供料，抛石管不断移向终点，到垄的终点后，抛石管沿大台车纵向移

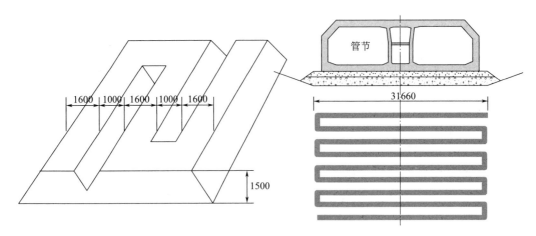

图 7.4-26 碎石垫层结构（单位：mm）

动 2.6m，进入下条垄的位置，调整垄的高程，开始整平下条垄，不断重复上述过程，完成一个船位的整平。

整平船主要性能表　　　　　　　　　　　　　　　　　表 7.4-8

石料粒径(mm)	20～75
一次最大碎石铺设厚度(m)	1.5
设计铺设速度(m/min)	0.1～2.5
铺设作业最大水深(m)	50
铺设面积(m^2)	34m×15.6m=530.4
铺设精度(mm)	±40

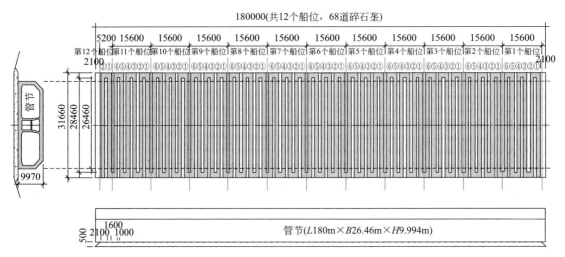

图 7.4-27 基础抛石平面、断面及纵断面（单位：mm）

（2）后铺法基础

后铺法的基本工序：在管节沉放对接完成后，用适当的材料在管底与基槽之间进行充填，从而形成永久性的均匀、连续基础。

1) 喷砂法

喷砂法主要是将砂水混合物通过设在管节顶部、可移动台架上的砂泵，从管节侧面喷入管底与基槽的空隙中，形成一定厚度的砂垫层。

喷砂前管节搁置在临时支承上，通过喷砂台架向管节底部和基槽面之间的空隙喷射。见图7.4-28。喷砂管组由3根钢管组成，中间为喷砂管，两侧为吸水管。作业时将喷砂管伸入基底，并作扇状旋转、前进，将砂水混合物经喷管喷入管节底部的空隙进行填充，同时由两根吸水管进行抽吸回水，并根据回水中含砂量来测定砂垫层的密实度。

这种方法在欧洲用得较多。例如：荷兰比荷卢隧道，法国巴斯蒂亚旧港隧道，丹麦古尔堡隧道等。

2) 砂流法

砂流法为通过管节底部的预留孔向基底注砂的施工工法，见图7.4-29。砂水混合物在空隙中向各个方向流动，直至流速下降，形成环形砂丘，中部凹陷。随着砂水混合物体积的增大，砂丘的外侧斜坡逐渐向外扩充，砂层也逐渐增高，并与管节底面接触。继续注砂时，砂流会向四壁扩散，直至凹陷部分被填满。在施工过程中为保持砂水混合物的流动，压力要适时变化，凹陷部分的水压必须高于砂丘周围的水压。

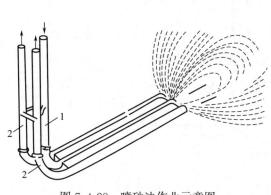

图7.4-28 喷砂法作业示意图
1—喷（砂）管；2—（回）吸管

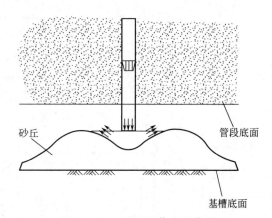

图7.4-29 砂流法作业示意图

砂流法在荷兰弗拉克隧道中首次应用，在以后的诸多隧道，如荷兰德雷赫特河隧道、日本东京港第二航路隧道等都已采用。

砂流法根据其具体施工工艺，可再细分为体外灌砂法和体内灌砂法或压砂法，欧洲一般采用体内灌砂法居多，仅在结构底板预埋管，且多沿用砂流法的叫法。而国内多采用体外灌砂法，根据《沉管法隧道施工与质量验收规范》GB 51201—2016和《沉管法隧道设计标准》GB/T 51318—2019中灌砂法定义：通过管节侧墙、底板等结构预埋管压注砂（或砂与水泥熟料）充填管节底板与基槽之间空隙形成基础垫层的方法，统称为灌砂法。

3) 灌砂法

灌砂法主要是在管节沉放对接完毕后，从水面上通过砂泵将砂、水泥熟料、水混合物由管节内预埋的灌砂管灌入管底与基槽之间的空隙，见图7.4-30。砂积盘的半径受到设备、材料与管路布置等多方面的牵制。在灌砂管口部配有钢法兰以便和灌砂作业船送料管相连，同时需设计保护墩以免在管节拖运、沉放期间对其造成损坏。这种工法目前在国内运用较多，如上海外环隧道、广州生物岛隧道、广州大学城隧道、南昌红谷隧道等。

4）注浆法

在基槽开挖清淤后，先铺设一层 40~60cm 厚的碎石，进行整平作业。在管节沉放对接后，沿着管节两侧进行锁定回填，然后从隧道内部，用注浆设备，通过预埋在管节底板上的注浆孔向管节底部空隙进行注浆，见图 7.4-31。注浆所用的混合砂浆由水泥、砂或膨润土等配成。

工程实例：法国巴黎地铁隧道、宁波甬江隧道、天津海河隧道等。

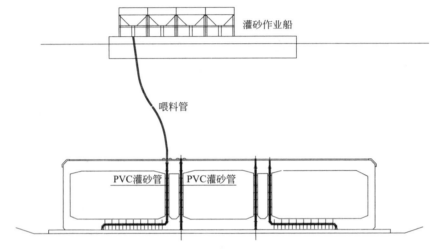

图 7.4-30 灌砂法作业示意图

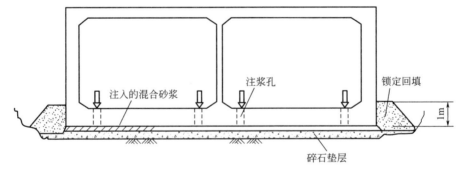

图 7.4-31 注浆法作业示意图

（3）桩基础

桩基础主要用来作为管节的基础，它不需对基槽底面作整平工作。它的作业工序可大致分为如下两个步骤：在管节沉放之前做好永久性支承的基础；在管节沉放对接完毕后，进行基础与管节的最终连接工作。

在沉管隧道中采用桩基时，为了保证所有桩均与管节底部接触，须采取一些必要的措施，在各国水底隧道中所采用过的主要方法有以下 3 种：

1）水下混凝土传力法：桩基打好后，先浇筑一、二层水下混凝土，将桩顶裹住。然后在其上刮砂或刮石垫层,使隧道荷载经砂石垫层和水下混凝土层传到桩基上。

2)灌囊传力法:在管节底部和桩基顶部之间设橡胶囊袋,向囊袋内灌填砂浆,并根据空隙情况调节砂浆量,以保证管节底与桩顶有良好的接触。工程实例:瑞典廷斯泰德隧道、宁波常洪隧道等。

3)活动桩顶法:在混凝土桩端设有一个可以与桩身脱开的预制混凝土活动桩顶,桩端与活动桩顶之间由桩顶囊袋和导向管连接,见图7.4-32。在管节沉放完毕后,向桩顶囊袋中灌注水泥砂浆,将活动桩顶顶升,使其与管节底部密贴接触。在砂浆强度达到要求后,卸除千斤顶,从而形成永久性的支承。工程实例:荷兰泽比格隧道与库尔哈文隧道。

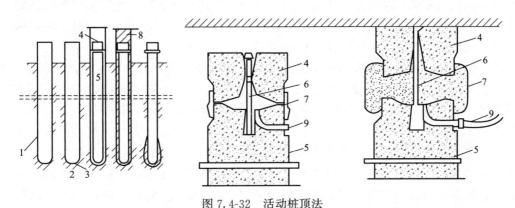

图 7.4-32 活动桩顶法
1—钢套管;2—钢靴子;3—水泥浆;4—活动桩顶;5—预制混凝土桩;
6—导向管;7—囊袋;8—灌水;9—压浆管

6. 基槽开挖与回填

(1) 基槽开挖

基槽断面形式及基槽开挖方式应根据隧址的工程地质、水文地质、河道水文、生态环境、隧道断面和埋深等条件综合确定。基槽边坡宜通过稳定性验算或成槽试验确定,在缺乏资料的情况下,各类地层的设计水下边坡可采用现行行业标准《疏浚工程技术规范》JTJ 319 第 4.3.3 条规定选取。基槽施工时应根据不同的开挖设备选择合理的超挖值,超挖值可采用现行行业标准《疏浚工程技术规范》JTJ 319 规定选取,但不宜超过 0.5m。对于岩层的基槽开挖,可经过爆破或凿岩处理后再进行清挖,水下爆破可按现行标准《爆破安全规程》GB 6722 和《水运工程爆破技术规范》JTS 204 的规定执行。

基槽开挖应达到设计基槽几何尺寸要求,保证管节底面和基槽底之间的距离,不得留有浅点;同时需确保基槽底边距管节边单侧宽 2~3m。基槽边坡应有足够的稳定安全度,应综合基槽开挖深度、基槽开挖宽度、水流等情况考虑,一般边坡坡度可参照表 7.4-9 所示。基槽边坡的开挖,通常按台阶式进行,每层挖深随作业船的种类、地质情况、水流等条件而变化,一般在 2~3m;应采取措施防止坡面上的淤泥滑入槽底。管节沉放前,应采取可靠措施清除沉放区域槽底的淤泥,不得破坏槽底原状土。

管节沉放前,应对基槽底回淤情况进行检查。基槽底回淤沉积物重度大于 $11kN/m^3$,且厚度大于 0.3m 时应清淤。

各类土质设计的水下边坡　　　　　　　表 7.4-9

土质类别	坡比	土质类别	坡比
基岩	1:0.2～1:1.0	中等几软黏土	1:3.0～1:5.0
块石	1:1.0～1:1.5	密实及中密实砂土	1:3.0～1:5.0
弱胶结碎石	1:1.5～1:2.5	松散几松散砂土	1:5.0～1:10
卵石	1:2.5～1:3.0	很软淤泥	1:5.0～1:10
坚硬及硬黏土	1:2.0～1:3.0	流态淤泥	1:20～1:50

（2）管节的回填、覆盖

管节沉放后基槽应及时回填覆盖，回填应分层分段对称进行，回填选用级配良好、透水性强、不液化、对隧道耐久性无危害的材料。管节沉放对接完成后，应根据基础形式及时进行锁定回填。管顶保护层应满足抗冲刷要求。

管节的回填、覆盖由管节两侧锁定抛石、一般基槽回填和面层抛石覆盖三部分组成。管节沉放完毕后，即进行管节的锁定回填，锁定的位置为管节两侧距管底 3m 的范围内，采用粒径 1.5～5cm 的石料。在管节顶部设置 1.5m 厚的覆盖层，覆盖层下半部 0.5m 厚回填重量 10～50kg 的石料，上半部为 1m 厚重量 100～200kg 的石料。覆盖层有三方面的作用：为管节提供足够的抗浮安全系数；颗粒重量比较大的石料可以保护其以下的回填材料不受水力冲刷；在走锚等意外情况下，能为管节结构提供足够的保护。在管顶两侧 15m 处的顶部覆盖层位置还设有 5m 宽防锚带，采用 200～500kg 的石块抛物填，可以保护管节免受可能的拖锚影响，参见图 7.4-33。

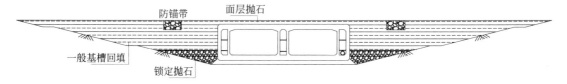

图 7.4-33　管节回填覆盖示意图

7.4.5　细部构造

1. 管节间接头

管节接头间宜采用柔性接头，接头由 GINA 橡胶止水带和 OMEGA 橡胶止水带构成两道止水措施，并设置限制接头变位的构造措施。

管节的接头型式有一般可分为刚性接头和柔性接头两类，参见图 7.4-34。刚性接头在管节接头部位钢筋全部连通，并设有加强钢板，其刚度与管节本体刚度相接近。柔性接头则允许管节接头的转动和变位，在接头承受拉力和剪力的同时，仍能保证接头的水密性。

（1）GINA 橡胶止水带

根据实际工况条件，管节制作、沉放、对接 GINA 橡胶止水带压缩后，会产生一定的轴向位移量，设计中应研究分析以下 6 个变值的取择：温度变化（既要考虑浇筑与应用的温差、还要考虑运营阶段管内外的温差），混凝土收缩量（由收缩位移公式计算得出），端面平整度误差（由加工精度确定），管节基础沉降变化、地震引起的管节接头张开量（根

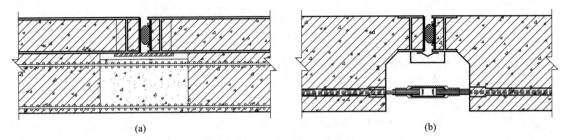

图 7.4-34 管节刚性、柔性接头构造示意图
(a) 刚性接头；(b) 柔性接头

据施工地点的地质条件、基础处理方法及管节横断面的大小、抗震设防烈度确定数值），长期受压状态下 GINA 的应力松弛量。

GINA 橡胶止水带主要采用卡箍固定方式或穿孔固定方式。卡箍式方法即采用焊接于端钢壳上的压块和压板，卡住安装到位的 GINA 橡胶止水带两侧的凸缘，起到固定就位的作用，见图 7.4-35。优点是 GINA 橡胶止水带安装便利。穿孔式方法即在 GINA 橡胶止水

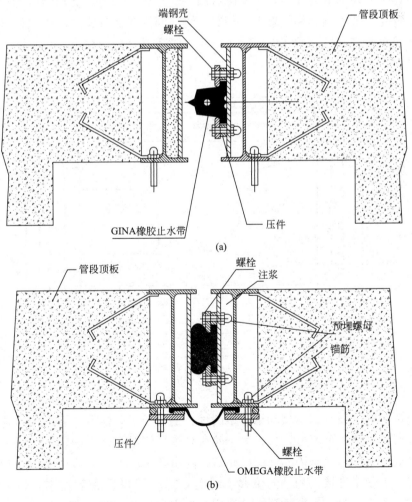

图 7.4-35 GINA 橡胶止水带与 OMEGA 橡胶止水带
(a) GINA 橡胶止水带压缩前；(b) GINA 橡胶止水带压缩后

带生产过程中,于其两侧凸缘间隔一定距离预留螺孔,安装时螺栓穿过凸缘,最后固定于端钢壳上。其优点是止水带固定牢固,不易脱落;但安装时,螺孔对位精度要求较高,施工不便,且需在 GINA 止水带凸缘上开孔,对止水带本体略有影响。

(2) OMEGA 橡胶止水带

OMEGA 止水带应与 GINA 止水带相匹配,应根据管节接头所承受的水压、三向位移的估算值、抗老化等要求确定 OMEGA 橡胶止水带的断面尺寸;OMEGA 橡胶止水带的材质宜为丁苯橡胶。OMEGA 止水带安装后须进行检漏测试。检漏标准为:在接头底面最大水压加 5m 安全水压下,止水带不渗漏。

(3) 剪切键

管节剪切键可分为两种:水平剪切键和垂直剪切键,见图 7.4-36。

水平剪切键主要承受地震所引起的水平剪切力,设置在管节压舱混凝土层中。在浇筑水平剪切键之前,先要进行 OMEGA 橡胶止水带的安装、管节接头钢拉索连接、接头盖板的施工等作业。

垂直剪切键主要承受管节不均匀沉降所产生的垂直剪切力。剪切键分为上、中、下剪切键,可设置在管节中隔墙和侧墙上。在剪切键之间设置橡胶支座,以允许管节发生轻微的转动,橡胶支座应尽可能的在回填覆盖完毕、管节沉降趋于稳定后再安装,以使剪切键中的初始锁定荷载最小。

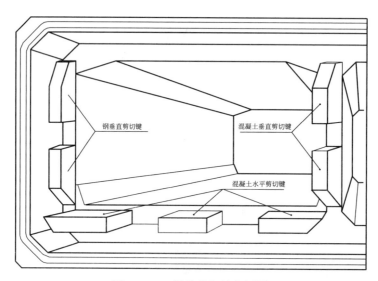

图 7.4-36 管节剪切键布置图

(4) 纵向限位装置

纵向限位构造主要有钢索型和钢板型两种。钢索型仅对地震产生的轴向拉力起一个限位作用,其柔性比钢板型要好,如日本千叶线台场沉管隧道,多摩川、川琦沉管隧道等管节结构都用此连接构造。国内已建的广州珠江隧道和宁波甬江隧道都采用 Ω 型钢板作为纵向限位装置,以使柔性接头的轴向位移不超出 GINA 带和 Ω 橡胶止水带在保持水密性时的最大允许位移量,日本东京港沉管隧道中亦采用 Ω 型钢板纵向限位装置。

上海外环隧道管节柔性接头内采用的预应力钢拉索是我国沉管隧道建设中首次采用钢

索型的抗震限位装置。拉索主要由一对索和连接套筒组成，索体由高强度低松弛钢绞线构成，索体两端为固定端锚环和 P 锚挤压头，两侧的索体通过中间的一对定位套环实现和连接套筒的连接，见图 7.4-37。

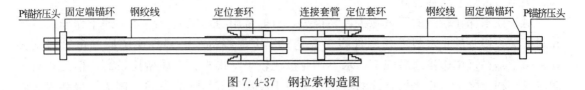

图 7.4-37　钢拉索构造图

2. 管节节段接头

港珠澳大桥主体工程沉管隧道工程全长 6766m，其中沉管段长 5664m，共设 33 节管节，管节标准长度 180m。每节管节分为 8 个节段，节段长度 22.5m，其对应的混凝土方量全断面一次性浇筑，以减少混凝土早期裂缝和缩减管节制作周期。因每节管节由若干个预制节段拼接而成，节段与节段之间形成的节段接头构造需同时满足受力、防水、防火要求。

节段接头中设置了能够抵抗水平向和竖直向错动、扭转的混凝土剪切键榫槽构造，即在顶板、底板相应位置布设水平剪切键、在侧墙、中墙相应位置布设竖向剪切键，如图 7.4-38 所示。剪切键的承载能力需同时满足施工阶段与运营阶段的受力要求。为满足管节浮运沉放施工要求，拼接的节段之间采用纵向临时预应力连接。如图 7.4-39 所示。

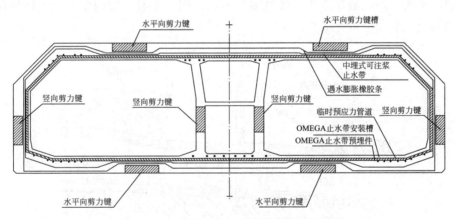

图 7.4-38　节段接头一般构造横断面布置图

节段接头沿四周布置有中埋式橡胶止水带和 OMEGA 橡胶止水带，以保证在节段接头有较小张开时仍能防水；为避免运营时火灾对节段接头混凝土结构及止水带的损坏，待管节沉放到位后，在节段接头范围需布置相应的防火构造，此防火构造应能适应节段接头沿纵向的伸缩变形。

3. 最终接头

最终接头的位置和构造形式可根据建设条件和施工条件合理选择，所谓最终接头即在沉放完最后一节管节后，其与相邻管节或岸边段结构之间的接缝。当

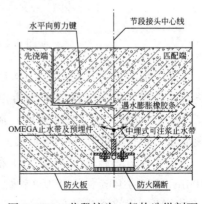

图 7.4-39　节段接头一般构造纵剖面

采用现浇最终接头与相邻管节或者岸边段刚性连接时，最终接头长度不宜小于2.5m。

最终接头的位置、构造和施工方法的选择，涉及多方面的因素。按施工方法划分，可分为岸上最终接头和水下最终接头。水下最终接头又可分为水下混凝土方式、止水板方式、V型（楔形）块体方式。

对于在水深比较浅的区域施工最终接头，目前常用的是岸上最终接头的干作施工方式和水下最终接头的止水板方式两种施工工艺。岸上最终接头一般在岸边段与沉管段交接处，由于是在近岸边排水后施工，水下作业量比较小，接头施工质量比较高，但是相对工期较长；相比之下，止水板方式的最终接头由于设在管节与管节之间，避免了最终接头施工和沉放工艺、岸边施工工期之间的矛盾，可以尽可能地缩短建设周期，但其需要大量潜水作业，不可预见因素较多，且管节顶板混凝土浇筑不易、最终接头范围内清淤和基础处理不易。

岸上最终接头工程实例：英国梅德伟隧道，沉管段总长度370m，由两节126m和一节118m管组成，管节高度9.15m，管节宽度25.1m。最终接头为最后一节管节与相邻暗埋段结构之间1m长的区间。待最后一节管节沉放完毕后，在管节顶部设置临时防汛墙（该防汛墙为预制结构），并在防汛墙侧面设置临时钢支撑以确保防汛墙的稳定。在管节和围堰两侧均设置了钢板墙，钢板墙和围堰、管节之间均设有橡胶垫，以限制其可能产生的侧向变形。橡胶垫均设计为可快速安装型，以确保在施工期间河水不至渗入围堰内。然后抽除围堰内滞水，浇筑最终接头，参见图7.4-40、图7.4-41。国内宁波常洪隧道和天津海河隧道均采用了的岸上最终接头。

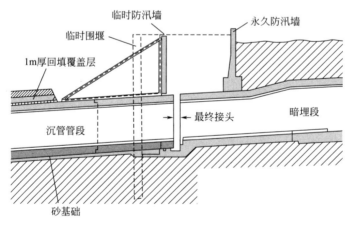

图7.4-40 梅德伟隧道最终接头示意图

水下混凝土方式施工最终接头，多用于早期的钢板混凝土管节。早期的钢板管节在最终接头位置，纵向往往处理为等刚度的结构形式。如美国旧金山巴特隧道最终接头，如图7.4-42所示。由管节端封墙、周边封板形成一个封闭的区域，然后通过导管水下浇筑混凝土，形成最终接头，此类接头也常称为导管混凝土接头。

止水板方式施工最终接头工程实例：上海外环隧道，沉管段总长度736m，由2节100m、1节104m和4节108m管节组成，管节高度9.55m，管节宽度43m。根据管节的沉放次序，最终接头的位置设在E6管节内，将E6（108m）划分为三段：E6-1（102m）、

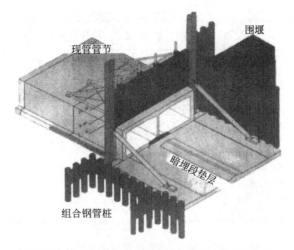

图 7.4-41 梅德伟隧道最终接头纵剖面示意图

E6-2（3.5m）和现浇段（2.5m）。在干坞内施工 E5 管节的同时施工 E6-2 段，在管节制作完成后，将 E6-2 段与 E5 管节用通过预应力拉杆拉接在一起（图 7.4-43），使 E5 管节和 E6-2 段之间的 GINA 橡胶止水带压缩，然后进行 E5 管节和 E6-2 段之间钢拉索的连接作业。在 E5 沉放就位后，在 E6-2 和 E6-1 段最终接头之间架设临时支撑，安装临时止水板，再抽去最终接头间的水，拆除端钢封门，连接最终接头之间的钢筋，浇筑混凝土。继上海外环隧道后，广州生物岛隧道、大学城隧道、洲头咀隧道均成功运用了止水板方式最终接头。

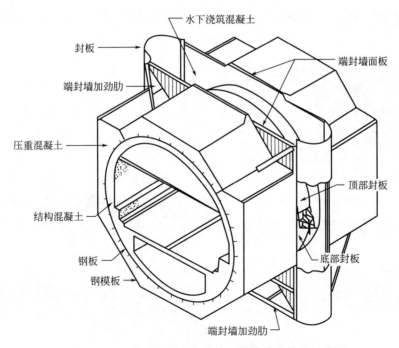

图 7.4-42 水下混凝土方式施工最终接头作业示意图

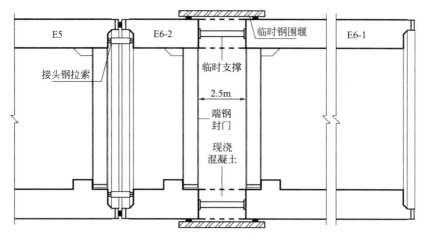

图 7.4-43　外环隧道最终接头作业示意图

V 型块体方式是日本五洋建设开发的最终接头的施工方法，该方式成功地用于日本大阪南港隧道、衣浦隧道等沉管工程的施工。V 型块体方式的原理如图 7.4-44 所示。该方式是将 V 型块体插入沉管隧道最终连接部位，利用块体自重和楔形水力压接原理即 V 型块体顶底面的水压力差，使预设在已沉管段端面上的 GINA 止水带充分压缩，实现完全防水效果，为完成最终接头提供干施工条件。在日本已有的工程案例中，V 型块体采用钢板混凝土结构，V 型块体的上倒角度为 15°，其基本构造见图 7.4-45。V 型块体与已沉管段端面上 GINA 止水带的初始压接依靠 V 型接头的自重来完成，因此 V 型接头的自重在设计时需要考虑初始压接荷载的要求。初始压接完成后，需通过对最终接头内腔水压的监测对初始压接的密封效果进行确认，再通过控制最终接头内腔排水，完成水力压接。

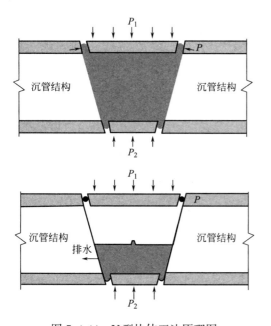

图 7.4-44　V 型块体工法原理图

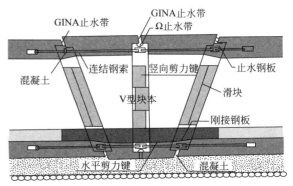

图 7.4-45　V 型块体基本构造

4.横向施工缝

对于混凝土管节，在施工期间由于内外侧混凝土存在温差，沿管节纵向可能产生较大的拉应力而导致混凝土开裂；另外不均匀沉降等因素的影响也会导致管节开裂，这些裂缝对管节的防水极其不利，因此一般采取垂直于管节轴线方向设横向施工缝，把每一节管节分割成若干管节，横向施工缝的间距取15~20m为宜，如图7.4-46所示；施工缝（后浇带）的作用主要是用来连接各个浇筑的混凝土管节，在一定程度上消除差异沉降、由温差和收缩所造成的变形。

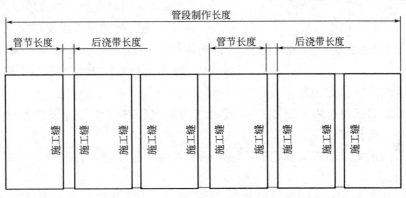

图7.4-46 管节施工缝布置示意图

横向施工缝防水措施：接缝面应凿毛并涂水泥基渗透结晶型防水涂料；缝中设置单组份聚氨酯膨胀密封胶和中埋式止水带（图7.4-47），中埋式止水带于顶板、底板、侧墙中兜绕形成封闭圈，并可结合采用预埋式注浆管；中埋式止水带设置时，应先用细铁丝固定于专门的钢筋夹或主筋上，形成盆形（止水带与水平夹角为15~20℃），以避免止水带下形成气泡；混凝土浇捣前应检查止水带是否破损，对破损处应立即修补，止水带中心线宜与施工缝中心线相重合。

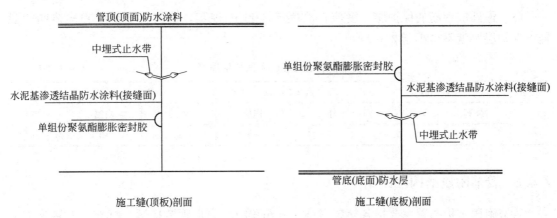

图7.4-47 管节施工缝防水构造示意

图7.4-48所示的是一种改进型中埋式止水带，在止水带两侧设有钢管，在混凝土凝固后，通过钢管可将水泥浆液注入混凝土内部，填满中埋式止水带与周边混凝土之间可能的间隙，以确保施工缝的止水效果。

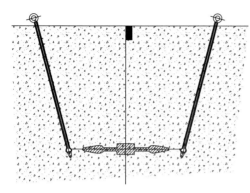

图 7.4-48 改进型中埋式止水带

5. 其他构造要求

(1) 端钢壳的安装误差和端面平整度应根据管节对接控制精度、轴线偏差等因素综合考虑，端钢壳端面平整度宜满足下列要求：

1) 面不平整度小于 3.0mm，每延米内面不平整度小于 1.0mm；
2) 横向垂直度小于 0.02%；
3) 竖向倾斜度小于 0.02%。

(2) 垂直剪切键所承受的垂直剪力宜根据相邻管节荷载、基础差异最不利工况计算确定，水平剪切键所承受的总水平剪力宜根据地震工况下产生的水平剪力确定。

(3) 管节端封墙可选用混凝土结构或钢结构形式，端封墙上宜设置水密门、进排水管、进气管和电缆孔等。

(4) 管节内压舱水箱宜根据管节重心靠侧墙对称分舱设置，容积应能为施工阶段提供足够的负浮力。

(5) 管节顶部人孔井应按每节管节 1~2 处设置，人孔井可与管节顶部测量塔合建。

(6) 管节顶部舾装设施的布置应能满足管节拖运、沉放、对接施工工艺的要求。

(7) 管节结构制作精度宜符合表 7.4-10 的规定。

管节结构制作精度　　　　　表 7.4-10

尺寸允差	内孔净宽(mm)	内孔净高(mm)	板厚(mm)		管节宽度(mm)	管节高度(mm)	管节长度(mm)
			顶底板	侧墙			
	0~+10	0~+5	0~-5	0~-10	+10~-10	+5~-5	+30~-30

(8) 最外层钢筋的保护层厚度应符合表 7.4-11 的规定，箍筋、分布筋和构造筋的混凝土保护层厚度不得小于 25mm。

最外层钢筋的混凝土保护层厚度　　　　　表 7.4-11

位置	顶板(mm)		底板(mm)		外墙(mm)		内墙(mm)
保护层厚度	外侧	内侧	外侧	内侧	外侧	内侧	
	50	40	50	40	50	40	30

7.4.6 管节附属结构设计

管节附属结构布置主要指各舾装设施，其布置应能满足管节拖运、沉放、对接施工工艺的要求，参见图 7.4-49、图 7.4-50。管节端封墙、系缆桩、测量塔、拉合座、吊点、鼻托、压载水舱及临时支承系统等舾装件，应根据受力特点和使用要求进行结构强度、变形及稳定性分析。

(1) 端封墙

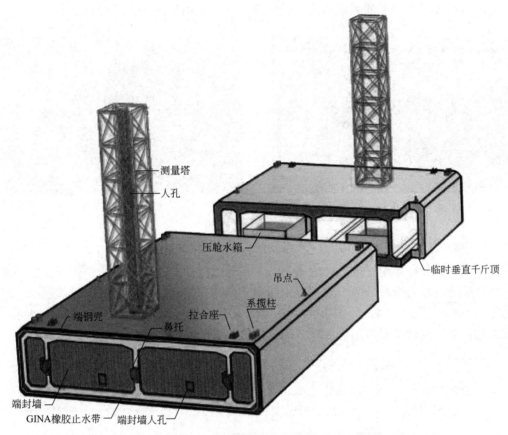

图 7.4-49 管节附属结构（舾装设备）示意图

图 7.4-50 管节附属结构（舾装设备）现场全景

管节浮运、沉放时密封管节端部的临时性结构。管节端封墙可选用钢端封墙（图 7.4-51）或混凝土端封墙两种形式。端封墙主要由钢面板或混凝土面板、型钢、枕梁、钢牛腿等组成。端封墙上宜（图 7.4-52）设置水密门、进排水管、进气管和电缆孔等。端封墙应根据施工期最不利工况条件下的梁板结构进行计算,并应采用最高水位进行校核。

图 7.4-51 钢端封墙

图 7.4-52 混凝土端封墙

(2) 压舱水箱

为了调整管节在系泊、拖运时的平衡,并在管节沉放时提供足够的负浮力、管节就位后提供足够的抗浮安全系数而设置的压载设施。管节内压舱水箱宜靠管节侧墙分舱设置,参见图 7.4-53、图 7.4-54,容积应能为施工阶段提供足够的负浮力。压舱水箱的储水量 V 应能满足管节沉放就位后最不利工况下的稳定抗浮安全系数的要求。

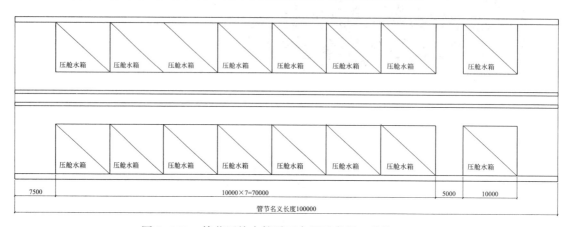

图 7.4-53 管节压舱水箱平面布置示意图(单位:mm)

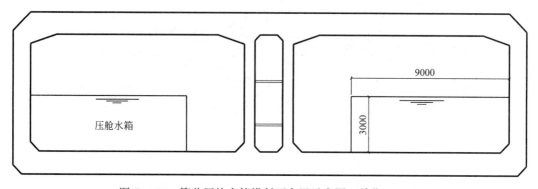

图 7.4-54 管节压舱水箱横断面布置示意图(单位:mm)

（3）临时支承系统

管节下沉就位后的临时支承方法，通常在对接端用鼻托，尾端采用垂直千斤顶来支承，也有全部采用垂直千斤顶的先例。

沉管管节在拉合对接及基础处理过程中，大多是依靠尾部的垂直千斤顶和对接端鼻托的支承，两者承载力应根据施工阶段最不利工况进行计算；鼻托应根据管节沉放、对接过程中最不利工况下的受力条件，按牛腿结构形式进行计算；当鼻托结合管节永久垂直剪切键设置时，尚应根据相邻管节基础处理最不利工况进行复核。

导向装置：在管节沉放对接时，通过装在鼻托间的导向装置可把对接的相邻管节横向误差控制在±10mm范围内。

（4）其他舾装设施

1）吊点、系缆柱

每节管节应设置四只吊点和六对系缆柱。吊点起吊力应按管节沉放过程中最不利工况下3个吊点进行计算。系缆柱可按水工模型试验确定的系缆力进行设计。

2）人孔与测量塔

人孔是管节沉放期间能进入管节的唯一通道。管顶人孔井应按每节管节1~2处设置，人孔井可与管顶测量塔合建。测量塔宜按空间体系进行结构整体分析，按浮运、沉放工况分别进行计算，塔顶水平变形不宜大于15mm。

3）拉合千斤顶

通过拉合千斤顶的拉合作业，使GINA橡胶止水带的鼻尖压缩，实现管节的初步止水。拉合座拉合力应根据选定GINA止水带的压缩曲线，按GINA止水带鼻尖压缩量达到初步止水效果时对应的压缩力进行计算。

7.4.7 干坞设计

干坞位置、规模及形式应结合周边环境、地质和航道条件、施工工期、工程造价、管节预制工艺等综合确定。根据干坞的具体形式，又可分为固定干坞、移动干坞及工厂化干坞。

1. 干坞规模及坞底标高的确定

干坞规模、设计方案的确定与管节的数量、施工总工期、坞址条件、沉管段施工流程、最终接头形式等密切相关。为此在设计方案中应对干坞的规模、形式作多方案的论证比选。

考虑到管节制作、舾装、浮运等要求，管节与管节、管节与坞底边之间横向间距、管节前端与坞底边之间纵向间距不宜小于15m。对于管节数量不多的隧道而言，干坞的规模以满足一次制作所有管节为宜。

在确定坞底标高时，根据管节规模、施工工艺、预计管节的出坞时间、历年水文统计资料等，出坞水位不宜低于70%的保证率；管节起浮后，管节底至坞底富裕水深不宜小于0.5m。

固定干坞坞底标高 h_a 可按式（7.4-17）确定：

$$h_a = H_0 - H + h - H_s \quad (7.4\text{-}17)$$

式中 H_0——管节出坞设计水位标高（m）；

H——管节总高度（m）；

h——管节干舷高度（m）；

H_s——管节底至坞底富裕水深（m）（不宜小于 0.5m）。

2. 干坞基底

管节制作过程中对地基的附加压力一般小于土体原始应力状态，因此除非下卧土层特别软弱，可不用考虑由于地层的承载能力不足而引起的沉降。为能保证管节起浮，坞底需设置一定厚度的砂层或碎石层作为管节的起浮层。目前坞底自上而下为通常采用的是：级配碎石、钢筋混凝土板、中粗砂倒滤层、级配碎石。

3. 基坑设计

（1）放坡开挖

干坞为管节制作临时场地，因此在周边环境条件允许的情况下，宜采用分级放坡开挖。干坞支护结构安全等级及控制标准可按现行行业标准《建筑基坑支护技术规程》JGJ 120 中的规定执行。干坞进行边坡稳定性分析时，可采用简单条分（瑞典法）进行计算。干坞边坡除应满足基坑施工期间边坡稳定要求外，尚应考虑干坞进、排水期间边坡的稳定性。

由于干坞的边坡暴露时间较长，坡面上需采取护坡措施：一般可在坡面上浇筑格形钢筋混凝土格梗，其内再浇筑钢筋混凝土护面并设泄水孔或浆砌块石护坡。

干坞需做好坞顶、坡面及坞底的防排水体系，保证排水畅通、坞底无积水。坡面上宜设纵、横向排水沟，将坡面汇水流入坞底的四周明沟，引入坞底集水井。

（2）支护开挖

当受周边建构筑物制约或地质条件不理想，干坞不具备放坡开挖条件时，也有采用支护开挖方式的先例，如佛山东平隧道，在干坞南侧采用钻孔桩＋挡土挡水帷幕＋锚索支护方案。

4. 施工监测和工程保护

干坞基坑开挖深度深，暴露时间较长，自开始施工至管节制作完毕，经历的时间较长，以后又将经历一次或多次进、放水过程，须确保干坞周边建构筑物的安全与干坞本身的稳定性；须对干坞进行监测，以便随时掌握干坞的稳定情况，主要监测项目有：坡顶地表沉降监测、水平位移监测、分层沉降监测、地下水位监测、孔隙水压力监测和基底回弹监测等。

5. 干坞发展趋势

（1）移动干坞

国内 2005 年开工建设的广州生物岛隧道，隧道全长 1109m，设计为双向四车道。由于受场地建设条件的限制，采用移动干坞进行管节的预制。移动干坞即在 16000 吨级的半潜驳船上依次完成隧道 4 节管节的预制，并利用半潜驳船实施拖航、浮运和二次舾装（图 7.4-55），再将其拖至江面预定位置下沉。这种移动干坞在国内尚属首次运用。对于管节规模较小、管节数量少的隧道项目较为适宜，具有节约工程造价、缩短工期、减少工程对周边环境影响等特点。

移动干坞选择的驳船应满足以下条件：

1）驳船的有效使用面积满足管节预制场地要求；

图 7.4-55　半潜驳船实施管节的浮运

2）驳船的载重量满足管节重量要求；
3）驳船的强度和刚度满足管节预制精度需要；
4）驳船应具有下潜功能，下潜深度应满足管节与驳船分离要求；
5）驳船在管节预制、拖航、下潜等全过程中应有足够的稳定性。

（2）工厂化干坞

2000 年竣工的厄勒海峡隧道，管节全长 3150m，管节数量达 20 节。为节约工期和控制管节浇注质量，承包商提出了一种全新的构想即工厂化干坞，工厂化干坞由深坞区、浅坞区、管节预制区、顶推作业区等构成。厄勒海峡隧道单节管节全长 175m，由 22m 长节段组成。在管节预制区，节段钢筋预先组装，节段全断面一次性浇注完成，在达到强度后，由千斤顶逐节顶推出至浅坞区区，以供下节节段浇注，直至整节管节完成。然后在坞内放水，将管节由浅坞区浮运至深坞区，进行舾装作业。见图 7.4-56。

图 7.4-56　丹麦厄勒海峡隧道工厂化干坞

7.4.8 护岸结构设计

采用沉管法建造过江、湖、海的隧道时,由于管节基槽开挖深度、宽度大,原有护岸结构不能满足施工阶段护岸结构要求,因此护岸结构也就成为沉管隧道设计关键技术难点之一,且其难度随管节尺寸、埋深增大而增大。

1. 一般要求

(1) 护岸结构型式应根据工程地质、水文条件、周边建(构)筑物、堤防等因素综合确定,宜与堤岸恢复工程结合设计。

(2) 护岸结构应根据基槽开挖边坡变化情况分段设计。

(3) 护岸结构临水侧设计水位应采用低水位。

(4) 护岸结构防洪、防渗及变形标准不应低于既有堤岸等级要求。

2. 工程实例

(1) 英国梅德韦隧道

英国梅德韦隧道是英国修建的第一座沉管隧道,为双向四车道公路隧道。管节高9.15m,宽25.8m,隧道埋深18.65m。隧道干坞设置在隧道轴线位置处(图7.4-57)。在坞口设置三个独立的重力式围堰,中间围堰可以拆除以形成管节的浮运通道。围堰由复合墙构成,内部填充砂。复合墙(图7.4-58)由重型钢管构成,其可以承受较高的地层土压力和水压力。在干坞端面由钢管桩构成的围堰可以通过现有的浮运设备施工安装。钢管桩直径达1.4m,桩中心间距2.6m;桩与桩之间用双层拉森钢板桩连接。

图 7.4-57 围堰示意图

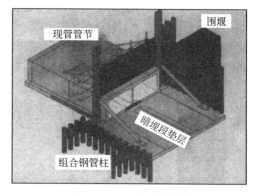

图 7.4-58 干坞鸟瞰图

(2) 荷兰马格丽特公主隧道

荷兰马格丽特公主隧道为双向四车道公路隧道,沉管段高8.0m,宽28.5m,隧道埋深14.35m。沉管管节的建造最终选在隧道暗埋段中进行(图7.4-59)。暗埋段采用大开挖作业方式,在运河与暗埋段交接处,沿河堤岸采用钢板桩与钢板桩相接的方式制作围堰。

(3) 日本东京港隧道

日本东京港隧道为双向六车道公路隧道,沉管段高8.80m,宽37.4m,隧道埋深23m。

隧道在大井侧的护岸结构布置主要取决于沉放管节时所需要的水上作业面积、管节基槽的开挖深度、周边地质条件、环境条件等因素,具体布置见图7.4-60(a):

1) 在北侧（东电侧）护岸主要采用钢管桩加地锚的形式；在隧道完成后，切断地锚，使得钢管桩成为自重式挡土结构，其设计断面如图 7.4-60（b）所示。

2) 在西侧护岸主要采用双排钢板桩的形式。双排钢板桩的结构计算由施工工况控制，其稳定性按照排桩法进行验算。

3) 在南侧护岸，由于施工场地较宽阔，故选用结构相对简单的钢板桩围护形式。施工阶段设有一道拉锚，待管节沉放后在护岸结构前按图 7.4-60（c）回填恢复。计算中采用圆弧滑动法验算其稳定性。其设计断面和地质条件如图 7.4-60（c）所示。

图 7.4-59　隧道暗埋段鸟瞰图

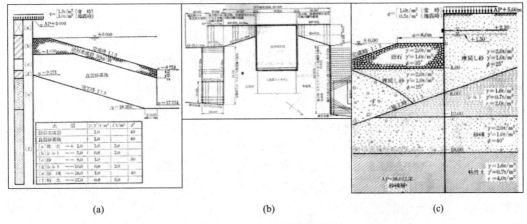

(a)　　　　　　　　　　(b)　　　　　　　　　　(c)

图 7.4-60　东京港隧道护岸结构
(a) 大井侧护岸结构布置图；(b) 北侧设计断面；(c) 南侧设计断面

（4）宁波常洪隧道

宁波常洪隧道为双向四车道公路隧道，其中沉管段高 8.45m，宽 22.8m，隧道埋深 23m。

由于 E1 管节江中基槽需要浚挖，因此必须采取护岸措施，防止堤岸破坏。由于江中浚挖从 E1 管节基底最深处 15.14m 始向隧道两侧各 65m 范围内放坡到 1m 深，因此在江北连接井两侧各 65m 范围内根据不同的浚挖深度，分别选用了双排灌注桩加搅拌桩止水帷幕和水泥搅拌桩重力式挡墙两种不同护岸结构。双排灌注桩选用了直径 1200mm、800mm 两种桩型，并在桩顶分别浇筑 1.3m、1.0m 厚的混凝土盖梁。同时，在护岸结构内侧进行地基加固，局部部位进行挖土卸载，在护岸结构外侧的江中浚挖底面下也进行了旋喷地基加固，以满足护岸结构的受力、变形、稳定和倾覆等一系列要求。

7.4.9 施工要求

1. 管节制作、舾装及检漏

（1）管节制作

管节浇筑分一般三阶段进行。管节制作时，横断面混凝土的浇筑按先底板、后中隔墙、再侧墙和顶板的顺序进行施工，见图7.4-61。从国内外的实践经验来看，随着施工技术的发展和工艺的成熟，管节分节长度一般为15～20m之间，最长的分节长度达25.5m。

图7.4-61 管节制作现场

1）裂缝产生的原因

混凝土产生裂缝的最主要原因是不均匀收缩，一般由以下三个因素引起：

① 干缩：在制作过程中，表面产生的细微裂缝；

② 外界气温的变化：在周围环境温度变化期间，管节侧墙、顶板和底板会产生温差；

③ 由于水化热所引起的温度变化。

在管节施工过程中，水化热可能引起两类问题：

① 管节底板、侧墙及顶板混凝土表面和中心部分之间的温度梯度会产生特征应力，热梯度通常会在表面产生早期的张拉特征应力，在中心部分产生压缩特征应力，但是一旦中心冷却下来，应力情况则反之。

② 管节制作过程中，混凝土的浇捣一般分为底板、中隔墙、顶板和侧墙三次浇捣。管节的底板在侧墙和顶板浇筑前硬化，侧墙和顶板一次浇筑没有施工缝。侧墙和顶板新浇筑混凝土的热变形受到底板的部分限制，在温度升高期间，由于膨胀受到限制，在侧墙和顶板和上产生压应力。一旦混凝土结构冷却下来，反向应力就会逐渐生成；最后随着混凝土逐渐硬化，其刚度增大，从而使侧墙底部永久受张力，而墙顶和顶板永久受压，从而在侧墙上产生裂缝。

2）防止混凝土开裂的措施

为降低水化热温升，延缓降温速率，减少混凝土收缩，控制裂缝开展，可采取如下措施：

① 优化混凝土配比设计（水化热、密度、可泵性、坍落度），可采取水化热较低的矿渣水泥；减小水灰比，尽可能用现拌混凝土；掺入粉煤灰和减水剂，延缓混凝土的降温速率；采用自然连续级配的粗骨料，增大粗骨料粒径；采用细度模数较大的细骨料，以中粗砂为宜，降低砂率；控制石、砂骨料的含泥量等措施。

② 控制混凝土出机温度和入模温度，降低混凝土的总温升，减少结构物的内外温差。

③ 分段浇筑管节，将管节分为15～20m一段分段浇筑，以释放大部分变形，削减温度收缩应力，减少约束力。

④ 改善约束条件：在底板下设置细砂，减少地基水平阻力系数，减少约束作用；控制侧墙混凝土浇筑时间与底板混凝土浇筑完的时间间歇，以减少底板混凝土对侧墙混凝土的约束作用。

⑤ 在侧墙中埋入冷却管，形成环路，冷却水通过墙体从底部流向顶部。

管节侧墙浇筑过程中采用冷却管冷却是一种较为广泛和有效的施工措施，即在侧墙混凝土中增设冷却管，用循环水冷却混凝土。其目的是使侧墙在底板和顶板之间获得一逐变的温度曲线。冷却的程度取决于冷却管的直径、长度及间距、冷却水的水温、流量、管节断面尺寸等因素。

⑥ 加强混凝土的养护，防止混凝土表面温度骤降。

⑦ 分层浇筑，以减少浇筑层高度的方法减小温度上升，并使浇筑体的温度分布均匀。

⑧ 在混凝土表面覆盖尼龙薄膜及麻袋保湿养护。

(2) 管节舾装

1) 管节一次舾装

管节一次舾装包括：

管节外部：GINA橡胶带、第一节测量塔、第一节人孔、吊点、拉合座、系缆柱、端封墙、人孔封门、导向装置、GINA橡胶带保护装置等；

管节内部：压载水箱、进气管和进、排水管路系统、电缆孔、管内临时照明系统、管内临时通风系统、部施工走道等。

2) 管节二次舾装

一般在管节起浮后在舾装区完成二次舾装，需根据先期测得的管节干舷值，同时结合二次舾装件的重量和位置，制定管顶保护层混凝土浇筑方案。管顶保护层混凝土的浇筑应遵循先调平、后均匀浇筑的原则，严禁无次序、超量浇筑混凝土。见图7.4-62。

图 7.4-62 完成舾装的管节

管节二次舾装件包括：

管节外部：测量塔（司令台、绞车、测量标志）、人孔、沉放设备等；

管节内部：垂直千斤顶、垂直千斤顶液压控制系统等。

(3) 管节检漏

管节在干坞内预制完成之后，在出坞前，必须进行全面的检漏工作。

其程序是先向干坞内灌水，其水位控制在管节不能起浮的范围内，初步检查管节下半部分结构及端封墙、人孔封门的防水性能；然后向管节内水箱加压载水，使管节稳定，同时检查水箱有无漏水；最后再向干坞内灌水至淹没整个管节，以全面检查各部位的防水性能。检漏结束后，将管节内水箱的压载水全部排出，管节试浮，并在干坞暂锚泊，等待出坞。

2. 管节浮运

管节浮运方式应根据项目的建设条件、自然条件，经技术经济比选确定。管节浮运方式有绞拖、浮船坞或驳船浮运、拖轮拖带等。浮运条件复杂时，应进行管节拖航阻力试验研究。沉放条件复杂时，应进行管节沉放试验研究。

应对浮运区域的水文、气象等历史资料进行分析，结合潮位、水深、水流速度、水重度、风速、波高的监测成果，评估确定管节浮运的作业窗口期。浮运前应进行管节稳定性和主缆受力数值模拟分析计算，水文条件复杂时时应进行物理模型试验。

(1) 管节浮运阶段宜符合下列规定：

1) 管节干舷大于100mm；

2) 能见度大于1000m；

3) 水流流速小于1.0m/s；

4) 管节浮运速度小于1.0m/s；

5) 浪高小于0.6m；

6) 风速小于10m/s。

浮运航道宜利用现有航道。浮运航道如有弯道，应根据管节长度、管节迎水面积、拖航模式、拖航速度等参数确定最小转弯半径。

(2) 浮运航道宜符合下列规定：

1) 管节浮运航道设计中最小通航水深 H_t 宜符合下式要求：

$$H_t \geqslant H - h_g + h_s \tag{7.4-18}$$

式中 H——管节外包高度（m）；

h_g——管节干舷高度（m）；

h_s——安全距离（m）。

2) 管节浮运航道宽度应根据管节水动力性能、浮运方案、水流、风浪等条件确定。

3) 采用移动干坞时，浮运航道设计中最小通航水深 H_t 宜符合下式要求：

$$H_t \geqslant h_y + h_s \tag{7.4-19}$$

式中 h_y——移动干坞浮运管节时最大吃水深度（m）；

h_s——安全距离（m）。

4) 在内河和湖泊中，管节浮运时底板与航道底部安全距离 h_s 不宜小于0.5m。

5) 在海洋环境下，管节浮运过程中底板与航道底部安全距离 h_s 不宜小于1.0m。

6) 浮运航道为临时工程时，应结合管节的尺寸和浮运方案进行专项设计。

3.管节沉放与对接

(1) 管节沉放

管节沉放作业须根据自然条件、航道条件、管节规模以及设备等因素，因地制宜选取适宜的沉放方法。目前管节沉放多采用吊沉法，而吊沉法根据其沉放工艺又可分为起重船吊沉法、浮箱吊沉法、扛吊法和骑吊法。

1）起重船吊沉法

起重船吊沉法多运用于早期的一些双车道沉管管节，利用起重船作业、提吊管节。通过卷扬机进行沉放作业。其优点是工序简单，可利用有既有的施工设备，施工费用相对低廉；其缺点是沉放时管节稳定性较差，不易保证管节的横向稳定，沉放作业时需要操作人员有较丰富的施工经验，且受收起重能力的限制不太适用于长大型管节。见图 7.4-63。

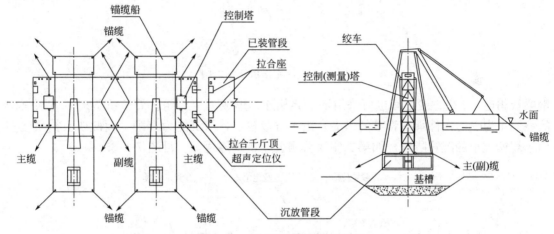

图 7.4-63 起重船吊沉法示意图

如荷兰博特莱克隧道、国内广州珠江隧道和生物岛隧道（E1 管节）等均采用的是起重船吊沉法。

2）浮箱吊沉法

20 世纪 60 年代荷兰科恩隧道和比荷卢隧道工程中，首创了以大型浮筒代替起重船吊沉法，其后不久比利时的斯海尔德特 E3 隧道又以浮箱代替了浮筒。浮箱吊沉法即在管节每侧、两端各布置两个浮箱，每个浮箱设置两个吊点，在浮箱上设置同步卷扬机控制管节逐渐下沉。

该工艺施工工艺简便，施工难度低，沉放过程中管节稳定性和姿态相对易控制，在不少四车道以上的中、大型沉管工程中纷纷采用这种工艺进行沉放施工，也是至今为止采用最多的沉放工艺，如国内宁波常洪隧道、上海外环隧道等。见图 7.4-64。

在管节舾装作业时，浮箱需同步安设于管节顶部，浮箱绞车与管节吊点之间通过缆索连接并固定，管节与浮箱一起拖运至隧址现场；因浮箱坐于管节顶部，需确保管节有足够的干舷高度。

3）扛吊法

扛吊法一般分四驳扛吊法和双驳扛吊法两种。

四驳抬吊法的主要设备为 4 艘小型方驳，方驳分为前后 2 组，每组方驳之间由型钢或

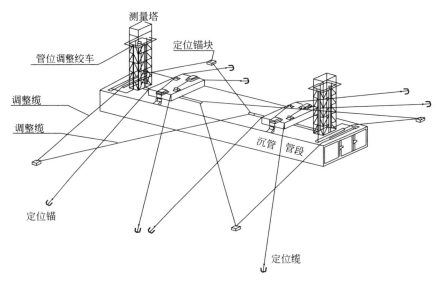

图 7.4-64 浮箱吊沉法示意图

钢梁板相连，2 组方驳之间也可采用钢桁架相连，形成一个船组。管节沉放时，方驳之间的钢梁作为受力构件承受管节的吊力。由于方驳较小，吊沉能力有限，因此四驳抬吊法多用于规模较小的沉管隧道，如第二座汉普顿公路桥式隧道等。见图 7.4-65。

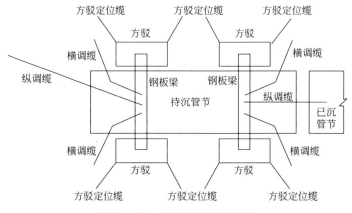

图 7.4-65 四驳扛吊法示意图

随着交通需求，沉管隧道的规模越来越大，管节施工环境越来越复杂，对管节沉放的稳定性要求越来越高。由此通过技术改进，采用两艘较长的驳船布置在管节两侧，驳船之间通过钢梁作为沉放作业的承力梁，就产生了双驳抬吊法。双驳抬吊法的方驳尺度较大，虽然制造费用较高，但是其稳定性较好，能适合各种复杂的管节沉放条件。该方法在国外应用较多，如日本安治河隧道、多摩川隧道、川崎航道隧道和美国旧金山巴特隧道等。见图 7.4-66。

4）骑吊法

骑吊法也称为顶升平台法，是将作业平台"骑"在管节上方，完成沉放作业。该方法的主要施工设备是自升式升降平台，升降平台由 4 根柱脚和 1 个钢浮箱组成。移动时靠作

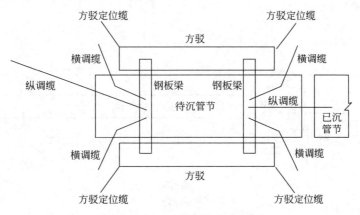

图 7.4-66 双驳扛吊法示意图

业平台浮移,就位后将柱脚下放至河床(海床)表面,向钢浮箱内部注水,在重力和柱脚液压千斤顶作用下,柱脚插入河床(海床)至设计位置。然后利用平台上的起吊设备沉放管节。管节沉放施工完成后,将钢浮箱内水排出,利用浮力将柱脚拔出,浮运转移继续使用。骑吊法适用于水深或者流速较大的河流或海湾段,其稳定性好,且不需要管节锚碇系统,施工时不易受洪水、潮水、波浪的影响;占用的作业水域较小,不需要锚碇系统;其缺点是设备费用较高。该工法在交通繁忙的水域得到了广泛的应用,如日本大马河隧道、京叶线台场隧道、香港地铁隧道等。见图 7.4-67。

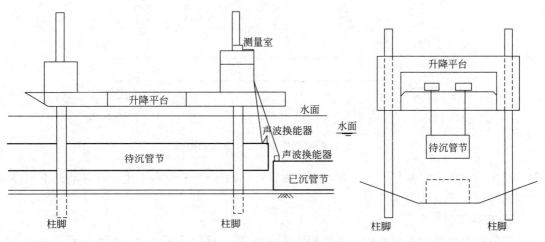

图 7.4-67 骑吊法示意图

(2) 管节对接

1) 管节下沉作业

管节在出坞之前必须进行全面的检漏工作。管节在隧道现场定位后,便可对管节压载,进行管节的沉放作业。沉放作业一般可分为三个步骤:即初步下沉、靠拢下沉和着地下沉(图 7.4-68)。

① 初步下沉

先往压舱水箱内加载水给管节提供足够的负浮力,通过卷扬机控制管节沉放速度,使

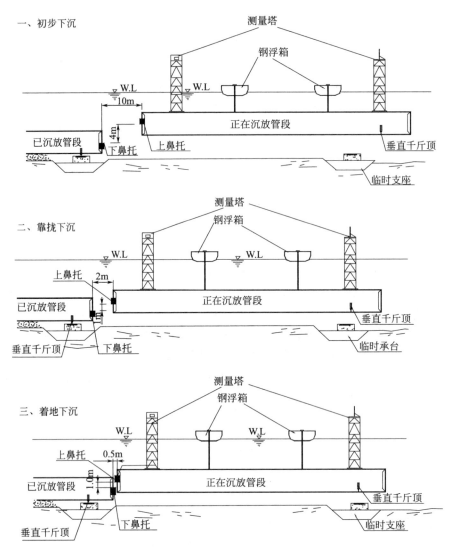

图 7.4-68 管节沉放步骤示意图

管节以 30cm/min 的速度下沉，直到管底离设计标高 4~5m 左右为止。在管节的下沉过程中要随时校正管节的平面位置。

② 靠拢下沉

管节向已沉管段方向平移，直至相距 1~2m 处，然后下沉管段至距离最终标高 0.5~1m 左右，校正管节的平面位置并调整好管节的纵向坡度。

③ 着地下沉

将管节平移至距已沉管段约 0.5m 处，校正管节位置后，即开始着地下沉。最后下沉阶段应通过卷扬机控制管节下沉速度以减少管节横向振幅。着地时先将管节前端搁置在已沉管段的鼻托上，通过鼻托上的导向装置使管节自然对中，然后将管节后端搁置导临时支座上。待管节位置校正后，即可卸去全部吊力。

2) 管节对接

在管节沉放对位完毕后，即可进行管节的对接。管节采用水力压接法，可分为两个步骤：一次止水和二次止水（图 7.4-69）。

① 一次止水

通过拉合千斤顶将刚沉放的管节拉向已沉管段，使 GINA 橡胶止水带带尖压缩 20mm 左右，使两节管节初步止水。

② 二次止水

在初步止水结果检查认可后，打开管节端封墙上的进气阀和排水阀，将端封墙之间的水排除，利用管节自由端的水压力使 GINA 橡胶止水带进一步的压缩。

7.4.10 施工监测

沉管隧道工程水下施工具有复杂性、隐蔽性、重要性等特点，为减少安全隐患，宜根据工程特点开展相应水下检测与监测，以保障沉管隧道施工安全和质量。

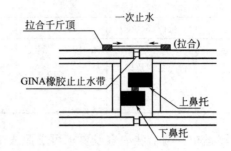
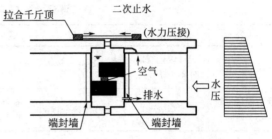

图 7.4-69 水力压接法示意图

主要检测与监测的内容有：基槽与航道、管节浮运、基础、管节沉放对接、回填等。

基槽与航道检测与监测内容及要求可参照表 7.4-12 执行。

基槽与航道检测与监测内容及要求　　　表 7.4-12

内容	范围（部位）	时间段	频次	方法	合格标准
原始河床面地形	设计浚挖线以外不少于 50m（浚挖线为岸线除外）	基槽开挖前	1 次	水下声纳扫测	—
试挖基槽坡度、回淤等	设计浚挖线以外不少于 50m	试挖完成后	根据设计要求	水下声纳扫测、水下淤泥检测	—
临时航道地形	设计浚挖线以外不少于 10m	开挖完成后	每个临时航道 1 次	水下声纳扫测	+0mm，-300mm
土石分界面地形	设计浚挖线以外不少于 20m	每段挖除泥土，水下爆破前	每段一次	水下声纳扫测	—
精挖基槽地形及回淤	设计浚挖线以外不少于 20m	每段精挖完成后，管节浮运前或基槽碎石基础垫层施工前 1~5 天内	每段一次	水下声纳扫测、水下淤泥检测	+0mm，-500mm；淤泥厚度不大于 300mm，无塌方
接口段端头围护结构拆除	拆除范围及其以外 20m	首节管节及末节管节浮运前	2 次	水下声纳扫测，水下探摸，水下录像（若需）	符合设计断面要求，不存在高点，拆除目标完全拆除并清除

续表

内容	范围(部位)	时间段	频次	方法	合格标准
坞门拆除	拆除范围及其以外20m	坞门拆除后	1次	水下声纳扫测，水下探摸	符合设计断面要求，不存在高点，拆除目标完全拆除并清除

管节浮运检测与监测内容及要求可参照表 7.4-13 执行。

管节浮运检测与监测内容及要求 表 7.4-13

内容	范围(部位)	时间段	频次	手段	合格标准
浮运航道地形	设计浚挖线以外不少于10m	管节浮运前	1次	水下声纳扫测	+0mm,-500mm,航道成型,各断面形状符合设计要求,无塌方
管节浮运实时姿态监测	浮运管节	管节浮运全程	每个管节1次	—	—

基础检测与监测内容及要求可参照表 7.4-14 执行。

基础的检测与监测内容及要求 表 7.4-14

内容	范围(部位)	时间段	频次	手段	合格标准
基槽地形及回淤	设计浚挖线以外不少于20m	沉管基础施工前	每段1次	水下声纳扫测	+0mm,-500mm;淤泥厚度不大于300mm,无塌方
注浆基础垫层标高及地形	设计浚挖线以外不少于20m	垫层施工完成后	每段1次	水下声纳检测，水下淤泥检测	+100mm,-200mm,垫层全覆盖,各断面形状符合设计要求；淤泥厚度不大于300mm
砂流法、注浆法基础充填效果	基础充填范围	基础施工全过程	每段1次	面波法、冲击映像法等无损检测	—
砂流法、注浆法基础水容重检测与监测	施工管节范围水体	基础施工全过程	每天不少于1次	水容重检测	—

管节沉放对接检测与监测内容及要求可参照表 7.4-15 执行。

管节沉放对接的检测与监测内容及要求 表 7.4-15

内容	范围(部位)	时间段	频次	手段	合格标准
对接前GINA带	对接管节GINA带	管节浮运到位后及沉放对接前	每段1次	水下探摸、水下录像	光滑,无偏位、无脱落、无破损、无异物和附着物
对接前钢端壳	前一管节(或暗埋段)端钢壳	管节浮运到位后及沉放对接前	每段1次	水下探摸、水下录像	对接面光滑,无异物和附着物
对接前鼻托(导向装置)	对接管节及前一管节(或暗埋段)鼻托(导向装置)	管节浮运到位后及沉放对接前	每段1次	水下探摸、水下录像	光滑,无异物和附着物

续表

内容	范围(部位)	时间段	频次	手段	合格标准
对接前管节进排水口	对接管节进排水口	管节浮运到位后及沉放对接前	每段1次	水下探摸、水下录像	无脱落、无破损、无异物和附着物
水重度(沉放前)	沉放管节范围水体	管节浮运到位及沉放对接前	每段1次	水重度检测	—
水重度(沉放对接中)	沉放管节范围水体	管节沉放对接过程中	每节管不宜少于3次	水重度检测	—
对接完成后接头形状	对接管节GINA带接头	管节对接完成后管节拆除舾装前	每段1次,左右侧和上侧,压缩量测点每侧不少于3点	水下探摸、水下录像	GINA带完成最终止水,接触面无杂物,对接形状满足设计要求,GINA带压缩量符合设计要求
抛石锁定	管节抛石锁定范围	管节抛石锁定完成后1天内	每段1次	水下探摸	抛石高已超过底板,无漏抛,与管壁贴合密切
管节沉放对接实时姿态监测	沉放管节	管节沉放对接全过程	每段1次	—	—

回填覆盖检测与监测内容及要求宜可参照表7.4-16执行。

回填的检测与监测内容及要求　　　　　　　　　表7.4-16

内容	范围(部位)	时间段	频次	手段	合格标准
管节分段分层回填	分段分层回填范围	管节分段分层回填完成后	每段每层1次	水下声纳扫测	±500mm,各层回填全覆盖,各断面形状符合设计要求
最终回填	全部管节回填范围	全部管节最终回填完成后	1次	水下声纳扫测	±300mm,管节回填全覆盖,各断面形状符合设计要求

7.4.11　世界沉管隧道一览表

世界沉管隧道一览表　　　　　　　　　附表

编号	隧道名称	国家	沉管长度(m)	管节长度(m)	管节宽度(m)	管节高度(m)	埋深(m)	完工日期
1	底特律河隧道	美国	782	78.2	17	9.4	24.4	1910
2	拉萨尔海峡隧道	美国	84.8	84.8	12.5	7.3	15.5	1912
3	哈姆勒河隧道	美国	329	67	23.2	7.5	15.2	1914
4	弗莱德里奇萨芬隧道	美国	105.8	52.9	7.65	6.67	10.8	1927
5	奥克兰—阿拉梅达隧道	美国	742	61.9	11.3	11.3	25.5	1928
6	底特律温莎隧道	美国	669	74.3	10.6	10.6	18.5	1930
7	班克赫德隧道	美国	610	90.8/78	10.4	10.4	25	1940

续表

编号	隧道名称	国家	沉管长度(m)	管节长度(m)	管节宽度(m)	管节高度(m)	埋深(m)	完工日期
8	马斯河隧道	荷兰	584	61.35	24.77	8.39	22.5	1943
9	斯泰特隧道	美国	61	61	12.0	6.9	15.8	1942
10	安治河隧道	日本	49.2	49.2	14.0	7.0	14.9	1944
11	沃什本隧道	美国	457	114.37	10.97	9.750	24	1950
12	伊丽莎白河隧道	美国	638	91.5	10.40	10.9	29	1952
13	贝敦隧道	美国	778.5	91.4/76.2	10.62	10.62	33.5	1953
14	巴尔的摩港隧道	美国	1920	91.4	21.3	10.7	30	1957
15	汉普顿跨湾隧道	美国	2091	91.5	11.25	11.25	37	1957
16	哈瓦那隧道	古巴	520	107.5/90	21.85	7.1	23	1958
17	迪斯岛	加拿大	629	104.9	23.8	7.16	22	1959
18	伦茨堡	德国	140	140	20.2	7.3	22	1961
19	韦伯斯特街	美国	732	61	11.27	11.27	25	1962
20	伊丽莎白河2号隧道	美国	1010	84.2	10.8	11.0	30	1962
21	切萨比克跨湾隧道	美国	1750	91.4	11.25	11.25	32.1	1964
22	斯德哥尔摩	瑞典	124	124	8.82	6.13	13	1964
23	羽田(公路隧道)	日本	56.0	56.0	20.1	7.4	12	1964
24	羽田(单轨铁路隧道)	日本	56	56	10.95	7.4	11.7	1964
25	科恩	荷兰	540	90	23.33	7.74	24	1966
26	沃尔夫布格人行隧道	德国	58.0	58.0	11.0	5.30	10	1966
27	比荷卢	荷兰	744	93	23.9	7.84	24	1967
28	拉丰泰恩隧道	加拿大	768	109.7	36.75	7.84	27.5	1967
29	维乌克斯港	法国	273	45.4	14.60	7.16	15	1967
30	廷斯泰德	瑞典	454	80~93.5	29.9	7.3	16	1968
31	鹿特丹地铁隧道	荷兰	1040/1815	90/75	10.0	6.21	10	1966
32	艾杰	荷兰	786	90	23.9	8.55	23.63	1968
33	斯海尔德特E3	比利时	510	99/115	47.85	10.1	25	1969
34	海嫩奥德	荷兰	574	115/111	30.7	8.8	28	1969
35	利姆	丹麦	510	102	27.4	8.54	20.8	1969
36	巴拉那	阿根廷	2367	65.5/36	10.8	10.8	32	1969
37	堂岛河	日本	70.5	34.5/36	10.43~11.04	8.38	14.3	1969
38	道顿堀	日本	25	24.9	9.65	6.96	10	1969
39	羽田(多摩川)	日本	480	80	13.0	7.95	17	1970
40	羽田(京滨海峡)	日本	480	80	13	7.97	17.70	1970
41	海湾快速轨道运输系统	美国	5825	83.2~111	14.6	6.5	40.5	1970
42	查尔斯河	美国	146	73	11.4	6.86	12.3	1971

续表

编号	隧道名称	国家	沉管长度(m)	管节长度(m)	管节宽度(m)	管节高度(m)	埋深(m)	完工日期
43	香港红磡海底隧道	中国	1602	114	22.16	11	28	1972
44	63号大街	美国	229×2	114.3	11.7	11.2	30	1973
45	莫比耳河	美国	747	106	24.5	12.2	30	1973
46	衣蒲港	日本	480	80	15.6	7.10	21.7	1973
47	扇岛	日本	660.4	110	21.6	7.05	21	1974
48	易北河	德国	1056	132	41.7	8.4	29	1975
49	弗拉克	荷兰	250	125	29.8	8.02	17	1975
50	圣彼得堡隧道	俄罗斯	—	75	13.3	8.05	20	1975
51	隅田川	日本	201.5	67/67.5	10.30	7.8		1976
52	汉普顿公路2号隧道	美国	2229	105	12.0	12.3	37	1976
53	巴黎地铁	法国	129.2	19.2~43.2	10.40	9.80	14	1976
54	东京港	日本	1035	115.8	37.4	8.80	23	1976
55	德雷赫特河	荷兰	347	115	49.04	8.08	15	1977
56	马格丽特公主河	荷兰	77	77	28.5	8.0	14.35	1978
57	希尔	荷兰	330	111.5	31.0	8.75	19.19	1978
58	华盛顿隧道	美国	311	103.6	11.3	6.7	—	1979
59	香港地铁	中国	1400	100	13.1	6.5	24.24	1979
60	海姆斯普尔	荷兰	1475	134~268	21.43	8.7	26	1980
61	博特莱克	荷兰	508	87.51/105	30.9	8.8	23.3	1980
62	大马河	日本	672	96	12.2~17.53	8.05~8.6	23.9	1980
63	东京港第二航路	日本	744	124	28.4	8.8	23	1980
64	川崎	日本	840	100~110	31.0	8.8	22	1981
65	亚珀尔	比利时	336	137.9/99.8/98.3	35.10	9.35		1982
66	美茵河铁路隧道	德国	123.5	61.5/62	12.10~13.10	8.55~10.28	17	1983
67	巴斯蒂亚旧港	法国	249.72	62.33	14.10	7.58+0.5	13.5	1983
68	库尔哈文	荷兰	411	40.59~74.98	9.64	6.35	11.15	1984
69	台湾高雄港	中国	720	120	24.4	9.35	23	1984
70	斯派克尼瑟地铁	荷兰	530	90	10.3	6.55	22.46	1985
71	麦克亨利	美国	1646	104.8	25.1	12.7	31.7	1987
72	第二闹市区隧道	美国	765	85.3~101.2	12.2	10.5	13.7	1988
73	古尔堡	丹麦	460	230	20.6	7.6	13.8	1988
74	埃姆斯河	德国	639.5	127.5	27.5	8.40	19	1989
75	马恩河	法国	210+140	45~55	17.5	9	—	1989
76	泽比格	荷兰	336	112	29.8	7.82	14.60	1989
77	香港东区跨港隧道	中国	1859	122~128	35	9.5	27	1989

续表

编号	隧道名称	国家	沉管长度（m）	管节长度（m）	管节宽度（m）	管节高度（m）	埋深（m）	完工日期
78	康维	英国	710	118	24.1	10.4	17	1991
79	利弗肯舒克	比利时	1136	142	31.25	9.6	—	1991
80	梅里雷克	美国	1425	95	24	12	36	1992
81	悉尼港	澳大利亚	960	120	29.4	7.80	25	1992
82	诺德	荷兰	492	100/130	29.95	8.03	16	1992
83	赫芬	荷兰	68	68	31.75	7.05	11.5	1992
84	广州珠江隧道	中国	457	90~120	33	7.95	13.16	1993
85	泰德成威姆斯	美国	1172.9	98.30	24.43	12.29	30	1994
86	威廉斯普尔	荷兰	1014	115~138	28.82	8.62	17.5	1994
87	多摩河	日本	1549.5	128.6	39.9	10.0	30	1994
88	川崎航道	日本	1180.9	131.2	39.7	10.0	26	—
89	毕尔巴鄂地铁	西班牙	172.2	85.35	11.4	7.2	17	1994
90	地铁隧道	法国	136	34	9.18	6.30	14	1994
91	斯希普尔铁路隧道	荷兰	500	125	13.60	8.05	9	1995
92	宁波甬江隧道	中国	420	80/85	11.9	7.65	15.55	1996
93	梅德伟	英国	370	118/126	25.1	9.15	18.05	1996
94	威杰克隧道	荷兰	574	95.67	31.5	8.05	24.5	1996
95	大阪南港	日本	1025	100~105	35.2	8.60	27	1997
96	皮特海茵隧道	荷兰	1265	160	32	8	16.97	1997
97	香港机场铁路隧道	中国	1260	126	12.4	7.7	28	1997
98	香港西区跨港隧道	中国	1363.5	113.5	33.4	8.57	25.3	1997
99	Aquaduct tunnel	荷兰	41	41	21.35	8.5	12.55	1997
100	神户港隧道	日本	520	88	34.4	9.1	22.6	1997
101	杰克林奇隧道	爱尔兰	730	122	23.8	8.4	20	1999
102	Fort Point Channel Tunnel	美国	330	99~127	21.34~47.25	7.9	17.7	—
103	厄勒海峡隧道	丹麦	3150	176	42	8.5	22	2000
104	新潟港隧道	日本	850	105~107.5	28.6	7.64	23	2002
105	普雷韦扎隧道	希腊	900	49~134.5	12.60	8.55	26.5	2002
106	东京港海滨路隧道	日本	1328.8	120/125.2	32.2	10	29.2	2002
107	宁波常洪隧道	中国	395	95/100	22.8	8.45	17.2	2002
108	上海外环隧道	中国	736	100~108	43	9.55	30.5	2003
109	嘉兴电厂二期取水工程	中国	140.4	23.4	8.1	4.4		2006
110	西贡隧道	越南	371	92.5/93.5	33.3	8		2009
111	韩国釜山隧道	韩国	3240	180	26.5	10	50	2010
112	广州生物岛隧道	中国	277	55~77	23	8.7	—	2010

续表

编号	隧道名称	国家	沉管长度 (m)	管节长度 (m)	管节宽度 (m)	管节高度 (m)	埋深 (m)	完工日期
113	奥斯陆比约维长隧道	挪威	676	112.5	28~43	9.3~10.6	—	2010
114	广州大学城隧道	中国	214	94/116+4	23	8.7	—	2010
115	广州洲头咀隧道	中国	340	85	31.4	9.68	21	2015
116	天津海河隧道	中国	255	85	36.6	9.65	22.5	2015
117	沈家门港海底隧道(人行)	中国	218	70/74	11.5	6.4	—	2014
118	南昌红谷隧道	中国	1350	115	30.0	8.3	—	2017
119	佛山东平隧道	中国	445	105~115	39.9	9	—	2017
120	港珠澳大桥岛隧工程沉管隧道	中国	6766	112.5/180	37.95	11.4	44.5	2018
121	广州车陂路-新滘东路隧道	中国	492	123	30.4	8.7	18.5	在建
122	广州如意坊放射线系统工程过江隧道	中国	618	103	30.4	9.5	20.5	在建
123	深圳至中山跨江通道工程	中国	5035	123.8/165	46	10.6	30	在建
124	大连湾海底隧道工程	中国	3080	148/180	33.4	9.7	21	在建

相关规范

[1]《建筑基坑支护技术规程》JGJ 120
[2]《建筑基坑工程监测技术规范》GB 50497
[3]《建筑抗震设计规范》GB 50011
[4]《人民防空工程设计规范》GB 50225
[5]《城市桥梁设计规范》CJJ 11
[6]《道路隧道设计规范》DG/TJ08
[7]《建筑结构荷载规范》GB 50009
[8]《建筑桩基技术规范》JGJ 94
[9]《建筑地基处理技术规范》JGJ 79
[10]《混凝土结构设计规范》GB 50010
[11]《混凝土结构耐久性设计规范》GB/T 50476
[12]《公路桥涵设计通用规范》JTJ D60
[13]《公路钢筋混凝土及预应力混凝土桥涵设计规范》JTJ D62
[14]《建筑防火设计规范》GB 50016
[15]《城市轨道交通结构抗震设计规范》GB 50909
[16]《铁路工程抗震设计规范》GB 50111
[17]《地铁设计规范》GB 50157

第 8 章
工程防水及结构耐久性设计

8.1 概述

目前,地下隧道的施工方法以明挖法、盾构法、矿山法、沉管法为主,而无论采用何种工法,隧道的防水都处于十分重要的地位,一旦产生渗漏,会对隧道的行车安全造成影响,并危及隧道的设计使用寿命。因此,必须对隧道的防水与耐久性设计予以足够的重视,才能保证隧道达到理想的防水功效,本章节即围绕上述四种工法,展开防水与耐久性设计的介绍。

8.2 防水设计原则

(1) 隧道防水设计应遵循"以防为主、刚柔结合、多道防线、因地制宜、综合治理"的原则进行设计。

(2) 应根据环境条件、环境作用等级、设计使用年限、结构特点、施工方法等因素,采取相适应的防水措施,只有在不引起周围地层下降的前提下,才可对极少量渗水进行疏排。

(3) 确立钢筋混凝土结构自防水体系,并以此作为系统工程对待;即以结构自防水为根本,加强钢筋混凝土结构的抗裂防渗能力。同时,以接缝防水作为重点,并辅以附加防水层进行防水处理。

(4) 选用的防水材料应具有环保性能,无毒、对地下水无污染;经济、实用;施工简便、对土建工法的适应性较好;适应当地的天气、环境条件;成品保护简单等优势。

8.3 防水设计标准

隧道防水等级宜根据工程的重要性、设计使用年限等按现行国家标准《地下工程防水技术规范》GB 50108 选用二级或稍高于二级的防水标准。二级标准应符合以下规定:

(1) 整条隧道平均渗漏量不应大于 $0.05L/(m^2 \cdot d)$,隧道内任意 $100m^2$ 的平均渗漏量不应大于 $0.15L/(m^2 \cdot d)$;

(2) 隧道内表面湿渍不应大于总内表面积的 2/1000,任意 $100m^2$ 内的湿渍不应大于 3 处,单个湿渍的最大面积不应大于 $0.2m^2$。

处于不同埋深区域的隧道结构防水混凝土的抗渗等级应符合表 8.3-1 的规定。

防水混凝土设计抗渗等级 表 8.3-1

工程埋置深度(m)	设计抗渗等级
0~20	P8
20~30	P10
30~40	P12

工程采用的防水混凝土、水泥砂浆防水层、涂料防水层、卷材防水层、塑料防水层、管片接缝弹性橡胶密封垫、螺孔橡胶圈、橡胶止水带等材料特性应符合现行国家标准《地下工程防水技术规范》GB 50108、《地下防水工程质量验收规范》GB 50208 的规定。

隧道渗漏水治理宜按照现行国家标准《地下工程防水技术规范》GB 50108 的有关规定执行。

8.4 明挖隧道防水设计

8.4.1 结构防水层设计

1. 结构构造特点

明挖隧道主要包括暗埋段隧道与敞开段隧道。明挖法的适应性较强,可根据现场实际情况(如:水文、地质、工期、交通等)采用不同的结构形式,从而也决定了不同的结构防水设计。下面就明挖隧道中常用的几种结构形式的特点作一简述。

(1) 复合墙结构

复合墙结构即围护结构与主体内衬结构共同承受水土外部荷载,但两墙之间的接触面只传递法向压力不传递剪力。复合结构的围护与主体之间常设置全包防水层。因此,防水层的施工、保护对复合墙结构的防水性、耐久性都是至关重要的。

(2) 叠合墙结构

明挖隧道叠合墙结构即围护结构与主体内衬墙通过钢筋连接器等方式形成整体,共同承受外部荷载。因此,做好内衬结构与围护结构之间有效的连接,是叠合墙结构质量的重要保障。

(3) 分离墙结构

分离墙结构是指双层侧墙中的围护结构与内衬墙之间各自独立(中间设有间隙的必须填砂振密实)的一种形式。分离墙结构受力明确、施工便捷,方便结构全包防水层的施工。但其缺点是:主体结构厚度大、造价高、工期长、作业空间大。

(4) 单墙结构

对城市隧道而言,单墙结构即地下连续墙既是围护结构又是主体结构侧墙。单墙结构的优点是降低成本、节约工期、便于施工。但其结构耐久性远逊于叠合墙结构。

2. 防水层功效及基本要求

(1) 防水层的功效

明挖结构的防水层既有防止因混凝土开裂产生的结构渗漏作用,又有保护混凝土不直接受到腐蚀性介质的侵蚀的功效,进而提高了防水混凝土的耐久性。

（2）防水层的设置形式

根据明挖隧道结构形式和施工方法的不同，防水层的设置形式也大不相同。

1）叠合墙因结构受力等原因，其防水层通常只施作在顶板，即顶板附加防水层。

2）复合墙与分离墙结构通常在顶板（以涂料或卷材）、底板及侧墙（以卷材或膨润土防水毯）设置施工全包防水层，从而构成一个全封闭的防水体系。

（3）明挖法隧道防水层设置的基本要求

1）基面处理

① 明挖法隧道结构顶板施作防水层的基面应平整、坚实、干燥、干净、无浮浆，且不得做找平层。基面必须采用多次收水、多次压平并打磨成细毛面状。

② 基面不得有突出的尖角或可见的贯穿裂缝等结构弊病。

③ 顶板基面混凝土含水率应满足规范要求：$1m^2$ 卷材（或橡皮）覆盖在基层表面 2h 而无水印。

④ 顶板混凝土基面应从速进行湿养护。

2）保护层

在立面施作防水层后应及时采用 10mm 厚的低发泡（发泡倍率不大于 25 倍）聚乙烯泡沫塑料板或 20mm 厚、配比为 1∶2.5 的砂浆层（应先敷贴 2mm×2mm 网格麻布以便咬合）做保护层。

在顶板施作防水层时应先铺设一层无纺布隔离层，之后再进行不小于 70mm 厚的细石混凝土保护层施工。

3）回填

① 在顶板防水层和保护层施工完成，达到设计强度后应及时回填。

② 回填应满足《建筑地基基础工程施工质量验收规范》GB 50202—2018 的相关要求。

3. 明挖隧道防水层的选用原则及技术要求

根据《地下工程防水技术规范》GB 50108—2008 的要求，充分考虑各种防水层材料的特性，明挖隧道结构外防水层的选用基本原则如表 8.4-1 所示。

明挖隧道防水层的选用原则　　　　表 8.4-1

结构部位		防水层材料与用量	规范标准
叠合结构	顶板	涂料防水层（2.0mm 单组分聚氨酯涂料/2.5mm 聚合物水泥防水涂料/1.5mm 聚脲喷涂防水层）或后铺（外防外贴）自粘性防水卷材	1.《聚氨酯防水涂料》GB/T 19250—2013； 2. 自粘性防水卷材性能指标及检测方法参见《自粘聚合物改性沥青防水卷材》GB/T 23441—2009； 3. 预铺防水卷材（P 类）性能指标及检测方法参见《预铺防水卷材》GB/T 23457—2017； 4. 膨润土防水毯性能指标及检测方法参见《钠基膨润土防水毯》JG/T 193—2006
	底板	不设防水层	
	侧墙	不设防水层。仅在地下墙的钢筋连接器部位、地下墙墙缝处，以水泥基渗透结晶型涂料 1.5kg/m² 进行处理	
复合结构	顶板	涂料防水层（2.0mm 单组分聚氨酯涂料/2.5mm 聚合物水泥防水涂料/1.5mm 聚脲喷涂防水层）或后铺（外防外贴）自粘性防水卷材	
	底板及侧墙	预铺防水卷材（1.5mm 的 P 类或 4mm 的 PY 类）或厚度大于 6mm 的膨润土防水毯	

续表

结构部位		防水层材料与用量	规范标准
分离结构	顶板	涂料防水层（2.0mm单组分聚氨酯涂料/2.5mm聚合物水泥防水涂料/1.5mm聚脲喷涂防水层）或后铺（外防外贴）自粘性防水卷材	1.《聚氨酯防水涂料》GB/T 19250—2013； 2.自粘性防水卷材性能指标及检测方法参见《自粘聚合物改性沥青防水卷材》GB/T 23441—2009； 3.预铺防水卷材（P类）性能指标及检测方法参见《预铺/湿铺防水卷材》GB/T 23457—2009； 4.膨润土防水毯性能指标及检测方法参见《钠基膨润土防水毯》JG/T 193—2006
	底板	预铺防水卷材（1.5mm的P类或4mm的PY类）或厚度大于6mm的膨润土防水毯	
	侧墙	涂料防水层（2.0mm单组分聚氨酯涂料/2.5mm聚合物水泥防水涂料/1.5mm聚脲喷涂防水层）或后铺（外防外贴）自粘性防水卷材	

防水层选用的相关技术要求：

（1）当明挖法隧道侧墙采用复合墙的结构形式时，结构迎水面设置柔性全包防水层，见图8.4-1。

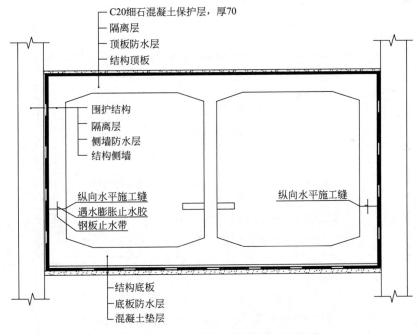

图8.4-1 复合墙结构标准段防水构造图

其中：

1）顶板宜采用涂料防水层或自粘性防水卷材。

① 单组分聚氨酯材料是具有良好的潮湿基面粘结力、对于构造复杂的基面方便施工、粘结剥离强度高、延伸性好的反应型涂料。

② 聚合物水泥涂料是以高分子聚合物乳液与水泥改性，通过多类助剂组成的双组分防水涂料。其特点：可在背水面、潮湿基面直接施作；在潮湿基面及潮湿环境较快成膜；膜层具有一定的透气性且不易发生气泡气鼓等现象；有一定的裂缝自闭性能。

③ 聚脲喷涂防水层具有：固化快、对湿度温度不敏感、固含量高、致密性好、无接缝、抗渗透性强、附着力及耐候性好等优点。此外，其结膜强度高、可不设保护层也是一大优势。

④ 自粘聚合物改性沥青防水卷材（P类或N类）具有施工便捷、各种性能良好等特点，在明挖隧道中应用较广。其厚度≥1.5mm。

⑤ 当隧道顶板有种植要求时可加铺耐根穿刺的防水卷材（如：EVA、PVC塑料防水层或聚乙烯丙纶的复合防水卷材等）。

2）侧墙和底板防水层宜采用预铺式防水卷材或膨润土防水毯。

① 采用预铺式防水卷材时，以合成高分子类预铺式防水卷材为宜，整体厚度≥1.5mm。

② 膨润土防水毯宜采用膨润土净含量≥5.5kg/m² 的天然钠基膨润土防水毯。

③ 底板采用预铺式卷材防水层时可不做保护层，但高分子主体材料厚度应不小于1mm，可采用 HDPE 等材料，且卷材表面应有颗粒防粘层或其他防粘层。

（2）明挖隧道侧墙为叠合墙结构时防水层的设计要求，如图 8.4-2 所示。

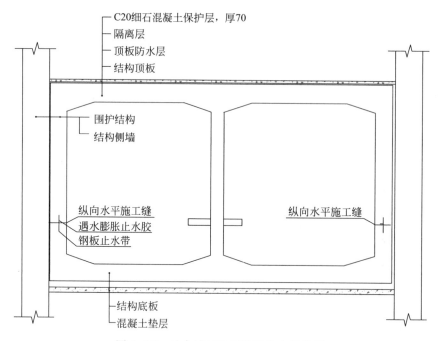

图 8.4-2　叠合墙结构标准段防水构造图

1）叠合墙结构仅顶板施作附加防水层。顶板宜采用涂料防水层（厚度宜为 2.5mm）或自粘性防水卷材且应满铺满涂。当以地下墙作围护时附加防水层应如图示上翻 400mm（在地下墙墙缝处上翻至顶）。

2）地下墙作围护时其混凝土抗渗等级应≥P8。在浇筑内衬混凝土前，在地下墙墙缝和接驳器位置应先以 2.0kg/m² 的水泥基渗透结晶型防水涂料（或抗裂砂浆）进行处理。

8.4.2　混凝土接缝防水构造

明挖隧道结构接缝主要有变形缝（诱导缝）、施工缝。其中，复合墙结构垂直施工缝设置间距以 15m 左右为宜，叠合墙结构垂直施工缝设计间距以 12m 左右为宜。若结构设置诱导缝，其间距宜为 24m 左右，且板、墙的诱导缝应对齐。在机电设备集中区域、板开大孔、侧墙上有连接通道口、风道口等处均应避免设置诱导缝。明挖隧道混凝土接缝防水构造见表 8.4-2。

明挖隧道结构接缝主要防水构造　　　　表 8.4-2

接缝类型		结构部位	顶板	侧墙	底板
变形缝防水构造			中埋式钢边橡胶止水带		
			迎水面嵌缝	外贴式止水带	
			背水面嵌缝		
			排水槽		—
诱导缝防水构造			中埋式钢边橡胶止水带		
			迎水面嵌缝	外贴式止水带	外贴式止水带
			排水槽		—
施工缝	横向垂直施工缝	防水构造一	中埋式钢边橡胶止水带（施工缝用）		
			表面凿毛并施涂水泥基渗透结晶防水涂层（用量 1.5kg/m²）		
		防水构造二	可全断面出浆的注浆管+遇水膨胀止水胶		
			表面凿毛并施涂水泥基渗透结晶防水涂层（用量 1.5kg/m²）		
	纵向水平施工缝	防水构造一	—	表面凿毛并施涂水泥基渗透结晶防水涂层（用量 1.5kg/m²）	反应性丁基橡胶腻子钢板止水带/钢板止水带+遇水膨胀止水胶
		防水构造二			可全断面出浆的注浆管+遇水膨胀止水胶
	主体与附属结构交接施工缝		遇水膨胀止水胶		
			可全断面出浆的注浆管		
			表面凿毛并施涂水泥基渗透结晶防水涂层（用量 1.5kg/m²）		

1. 变形缝防水（图 8.4-3）

(1) 变形缝中所设置的防水材料应具备以下几方面要求：

1) 防水材料应能承受一定的水压，并能密封防水。
2) 能满足结构设计的变形要求并不至于被破坏。
3) 具备设计要求的耐久性。

(2) 明挖隧道的结构变形缝中防水材料设置主要有：

1) 中埋式止水带（橡胶止水带、钢边橡胶止水带等）。
2) 外贴式橡胶止水带。
3) 密封胶嵌缝。

(3) 变形缝防水材料的应用：

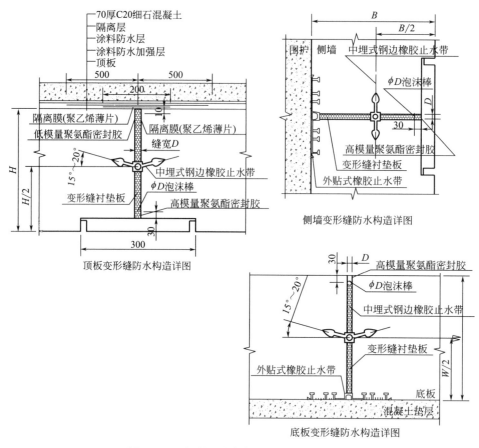

图 8.4-3 变形缝防水构造图（单位：mm）

1）变形缝所用防水材料根据地质条件、隧道埋深及结构设计允许变形量等选择相应组合，满足防水要求。其中，中埋式止水带选用适应变性能力强的中孔型钢边橡胶止水带兜绕成环；水平设置的中埋式止水带应采用盆式安装。外贴式止水带在顶板与迎水面嵌缝衔接成封闭的防水层。

2）密封胶嵌缝是变形缝防水的一种。其中，顶板迎水面的嵌缝槽宜浅而宽，且应采用低模量密封胶嵌缝并与底板侧墙的外贴式止水带衔接成环构成密闭防水。当明挖隧道为简单结构构造时，其变形缝背水面宜以高模量密封胶在顶、底板及侧墙作深而窄的全封闭嵌缝防水。背水面嵌缝不适宜多层、多框（腔）等结构变形缝。

2. 诱导缝防水

（1）诱导缝构造特点：在不影响结构基本受力的前提下部分钢筋断开，将可能产生的裂缝诱导在预设部位，通过迎水面的柔性防水层、缝内的多道防水线的设置以确保结构裂而不漏。诱导缝通常设置间距宜为 24m 左右，根据结构实际情况也可通过加设施工缝适当延长诱导缝的间距。

（2）诱导缝内设置的防水材料应满足最大张开 15mm 的防水抗渗要求。

（3）诱导缝防水构造（图 8.4-4）：诱导缝内预设中埋式止水带、外贴式止水带。诱导缝在顶板迎水面应预留嵌缝槽，以低模量密封胶嵌填。

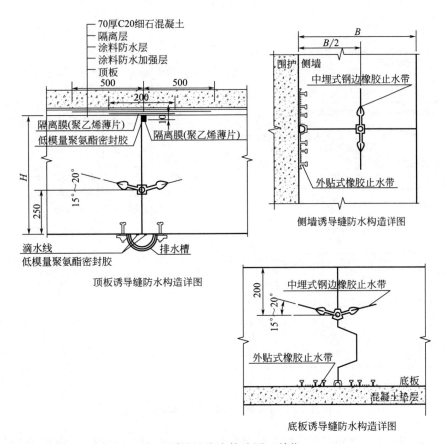

图 8.4-4 诱导缝防水构造图（单位：mm）

3. 施工缝防水

（1）垂直施工缝防水

横向垂直施工缝应采用设置中埋式止水带与预埋注浆管或遇水膨胀止水胶等材料形成双道防水线来达到防水功效。如图 8.4-5 所示。

（2）纵向水平施工缝防水

1）明挖结构应尽可能减少纵向水平施工缝的设置数量；

2）纵向水平施工缝应采用反应性丁基橡胶腻子钢板止水带、钢板止水带与预埋式注浆管或遇水膨胀止水胶组合达到防水功效；

3）逆作的纵向水平施工缝、围檩与内衬相接水平施工缝应采用遇水膨胀止水胶结合预埋式注浆管等方式来达到防水功效。

（3）后浇带防水

后浇带的间距一般不超过 40m，宽度在 1000mm 左右。其防水构造与施工缝相似，主要有：

1）钢边橡胶止水带；钢板止水带＋水膨胀止水胶；

2）全断面注浆管＋水膨胀止水胶。

（4）支撑窗洞的防水

明挖隧道的基坑常有众多支撑，因此支撑拆除后的窗洞防水尤为重要。

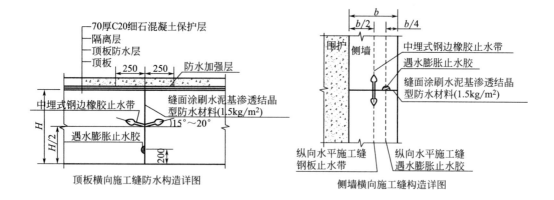

图 8.4-5 施工缝防水构造图（单位：mm）

1）后拆支撑时，浇筑的内衬墙上留有窗洞，应如图 8.4-6 所示沿窗洞四周设置遇水膨胀止水条、全断面出浆注浆管，并以微膨胀混凝土嵌填；或者窗洞四周预埋止水钢板。

2）先拆支撑后浇内衬墙时，因支撑拆除形成的施工缝应参照前述的施工缝防水做法设置。如图 8.4-7 所示。

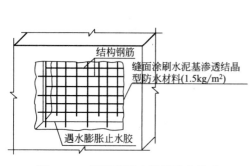

图 8.4-6 后浇混凝土墙洞防水构造

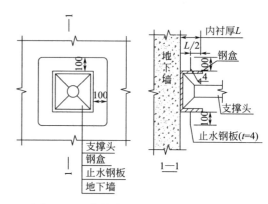

图 8.4-7 支撑头防水构造（单位：mm）

（5）桩头的防水

桩头与结构底板连接处视作为结构施工缝，应涂刷水泥基渗透结晶型防水涂料，用量为 2.0kg/m², 当底板有防水层时应以密封胶沿桩作封边处理, 如图 8.4-8 所示。

(6) 防水混凝土

防水混凝土结构内部设置的各种钢筋和绑架钢丝, 不得触及模板。固定模板时, 应尽量避免使用对拉螺栓, 必须采用对拉螺栓穿过混凝土结构时, 应采用下列措施:

1) 螺栓或套管应加焊金属止水环, 且焊缝必须满焊水密;

图 8.4-8 桩头防水构造图

2) 螺栓套管上应兜绕裹紧遇水膨胀橡胶止水条一圈;

3) 螺栓应加堵头。

8.4.3 接缝防水材料的选择与施工要求

不同结构形式的明挖隧道, 不同的接缝对防水材料的要求各有差异, 但又有其共有的特性。

1. 接缝止水带的选择

如表 8.4-2 所示, 根据接缝性质的不同、止水带工作环境的迥异及经济成本等多因素考虑, 通常止水带的选择原则为:

(1) 当明挖隧道处于腐蚀性介质的环境状态时, 接缝防水宜选用氯丁橡胶止水带。

(2) 当处于有霉菌侵蚀环境时, 橡胶止水带应考虑其防霉性能。防霉等级分五级, 可根据设计环境需要选择应用。通常的橡胶止水带应达到防霉等级 2 级或 2 级以上。

(3) 从耐候性考虑, 常用氯丁橡胶和三元乙丙橡胶止水带。

2. 止水带的施工技术要求

(1) 镀锌钢板止水带 (图 8.4-9)。用于施工缝中, 尤其是纵向水平施工缝。要注意的是接头焊接处镀锌涂层破坏的修复, 如无机类的"锌加"材料。

(2) 钢板腻子止水带 (图 8.4-10) 优于普通钢板止水带, 钢板外所包的丁基橡胶腻子所具有的反应性使之能与混凝土更好地咬合。当然其使用中的保护、腻子外隔离膜的质量等也尤为重要。

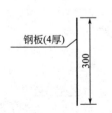

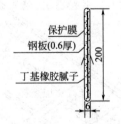

图 8.4-9 镀锌钢板止水带详图 (单位: mm)　　图 8.4-10 钢板腻子止水带详图 (单位: mm)

(3) 钢边橡胶止水带 (图 8.4-11)。广泛应用于明挖隧道的变形缝 (诱导缝)、横向施工缝中且效果良好。其作为中埋式止水带将钢板与混凝土良好的"咬合"及橡胶的适应变性能力充分结合在一起。此外，水平设置时的 V 形安装确保了止水带周边混凝土的密实性。

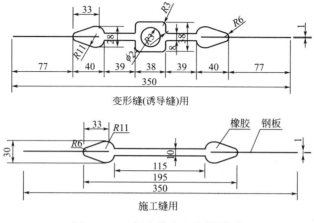

图 8.4-11 钢边橡胶止水带详图

（4）外贴式橡胶止水带（图 8.4-12）。用于明挖隧道结构底板与侧墙变形缝或诱导缝的迎水面，并与顶板变形缝或诱导缝在迎水面的嵌缝密封胶衔接成封闭的接缝防水。

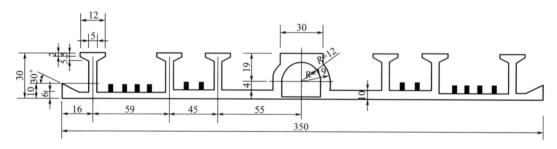

图 8.4-12 外贴式橡胶止水带详图（单位：mm）

（5）遇水膨胀类止水条。用于无法预埋设置止水带的施工缝，常与注浆管组合使用（图 8.4-13）。

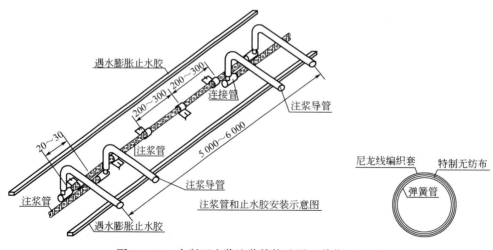

图 8.4-13 全断面出浆注浆管构造图（单位：mm）

（6）后浇带的防水材料与垂直施工缝相同，但应尽量少设置止水带。

8.5 矿山法隧道防水

8.5.1 隧道防水层

城市矿山法隧道的防水层一般为设置在初支与二衬混凝土之间的夹层防水层。夹层防水层一般采用塑料防水板，并辅以分区注浆系统。当隧道断面尺寸相对较小时，也有采用预铺防水卷材的做法。在受到实际工况限制、无法施作夹层防水层的特殊情况下，可以在二衬混凝土背水面施作刚性防水层。

1. 塑料防水板和分区注浆系统

塑料防水板和分区注浆系统的组合是矿山法隧道防水的常规做法。单独设置塑料防水板时，由于防水板与二衬混凝土无法牢固粘结，两者间会出现间隙，一旦有渗水进入这个间隙，就会形成"窜水"现象，无法确定渗水来源，后期堵漏难度很大。

因此，塑料防水板和分区注浆系统必须配套使用。通过预设的注浆管，将浆液灌入塑料防水板与二衬混凝土的间隙，杜绝"窜水"现象。

（1）塑料防水板

塑料防水板的材质主要有聚氯乙烯（PVC）、乙烯—醋酸乙烯（EVA）和乙烯—共聚物沥青（ECB）等。厚度不小于2.0mm；幅宽宜为2～4m。塑料防水板的物理力学性能应符合《公路隧道设计规范第一册土建工程》JTG 3370.1—2018 防排水材料性能指标要求规定。采用的具体材料还应满足相应国家标准，如聚氯乙烯应满足《聚氯乙烯（PVC）防水卷材》GB 12952—2011 中各项指标的要求。

1）基层处理

铺设防水板的基面应无明水流，否则应进行初支背后的注浆或表面刚性封堵处理，待基面上无明水流后才能进行下道工序。

铺设防水板的基面应基本平整，铺设防水板前应对基面进行找平处理，处理可采用喷射混凝土或砂浆抹面的方法，一般宜采用水泥砂浆抹面的处理方法。处理后的基面应满足下列条件：$D/L \leqslant 1/10$，式中，D 为相临两凸面间凹进去的深度；L 为相临两凸面间的最短距离。

基面上不得有尖锐的毛刺部位，特别是喷射混凝土表面经常出现较大的尖锐的石子等硬物，应凿除干净或用 1:2.5 的水泥砂浆覆盖处理，避免浇筑混凝土时刺破防水板。

基面上不得有钢管、钢筋、钢丝等凸出物存在，否则应从根部割除，并在割除部位用水泥砂浆覆盖处理。

变形缝两侧各 50cm 范围内的基面应全部采用 1:2.5 的水泥砂浆找平，便于外贴式止水带的安装以及保证分区效果。

当仰拱初衬表面水量较大时，为避免积水将铺设完成的防水板浮起，宜在仰拱初衬表面设置临时排水沟。

2）铺设缓冲层

铺设防水板前应先铺设缓冲层，缓冲层材料采用单位质量不小于 350g/m² 的聚丙烯针刺非织造土工布；用水泥钉或膨胀螺栓和与防水板配套的圆垫片将缓冲层固定在基面上，固定点之间呈正梅花形布设。顶拱上的固定间距为50cm，侧墙上的固定间距为80～100cm，仰拱上的固定间距为1～1.5m；仰拱与侧墙连接部位的固定间距应适当加密至50cm左右。在基面凹坑处应加设圆垫片，避免凹坑部位的防水板吊空。

缓冲层采用搭接法连接，搭接宽度5cm。缓冲层铺设时应尽量与基面密贴，不得拉得过紧或出现过大的皱褶，以免影响防水板的铺设。

3）铺设塑料防水板

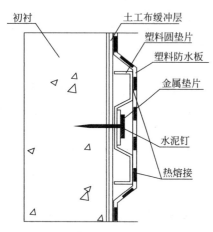

图 8.5-1 防水板固定节点图

铺设防水板时，顶、底纵梁部位以及仰拱防水板宜采用沿隧道纵向铺设的方法，以减少十字焊缝的数量，减少手工焊接，保证防水效果。

防水板采用热熔法手工焊接在塑料圆垫片上，焊接应牢固、可靠，避免浇筑和振捣混凝土时防水板脱落（图 8.5-1）。

防水板固定时应注意不得拉得过紧或出现大的鼓包，铺设好的防水板应与基面凹凸起伏一致，保持自然、平整、伏贴。以免影响二衬混凝土的厚度或使防水板脱离。

防水板之间的接缝采用双焊缝进行热熔焊接，搭接宽度 15cm。每条焊缝有效宽度不应小于 10mm。焊接完毕后采用检漏器进行充气检测，充气压力为0.25MPa，保持该压力不少于15min，允许压力下降10%。如压力持续下降，应查出漏气部位并对漏气部位进行全面的手工补焊。

防水板铺设完毕后应对其表面进行全面的检查，发现破损部位及时进行补焊。补丁应剪成圆角，不得有三角形或四边形等尖角存在，补丁边缘距破损边缘的距离不得小于7cm。补丁应满焊，不得有翘边空鼓部位。

对防水层进行验收合格后，才能进行下道工序的施工。

所有施工缝部位的防水板预留长度均应超过预留搭接钢筋顶端最少20cm，也可将预留部分卷起后固定，并注意后期的保护。

底板或仰拱防水板铺设完毕后应及时施做保护层，在防水板上表面铺设单位质量不小于$350g/m^2$的无纺布，然后浇筑不小于5cm厚的C20细石混凝土。

（2）分区注浆系统

采用塑料防水板的矿山法隧道宜设置分区注浆系统。

1）分区系统

分区系统一般设置在变形缝部位。分区系统采用外贴式塑料止水带，止水带宽度不小于350mm。塑料止水带的材质应与塑料防水板一致。采用外贴式止水带专用焊接机将塑料止水带两端热熔焊接在塑料防水板表面，每道焊缝宽度不得小于30mm，并采用塑料焊条对焊缝进行补强焊接，要求焊接部位牢固、密实、不透水。

进入现场焊接止水带前，应取0.5～1.0m长度的止水带进行班前试焊，焊接完毕后将两端热熔密封，然后进行充气检测，充气压力0.15MPa，并维持该压力不少于

15min，否则应对焊接设备进行检测，并调整焊接工艺，达到要求后才能够进入现场焊接。

止水带的接头可采用现场热熔对接焊接，要求对接牢固、严密、可靠，必要时对接部位采用与止水带同材质的防水板进行加强，加强层长度10cm，骑缝与止水带齿条满焊，焊接应严密、可靠。

仰拱或底板部位的外贴式止水带宽度范围内的表面不得浇筑细石混凝土保护层，在浇筑结构混凝土前，应将表面的杂物清理干净，确保止水带齿条与现浇混凝土结构咬合密实。

2）注浆系统

全包塑料防水板表面均设置注浆系统，注浆系统的纵向设置间距为4～5m。注浆系统包括注浆底座和注浆导管，注浆底座应与防水层热熔焊接（图8.5-2）。注浆导管应采用塑料螺纹管，并应具有足够的抗压强度，确保埋入浇筑混凝土内的部分不被压扁。

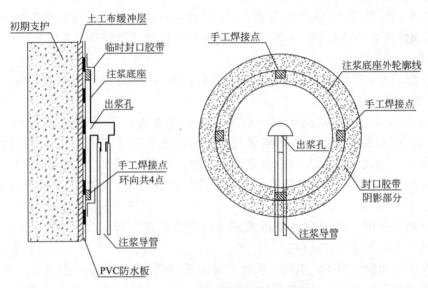

图8.5-2 注浆系统安装示意图

注浆底座边缘采用四点焊接在防水板表面，四点应对称设置，每个焊接点宜为10mm×10mm。焊接应牢固，避免浇捣混凝土时底座脱离防水板。但不得将底座边缘全部热熔满焊在防水板表面，以免后期浆液无法注入。

注浆系统应尽量靠近变形缝、施工缝和穿墙管等易出现渗漏水的位置设置，一般以距这些特殊部位的间距50cm左右设置为宜，变形缝两侧的注浆系统环向间距宜适当加密至2m左右。

注浆导管与注浆底座连接应牢固、密闭，必要时应采用钢丝将导管与底座间连接部位绑扎牢固，避免底座与导管脱离。

导管可以在结构内穿行一段距离后集中在两侧墙引出，引出部位可以预埋木盒，将集中引出的导管设置在木盒内（每个木盒设置6个导管）。此时埋入混凝土内的部分应设置在内、外排钢筋之间，并且每隔40～50cm固定在钢筋上。开孔端应牢固地固定在钢筋上，避免浇捣混凝土时注浆管被拉入混凝土内。

注浆导管也可以与底座连接点垂直穿过内、外排钢筋引出，此时需要将注浆导管牢固地固定在内、外排钢筋上。

导管开孔端可直接引出结构表面，也可根据混凝土保护层的厚度，将开孔端用封口盖堵住并用封口胶带严密封口后埋入混凝土内（或单独用封口塑料胶带封口），模板拆除后将开孔端表面封口胶带盒混凝土破除即可露出注浆导管。此时应采取措施避免导管开孔段移位。

二衬结构完工后，如果出现渗漏水，应利用注浆系统对防水板和二衬之间进行注浆。注浆液应采用水灰比为1：(2~3)的水泥浆，同时应填加8%~10%的膨胀剂。注浆压力根据渗漏水情况、结构厚度、埋深等因素确定，一般可控制在0.3~0.5MPa。

(3) 预铺防水卷材

某些断面尺寸较小的矿山法隧道可以采用预铺防水卷材作为夹层防水。预铺防水卷材应具有和后浇混凝土牢固粘结的能力。

预铺防水卷材的规格一般为厚度不小于1.5mm的高分子类预铺防水卷材或厚度不小于4mm的改性沥青聚酯胎预铺防水卷材。其性能应符合《预铺防水卷材》GB/T 23457—2017的要求。

需要注意的是，采用预铺防水卷材时，其对基面的要求远高于塑料防水板。

1) 基面处理要求

铺设防水卷材的围护结构表面应清理干净，平整度应满足 $D/L \leqslant 1/20$，式中，D 为相邻两凸面间的最大深度，L 为相邻两凸面间的最小距离。并要求凹凸起伏部位应圆滑平缓。所有不满足上述要求的凸出部位应凿除，并用1：2.5的水泥砂浆进行找平；凹坑部位采用1：2.5的水泥砂浆填平。基面应洁净、平整、坚实，不得有疏松、起砂、起皮现象。

不平整部位采用1：2.5的水泥砂浆圆顺地覆盖处理，当基面条件较差时，可先铺设 $400g/m^2$ 的土工布缓冲层进行保护。

基层表面可潮湿，但不得有明水流，否则应进行堵水处理或临时引排。

所有阴角均采用1：2.5的水泥砂浆做成2cm×2cm的钝角，阳角做成2cm×2cm的钝角。

2) 预铺防水卷材施工工艺

防水卷材的自粘面必须面向现浇混凝土结构。

防水层采用机械固定法固定于基面，固定点距卷材边缘2cm处，钉距不大于50cm。钉长不得小于3cm，且配合垫片将防水层牢固地固定在基层表面，垫片直径不小于2cm，以避免浇筑混凝土时脱落。

相邻两幅卷材的有效搭接宽度为10cm（不包括钉孔）。将钉孔部位覆盖住。要求上幅压下幅进行搭接。搭接时，搭接缝范围内的隔离膜必须撕掉，搭接必须采用与卷材相配套的专用粘胶。

仰拱防水层铺设完毕，除掉卷材的隔离膜，并立即浇筑不小于50mm厚的C20细石混凝土保护层，立面防水层应采取临时保护措施避免防水层受到破坏。

防水层破损部位应采用同材质材料进行修补，补丁满粘在破损部位，补丁四周距破损边缘的最小距离不小于10cm。其需注意事项：
① 基面有明水流时不得进行防水层的铺设工作。
② 垫层表面的积水应清除。
③ 铺贴立面卷材防水层时，应采取防止卷材下滑的措施。
④ 卷材表面积水时，应排除干净再浇筑混凝土。

2. 透水管

当城市道路矿山法隧道穿越山岭、承受加大水压时，可以考虑增设环、纵向软式透水管。

软式透水管宜采用圆形断面。

环向软式透水管的设置间距为6～8m，直径约为50mm。纵向两侧各设置一道纵向软式透水管，直径约为80mm。环、纵向软式透水管采用PVC三通构件连为一体。

隧道每隔10m设置一横向排水管，横向排水管采用PVC三通构件与纵向软式透水管连为一体，具体设置位置应尽量靠近环向软式透水管，排水管与道路排水沟相连。

当初衬出现较大渗漏水时，宜首先进行堵漏处理，在无明显渗漏的情况下设置环向软式透水管，且设置密度宜加大至3～4m。

软式透水管的材质与性能指标应符合《软式透水管》JC 937—2004 的要求，横向排水管的材质宜为PVC，公称外径不小于110mm。

3. 背水面刚性防水层

对于某些断面较小，且没有条件做夹层防水的矿山法隧道，可以在二衬背水面设置刚性防水层。刚性防水层一般采用聚合物水泥防水砂浆，厚度不小于10mm。

8.5.2 变形缝防水

变形缝一般设置外贴式止水带、中埋式止水带、全断面注浆管和背水面嵌缝等防水措施（图8.5-3）。

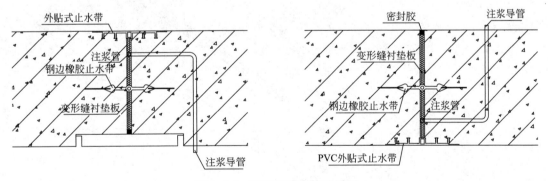

图 8.5-3 变形缝防水构造详图

当夹层防水层为塑料防水板时，外贴式止水带应为与塑料防水板材质一致的塑料止水带，并作为分区注浆系统的分割。

变形缝止水带的宽度一般为350mm。均为中孔型。顶板、侧墙变形缝部位均设置排水盒。

变形缝迎水面设计1m宽的柔性防水加强层。

8.5.3 施工缝防水

施工缝一般设置中埋式止水带,并在施工缝封面涂刷水泥基渗透结晶型防水材料(用量不小于 $1.5kg/m^2$)(图 8.5-4)。如遇到无法设置止水带的情况,则采用双道遇水膨胀止水胶和一道全断面出浆预埋注浆管的防水进行防水(图 8.5-5)。遇水膨胀止水胶为挤出型,固化后的断面尺寸为 (8~10) mm×(18~2) mm。施工缝迎水面设置 0.5m 宽的柔性防水加强层。

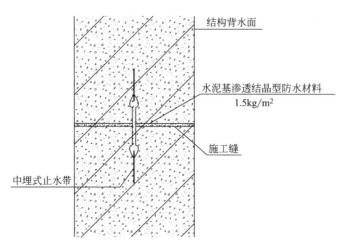

图 8.5-4 环纵向施工缝防水构造

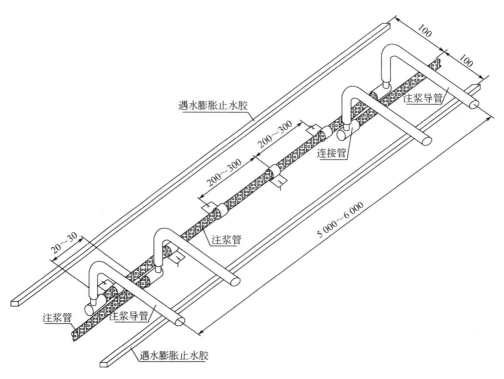

图 8.5-5 注浆管和止水胶安装示意图(单位:mm)

8.6 盾构法隧道防水

8.6.1 管片混凝土自防水

管片自防水不单是强调管片单体的抗渗能力,而是应从管片设计、管片制作及拼装工艺三方面综合考虑,才能真正做好。具体要求如下:

(1) 管片应采用防水混凝土,其强度等级不宜小于C50,抗渗等级按隧道埋置深度确定,并应符合表8.6-1的规定。

管片混凝土设计抗渗等级　　　　　　　　　表8.6-1

工程埋置深度 H(m)	设计抗渗等级
$H<20$	P8
$20 \leqslant H<30$	P10
$H \geqslant 30$	P12

(2) 混凝土管片检漏标准为0.8MPa水压维持3h条件下,渗水进入管片外背高度≤5cm。混凝土管片检漏频率参照《地下铁道工程施工及验收规范》GB 50299—2018第8.11.5条执行。

(3) 管片制作精度要求:

1) 如果衬砌管片制作精度差,加上衬砌拼装的累积误差,将会导致衬砌接缝不密贴而出现较大的初始缝隙,另外衬砌制作精度不够时,衬砌容易在盾构推进时被顶碎和崩落,从而导致漏水。根据国内外隧道施工实践,采用高精度钢模来提高管片精度是很重要的环节。

2) 应严格控制管片的精度误差,单块管片制作尺寸允许偏差:宽度应为±1.0mm;弧长、弦长应为±1.0mm;厚度应为+3mm,−1mm。

8.6.2 衬砌接缝防水

盾构法隧道防水的重点是衬砌接缝防水,而接缝防水的关键是接缝面防水密封材料及其设置,并辅以背水面嵌缝等辅助措施形成完整的接缝防水体系。

1. 密封垫及其沟槽的要求

目前,盾构管片接缝密封垫主要分为三种类型(图8.6-1):①与遇水膨胀橡胶复合的弹性密封垫,发挥膨胀止水与压密止水双重功效;②弹性密封垫,仅依靠接触面受压产生水反力来密封止水;③遇水膨胀类密封垫,依靠膨胀应力止水。

①复合型弹性密封垫

②弹性密封垫

③纯遇水膨胀橡胶密封垫

图8.6-1　密封垫种类

由于近年来国内市场遇水膨胀材料质量参差不齐、耐久性难以保证，如今国内的盾构隧道越来越倾向于采用单一的三元乙丙橡胶弹性密封垫，纯粹依靠弹性压密止水。

衬砌接缝密封垫沟槽的道数、位置、形式、尺寸，应根据隧道类型、设计水压、接缝允许的张开量、错位量、接缝面构造等确定，并应与密封垫形式、尺寸相匹配；衬砌接缝至少应设置一道密封垫沟槽，接缝密封垫应能被完全压入密封垫沟槽内，密封垫沟槽的截面积应大于或等于密封垫的截面积，其关系按下式表示：

$$A = 1 \sim 1.15 A_0 \tag{8.6-1}$$

式中 A——密封垫沟槽截面积；

A_0——密封垫截面积。

2. 接缝密封垫的规定

（1）防水性能要求

衬砌接缝达到允许张开量、错位量和设计水压时，接缝密封垫不应渗漏。设计水压宜为隧道实际承受的最大水压的2~3倍。密封垫和挡水条组成的接缝防水措施应能在隧道设计使用年限内保障隧道满足防水等级的要求。

（2）材质要求

密封垫主体材料宜选用三元乙丙橡胶（EPDM），禁止使用三元乙丙橡胶再生料以及与其他合成胶的混炼胶。挡水条宜采用遇水膨胀橡胶。

（3）产品尺寸公差要求

1）弹性橡胶密封垫允差：

① 断面尺寸允差：

高度允差：+0.5mm；最大宽度允差：±1.0mm；脚部宽度允差：±1.0mm；孔径允差：±0.2mm；顶面宽度允差：+1.0mm。

② 成框尺寸允差：

纵向允差：±3mm；环向允差：±7mm。

③ 拐角接头尺寸允差：

高度允差（相对）：±0.3mm；宽度允差（相对）：±0.5mm；接头长度允差：±3.0mm。

2）挡水条断面尺寸允差：高度允差：+0.5mm；宽度允差：+1.0mm。

（4）拼装要求

管片接缝拼装的闭合压缩力≤6t/m。

密封垫的闭合压缩力：管片接缝拼装到理想状态（0mm张开量、0mm错位高差）时，弹性橡胶密封垫产生的压缩反力。

（5）弹性橡胶密封垫性能指标应满足表8.6-2的要求

弹性橡胶密封垫成品物理性能 表8.6-2

项目	指标	
	三元乙丙橡胶	
	Ⅰ型 a	Ⅱ型 b
硬度（邵尔A）（度）	50~60	60~70

续表

项目		指标	
		三元乙丙橡胶	
硬度偏差度		±5	±5
拉伸强度(MPa,≥)		9.5	10
拉断伸长率(%,≥)		350	330
压缩永久变形(%)	70℃×24$^{0}_{-2}$h,25%≤	25	25
	23℃×72$^{0}_{-2}$h,25%≤	20	15
热空气老化 (70℃×96h)	硬度变化度(≤)	6	6
	拉伸强度变化率(%,≤)	15	15
	拉断伸长率变化率(%,≤)	25	25
防霉等级		不低于二级	不低于二级

注：1. 以上指标均为成品切片测试的数据，若只能以胶料制成试样测试，则其拉伸强度、拉断伸长率性能指标应达到本表的120%。
2. Ⅰ型 a 为实芯密封垫，Ⅱ型 b 为多孔密封垫。

（6）密封垫应进行一字缝及 T 字缝水密性试验

按管片的设计沟槽尺寸制作模具，利用模拟管片"一"形、"T"形拼装接缝的耐水压试验装置，测定密封垫在管片设计张开量及错缝量时能承受的水压值。

3. 接缝传力衬垫及变形缝的防水

（1）衬砌接缝面所贴的缓冲垫片的材料及其铺设面积、位置，应通过试验满足环纵缝受力不均匀时避免应力集中的要求，还应经济、合理。衬砌变形缝环面应贴设垫片，且变形缝处密封垫应相应加厚，以适应变形缝的张开量。

（2）衬砌变形缝处的挡水条、弹性橡胶密封垫的顶部各加贴 3mm 厚的遇水膨胀橡胶薄片。

4. 螺栓孔密封防水

螺栓与螺栓孔之间的装配间隙也是渗漏多发处，采用的防水措施一般是弹性密封圈，在拧紧螺栓时，密封圈受挤压变形充填在螺栓和孔壁之间，达到止水效果。

螺孔防水应符合下列规定：

（1）管片螺孔口宜设置锥形倒角的螺孔密封垫圈沟槽，如图 8.6-2 所示。

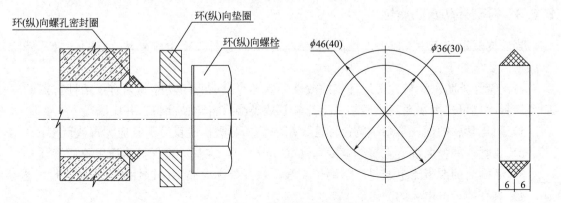

图 8.6-2 螺孔密封圈详图

(2)螺孔密封圈的外形应与沟槽匹配，并应有利于压密止水或膨胀止水；在满足止水的要求下，螺孔密封圈的断面宜小。

(3)螺孔密封圈应为合成橡胶或遇水膨胀橡胶制品，其技术指标要求应符合《高分子防水材料 第4部分：盾构法隧道管片用橡胶密封垫》GB 18173.4—2010 的要求。

5.嵌缝

出于结构耐久性的考虑，管片背水面整环嵌缝密封近年来在公路隧道中逐步得到应用。尤其其对于一些隧道的重点区域，如进出洞口、联络通道等隧道变形、管片接缝张开变化较大的位置，有必要实施整环嵌缝。嵌缝材料及形式应符合以下规定：

(1)嵌缝槽深宽比不应小于2.5，槽深宜为25～55mm，单面槽宽宜为5～10mm；

(2)断面构造形状应根据嵌缝材料材质与形式从平底型、斜底型、单侧型、倒"退拨"型中选择、设计，如图8.6-3所示；

(3)嵌缝材料应有良好的不透水性、潮湿基面粘结性、耐水性、弹性和抗下坠性；

(4)应根据隧道使用要求，确定嵌缝范围。

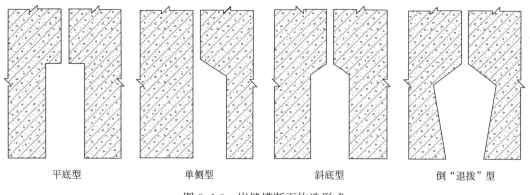

图 8.6-3 嵌缝槽断面构造形式

6.手孔封堵要求

管片手孔宜用丙烯酸盐防腐蚀乳液砂浆或符合《无机防水堵漏材料》GB 23440—2009 有关规定的快硬水泥等部分或完全封填。上半环手孔封堵作业中，水泥中可掺入对半量的快硬水泥替代普通水泥，以加快封堵材料的固结时间。

8.6.3 衬砌外防水防腐蚀

当盾构隧道处于中等以上腐蚀的地层时，宜在管片外弧面涂刷外防水涂料，管片外防水涂层的要求如下：

(1)管片外防水涂料宜选用环氧或改性环氧类等具有封闭功能及兼有渗透性特点的反应型涂料，也可选用水泥基渗透结晶型或硅氧烷类渗透自闭型涂料；并应满足下列要求：

1) 耐化学腐蚀性、抗微生物侵蚀性、耐水性、耐磨性应良好，且应无毒或低毒；

2) 在管片外弧面混凝土裂缝宽度达到 0.3mm 时，在最大埋深处水压下不应渗漏；

3) 涂刷后的混凝土电通量、氯离子扩散系数等指标应满足腐蚀性地层的耐久性要求；

4) 具有防杂散电流的功能。

(2)各类外防水涂料性能应符合下列要求：

1) 水泥基渗透结晶型防水涂料的物理性能应符合表8.6-3的规定。

水泥基渗透结晶型防水涂料的物理性能　　　　　　　表8.6-3

序号	实验项目		性能指标
1	外观		均匀、无结块
2	含水率(%,≤)		1.5
3	细度,0.63mm筛余(%,≤)		5
4	氯离子含量(%,≤)		0.1
5	施工性	加水搅拌后	刮涂无障碍
		20min后	刮涂无障碍
6	抗折强度(MPa,28d,≤)		2.8
7	抗压强度(MPa,28d,≤)		15.0
8	湿基面粘结强度(MPa,28d,≤)		1.0
9	砂浆抗渗性能	带涂层砂浆的抗渗压力*(MPa,28d)	报告实测值
		抗渗压力比(带涂层)(%,28d,≤)	250
		去除涂层砂浆的抗渗压力*(MPa,28d)	报告实测值
		抗渗压力比(去除涂层)(%,28d)	175
10	混凝土抗渗性能	带涂层混凝土的抗渗压力*(MPa,28d)	报告实测值
		抗渗压力比(带涂层)(%,28d,≤)	250
		去除涂层混凝土的抗渗压力*(MPa,28d)	报告实测值
		抗渗压力比(去除涂层)(%,28d)	175
		带涂层混凝土的第二次抗渗压力(MPa,56d,≤)	0.8

注：*基准砂浆和基准混凝土28d抗渗压力应为 $0.4^{+0.0}_{-0.1}$ MPa，并在产品质量检验报告中列出。

2) 高渗透环氧涂料的物理性能应符合表8.6-4的规定。

高渗透环氧涂料的物理性能　　　　　　　表8.6-4

序号	检测项目		指标
1	比重(常温)(g/cm³)		1.03～1.08
2	起始黏度(15℃,mPa·S)		2.6～6.0
3	表面张力(20℃,5～10N/cm)		38.4～40.8
4	接触角(20℃)		15°～20°
5	初凝时间(h)		8～30
6	抗压强度(MPa)		60～80
7	剪切强度(MPa)		18～27
8	抗折强度(MPa,≥)		16
9	粘结强度(MPa,≥)	干燥基层	5.8
		潮湿基层	4.6
10	抗渗系数(cm/s)		10^{-13}～10^{-12}

8.6.4　井接头防水

井接头防水设计包括施工阶段的临时接头与竣工后的永久接头的防水。

1. 临时接头防水

盾构出洞时，一般采用地基加固结合设置出洞防水装置的方法，来保证出洞的安全。近年来国内盾构隧道越来越倾向于采用施工便捷、无需人工操作的铰链式出洞装置（图 8.6-4），对于一些大直径超深埋的隧道，也可采取双道铰链式装置（图 8.6-5）。

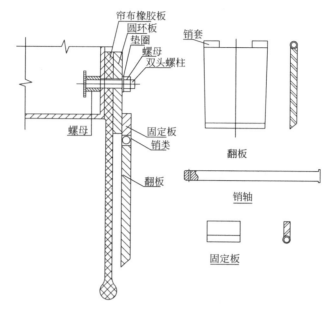

图 8.6-4　铰链式出洞装置防水构造图

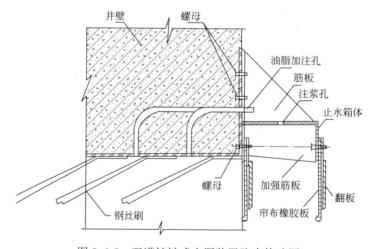

图 8.6-5　双道铰链式出洞装置防水构造图

2. 永久接头防水

永久接头为钢筋混凝土接头，它与井壁、管片的接缝应预设全断面出浆的注浆管与遇水膨胀止水胶等多道柔性防水材料（图 8.6-6）。

8.6.5　联络通道防水

（1）采用矿山法施工的双层衬砌式联络通道，衬砌的喷射混凝土宜在冻结法等土体加

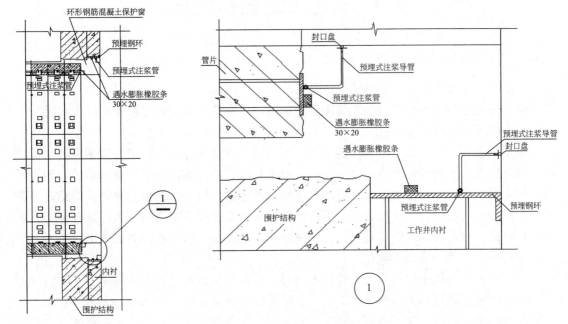

图 8.6-6 永久接头防水

固、防渗条件下施工；内衬应采用防水、耐久混凝土，混凝土强度等级不应低于C35，抗渗等级根据埋深而定，并不应小于P8；初衬支护与内衬间应设塑料防水板与土工织物组成的夹层防水层，并应设置分区注浆系统加强防水；应加强壁后注浆管与穿过的塑料防水层接头的防水密封。

（2）当拟采用内防水层替代夹层防水层时，应经过上一级评审通过；内防水层宜采用聚合物水泥砂浆、水泥基渗透结晶型材料等抗裂防渗材料。

（3）联络通道与盾构隧道的接头施工缝宜采用缓膨胀型遇水膨胀类止水条（胶）、预留注浆管等接头密封材料防水（图8.6-7）。

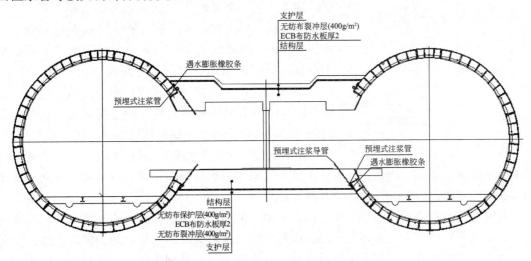

图 8.6-7 联络通道防水构造图

8.7 沉管法隧道防水设计

8.7.1 管节外包防水层设计

1. 刚性管节外包防水层设计

沉管法隧道管节中的节段为整体刚性连接时，宜在管节迎水面设置全外包防水层。

（1）底板外包防水层设计

由于我国相当部分的河流存在腐蚀性，因此管节本体的防水与防腐是需重点解决的问题。沉管隧道如采用全包防水设计，外包钢板为目前管节底板较常见的防水措施，钢板既可以作为混凝土浇筑的模板，又可以作为底板的外包防水层，且钢板与混凝土的结合性能良好，保证了两者成为一个整体。但钢板的缺点在于腐蚀性环境中的耐久性能较差，钢板之间的焊接会对防腐涂层造成破坏，且涂层修补十分困难。另从造价方面考虑，钢板成本较高，对整个工程的费用影响较大。

目前，管节底板采用钢板作为外防水层时，钢板迎水面要求涂刷防腐涂层。防腐涂层宜结合采用电弧喷锌和无溶剂环氧涂层，电弧喷锌涂层厚度约为 $250\mu m$，无溶剂环氧涂层干膜厚度约为 $130\mu m$。钢板焊缝处铺贴防水卷材作为加强防水措施，防水卷材的材质为双面自粘型预铺式沥青基聚酯胎防水卷材。

除了钢板之外，采用聚氯乙烯（PVC）塑料防水板作为底板外包防水层也是可行的方法。采用 PVC 防水板首先在理论上保证了防水层的耐久性，因 PVC 防水板为有机材料，不受河流、海洋中的腐蚀性介质影响，它只有在有机溶剂的侵蚀下才会腐蚀，但此类情况发生的概率极低。

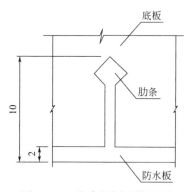

图 8.7-1 防水板剖面构造图
（单位：mm）

管节底板铺设的 PVC 防水板一般为带有肋条的平板，肋条的断面构造见图 8.7-1，平板厚度约为 2mm，肋条的高度约为 10mm。肋条的构造形式既使其可与混凝土紧密咬合，又不会对底板钢筋的绑扎、混凝土保护层的控制产生不良影响。

防水板主要设置纵向肋条，每隔 25m 左右需设置一道横向肋条，纵横向肋条的间隔设置将可能产生的渗漏水限制在局部范围内，防止了大面积窜水现象的产生。PVC 防水板之间采用热熔焊接方式相连，纵横向防水板接头处，可先采用必要的工具对肋条断面加以切割，以确保肋条接头的平整度，保证焊接质量（图 8.7-2）。

防水板铺设至管节底板与侧墙转角处，需沿侧墙模板上翻至纵向水平施工缝之上作收头处理。防水板端部沿纵向加焊一道与防水板同等材质的外贴式止水带，以加强防水板端部的止水功效。

防水板与端钢壳的连接处，由于两者为不同的材质，无法如底钢板与端钢壳之间顺利相接，需进行特殊处理，采用压条结合螺栓固定防水板的方式为较理想的解决方法。收头防水板无需设置肋条，端钢壳上预设螺孔，收头防水板与端钢壳搭接一定宽度，防水板端部同样预留对应的螺孔，然后通过压条结合螺栓压紧防水板端部，即完成对防水板的封

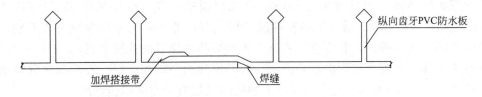

PVC防水板纵向搭接构造图

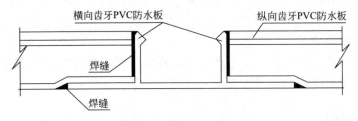

PVC防水板横向搭接构造图

图 8.7-2　PVC 防水板纵横向搭接构造图

闭。防水板与端钢壳之间的高差采用预制水泥砂浆倒角的方式，使防水板可平缓铺设至端钢壳内表面。另外，端钢壳预设螺孔两侧、预设螺孔与螺栓表面均需预先满涂遇水膨胀止水胶，然后再拧紧螺栓，此举封闭了收头防水板与端钢壳之间、螺栓与螺孔之间存在的渗水通道（图 8.7-3）。

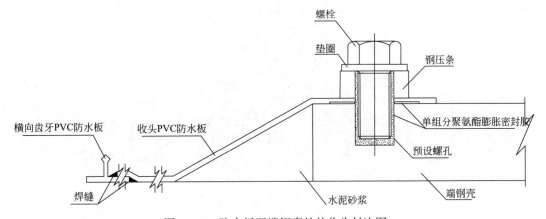

图 8.7-3　防水板至端钢壳处的收头封边图

防水板在满足管节底板外包防水层耐久性的同时，也存在一定的缺点，特别是材质决定了其无法承受高温与火花，因此在管节施工阶段，需注意对防水板的保护。

（2）侧墙与顶板外包防水层设计

管节顶板、侧墙的传统外包防水层一般采用柔性防水涂层，并设置与防水涂层配套的保护层，但考虑到施工现场的实际情况或沉管隧道所处环境存在的腐蚀性介质，建议采用喷涂型聚脲防水涂料。此类涂料原先主要作为防腐涂料应用于海港工程的混凝土与钢构件表面，通过对产品的改性优化，具有固化速度快、拉伸强度高、延伸率大、粘结力强，无需设置保护层等显著优势。

喷涂型聚脲防水涂料的性能指标应符合现行国家标准《喷涂聚脲防水涂料》GB/T 23446 的要求，表中Ⅰ型、Ⅱ型涂料在性能指标上存在差异，但应用领域没有差别。考虑到沉管隧道的耐久性要求，Ⅱ型涂料宜作为管节外防水涂层的首选方案。

涂料施工前，混凝土基面应预先涂刷与其相配套的封闭底涂料。喷涂型聚脲防水涂料的施工厚度一般为 1.5mm，且应与底板上翻的防水层有一定的搭接宽度。

由于管节顶板人孔的钢盖板采用水下焊接，其外表面无法形成连续封闭的防水层，对于防水层最终的修补，可让潜水员下潜至钢盖板处，以手工涂抹方式，将环氧类胶泥材料施作于钢盖板上。

2. 柔性管节外包防水层设计

管节中的节段为柔性连接时，宜根据生产工艺，在管节的柔性接头处设置全包外防水层。全包外防水层的材质宜选用喷涂型聚脲类防水层。

8.7.2 管节接头防水设计

沉管法隧道管节接头应采用 GINA 橡胶止水带与 OMEGA 橡胶止水带形成双道防水措施（图 8.7-4）。

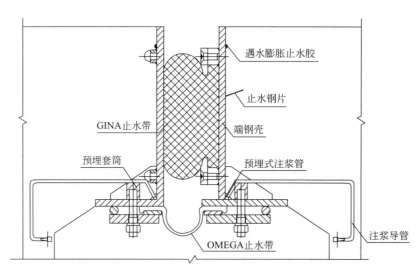

图 8.7-4 管节接头防水构造图

1. GINA 橡胶止水带及压件系统设计

（1）GINA 橡胶止水带的材质

GINA 橡胶止水带为管节接头首道也是最重要的一道防线，其材质一般为丁苯橡胶与天然橡胶的混合物，另外可根据隧道所处的不同地质区域作出相应的材质调整，如处于地震多发带的管节 GINA 橡胶止水带，则宜采用纯天然橡胶为材质，以提高 GINA 橡胶止水带的物理性能。

（2）GINA 橡胶止水带材质的性能指标

根据我国最新发布的《高分子防水材料 第 2 部分：止水带》GB 18173.2—2014，GINA 橡胶止水带应符合表 8.7-1 的要求。

GINA 橡胶止水带的物理性能指标　　　　　　　　　　表 8.7-1

项目		指标
硬度(邵尔 A)(度)		40～70
拉伸强度(MPa)		≥16
扯断伸长率(%)		≥400
撕裂强度(kN/m)		≥20
脆性温度(℃)		≤−50
压缩永久变形(70℃×24h,25%)(%)		≤30
热空气老化 (70℃×168h)	拉伸强度(MPa)	≥13
	扯断伸长率(%)	≥300
	硬度变化值(邵尔 A)(度)	≤+10
臭氧老化[50×10^{-8};20%,(40±2)℃×48h]		无裂纹
吸水性(23℃,168h)(体积百分数,%)		≤5

注：根据管节接头承受的水压及可能产生的最大变形量，GINA 橡胶止水带的硬度及其他指标可作相应调整。

(3) GINA 橡胶止水带的构造形式选择

荷兰、德国、日本为沉管隧道施工法应用较多的国家，各国采用的 GINA 橡胶止水带断面构造形式均有差异（图 8.7-5）。图 8.7-5 中的（a）、(b) 为荷兰的 TRELLEBORG 公司生产的 GINA 橡胶止水带，(c) 为德国的凤凰公司生产制造的 GINA 橡胶止水带，(d) 为日本横滨橡胶株式会社生产制造的 GINA 橡胶止水带。(a)、(b) 两种止水带剖面构造形式较为接近，它的顶部端头与主体材料的硬度可以有所不同，使顶部更易于受压缩，增加了止水带的压缩值，为管节接头的初期止水功效提供了可靠的保证。不同之处在于构造形式（b）中部开孔，较（a）更易于压缩，可产生相对较大的压缩量。德国生产商制造的止水带（c）则与荷兰生产的止水

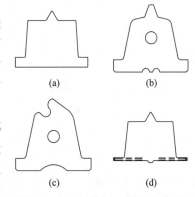

图 8.7-5　各种 GINA 橡胶止水带断面构造形式图

带有较大差别，它呈唇形构造，防水原理主要是依靠其顶部受压变形，外界水压作用于止水带本体越大，顶部端头与端钢壳会越压越紧，从而产生良好的止水效果。日本生产商制造的止水带（d）有其不同的特点，底部设有凸缘，当止水带受压变形后，底部单位面积相对承受的压应力较大，对止水带与端钢壳接触面之间的密闭止水有较好效果。止水带两侧凸缘较薄，是其采用穿孔固定止水带方式的需要（后有介绍），同时为防止止水带在外力作用下受剪损伤，两侧凸缘衬入了尼龙纤维，以加强此处的抗拉强度。

综合考虑防水性能、造价、工程应用实例、供货期等因素，目前国内施工的沉管隧道管节接头皆采用荷兰的 TRELLEBORG 公司生产的 GINA 橡胶止水带。

(4) GINA 橡胶止水带的选型计算

根据实际工况条件，混凝土管节制作、沉放后，会产生一定的轴向位移量，这主要是由于：混凝土管节施工完毕后，因①温差引起的管节长度上的收缩；②干燥引起的管节长

度上的收缩；③管节端面平整度的差异；④管节沉放基础的沉降变化；⑤发生地震而可能引起的管节接头的张合；⑥GINA橡胶止水带本身在受压状态下所产生的应力松弛量等。由上述6个变值可得出GINA橡胶止水带受压之后的总轴向位移量。而每种止水带根据其不同的型号，拥有自身的水密性压缩曲线与压缩变形曲线（图8.7-6），止水带压密止水时的压缩量与止水带受压之后的总轴向位移量之和应该小于止水带压缩变形曲线对应得出的压缩量，两者之差反映出安全程度的大小。

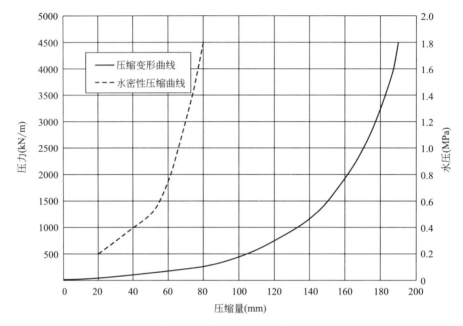

图8.7-6　GINA橡胶止水带压缩变形曲线与水密性压缩曲线图

针对上述6个变值，设计中应研究分析如何选取合适的数值进行计算：①混凝土温度变化除了要考虑浇筑时的温差，还应考虑运营阶段管节内外的温差。②管节干燥产生的收缩量可由收缩位移公式计算得出。③端面平整度误差由加工精度确定，设计上应加以限制。④管节基础沉降变化。⑤地震引起的管节接头张开量则根据施工地点的地质条件、基础处理方法及管节横断面的大小、抗震设防烈度，由设计人员确定具体数值。⑥长期受压状态下的GINA橡胶止水带的应力松弛量可依照国外厂商提供的数据获知。

考虑到地震对GINA橡胶止水带性能可能带来的不利影响，供应商应提供地震工况对GINA橡胶止水带是否产生影响的动荷载试验报告。试验结束后，通过表面损伤检查和试验前后止水带的长、宽、高对比得出结论，地震工况是否对GINA橡胶止水带受压特性带来不利影响。

设计方最终的GINA橡胶止水带计算结果应与GINA橡胶止水带供应商提供的计算结果大致相同。

（5）GINA橡胶止水带的压件系统设计

一般沉管接头的GINA橡胶止水带采用卡箍压件系统或穿孔压件系统固定。卡箍式系统即采用焊接于端钢壳上的压块和压板，卡住安装到位的GINA橡胶止水带两侧的凸缘，起到固定就位的作用。优点是GINA橡胶止水带本身不破坏，安装便利，但如若管节接头受到猛烈的冲击（如地震），止水带有从卡箍装置中脱落出来的可能性。穿孔式系统即在GINA橡胶止水带生产过程中，于其两侧凸缘间隔一定距离预留螺孔，安装时螺栓穿过压板、凸缘，最后固定于端钢壳上。其优点是止水带固定牢固，不会脱落。但安装时，螺孔对位精度要求较高，施工不便，且需在端钢壳上开孔，降低了端钢壳的整体防水性能。对多地震国家，采用穿孔固定方式更为保险（图8.7-7）。

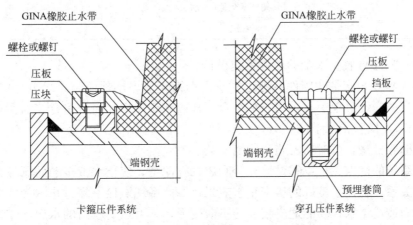

图8.7-7 GINA橡胶止水带压件系统构造图

由于管节之间存在不均匀沉降，GINA橡胶止水带往往产生偏移受压现象，此时止水带完全挤压在压件系统的一侧，根据对先前受损GINA橡胶止水带的检查，在产生偏移受压的情况下，如压件系统存在较大、突出的螺栓头等构件，会造成止水带的本体受到较大破坏，严重影响其使用寿命。因此，今后的GINA橡胶止水带压件设计，务必采用不会对止水带本体产生较大伤害的如图8.7-7所示的压件构造形式。

2. OMEGA橡胶止水带及压件系统设计

管节接头防水除了GINA橡胶止水带作为首道防线外，OMEGA橡胶止水带也是相当重要的防水线。它应与所选用的GINA橡胶止水带相匹配，以充分适应管节间的变形。

（1）OMEGA橡胶止水带的材质

OMEGA橡胶止水带的材质为丁苯橡胶。

（2）OMEGA橡胶止水带材质的性能指标

根据我国最新发布的《高分子防水材料 第2部分：止水带》GB 18173.2—2014，OMEGA橡胶止水带应符合表8.7-2的要求。

OMEGA橡胶止水带的物理性能指标　　　　表8.7-2

项目	指标
硬度(邵尔A)(度)	60±5
拉伸强度(MPa)	≥16
扯断伸长率(%)	≥400
压缩永久变形(70℃×24h,25%)(%)	≤30
撕裂强度(kN/m)	≥30
脆性温度(℃)	≤-40

续表

项目			指标
臭氧老化[50×10⁻⁸;20%,(40±2)℃×48h]			无裂纹
热空气老化	(70℃×168h)	拉伸强度(MPa)	≥13
		扯断伸长率(%)	≥320
		硬度变化值(邵尔 A)(度)	≤+6
橡胶与纤维层粘结力(N/mm)			≥5

(3) OMEGA 橡胶止水带的压件系统设计

OMEGA 橡胶止水带的压件系统主要采用端钢壳上焊接预埋套筒或组合式盖型螺母，然后在止水带的安装过程中，采用压板结合螺栓固定于预埋套筒或组合式盖型螺母内的方式压紧 OMEGA 橡胶止水带的边端，以起到防水功效。在现场安装时，为使止水带可适应较大的接缝张开量，可对其实施预压缩安装。

此压件系统的优点在于：①设计充分利用杠杆原理，使止水带接触面压应力与螺栓的扭力呈加强关系，确保了良好的压密止水效果；②此系统螺栓不穿过止水带，无须担心止水带因开孔而造成渗水；③能适应较大的三向变形，并可承受较高的水压；④装置中的止水带可以在百年使用期内拆卸、修复、更换（图8.7-8）。

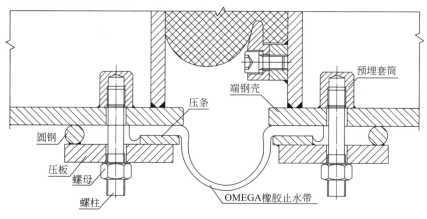

图 8.7-8 OMEGA 橡胶止水带压件系统构造图

(4) OMEGA 橡胶止水带压件系统的特殊设计

由于各节管节之间、管节与岸边段之间存在相对沉降差异，导致了上述相邻结构的端钢壳并不在同一平面上，特别是首、尾管节自沉放到位至管节底部灌砂，到最后稳定阶段，会与岸边段之间产生较明显的沉降差异。这将给 OMEGA 橡胶止水带的安装和正常工作带来难题，研究认为，设计应提出 OMEGA 橡胶止水带安装时的找平装置（图8.7-9）。

(5) OMEGA 橡胶止水带检漏

为保证 OMEGA 橡胶止水带在 GINA 橡胶止水带失效时的止水功效，在其安装结束后，我们要求对 OMEGA 橡胶止水带进行注水加压检漏测试。过高的检漏水压对 OMEGA 橡胶止水带的密封功效会有所伤害，但检漏水压与该接头处的水深相比，应有一定的安全系数。目前，我们以管节侧墙中心水头高度乘以系数1.5，或以底板迎水面所在

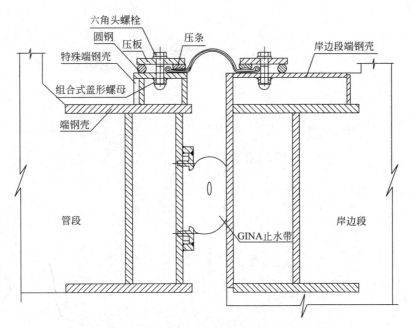

图 8.7-9 OMEGA 橡胶止水带找平装置构造图

水头高度乘以系数 1.2 的计算值作为检漏水压值,而国外一般取管节底板迎水面水头高度加 5m 的水压值作为检漏水压值,上述各种水压值的取法都是较恰当的,而取管节底板迎水面水头高度加 5m 的检漏水压值更加直观。

管节的端钢壳上预埋三根检漏管,其中两根检漏管埋设于管廊底板处,第三根埋设于顶板位置。底板的一根检漏管在测试时作为注水管,另一根检漏管作为备用管,顶板检漏管为排气管。

8.7.3 管节本体接缝防水设计

1. 刚性管节施工缝防水设计

管节横向垂直施工缝的防水措施以设置中埋式止水带为主,纵向水平施工缝的防水措施一般为设置钢板止水带。为了保证防水系统的整体统一性,中埋式止水带与钢板止水带应采用如下方式连接:即利用中埋式止水带的钢边与钢板止水带搭接一定的宽度,搭接宽度之间设置一定厚度的丁基橡胶腻子薄片,使钢边与钢板止水带紧密相贴,并以铆钉固定,确保了渗漏水不会侵入横、纵向施工缝所设防水材料的内侧(图 8.7-10)。

2. 柔性管节变形缝防水设计

节段接头为柔性构造时,钢筋在此处完全断开,通过设置混凝土剪切键和临时预应力拉索,来控制接头处的剪切位移和接头张开量。节段接头主要设置中埋式止水带、OMEGA 橡胶止水带、遇水膨胀橡胶条(图 8.7-11)。

(1)中埋式止水带

根据结构设计人员的分析计算,可将节段接头横断面分为受拉区与受压区。受拉区内的结构体较易产生裂缝,如在受拉区设置止水带,结构体受到横向荷载后可能产生的裂缝会垂直延伸至止水带的端边甚至越过止水带的端边,向结构纵深发展,此时止水带即失去

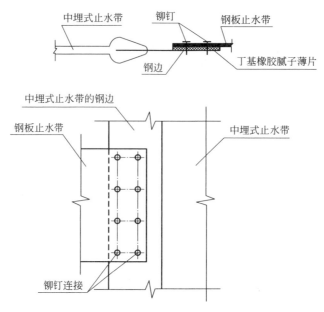

图 8.7-10 中埋式止水带与钢板止水带的搭接构造图

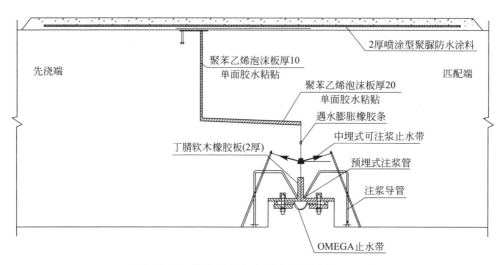

图 8.7-11 节段接头防水构造图（单位：mm）

防水功效。因此，宜尽量将止水带设置于受压区或受压区边缘（图 8.7-12）。

中埋式止水带的材质为丁苯橡胶与钢板，止水带的宽度为 500mm，可最大限度地满足延长渗水途径的需要。另外，中埋式止水带也可与注浆管组合使用，但注浆管在混凝土浇筑之前易受到损伤，导致注浆钢管中的螺钉难以拔出，后期注浆无法进行。因此，如选择采用中埋式可注浆止水带，施工过程中需特别注意对注浆钢管的保护。

(2) OMEGA 橡胶止水带

节段接头 OMEGA 橡胶止水带的材质为丁苯橡胶，根据室内抗水压试验的测试结果，止水带在接头张开 60mm 的情况下，可承受 0.9MPa 的水压；其最大变形量为 $-40\sim +60$mm。因节段接头 OMEGA 橡胶止水带在高水压下可承受较大的接缝张开量，无需对

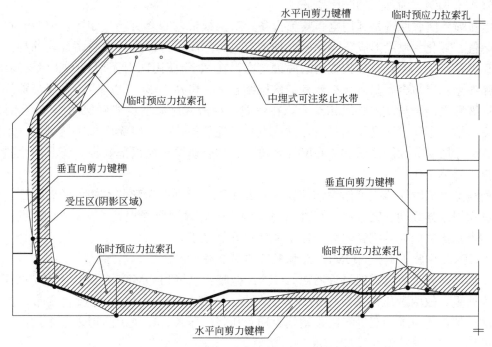

图 8.7-12 中埋式可注浆止水带节段接头布置图

其采用预压缩安装措施。另外,节段接头 OMEGA 橡胶止水带安装位置同样需预埋检漏管,进行注水加压测试。

(3) 最终水下接头防水设计及管节与岸边段接头防水设计

1) 管节水下最终接缝防水

在采用自密实防水混凝土的基础上,对后浇混凝土与预制管节混凝土的接缝防水应作重点设计。由于最终接头的特殊结构形式,无法预埋中埋式或外贴式止水带,宜采用在预制混凝土结构的接缝面上预埋遇水膨胀橡胶止水条和预埋式注浆管的防水措施来达到防水功效。其中,遇水膨胀橡胶止水条既可作为接缝的初期止水材料,又可作为注浆时阻挡浆液流失的屏障。预埋式注浆管为全断面出浆的注浆管,采用此注浆管压注亲水性环氧浆液,可起到二次止水的良好效果,使管节水下最终接头结构安全、耐久。

2) 管节与岸边段接头防水设计

管节与岸边段接头处如为刚性连接,宜设置预埋式注浆管、遇水膨胀止水胶于接缝处,接缝面应涂布水泥基渗透结晶防水涂料。如底板采用外包钢板或防水板,其端部宜采取防水加强措施;管节与岸边段接头处如为柔性连接,则宜设置中埋式止水带与内装可卸式止水带。

8.7.4 特殊钢构件防腐

1. 端钢壳防腐

以往传统的端钢壳主要采用环氧云铁或环氧富锌底漆与厚膜型环氧沥青面漆结合涂刷的方式为主要防腐措施。但一般的环氧类涂层防腐年限为 15 年左右,且现场涂装道数较多,无法保证施工质量。随着防腐技术的发展,采用电弧喷涂与喷涂型聚脲涂料相结合的方法施作于端钢壳为理想的防腐措施。

电弧喷涂防腐原理是利用电弧喷涂设备，对两根带电的金属丝（如锌、铝等）进行加热、熔融、雾化、喷涂形成防腐涂层，外加有机封闭涂层可形成长效防腐复合涂层。该涂层的显著特点为：①具有较长久的耐腐蚀寿命，在30年使用期内无须其他任何防腐维护。②电弧喷涂涂层与金属基体具有优良的涂层结合力（可达10MPa以上），金属喷涂涂层以机械镶嵌和微冶金与基体金属相结合，在弯曲、冲击或碰撞下也能确保防腐涂层不脱落、不起皮、结合牢固、防腐长久有效，这一点是其他任何表面防腐涂层无法达到的。电弧喷涂锌、铝涂层实际为阴极保护，在腐蚀环境下，即使防腐涂层局部破损，仍具有牺牲自己保护钢铁基体之效果。

而喷涂型聚脲涂料既可作为端钢壳的防腐涂层，又可作为管节本体外的防水层，保证了聚脲涂层的连续性、完整性。另外，对于因烧焊导致涂层受损处，应以同类涂层修补。喷涂型聚脲涂料应在端钢壳烧焊工作结束后再开始施工。

2. GINA橡胶止水带、OMEGA橡胶止水带压件防腐

根据已运营沉管隧道的设计回访，GINA橡胶止水带和OMEGA橡胶止水带的压件腐蚀较为严重，故两者压件系统中的螺栓、螺母、垫圈以及OMEGA橡胶止水带外侧局部设置的保护罩均应采用高等级的不锈钢材质。压板、压条、压块、圆钢表面采用电弧喷涂防腐处理，电弧喷涂涂层厚度以300μm为宜。

3. OMEGA橡胶止水带检漏用预埋水管防腐

为了保证OMEGA橡胶止水带在GINA橡胶止水带失效时的防水作用，在其安装结束后，我们要求对OMEGA橡胶止水带进行注水加压检漏测试。因此，通过端钢壳，在GINA橡胶止水带与OMEGA橡胶止水带之间的空腔内预埋水管。此预埋水管可在检漏测试后长期保留，用于运营阶段观测管节接头的渗漏情况，还可在堵漏时发挥作用。基于上述用途，预埋水管需考虑长期使用功效，其材质宜采用高等级不锈钢。

4. 管节接头钢绞线防腐

为了防止管节接头在地震发生时出现过大的轴向变形，管节之间采用接头钢绞线连接。

目前，随着防腐技术的不断发展，科研人员研发出新型的钢绞线防腐涂层。此技术采用熔融结合环氧粉末涂料作为其防腐涂层，生产工艺流程为钢绞线预热后，静电喷涂环氧粉末涂料，待涂层固化后强制冷却。熔融结合环氧粉末涂料性能指标见表8.7-3。

熔融结合环氧粉末涂料性能指标 表8.7-3

项目	指标
粘结强度	≥30MPa
剪切强度	≥21MPa
抗冲击强度	≥1.5J(−30℃)
耐磨性	≥3L/μm
附着力	1~2级
抗氯离子渗透	<0.0001mol/L

该涂层具有如下特点：
(1) 涂层与钢绞线的结合力强，且在钢绞线受力和变形条件下涂层不会开裂、脱落。
(2) 涂层抗化学渗透能力好，可避免钢绞线受到腐蚀断裂。
(3) 涂层自身机械强度高。

另外，钢绞线和管节接口处设置钢绞线保护环，其材质为氯丁橡胶。此保护环可保证钢绞线在接头安装过程中，不会因拉伸、拖拽与管节混凝土摩擦受损。

8.8 耐久性设计

8.8.1 耐久性设计原则及环境作用等级判别

1. 耐久性设计原则

(1) 根据结构设计使用年限、所处的环境类别、环境作用等级，采用基于耐久性所要求的混凝土原材料、混凝土配合比、混凝土耐久性参数的指标；

(2) 采用有利于减轻环境作用的结构形式、布置和构造，以满足施工、使用过程中检测与维护的要求；

(3) 提出对混凝土施工过程的质量控制要求。

2. 环境作用等级判别

隧道混凝土结构所处的环境类别和环境作用等级应根据工程勘察和环境调查等相关资料，并按照《混凝土结构耐久性设计规范》GB/T 50476—2019 中的有关规定确定。

8.8.2 设计要求

1. 材料设计要求

(1) 混凝土及配合比

一般环境中配有钢筋的隧道主体混凝土结构或构件的混凝土强度等级、最大水胶比、最小胶凝材料用量应符合表 8.8-1 的要求。处于其他腐蚀环境中的混凝土耐久性的配合比设计，应按《混凝土结构耐久性设计规范》GB/T 50476—2019 的规定执行。

一般环境条件下混凝土水胶比和胶凝材料用量　　　　表 8.8-1

结构部位		最低强度等级	最大水胶比	最小胶凝材料用量(kg/m^3)	最大胶凝材料用量(kg/m^3)
明挖法结构	地下连续墙、钻孔灌注桩	C35	0.50	300	400
	顶板、中板、底板、顶梁、中板梁、底梁、侧墙	C35	0.45	350	420
	柱	C40	0.43	360	440
盾构法结构	管片	C55	0.35	380	500
	连接通道	C35	0.45	350	420

续表

结构部位		最低强度等级	最大水胶比	最小胶凝材料用量(kg/m³)	最大胶凝材料用量(kg/m³)
沉管法结构	顶板、底板、侧墙、中隔墙	C35	0.45	350	420
矿山法结构	二衬	C35	0.45	350	420

注：1. 水胶比和胶凝材料用量应以满足结构设计对混凝土的各项指标要求为前提。
　　2. 最小和最大胶凝材料用量以强度等级42.5的普通硅酸盐水泥为基准，若使用更高强度等级的水泥可根据实际情况调整。

1）混凝土配合比具体要求

① 混凝土配合比应按高性能混凝土的要求配制，并在不同季节应作相应调整。

② 混凝土配合比中应掺用优质粉煤灰和矿粉等矿物掺合料或矿物复合掺合料，一般环境下的掺量总和不宜小于胶凝材料的30%。

③ 混凝土原材料中引入的氯离子总量，应不超过胶凝材料质量的0.08%，预应力混凝土中引入的氯离子总量，应不超过胶凝材料质量的0.06%。

④ 混凝土原材料引入的碱含量不应大于3.0kg/m³。

⑤ 掺加引气剂的防水混凝土，其含气量宜控制在3%～5%。

⑥ 混凝土的配合比设计和配制，除应满足施工和易性和强度等级要求外，还应以混凝土抗氯离子渗透性能、抗裂性能和抗碳化性能为主要控制指标。

2）胶凝材料

① 水泥

a. 宜选用硅酸盐水泥或普通硅酸盐水泥。其质量必须符合《通用硅酸盐水泥》GB 175—2007的要求；

b. 碱含量小于0.60%，C_3A含量不宜超过8%；

c. 水泥比表面积≥300m²/kg（硅酸盐水泥和普通硅酸盐水泥）；

d. 在确定最终水泥品种之前，应对水泥与所使用的掺合材料、外加剂等进行复配试验，以选用匹配的、性能优良的水泥。

② 粉煤灰

粉煤灰应符合《用于水泥和混凝土中的粉煤灰》GB/T 1596—2017的要求，宜采用F类Ⅱ级或Ⅰ级。

③ 矿粉

粒化高炉矿渣微粉应符合《用于水泥和混凝土中的粒化高炉矿渣粉》GB/T 18046—2017的要求，应采用S95或以上级别。

④ 硅灰

硅灰应符合《砂浆和混凝土用硅灰》GB/T 27690—2011中的要求，且其二氧化硅含量应不小于90%，比表面积（BET法）应不小于18000m²/kg，氯离子含量应不大于0.08%。

⑤ 粗骨料与细骨料

粗骨料应使用碎石。碎石应符合《普通混凝土用砂、石质量及检验方法标准》JGJ 52—2006的要求，颗粒宜为5～25mm连续级配，氯离子含量不应大于0.02%，含泥量不应大于 0.7%，泥块含量不应大于 0.3%，吸水率不应大于 1%，针片状含量不应大于 10%。

细骨料应使用中砂。中砂应符合《普通混凝土用砂、石质量及检验方法标准》JGJ 52—2006 的要求，细度模数应为 2.3～2.9，且符合Ⅱ区颗粒级配要求。中砂中含泥量不应大于 1.5%，泥块含量不应大于 0.5%。不得使用海砂、山砂及风化严重的多孔砂。

宜选用不具有碱活性的骨料。当骨料存在潜在的碱—硅反应危害时，应控制混凝土中碱含量不超过 3.0kg/m³，并采取能抑制碱—骨料反应的有效措施，通过试验验证后使用；当骨料存在潜在的碱—碳酸盐反应危害时，不应用作混凝土骨料。

3）拌合用水

混凝土拌合用水应符合《混凝土用水标准》JGJ 63—2006 的要求。

4）外加剂

① 外加剂的质量和使用要求应分别符合现行国家标准《混凝土外加剂》GB 8076、《混凝土外加剂应用技术规范》GB 50119 和其他现行国家及行业标准的要求。

② 隧道工程混凝土宜采用聚羧酸高性能减水剂。

③ 应根据混凝土性能要求，合理选择与混凝土原材料相容的高效或高性能减水剂，现浇混凝土用减水剂的混凝土减水率宜不小于 15%，预制构件混凝土用减水剂的混凝土减水率宜不小于 20%。

④ 混凝土中采用的化学外加剂中氯离子的折固含量应小于 0.2%。

（2）橡胶防水材料的耐久性设计

橡胶防水材料耐久性的设计应包括以下各项设计指标要求：

1）弹性橡胶密封垫材质物理性能中的老化特性；

2）遇水膨胀密封垫的质量变化率或反复浸水试验后的性能变化率；

3）GINA 橡胶止水带的最小水密性压缩量曲线、最大压缩量曲线、100 年之后拟合的最小水密性压缩量曲线和最大压缩量曲线；

4）止水带物理性能中的老化特性。

2. 结构保护层设计要求

混凝土结构保护层厚度应满足钢筋的防锈、耐火以及与混凝土之间粘结力的传递要求，且其设计值不得小于钢筋的公称直径。一般环境条件下的混凝土结构保护层厚度和强度等级宜符合表 8.8-2 的规定，处于其他腐蚀环境中的混凝土结构保护层厚度和强度等级，应按《混凝土结构耐久性设计规范》GB/T 50476—2019 的规定执行。

一般环境条件下混凝土结构强度等级及保护层最小厚度　　　　表 8.8-2

结构类别			混凝土强度等级	保护层最小厚度（mm）
地下连续墙	叠合墙	迎土/水面	C35	55
		背土/水面		35
	复合墙	迎土/水面	C35	55
		背土/水面		55
	钻孔灌注桩		C35	55

续表

结构类别			混凝土强度等级	保护层最小厚度(mm)
明挖法结构	顶、底板	迎土/水面	C35	35
		背土/水面		30
	侧墙	迎土/水面	C35	30
		背土/水面		30
	中板	上、下侧	C35	30
	顶、底梁	迎土/水面	C35	40
		背土/水面		35
	中板梁	上、下侧	C35	30
	柱		C40	35
盾构法结构	钢筋混凝土管片	迎土/水面	C55	55
		背土/水面		55
	连接通道	迎土/水面	C35	40
		背土/水面		35
沉管法结构	顶、底板、侧墙	迎土/水面	C35	50
		背土/水面		40
	中隔墙	左、右侧	C35	40
矿山法结构	二衬	迎土/水面	C35	40
		背土/水面		40

注：1. 当结构构件内、外两侧处于不同的环境作用等级情况下时，内、外两侧的混凝土保护层厚度可分别取用。
2. 钢筋混凝土管片可选用强度等级为C60及以上的高强混凝土。

3. 混凝土耐久性设计的其他要求

(1) 排风井结构内侧混凝土的抗碳化要求

隧道排风井内侧混凝土宜涂布抗碳化涂层。抗碳化涂层宜为硅烷或硅氧烷类材料。

(2) 结构裂缝堵漏要求

对结构裂缝渗水应按结构补强、止水和耐久性等要求，进行亲水环氧注浆等补强、止渗处理，聚氨酯仅用于非结构裂缝堵漏处理。当结构裂缝渗水量较大时，宜先采用聚氨酯浆液作止水处理，然后再用亲水性环氧作补强处理。

钢筋混凝土结构的开裂程度、渗漏水情况及修复情况应反映在工程技术档案中，并应列入工程验收内容。

(3) 混凝土施工要求

1) 现浇混凝土施工要求

① 高性能混凝土配合比必须经有资质的单位试配，出具检验报告，汇总至施工组织设计，经上报批准后方可应用。

② 施工单位在明挖隧道内衬墙施工前，应及时对围护结构进行堵漏，堵漏的效果应满足《地下防水工程质量验收规范》GB 50208—2011的相关要求，并经验收通过后，方可进行防水层与内衬墙施工。

③ 模板立模必须牢靠，要求模板平整、接缝严密，防止跑模漏浆。

④ 根据季节、气候不同的条件，选择有利于抗裂防渗的时间段进行混凝土浇捣施工。

⑤ 对结构工程在渗漏易发部位（如变形缝、钢筋连接器设置处）必须加强振捣施工以改善混凝土的密实度，同时注意避免跑模、漏浆。

⑥ 控制混凝土入模温度，夏季混凝土入模温度不宜高于25℃；冬季混凝土入模温度不宜低于12℃，并需要加强保温保湿措施；混凝土内部温度和外表温差不得大于25℃。

⑦ 严格控制混凝土结构的保护层厚度，应采用专门加工的、采用定型生产的钢筋定位垫块或定位夹，提高钢筋施工安装的定位精度。限制使用工地现场制造的垫块，施工图中应标注定位垫块和架设筋的位置与要求。此外，还必须按以下要求执行：

a. 应采用纤维水泥基垫块，强度不低于C50，尺寸误差±1mm，垫块间距$50d$（钢筋直径）且不大于1000mm。并呈梅花形设置。

b. 监理人员要把保护层厚度作为重点检查内容之一，重复检查，浇筑混凝土前和浇筑过程中都应检查。

c. 施工验收时的实测保护层厚度应有95%以上的保证率。

⑧ 加强混凝土的早期养护和全过程养护，特别要做好明挖法隧道内衬混凝土的早期养护工作，养护工作要严格按照设计要求予以保证。有抗裂、防渗要求的双掺混凝土结构的潮湿养护不得少于14d。当气温低于0℃时，要及时覆盖新浇筑混凝土，采取保温加热措施，使混凝土不受冻害。

⑨ 混凝土结构未达到设计规定强度及养护时间时，严禁提前拆模。混凝土结构出现渗漏后，宜在冬期进行堵漏施工。

2）预制构件混凝土施工要求

① 预制构件生产中，要防止外弧面微细裂缝的产生，保证混凝土保护层厚度满足设计要求。

② 预制构件混凝土必须使用提高混凝土耐久性和脱模早期强度的高效外加剂，严格控制预制构件脱模起吊强度不低于设计强度的45%。

③ 预制构件冬期生产时，混凝土入模温度不宜低于20℃；预制构件生产必须采取措施防止穿堂风；混凝土内部和外表温差不得大于20℃。

④ 预制构件在场地堆放时，夏季要喷水养护，冬期要防止混凝土受冻害的影响。

⑤ 预制构件的连接件和密封垫等的防腐措施应满足国家标准和企业耐久性设计的规定。

⑥ 预制构件的运输、保存应采取措施防止破损，破损预制构件的修补应严格按照设计规定执行。

⑦ 盾构隧道掘进施工时，必须使用可硬性浆进行同步注浆，但在特殊条件下（如盾构穿越地铁及旧危建筑物等），经审查核准可采用惰性浆液，但此时必须二次补浆，以求结构稳定。此外，应注重二次注浆的材料与工艺。

8.8.3 混凝土耐久性检测

1. 耐久性性能指标要求

一般环境条件下混凝土的耐久性性能指标要求应符合表8.8-3的规定。

一般环境条件下混凝土的耐久性性能指标　　　　表 8.8-3

结构部位		混凝土抗离子渗透性能			抗碳化性能	抗裂性能
		电通量 C（库仑）	氯离子扩散系数（$10^{-12}\text{m}^2/\text{s}$）		快速碳化深度(cm)	抗裂等级
			自然扩散法指标值	RCM法指标值		
明挖法结构	地下连续墙、钻孔灌注桩	≤2000	—	—	—	L-Ⅳ
	梁、板	≤2000	≤1.8	≤4	—	L-Ⅳ
	侧墙	≤2000	≤1.8	≤4	—	L-Ⅳ
	柱	≤2000	—	—	—	L-Ⅳ
	排风井	≤2000	—	—	≤2.0	L-Ⅳ
盾构法结构	管片	≤1000	≤1.2	≤3	≤1.0	L-Ⅴ
	连接通道	≤2000	—	—	—	L-Ⅳ
沉管法结构	板、侧墙	≤2000	≤1.8	≤4	—	L-Ⅳ
矿山法结构	二衬	≤2000	≤1.8	≤4	—	L-Ⅳ

2.耐久性性能指标检测方法

混凝土耐久性性能指标检测方法应符合下列规定：

（1）电通量测试方法按《普通混凝土长期性能和耐久性能试验方法标准》GB/T 50082—2009 执行，为混凝土 56d 龄期的测试值。

（2）混凝土氯离子扩散系数（自然扩散法）指混凝土标准养护 56d 放入标准溶液中浸泡 90d 时的表观氯离子扩散系数，试验方法参照 NT BUILD443 方法，作为配合比设计、质量验收和寿命预测评估的控制指标。混凝土氯离子扩散系数（RCM方法）采用龄期为 56d 的试件，按照《普通混凝土长期性能和耐久性能试验方法标准》GB/T 50082—2009 进行。两种方法选一即可。

（3）快速碳化深度，指混凝土标准养护 28d 后，按标准条件快速碳化至 56d 的碳化深度，测试方法应按《普通混凝土长期性能和耐久性能试验方法标准》GB/T 50082—2009 执行。

（4）混凝土抗裂性能测试方法按《普通混凝土长期性能和耐久性能试验方法标准》GB/T 50082—2009 执行，抗裂等级评定依据应按《混凝土耐久性检验评定标准》JGJ/T 193—2009 执行。

8.8.4 混凝土结构裂缝和渗水状况监测

1.裂缝的常规检测

除了按规定作混凝土抗裂性试验外，首先是现场肉眼观察混凝土表面裂缝，再用光学放大镜测量其宽度，并用图纸描述。必要时采用取芯样检测裂缝的深度。

2.建立混凝土结构裂缝的全过程监测制度

对混凝土结构的裂缝除了在竣工前应有"裂缝分布图"外，在运营过程中对结构还应定期进行监测，观察裂缝发展。同时，应建立结构的裂缝档案。

3. 绘制"渗漏水平面展开图"

对隧道结构的渗漏水在竣工前应有"渗漏水平面展开图"，据此进行渗漏水治理。治理措施与效果也应显示在图上，并应以此为基础，建立渗漏水及其治理档案。

第 9 章

通风设计

9.1 概述

9.1.1 城市隧道的特点

城市隧道与山岭隧道本质上都通行机动车,通风系统的功能和主要设计要求基本相同。但是二者在交通特性、环保要求等方面存在显著差异,这些差异甚至影响通风和隧道总体设计方案,在城市隧道设计中应该特别关注。

1. 交通特性

城市隧道的交通特性之一体现为交通流量高、以通行小客车为主,车况较好。城市隧道服务于城市居民出行,特别是位于人口密度高的市域时,隧道交通流量增长快、交通流量高。通行车种中小客车的比例通常达80%以上,大多数城市隧道内不通行大型和重型货车。受车辆环保管理限制,大中型城市(如北京、上海、广州、深圳等)车辆排放标准管理严格,汽车尾气排放得到较好控制,隧道通风系统稀释污染物的需风量呈逐年降低趋势。

城市隧道的交通特性之二体现为早晚高峰特征显著、高峰期车速不高。与居民上、下班时间相对应,大多数城市隧道具有明显的早、晚交通高峰,甚至整个白天交通量保持在高位。正常隧道内的设计车速为 60~80km/h,但是高峰期隧道内通行车速可降至 20~40km/h。

城市隧道的交通特性之三体现为部分隧道(段)常态化阻塞。交通拥堵已成为我国部分大城市早、晚高峰的交通常态,作为城市交通路网的一部分,位于都市交通拥堵圈内的隧道与周边道路一样,具有常态阻塞的运行特征。

2. 环境保护

与地面道路相比,隧道"收集"了汽车在封闭段排放的尾气,集中在出洞口处排放时,洞口局部区域大气环境中 NO_x、CO、CH 及颗粒物等污染物浓度会显著升高。城市隧道或地下道路设在居民密集区域,出洞口直接排放的污染空气将恶化周边敏感建筑的大气环境。一般长度超过 1km、交通负荷较高的城市隧道,污染空气不允许从洞口直接排放,需要采取措施满足洞口环境保护的要求,这对隧道的总体设计方案、运营及初始投资有重大影响。

9.1.2 通风系统的基本功能

隧道通风系统的主要功能是保证隧道乘用人员的安全、健康以及一定的舒适性。

汽车在隧道内通行时，其排放尾气中所含有害物在隧道内集聚。通风系统的重要功能之一是提供合适的通风换气量，确保在正常及阻塞交通时，隧道内的CO、烟雾等有害物浓度满足卫生及车辆通行安全标准，并对异味进行适当稀释，排出隧道内的余热量、控制隧道内的空气温度上升，为司乘人员创造良好环境的同时兼顾运营的经济性。

其次，当隧道内发生火灾时，通风系统应能有效控制烟气流动、及时排除烟气、限制烟气在隧道内的影响范围，为司乘人员安全逃生和消防救援创造条件。

此外，当对隧道进行维护时，通风系统还应当为维护人员创造良好的内部空气环境。

以上是隧道通风系统应当具备的基本功能。由于通风设备的运行电耗较大，在进行设计时，除应选用高效设备，尚应考虑风量，可根据交通量变化进行调节，以节约运行成本。另外，隧道内污染空气的排放及设备运行噪声还需满足环境保护要求。

9.1.3 主要设计内容和流程

隧道通风系统的设计范围涵盖车行隧道、设备管理用房、控制中心等附属建筑物的通风、空调及防排烟设计。隧道附属建筑及设备管理用房的设计需满足管理人员和设备运行需要的温度、湿度环境，可参照民用及工业建筑空调通风设计规范和手册进行设计，此处不再赘述。车行隧道通风设计的主要内容包括计算污染物排放量、确定通风方案（包括正常阻塞通风、污染物排放及防排烟等方案）、系统计算和设备选型、以及制订控制策略等。

城市隧道通风设计的主要流程如图9.1-1所示。

在着手进行隧道通风设计时，首先需要收集必需的基础资料，主要包括以下几类：

(1) 线路、土建类资料，主要包括隧道平纵断面、封闭段长度、线路坡度等，必要时还需收集隧道围护结构及周边土壤的热物理特性参数；

(2) 交通类资料，主要指车行方向、各设计期小时交通流量、车种组成、车行速度、设计隧道交通拥堵情况、车辆尾气排放标准及当地汽车环保管控情况等等；

(3) 环境类资料，主要指隧道出洞口及沿线的地形和建筑物分布、隧道洞口的环境标准、污染物本底浓度以及环境评价影响报告等，以确定隧道进风的污染物本底浓度、风井可能的设置位置、废气排放方案、噪声控制标准和排风井高度等；

(4) 气象类参数及其他，主要包括隧道所在城市的通风空调设计气象参数以及相关规范标准收集。

第二，根据对收集资料的分析，初定通风方案。隧道采取的通风方案常常与隧道的投资规模、土建方案有关，比如通风方式、是否需要设置通风井和大型风道等，对隧道总体方案影响重大。在一座隧道设计开始的时候，往往是各个专业同步开展工作；完全待外部资料稳定后，再详细计算、确定通风方案和规模，在实际设计过程中很难实现。为了使隧道设计工作顺利开展，有必要根据隧道特点，与项目总体协商初定通风方案。

第三，进行隧道污染物排放量和通风量计算。根据隧道初期、近期和远期预测高峰小时交通流量、交通组成以及各设计期对应的汽车尾气基准排放量，结合隧道线路坡度、车速、当地气象条件等详细计算隧道中各交通场景下的主要污染物如CO、颗粒物、NO_x的产生量，根据对应的污染物浓度标准、换气量、纵向风速等确定隧道所需的通风量。

第四，隧道交通力评估和通风设备规模确定。对隧道各种交通场景下的交通通风能力（活塞风）进行计算评估，在尽可能利用交通通风力的前提下，选择满足各种交通场景下

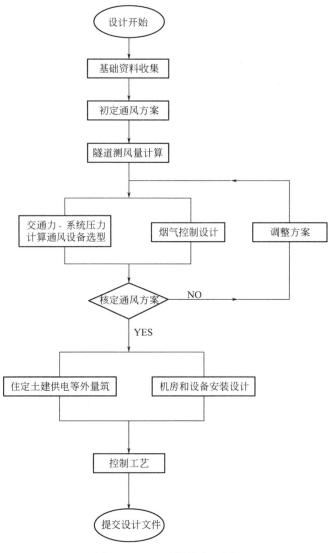

图 9.1-1 通风设计流程图

的通风设备数量和容量。

第五，进行防排烟的设计计算。根据车辆种类、交通负荷等因素确定火灾设计规模，结合初定的通风模式确定烟气控制方案，计算排烟量或纵向控烟风速、确定排烟风机的数量和容量。

第六，校核初定通风方案和烟气控制方案的合理性，必要时进行通风方案的调整和优化。根据详细计算的结果，从技术、经济、安全等方面核查通风方案的合理性，必要时进行方案比选，并核查风井位置、风道、车行空间高度等是否符合要求，并向土建专业反馈校核结果。同时，向供配电专业提供设备容量和设备位置等。

第七，完成通风机房、设备安装等的设计。

第八，完成控制工艺设计。根据可能出现的交通场景如正常、阻塞和火灾，制订通风系统运行策略，提交 BAS、FAS 系统。根据隧道特点和通风方案，在隧道内设置主要污染物、风速风向及温度在线监测传感器，以指导和控制隧道通风系统的运行。

9.1.4 通风设计标准

隧道内的有害气体源于汽车尾气排放，其中含有上百种化合物，对人体最有害的主要有 HC、CO、NO_x、SO_2、含铅化合物及颗粒物等，通常认为隧道内 CO、颗粒物及 NO_x 的浓度标准符合健康卫生要求时，其他污染物浓度也相应地符合卫生标准，因此隧道设计计算中重点考虑 CO、颗粒物及 NO_x。在汽油车尾气排放中稀释 CO 的需风量较大，在柴油车尾气排放中稀释颗粒物（煤烟）的需风量大，NO_x 次之。因此，传统上 CO 和颗粒物是隧道内部控制的主要污染因子，但是近年来部分国家开始对隧道内的 NO_2 进行控制。

现行《公路隧道通风设计细则》JTG/T D70/2-02（以下简称"部标"）是目前我国隧道通风设计参照的主要设计标准，主要针对各级公路、山岭隧道。城市隧道通风系统的计算方法、方案确定原则等可以参照该标准。但由于"部标"对城市隧道的特点针对性不强，通常设计中需参照其他标准。现行上海市地方标准《道路隧道设计规范》DG/TJ 08—2033（简称道路隧道规范）是针对城市隧道的设计标准，第一版于 2008 年实施，目前正在修编。国际道路协会发布的《Road Tunnels：Vehicle Emissions and Air Demand for Ventilation》（2012 年，以下简称 PIARC 标准），以及国外其他城市隧道设计规范（如日本、欧洲国家）等也可为城市隧道设计参考。设计中根据设计隧道的工程特点选择合适的通风标准。

1. CO 浓度及其限值

"部标"规定的 CO 浓度标准如表 9.1-1 所示，PIARC 标准中规定的 CO 浓度限值见表 9.1-2，日本《道路隧道技术基准（换气篇）及说明》（日本道路协会）提出的城市隧道 CO 限值标准见表 9.1-2。

CO 浓度标准（部标）　　　　　　　　　　表 9.1-1

交通工况	隧道长度(m)	
	≤1000	3000
正常（车速 40～80km/h）	150ppm	100ppm
阻塞（≤20km/h）	150ppm（时间不超过 20min）	

CO 浓度标准（PIARC 标准和日本标准）　　　　表 9.1-2

交通工况	PIARC	日本
	δCO(ppm)	δCO(ppm)
正常交通(50～100km/h)	70	100(150)*
日常阻塞	70	100(150)*
偶尔阻塞	100	150(250)*
隧道维护	20	—
隧道关闭	200	

注：*表中（）内较高值适用于车辆管制不严格地区。

隧道 CO 浓度标准的选用应结合城市隧道的交通特点。理论上，根据车辆在隧道内的通行时间确定设计标准。当隧道较长或交通阻塞时，司乘人员在隧道内停留时间较长、在有害物环境中暴露时间久，应该采用较低的浓度值；相反可选用较高的浓度值以降低通风系统容量。

城市隧道最大的交通特点就是交通流量大、日常阻塞概率高。上海是我国城市隧道最发达的城市，目前有十几座隧道在运行中，延安东路隧道、翔殷路隧道、外环隧道、大连路隧道等部分区段在工作日 7：30～9：30、17：00～19：00 两段高峰期间车流通行速度缓慢，车速约 15～20km/h，是日常阻塞隧道的典型案例。乘客在这类隧道内通行时间较长且常态发生，因此有必要提高阻塞时的设计标准。

另一方面，根据上海隧道的运行实测，隧道内的 CO 浓度并不高，绝大多数隧道不超过 70ppm。说明汽车的尾气排放受到较好控制，这与上海的机动车管理状况以及机动车车况有关。

因此，城市隧道，特别是隧道所在地带路面交通拥堵时，有必要提高阻塞的 CO 设计标准，可以参考 PIARC 标准和日本标准，以提高服务水平。

2. 颗粒物（烟尘）浓度及其限值

隧道空气中的颗粒物主要源于柴油车的尾气排放，非排放颗粒物对隧道的影响近年来渐渐引起重视，该部分颗粒物通常指路面扬尘、轮胎摩擦、刹车系统等产生的颗粒物。

颗粒物形成的烟雾对光线造成散射和吸收，从而影响行车安全。同时，颗粒物还会使人感觉不适。通风计算中以能见度（减光系数）衡量颗粒物的影响，"部标"中对能见度的标准见表 9.1-3 所示。

能见度（减光系数）标准（部标）　　　　　表 9.1-3

钠光源					
车速 v_t(km/h)	$v_t \geq 90$	$60 \leq v_t < 90$	$50 \leq v_t < 60$	$30 < v_t < 50$	$v_t \leq 30$
减光系数 K(m^{-1})	0.0065	0.0070	0.0075	0.0090	0.0120
荧光灯和 LED 灯					
车速 v_t(km/h)	$v_t \geq 90$	$60 \leq v_t < 90$	$50 \leq v_t < 60$	$30 < v_t < 50$	$v_t \leq 30$
减光系数 K(m^{-1})	0.0050	0.0065	0.0070	0.0075	0.0120

PIARC 标准中能见度（减光系数）标准见表 9.1-4 所示。

能见度（减光系数）标准（PIARC 标准）　　　　　表 9.1-4

交通工况	减光系数 K(m^{-1})
正常交通(50～100km/h)	0.005
日常阻塞	0.007
偶尔阻塞	0.009
隧道维护	0.003
隧道关闭	0.012

日本《道路隧道技术基准（换气篇）及说明》（日本道路协会）中提出的城市隧道能

见度（减光系数）标准见表 9.1-5。

能见度（减光系数）标准（日本标准）　　　　表 9.1-5

交通工况	>80km/h	<60km/h
减光系数 $K(\mathrm{m}^{-1})$	0.007	0.009

3. NO_x 的危害及其浓度限值

NO 和 NO_2 统称为 NO_x，主要来源于柴油燃烧产物。汽车尾气排放的 NO_x 中大部分是 NO，但是 NO 可在空气中被氧化成 NO_2。通常情况下，NO 被认为对人体危害有限，但 NO_2 对人体的危害很大。

隧道中 NO_x 产生量与通行车辆的燃油种类和柴油车排气处理系统有密切关系。通常在通行汽油车为主的隧道中，NO_2 占 NO_x 的总量不足 10%。表 9.1-6 是"部标"和 PIARC 标准提出的 NO_2 浓度标准。

NO_2 浓度标准　　　　表 9.1-6

国家、组织	浓度限值	备注
部标	1ppm	20min 内隧道平均
	0.2ppm	60min 内人行或非机动车
	0.12ppm	隧道养护作业
PIARC	1ppm	推荐值

NO_2 的在线监测技术目前不是很成熟，在实际隧道运行中，较难对其进行在线监控。我国城市隧道内以通行汽油小轿车为主，因此，一般情况下城市隧道内可不对 NO_2 进行特别的计算控制。

4. 隧道风速和换气量

通风系统除了要保证隧道内各项污染因子的浓度满足卫生标准之外，还要保证一定的舒适性和新风量，通常要求小时换气量为 3~5 次；采用纵向通风时，一般要求纵向风速为 1.5~2.5m/s。

隧道内过高的纵向风速会影响行车安全，一般情况下单向交通的纵向风速不得大于 10m/s，困难时不高于 12m/s。当隧道纵向风速过高时，需采用中间风井、污染空气净化装备等设施分解或降低隧道需风量，或者扩大隧道横断面，从而减小纵向风速。这些措施都会对隧道的整体建设规模造成重大影响，方案决策时需要特别论证。

随着对汽车环保的严格管制，汽车尾气排放量有较大幅度下降，城市隧道稀释污染物的需风量大多数情况下低于由隧道风速和换气量确定的风量，此时隧道最低风速或换气量在设计中更具意义，也体现了隧道内部环境水平的提升。

5. 隧道温度

汽车在隧道内通行时，理论上在隧道通行时间段内消耗的燃油通过汽车尾气、空调排热及摩擦等途径以废热的形式排放在隧道内，使隧道空气温度及壁温升高。当交通流量高、隧道长、横断面空间小时，炎热地区夏季隧道内特别是出口段及拥堵段的温度会保持在较高的水平，甚至超过 60℃。当隧道的平均温度超过 42℃时，会影响汽车空调的正常运行,从而影响乘车人员的舒适度;其次,过高的隧道温度会影响设在隧道内的电气设备的正常工作,甚至会造成汽车自燃概率的升高、导致隧道内火灾事故率的上升。

因此,对于长大隧道,特别是连续的地下通道,一般长度超过3km时,最好能对隧道温度进行校核,必要时采取额外的降温措施。

目前,国内外没有针对隧道温度的控制标准,考虑车辆在隧道内的通行时间、电气设备的工作环境及舒适性、经济性,隧道内平均温度建议按不高于42~45℃控制,隧道较长时应取用较低温度限值、较短时可采用较高温度限值。

9.2 通风方式及选择

9.2.1 通风方式

与常规的建筑物通风相同,隧道的通风方式可分为自然通风和机械通风两大类。通过车辆行驶产生的活塞通风或其他非机械力造成的隧道自然换气能力称为自然通风;仅靠隧道自然通风不能满足环境要求、需要借助于风机强制通风时称为机械通风。

按照送、排风方式及隧道内气流方向,最基本的机械通风方式分为纵向通风和横向通风,以及在此基础上衍生的半横向通风、纵向分段通风、组合式通风等(图9.2-1)。

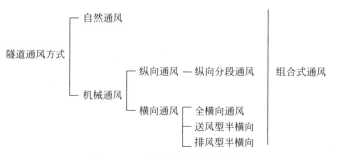

图 9.2-1　隧道通风方式分类

1. 自然通风

汽车在隧道内行驶时,会诱导其周边的空气随之向前运动,从而向隧道内引入新风,该效应通常称为"活塞效应"。在较短的隧道内,这些由交通流作用从洞外引入的新风完全可以满足汽车排放废气的稀释和隧道内的舒适性要求,不需要采取任何机械通风措施。这种通风方式称为自然通风方式。

由于不采取任何机械通风措施,自然通风是最简单、最经济的通风方式。可按如下"部标"提供的方式初步判断是否需要设置机械通风,式(9.2-1)适用于双向交通隧道、式(9.2-2)适用于单向交通隧道。分别如下:

$$LN \geqslant 6 \times 10^5 \quad (9.2\text{-}1)$$
$$LN \geqslant 2 \times 10^6 \quad (9.2\text{-}2)$$

式中　L——隧道长度(m);
　　　N——设计小时交通量(veh/h)。

城市隧道极少采用单管双向交通,对于单向交通隧道,按式(9.2-2)估算,通常封闭段长度不超过300m的隧道可以采用自然通风；长度介于300～800m时，需要结合交通情况分析计算确定；长度大于800m时，则一般需要进行机械通风。城市内地下跨街通道或下穿立交即为典型城市短隧道，一般采用自然通风方式。

2. 纵向通风

纵向通风是指隧道内采用机械的方式强化交通流带来的活塞通风效应，使隧道内形成与行车方向相同的气流，满足各种交通工况（含阻塞）下的通风要求。采用纵向通风方式时，一般需在隧道内安装射流风机或风井内安装大型轴流风机。

最典型的纵向通风方式是新鲜空气随车流从进洞口进入隧道、沿隧道纵向流动、从出洞口或排风口排至大气。一般畅通交通流情况下，不需开启射流风机；当车速降至20～40km/h以下时，需开启射流风机加强隧道内的进风量。该通风方式中，污染物浓度沿隧道气流方向线性增长，至排风口或洞口处浓度达到峰值。

当隧道或地下道路较长时，受纵向风速限制和排烟要求影响，可能需要设置中间通风井将隧道分成两个或两个以上的通风区段，即形成纵向分段通风方式。

城市隧道典型纵向通风方式、纵向分段通风方式见图9.2-2所示。

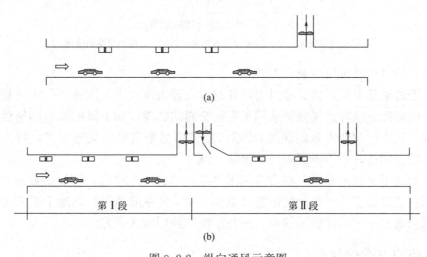

图9.2-2 纵向通风示意图
(a) 典型纵向通风；(b) 纵向分段通风

纵向或纵向分段通风充分利用了交通流的活塞通风效应，初投资和运营成本较低，是单向交通隧道中最合理的通风方式，也是最普遍采用的通风方式。当隧道连续长度小于4km时，一般可不分段；当超过4km时，要结合隧道内的烟气控制和纵向风速控制要求，进行详细论证，必要时设置中间风井采取纵向分段通风。

3. 横向通风

按送、排风道的设置方式，典型的横向通风分为全横向通风、送风型半横向通风、排风型半横向通风等方式。横向通风示意图见图9.2-3所示。

全横向通风方式是指与行车道平行设置送风道、排风道，设置送风机通过送风道均匀向隧道内送入新鲜空气，设置排风机通过排风道将隧道内的污染空气均匀排出。排风型半横向通风是指相对全横向通风方式而言，仅设置排风道、排风机，隧道内形成均匀排风、洞口自然进风的通风方式；相反，送风型半横向通风是仅设置送风道、送风机，隧道内形

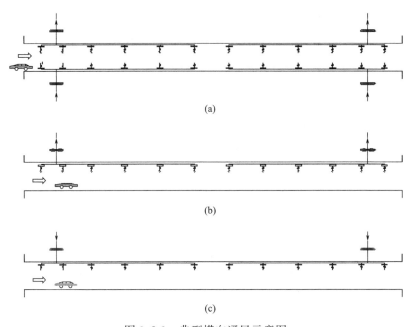

图 9.2-3 典型横向通风示意图
(a) 全横向通风；(b) 排风型半横向通风；(c) 送风型半横向通风

成均匀送风、洞口自然排风的通风方式。

由于需沿隧道长度设置送、排风道，并对应设置送排风机，因此不仅土建规模大，而且日常运行能耗高。这种通风方式适用于双向交通的隧道，如上海的原打浦路隧道、延安路隧道北线（现均已改造为纵向通风）。城市隧道中都采用单向交通方式，极少有采用横向通风方式的。因此，本手册重点讨论纵向通风。

随着城市地下道路的发展，城市隧道不再是简单的独立隧道，可能附带有较多的进出口匝道。当匝道口较多、对纵向气流造成重大干扰，使纵向通风控制地下通道内环境困难时，横向通风具有一定的优势，这有待于在工程实践中深入研究。

9.2.2 污染空气排放方式

1. 隧道外环境要求

一般城市隧道建设在人口密集的区域，隧道"收集"了在整个封闭段内行驶汽车排放的尾气，若集中在洞口排放，必然恶化该区域的大气环境。

城市隧道周围的大气环境应当满足所在区域内居民生活或办公等活动场所需要的环境标准，按照现行国家标准《环境空气质量标准》GB 3095 要求所属区域分类执行相应环境质量标准。城市隧道洞口多处于二类区，执行二级标准。

表 9.2-1 所示是我国环境空气质量二级标准及世界卫生组织（WHO）规定的对应污染物标准。

环境空气质量标准（单位：mg/m³）　　　　表 9.2-1

污染物	二级	WHO
NO_2	0.2(1h)	0.2(1h)

续表

污染物	二级	WHO
CO	4(1h)	30(1h)
NO_x	0.25(1h)	—
总悬浮颗粒物(TSP)	0.3(24h)	—

由上表可以看出,城市大气环境允许的污染物小时平均浓度远远低于隧道内部的相应标准。因此,常规隧道内的污染空气不能直接在洞口排放。

我国对受到隧道排风影响的区域除了执行大气环境质量标准外,还需满足《大气污染物综合排放标准》GB 16297—1996 对总排放量的要求。

根据以上两个标准,隧道排风大气污染环境评价中,NO_2 的等标污染负荷是 CO 的 2.5 倍以上,NO_2 的环境容量远小于 CO。因此,隧道大气环境评价中预测因子主要选择 NO_2。

2. 污染空气排放方式

当前隧道污染空气的排放方式主要有高风井集中排放、多点分散式排放、稀释排气浓度(含洞口自然排放)及设置净化设备等。

(1) 高风井集中排放

高风井集中排放是目前最常用的排放方式。在出洞口附近选择合适的地点设置高风井。风井排放的风量根据本工程环境评价报告提出的结论,通常是先确定洞口允许的最大排放量,使风井内排放总量尽可能小,以降低隧道运营成本、降低风塔高度。根据上海的设计经验,一般隧道洞口允许排放 30% 左右,洞口要求零排放的工程较少。

排风塔的高度与排放污染物总量、周边建筑物高度等因素有关,一般排放总量越大、周边建筑物越高,排风塔的高度越高。

图 9.2-4 是高风井集中排放方式示意图。

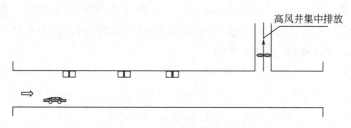

图 9.2-4 高风井集中排放

(2) 多点分散式排放

由于城市景观和规划要求,有时排风井的位置很难协调。分散排放是另一种排放方式,即采用"化整为零"的方式,可在隧道出洞段 10%~40% 长度范围内设置多个排风口,将原来需集中排放的废气分散成若干个风口排放,通过"摊薄"污染物排放量的方式降低风井高度,缓减高大排风井对城市景观的影响。

多点分散排放可分为自然式和机械式,如图 9.2-5 所示。从实测效果看,由于隧道内余压度很低、并受外界大气环境的影响,自然排风的效果非常有限且不稳定,难以达到排放量要求。

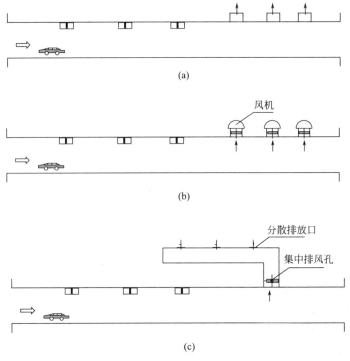

图 9.2-5　多点分散排放
(a) 自然分散排放；(b) 分散式机械排放 (1)；(c) 分散式机械排放 (2)

(3) 稀释排气浓度（洞口自然排放）

第三种隧道废气排放方式是利用活塞风或通过机械通风向隧道内引入大量新风，使隧道出洞口处的 NO_2、CO 等污染物浓度接近环境浓度，满足环境质量标准的要求。当隧道较短（不超过 1.5km）、以通行汽油车为主时，这种方式存在一定的可行性。《大气污染物综合排放标准》GB 16297—1996 对排放总量的限制，暗埋段长度超过 1.5km 以上的隧道，实际上还没有采用这种排放方式的实例。

(4) 净化设备

隧道排风的敏感因子是 NO_2、NO_x 浓度及总排放量，若能去除排风中的 NO_x，则净化后的空气可直接从洞口排放，或者可大幅降低排风井的高度。

日本在隧道排气净化设备的研究和应用上起步较早，20 世纪末开发研制了工程适用的脱硝设备，去除隧道排风中的 NO_2 或 NO_x，净化效率可达 80% 以上。但是净化设备的初投资和运营成本都较高，且对于 CO 等污染物没有去除作用，选用该方式时需经论证后确定。

图 9.2-6 是隧道内采取污染空气净化的通风示意图。

去除 NO_2 的净化空气流程通常由初效过滤段、静电除尘段、加湿段、脱硝段及风机段组成；去除 NO_x 的净化空气流程通常由初效过滤段、静电除尘段、加湿段、氧化段、脱硝段及风机段等组成，辅机设备一般由再生设备、污水处理设备、电气控制柜、监测系统等组成。

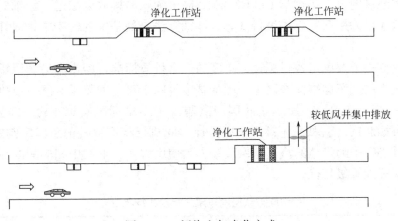

图 9.2-6 污染空气净化方式

脱硝一般采用活性炭类多孔物质吸附的方式，吸附饱和后需进行再生处理。按照脱硝段的再生方式，可以分为异地再生和就地再生方式，异地再生方式需在通风机房外另设机房进行再生处理，或者拆除饱和后的脱硝段运到工厂进行再生。污染空气的 NO_x 含量越高，再生的周期就越短。

9.3　通风计算

9.3.1　污染物排放量和需风量计算

"部标"明确给出了需风量的定义，即按保证隧道安全运营要求的指标，根据隧道条件计算确定需要的新鲜空气量。正常及阻塞运行时，需风量既要保证隧道内污染物浓度不超过卫生标准，又要满足换气要求。需风量直接决定了隧道通风系统的规模，其计算的重点是污染物排放量和交通风力的计算。

1. 污染物排放量计算

汽车污染物排放量的计算方法有两种，一种是"部标"给出的计算方法，另一种是 PIARC 标准提供的计算方法。

PIARC 标准提供的计算方法是基于汽车尾气排放标准和汽车环保管理制度，根据汽车的种类和排放标准确定基准排放量，从而计算污染物排放量，可计算 CO、烟尘（含非排放颗粒物）及 NO_x。

"部标"给出的计算方式，先确定参照计算起始年度，按车辆的基准排放量逐年进行折减，以此计算污染物排放量。"部标"中给出了 CO 和汽车排放颗粒物的计算方法和相关参数，但未给出 NO_x 和非排放颗粒物的计算方法。

下面分别介绍两种计算方法。

(1) PIARC 计算法

PIARC 标准提供了两种计算汽车污染物排放量的计算方法。一种是详细算法，即 2004 年版提出的按车种、基准排放量以及加以一系列修正的计算方法，采用该方法计算较繁琐，需要确定各类车型的排放标准。另一种是 PIARC 2012 标准提出的简易算法，该算法需要对本地区的汽车尾排与 PIARC 2012 提出的三类排放区域进行详细对标,确定所属排放区域后才可采用简易算法进行计算。详细算法是最基本的污染物排放计算法,以下介绍该算法。

详细算法首先需要确定各目标设计年度的汽车排放标准,即汽车所属尾排标准欧Ⅰ~欧Ⅴ。我国建立的汽车尾排标准国Ⅰ~国Ⅴ基本等同于对应的欧Ⅰ~欧Ⅴ,执行标准年度较欧盟晚 5~8 年,表 9.3-1 所示是我国与欧盟汽车尾排标准实施年份。需要说明的是,我国部分城市如北京、上海等地对汽车尾排标准的执行年度要提前于国家制定的时间表,在隧道设计时必须了解当地的汽车环保政策。为使用方便,下文中相应的欧标等级在本手册中均以国家标准等级替代。

中国与欧盟汽车尾气标准执行年度 表 9.3-1

尾排标准	中国	欧盟
国Ⅰ(欧Ⅰ)	2000 年	1992 年
国Ⅱ(欧Ⅱ)	2004 年	1996 年
国Ⅲ(欧Ⅲ)	2007 年	2000 年
国Ⅳ(欧Ⅳ)	2010 年	2005 年
国Ⅴ(欧Ⅴ)	2016 年	2008 年

1) CO 排放量计算

汽车 CO 排放量计算公式见式 (9.3-1):

$$Q_{CO} = \frac{1}{3.6 \times 10^6 \rho_{CO}} \sum (n_{pc} \cdot q_{pc}^{CO} + n_{pd} \cdot q_{pd}^{CO} + n_{HGV} \cdot q_{HGV}^{CO}) \tag{9.3-1}$$

各车型单车 CO 排放量计算公式见式 (9.3-2):

$$q^{CO} = q_{(i,v)}^{CO} \cdot f_a \cdot f_h \cdot f_m \tag{9.3-2}$$

式中 Q_{CO} —— CO 排放量 (m^3/s);

q^{CO} —— 各车型单车 CO 单车排放量 [g/(h·veh)];

q_{pc}^{CO} —— 汽油小客车 CO 单车排放量 [g/(h·veh)];

q_{pd}^{CO} —— 柴油小客车 CO 单车排放量 [g/(h·veh)];

q_{HGV}^{CO} —— 重型柴油车 CO 单车排放量 [g/(h·veh)];

$q_{(i,v)}^{CO}$ —— 各车型 CO 基准排放因子 [g/(h·veh)],见附表 A-1~附表 A-15;

n_{pc} —— 隧道内汽油小客车数量 (veh);

n_{pd} —— 隧道内柴油小客车数量 (veh);

n_{HGV} —— 隧道内柴油重车量 (veh);

ρ_{CO} —— CO 密度,1.2kg/m³;

f_a —— 车辆老化修正系数,汽油小客车见附表 A-16,其余车型取 1.0;

f_h —— 海拔高度修正系数,见附表 A-17;

f_m —— 质量修正系数,重型车见附表 A-18,汽油小客车和柴油小客车取 1.0。

2) 烟尘排放量计算

汽车烟尘排放量计算公式见式 (9.3-3):

$$Q_{\mathrm{VI}} = \frac{1}{3.6 \times 10^{3}} \sum (n_{\mathrm{pc}} \cdot q_{\mathrm{pc}}^{\mathrm{VI}} + n_{\mathrm{pd}} \cdot q_{\mathrm{pd}}^{\mathrm{VI}} + n_{\mathrm{HGV}} \cdot q_{\mathrm{HGV}}^{\mathrm{VI}}) \qquad (9.3\text{-}3)$$

各车型单车Ⅵ排放量计算公式见式（9.3-4）：

$$q^{\mathrm{VI}} = q_{(i,v)}^{\mathrm{VI}} \cdot f_{\mathrm{h}} \cdot f_{\mathrm{m}} + q_{\mathrm{ne}}^{\mathrm{VI}} \qquad (9.3\text{-}4)$$

式中　Q_{VI}——烟尘排放量（m^3/s）；

q^{VI}——各车型单车Ⅵ单车排放量[$m^3/(h \cdot veh)$]；

$q_{\mathrm{pc}}^{\mathrm{VI}}$——汽油小客车烟尘单车排放量[$m^3/(h \cdot veh)$]，仅计非排放颗粒物；

$q_{\mathrm{pd}}^{\mathrm{VI}}$——柴油小客车烟尘单车排放量[$m^3/(h \cdot veh)$]；

$q_{\mathrm{HGV}}^{\mathrm{VI}}$——重型柴油车烟尘单车排放量[$m^3/(h \cdot veh)$]；

$q_{(i,v)}^{\mathrm{VI}}$——各柴油车型烟尘基准排放因子[$m^3/(h \cdot veh)$]，见附表 A-19～附表 A-28；

$q_{\mathrm{ne}}^{\mathrm{VI}}$——各车型的烟尘非排放基准因子[$m^3/(h \cdot veh)$]，见附表 A-29；

f_{h}——各车型海拔高度修正系数，见附表 A-30；

f_{m}——各车型质量修正系数，重型车见附表 A-31，柴油小客车取 1.0。

3) 氮氧化物排放量计算

NO_x 排放量计算公式见式（9.3-5）：

$$Q_{NO_x} = \frac{1}{3.6 \times 10^{6} \rho_{NO_x}} \sum (n_{\mathrm{pc}} \cdot q_{\mathrm{pc}}^{NO_x} + n_{\mathrm{pd}} \cdot q_{\mathrm{pd}}^{NO_x} + n_{\mathrm{HGV}} \cdot q_{\mathrm{HGV}}^{NO_x}) \qquad (9.3\text{-}5)$$

各车型单车 NO_x 排放量计算公式见式（9.3-6）：

$$q^{NO_x} = q_{(i,v)}^{NO_x} \cdot f_{\mathrm{a}} \cdot f_{\mathrm{h}} \cdot f_{\mathrm{m}} \qquad (9.3\text{-}6)$$

式中　Q_{NO_x}——NO_x 排放量（m^3/s）；

$q_{\mathrm{pc}}^{NO_x}$——汽油小客车 NO_x 单车排放量[$g/(h \cdot veh)$]；

$q_{\mathrm{pd}}^{NO_x}$——柴油小客车 NO_x 单车排放量[$g/(h \cdot veh)$]；

$q_{\mathrm{HGV}}^{NO_x}$——重型柴油车 NO_x 单车排放量[$g/(h \cdot veh)$]；

$q_{(i,v)}^{NO_x}$——各车型 NO_x 基准排放因子[$g/(h \cdot veh)$]，见附表 A-32～附表 A-46；

ρ_{NO_x}——NO_x 密度（kg/m^3），根据 NO 和 NO_2 的浓度比例计算，一般 NO 占 85%～90%；

f_{a}——车辆老化修正系数，汽油小客车见附表 A-47，其余车型取 1.0；

f_{h}——各车型海拔高度修正系数，见附表 A-48；

f_{m}——各车型质量修正系数，重型车见附表 A-49，汽油小客车和柴油小客车取 1。

(2) "部标"计算法

1) CO 排放量计算

CO 排放量按式（9.3-7）计算：

$$Q_{\mathrm{CO}} = \frac{1}{3.6 \times 10^{6}} q_{\mathrm{CO}} \cdot f_{\mathrm{a}} \cdot f_{\mathrm{d}} \cdot f_{\mathrm{h}} \cdot f_{\mathrm{iv}} \cdot L \cdot \sum_{m=1}^{n} (N_{m} \cdot f_{m}) \qquad (9.3\text{-}7)$$

单车设计年份 CO 排放量按式（9.3-8）计算：

$$q_{\mathrm{CO}} = q'_{\mathrm{CO}} \cdot (1 - 2\%)^{Y-2000} \qquad (9.3\text{-}8)$$

式中　Q_{CO}——CO 排放量（m^3/s）；

q_{CO}——设计年份 CO 基准排放量 [m³/(veh·km)]，根据参照年份 CO 基准排放量按每年 2% 进行折减，且最大折减年限不宜超过 30 年；

q'_{CO}——参照年份 CO 基准排放量 [m³/(veh·km)]，正常工况取 0.007m³/(veh·km)，交通阻塞时取 0.015m³/(veh·km)，且阻塞段长度不宜大于 1000m；

f_a——CO 的车况系数，按表 9.3-2 取值；

f_d——车密度系数，按表 9.3-3 取值；

f_h——CO 的海拔高度修正系数，按图 9.3-1 取值；

f_{iv}——CO 的纵坡—车速系数，按表 9.3-4 取值；

f_m——CO 的车型系数，按表 9.3-5 取值；

n——车型类别数；

N_m——相应车型的交通量（veh/h）；

Y——设计目标年份。

CO 的车况系数 f_a　　　　　　　　　　　表 9.3-2

公路等级	f_a
高速公路、一级公路	1.0
二级及二级以下公路	1.1～1.2

车密度系数 f_d　　　　　　　　　　　表 9.3-3

设计速度 v_t(km/h)	100	80	70	60	50	40	30	20	10
f_d	0.6	0.75	0.85	1.0	1.2	1.5	2.0	3.0	6.0

CO 的纵坡—车速系数 f_{iv}　　　　　　　　　　　表 9.3-4

设计速度 v_t(km/h)	隧道行车方向纵坡 i(%)								
	−4	−3	−2	−1	0	1	2	3	4
100	1.2	1.2	1.2	1.2	1.2	1.4	1.4	1.4	1.4
80	1.0	1.0	1.0	1.0	1.0	1.0	1.2	1.2	1.2
70	1.0	1.0	1.0	1.0	1.0	1.0	1.0	1.2	1.2
60	1.0	1.0	1.0	1.0	1.0	1.0	1.0	1.0	1.2
50	1.0	1.0	1.0	1.0	1.0	1.0	1.0	1.0	1.0
40	1.0	1.0	1.0	1.0	1.0	1.0	1.0	1.0	1.0
30	0.8	0.8	0.8	0.8	0.8	1.0	1.0	1.0	1.0
20	0.8	0.8	0.8	0.8	0.8	1.0	1.0	1.0	1.0
10	0.8	0.8	0.8	0.8	0.8	0.8	0.8	0.8	0.8

CO 的车型系数 f_m　　　　　　　　　　　表 9.3-5

车型	柴油车	汽油车			
		小客车	旅行车—轻型货车	中型货车	大型客车—拖挂车
f_m	1.0	1.0	2.5	5.0	7.0

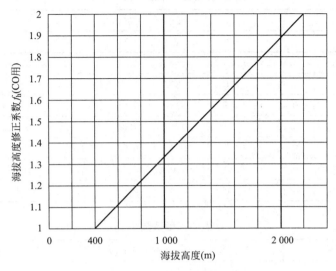

图 9.3-1 CO 的海拔高度修正系数 f_h

2) 烟尘（Ⅵ）排放量计算

烟尘（Ⅵ）排放量按式（9.3-9）计算：

$$Q_{VI} = \frac{1}{3.6 \times 10^6} q_{VI} \cdot f_{a(VI)} \cdot f_d \cdot f_{h(VI)} \cdot f_{iv(VI)} \cdot L \cdot \sum_{m=1}^{n_D}[N_m \cdot f_{m(VI)}] \quad (9.3\text{-}9)$$

单车设计年份烟尘排放量按式（9.3-10）计算：

$$q_{VI} = q'_{VI} \cdot (1-2\%)^{Y-2000} \quad (9.3\text{-}10)$$

式中 Q_{VI}——烟尘（Ⅵ）排放量（m^3/s）；

q_{VI}——设计年份的烟尘基准排放量 [$m^3/(h \cdot veh)$]，根据参照年份烟尘基准排放量按每年 2% 进行折减，且最大折减年限不宜超过 30 年；

q'_{VI}——参照年份（2000 年）的烟尘基准排放量 [$m^3/(h \cdot veh)$]，取 2.0 $m^3/(h \cdot veh)$；

$f_{a(VI)}$——考虑烟尘的车况系数，按表 9.3-6 取值；

f_d——车密度系数，按表 9.3-3 取值；

$f_{h(VI)}$——烟尘的海拔高度修正系数，按图 9.3-2 取值；

$f_{iv(VI)}$——烟尘的纵坡—车速系数，按表 9.3-7 取值；

$f_{m(VI)}$——烟尘的柴油车车型系数，按表 9.3-8 取值；

n_D——柴油车车型类别数；

N_m——相应车型的交通量（veh/h）。

烟尘的车况系数 $f_{a(VI)}$ 表 9.3-6

公路等级	$f_{a(VI)}$
高速公路、一级公路	1.0
二级及二级以下公路	1.2~1.5

烟尘的纵坡—车速系数 $f_{iv(VI)}$　　　　　　　　　　　　　　　　　　　表 9.3-7

工况车速 (km/h)	隧道行车方向纵坡 i（%）								
	−4	−3	−2	−1	0	1	2	3	4
80	0.30	0.40	0.55	0.80	1.30	2.60	3.70	4.40	—
70	0.30	0.40	0.55	0.80	1.10	1.80	3.10	3.90	—
60	0.30	0.40	0.55	0.75	1.00	1.45	2.20	2.95	3.70
50	0.30	0.40	0.55	0.75	1.00	1.45	2.20	2.95	3.70
40	0.30	0.40	0.55	0.70	0.85	1.10	1.15	2.20	2.95
30	0.30	0.40	0.50	0.60	0.72	0.90	1.10	1.15	2.00
10~20	0.30	0.36	0.40	0.50	0.60	0.72	0.85	1.03	1.25

烟尘的车型系数 $f_{m(VI)}$　　　　　　　　　　　表 9.3-8

小客车、轻型货车	中型货车	重型货车、大型客车	拖挂车、集装箱车
0.4	1.0	1.5	3

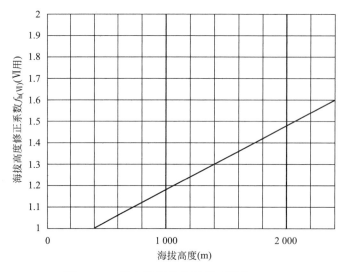

图 9.3-2　烟尘的海拔高度修正系数 $f_{h(VI)}$

2. 需风量计算

（1）稀释 CO 需风量

稀释 CO 的需风量按式（9.3-11）计算：

$$Q_{req(CO)} = \frac{Q_{CO}}{\delta_{adm} - \delta_{cmb}} \cdot \frac{P_0}{P} \cdot \frac{T}{T_0} \cdot 10^6 \tag{9.3-11}$$

式中　$Q_{req(CO)}$——隧道稀释 CO 的需风量（m³/s）；

Q_{CO}——隧道 CO 排放量（m³/s）；

δ_{adm}——隧道内 CO 容许浓度（10^{-6}）；

δ_{cmb}——当地大气 CO 背景浓度（10^{-6}），缺少资料时可取 5×10^{-6}；

P_0——标准大气压（kPa），取 101.325kPa；

P——隧址大气压（kPa）；

T_0——标准气温（K），取 273K；

T——隧址夏季气温（K）。

隧址大气压 P 可通过式（9.3-12）计算：

$$P = P \cdot \exp\left(-\frac{h}{29.28T}\right) \quad (9.3\text{-}12)$$

式中 h——隧址设计海拔高度（m）；

T——隧址夏季气温（K）。

(2) 稀释烟尘需风量

稀释烟尘的需风量按式（9.3-13）计算：

$$Q_{\text{req(VI)}} = \frac{Q_{\text{VI}}}{K} \quad (9.3\text{-}13)$$

式中 $Q_{\text{req(VI)}}$——隧道稀释烟尘的需风量（m³/s）；

Q_{VI}——隧道烟尘排放量（m³/s）；

K——烟尘设计浓度（m^{-1}）。

(3) 隧道换气需风量

隧道换气需风量按式（9.3-14）计算：

$$Q_{\text{req(ac)}} = \frac{A_r \cdot L \cdot n_s}{3\,600} \quad (9.3\text{-}14)$$

式中 $Q_{\text{req(ac)}}$——隧道换气需风量（m³/s）；

A_r——隧道净空断面积（m²）；

L——隧道长度（m）；

n_s——隧道最小换气频率（h^{-1}）。

(4) 纵向通风换气需风量

采用纵向通风的隧道，还需满足需取式（9.3-14）和式（9.3-15）的大者作为不间断换气的需风量。

$$Q_{\text{req(ac)}} = v_{\text{ac}} \cdot A_r \quad (9.3\text{-}15)$$

式中 $Q_{\text{req(ac)}}$——隧道换气需风量（m³/s）；

A_r——隧道净空断面积（m²）；

v_{ac}——隧道换气风速，不应低于 1.5m/s。

3. 计算实例

(1) 隧道基本条件

设计年份：2009 年；

交通方向：双管单向四车道（每管两车道）；

隧道长度：$L = 2000$m（封闭段）；

隧道净空断面积：$A_r = 32$m²；

隧道断面周长：$C_r = 24$m；

隧道断面当量直径：$D_r = 5.33$m；

隧道坡度：-2%（1000m）、2%（1000m）；
隧道海拔高度：100m；
隧址夏季气温：35℃（308K）。

(2) 交通情况

设计高峰小时交通流量：2000pcu/h；

设计车速：40km/h；

设计车种比见表9.3-9。

设计车种比（以pcu计）　　表9.3-9

车辆类型	小客车	大型客车	大型货车
比例(%)	70	15	15
燃油	汽油	柴油	柴油
备注	—	车重：15t	车重：15t

车辆排放标准见表9.3-10。

车辆排放标准　　表9.3-10

排放标准	国Ⅱ		国Ⅲ	
车辆类型	小客车	大型客车	小客车	大型客车
比例(%)	50	50	50	50
使用年限	5	5	2	1

(3) 设计标准

40km/h时，CO设计浓度为150ppm，烟尘设计浓度为0.0075m^{-1}。

(4) 按PIARC计算需风量

1) 污染物排放量计算

根据车辆换算系数，计算各车型的交通流量，小客车全部按汽油车计算，大型客车和大型货车合计为柴油重车。以40m/h为代表工况进行计算，其他车速计算类似（表9.3-11～表9.3-13）。

CO发生量计算　　表9.3-11

长度/坡度	1000m/-2%				1000m/2%			
车型	汽油小客车		柴油重车		汽油小客车		柴油重车	
排放标准	国Ⅱ	国Ⅲ	国Ⅱ	国Ⅲ	国Ⅱ	国Ⅲ	国Ⅱ	国Ⅲ
交通流量(veh/h)	700	700	150	150	700	700	150	150
隧道内车辆数(veh)	17.5	17.5	3.8	3.8	17.5	17.5	3.8	3.8
CO基准排放量[g/(veh·h)]	32.9	21.8	32.4	23	46.2	31.7	46.4	32.7
车辆老化系数 f_a	1.14	1.1	1	1	1.14	1.1	1	1
海拔高度系数 f_h	1	1	1	1	1	1	1	1
质量系数 f_m	1	1	1.2	1.2	1	1	1.2	1.2

续表

CO 单车发生量 [g/(veh·h)]	37.5	24.0	38.9	27.6	52.7	34.9	55.7	39.2
CO 发生量 (g/h)	656.4	419.7	145.8	103.5	921.7	610.2	208.8	147.2
CO 发生量 (m³/s)	\multicolumn{8}{c}{7.44×10^{-4}}

注：1. 汽油小客车使用年限：国Ⅱ——5年，国Ⅲ——2年。
2. 柴油重车使用年限：国Ⅱ——5年，国Ⅲ——1年。

烟尘排放发生量计算　　　　　　　　　　　　　　　　表9.3-12

长度/坡度	1000m/−2%		1000m/2%	
车型	柴油重车		柴油重车	
排放标准	国Ⅱ	国Ⅲ	国Ⅱ	国Ⅲ
交通流量(veh/h)	150	150	150	150
隧道内车辆数(veh)	3.8	3.8	3.8	3.8
烟尘基准排放量 [m²/(veh·h)]	15.7	10.5	23.3	15.6
车辆老化系数 f_a	1	1	1	1
海拔高度系数 f_h	1	1	1	1
质量系数 f_m	1.45	1.45	1.45	1.45
烟尘单车发生量 [m²/(veh·h)]	22.8	15.2	33.8	22.6
烟尘发生量 (m²/h)	85.4	57.1	126.7	84.8
烟尘发生量 (m²/s)	\multicolumn{4}{c}{98.33×10^{-3}}

烟尘非排放发生量计算　　　　　　　　　　　　　　　　表9.3-13

车型	汽油小客车	柴油重车
长度(m)	2000	2000
交通流量(veh/h)	1400	300
$PM_{2.5}$ 基准排放因子 [mg/(veh·km)]	19	97
$PM_{2.5}$ 发生量 (m³/h)	250.0	273.5
$PM_{2.5}$ 发生量 (m³/s)	\multicolumn{2}{c}{145.44×10^{-3}}

注：对于 $PM_{2.5}$，质量和光衰减系数换算公式为：$1g = 4.7m^2$。

2) 需风量计算

隧址大气压力计算：

$$p = p_0 \cdot \exp\left(-\frac{h}{29.28T}\right) = 101.325 \times \exp\left(-\frac{100}{29.28 \times 308}\right) = 100.208 \text{Pa}$$

稀释 CO 需风量计算：

$$Q_{req(CO)} = \frac{Q_{CO}}{\delta_{adm} - \delta_{cmb}} \cdot \frac{P_0}{P} \cdot \frac{T}{T_0} \cdot 10^6 = \frac{7.44 \times 10^{-4}}{150 - 5} \times \frac{101.325}{100.208} \times \frac{308}{273} \times 10^6 \text{m}^3/\text{s} = 5.85 \text{m}^3/\text{s}$$

稀释烟尘需风量计算：

$$Q_{req(VI)} = \frac{Q_{VI}}{K} = \frac{145.44 \times 10^{-3}}{0.0075} \text{m}^3/\text{s} = 19.4 \text{m}^3/\text{s}$$

隧道换气需风量计算（换气次数取 5 次/h）：
$$Q_{\text{req(ac)}} = \frac{A_\text{r} \cdot L \cdot n_\text{s}}{3600} = \frac{32 \times 2\,000 \times 5}{3600} \text{m}^3/\text{s} = 88.9 \text{m}^3/\text{s}$$

纵向通风不间断换气风量：
$$Q_{\text{req(ac)}} = v_{\text{ac}} \cdot A_\text{r} = 1.5 \times 32 \text{m}^3/\text{s} = 48 \text{m}^3/\text{s}$$

隧道需风量取其中最大值为 $88.9 \text{m}^3/\text{s}$。

（5）按"部标"计算需风量

1）污染物排放量计算

2009 年单车 CO 排放量为：
$$\begin{aligned}q_{\text{CO}} &= q'_{\text{CO}}(1-2\%)^{Y-2000} \\ &= 0.007 \times (1-2\%)^{2009-2000} \text{m}^3/(\text{veh} \cdot \text{km}) \\ &= 5.84 \times 10^{-3} \text{m}^3/(\text{veh} \cdot \text{km})\end{aligned}$$

CO 污染物排放量：
$$\begin{aligned}Q_{\text{CO}} &= \frac{1}{3.6 \times 10^6} q_{\text{CO}} \cdot f_\text{a} \cdot f_\text{d} \cdot f_\text{h} \cdot f_{\text{iv}} \cdot L \cdot \sum_{m=1}^{n}(N_m \cdot f_m) \\ &= \frac{1}{3.6 \times 10^6} \times 5.84 \times 10^{-3} \times 1.0 \times 1.5 \times 1.0 \times 1.0 \times 2000 \times (1400 \times 1.0 \\ &\quad + 300 \times 7.0) \text{m}^3/\text{s} \\ &= 0.017 \text{m}^3/\text{s}\end{aligned}$$

2009 年单车烟尘排放量为：
$$\begin{aligned}q_{\text{VI}} &= q'_{\text{VI}} \cdot (1-2\%)^{Y-2000} \\ &= 2 \times (1-2\%)^{2009-2000} \text{m}^3/(\text{h} \cdot \text{veh}) \\ &= 1.67 \text{m}^3/(\text{h} \cdot \text{veh})\end{aligned}$$

隧道烟尘排放量：
$$\begin{aligned}Q_{\text{VI}} &= \frac{1}{3.6 \times 10^6} q_{\text{VI}} \cdot f_{\text{a(VI)}} \cdot f_\text{d} \cdot f_{\text{h(VI)}} \cdot f_{\text{iv(VI)}} \cdot L \cdot \sum_{m=1}^{n}[N_m \cdot f_{m(\text{VI})}] \\ &= \frac{1}{3.6 \times 10^6} \times 1.67 \times 1.0 \times 1.5 \times 1.0 \times (0.55 \times 1000 + 2.2 \times 1000) \times (300 \\ &\quad \times 1.5) \text{m}^3/\text{s} \\ &= 0.861 \text{m}^3/\text{s}\end{aligned}$$

2）需风量计算

稀释 CO 需风量计算：
$$Q_{\text{req(CO)}} = \frac{Q_{\text{CO}}}{\delta_{\text{adm}} - \delta_{\text{cmb}}} \cdot \frac{P_0}{P} \cdot \frac{T}{T_0} \cdot 10^6 = \frac{0.017}{150-5} \times \frac{101.325}{100.208} \times \frac{308}{273} \times 10^6 \text{m}^3/\text{s} = 133.8 \text{m}^3/\text{s}$$

稀释烟尘需风量计算：
$$Q_{\text{req(VI)}} = \frac{Q_{\text{VI}}}{K} = \frac{0.861}{0.0075} = 114.8 \text{m}^3/\text{s}$$

隧道需风量为 $133.8 \text{m}^3/\text{s}$。

采用 PIARC 计算的 CO 和烟尘的发生量一般小于采用"部标"计算的发生量。对上海运行隧道的多年监测表明，实测的 CO 等污染物低于 PIARC 标准计算预测值、远低于按"部标"计算量。当隧道位于大中型城市或经调研汽车尾气排放管理制度能严格执行国家标准时，建议采用 PIARC 计算法，避免通风系统规模过大。

9.3.2 通风系统计算

隧道通风计算实质上是推动空气流动的"动力"和"阻力"的平衡计算，进而选择风机，其中重点是自然风阻力、通风阻力、车辆交通力的计算。

通风计算时需作以下几点简化：

(1) 空气视为不可压缩流体；
(2) 隧道内的空气流为不随时间变化的恒定流；
(3) 隧道内的交通流视为恒定流。

1. 基本参数

(1) 空气基本参数

空气物理量见表 9.3-14。

空气物理量 表 9.3-14

项目	取值
比重 $Y(N/m^3)$	11.77
密度 $\rho_0(kg/m^3)$	1.20
运动黏滞系数 $\nu(m^2/s)$	1.57×10^{-3}

其他状态下的空气密度可用式（9.3-16）计算：

$$\rho = \rho_0 \cdot \exp\left(-\frac{h}{29.28T}\right) \quad (9.3\text{-}16)$$

式中 ρ——其他状态下的空气密度（kg/m^3）；
ρ_0——标准状态下的空气密度（kg/m^3），取 $1.2kg/m^3$；
h——隧址设计海拔高度（m）；
T——隧址夏季气温（K）。

(2) 隧道基本参数

沿程阻力系数及局部阻力系数应根据隧道或风道的断面当量直径和壁面粗糙度以及风道结构形式计算，当为混凝土壁面时，常用阻力系数可按表 9.3-15 取值。

隧道进出口、混凝土壁面常用阻力系数 表 9.3-15

阻力系数	取值
隧道沿程摩阻损失系数 λ_r	0.02
主风道(含竖井)沿程摩阻损失系数 λ_b、λ_e	0.022
连接风道沿程摩阻损失系数 λ_d	0.025
隧道入口损失系数 ζ_e	0.5
隧道出口损失系数 ζ	1.0

(3) 车辆折算系数

交通预测给出的交通流量，通常以当量小客车（pcu）为单位，根据《城市道路工程设计规范》CJJ 37—2012，车辆换算系数见表9.3-16。

城市道路车辆换算系数（veh换算为pcu）　　　　表9.3-16

车辆类型	小客车	大型客车	大型货车	铰接车
换算系数	1.0	2.0	2.5	3.0

道路工程和公路工程中，车辆换算系数略有区别，为便于比较，给出公路工程车辆换算系数（来源：《公路工程技术标准》JTG B01—2014），见表9.3-17。

公路工程车辆换算系数（veh换算为pcu）　　　　表9.3-17

车辆类型	小客车	中型车	大型车
换算系数	1.0	1.5	2.5

2. 交通通风力

隧道内交通通风力计算时，应根据行车方向、车速、不同区段的交通量分别计算。工程设计中可通过计算机软件进行计算，或通过"部标"提出的计算方法进行估算。以下是"部标"提供的估算方法。

(1) 单洞双向交通隧道交通通风力计算

单洞双向交通隧道的交通通风力可按式（9.3-17）计算：

$$\Delta P_t = \frac{A_m}{A_r} \cdot \frac{\rho}{2} \cdot n_+ \cdot (v_{t(+)} - v_r)^2 - \frac{A_m}{A_r} \cdot \frac{\rho}{2} \cdot n_- \cdot (v_{t(-)} + v_r)^2 \tag{9.3-17}$$

式中　ΔP_t——交通通风力（Pa）；

n_+——隧道内与v_r同向的车辆数（辆），$n_+ = \dfrac{N_+ \cdot L}{3600 \cdot v_{t(+)}}$；

n_-——隧道内与v_r反向的车辆数（辆），$n_- = \dfrac{N_- \cdot L}{3600 \cdot v_{t(-)}}$；

N_+——隧道内与v_r同向的高峰小时交通量（veh/h）；

N_-——隧道内与v_r反向的高峰小时交通量（veh/h）；

v_r——隧道设计风速（m/s），$vr = \dfrac{Q_r}{A_r}$；

$v_{t(+)}$——与v_r同向的各工况车速（m/s）；

$v_{t(-)}$——与v_r反向的各工况车速（m/s）；

Q_r——隧道设计风量（m³/s）；

A_m——汽车等效阻抗面积（m²）。

(2) 单洞单向交通隧道交通通风力计算

道路隧道一般采用单洞单向交通，此时式（9.3-17）可简化为式（9.3-18）：

$$\Delta P_t = \pm \frac{A_m}{A_r} \cdot \frac{\rho}{2} \cdot n_C \cdot (v_t - v_r)^2 \tag{9.3-18}$$

式中，当$v_t > v_r$时，ΔP_t取"+"；当$v_t < v_r$时，ΔP_t取"−"。

(3) 汽车等效阻抗面积A_m计算

汽车等效阻抗面积按各车种组成及其相关参数计算，可按式（9.3-19）计算：

$$A_m = \sum \eta_i \cdot A_{ci} \cdot \xi_{ci} \tag{9.3-19}$$

式中　A_{ci}——各车型正投影面积（m²），可参照表9.3-18取值；
　　　ξ_{ci}——各车型空气阻力系数，可参照表9.3-18取值；
　　　η_i——各车型比例（%）。

"部标"中提供了常用车型的正投影面积和空气阻力系数，节选城市隧道常用车型的参数供参考，见表9.3-18所示。

常用车型正投影面积 A_{ci} 和空气阻力系数 ξ_{ci}　　　　表9.3-18

车辆类型	小客车	多功能运动型多用途车	大中型客车	货车
正投影面积 A_{ci}(m²)	1.7～2.1	2.2～5.0	4.0～7.0	3.0～7.0
空气阻力系数 ξ_{ci}	0.25～0.41	0.30～0.51	0.50～0.80	0.60～1.00

3. 隧道通风阻力计算

（1）自然通风阻力计算

自然通风阻力可按式（9.3-20）计算；当自然通风力作为隧道通风阻力时式取"＋"；当自然通风力作为隧道通风动力时取"－"。

$$\Delta P_m = \pm \left(1 + \zeta_e + \lambda_r \cdot \frac{L}{D_r}\right) \cdot \frac{\rho}{2} \cdot v_n^2 \tag{9.3-20}$$

式中　ΔP_m——隧道内自然风阻力（Pa）；
　　　v_n——自然风作用引起的洞内风速（m/s），缺乏资料时可取2.0～3.0m/s；
　　　ζ_e——隧道入口损失系数，可按表9.3-15取值；
　　　λ_r——隧道壁面摩阻损失系数，可按表9.3-15取值；
　　　D_r——隧道断面当量直径（m），$D_r = 4A_r/C_r$；
　　　A_r——隧道净空断面积（m²）；
　　　C_r——隧道断面周长（m）。

（2）通风阻力计算

隧道内通风阻力应按式（9.3-21）～式（9.3-23）计算：

$$\Delta P_r = \Delta P_\lambda + \sum \Delta P_{\xi i} \tag{9.3-21}$$

$$\Delta P_\lambda = \left(\lambda_r \cdot \frac{L}{D_r}\right) \cdot \frac{\rho}{2} \cdot v_r^2 \tag{9.3-22}$$

$$\sum \Delta P_{\xi i} = \sum \xi_i \cdot \frac{\rho}{2} \cdot v_r^2 \tag{9.3-23}$$

式中　ΔP_λ——隧道内通风阻力（Pa）；
　　　ΔP_r——隧道内沿程摩阻损失（Pa）；
　　　$\sum \Delta P_{\xi i}$——隧道内局部阻力损失（Pa）；
　　　ξ_i——隧道局部阻力损失系数。

4. 纵向及纵向分段通风方式

纵向通风及纵向分段通风方式，是道路隧道常见的通风方式。

（1）纵向通风计算

纵向通风一般采用射流风机诱导式，其示意图见图9.3-3。

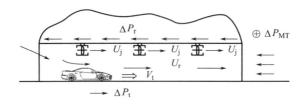

图9.3-3 射流风机通风方式模式图

隧道内压力平衡应满足式（9.3-24）：

$$\Delta P_r + \Delta P_m = \Delta P_t + \sum \Delta P_j \tag{9.3-24}$$

式中 ΔP_r——隧道内通风阻力（Pa）；

ΔP_m——自然风阻力（Pa）；

ΔP_t——交通通风力（Pa）；

$\sum \Delta P_j$——射流风机群总升压力（Pa）。

每台射流风机的升压力可按式（9.3-25）计算：

$$\Delta P_j = \rho \cdot v_j^2 \cdot \frac{A_j}{A_r} \cdot \left(1 - \frac{v_r}{v_j}\right) \cdot \eta \tag{9.3-25}$$

式中 ΔP_j——单台射流风机的升压力（N/m²）；

v_j——射流风机的出口风速（m/s）；

A_j——射流风机的出口面积（m²）；

η——射流风机位置的摩阻损失折减系数，可按表9.3-19取值，当隧道同一断面布置2台及2台以上射流风机时，取0.7。

单台射流风机位置的摩阻损失折减系数 η　　　　表9.3-19

Z/D_j	1.5	1.0	0.7	图示
η	0.91	0.87	0.85	

注：表中 D_j 表示射流风机的内径。

在满足隧道设计风速 v_r 的条件下，射流风机台数可按式（9.3-26）计算：

$$i = \frac{\Delta P_r + \Delta P_m - \Delta P_t}{\Delta P_j} \tag{9.3-26}$$

式中 i——所需射流风机的台数（台）；

ΔP_r——隧道内通风阻力（Pa）；

ΔP_m——自然风阻力（Pa）；

ΔP_t——交通通风力（Pa）；

ΔP_j——单台射流风机升压力（Pa）。

当隧道的净空断面积变化时，即使隧道内空气的体积流量不变，每台射流风机的升压力也会发生变化,需要分别计算。

(2) 纵向分段通风方式

当隧道长度较长时,可采取设置中间风井(排风井和送风井)的方式通风换气,即相当于将隧道分成若干区段。采用分段纵向通风时,一般应符合以下规定:

1) 宜适用于单向交通隧道。

2) 隧道内最大设计断面风速不宜大于 8m/s。

3) 换气时,排风口和送风口的距离不应小于 50m,以免出现回流;当实施困难时,可对排风口、送风口采取一定的措施(如导流等)。

4) 排风口排风时应留有一定余量,避免在送风口之前隧道内污染物浓度超标。

分段纵向通风示意图见图 9.3-4。

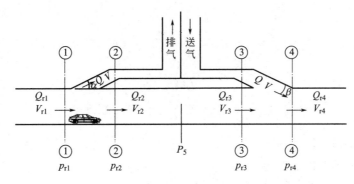

图 9.3-4 纵向分段通风方式模式图

纵向分段通风方式压力平衡计算公式见式 (9.3-27)。

$$\Delta P_b + \Delta P_e + \sum \Delta P_j + \Delta P_t = \Delta P_r + \Delta P_m \tag{9.3-27}$$

式中 ΔP_b——送风口升压力 (Pa);

ΔP_e——排风口升压力 (Pa);

ΔP_r——隧道内通风阻力 (Pa);

ΔP_m——自然通风阻力 (Pa);

$\sum \Delta P_j$——射流风机群总升压力 (Pa)。

排风口升压力可按式 (9.3-28) 计算:

$$\Delta P_e = 2 \cdot \frac{Q_e}{Q_{r1}} \left[\left(2 - \frac{v_e}{v_{r1}} \cos\alpha \right) - \frac{Q_e}{Q_{r1}} \right] \cdot \frac{\rho}{2} \cdot v_{r1}^2 \tag{9.3-28}$$

送风口升压力可按式 (9.3-29) 计算:

$$\Delta P_b = 2 \cdot \frac{Q_b}{Q_{r2}} \left[\left(\frac{v_b}{v_{r2}} \cos\beta - 2 \right) + \frac{Q_b}{Q_{r2}} \right] \cdot \frac{\rho}{2} \cdot v_{r2}^2 \tag{9.3-29}$$

式中 ΔP_e——排风口升压力 (Pa);

ΔP_b——送风口升压力 (Pa);

Q_{r1}——第 I 区段设计风量 (m³/s);

v_{r1}——第 I 区段设计风速 (m/s),$v_{r1} = \frac{Q_{r1}}{A_r}$;

Q_{r2}——第 II 区段设计风量 (m³/s),$Q_{r2} = Q_b - Q_e + Q_{r1}$;

v_{r2}——第Ⅱ区段设计风速（m/s），$v_{r2}=\dfrac{Q_{r2}}{A_r}$；

Q_e——风井排风量（m³/s）；

v_e——与 Q_e 相应的排风口风速（m/s）；

Q_b——风井送风量；

v_b——与 Q_b 相应的排风口风速（m/s）。

隧道气流浓度 C 可用需风量与设计风量之比表示，竖井排风口的浓度 C_2 可按式（9.3-30）计算，竖井底部气流中的等效新鲜空气量 Q_{sf} 可按式（9.3-31）计算，隧道出口内侧处的浓度 C_3 按式（9.3-32）计算，送风量 Q_b 与排风量 Q_e 可按式（9.3-33）计算：

$$C_2=\frac{Q_{req1}}{Q_{r1}} \tag{9.3-30}$$

$$Q_{sf}=Q_{r1}-Q_e-Q_{req1}+\frac{Q_{req1}}{Q_{r1}}Q_e \tag{9.3-31}$$

$$C_3=\frac{Q_{req2}}{Q_{sf}+Q_b} \tag{9.3-32}$$

$$Q_b=Q_{req}-Q_{r1}+Q_e\cdot\left(\frac{Q_{r1}-Q_{req1}}{Q_{r1}}\right) \tag{9.3-33}$$

式中　Q_{req1}——隧道Ⅰ段需风量；

Q_{req2}——隧道Ⅱ段需风量；

L_{r1}——隧道Ⅰ段长度（m）；

L_s——隧道短段长度（m）。

排风口与送风口之间的短道不应产生回流，应满足下列条件：

$$\frac{Q_e}{Q_{r1}}\leqslant 1.0 \tag{9.3-34}$$

$$\frac{Q_b}{Q_{r2}}\leqslant 1.0 \tag{9.3-35}$$

设计浓度应满足下列条件：

$$0.9\leqslant C_2\leqslant 1.0 \tag{9.3-36}$$

$$0.9\leqslant C_3\leqslant 1.0 \tag{9.3-37}$$

隧道内压力应满足下列条件：

$$\Delta P_b+\Delta P_e\geqslant \Delta P_r-\Delta P_t+\Delta P_m \tag{9.3-38}$$

排风机、送风机设计风压可按式（9.3-39）和式（9.3-40）计算：

$$P_{tote}=1.1\times\left(\frac{\rho}{2}\cdot v_e^2+P_{de}-P_{se}\right) \tag{9.3-39}$$

$$P_{totb}=1.1\times\left(\frac{\rho}{2}\cdot v_b^2+P_{db}+P_{sb}\right) \tag{9.3-40}$$

式中　P_{tote}——排风机设计风压（Pa）；

P_{totb}——送风机设计风压（Pa）；

P_{de}——排风口、排风井及其连接风道的总压力损失（Pa）；

P_{db}——送风口、送风井及其连接风道的总压力损失（Pa）；

P_{se}——隧道内排风口处的总升压力（Pa），由隧道沿程压力分布计算求得；

P_{sb}——隧道内送风口处的总升压力（Pa），由隧道沿程压力分布计算求得。

5. 横向及半横向通风方式

（1）送风道计算

当送风道断面积 A_b 沿隧道轴向不变，并由送风道往隧道内等量输送新鲜空气时，送风道始端动压可按式（9.3-41）计算，送风道静压差（$P_{bi} - P_{b0}$）可按式（9.3-42）计算：

$$P_b = \frac{\rho}{2} \cdot v_{bi}^2 \tag{9.3-41}$$

$$P_{bi} - P_{b0} = k_b \cdot \frac{\rho}{2} \cdot v_{bi}^2 \tag{9.3-42}$$

$$v_{bi} = \frac{Q_b}{A_b} \tag{9.3-43}$$

$$k_b = \frac{\lambda_b}{3} \cdot \frac{L_b}{D_b} - 1 \tag{9.3-44}$$

$$D_b = \frac{4 \times A_b}{S_b} \tag{9.3-45}$$

式中　P_b——送风道始端动压（Pa）；

P_{bi}——送风道始端静压（Pa）；

P_{b0}——送风道末端静压（Pa）；

v_{bi}——送风道始端风速（m/s）；

k_b——送风道风压损失系数；

L_b——送风道长度（m）；

A_b——送风道断面积（m²）；

D_b——送风道当量直径（m）；

S_b——送风道断面周长（m）；

λ_b——送风道沿程阻力系数。

送风道末端压力应保证送风量分布的均匀性，送风道所需末端压力可取 150Pa，此压力已经包含两洞间自然风引起的压差。

（2）排风道计算

当排风道断面积 A_e 沿隧道轴向不变，并且污染空气等量向排风道排出时，排风道末端动压可按式（9.3-46）计算，排风道静压差可按式（9.3-47）计算：

$$P_e = \frac{\rho}{2} \cdot v_{e0}^2 \tag{9.3-46}$$

$$P_{ei} - P_{e0} = k_e \cdot \frac{\rho}{2} \cdot v_{e0}^2 \tag{9.3-47}$$

$$v_{e0} = \frac{Q_e}{A_e} \tag{9.3-48}$$

$$k_e = \frac{\lambda_e}{3} \cdot \frac{L_e}{D_e} + 2 \tag{9.3-49}$$

$$D_e = \frac{4 \times A_e}{S_e} \tag{9.3-50}$$

式中　P_e——排风道末端动压（Pa）；
　　　P_{ei}——排风道始端静压（Pa）；
　　　P_{e0}——排风道末端静压（Pa）；
　　　v_{e0}——排风道末端风速（m/s）；
　　　k_e——排风道风压损失系数；
　　　L_e——排风道长度（m）；
　　　A_e——排风道断面积（m²）；
　　　D_e——排风道当量直径（m）；
　　　S_e——排风道断面周长（m）；
　　　λ_e——排风道沿程阻力系数。

排风道始端压力应保证排风的均匀性，排风道所需始端压力可取100Pa，此压力已经包含两洞口间自然风引起的压差。

(3) 隧道内风压计算

当采用全横向通风时，标准大气压状态下的隧道内静压可取零。

当采用送风型半横向通风时，隧道x点的设计风速可按式（9.3-51）计算：

$$v_r(x) = \frac{q_b}{A_r} \cdot x \tag{9.3-51}$$

式中　$v_r(x)$——x点的隧道风速（m/s）；
　　　q_b——每单位长度的送风量 [m³/ (s·m)]；
　　　x——距中性点（$v_r = 0$）的距离（m）。

在单向交通隧道的入口至中性点区段，隧道内风压分布可按式（9.3-52）计算：

$$P_{rc} - P_r(x_1) = \left(\frac{\lambda}{3} \cdot \frac{x_1}{D_r} + 2\right) \cdot \frac{\rho}{2} \cdot v_r^2(x_1) + \alpha \cdot \frac{x_1}{L} \cdot \frac{\rho}{2} \cdot \left[v_t^2 + v_t \cdot v_r(x_1) + \frac{1}{3} \cdot v_r^2(x_1)\right] \tag{9.3-52}$$

式中　x_1——距中性点朝隧道入口的距离（m）；
　　　$P_r(x_1)$——x_1点的隧道静压（Pa）；
　　　P_{rc}——中性点的静压（Pa）；
　　　$v_r(x_1)$——x_1点的隧道风速（m/s）；
　　　α——交通风力系数，$\alpha = \frac{A_m}{A_r} \cdot \frac{N \cdot L}{3600 \times v_t}$。

在单向交通隧道的中性点至隧道出口区段，隧道内静压分布可按式（9.3-53）计算：

$$P_{rc} - P_r(x_2) = \left(\frac{\lambda}{3} \cdot \frac{x_2}{D_r} + 2\right) \cdot \frac{\rho}{2} \cdot v_r^2(x_2) - \alpha \cdot \frac{x_2}{L} \cdot \frac{\rho}{2} \cdot \left[v_t^2 - v_t \cdot v_r(x_2) + \frac{1}{3} \cdot v_r^2(x_2)\right] \tag{9.3-53}$$

式中　x_2——距中性点朝隧道出口的距离（m）；
　　　$P_r(x_2)$——x_2点的隧道静压（Pa）；
　　　$v_r(x_2)$——x_2点的隧道风速（m/s）。

当双向交通且上下行交通量相等时,隧道内风压分布可按式(9.3-54)计算:

$$P_{rc} - P_r(x) = \left(\frac{\lambda}{3} \cdot \frac{x}{D_r} + 2\right) \cdot \frac{\rho}{2} \cdot v_r^2(x) + \alpha \cdot \frac{x}{L} \cdot \frac{\rho}{2} \cdot v_t \cdot v_r(x) \quad (9.3\text{-}54)$$

联络风道的压力损失可按式(9.3-55)计算:

$$\Delta P_d = \sum_{i=1}^{m} \zeta_i \cdot \frac{\rho}{2} \cdot v_i^2 + \sum_{i=1}^{n} \lambda_i \cdot \frac{L_i}{D_i} \cdot \frac{\rho}{2} \cdot v_i^2 \quad (9.3\text{-}55)$$

式中 ΔP_d——联络风道的压力损失(Pa);
ζ_i——第 i 个局部损失系数;
λ_i——第 i 段的沿程摩阻损失系数;
v_i——第 i 段的风速(m/s);
L_i——第 i 段的长度(m);
D_i——第 i 段的当量直径(m);
m——联络风道局部变化个数;
n——联络风道段数。

(4)送、排风机风压计算

送风型半横向式通风或全横向式通风中的送风机设计全压 P_{btot},与隧道风压 $[P_{rc} - P_r(x)]$、送风道所需末端压力 $(P_{b0} - P_{r0})$、送风道静压差 $(P_{bi} - P_{b0})$、送风道始端动压 P_b、联络风道压力损失 $\sum \Delta P_d$ 有关,计算公式见式(9.3-56):

$$P_{btot} = \{[P_{rc} - P_r(x)] + (P_{b0} - P_{r0}) + (P_{bi} - P_{b0}) + \sum \Delta P_d\} \times 1.1 \quad (9.3\text{-}56)$$

全横向式通风中的排风机设计全压 P_{etot},与排风道所需始端压力 $(P_{ri} - P_{ei})$、排风道静压差 $(P_{ei} - P_{e0})$、排风道末端动压 P_e、联络风道压力损失 $\sum \Delta P_d$ 有关,计算公式见式(9.3-57):

$$P_{tot} = [(P_{ri} - P_{ei}) + (P_{ei} - P_{e0}) - P_e + \sum \Delta P_d] \times 1.1 \quad (9.3\text{-}57)$$

当最终确定风机设计全压时,还应考虑风机本身的压力损失。

6. 自然通风方式

自然通风方式是利用车辆行驶作用、空气热压和风压,通过隧道洞口或自然通风口与大气进行空气交换,满足运营需要。

一般按照式(9.2-2)计算判定隧道是否可采取自然通风,当封闭段长度与设计小时交通量的乘积不满足式(9.2-2)的要求时,可直接利用车辆行驶的活塞作用,通过隧道洞口换气,无需设置其他自然通风口;否则需增设自然通风口,兼顾通风和排烟。自然通风口设置的一般原则如下:

(1)加设自然通风口的方式,一般适用于单向行车隧道。

(2)兼顾排烟需求,单孔隧道的自然通风口的间距不宜大于60m,两端自然通风口距洞口间距不宜大于60m,自然通风口宜设置于车道顶部或侧墙上部。

(3)单孔隧道自然通风口的有效通风面积之和(不计两端洞口)不宜小于隧道道路面积的3%~5%。

(4)相邻两孔隧道的自然通风口的间距不宜小于10m。

(5)自然通风口宜结合地面绿化设置。

(6)设置自然通风口的隧道,需考虑自然通风口的防雨;当无防雨设施时,需考虑雨水对行车的影响,并设置道路排水设施。

自然通风口的设置因地制宜,可在隧道侧墙或顶板设置排烟口,当顶板覆土较深时可采用竖井形式。正常行车情况下,隧道内的负(余)压度很低,且大部分区段略微较外界空气压力低,因此自然通风口大多数情况下处于微弱的进风状态。另外,自然通风受隧道外界自然环境的影响很大,通风效果不稳定。长大隧道采用自然通风时应经详细论证。

9.3.3 隧道温度控制

1. 隧道产热量和余热量

车辆在隧道内行驶时,燃料燃烧向隧道内排出以CO、$HC+NO_x$、颗粒物为主的尾气污染物,同时也携带了大量的热排向隧道,国产轿车发动机排气温度约550℃、进口轿车发动机排气温度约500℃。此外,汽车各种散热设备及空调也向周围空气放热。总体上看,按照能量守恒的原理,汽车在隧道内通行时间段内燃烧的汽油或柴油最终仍有一定比例转化为低位热能、通过各种载体和方式排向隧道,加热周边空气,致使隧道空气温度升高。因此,汽车燃油产热是隧道内的主要产热量。

汽车在隧道内的产热量Q_{veh}与隧道车流密度、车种构成、耗油量、燃料的燃烧值及隧道长度有关,其产热量应按对应行车速度下的耗油量计算,可按式(9.3-58)计算。

$$Q_{veh}=2.8\times10^{-9} \cdot L \cdot \sum(n_{veh} \cdot F \cdot \rho \cdot q) \quad (9.3-58)$$

式中 n_{veh}——各车型小时交通流量(veh/h);

L——隧道长度(m);

F——各车型耗油量[L/(100km·veh)],参考表9.3-20;

ρ——燃料密度(kg/L),汽油0.74kg/L,柴油0.84kg/L;

q——燃料燃烧值(kJ/kg),汽油46.2×10^3kJ/kg,柴油42.8×10^3kJ/kg。

根据统计资料,汽车每百公里的耗油量参见表9.3-20所示。

汽车耗油量F 表9.3-20

车种	燃料	耗油量F[L/(100km·veh)]
小客	汽油	5~8
中客	汽油	8~13
大客	柴油	23~30
小货	柴油	11~12
中货	柴油	17~19
大货	柴油	20~36

隧道设计时,正常工况时计算汽车产热量应采用预测隧道高峰小时的交通量,阻塞工况时按阻塞交通场景交通量计算。

当隧道内没有采取特别的降温措施时,汽车排放的热量基本用于加热空气和通过围护结构传至土壤。土壤作为巨大的吸热体,可以吸收一部分热量,抑制隧道空气温度的快速上升,其吸热量理论上可按式(9.3-59)计算。

$$Q_{soil}=A \cdot (t_{air}-t_{soil})K \quad (9.3-59)$$

式中 A——隧道围护结构传热面积（m^2）；

t_{air}、t_{soil}——隧道平均空气温度和土壤温度（℃）；

K——隧道壁面换热系数（$kW/m^2 \cdot K$）。

上式中土壤温度难以简单确定，初期可近似取用当地地温，但随着隧道通车年度的增加，邻近围护结构的土壤温度会缓慢上升，远期土壤吸热能力会显著降低。邻近隧道土壤温度上升的速度与交通量增长、全年温度变化及隧道运行期的通风情况有关，工程设计中远期土壤的吸热量及隧道空气温度常用计算机软件预测。以上海长江隧道为例，地温约18℃，根据软件计算统计，土壤远期吸热量为 $10\sim20W/m^2$，统计表明远期汽车总产热量中约有15%～20%通过围护结构传至土壤。但计算表明初期土壤吸热量约为远期的2倍。

隧道空气的吸热量按式（9.3-60）计算，式中 t_{out} 为隧道出口段的设计控制温度。

$$Q_{air} = m \cdot c \cdot (t_{out} - t_{in}) \quad (9.3\text{-}60)$$

式中 Q_{air}——隧道空气吸热量（kW）；

m——隧道计算通风区段内的空气质量量流（kg/s）；

c——空气比热 [$kJ/(kg \cdot K)$]，可取 1.01；

t_{out}、t_{in}——隧道计算通风区段出口断面、进口断面的空气平均温度（℃）。

隧道内需要通过其他方式排除的余热量 Q_{req} 可通过建立热平衡方程式（9.3-61）计算取得（忽略照明等其他产热量）：

$$Q_{req} = Q_{veh} - Q_{soil} - Q_{air} \quad (9.3\text{-}61)$$

2. 隧道温度控制措施

常规采用的降温方式有通风、送冷风、敷设冷水管等。

公路隧道常用通风排除污染空气和余热。而对于长大隧道，控制温升的通风量远远大于稀释污染空气的通风量，如长江隧道满足降温的通风量超过 $1500m^3/s$，约为稀释污染物通风量的2倍多，当采用纵向通风时相应隧道断面风速约近20m/s，已经远远超过了行车安全的限度。此时，采用纵向通风的隧道仅靠通风的方式不能够有效控制隧道温度，也不具有可实施性。采用横向通风方式和纵向分段的方式可以增加隧道对外有效换气量，控制洞内温升，可是在有些工程条件下由于种种限制实施困难。

冷冻水制冷方式是常用的降温方式，隧道降温需要的投入很大。以长江隧道为例，需至少设两处 $600m^2$ 的冷冻机房，制冷设备的装机容量约4200kW，工程造价及运营费用相当可观。此外，公路隧道内风量大、空气清洁度差，采用何种末端换热设备也是技术难题。因此，公路隧道中采用送冷风、敷设冷水管等降温技术代价很高，工程可行性和经济性不强。

公路隧道内车辆、照明灯具等的产热绝大部分是显热，散湿量较小，致使隧道内部空气的干球温度很高，但是相对湿度低。例如，实测上海延安东路隧道夏季进洞口（相当于室外气象）干球温度约32℃，相对湿度68%，但经过1.7km的隧道后出洞口的空气干球温度约43℃，相对湿度不足40%。像这样干球温度高、相对湿度低的空气环境具备良好的喷水降温条件。水的汽化潜热巨大，约2.40kJ/g，其热量相当于同等质量的水从1℃加热至100℃所需热量的5倍多。

这意味着，在隧道内喷淋不多的水，若能在一定时间内完全蒸发，降温效果将非常明显。但是采用常规的喷淋洒水的方式，蒸发效率低，对正常隧道通行量有干扰。长江隧道设计过程中，特别针对隧道内空气相对湿度低、具备蒸发降温条件的特点，在隧道中采用喷雾技术，将水雾化后直接喷射在隧道空气中。通过水的蒸发吸收巨大的汽化潜热降低隧道空气温度，这在隧道界尚无先例。长江隧道中该降温系统总装机容量仅约210kW，总机房面积约150m²，工程规模小，运营费用低。采用喷雾降温措施后，可控制热季出洞口温度不超过标准限值。

隧道的降温工程案例数量还不多，温度控制技术尚需要在工程实践中积累经验、进一步探索。

9.4 通风监控

9.4.1 监控目的和要求

1. 监控目的

隧道通风控制的主要目的是在保证隧道内部和外部环境满足设计标准及安全运行的前提下，能够保持较低的能耗。

城市隧道的交通流量一般具有较明显的早晚高峰期，同时夜间的交通流量又显著低于白天。因此，洞内由汽车行驶带动的自然通风量、隧道需风量以及需要集中高空排放的污染空气量也是变化的。同时，隧道内还可能发生交通拥堵或者火灾事故等异常工况，通风系统必须能够及时应对这些特殊情况。

基于这些变化的交通情况，对隧道通风系统进行监控是非常必要的。

2. 监控要求

监控系统应能对隧道内的主要控制参数如CO浓度、能见度、风速风向、温度等进行在线监测，为通风系统的运行提供依据。

另外，监控系统需对主要通风设备（如风机、风阀、净化设备等）进行远程和就地监视和控制，并能根据主要污染物浓度或交通流量变化适时调整通风策略。

此外，当隧道内发生火灾时，监控系统还应能控制通风系统尽快由正常运行工况转至控烟运行模式。

通常隧道通风设备设置两级控制，即就地控制和远程控制。就地控制设置在设备附近，且具有优先权，方便设备检修调试。远程控制一般设在控制中心，可以监视通风设备（包括风机、风阀）的运行状态、远程控制通风设备的启停。

9.4.2 监测对象及传感器布置

通风系统控制的污染物对象就是隧道监测的对象，通常为CO、能见度及风速风向；当隧道温度较高时，还需对温度进行监控。

隧道通风系统的控制一般根据隧道内的污染物浓度（CO、颗粒物）和风速变化实现，实时调整风机开启方案。因此，必须在隧道内适当的位置设置CO、能见度及风速传感器。

传感器通常设在隧道内污染物浓度或温度较高的区段，同时还需考虑传感器的保护及免受其他外界干扰。在纵向通风的隧道中，CO、能见度仪（简称CO-VI仪）及温度传感器（T）设置在各纵向分段的末端即峰值浓度段，风速风向仪（V）设置在各纵向分段的中部。采用横向通风的隧道中，CO-VI 仪和温度传感器设在末端管路及送排风管路前半程处。设在出洞口的传感器通常设在距洞口 5~8 倍直径处，以免受室外气象和光照的影响，几种典型通风方式传感器的布置如图 9.4-1、图 9.4-2 所示。

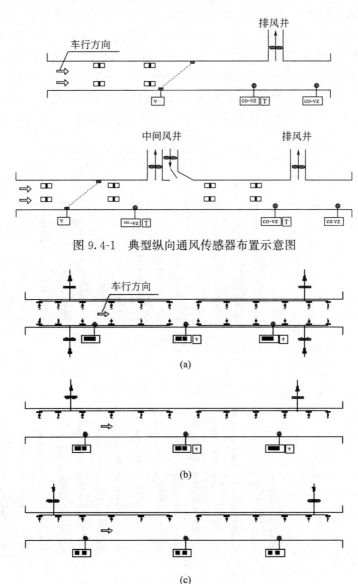

图 9.4-1　典型纵向通风传感器布置示意图

图 9.4-2　典型横向通风传感器布置示意图
(a) 全横向通风；(b) 排风型半横向；(c) 送风型半横向

需要注意的是，传感器的监测读数是作为通风系统运行调整的基础，其监测数据需与隧道的污染物控制浓度标准相对应。

9.4.3　控制策略

日常交通的控制策略可采用两种方式，时间程序和自动控制，两种控制方式也可结合使用。

1. 时间程序

城市隧道的交通流量变化通常是有一定规律的，与该段在城市道路网中所处地域和居民生活规律密切相关，通常有四种类型。第一类隧道也是大部分城市隧道，其交通流量在工作日有显著的早、晚高峰，夜间交通流量显著低于日间交通流量，休息日白天不具有明显的交通峰值，如图 9.4-3（a）所示，是典型的"通勤型"隧道。第二类隧道是"全日高峰型"，位于交通特别繁忙路段，在整个白天交通流量都很高，没有明显的峰值，在夜间交通流量明显降低，如上海的延安东路隧道，如图 9.4-3（b）所示。也有少量隧道全日交通量都保持在低位，为第三类隧道。第四类隧道是典型的"假日型"隧道，即在法定节假日（如国庆节期间）交通流量骤增，并发生长时间全路段拥堵，如上海的长江隧道。

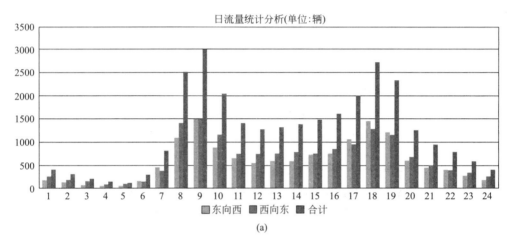

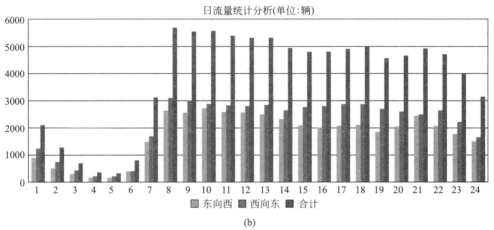

图 9.4-3 城市隧道交通流量变化特征
（a）"通勤型"；（b）"全日高峰型"

时间程序就是根据交通流量随时间变化规律制定相应的通风设备运行模式。如第一类"通勤型"隧道的交通流量形式，可设高峰期、平峰期和夜间模式。在早、晚高峰车流量拥堵期开启一定数量的射流风机及对应的集中排风机，此为高峰期模式；在交通流量较低的平峰段可不开启射流风机，开启部分或全部集中排风机，此为平峰期模式；夜间时，可关停所有通风设备，为夜间模式（隧道检修作业时除外）。

对于第二类"全日高峰型"隧道，工作日日常则只有两种模式，白天模式和夜间模式。白天交通流拥堵时，需要开启一定数量的射流风机和集中排风机，夜间则关停风机。

采用时间程序控制策略时，通风模式是在掌握交通规律的前提下制定的，操作简单，可以制定若干组风机启动模式，供隧道管理部门根据各年度交通状况的变化自行编排。

时间程序控制策略中通风运作模式未与CO或能见度（VI）监测值直接联系。若发生非预期内的阻塞时，管理人员需根据交通监控和隧道内监测的污染物浓度适时转换至交通阻塞对应的通风工况。

采用时间程序控制的模式简单易行，对控制软件、传感器维护等的要求较低，实用性强。由于未实时跟踪污染物浓度变化，风机开启规模通常会偏大一些。

2. 自动控制

自动控制是隧道控制系统根据传感器监测的CO、能见度（VI）及风速，自动调整通风设备运作与监测浓度相匹配。控制取用的污染物浓度可比采用设计标准限值略低一些，一般取设计标准的80%~90%，留有一定的安全余量。

自动控制的方式可以采用前馈型、反馈型或者模糊控制形式，可根据隧道通风系统的具体情况，配合BAS系统实现。自动控制时，通风系统调整的周期不宜太短，按"部标"的推荐，调整周期宜为5~15min。隧道较长时，选取调整周期也应较长，使通风系统运作相对稳定，避免频繁变化。

理论上，采用自动控制模式的通风系统可以及时跟踪污染物浓度变化，既可满足通风需求又可有效降低运行能耗。但采用该种控制方式时，除了需有效的控制软件和运行调试外，日常还需加强对传感器的维护保养。

9.4.4 控制策略案例

某城市隧道封闭段长度约3800m，双向4车道，设计车速60km/h。采用纵向通风，洞口污染空气集中排放的通风方式。单管隧道顶部安装有18组共36台射流风机（SL-1~SL-18），其中交通阻塞时需开启14组；每管出洞口侧集中排风井内设有2台排风机（PF-1、PF-2），单台风机容量120m³/s。隧道通风简图如图9.4-4所示。

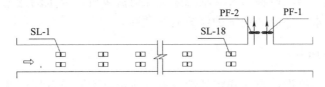

图9.4-4 隧道通风系统原理图

按交通预测和交通调查所处区域交通情况，该隧道属"通勤型"，在早、晚高峰期交通流量大、常态化拥堵，夜间交通流量显著降低，工作日小时交通流量变化曲线类同于图9.4-3（a）所示。

按照交通工况计算分析，在车速大于40km/h时，隧道内无需开启射流风机；车速小于30km/h时需开启射流风机15~28台。隧道内总射流风机量按火灾时配置，并备用一组射流风机。

根据对该隧道通风和交通工况进行的分析，按时间程序编制的日常运行（不含火灾）

风机运行表见表9.4-1、表9.4-2。

工作日风机运行时间　　　　　　　表9.4-1

时间段	射流风机 SF-1~SF-18	排风机 PF-1	排风机 PF-2	模式编号	备注
01:00~06:00	×	×	×	模式1	夜间工况
06:00~07:00	×	√	×	模式2	
07:00~10:00	开14组	√	√	模式3	早高峰
10:00~16:00	×	√	√	模式4	
16:00~19:00	开14组	√	√	模式3	晚高峰
19:00~22:00	×	√	√	模式4	
22:00~01:00	×	√(×)	×(√)	模式2(5)	定期轮换

周末风机运行时间　　　　　　　表9.4-2

时间段	射流风机 SF-1~SF-18	排风机 PF-1	排风机 PF-2	模式编号	备注
01:00~06:00	×	×	×	模式1	夜间工况
06:00~08:00	×	√	×	模式2	
08:00~22:00	×	√	√	模式4	
22:00~01:00	×	√(×)	×(√)	模式2(5)	定期轮换

在工作日非高峰时段或周末节假日期间，当监控发现发生拥堵时，管理人员可即刻中断时间表运作模式转入拥堵模式（模式3）。为使风机运行时间均衡，射流风机及排风机的运行可根据BAS系统累计的运行时间，交替运作。

9.5 设备选型、风道风井及机房布置

隧道中最常用的通风设备为大型轴流风机和射流风机，风机的选型、机房的布置不仅应满足隧道功能要求，还应兼顾维护保养的便利性。

9.5.1 大型轴流风机

大型轴流风机根据设计要求确定其特性，并应根据不同设置场所和环境条件选择轴流风机的型号。一般情况下宜首选大风量、低风压、动叶可调的轴流风机，并结合隧道设计风量、全压及性能曲线选择风机。

用于行车隧道送排风或排烟的轴流风机功率较大，宜选用大口径、低转速、高效率的风机，并设置防喘振设施；风机进、出风端如不接风管，需设防护网。风机风量宜在计算风量上附加5%~10%作为漏风量，风机全压宜在计算风压上附加10%~20%。当系统土建风道规模较大时，漏风量与土建施工质量密切相关，总体上漏风量增加，视情况附加风量可适当提高至20%~30%。日常使用的风机，为适应交通流量的变化，可选用变频风机。

在通风系统土建工程施工完毕、轴流风机安装之前，需结合土建施工情况、轴流风机性能，根据通风系统阻力和风机全压效率等对轴流风机配备参数进行验算。

此外，参与排烟的轴流风机，当发生火灾时，还应满足在高温条件下连续运行的要求。"部标"要求在环境温度为250℃的情况下，风机应能正常运转60min。当风机承担排烟功能时，其绝缘等级应不低于F级，其他风机的绝缘等级应不低于H级，轴流风机的防护等级应不低于IP54。

一般情况下，轴流风机宜选择卧式2~3台并联安装；当条件有限、安装场地不足时，可选用立式安装的风机。当采用4台及以上风机并联运行时，应事先根据风机的规格和性能参数进行必要的技术论证。并联运行的各风机型号和性能参数应完全一致。

轴流风机的制造和安装应注意减振，风机运行时的振速宜控制在6mm/s以内。

9.5.2 射流风机

1. 射流风机选型

射流风机应选用两端带消声装置的隧道专用风机，同一隧道的射流风机型号尽量一致。并应尽量选择大推力、高推力/功率比的风机。考虑到城市隧道出现交通管制的概率较高，宜首选双向可逆型；风机反转时的风量和推力不宜低于正转时的98%。射流风机两端需设防护网。

按照"部标"要求，当隧道内发生火灾时，在环境温度为250℃的情况下，射流风机应能正常运转60min；消防另有要求的，按消防要求执行。隧道内用于火灾排烟的射流风机，应至少备用一组。

为控制射流风机的噪声，要求在野外距射流风机出口10m且成45°夹角处测量时，风机的A声级应小于77dB（A）。射流风机电机防护等级不应低于IP55，绝缘等级不应低于F级。在额定工作条件下，风机整体使用寿命不应低于20年，第一次大修前的安全运转时间不应小于18000h。

2. 射流风机的横断面布置

射流风机大多数情况下布置在车行隧道断面内。此时，射流风机不应侵入隧道建筑限界，射流风机安装完成后，其下沿最低点与隧道建筑限界的净距不宜小于15cm。射流风机宜采用固定式或悬吊式安装，当采用壁龛式安装时，应注意隧道结构的过渡设计，壁龛形式可参考图9.5-1，必要时可在风机进出口设置导流叶片。设计时应根据隧道断面、安装空间、全隧道射流风机总体布置情况，以及供配电系统实施的经济性、合理性，确定同一断面上风机的设置数量。当同一断面布置2台及2台以上射流风机时，射流风机型号应完全相同，相邻两台射流风机的中心间距不宜小于2倍风机叶轮直径。

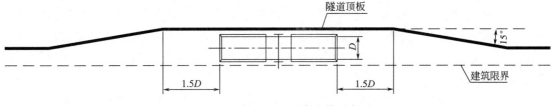

图9.5-1 射流风机壁龛安装示意图

3. 射流风机的纵向布置

射流风机在隧道的纵向布置应满足一定的间距，主要需考虑最大程度地发挥射流风机的推力效应、减小风机组之间的相互影响以及减少供电缆的敷设长度。通常口径不大于 1000mm 的射流风机间距宜小于 120m，口径大于 1000mm 的射流风机间距宜大于 150m，射流风机距洞口的距离不宜小于 60m，当环评有要求时按环评要求执行。曲线段内射流风机的纵向间距不宜大于 100m。

射流风机与其他机电设备不宜相互干扰，风机预埋件宜避开车行横通道、结构变形缝和沉降缝，风机吊装点应尽量远离车道标识牌、可变信息板等设备。

4. 其他安装注意事项

射流风机布置时，还应考虑养护的便利性。例如，当射流风机紧贴隧道侧墙布置时，风机的检修侧（接线盒和润滑油注油嘴侧）应布置在远离隧道侧墙的一侧。当同一断面悬挂两台射流风机时，两台射流风机的检修侧宜布置于内侧，以便一次操作可同时检修两台风机。

射流风机安装时，风机运转的正向应与隧道通风设计的主要气流方向一致，轴线应与隧道轴线平行，误差宜不大于 5mm。支承风机的结构承载力不应小于风机实际静荷载的 15 倍，风机安装前应作支承结构的荷载试验。风机应安装安全吊链，并保持适当的松弛度；每个安全吊链受力时，应能够承担射流风机及其安装支架的静载荷，并考虑风机的晃动。

风机的安装连接件应选用钢构件，并具有足够的强度，其表面应作防腐蚀处理，并满足相关规范要求；滨海附近的隧道或洞内污染腐蚀严重的隧道，宜做好防盐雾腐蚀等处理。风机的安装连接件与风机支撑结构预埋件之间可采用焊接，也可采用螺栓连接，风机连接件与风机之间或与风机支撑结构预埋件之间应考虑减振措施。

9.5.3 机房布置

隧道风机宜集中布置，机房一般设在地下，机房及气流通道上还需设置配套的大型消声器、电动组合风阀等设施。机房布局应满足通风及其配套设施的综合布置、运输、安装、检修等各项要求。

风机进、出风端应保持气流顺畅，出风端宜设置扩散筒，减少气流损失。进、出风端不应有结构遮挡物（梁、柱等）。风机房内需考虑风机的检修空间及运输通道。风机正上方宜设置起吊梁，并配置捯链，可将风机或电机移动至检修空间。

9.5.4 风道和风井

1. 风道

风道断面变化处应平顺过渡，在转弯、折曲处采用曲线连接，必要时设置导流措施。风道壁面应光滑平整，平整度建议不大于千分之一，粗糙度不大于 3mm。风道吸入口应设防止异物吸入的网罩，网罩的网眼尺寸可取 100mm×100mm，网罩宜采用不锈钢、铝合金等耐腐蚀材质。

一般通风风道风速不宜大于 8m/s、排烟专用风道风速不宜大于 15m/s。风道内需设置检修用进出口、楼梯、照明设施、防排水设施。

2. 风井

隧道新风井应设在空气洁净的地方,新风应直接来自大气。新风口底部距地面高度不宜小于2m,当位于绿化内时不宜小于1m。隧道集中排风井开口的高度应满足废气排放的环境保护要求,排风应直接排至大气。当采用高风井集中排放废气时,宜采用敞口直排方式,风速宜取用10m/s,便于废气高空扩散。

风井设置百叶时,百叶的迎面风速不宜过大,一般控制在3~4m/s。风井底部需设置排水设施,地坪应坡向集水坑。与机房相接的水平段应设挡水坎,防止雨水通过敞开的风井口或百叶口进入机房。

9.6 附表

汽油小客车(国Ⅰ前)CO基准排放因子　　　　　　　　　　　　　　　　　附表 A-1

v(km/h)	小客车——汽油,国Ⅰ前,$q^{CO}_{(i,v)}$ [g/(h·veh)]						
	坡度(%)						
	−6	−4	−2	0	2	4	6
0	101.3	101.3	101.3	101.3	101.3	101.3	101.3
5	97.3	115.5	133.8	152.0	152.0	159.6	167.2
10	129.7	154.0	178.4	202.7	202.7	217.9	223.0
15	162.2	192.6	223.0	253.4	272.4	278.7	304.1
20	194.6	231.1	267.6	304.1	331.4	349.7	395.1
30	223.6	265.6	307.5	349.4	384.4	436.8	604.5
40	216.8	257.5	298.2	338.8	413.4	538.7	762.4
50	210.1	249.4	288.8	328.2	426.7	623.6	900.9
60	217.9	258.8	299.6	340.5	520.9	863.1	1186.5
70	225.8	268.1	310.4	352.7	701.9	1199.3	1559.1
80	236.8	281.2	325.6	370.0	928.7	1539.2	1946.2
90	322.9	383.4	443.9	504.5	1498.3	2497.2	3044.6
100	391.8	474.6	663.0	753.4	2320.5	3816.0	4821.8

汽油小客车(国Ⅰ标准)CO基准排放因子　　　　　　　　　　　　　　　　附表 A-2

v(km/h)	小客车——汽油,国Ⅰ标准,$q^{CO}_{(i,v)}$ [g/(h·veh)]						
	坡度(%)						
	−6	−4	−2	0	2	4	6
0	20.0	20.0	20.0	20.0	20.0	20.0	20.0
5	33.7	49.3	64.9	64.9	71.4	72.0	79.8
10	28.7	42.0	55.2	55.2	66.3	67.4	80.6
15	26.0	38.0	50.0	50.0	60.0	66.5	84.8

续表

v(km/h)	小客车——汽油,国Ⅰ标准,$q_{(i,v)}^{CO}$ [g/(h·veh)]						
	坡度(%)						
	−6	−4	−2	0	2	4	6
20	26.5	38.8	51.0	51.0	61.2	73.4	98.4
30	27.6	40.3	53.0	53.0	63.6	85.9	125.1
40	28.6	41.8	55.0	55.0	66.0	106.2	159.5
50	29.6	43.3	57.0	57.0	68.4	125.1	202.4
60	30.7	44.8	59.0	59.0	88.5	173.8	277.9
70	31.7	46.4	61.0	61.0	122.0	244.0	366.0
80	32.8	47.9	63.0	63.0	173.3	308.7	491.4
90	35.5	51.9	68.3	68.3	228.8	404.7	686.4
100	42.7	62.5	82.2	82.2	295.9	581.6	959.3

汽油小客车(国Ⅱ标准)CO基准排放因子　　　　　　　　附表 A-3

v(km/h)	小客车——汽油,国Ⅱ标准,$q_{(i,v)}^{CO}$ [g/(h·veh)]						
	坡度(%)						
	−6	−4	−2	0	2	4	6
0	7.3	7.3	7.3	7.3	7.3	7.3	7.3
5	22.4	29.0	36.7	44.4	53.4	62.5	71.5
10	22.0	28.3	35.5	42.5	50.8	60.4	70.6
15	21.2	26.9	33.2	38.7	45.6	56.3	68.9
20	21.0	26.7	32.8	38.1	44.5	58.6	76.5
25	20.9	26.5	32.5	37.4	43.5	61.0	84.0
30	20.8	26.4	32.5	37.2	43.2	63.4	90.9
35	20.9	26.5	32.5	37.5	43.7	66.0	97.0
40	21.0	26.7	32.9	38.1	46.2	70.1	104.8
45	21.2	26.9	33.2	38.7	50.0	75.6	115.1
50	21.3	27.1	33.5	39.2	55.0	82.6	127.8
55	21.4	27.3	33.9	39.8	60.0	100.2	152.9
60	21.5	27.5	34.2	40.3	65.0	128.4	190.6
65	21.6	27.6	34.4	40.7	78.7	167.3	240.7
70	21.6	27.7	34.6	41.0	100.9	206.1	290.9
75	21.7	27.8	34.7	41.1	131.7	245.0	341.0
80	22.4	29.0	36.6	44.4	165.1	293.3	420.7
85	23.8	31.3	40.5	50.8	201.0	351.2	529.9
90	25.8	34.7	46.1	60.2	239.4	418.5	668.6
95	28.7	39.6	54.3	73.8	298.6	545.6	916.8

续表

v(km/h)	小客车——汽油,国Ⅱ标准,$q_{(i,v)}^{CO}$ [g/(h·veh)]						
	坡度(%)						
	−6	−4	−2	0	2	4	6
100	32.6	45.9	64.9	91.4	378.6	732.3	1274.5

汽油小客车（国Ⅲ标准）CO基准排放因子　　　　　　　　附表 A-4

v(km/h)	小客车——汽油,国Ⅲ标准,$q_{(i,v)}^{CO}$ [g/(h·veh)]						
	坡度(%)						
	−6	−4	−2	0	2	4	6
0	5.1	5.1	5.1	5.1	5.1	5.1	5.1
5	14.3	18.8	24.7	31.2	37.7	44.2	50.7
10	14.0	18.4	24.0	29.9	35.9	42.5	49.8
15	13.5	17.4	22.4	27.3	32.3	39.3	47.9
20	13.3	17.2	22.0	26.6	31.2	39.6	51.6
25	13.2	16.9	21.6	25.9	30.1	40.0	55.2
30	13.1	16.8	21.4	25.6	29.7	41.4	59.7
35	13.1	16.9	21.5	25.8	30.0	44.0	64.9
40	13.2	17.1	21.8	26.3	31.7	48.2	72.2
45	13.3	17.2	22.1	26.8	33.8	53.1	80.7
50	13.4	17.4	22.3	27.1	36.6	58.7	90.4
55	13.5	17.5	22.5	27.5	39.4	71.5	108.7
60	13.6	17.6	22.7	27.8	42.1	91.6	135.5
65	13.6	17.7	22.9	28.2	51.8	118.9	170.9
70	13.7	17.9	23.1	28.5	68.3	146.3	206.2
75	13.8	18.0	23.3	28.9	91.7	173.6	241.6
80	14.6	19.3	25.4	32.4	120.3	214.7	309.4
85	16.0	21.6	29.4	39.0	154.2	269.4	409.8
90	18.1	25.1	35.2	48.6	193.2	337.8	542.6
95	20.9	29.9	43.1	61.8	250.3	424.8	696.6
100	24.5	35.9	53.1	78.5	325.3	571.1	964.6

汽油小客车（国Ⅳ标准）CO基准排放因子　　　　　　　　附表 A-5

v(km/h)	小客车——汽油,国Ⅳ标准,$q_{(i,v)}^{CO}$ [g/(h·veh)]						
	坡度(%)						
	−6	−4	−2	0	2	4	6
0	4.0	4.0	4.0	4.0	4.0	4.0	4.0
5	9.9	13.2	16.9	21.5	26.0	30.5	35.0

续表

v(km/h)	小客车——汽油,国Ⅳ标准,$q_{(i,v)}^{CO}$ [g/(h·veh)]						
	坡度(%)						
	−6	−4	−2	0	2	4	6
10	9.7	12.9	16.5	20.8	24.9	29.6	34.6
15	9.4	12.3	15.5	19.2	22.8	27.6	35.7
20	9.2	12.1	15.1	18.5	21.8	27.6	35.9
25	9.1	11.9	14.8	17.9	20.8	27.7	38.1
30	9.1	11.8	14.6	17.6	20.5	28.5	41.0
35	9.1	11.8	14.6	17.7	20.6	30.2	44.5
40	9.1	11.9	14.9	18.1	21.7	33.1	49.5
45	9.2	12.0	15.0	18.4	23.2	36.4	55.3
50	9.3	12.1	15.2	18.6	25.0	40.2	61.9
55	9.3	12.2	15.3	18.9	26.9	49.2	74.8
60	9.4	12.3	15.5	19.1	28.7	63.5	93.9
65	9.4	12.4	15.6	19.4	35.6	83.0	119.2
70	9.5	12.5	15.9	19.8	47.4	102.5	144.5
75	9.6	12.7	16.1	20.2	64.3	122.1	169.9
80	10.0	13.4	17.3	22.2	82.5	147.4	211.7
85	10.8	14.7	19.5	25.9	102.2	178.6	270.2
90	12.0	16.6	22.6	31.1	123.4	215.7	345.1
95	13.5	19.2	27.1	38.4	155.5	262.2	429.4
100	15.6	22.7	32.8	48.0	198.5	345.5	583.4

柴油小客车（国Ⅰ前）CO基准排放因子　　　　　　　　　附表 A-6

v(km/h)	小客车——柴油,国Ⅰ前,$q_{(i,v)}^{CO}$ [g/(h·veh)]						
	坡度(%)						
	−6	−4	−2	0	2	4	6
0	7.0	7.0	7.0	7.0	7.0	7.0	7.0
5	16.2	16.2	16.2	16.2	16.2	16.9	22.7
10	23.2	23.2	23.2	23.2	23.2	25.1	32.5
15	30.2	30.2	30.2	30.2	30.2	33.3	45.3
20	38.0	38.0	38.0	38.0	38.0	42.7	60.8
30	50.0	50.0	50.0	50.0	50.0	59.4	80.0
40	52.0	52.0	52.0	52.0	52.0	63.0	83.2
50	52.0	52.0	52.0	52.0	52.0	66.3	83.2
60	52.0	52.0	52.0	52.0	57.9	69.2	83.2
70	52.0	52.0	52.0	52.0	62.4	71.8	83.2

续表

v(km/h)	小客车——柴油,国Ⅰ前,$q_{(i,v)}^{CO}$[g/(h·veh)]						
	坡度(%)						
	−6	−4	−2	0	2	4	6
80	52.0	52.0	52.0	52.0	66.6	73.8	83.2
90	54.7	54.7	54.7	54.7	70.0	81.5	87.5
100	68.3	68.3	68.3	68.3	82.2	101.0	109.3

柴油小客车（国Ⅰ标准）CO基准排放因子　　　　附表 A-7

v(km/h)	小客车——柴油,国Ⅰ标准,$q_{(i,v)}^{CO}$[g/(h·veh)]						
	坡度(%)						
	−6	−4	−2	0	2	4	6
0	3.0	3.0	3.0	3.0	3.0	3.0	3.0
5	7.7	7.7	7.7	7.7	7.7	8.0	10.8
10	10.4	10.4	10.4	10.4	10.4	11.3	14.6
15	12.5	12.5	12.5	12.5	12.5	13.8	18.7
20	16.0	16.0	16.0	16.0	16.0	18.0	25.6
30	20.0	20.0	20.0	20.0	20.0	23.8	32.0
40	20.0	20.0	20.0	20.0	20.0	24.2	32.0
50	20.0	20.0	20.0	20.0	20.0	25.5	32.0
60	20.0	20.0	20.0	20.0	20.0	26.6	32.0
70	20.0	20.0	20.0	20.0	20.0	27.6	32.0
80	20.0	20.0	20.0	20.0	20.0	28.4	32.0
90	22.0	22.0	22.0	22.0	22.0	32.8	35.2
100	23.4	23.4	23.4	23.4	23.4	34.6	37.4

柴油小客车（国Ⅱ标准）CO基准排放因子　　　　附表 A-8

v(km/h)	小客车——柴油,国Ⅱ标准,$q_{(i,v)}^{CO}$[g/(h·veh)]						
	坡度(%)						
	−6	−4	−2	0	2	4	6
0	2.1	2.1	2.1	2.1	2.1	2.1	2.1
5	5.5	5.7	6.0	6.3	7.3	8.5	10.6
10	7.7	8.0	8.5	8.9	10.3	11.9	14.8
20	11.1	11.5	12.1	12.8	14.8	17.1	21.3
30	13.7	14.2	15.0	15.8	18.2	21.1	26.3
40	14.4	15.0	15.8	16.6	19.2	22.3	27.8
50	14.0	14.6	15.4	16.2	18.7	21.6	28.0
60	13.1	13.6	14.4	15.1	17.5	20.2	28.2

续表

v(km/h)	小客车——柴油,国Ⅱ标准,$q_{(i,v)}^{CO}$[g/(h·veh)]						
	坡度(%)						
	−6	−4	−2	0	2	4	6
70	12.4	13.0	13.6	14.4	16.6	20.4	29.0
80	12.5	13.0	13.7	14.4	16.6	21.7	31.0
90	14.2	14.8	15.5	16.4	18.9	25.6	36.3
100	16.7	17.4	18.3	19.3	22.3	30.8	43.1

柴油小客车（国Ⅲ标准）CO 基准排放因子　　　附表 A-9

v(km/h)	小客车——柴油,国Ⅲ标准,$q_{(i,v)}^{CO}$[g/(h·veh)]						
	坡度(%)						
	−6	−4	−2	0	2	4	6
0	1.7	1.7	1.7	1.7	1.7	1.7	1.7
5	4.4	4.6	4.9	5.1	5.8	6.7	8.1
10	6.2	6.5	6.9	7.2	8.2	9.5	11.4
20	9.0	9.4	9.9	10.4	11.8	13.7	16.5
30	11.2	11.6	12.3	12.9	14.7	17.0	20.5
40	11.8	12.3	12.9	13.6	15.5	17.9	21.6
50	11.4	11.9	12.5	13.2	15.0	17.4	21.6
60	10.7	11.1	11.7	12.3	14.0	16.2	22.5
70	10.1	10.5	11.1	11.7	13.3	16.6	23.5
80	10.1	10.6	11.1	11.7	13.3	17.9	25.5
90	11.5	12.0	12.6	13.3	15.1	21.2	30.1
100	13.6	14.1	14.9	15.6	17.8	25.6	35.8

柴油小客车（国Ⅳ标准）CO 基准排放因子　　　附表 A-10

v(km/h)	小客车——柴油,国Ⅳ标准,$q_{(i,v)}^{CO}$[g/(h·veh)]						
	坡度(%)						
	−6	−4	−2	0	2	4	6
0	1.6	1.6	1.6	1.6	1.6	1.6	1.6
5	4.1	4.2	4.5	4.7	5.5	6.3	7.6
10	5.8	6.0	6.3	6.7	7.7	9.0	10.7
20	8.3	8.7	9.1	9.6	11.1	12.9	15.4
30	10.3	10.7	11.3	11.9	13.8	16.0	19.1
40	10.9	11.3	11.9	12.5	14.5	16.9	20.1
50	10.5	11.0	11.6	12.2	14.1	16.4	20.5
60	9.8	10.2	10.8	11.3	13.2	15.2	21.2

续表

v(km/h)	小客车——柴油,国Ⅳ标准,$q_{(i,v)}^{CO}$ [g/(h·veh)]						
	坡度(%)						
	−6	−4	−2	0	2	4	6
70	9.3	9.7	10.2	10.8	12.5	15.6	22.3
80	9.4	9.7	10.3	10.8	12.5	16.9	24.3
90	10.6	11.1	11.6	12.3	14.2	20.1	28.7
100	12.5	13.0	13.7	14.4	16.7	24.3	34.2

柴油重车、柴油大客车（国Ⅰ前）CO基准排放因子　　　　附表 A-11

v(km/h)	柴油重车、柴油大客车,国Ⅰ前,$q_{(i,v)}^{CO}$ [g/(h·veh)]						
	坡度(%)						
	−6	−4	−2	0	2	4	6
0	57.0	57.0	57.0	57.0	57.0	57.0	57.0
5	60.0	63.0	63.0	126.0	129.3	135.4	143.2
10	63.0	68.8	68.8	137.7	145.1	157.7	173.6
20	74.7	79.7	79.7	159.4	177.0	203.4	235.7
30	85.3	90.9	90.9	181.9	210.9	252.0	300.7
40	95.9	101.6	101.6	203.2	247.2	304.4	370.5
50	105.8	109.9	109.9	219.8	281.4	356.3	439.9
60	115.8	122.0	122.0	244.0	323.3	415.7	516.9
70	128.3	134.9	134.9	269.8	368.4	479.4	—
80	140.9	147.3	147.3	294.6	417.9	549.9	—

柴油重车、柴油大客车（国Ⅰ标准）CO基准排放因子　　　　附表 A-12

v(km/h)	柴油重车、柴油大客车,国Ⅰ标准,$q_{(i,v)}^{CO}$ [g/(h·veh)]						
	坡度(%)						
	−6	−4	−2	0	2	4	6
0	22.8	22.8	22.8	22.8	22.8	22.8	22.8
5	24.2	25.2	25.2	50.4	51.7	54.2	57.3
10	25.2	27.5	27.5	55.1	58.0	63.1	69.4
15	27.5	29.9	29.9	59.8	64.6	72.2	81.8
20	29.9	31.9	31.9	63.8	70.8	81.4	94.3
25	31.9	34.1	34.1	68.2	77.5	90.9	107.1
30	34.1	36.4	36.4	72.8	84.4	100.8	120.3
35	36.4	38.4	38.4	76.8	91.7	110.8	133.8
40	38.4	40.6	40.6	81.3	98.9	121.8	148.2
45	40.6	42.3	42.3	84.6	105.6	132	161.9

续表

v(km/h)	柴油重车、柴油大客车,国Ⅰ标准,$q_{(i,v)}^{CO}$ [g/(h·veh)]						
	坡度(%)						
	−6	−4	−2	0	2	4	6
50	42.3	44.0	44.0	87.9	112.6	142.5	176.0
55	44.0	46.3	46.3	92.6	120.7	154.1	191.1
60	46.3	48.8	48.8	97.6	129.3	166.3	206.8
65	48.8	51.3	51.3	103.7	138.2	178.8	222.8
70	51.3	54.0	54.0	107.9	147.4	191.8	—
75	54.0	56.4	56.4	112.7	157.0	205.5	—
80	56.4	58.9	58.9	117.8	167.2	220.0	—

柴油重车、柴油大客车（国Ⅱ标准）CO基准排放因子 　　附表 A-13

v(km/h)	柴油重车、柴油大客车,国Ⅱ标准,$q_{(i,v)}^{CO}$ [g/(h·veh)]						
	坡度(%)						
	−6	−4	−2	0	2	4	6
0	15.2	15.2	15.2	15.2	15.2	15.2	15.2
5	17.4	18.6	19.8	20.9	22.4	23.9	25.3
10	19.3	20.4	21.4	22.5	25.6	29.5	34.2
20	23.2	24.2	25.2	26.2	32.5	40.4	49.8
30	25.5	27.4	29.2	31.1	40.2	51.4	65.0
40	27.3	29.8	32.4	34.9	46.4	60.7	77.9
50	28.6	31.6	34.7	37.7	51.9	69.7	91.0
60	29.9	33.4	37.0	40.6	57.8	79.3	105.1
70	33.1	36.4	39.8	43.1	63.5	89.1	—
80	39.7	43.4	47.2	50.9	76.8	109.2	—
90	—	53.7	59.4	65.5	102.7	—	—
100	—	683	76.6	83.5	—	—	—

柴油重车、柴油大客车（国Ⅲ标准）CO基准排放因子 　　附表 A-14

v(km/h)	柴油重车、柴油大客车,国Ⅲ标准,$q_{(i,v)}^{CO}$ [g/(h·veh)]						
	坡度(%)						
	−6	−4	−2	0	2	4	6
0	11.2	11.2	11.2	11.2	11.2	11.2	11.2
5	12.8	13.8	14.8	15.8	16.6	17.4	18.3
10	14.1	14.9	15.7	16.5	18.5	20.5	24.3
20	16.8	17.3	17.9	18.5	22.9	27.3	35.3
30	18.3	19.5	20.8	22.1	28.2	34.4	45.8

续表

v(km/h)	柴油重车、柴油大客车,国Ⅲ标准,$q_{(i,v)}^{CO}$ [g/(h·veh)]						
	坡度(%)						
	−6	−4	−2	0	2	4	6
40	19.4	21.2	23.0	24.9	32.7	40.5	54.9
50	20.0	22.4	24.7	27.0	36.7	46.3	64.1
60	20.4	23.4	26.3	29.2	40.9	52.6	74.3
70	21.1	24.4	27.8	31.2	45.2	59.1	—
80	22.0	26.8	31.7	36.5	54.3	72.2	—
90	—	31.7	39.1	46.1	71.8	—	—
100	—	41.3	50.3	57.8	—	—	—

柴油重车、柴油大客车（国Ⅳ标准）CO基准排放因子　　　　附表 A-15

v(km/h)	柴油重车、柴油大客车,国Ⅳ标准,$q_{(i,v)}^{CO}$ [g/(h·veh)]						
	坡度(%)						
	−6	−4	−2	0	2	4	6
0	8.5	8.5	8.5	8.5	8.5	8.5	8.5
5	9.7	9.7	9.7	9.7	10.9	12.1	13.4
10	10.6	10.7	10.8	10.8	12.6	14.8	17.5
20	12.6	12.9	13.1	13.4	16.5	20.5	25.2
30	13.7	14.5	15.3	16.1	20.4	25.8	32.4
40	14.4	15.7	16.9	18.2	23.6	30.4	38.5
50	14.8	16.5	18.2	19.9	26.5	34.7	44.6
60	15.2	17.3	19.5	21.6	29.5	39.4	51.3
70	16.6	18.8	21.0	23.2	32.5	44.3	—
80	19.6	22.0	24.5	26.9	38.4	52.9	—
90	—	26.7	30.0	33.4	19.0	—	—
100	—	33.3	37.7	41.4	—	—	—

汽油小客车 CO 老化系数　　　　附表 A-16

小客车——汽油老化系数 f_a							
国Ⅰ	使用年限	0	2	6	10	14	18
	f_a	1.00	1.20	1.60	2.00	2.40	2.80
国Ⅱ	使用年限	3	5	7	9	11	13
	f_a	1.00	1.14	1.28	1.42	1.56	1.70
国Ⅲ	使用年限	1	2	4	6	8	10
	f_a	1.00	1.10	1.21	1.42	1.62	1.83

计算 CO 的海拔高度系数 f_h 附表 A-17

车型	排放标准	海拔高度(m)				
		0	700	1 000	2 000	3 000
汽油小客车	国Ⅰ前	1.0	1.0	1.8	2.5	3.2
	国Ⅰ~国Ⅳ	1.0	1.0	2.6	11.4	13.0
柴油小客车	国Ⅰ前~国Ⅳ	1.0	1.0	1.2	1.5	1.8
柴油重车、柴油大客车	国Ⅰ前~国Ⅳ	1.0	1.0	1.4	2.8	4.0

柴油重车、柴油大客车计算 CO 的质量系数 f_m 附表 A-18

v(km/h)	柴油重车、柴油大客车计算 CO 的质量系数 f_m					
	国Ⅰ前、国Ⅰ			国Ⅱ、国Ⅲ、国Ⅳ		
	10t	20t	30t	10t	20t	30t
0	1.0	1.8	2.5	1.0	1.4	1.4
5	1.0	1.8	2.5	1.0	1.4	1.7
10	1.0	1.8	2.6	1.0	1.4	2.1
20	1.0	1.8	2.6	1.0	1.4	2.6
30	1.0	1.8	2.6	1.0	1.4	2.6
40	1.0	1.8	2.5	1.0	1.4	2.7
50	1.0	1.7	2.4	1.0	1.3	2.7
60	1.0	1.6	2.3	1.0	1.3	2.7
70	1.0	1.6	2.1	1.0	1.3	2.7
80	1.0	1.5	2.0	1.0	1.3	2.7
90	1.0	1.5	2.0	1.0	1.3	2.8
100	1.0	1.5	2.0	1.0	1.3	2.8

柴油小客车（国Ⅰ前）烟尘基准排放因子 附表 A-19

v(km/h)	小客车——柴油,国Ⅰ前,$q_{(i,v)}^{VI}$ [m³/(h·veh)]						
	坡度(%)						
	-6	-4	-2	0	2	4	6
0	1.0	1.0	1.0	1.0	1.0	1.0	1.0
5	18.3	18.3	18.3	18.3	19.4	20.7	23.2
10	18.3	19.7	20.3	20.5	22.8	25.9	31.0
15	19.8	20.6	21.4	22.8	28.5	31.4	40.9
20	20.1	21.3	22.6	25.1	30.4	38.4	52.2
30	23.2	24.6	26.1	29.0	36.8	49.6	71.0
40	30.9	32.8	34.8	38.6	50.4	69.5	102.6
50	34.1	36.2	38.3	42.6	56.6	79.9	119.3
60	29.9	36.3	38.4	42.7	58.1	82.8	125.1

续表

v(km/h)	小客车——柴油,国Ⅰ前,$q_{(i,v)}^{Ⅵ}$ [m³/(h·veh)]						
	坡度(%)						
	−6	−4	−2	0	2	4	6
70	29.3	35.8	37.9	42.1	58.1	84.2	128.5
80	28.7	34.8	36.9	43.0	57.1	83.6	128.6
90	31.6	38.6	40.7	45.2	63.5	93.8	145.3
100	46.7	56.7	60.0	66.7	94.3	140.0	217.3

柴油小客车（国Ⅰ标准）烟尘基准排放因子　　　　附表 A-20

v(km/h)	小客车——柴油,国Ⅰ标准,$q_{(i,v)}^{Ⅵ}$ [m³/(h·veh)]						
	坡度(%)						
	−6	−4	−2	0	2	4	6
0	0.3	0.3	0.3	0.3	0.3	0.3	0.3
5	5.1	5.1	5.1	5.1	5.5	5.8	6.5
10	5.5	5.6	5.8	5.9	6.5	7.4	8.9
20	6.5	6.9	7.3	8.1	9.8	12.4	16.9
30	9.4	10.0	10.6	11.7	14.9	20.1	28.8
40	11.1	11.8	12.5	13.9	18.7	25.1	36.9
50	15.6	16.5	17.5	19.5	25.9	36.5	54.5
60	16.2	19.7	20.8	23.1	31.5	44.9	67.8
70	14.4	17.5	18.5	20.6	28.4	41.2	62.8
80	11.3	13.7	14.6	16.2	22.6	32.9	50.8
90	13.4	16.3	17.2	19.1	26.9	39.7	61.5
100	20.8	25.3	26.8	29.8	42.1	62.5	97.0

柴油小客车（国Ⅱ标准）烟尘基准排放因子　　　　附表 A-21

v(km/h)	小客车——柴油,国Ⅱ标准,$q_{(i,v)}^{Ⅵ}$ [m³/(h·veh)]						
	坡度(%)						
	−6	−4	−2	0	2	4	6
0	2.59	2.59	2.59	2.59	2.59	2.59	2.59
5	2.90	3.00	3.09	3.09	3.35	3.76	4.45
10	3.31	3.39	3.48	3.57	4.12	4.93	6.31
20	4.05	4.19	4.35	4.50	5.52	7.05	9.67
30	5.17	5.42	5.67	5.94	7.55	10.11	14.49
40	7.23	7.61	8.01	8.44	11.04	15.59	22.96
50	8.99	9.57	10.18	10.83	14.50	22.45	33.64
60	10.39	11.23	12.14	13.13	17.86	24.40	36.90

续表

$v(\text{km/h})$	小客车——柴油,国Ⅱ标准,$q_{(i,v)}^{\text{VI}}$ [m³/(h·veh)]						
	坡度(%)						
	−6	−4	−2	0	2	4	6
70	9.39	10.32	11.34	12.46	17.13	21.24	32.38
80	7.21	8.19	9.31	10.58	14.73	21.03	32.42
90	10.66	12.12	13.77	15.65	22.01	32.63	50.67
100	15.92	18.09	20.56	23.36	33.05	49.12	76.48

柴油小客车（国Ⅲ标准）烟尘基准排放因子　　　　　　　　附表 A-22

$v(\text{km/h})$	小客车——柴油,国Ⅲ标准,$q_{(i,v)}^{\text{VI}}$ [m³/(h·veh)]						
	坡度(%)						
	−6	−4	−2	0	2	4	6
0	1.51	1.51	1.51	1.51	1.51	1.51	1.51
5	1.64	1.68	1.73	1.77	1.94	2.18	2.57
10	1.88	1.93	1.98	2.03	2.38	2.84	3.63
20	2.31	2.39	2.48	2.57	3.16	4.03	5.53
30	2.96	3.10	3.25	3.40	4.32	5.78	8.29
40	4.14	4.36	4.59	4.83	6.33	8.94	13.16
50	5.16	5.49	5.84	6.22	8.33	12.91	19.34
60	5.98	6.46	6.98	7.55	10.28	14.03	21.21
70	5.39	5.93	6.51	7.16	9.84	12.16	18.54
80	4.11	4.67	5.3	6.03	8.39	11.97	18.45
90	6.05	6.87	7.81	8.87	12.48	18.50	28.73
100	9.01	10.24	11.63	13.22	18.70	27.80	43.28

柴油小客车（国Ⅳ标准）烟尘基准排放因子　　　　　　　　附表 A-23

$v(\text{km/h})$	小客车——柴油,国Ⅳ标准,$q_{(i,v)}^{\text{VI}}$ [m³/(h·veh)]						
	坡度(%)						
	−6	−4	−2	0	2	4	6
0	0.56	0.56	0.56	0.56	0.56	0.56	0.56
5	0.61	0.63	0.65	0.66	0.72	0.81	0.96
10	0.71	0.73	0.75	0.77	0.89	1.06	1.36
20	0.89	0.92	0.96	0.99	1.21	1.56	2.15
30	1.11	1.17	1.22	1.28	1.63	2.18	3.13
40	1.55	1.63	1.72	1.81	2.37	3.34	4.92
50	1.93	2.05	2.18	2.32	3.11	4.82	7.23
60	2.23	2.41	2.61	2.82	3.84	5.25	7.93

续表

v(km/h)	小客车——柴油,国Ⅳ标准,$q_{(i,v)}^{VI}$ [m³/(h·veh)]						
	坡度(%)						
	-6	-4	-2	0	2	4	6
70	2.02	2.22	2.44	2.68	3.68	4.55	6.94
80	1.54	1.75	1.99	2.26	3.15	4.49	6.93
90	2.27	2.58	2.94	3.34	4.69	6.96	10.80
100	3.39	3.85	4.38	4.97	7.04	10.46	16.28

柴油重车、柴油大客车（国Ⅰ前）烟尘基准排放因子　　　附表 A-24

v(km/h)	柴油重车、柴油大客车,国Ⅰ前,$q_{(i,v)}^{VI}$ [m³/(h·veh)]						
	坡度(%)						
	-6	-4	-2	0	2	4	6
0	40.0	40.0	40.0	40.0	40.0	40.0	40.0
5	42.1	44.3	44.3	88.6	90.5	94.0	98.6
10	44.3	47.7	47.7	95.3	99.7	106.9	116.0
20	51.1	53.9	53.9	107.8	118.0	133.2	151.8
30	57.1	60.4	60.4	120.8	137.5	161.1	189.2
40	63.3	66.5	66.5	133.1	158.4	191.4	229.4
50	69.0	71.3	71.3	142.6	178.1	221.2	269.3
60	74.7	78.3	78.3	156.6	202.2	255.4	313.7
70	81.9	85.7	85.7	171.4	228.2	292.0	—
80	89.2	92.9	92.9	185.7	256.6	332.7	—

柴油重车、柴油大客车（国Ⅰ标准）烟尘基准排放因子　　　附表 A-25

v(km/h)	柴油重车、柴油大客车,国Ⅰ标准,$q_{(i,v)}^{VI}$ [m³/(h·veh)]						
	坡度(%)						
	-6	-4	-2	0	2	4	6
0	22.0	22.0	22.0	22.0	22.0	22.0	22.0
5	23.1	24.4	24.4	48.7	49.8	51.7	54.2
10	24.4	26.2	26.2	52.4	54.8	58.8	63.8
15	26.2	28.1	28.1	56.2	60.0	66.0	73.6
20	28.1	29.6	29.6	59.3	64.9	73.3	83.5
25	29.6	31.4	31.4	62.9	70.2	80.8	93.6
30	31.4	33.2	33.2	66.4	75.6	88.6	104.1
35	33.2	34.8	34.8	69.6	81.1	95.5	114.7
40	34.8	36.6	36.6	73.2	87.1	105.3	126.2
45	36.6	38.0	38.0	75.8	92.5	113.3	137.0

续表

$v(km/h)$	柴油重车、柴油大客车,国Ⅰ标准,$q_{(i,v)}^{VI}$ [m³/(h·veh)]						
	坡度(%)						
	−6	−4	−2	0	2	4	6
50	38.0	39.2	39.2	78.4	98.0	121.7	148.1
55	39.2	41.1	41.1	82.2	104.4	130.8	160.1
60	41.1	43.1	43.1	86.1	111.2	140.5	172.5
65	43.1	45.0	45.0	90.1	118.2	150.4	185.2
70	45.0	47.1	47.1	94.3	125.5	160.6	—
75	47.1	49.1	49.1	98.1	133.1	171.5	—
80	49.1	51.1	51.1	102.1	141.1	183.0	—

柴油重车、柴油大客车（国Ⅱ标准）烟尘基准排放因子　　　　附表 A-26

$v(km/h)$	柴油重车、柴油大客车,国Ⅱ标准,$q_{(i,v)}^{VI}$ [m³/(h·veh)]						
	坡度(%)						
	−6	−4	−2	0	2	4	6
0	8.4	8.4	8.4	8.4	8.4	8.4	8.4
5	16.5	9.3	9.4	9.5	10.4	11.6	13.0
10	9.9	10.1	10.2	10.3	12.2	14.5	17.2
20	11.4	11.7	12.0	12.3	15.8	20.2	25.4
30	12.3	13.1	13.9	14.7	19.7	25.8	33.2
40	13.0	14.3	15.7	17.1	23.3	31.1	40.4
50	13.3	15.3	17.3	19.2	26.8	36.2	47.5
60	13.6	16.2	18.8	21.3	30.4	41.8	55.5
70	14.8	17.7	20.5	23.4	34.2	47.7	—
80	17.2	20.6	23.9	27.3	41.1	58.5	—
90	—	24.8	29.1	33.3	53.0	—	—
100	—	30.8	36.0	40.5	—	—	—

柴油重车、柴油大客车（国Ⅲ标准）烟尘基准排放因子　　　　附表 A-27

$v(km/h)$	柴油重车、柴油大客车,国Ⅲ标准,$q_{(i,v)}^{VI}$ [m³/(h·veh)]						
	坡度(%)						
	−6	−4	−2	0	2	4	6
0	5.6	5.6	5.6	5.6	5.6	5.6	5.6
5	6.1	6.2	6.2	6.3	6.9	7.7	8.7
10	6.6	6.7	6.7	6.9	8.1	9.6	11.5
20	7.6	7.8	8	8.2	10.5	13.5	17
30	8.3	8.8	9.3	9.8	13.1	17.3	22.2

续表

| v(km/h) | 柴油重车、柴油大客车,国Ⅲ标准,$q_{(i,v)}^{VI}$ [m³/(h·veh)] |||||||
| | 坡度(%) |||||||
	−6	−4	−2	0	2	4	6
40	8.7	9.6	10.5	11.4	15.6	20.9	27.2
50	9.0	10.3	11.5	12.8	18	24.5	32.3
60	9.2	10.9	12.6	14.2	20.6	28.5	38.1
70	10.0	11.9	13.8	15.6	23.2	32.8	—
80	11.7	13.9	16.0	18.2	28.1	40.4	—
90	—	16.7	19.5	22.3	36.3	—	—
100	—	20.7	24.1	27.0	—	—	—

柴油重车、柴油大客车（国Ⅳ标准）烟尘基准排放因子   附表 A-28

| v(km/h) | 柴油重车、柴油大客车,国Ⅳ标准,$q_{(i,v)}^{VI}$ [m³/(h·veh)] |||||||
| | 坡度(%) |||||||
	−6	−4	−2	0	2	4	6
0	2.8	2.8	2.8	2.8	2.8	2.8	2.8
5	3.1	3.1	3.1	3.2	3.5	3.9	4.3
10	3.3	3.4	3.4	3.4	4.1	4.8	5.7
20	3.8	3.9	4.0	4.1	5.3	6.7	8.5
30	4.1	4.4	4.7	4.9	6.6	8.6	11.1
40	4.3	4.8	5.3	5.7	7.8	10.4	13.6
50	4.5	5.1	5.8	6.4	9.0	12.3	16.1
60	4.6	5.5	6.3	7.1	10.3	14.3	19.0
70	5.0	6.0	6.9	7.8	11.6	16.4	—
80	5.9	6.9	8.0	9.1	14	20.2	—
90	—	8.4	9.7	11.1	18.2	—	—
100	—	10.4	12.1	13.5	—	—	—

非排放烟尘基本因子 q_{ne} [单位：mg/(km·veh)]   附表 A-29

	汽油小客车、柴油小客车		柴油重车、柴油大客车	
烟尘种类	PM2.5	PM10	PM2.5	PM10
非排放烟尘 q_{ne}	19±2.4	237±21	97±12	1 591±172

注：1. 可见光的衰减主要受 PM2.5 影响，因此一般计算 PM2.5 即可。
  2. 烟尘排放质量对浑浊度的影响关系为 1g=4.7m²。

计算烟尘的海拔高度系数 f_h   附表 A-30

| 车型 | 排放标准 | 海拔高度(m) |||||
		0	700	1000	2000	3000
柴油小客车	国Ⅰ前～国Ⅳ	1.0	1.0	1.0	1.25	1.5

续表

车型	排放标准	海拔高度(m)				
		0	700	1000	2000	3000
柴油重车、柴油大客车	国Ⅰ前～国Ⅳ	1.0	1.0	1.1	1.7	2.3

柴油重车、柴油大客车计算烟尘的质量系数 f_m 附表 A-31

v(km/h)	柴油重车、柴油大客车计算烟尘的质量系数 f_m					
	国Ⅰ前、国Ⅰ			国Ⅱ、国Ⅲ、国Ⅳ		
	10t	20t	30t	10t	20t	30t
0～50	1.0	1.8	2.6	1.0	1.9	2.3
60～100	1.0	1.6	2.1	1.0	1.9	2.6

注：仅对排气管排放修正，对其他排放没有相关的质量系数。

汽油小客车（国Ⅰ前）NO_x 基准排放因子 附表 A-32

v(km/h)	小客车——汽油,国Ⅰ前, $q_{(i,v)}^{NO_x}$ [g/(h·veh)]						
	坡度(%)						
	-6	-4	-2	0	2	4	6
0	1.0	1.0	1.0	1.0	1.0	1.0	1.0
5	1.0	2.0	3.4	5.0	6.0	6.0	7.6
10	2.4	4.7	8.1	12.0	16.1	16.1	22.3
15	3.8	7.4	12.7	19.0	27.0	29.9	41.4
20	5.2	10.1	17.4	26.0	39.0	46.8	65.0
30	7.6	14.8	25.5	38.0	57.0	68.5	95.1
40	11.2	21.8	37.5	56.0	84.0	100.8	140.0
50	13.2	25.6	44.1	65.8	98.6	118.4	164.4
60	18.2	35.5	61.0	91.0	132.3	157.2	215.7
70	23.2	45.3	77.9	116.2	153.6	184.9	244.8
80	30.0	58.6	100.6	150.2	184.5	216.8	285.1
90	41.0	79.9	137.2	204.8	234.0	268.5	347.7
100	52.6	102.5	176.2	262.9	289.2	320.9	398.8

汽油小客车（国Ⅰ标准）NO_x 基准排放因子 附表 A-33

v(km/h)	小客车——汽油,国Ⅰ标准, $q_{(i,v)}^{NO_x}$ [g/(h·veh)]						
	坡度(%)						
	-6	-4	-2	0	2	4	6
0	1.0	1.0	1.0	1.0	1.0	1.0	1.0
5	0.2	0.6	0.9	1.2	1.2	1.5	4.0
10	0.5	1.2	1.9	2.6	2.6	3.5	9.7
15	0.8	1.8	2.9	3.9	3.9	5.8	12.6

续表

v(km/h)	小客车——汽油,国Ⅰ标准,$q_{(i,v)}^{NO_x}$[g/(h·veh)]						
	坡度(%)						
	−6	−4	−2	0	2	4	6
20	1.0	2.5	3.9	5.2	5.2	8.4	14.1
30	1.6	3.8	6.0	8.1	8.1	13.6	21.8
40	2.1	4.9	7.7	10.4	10.4	18.1	27.9
50	2.3	5.5	8.6	11.6	11.6	21.5	31.2
60	2.7	6.4	10.1	13.6	15.2	27.2	36.6
70	3.1	7.4	11.6	15.7	22.0	31.5	42.3
80	3.8	9.0	14.2	19.2	28.8	38.4	51.6
90	5.0	11.5	18.4	24.9	37.4	49.8	67.0
100	7.3	15.4	26.9	36.3	52.1	72.6	90.6

汽油小客车（国Ⅱ标准）NO_x基准排放因子　　　　附表 A-34

v(km/h)	小客车——汽油,国Ⅱ标准,$q_{(i,v)}^{NO_x}$[g/(h·veh)]						
	坡度(%)						
	−6	−4	−2	0	2	4	6
0	0.38	0.38	0.38	0.38	0.38	0.38	0.38
5	0.37	0.47	0.5	0.57	0.64	0.70	0.76
10	0.42	0.52	0.62	0.80	0.95	1.10	1.26
20	0.61	0.94	1.35	1.91	2.49	3.07	3.70
30	0.84	1.43	2.19	3.12	4.19	5.27	6.48
40	1.10	1.99	2.75	3.91	5.46	7.01	8.97
50	1.29	2.41	3.29	4.69	6.84	8.99	11.78
60	1.56	2.74	3.86	5.49	8.46	11.44	15.97
70	1.75	3.15	4.56	6.50	10.38	14.26	21.44
80	2.06	3.82	5.72	8.15	12.98	17.81	27.00
90	2.49	5.20	8.10	11.56	17.9	24.24	32.91
100	2.95	7.06	11.65	16.63	24.64	32.66	40.21

汽油小客车（国Ⅲ标准）NO_x基准排放因子　　　　附表 A-35

v(km/h)	小客车——汽油,国Ⅲ标准,$q_{(i,v)}^{NO_x}$[g/(h·veh)]						
	坡度(%)						
	−6	−4	−2	0	2	4	6
0	0.27	0.27	0.27	0.27	0.27	0.27	0.27
5	0.32	0.36	3.32	0.31	0.35	0.38	0.42
10	0.35	0.37	0.36	0.43	0.47	0.60	0.69

续表

v(km/h)	小客车——汽油,国Ⅲ标准,$q_{(i,v)}^{NO_x}$ [g/(h·veh)]						
	坡度(%)						
	−6	−4	−2	0	2	4	6
20	0.42	0.58	0.73	1.03	1.07	1.66	2.00
30	0.46	0.85	1.18	1.67	1.73	2.83	3.48
40	0.53	1.08	1.48	2.10	2.27	3.77	4.83
50	0.68	1.33	1.77	2.52	3.08	4.86	6.39
60	0.87	1.65	2.07	2.95	3.98	6.22	8.72
70	1.04	1.94	2.48	3.52	5.23	7.81	11.76
80	1.20	2.32	3.14	4.48	7.06	9.79	14.84
90	1.37	3.07	4.46	6.36	9.85	13.34	18.11
100	1.62	3.89	6.42	9.15	13.41	17.98	22.13

汽油小客车（国Ⅳ标准）NO_x 基准排放因子　　　　　　　　　　　附表 A-36

v(km/h)	小客车——汽油,国Ⅳ标准,$q_{(i,v)}^{NO_x}$ [g/(h·veh)]						
	坡度(%)						
	−6	−4	−2	0	2	4	6
0	0.14	0.14	0.14	0.14	0.14	0.14	0.14
5	0.15	0.17	0.19	0.21	0.24	0.26	0.28
10	0.15	0.19	0.23	0.29	0.35	0.41	0.47
20	0.20	0.35	0.50	0.69	0.90	1.11	1.34
30	0.27	0.56	0.79	1.12	1.51	1.89	2.33
40	0.34	0.69	0.99	1.4	1.96	2.51	3.22
50	0.45	0.83	1.18	1.67	2.45	3.23	4.25
60	0.57	0.96	1.38	1.95	3.06	4.17	5.86
70	0.69	1.13	1.67	2.37	3.84	5.31	8.01
80	0.81	1.35	2.15	3.06	4.82	6.70	10.17
90	0.93	1.85	3.05	4.34	6.72	9.10	12.36
100	1.10	2.64	4.36	6.22	9.11	12.22	15.05

柴油小客车（国Ⅰ前）NO_x 基准排放因子　　　　　　　　　　　附表 A-37

v(km/h)	小客车——柴油,国Ⅰ前,$q_{(i,v)}^{NO_x}$ [g/(h·veh)]						
	坡度(%)						
	−6	−4	−2	0	2	4	6
0	5.1	5.1	5.1	5.1	5.1	5.1	5.1
5	3.5	4.1	4.7	5.9	6.4	7.0	9.3
10	6.2	7.5	8.5	10.7	12.0	12.9	18.4

续表

v(km/h)	小客车——柴油,国Ⅰ前,$q_{(i,v)}^{NO_x}$ [g/(h·veh)]						
	坡度(%)						
	−6	−4	−2	0	2	4	6
15	7.6	10.8	12.4	15.5	17.6	21.1	29.8
20	8.1	14.2	16.2	20.3	23.3	30.8	43.1
30	10.9	21.7	24.8	31.0	36.6	55.8	72.9
40	10.2	22.6	25.8	32.2	39.0	58.0	75.8
50	10.4	24.6	30.3	37.9	46.6	68.2	89.0
60	11.1	22.1	35.4	44.3	55.9	79.7	104.0
70	12.5	19.9	34.9	49.8	64.4	89.7	117.1
80	14.4	23.0	40.2	57.4	75.6	103.3	134.9
90	18.1	29.0	50.7	72.5	97.3	130.4	170.3
100	21.9	35.1	61.5	87.8	120.3	158.0	206.3

柴油小客车(国Ⅰ标准)NO_x基准排放因子 附表 A-38

v(km/h)	小客车——柴油,国Ⅰ标准,$q_{(i,v)}^{NO_x}$ [g/(h·veh)]						
	坡度(%)						
	−6	−4	−2	0	2	4	6
0	4.7	4.7	4.7	4.7	4.7	4.7	4.7
5	3.3	3.8	4.4	5.5	5.9	6.4	8.6
10	5.0	6.1	6.9	8.6	9.7	10.5	14.39
15	5.8	8.3	9.5	11.8	13.4	16.2	22.8
20	6.0	10.5	12.0	15.0	17.3	22.8	32.0
30	7.3	14.6	16.7	20.9	24.7	37.6	49.1
40	6.9	15.3	17.5	21.8	26.4	39.3	51.3
50	6.6	15.6	19.2	24.0	29.5	43.2	56.4
60	6.5	12.9	20.7	25.8	32.7	46.5	60.7
70	7.2	11.5	20.1	28.7	37.0	51.6	67.4
80	8.6	13.7	24.0	34.2	45.1	61.6	80.4
90	11.2	17.9	31.3	44.7	60.0	80.4	104.9
100	13.5	21.6	37.9	54.1	74.1	97.3	127.1

柴油小客车(国Ⅱ标准)NO_x基准排放因子 附表 A-39

v(km/h)	小客车——柴油,国Ⅱ标准,$q_{(i,v)}^{NO_x}$ [g/(h·veh)]						
	坡度(%)						
	−6	−4	−2	0	2	4	6
0	3.4	3.4	3.4	3.4	3.4	3.4	3.4

续表

v(km/h)	小客车——柴油,国Ⅱ标准,$q_{(i,v)}^{NO_x}$ [g/(h·veh)]						
	坡度(%)						
	-6	-4	-2	0	2	4	6
5	3.8	4.0	4.1	4.7	6.2	6.8	8.7
10	4.3	4.6	4.9	6.3	8.4	9.7	12.8
20	4.5	6.0	7.6	10.5	14.0	16.7	22.4
30	4.7	7.4	10.1	14.1	18.7	22.9	31.1
40	4.8	8.3	11.7	16.3	21.7	27.4	37.8
50	5.0	8.7	12.5	17.3	23.1	30.3	42.7
60	5.3	9.3	13.3	18.5	24.6	33.5	47.7
70	6.3	10.7	15.1	21.0	27.9	38.3	54.8
80	7.4	12.9	18.3	25.5	33.9	45.7	64.9
90	8.2	15.7	23.2	32.2	42.9	55.9	78.3
100	9.2	18.8	28.5	39.6	52.6	66.9	92.7

柴油小客车（国Ⅲ标准）NO_x 基准排放因子　　　　　　　　附表 A-40

v(km/h)	小客车——柴油,国Ⅲ标准,$q_{(i,v)}^{NO_x}$ [g/(h·veh)]						
	坡度(%)						
	-6	-4	-2	0	2	4	6
0	3.0	3.0	3.0	3.0	3.0	3.0	3.0
5	3.3	3.4	3.6	4.0	5.3	5.9	6.9
10	3.7	4.0	4.3	5.4	7.2	8.5	10.3
20	3.9	5.2	6.5	9.0	12.0	14.8	18.4
30	4.0	6.4	8.7	12.1	16.1	20.4	25.7
40	4.2	7.1	10.1	14.0	18.7	24.5	31.6
50	4.3	7.5	10.8	14.9	19.9	27.3	36.1
60	4.6	8.0	11.5	16.0	21.2	30.3	40.8
70	5.4	9.2	12.9	17.9	23.9	34.5	46.7
80	6.2	10.8	15.4	21.4	28.5	40.6	54.5
90	6.9	13.2	19.5	27.1	36.1	49.4	65.3
100	7.8	15.9	24.1	33.4	44.4	59.1	76.8

柴油小客车（国Ⅳ标准）NO_x 基准排放因子　　　　　　　　附表 A-41

v(km/h)	小客车——柴油,国Ⅳ标准,$q_{(i,v)}^{NO_x}$ [g/(h·veh)]						
	坡度(%)						
	-6	-4	-2	0	2	4	6
0	2.0	2.0	2.0	2.0	2.0	2.0	2.0

续表

v(km/h)	小客车——柴油,国Ⅳ标准,$q_{(i,v)}^{NO_x}$ [g/(h·veh)]						
	坡度(%)						
	−6	−4	−2	0	2	4	6
5	2.0	2.0	2.0	2.0	2.7	3.5	4.3
10	2.0	2.1	2.1	2.7	3.6	4.8	6.0
20	2.0	2.6	3.2	4.5	6.0	8.2	10.4
30	2.0	3.2	4.3	6.0	8.0	11.1	14.2
40	2.1	3.6	5.0	7.0	9.3	13.2	17.0
50	2.1	3.7	5.4	7.4	9.9	14.4	18.9
60	2.3	4.0	5.7	8.0	10.6	15.7	20.8
70	2.7	4.6	6.5	9.0	11.9	17.8	23.7
80	3.1	5.5	7.8	10.8	14.3	21.2	28.1
90	3.5	6.6	9.8	13.6	18.1	25.0	31.9
100	3.9	8.0	12.1	16.8	22.3	29.7	37.0

柴油重车、柴油大客车（国Ⅰ前）NO_x 基准排放因子　　　　　　附表 A-42

v(km/h)	柴油重车、柴油大客车,国Ⅰ前,$q_{(i,v)}^{NO_x}$ [g/(h·veh)]						
	坡度(%)						
	−6	−4	−2	0	2	4	6
0	73.0	73.0	73.0	73.0	73.0	73.0	73.0
10	81.6	99.6	99.6	199.3	222.4	261.3	310.5
20	117.9	133.2	133.2	266.5	321.0	402.7	502.6
30	150.6	168.1	168.1	336.1	426.0	552.7	703.9
40	183.5	201.1	201.1	402.2	538.4	715.5	919.8
50	214.1	226.8	226.8	453.5	644.2	875.8	1134.6
60	245.0	264.3	264.3	528.5	773.7	1059.8	1373.1
70	283.8	304.2	304.2	608.3	913.5	1256.8	—
80	322.7	342.5	342.5	685.0	1066.4	1475.1	—

柴油重车、柴油大客车（国Ⅰ标准）NO_x 基准排放因子　　　　　　附表 A-43

v(km/h)	柴油重车、柴油大客车,国Ⅰ标准,$q_{(i,v)}^{NO_x}$ [g/(h·veh)]						
	坡度(%)						
	−6	−4	−2	0	2	4	6
0	61.3	61.3	61.3	61.3	61.3	61.3	61.3
5	64.5	68.5	68.5	137.1	145.7	161.4	181.9
10	68.5	83.7	83.7	167.4	186.8	219.5	260.8
20	99.0	111.9	111.9	223.9	269.6	338.3	422.2

续表

v(km/h)	柴油重车、柴油大客车,国Ⅰ标准,$q_{(i,v)}^{NO_x}$ [g/(h·veh)]						
	坡度(%)						
	-6	-4	-2	0	2	4	6
30	126.5	141.2	141.2	282.3	357.8	464.3	591.3
40	154.1	168.9	168.9	337.8	452.3	601.0	772.6
50	179.8	190.5	190.5	380.9	541.1	735.7	953.1
60	205.8	222.0	222.0	443.9	649.9	890.2	1153.4
70	238.4	255.5	255.5	511.0	767.3	1 055.7	—
80	271.1	287.7	287.7	575.4	895.8	1 239.1	—

柴油重车、柴油大客车（国Ⅱ标准）NO$_x$基准排放因子　　　　附表 A-44

v(km/h)	柴油重车、柴油大客车,国Ⅱ标准,$q_{(i,v)}^{NO_x}$ [g/(h·veh)]						
	坡度(%)						
	-6	-4	-2	0	2	4	6
0	40.8	40.8	40.8	40.8	40.8	40.8	40.8
5	43.6	47.9	53.1	64.8	72.0	80.0	88.8
10	46.7	52.7	60.2	76.6	95.0	117.3	148.6
20	53.5	63.6	76.2	103.9	145.8	194.5	275.5
30	61.2	76.4	95.4	137.1	203.5	286.0	429.7
40	70.1	89.8	114.4	168.5	266.5	399.5	614.8
50	80.2	103.9	133.6	198.8	335.0	531.3	836.9
60	91.9	119.6	154.3	230.6	417.8	681.4	1109.6
70	105.2	137.9	178.7	268.6	513.4	867.1	—
80	120.4	160.3	210.1	319.7	630.0	1 135.3	—
90	—	186.5	247.3	381.0	779.4	—	—
100	—	215.3	287.0	445.0	—	—	—

柴油重车、柴油大客车（国Ⅲ标准）NO$_x$基准排放因子　　　　附表 A-45

v(km/h)	柴油重车、柴油大客车,国Ⅲ标准,$q_{(i,v)}^{NO_x}$ [g/(h·veh)]						
	坡度(%)						
	-6	-4	-2	0	2	4	6
0	27.5	27.5	27.5	27.5	27.5	27.5	27.5
5	29.9	31.3	34.3	43.6	48.4	53.8	59.8
10	32.6	34.5	38.7	51.6	63.9	78.9	100.0
20	38.8	41.9	48.7	69.8	97.9	130.6	185.3
30	46.1	50.7	60.8	92.1	136.7	192.1	287.3
40	54.7	60.6	73.5	113.3	179.1	268.5	402.6

续表

| v(km/h) | 柴油重车、柴油大客车,国Ⅲ标准,$q_{(i,v)}^{NO_x}$ [g/(h·veh)] |||||||
| | 坡度(%) |||||||
	−6	−4	−2	0	2	4	6
50	65.0	71.9	87	133.7	225.2	357.2	533.7
60	77.3	85.1	100.2	155.1	280.8	457.9	692.6
70	91.8	100.7	120.3	180.7	344.9	582.4	—
80	109.1	119.7	143.0	215.1	423.2	762.1	—
90	—	142.3	170.2	256.4	523.6	—	—
100	—	168.5	200.5	299.5	—	—	—

柴油重车、柴油大客车（国Ⅳ标准）NO_x 基准排放因子　　　　附表 A-46

| v(km/h) | 柴油重车、柴油大客车,国Ⅳ标准,$q_{(i,v)}^{NO_x}$ [g/(h·veh)] |||||||
| | 坡度(%) |||||||
	−6	−4	−2	0	2	4	6
0	18.0	18.0	18.0	18.0	18.0	18.0	18.0
5	18.9	19.6	21.2	25.4	28.3	31.4	34.9
10	19.9	20.8	23.1	29.1	35.9	44.0	52.9
20	21.9	23.5	27.4	37.5	52.2	69.3	88.3
30	24.1	26.5	32.3	47.4	69.4	93.9	122.3
40	26.6	29.5	36.8	55.7	86.1	118.9	156.7
50	29.3	32.7	41.1	62.8	102.4	144.8	193.8
60	32.3	36.1	45.6	70.1	120.0	171.8	238.2
70	35.7	40.0	50.7	78.8	138.1	201.8	—
80	39.3	44.4	57.3	90.7	159.7	243.0	—
90	—	49.5	65.0	105.3	187.9	—	—
100	—	55.1	73.4	120.8	—	—	—

汽油小客车 NO_x 老化系数　　　　附表 A-47

小客车——汽油老化系数 f_a							
国Ⅰ	使用年限	0	2	6	10	14	18
	f_a	1.0	1.2	1.7	2.1	2.5	3.0
国Ⅱ	使用年限	3	5	7	9	11	13
	f_a	1.00	1.16	1.33	1.49	1.65	1.82
国Ⅲ	使用年限	0	1	4	6	8	10
	f_a	1.00	1.11	1.33	1.56	1.78	2.00

计算 NO_x 的海拔高度系数 f_h　　　　　　　　　　　附表 A-48

车型	排放标准	海拔高度(m)				
		0	700	1 000	2 000	3 000
汽油小客车	国Ⅰ前	1.0	1.0	0.7	0.5	0.5
	国Ⅰ～国Ⅳ	1.0	1.0	1.0	1.0	1.0
柴油小客车	国Ⅰ前～国Ⅳ	1.0	1.0	1.0	1.0	1.0
柴油重车、柴油大客车	国Ⅰ前～国Ⅳ	1.0	1.0	1.0	1.0	1.0

柴油重车、柴油大客车计算 NO_x 的质量系数 f_m　　　　　　　附表 A-49

v(km/h)	柴油重车、柴油大客车计算烟尘的质量系数 f_m					
	国Ⅰ前、国Ⅰ			国Ⅱ、国Ⅲ、国Ⅳ		
	10t	20t	30t	10t	20t	30t
0～50	1.0	1.8	2.5	1.0	2.0	2.5
60～100	1.0	1.6	2.1	1.0	1.9	2.7

相关规范

[1]《道路隧道设计规范》DG/TJ08—2033—2008
[2]《公路隧道通风设计细则》JTG/T D70/2-02—2014
[3]《Road Tunnels：Vehicle Emissions and Air Demand For Ventilation》PIARC 2004、2012
[4]《道路隧道技术基准（换气篇）及说明》（2008 年）

参考文献

[1] 中华人民共和国公安部消防局主编. 中国消防手册［M］. 上海：上海科学技术出版社，2006.
[2] 上海市隧道工程轨道交通设计研究院等. 隧道细水雾降温研究［Z］，2009.
[3] 上海隧道工程轨道交通设计研究院，上海环境科学研究院等. 越江隧道废气净化试验项目可行性研究报告［R］，2008.

第 10 章
给水排水设计

10.1 概述

城市隧道位于地下，空间相对封闭，地势低洼，易汇集区域排水、造成隧道内涝等影响运营安全的问题。因此，城市隧道需配置完善的给水排水系统设施，以解决隧道内用水及雨水、废水排出等问题。隧道给水系统包括生产生活及消防给水系统；隧道排水系统包括污水、废水及雨水系统。

城市隧道给水排水设计宜遵循以下原则：

(1) 给水、排水系统的设计应符合适用、经济、安全、卫生等基本要求，并应充分利用既有市政设施。

(2) 给水系统应安全可靠，能保证全线各用水点对水量、水压、水质和水温的不同要求，给水设计应贯彻综合利用、节约用水的原则。

(3) 排水应分类集中，采用高水高排、低水低排互不连通的系统就近排放，并能及时排除各位置产生的废水、雨水、渗漏水；排水应通畅，并便于清通。

(4) 纳入城市水体或城市排水管网的各类废水水质应符合现行国家标准《污水综合排放标准》GB 8978 和《污水排入城镇下水道水质标准》GB/T 31962。

(5) 给水排水管道不宜穿越结构变形缝。当须穿越时，应设置补偿管道伸缩和剪切变形的装置。

(6) 给水排水设备的选型应遵循技术先进、工艺成熟、安全可靠、经济合理的原则，规格宜统一。设计中应为施工安装、操作管理、维修检测及安全养护等提供便利条件。

(7) 金属给水排水管道及配件应进行防腐处理。明装的给水排水金属管道应根据当地气候条件进行保温处理。

(8) 设计中所有与城市给水、排水管道相关的接驳、废水排放及隧道消防，应满足当地有关规定经主管部门审批或与当地管理部门达成书面协议。

城市隧道给水排水系统的设计范围涵盖隧道、设备管理用房、控制中心等附属建筑物的给水系统、排水系统、消防给水和灭火设施。隧道控制中心及附属设备管理用房的设计主要满足管理人员和设备运行需要的给水及排水要求，可参照常规的建筑给水排水设计规范和手册进行设计，隧道给水排水系统的主要设计内容包括以下几个方面：

(1) 隧道给水排水技术标准的确定；
(2) 隧道给水系统选择；
(3) 隧道用水量计算、给水系统布置；
(4) 隧道排水系统选择；
(5) 隧道排水量计算、排水系统设计；

(6) 隧道排水泵房设计；

(7) 隧道给水排水主要设备、管材及附属构筑物确定。

10.2 隧道给水系统

10.2.1 给水系统选择

给水系统的选择，应根据生产、生活和消防等各项用水对水质、水压和水量的要求，结合市政给水系统等因素确定，一般按下列情况选择给水系统：

(1) 隧道消防给水系统应与隧道生产生活给水系统分开设置。

(2) 市政给水、消防水池、天然水源等可作为消防水源，并宜采用市政给水。用作两路消防供水的市政给水管网应为环状管网；应至少有两条不同的市政给水干管上不少于两条引入管向消防给水系统供水。如从同一干管接入，应采取相应的保证措施，以确保供水的可靠性。

(3) 给水方式应根据当地的自来水供水情况经计算确定，宜采用直接供水方式，消火栓消防系统管网应形成环状，其他自动灭火系统的管网可根据要求布置，例如水喷雾系统的管网可以采用枝状网，生产生活系统管网可布置成枝状。

10.2.2 用水量

(1) 工作人员生活用水量为 50L/（人·班），小时变化系数为 2.5；

(2) 隧道内冲洗水量宜按隧道专用冲洗车 1～2 车水量计，每天约 4～8m³；

(3) 生产用水量按工艺要求确定；

(4) 消防用水量按本手册隧道消防要求设计。

10.2.3 给水系统布置

(1) 隧道生产给水管宜从消防引入管的水表井前接出，并独立设置水表井后引入隧道；

(2) 应在隧道两端或运营管理中心的室外设置加水栓，供隧道专用冲洗车加水；

(3) 隧道内的给水管道应设支架固定，并应设置补偿管道伸缩和剪切变形的装置；

(4) 隧道给水管道应设检修闸间，在穿越人防门前应设置防护闸门；

(5) 生产给水管管道宜采用不锈钢管；

(6) 隧道内给水及消防总管宜设置在中间管廊内，或结合在电缆管沟按上下层敷设，进入雨水、废水泵房时，可暗埋在混凝土回填层内（图 10.2-1～图 10.2-5）。

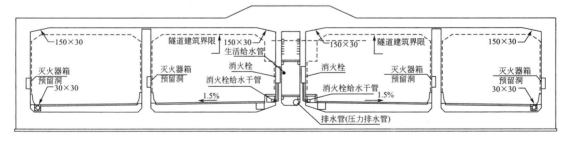

图 10.2-1 隧道消防给水管布置横断面图（一）

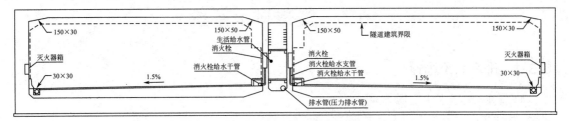

图 10.2-2 隧道消防给水管布置横断面图（二）

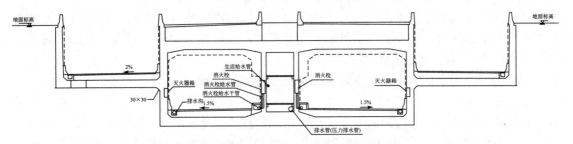

图 10.2-3 隧道消防给水管布置横断面图（三）

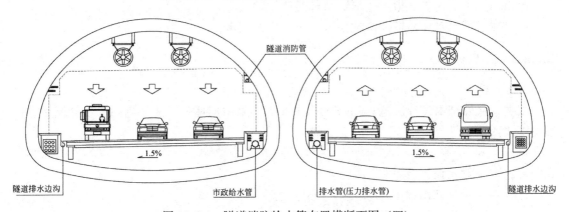

图 10.2-4 隧道消防给水管布置横断面图（四）

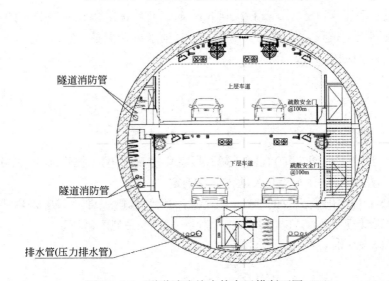

图 10.2-5 隧道消防给水管布置横断面图（五）

10.3 隧道排水系统

10.3.1 排水系统选择

排水种类包括雨水、废水两类。

1. 雨水系统

雨水系统主要包括隧道外雨水及隧道敞开段雨水系统。

隧道外雨水指隧道起点以外进入隧道的雨水,应按重力流排水方式设计,隧道外的雨水如不能自流排放时,必须在隧道外适当位置设排水泵站,并在隧道起点位置设横向截水沟,避免雨水直接进入隧道敞开段。

隧道敞开段雨水指隧道未加盖露天部分路段收纳的雨水。

2. 废水系统

(1) 废水系统包括结构渗漏水、消防废水、冲洗废水等;
(2) 结构渗漏水主要是指地下基岩裂隙水、岩溶水和孔隙水在可控的情况下进入隧道的水;
(3) 消防废水主要是指发生消防事件时产生的废水;
(4) 冲洗废水主要是指冲洗地面或汽车产生的废水。

10.3.2 排水量

1. 雨水量

根据《室外排水设计规范》GB 50014—2006,采用推理公式法计算雨水设计流量,应当按下式计算:

$$Q_s = q\psi F \tag{10.3-1}$$

式中 Q_s——雨水设计流量(L/s);
$\quad q$——设计暴雨强度[L/(s·hm²)];
$\quad \psi$——径流系数,混凝土或沥青路面取 0.85~0.95;
$\quad F$——汇水面积(hm²),F 超过 200hm² 时,宜考虑降雨在时空分布的不均匀性和管网汇流过程,采用数学模型法计算雨水设计流量。

设计暴雨强度,应按下式计算:

$$q = \frac{167A_1(1+C \cdot \lg P)}{(t+b)^n} \tag{10.3-2}$$

式中 $\quad q$——设计暴雨强度[L/(s·hm²)];
$\quad t$——降雨历时;
$\quad P$——设计重现期(年),隧道敞开段暴雨重现期不应小于 50 年一遇;
A_1,C,b,n——参数,根据统计方法进行计算确定。

具有 20 年以上自动雨量记录的地区,排水系统设计暴雨强度公式应采用年最大值法,并按《室外排水设计规范》GB 50014—2006 附录 A 的有关规定编制。

雨水管渠的降雨历时,应按下式计算:

$$t = t_1 + t_2 \tag{10.3-3}$$

式中 $\quad t$——降雨历时(min);

t_1——地面集水时间（min），应按坡面流公式计算；

　　t_2——管渠内雨水流行时间（min）。

　　计算地面集水时间时，单向三车道及以下的地面集水时间可取 5min；单向三车道以上的地面集水时间可按下式计算确定：

$$t_1 = 1.445 \times (s \cdot L_p / i_p^{1/2})^{0.467} \quad (L_p \leqslant 370\text{m}) \tag{10.3-4}$$

式中　t_1——坡面汇流历时（min）；

　　　L_p——坡面流的长度（m）；

　　　i_p——坡面流的坡度；

　　　s——地表粗度系数，按地表情况确定。

2. 废水量

废水量计算包括结构渗漏水量、消防废水量及冲洗废水量：

（1）结构渗漏水量按 $0.1\text{L}/(\text{m}^2 \cdot \text{d})$ 计算；

（2）消防废水量与消防用水量一致；

（3）冲洗废水量与冲洗用水量一致。

10.3.3　排水系统设计

隧道冲洗废水、结构渗入水、消防废水及引道段的雨水应分类集中，雨水就近排入市政雨水管或合流管网，废水应排入污水管网或合流管网。

1. 雨水系统布置

雨水系统布置主要沿隧道横坡最低点设置排水边沟，并在纵坡最低点及敞开段与密闭段交界处设置截水沟，雨水边沟的尺寸根据雨水量计算确定，雨水泵站位置宜靠近洞口位置。

示例：某隧道为下穿江河隧道，隧道敞开段宽度为 16m，双向四车道，其雨水主要通过设置在隧道两侧，道路横坡最低点的盖板排水渠收集转输，排水渠尺寸为 350mm×400mm，同时在隧道敞开段与密闭段交界处设置了两排横向截水沟，防止敞开段雨水进入隧道密闭段，将雨水与隧道其他废水分开收集，分开排放（图 10.3-1～图 10.3-4）。

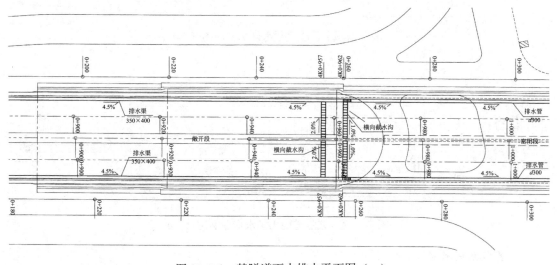

图 10.3-1　某隧道雨水排水平面图（一）

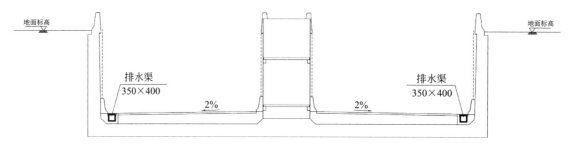

图 10.3-2 某隧道雨水排水横断面图（一）

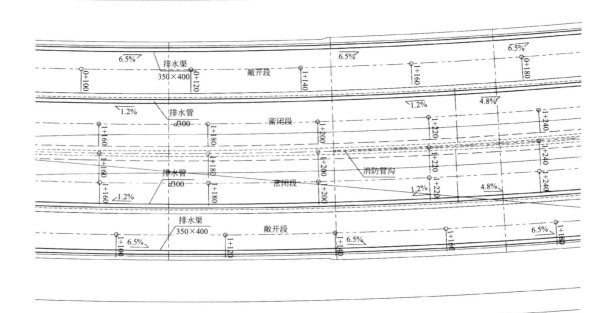

图 10.3-3 某隧道雨水排水平面图（二）

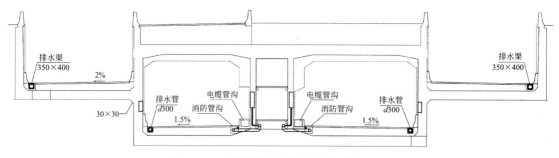

图 10.3-4 某隧道雨水排水横断面图（二）

2. 废水系统布置

废水系统的布置与雨水系统类似，主要沿隧道测量道路横坡最低的点设置排水管沟，管沟的过流能力要满足收集转输废水量需求。

示例：某隧道为下穿江河隧道，隧道密闭段宽度为20～40m，双向四车道～双向八车道，其废水主要通过设置在隧道两侧道路横坡最低点的盖板排水沟收集转输，排水管沟尺寸为$DN300$，排水沟收集的废水通过废水泵房收集转输到市政污水管中（图10.3-5、图10.3-6）。

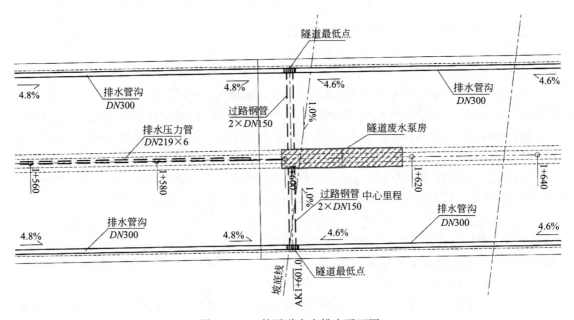

图10.3-5　某隧道废水排水平面图

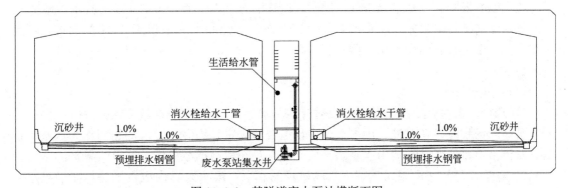

图10.3-6　某隧道废水泵站横断面图

10.3.4　排水泵站设计

1. 一般规定

（1）隧道敞开段雨水泵房宜靠近洞口设置，雨水泵房的设计规模应按设计雨水量的1.2倍确定，泵房集水池的有效容积不宜小于设计选用的最大一台泵5min的出水量，并应满足水泵的安装检修要求；

（2）雨水泵房内应设置备用泵，且水泵总数不宜少于3台；

（3）废水泵房排水量按消防水量计，宜设置备用泵，废水泵宜选用带自耦及反冲洗装置的潜水排污泵；

(4) 盾构法隧道工作井废水泵房的有效容积不应小于设计选用最大一台泵15min的出水量;

(5) 隧道最低点废水泵房集水池应满足水泵的安装、检修、运行要求,其有效容积不应小于设计选用最大一台泵5min的出水量,水泵扬程宜按直接接入市政管网的压力计,确有困难时,可采用逐级提升、接力排出的方式,纳入市政排水管网。

2. 格栅

受用地条件限制,一般在集水池进水口采用人工格栅,栅格间距20～40mm。

3. 集水池

(1) 有效容积

集水池容积是根据工作水泵机组停车时启动备用机组所需的时间来计算的,也就是由水泵开停次数决定的。当水泵机组为人工管理时,每小时水泵开停次数不宜多于3次,当水泵机组为自动控制时,每小时开启次数由电机的性能决定。雨水泵站的集水池有效容积一般按不小于最大一台泵的5min的出水量计算;废水泵站的集水池,宜按不小于最大一台泵15min的流量计算;水池的容积在满足安装格栅、吸水管的要求、保证水泵工作时的水力条件及能够及时将流入雨水、废水抽走的前提下,应尽量小些,以降低造价,减轻污染物的沉积和腐化。

(2) 集水池的布置

集水池单建或与机器间合建时,应做成封闭式,池内设通气管,通向池外,并将管口做成弯头或加罩,高出室外地面至少0.5m,以防雨水及杂物入内。有条件时,可在通气管上加有生物填料的防臭措施。

进入集水池的水流要平缓地流向各台水泵,进水扩散角不宜大于45°,流速变化要求均匀,防止出现旋流、回流。

集水池的形状和尺寸受到条件限制时,应该通过水工试验,采取必要的技术措施。

集水池清池排空设施:集水池一般设有污泥斗,池底做成不小于0.01的斜坡,坡向污泥斗。平台上宜有供吊泥用的梁勾、滑车。

4. 水泵

(1) 一般规定

1) 选择水泵时,要在流量、扬程适合的基础上,注意使用效率较高的水泵。

泵站的扬程应该在对进、出水水位进行组合后决定。用经常出现的扬程作为选泵的依据。对于出口水位变动大的雨水泵站,要同时满足在最高扬程条件下流量的需要。

2) 选泵应尽量使用相同类型、相同口径的水泵。雨水泵房内应设置备用泵,且水泵总数不宜少于3台;废水泵站一样要考虑备用泵。

3) 水泵安装的泵间距离、泵与池壁间的距离、叶轮淹没深度以及吸水口的防涡措施,均应满足水泵样本的规定。

(2) 设计水量

排水泵站设计流量按最大日、最大时流量计算,并应以进水管最大充满度的设计流量为准。

(3) 水泵全扬程 H

计算公式为:

$$H \geqslant H_1 + h_1 + h_2 \tag{10.3-5}$$

式中 H_1——压水地形高度(m),为水泵轴线与经常提升水位之间的高差;其中,经常提升水位一般用出水正常高水位;

h_1——泵出水口水头损失（m），一般包括渐扩管、止回阀、闸门、短管、90°弯头（或三通）、直线段等，$h_1=\varepsilon_1 v_1^2/(2g)$；

ε_1——局部阻力系数（见《给水排水设计手册》第 1 册《常用资料》）；

v_1——出水管流速（m/s）；

g——重力加速度，为 $9.81\mathrm{m/s^2}$；

h_2——安全水头（m），估算扬程时可按 $0.5\sim1\mathrm{m}$ 计。

5. 计算示例

某隧道位于广州市东南部，隧道线路呈东西走向，中间穿过珠江，路线总长 1934.1m，其中暗埋段隧道长 1512m。道路等级为城市主干道，隧道为双孔四车道。本次隧道排水工程共设置雨水泵房八座、废水泵房一座，其中雨水泵站分别设置在隧道敞开段与密闭段交界处，废水泵站设置在隧道最低点位置，泵站设置如图 10.3-7 所示。

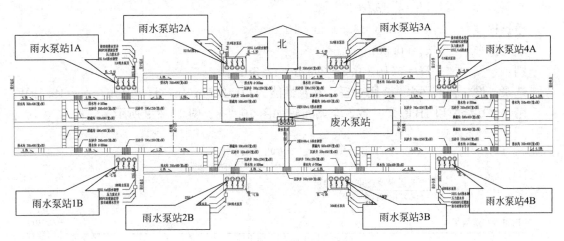

图 10.3-7　某隧道排水系统图

排水系统及雨水泵房设计如下。

(1) 雨水泵房 1

1) 雨水泵房 1A 和 1B 分别收集排除西侧主干道敞开段路面雨水。由于左右两端泵房收集的雨水量、建筑标高等情况基本一致，本次计算只按一边的最不利情况计算。

2) 雨水流量公式：

本隧道位于广州市，因此选用广州市的暴雨强度公式：

$$q=2424.17\times(1+0.533\lg P)/(t+11.0)^{0.668}$$

式中　$t=t_1+t_2$；

t_1——地面集流时间（min），$t_1=1.445\times(m\cdot l/i^{0.5})^{0.467}$；

t_2——管渠内雨水流行时间（min），取 0；

$m=0.013$；$l=200\mathrm{m}$；$i=0.045$

计算得 $t_1=4.66$ min。

暴雨重现期取 $P=50$ 年，暴雨强度 $q=724.82\mathrm{L/(s\cdot hm^2)}$。

3) 雨水汇水量计算：

$$Q=\Phi\times q\times F$$

式中 Q——雨水流量；
Φ——径流系数，取 0.9；
F——汇水面积。
$$F=（200×12+200×6.5/4）\text{m}^2=2725\text{m}^2，取 2800\text{m}^2$$
计算得 $Q=188.6\text{L/s}$。

4）排水沟尺寸计算：

根据雨水量计算，结合道路设计，排水渠尺寸 $B×H=350\text{mm}×400\text{mm}$，坡度随道路坡度，$i=0.045$。

5）水泵选型设计：

根据规定，雨水泵房设计流量以 1.2 倍雨水量计，则水泵总共规模为：
$$Q=188.6×1.2\text{L/s}=226.3\text{L/s}$$

水泵扬程　　　　$H=h+h_g+2$
净扬程　　　　　$h=（6.5+3.5）\text{m}=10.0\text{m}$
水头损失　　　　$h_g=0.30\text{m}$
则　　　　　　　$H=（10+0.3+2）\text{m}=12.3\text{m}$

选泵：设 4 台潜污泵，3 用 1 备，水泵性能为 $Q=250\text{m}^3/\text{h}$，$H=15\text{m}$，$N=18.5\text{kW}$。雨水泵房 1A 和 1B 配泵一致，泵站布置如图 10.3-8、图 10.3-9 所示。

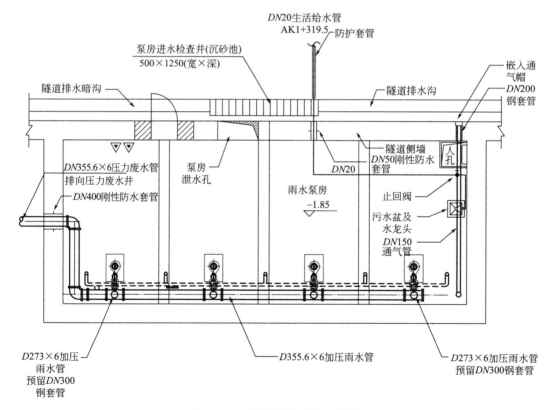

图 10.3-8　某隧道排水泵站平面图

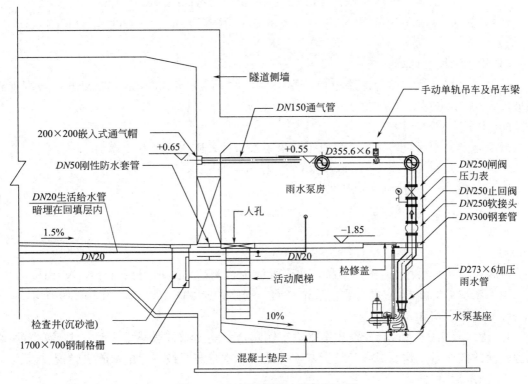

图 10.3-9 某隧道排水泵站剖面图

(2) 雨水泵房 2

1) 雨水泵房 2A 和 2B 分别收集排除西侧匝道及隧道敞开段路面雨水。由于左右两端泵房收集的雨水量、建筑标高等情况基本一致,本次计算只按一边的最不利情况计算。

2) 雨水流量公式:

本隧道位于广州市,因此选用广州市的暴雨强度公式:

$$q = 2424.17 \times (1 + 0.533 \lg P) / (t + 11.0)^{0.668}$$

式中 $t = t_1 + t_2$;

t_1——地面集流时间(min),$t_1 = 1.445 \times (m \cdot l/i^{0.5})^{0.467}$;

t_2——管渠内雨水流行时间(min),取 0。

① 对于西侧匝道,$m = 0.013$,$l = 100 \text{m}$,$i = 0.065$;

计算得 $t = 3.09 \text{min}$,$q = 803 \text{L}/(\text{s} \cdot \text{hm}^2)$。

② 对于西侧敞开段,$m = 0.013$,$l = 115 \text{m}$,$i = 0.049$;

计算得 $t' = 3.53 \text{min}$,$q' = 786 \text{L}/(\text{s} \cdot \text{hm}^2)$。

3) 雨水汇水量计算:

$$Q = \Phi \times q \times F$$

式中 Q——雨水流量;

Φ——径流系数,取 0.9;

F——汇水面积。

$F = (100 \times 9.4 + 100 \times 8.5/4) \text{m}^2 = 1152 \text{m}^2$,取 1200m^2

$$F' = (115 \times 9.4 + 115 \times 16/4) \text{ m}^2 = 1541 \text{m}^2,\text{ 取 } 1600 \text{m}^2$$

计算得 $Q = (0.9 \times 803 \times 1200 + 0.9 \times 786 \times 1600)$ L/s $= (86.7 + 113.3)$ L/s $= 200$L/s

4）排水沟尺寸计算：

根据雨水量计算，结合道路设计，排水渠尺寸 $B \times H = 350\text{mm} \times 400\text{mm}$，坡度随道路坡度，$i = 0.065$，$i' = 0.049$。

5）水泵选型设计：

根据规定，雨水泵房设计流量以 1.2 倍雨水量计，则水泵总共规模为：

$$Q = 200 \times 1.2 \text{L/s} = 240 \text{L/s}$$

水泵扬程　　$H = h + h_g + 2$
净扬程　　　$h = (6.7 + 4.8)\text{ m} = 11.50\text{ m}$
水头损失　　$h_g = 0.30\text{ m}$
则　　　　　$H = (11.5 + 0.3 + 2)\text{ m} = 13.8\text{m}$

选泵：设 4 台潜污泵，3 用 1 备，水泵性能为 $Q = 250\text{m}^3/\text{h}$，$H = 15\text{m}$，$N = 18.5\text{kW}$。雨水泵房 2A 和 2B 配泵一致，泵站平面、剖面布置如图 10.3-8、图 10.3-9 所示。

（3）雨水泵房 3

1）雨水泵房 3A 和 3B 分别收集排除东侧匝道及隧道敞开段路面雨水。由于左右两端泵房收集的雨水量、建筑标高等情况基本一致，本次计算只按一边的最不利情况计算。

2）雨水流量公式：

本隧道位于广州市，因此选用广州市的暴雨强度公式：

$$q = 2424.17 \times (1 + 0.533 \lg P) / (t + 11.0)^{0.668}$$

式中　$t = t_1 + t_2$；

t_1——地面集流时间（min），$t_1 = 1.445 \times (m \cdot l/i^{0.5})^{0.467}$；

t_2——管渠内雨水流行时间（min），取 0。

① 对于东侧匝道，$m = 0.013$，$l = 85\text{m}$，$i = 0.0656$；

计算得 $t = 2.86\text{min}$，$q = 812\text{L}/(\text{s} \cdot \text{hm}^2)$。

② 对于东侧敞开段，$m = 0.013$，$l = 50\text{m}$，$i = 0.046$；

计算得 $t' = 2.43\text{min}$，$q' = 829\text{L}/(\text{s} \cdot \text{hm}^2)$。

3）雨水汇水量计算：

$$Q = \Phi \times q \times F$$

式中　Q——雨水流量；

Φ——径流系数，取 0.9；

F——汇水面积。

$$F = (85 \times 90.4 + 85 \times 8/4) \text{ m}^2 = 970 \text{m}^2,\text{ 取 } 1000 \text{m}^2$$
$$F' = (50 \times 9.4 + 50 \times 15/4) \text{ m}^2 = 657.5 \text{ m}^2,\text{ 取 } 700 \text{m}^2$$

计算得 $Q = (0.9 \times 812 \times 1000 + 0.9 \times 829 \times 700)$ L/s $= (73.1 + 52.2)$ L/s $= 125.3$L/s。

4）排水沟尺寸计算：

根据雨水量计算，结合道路设计，排水渠尺寸 $B \times H = 350\text{mm} \times 400\text{mm}$，坡度随道

路坡度，$i=0.0656$，$i'=0.046$。

5) 水泵选型设计：

根据规定，雨水泵房设计流量以1.2倍雨水量计，则水泵总共规模为：
$$Q=125.3\times1.2\text{L/s}=150.3\text{L/s}$$

水泵扬程　　$H=h+h_g+2$

净扬程　　　$h=(6.5+4.0)\text{m}=10.5\text{m}$

水头损失　　$h_g=0.30\text{m}$

则　　　　　$H=(10.5+0.3+2)\text{m}=12.8\text{m}$

选泵：设4台潜污泵，3用1备，水泵性能为$Q=250\text{m}^3/\text{h}$，$H=15\text{m}$，$N=18.5\text{kW}$。雨水泵房3A和3B配泵一致，泵站平面、剖面布置如图10.3-8、图10.3-9所示。

(4) 雨水泵房4

1) 雨水泵房4A和4B分别收集排除西侧主干道敞开段路面雨水。由于左右两端泵房收集的雨水量、建筑标高等情况基本一致，本次计算只按一边的最不利情况计算。

2) 雨水流量公式：

本隧道位于广州市，因此选用广州市的暴雨强度公式：
$$q=2424.17\times(1+0.533\lg P)/(t+11.0)^{0.668}$$

式中　$t=t_1+t_2$；

t_1——地面集流时间(min)，$t_1=1.445\times(m\cdot l/i^{0.5})^{0.467}$；

t_2——管渠内雨水流行时间(min)，取0。

$$m=0.013;\ l=180\text{m};\ i=0.0418$$

计算得$t_1=4.51\text{min}$。

暴雨重现期取$P=50$年，暴雨强度$q=753.2\text{L}/(\text{s}\cdot\text{hm}^2)$。

3) 雨水汇水量计算：
$$Q=\Phi\times q\times F$$

式中　Q——雨水流量；

Φ——径流系数，取0.9；

F——汇水面积，$F=(180\times10.5+180\times11/4)\text{m}^2=2400\text{m}^2$。

计算得$Q=162.7\text{L/s}$。

4) 排水沟尺寸计算：

根据雨水量计算，结合道路设计，排水渠尺寸$B\times H=350\text{mm}\times400\text{mm}$，坡度随道路坡度，$i=0.0418$。

5) 水泵选型设计：

根据规定，雨水泵房设计流量以1.2倍雨水量计，则水泵总共规模为：
$$Q=162.7\times1.2\text{L/s}=195.2\text{L/s}$$

水泵扬程　　$H=h+h_g+2$

净扬程　　　$h=(6.1+6.0)\text{m}=12.10\text{m}$

水头损失　　$h_g=0.30\text{m}$

则　　　　　$H=(12.1+0.3+2)\text{m}=14.40\text{m}$

选泵：设4台潜污泵，3用1备，水泵性能为$Q=250\text{m}^3/\text{h}$，$H=15\text{m}$，$N=18.5\text{kW}$。

雨水泵房 4A 和 4B 配泵一致，泵站平面、剖面布置如图 10.3-8、图 10.3-9 所示。

(5) 江中废水泵房

1) 江中废水泵房分别收集排除沉管段及暗埋段内的消防排水以及结构渗漏水。

2) 废水流量计算：

结构渗漏水按 1L/(m^2·d) 计算，得约 2L/s。

消防排水量为 $Q=30L/s$。

废水泵总流量 $Q=(30+2)L/s=32L/s$。

废水泵净扬程 $H=(15+8)m=23m$。

选泵：设 4 台潜污泵，3 用 1 备，水泵性能为 $Q=40m^3/h$，$H=30m$，$N=7.5kW$。

10.4　设备、管材及附属构筑物

10.4.1　设备

1. 潜水泵

(1) 特点

潜水泵不同于干式水泵，潜水泵的电机防水密封，可以长期浸入清水和雨污水池中，不存在受潮问题，潜水泵电机机组整体安装，结构紧凑，运行稳定，便于就位和更换。

由于潜水泵在水下运行，所以要有可靠的产品质量、自动控制和保护功能作技术依托。潜水泵价格较高。

(2) 一般规定

1) 排水泵站使用的潜水泵，主要有潜水污泵、潜水混流泵、潜水轴流泵等类型，可以用于污水泵站、雨水及合流泵站、立交排水泵站、污泥泵站等各种性质的泵站。潜水泵站为湿式泵站，采取自灌式启动，除集水池及水泵安装须符合潜水泵站要求外，其他部位设计均以有关规定为准。

2) 来水进入集水池前，应通过沉泥井沉积泥砂，通过格栅拦截污物，防止杂物堵塞集水窝，影响水泵进水条件，干扰水泵的正常运行。

3) 集水池上留自来水龙头，以便潜水泵吊出时及时清洗。

4) 备用泵可以就位安装，也可以库存备用。

(3) 潜水泵及安装

1) 排污性能好，采用单、双流道，无堵塞，防缠绕。

2) 可以采取移动式、固定式两种安装方式。

移动式安装用泵底座支承、出口弯管与软管或硬管相接，用链索吊装，简单方便，容易移动。

固定式安装用固定的导杆导向，连接座支承，水泵沿导杆放下时与连接座自动锁紧，水泵沿导杆上提，与连接座自动脱开。

隧道排水泵站主要使用固定式安装，出水管用闸门止回阀控制。设单独闸阀室便于操作。

(4) 自动控制

潜水泵站由于水泵机组在水下运行,管理人员无法进行巡视和眼看耳听的检查判断,所以潜水泵站必须配备可靠、完整的自动控制系统和保护监测功能。

潜水泵的生产厂一般提供电控箱。

1) 液位测量及控制:

① 排水系统的潜水泵站一般采用超声波液位计,作为液位控制的一次计量仪表。

② 电机启动方式根据电机容量和供电要求决定,一般采用直接启动的方式。

③ 控制过程按设定的程序进行,包括液位控制顺序开停泵、水泵的自动轮换、自动调节等。

2) 保护及监测:

① 保护功能主要有过电流保护、短路保护及电机定子绕组的过热保护等。

② 监测功能主要有轴承温度及泄漏监测、高水位警告、自动记录运行的电流、电压等参数。

(5) 水泵布置

1) 潜水泵站无地上建筑,环境影响较小,特别是布置形式灵活,适应性强,得到广泛使用。不设地上建筑时,应留有吊泵孔、人孔、通风孔。

2) 为了管理方便和外形美观,有时也建设地上厂房,将起吊设备、启动设备及出水闸阀安置在厂房内,也有时在泵室上部设置罩棚,防雨、防晒,将起吊设备放在棚顶下,也能改善管理条件,装饰泵站环境。

3) 在中小型泵站的集水池中,应防止进水管的来水直接冲入泵室集水窝,将气泡带入泵中,发生气蚀。设计中宜使来水先在配水室缓冲,再由挡水墙下部潜水进入泵室,保证进水的均匀、稳定(图10.4-1)。

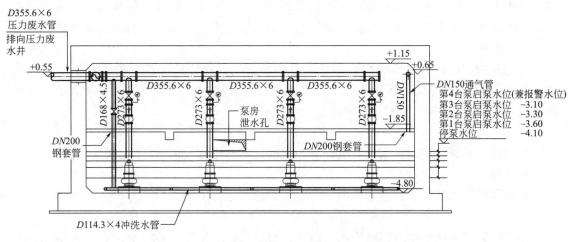

图10.4-1 水泵布置示意图

2. 闸阀

闸阀是启闭件(闸板)由阀杆带动,沿阀座密封面作升降运动的阀门。闸阀适用于给水排水、供热和蒸气管道系统作调流、切断和截流之用。介质为水、蒸汽和油类。

闸阀的驱动方式有手动、电动和气动。

常用的闸门有明杆楔式闸阀、明杆平行式单闸板闸阀、暗杆楔式闸阀、平行式双闸板闸阀、对夹式浆液阀。

3. 止回阀

止回阀适用于有压管路,依靠介质本身流动而自动开、闭阀瓣,用于防止介质逆流。其结构形式有旋启式、对夹式、微阻缓闭式、蝶式等。常用的有 705X 型多功能泵浦控制阀、YQ20006-16Q 型活塞式多功能水泵控制阀、活塞式多功能控制阀、SKR 型斜置阀座旋启式止回阀、多功能缓闭止回阀、斜座式硬密封缓闭止回阀等。

10.4.2 管材

1. 给水管材

(1) 室内生产、生活给水宜采用钢塑复合管、钢管或薄壁的不锈钢等符合国家规定及生活饮用水卫生标准的管材。

(2) 铺设在垫层内的给水管道宜采用球墨铸铁管。

(3) 给水管网上的阀门设置,应符合现行国家标准《建筑给水排水设计规范》GB 50015 的有关规定。

2. 排水管材

(1) 暗埋在结构板内或道路垫层内的重力流排水管宜采用球墨铸铁管。

(2) 排水泵房的压力排水管,宜采用金属管。

10.4.3 主要附属构筑物

1. 排水边沟

排水边沟一般设置在隧道起点位置以及隧道敞开段和密闭段道路横坡最低处铺设,上面设置盖板,主要用于截流隧道外进入隧道的雨水,收集隧道敞开段的废水、雨水和隧道密闭段的废水,排水沟的尺寸根据收集转输的雨水量、废水量大小以及隧道结构确定。

2. 检查井

考虑养护、维修、观测的需要,管道方向转折处、管道坡度改变处、管道断面(尺寸、形状、材质)、基础、接口变更处等位置需要设置检查井。室外检查井需满足《室外排水设计规范》GB 50014—2006 的规定。

3. 沉砂井

排水管道间隔一定距离需设置沉砂井,井底比管底低 0.5m,便于定期清掏泥砂。

4. 消能井

排水泵站出水压力管转重力流前,应设置消能井进行消能处理。

5. 雨水口

雨水口的设置应根据道路(广场)情况、街坊及建筑情况、地形情况(应特别注意汇水面积较大、地形低洼的积水地点)、土壤条件、绿化情况、降雨强度,以及雨水口的泄水能力等因素决定。

雨水口宜设置在汇水点(包括集中来水点)上和截水点上,前者如道路上的汇水点、街坊中的低洼处、河道或明渠改建暗沟以后原来向河渠进水的水路口、靠地面淌流的街坊或庭院的水路口、沿街建筑物雨落管附近(繁华街道上的沿街建筑雨落管,应尽可能以暗管接入雨水口内）等。后者如道路上每隔一定距离的地方、沿街各单位出入路口上游及人行横道线上游（分水点情况除外）等，一般设置间距为25～60m。

相关规范

[1]《室外排水设计规范》GB 50014—2006（2016年版）
[2]《室外给水设计规范》GB 50013—2006
[3]《建筑设计防火规范》GB 50016—2014
[4]《消防给水及消火栓系统技术规范》GB 50974—2014
[5]《公路工程技术标准》JTGB 01—2014
[6]《城市道路路线设计规范》CJJ 193—2012
[7]《城市道路工程设计规范》CJJ 37—2012
[8]《公路路线设计规范》JTG D20—2017
[9]《城市地下道路工程设计规范》CJJ 221—2015
[10]《公路隧道设计规范》JTG D70—2004
[11]《道路隧道设计规范》DG/T J08—2033—2008

参考文献

[1] 林选材，刘慈慰. 给水排水设计手册 [M]. 北京：中国建筑工业出版社，2004.
[2] 黄兴安. 公路与城市道路设计手册 [M]. 北京：中国建筑工业出版社，2004.
[3] 余明建. 城市地下道路设计理论与实践 [M]. 北京：中国建筑工业出版社，2014.
[4] 贾元霞. 乌鞘岭特长隧道排水系统设计 [J]. 隧道建设，2009，29（4）：431-434.
[5] 朱志华. 谈城市隧道给排水及消防系统设计方案 [J]. 山西建筑，2012，38（19）：142-143.

第 11 章

照明设计

11.1 概述

隧道照明是为了把必要的视觉信息传递给司机,防止视觉信息不足而出现交通事故,舒适、可靠的照明可以提高行车的安全性。

隧道照明中出现的视觉现象与道路照明中遇到的视觉现象有着明显的差别。道路照明主要为了车辆夜间安全行车,它的设计与运行已具有较成熟的经验。隧道照明除了夜间,更重要的是解决白天烈日下驾驶员进出隧道时,由于亮度突变而产生的视觉适应问题。同时,隧道内行车有车道和空间小、行车密度高、烟雾浓、视距小、坡度陡和噪声大等特点,这些都是隧道照明设计中需要考虑的因素。为了确保隧道安全行车,设置一套完整和可靠的照明系统是必不可少的。

11.1.1 照明设计流程

隧道照明设计应综合考虑工程环境、工程设计、交通状况、通风方式、供电条件、运营管理等因素,并宜按照下列流程进行设计:

(1) 隧道现场调查,收集隧道照明设计有关资料,如道路等级、隧道的位置、长度、功能需求、洞口朝向和洞外环境等设计条件,再根据规范和相关的建设条件综合确定是否需要进行照明设计。

(2) 如拟建隧道需进行照明设计,则需初步判定洞外亮度,必要时可制定洞外减光措施和分期实施方案。

(3) 根据交通量变化分别确定各分期设计年限入口段、过渡段、中间段、出口段及洞外亮度指标与长度。

(4) 选择节能光源与高效灯具,结合隧道断面形式和灯具类型等因素确定灯具安装方式、位置。

(5) 根据路面材料与灯具光强分布表,计算设计满足要求的照明系统。

(6) 洞口土建完工后,宜对洞外亮度进行现场实测验核,必要时修正照明设计。

11.1.2 照明设计内容

隧道照明设计内容根据不同的设计阶段一般分为工程可行性设计文件、初步设计文件及施工图设计文件。

1. 工程可行性设计文件

工程可行性设计阶段,隧道照明设计文件主要为设计说明。

设计说明内容：
(1) 照明电源确定可行性供电方案；
(2) 确定照明设计标准；
(3) 主要设备选择；
(4) 照明控制方案；
(5) 主要设备材料估算。

2.初步设计文件

初步设计阶段，隧道照明设计文件应包括设计说明、设计图纸、主要设备材料表、计算书。

(1) 设计说明内容

1) 设计依据：包括设计所执行的主要法规和所采用的主要标准、设计原则等；
2) 工程概况：应说明隧道类别、性质、走向、车道数量、车道宽度、路面材料等；
3) 设计范围：根据设计任务书和有关设计资料，说明本专业的设计内容，以及与相关专业的设计分工与分工界面；
4) 照明设计标准：各照明区段（入口段、过渡段、中间段、出口段、引道段等）亮（照）度、长度标准及车道均匀度标准；
5) 光源与灯具选择；
6) 隧道照明主要设备布置方式；
7) 隧道照明配电设计；
8) 隧道照明控制方式；
9) 电线、电缆的选择及线路敷设方式；
10) 若设置有应急照明，应说明应急照明的亮（照）度值、电源形式、电线、电缆的选择及线路敷设方式、控制方式、应急时间等。

(2) 设计图纸

1) 照明干线、配电箱、灯具的平面布置图；
2) 照明设备横断面布置图。

(3) 主要设备材料表

统计出整个工程的照明配电箱、灯具、开关、插座、线缆、管材等。

(4) 计算书

1) 亮（照）度值计算；
2) 线缆电压损失计算等。

3.施工图设计文件

施工图设计阶段，隧道照明设计文件应包括设计图纸及计算书。

(1) 设计图纸

1) 设计说明；
2) 照明系统图；
3) 照明平面布置图；
4) 照明控制原理图；
5) 照明设备横断面布置图；

6) 主要设备材料表。

（2）计算书

施工图设计阶段计算书，应修改因初步设计文件审查变更后，需重新进行计算的部分。

1) 亮（照）度值计算；
2) 保护配合计算；
3) 线缆电压损失计算等。

11.1.3 照明系统构成

隧道照明根据照明设施位置及功能不同主要由以下部分构成：中间段照明（基本照明）、入口段照明、过渡段照明、出口段照明、洞外引道照明、应急照明。应急照明可以独立于中间段照明设置，也可以兼作中间段照明的一部分。隧道照明系统的各照明段如图 11.1-1 所示。

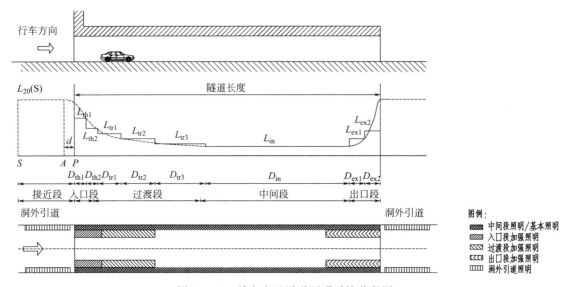

图 11.1-1 单向交通隧道照明系统分段图

图中　　　P——洞口；

　　　　　S——接近段起点；

　　　　　A——适应点；

　　　　　d——适应距离；

　　　　　$L_{20}(S)$——洞外亮度；

　　　　　L_{th1}、L_{th2}——入口段亮度；

　　　　　L_{tr1}、L_{tr2}、L_{tr3}——过渡段亮度；

　　　　　L_{in}——中间段亮度；

　　　　　L_{ex1}、L_{ex2}——出口段亮度；

　　　　　D_{th1}、D_{th2}——入口段 TH_1、TH_2 分段长度；

　　　　　D_{tr1}、D_{tr2}、D_{tr3}——过渡段 TR_1、TR_2、TR_3 分段长度；

D_{in}——中间段长度；

D_{ex1}、D_{ex2}——出口段 EX_1、EX_2 分段长度。

接近段的减光设施是确定隧道照明指标的重要因素，因此隧道土建设计应尽可能结合景观设计减光设施，隧道照明设计时应考虑减光设施的功效。

11.1.4 照明分级要求

各级城市隧道照明设置的条件宜符合下列要求：

（1）当隧道封闭段长度不大于50m时，隧道照明可不设置日间照明。

（2）当隧道封闭段长度大于50m时，隧道日间照明应设置入口段照明和中间段照明，过渡照明和出口段照明根据隧道封闭段长度和出口情况选设。

（3）有人行需求的隧道，应根据隧道封闭段长度和环境条件设置满足行人通行需求的照明设施。

11.2 照明标准

隧道内各段的照明亮度标准应与隧道的交通流量及隧道的设计车速等相适应。

隧道照明的设计亮度与运营中的实际亮度是有区别的。如隧道设计车速为80km/h，设计依据的交通流量为≥1200veh/（h·ln），但当运营时实际交通流量≤350veh/（h·ln）时，可以关闭部分灯具或者整体调低调光等级，按低交通流量的隧道设计亮度标准运营。

平均亮度与平均照度间的换算系数宜实测确定；无实测条件时，黑色沥青路面可取15lx/（cd·m²），水泥混凝土路面可取10lx/（cd·m²）。

11.2.1 入口段照明

1. 入口段亮度

入口段宜划分为 TH_1、TH_2 两个照明段，与之对应的亮度应分别按式（11.2-1）、式（11.2-2）计算：

$$L_{th1} = k \cdot L_{20}(S) \tag{11.2-1}$$

$$L_{th2} = 0.5k \cdot L_{20}(S) \tag{11.2-2}$$

式中 L_{th1}——入口段 TH_1 的亮度（cd/m²）；

L_{th2}——入口段 TH_2 的亮度（cd/m²）；

k——入口段亮度折减系数，可按表11.2-1取值；

$L_{20}(S)$——洞外环境亮度。

入口段亮度折减系数 k 表11.2-1

设计小时交通量 N [veh/(h·ln)]		设计车速(km/h)				
单向交通	双向交通	120	100	80	60	20~40
≥1200	≥650	0.070	0.045	0.035	0.022	0.012
≤350	≤180	0.050	0.035	0.025	0.015	0.010

2.洞外亮度

洞外亮度L_{20}（S）是指在接近段起点A处，距地面1.5m高正对洞口方向20°视场实测得到的平均亮度，如图11.2-1所示。

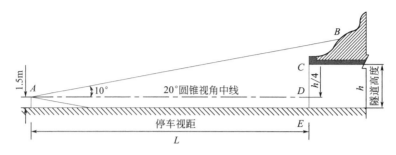

图11.2-1 洞外亮度L_{20}（S）测试示意图

城市隧道照明设计的洞外亮度L_{20}（S）无实测资料时可按表11.2-2取值，工程竣工后再根据实测值作适当调整。

洞外亮度L_{20}（S）（单位：cd/m²）　　　表11.2-2

天空面积百分比	洞口朝向或洞外环境	设计车速(km/h)				
		20～40	60	80	100	120
35%～50%	南洞口	—	—	4000	4500	5000
	北洞口	—	—	5500	6000	6500
25%	南洞口	3000	3500	4000	4500	5000
	北洞口	3500	4000	5000	5500	6000
10%	暗环境	2000	2500	3000	3500	4000
	亮环境	3000	3500	4000	4500	5000
0%	暗环境	1500	2000	2500	3000	3500
	亮环境	2000	2500	3000	3500	4000

注：1.天空面积百分比指20°视场中天空面积百分比。
　　2.南洞口指北行车辆驶入的洞口，北洞口指南行车辆驶入的洞口。
　　3.东洞口与西洞口取用南洞口与北洞口之中间值。
　　4.暗环境指洞外景物（包括洞门建筑）反射率低的环境；亮环境指洞外景物（包括洞门建筑）反射率高的环境。
　　5.当天空面积百分比处于表中两档之间时，按线性内插取值。

由于L_{20}（S）随纬度、季度、气象变化，因此在隧道洞口土建完成后，宜进行洞外亮度实测。当实测值与设计取值的误差超出-25%～$+25\%$时，应调整照明系统的设计。

洞外亮度测试建议采用快捷、准确的测试方法。洞外亮度测试方法通常有环境简图法、黑度法、数码相机法。数码相机法由于操作简便、测试结果较为准确，是目前较为常用的一种测试方法。

数码相机法实测时，在接近段起点S距地面1.5m高处，用数码相机拍摄隧道洞口及周围环境的照片，将反射率为18%的灰度板置于三角架和洞口之间，灰度板中心距离路面1.5m，将亮度仪对准灰度板，测读亮度5次，作为参照物，根据隧道洞口20°圆锥角视场照片中天空、路面及其他洞口物体的亮度来综合确定现场的洞外亮度 L_{20}(S) 值的方法。实测应在夏季（6月/7月/8月）晴天无云时连续进行3日，每日测读5次（11:00～15:00时，时距1h）或11次（08:00～18:00时，时距1h）。

3. 减光措施

洞外亮度 L_{20}(S) 是照明系统的设计基准之一。洞外亮度 L_{20}(S) 的正确设定，对工程投资和运营电费都有极大的影响，不容忽视。日本东京湾海底隧道曾于设计中做过详细比较。在其他条件（包括车速）相同的情况下，如 L_{20}(S) 分别设定为 $4000cd/m^2$ 与 $6000cd/m^2$，则设备费相差34%，年耗电量（kWh）相差达30%。因此，建议通过洞口绿化或对结构物进行减光处理，尽量降低隧道洞口的洞外亮度（表11.2-3）。

隧道洞外亮度减光措施与幅度　　　　　表 11.2-3

减光措施	减光效果
从接近段起点起,在路基两侧种植常青树	可降低洞口亮度值5%～7%
大幅坡面绿化	可降低洞口亮度值5%～7%
洞口采用端墙形式时,墙面宜采用冷色调,其反射率就小于0.17	可降低洞口亮度值5%～7%
洞门外至少一个停车视距长的路面(约100～150m)采用黑色或彩色路面	可降低洞口亮度值12%～27%

4. 入口段长度

入口段 TH_1、TH_2 长度可按公式（11.2-3）计算：

$$D_{th1}=D_{th2}=\frac{1}{2}(1.154D_s-\frac{h-1.5}{\tan 10°}) \quad (11.2-3)$$

式中　D_{th1}——入口段 TH_1 长度（m）；
　　　D_{th2}——入口段 TH_2 长度（m）；
　　　D_S——照明停车视距（m），可按表11.2-4取值；
　　　h——洞口内净空高度（m）。

照明停车视距 D_S (m)　　　　　表 11.2-4

设计车速 (km/h)	隧道纵向坡度(%)										
	−5	−4	−3	−2	−1	0	1	2	3	4	5
100	183	179	173	168	163	158	154	149	145	142	139
80	114	112	110	106	103	100	98	95	93	90	87
60	64	62	60	58	57	56	55	54	53	52	51
40	30	29	28	27	27	26	26	25	25	25	25
20～30	20	20	20	20	20	20	20	20	20	20	20

入口段长度 D_{th} 根据照明停车视距、最小衬托长度、洞口净空高度、适应距离进行计算。为保证机动车驾驶员对路面障碍物（0.2m×0.2m×0.2m）的视认能力，在障碍物背后应有一段最小长度为 b 的明亮路面，如图 11.2-2 所示。

隧道照明所采用的障碍物尺寸借鉴了《隧道与地下通道照明指南》CIE 88—2004 的建议值，即采用尺寸为 0.2m×0.2m×0.2m、反射系数为 0.2 的正方形小目标物体。

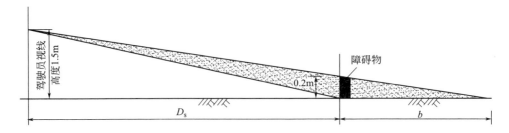

图 11.2-2 照明停车视距与最小衬托长度

车辆驶至洞外适应点 A 时，机动车驾驶员的 20°视场范围内，洞外景物基本消失，开始适应隧道暗环境。适应点 A 与洞口 P 间的距离 d 称为适应距离，$d = \dfrac{h-1.5}{\tan 10°}$，如图 11.2-3 所示。

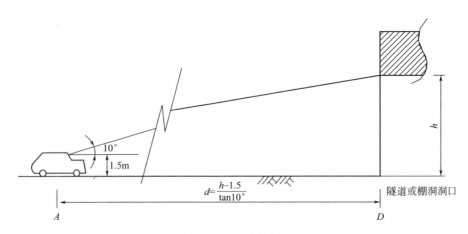

图 11.2-3 适应距离

5. 连续隧道的入口段照明

当两座隧道间的行驶时间按设计车速计算小于 15s，且通过前一座隧道的行驶时间大于 30s 时，后续隧道入口段亮度应进行折减，亮度折减率可按表 11.2-5 取值。

后续隧道入口段亮度折减率　　　　表 11.2-5

两隧道之间行驶时间 t(s)	$t<2$	$2 \leqslant t<5$	$5 \leqslant t<10$	$10 \leqslant t<15$
后续隧道入口段亮度折减率(%)	50	30	25	20

当前一隧道内行驶时间不足 30s，则后续隧道入口亮度不应按照表 11.2-5 进行折减，但后续隧道洞口环境亮度值可以适当降低。

11.2.2 过渡段照明

1. 过渡段亮度

隧道入口段和基本段之间应设必要的照明过渡段。

过渡段宜按渐变递减原则划分为 TR_1、TR_2、TR_3 三个照明段，与之对应的亮度应按

表11.2-6取值。

过渡段亮度 表11.2-6

照明区段	TR$_1$	TR$_2$	TR$_3$
亮度	0.3L_{th2}	0.1L_{th2}	0.035L_{th2}

长度 $L \leqslant 300\mathrm{m}$ 的隧道，可不设置过渡段加强照明；长度 $300\mathrm{m} < L \leqslant 500\mathrm{m}$ 的隧道，当在过渡段 TR$_1$ 能完全看到隧道出口时，可不设置过渡段 TR$_2$、TR$_3$ 加强照明；当 TR$_3$ 的亮度不大于中间段亮度的 2 倍时，可不设置过渡段 TR$_3$ 加强照明。

过渡段采用 CIE 规定的适应曲线 $L_{th} = L_{th1}(1.9+t)^{-1.4}$ 过渡段照明亮度划分依据。在过渡段区域里，TR$_1$、TR$_2$、TR$_3$ 三个过渡照明段的亮度比例按 3∶1 划分，如图 11.2-4 所示。

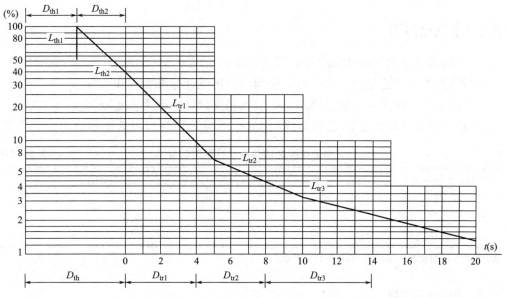

图 11.2-4 过渡段长度与相应亮度

2. 过渡段长度

过渡段长度应按式（11.2-4）～式（11.2-6）计算。

（1）过渡段 TR$_1$ 长度应按式（11.2-4）计算：

$$D_{tr1} = \frac{D_{th1} + D_{th2}}{3} + \frac{v_t}{1.8} \tag{11.2-4}$$

式中 v_t——设计速度（km/h）；

$\dfrac{v_t}{1.8}$——2s 内的行驶距离。

（2）过渡段 TR$_2$ 长度应按式（11.2-5）计算：

$$D_{tr2} = \frac{2v_t}{1.8} \tag{11.2-5}$$

（3）过渡段 TR$_3$ 长度应按式（11.2-6）计算：

$$D_{tr3} = \frac{3v_t}{1.8} \tag{11.2-6}$$

根据式（11.2-4）～式（11.2-6）计算的各过渡段长度，见表11.2-7。

过渡段长度 D_{tr}（单位：m） 表11.2-7

设计车速 (km/h)	D_{tr1} 隧道内净空高度 h(m)			D_{tr2}	D_{tr3}
	6	7	8		
100	108	106	103	111	167
80	74	72	70	89	133
60	46	44	42	67	100
20～40	26	26	26	44	67

11.2.3 中间段照明

（1）中间段亮度设计标准值应符合以下规定：

1）当隧道所连接道路为主干道时，中间段亮度设计标准为 $6cd/m^2$；

2）当隧道所连接道路为次干道时，中间段亮度设计标准为 $3cd/m^2$。

（2）路面亮度总均匀度 U_0、纵向均匀度 U_1 不应低于表 11.2-8 所示值。

路面亮度总均匀度、纵向均匀度 表11.2-8

单向设计交通量 N [veh/(h·ln)]	U_0[①]	U_1
≥1200	0.4	0.7
≤350	0.3	0.5

注：①当交通量在其中间值时，按线性内插考虑。

11.2.4 出口段照明

出口段宜划分为 EX_1、EX_2 两个照明段，每段长度宜取 30m，与之对应的亮度宜按式（11.2-7）、式（11.2-8）计算：

$$L_{ex1} = 3L_{in} \tag{11.2-7}$$

$$L_{ex2} = 5L_{in} \tag{11.2-8}$$

长度 $L≤300m$ 的直线隧道，可不设置出口段加强照明；长度 $300m<L≤500m$ 的直线隧道，可只设置 EX_2 出口段加强照明。

在白天隧道出口附近，当前方行驶的车辆挡住了出口处绝大部分明亮的光线时，后面的驾驶员只能看见前方车辆相当大的黑影，前车背后的小型车辆常难以发现、视认，容易发生车祸。设置出口加强照明后，可消除这类视觉困难。

11.2.5 洞外引道照明

（1）洞外引道照明的长度及亮度不宜低于表 11.2-9 所示值。

洞外引道照明的亮度及长度取值　　　　表 11.2-9

设计车速(km/h)	路面亮度(cd/m²)	长度(m)
120	2.0	240
100	2.0	180
80	1.0	130
60	0.5	95
20~40	0.5	60

注：洞外引道照明的亮度同时不应低于所连接道路的照明设计标准值。

（2）洞外引道照明灯具布置可按道路照明进行设计。

（3）引道照明可以采用壁灯或者杆灯的照明方式。当采用壁灯时，应注意灯具的安装高度和配光角度，尽量减少眩光对驾驶员的影响；当采用杆灯时，应注意与周围路灯的协调和配合。

11.3 应急照明系统

1. 应急照明系统构成

人车混行或者车辆双向行驶的城市隧道的应急照明系统的照明中断时间不应超过 0.3s。

隧道中设置应急照明系统，以确保在隧道事故情况下疏散及救助工作的安全进行。应急照明系统构成如下：行车道、逃生通道、连接通道等处的应急照明；设置在连接通道口部、隧道安全门（逃生口）处的安全出口标志；隧道行车道和逃生通道等侧墙上的疏散指示标志。

应急照明正常运营时宜兼作一般照明的一部分，布置方式同一般照明。安全出口标志灯具宜设置在安全出口的顶部，底边距地不宜低于 2.0m。侧墙上的疏散指示标志灯具，宜设置在离地面 1.5m 以下的墙面上。

2. 应急照明标准

隧道车道层应急照明亮度不应小于隧道中间段亮度的 10%，且不应低于 0.2 cd/m²。

11.4 照明配电及控制

11.4.1 照明配电方式

（1）应急照明、一级负荷的非消防照明用电应采用双电源供电，且应急照明应在末端配电箱处进行自动投切，一级负荷在适当位置进行自动投切。

（2）照明配电宜采用放射式和树干式结合的方式。低压照明供电半径不宜大于 1.3km，超过该供电半径的长隧道宜采用中压供电方式。

（3）照明配电线路设计应满足照明控制方式的要求。

（4）隧道照明负荷应根据性质、功能，设置单独的配电回路。

(5) 隧道内的应急照明、疏散照明等应按一级负荷中特别重要的负荷考虑，并应采用单独供电回路，且不应设置其他可以人为切换该电路的控制设备，以减少误操作的可能性。

(6) 隧道照明供电方案应满足照明器电压偏移指标，当电压偏移或波动不能保证照明质量或光源寿命时，在技术经济合理的条件下，可采用电力稳压器或照明专用变压器供电。

11.4.2 照明控制原则

照明控制应结合洞外亮度、时间、交通量、设计速度、供电电压、天气条件、光源特性等设计控制方案。

安全：这是照明控制最基本的原则，即在照明控制过程中不应发生任何人员伤亡、设备损坏、系统崩溃等事故。

可靠：照明控制设施基本需要24h不间断运行，以保证隧道运营安全。

灵活：照明控制要适应满足洞外亮度、洞内能见度、交通量、照明供电参数的变化。

先进：照明控制要以自动控制为主、人工控制为辅，合理采用新理论、新技术、新设备、新工艺，体现照明综合节能，实现节能又节钱的目的。

高效：通过合理规划和优化设计，充分发挥照明控制系统各组成部分的效率，提高照明控制的整体效果。

经济：在满足照明要求的前提下，系统建设成本和维护费用应尽量降低，即达到较高的性能价格比；应提高电能利用率，最大限度地节约能源。

11.4.3 照明控制方式

隧道照明控制方式分为手动控制、自动控制及智能控制三种。

手动控制方式是隧道管理人员根据洞外亮度、交通量等参数，人工选择控制方案，手动控制的优先级最高。

自动控制方式是照明控制系统根据实时采集的洞外亮度、交通量等参数，自动调控照明亮度。隧道管理人员也可根据实际运营管理情况，由自动控制方式切换到手动控制方式，改为手动操作。自动控制方式优先级低于手动控制方式。

智能控制方式是在自动控制方式的基础上，采用短时交通流预测理论，实现隧道内照明设施动态调光控制，达到安全、舒适、高效、经济的照明效果，重点突出节能控制的特点，体现绿色照明要求，追求"按需照明"的理想设计目标。

隧道照明控制设计宜采用智能控制或者自动控制为主、手动控制为辅的控制方式。

入口段、过渡段、出口段照明亮度应根据洞外亮度、交通量变化进行自动调控。白天及夜间调光亮度按表11.4-1、表11.4-2取值。

白天调光亮度标准　　　　　　　表11.4-1

分级		亮度
Ⅰ	晴天	$L_{20}(S)$
Ⅱ	云天	$0.5L_{20}(S)$
Ⅲ	阴天	$0.2L_{20}(S)$

夜间调光亮度标准   表 11.4-2

分级		亮度
Ⅰ	交通量较大	与 L_{in} 相等
Ⅱ	交通量较小	$0.5L_{in}$ 但不小于 $1cd/m^2$

11.5 照明计算

根据视觉适应的要求，隧道照明分为接近段、入口段、过渡段、中间段和出口段。因此，隧道照明计算也应分段进行。进行隧道照明计算时，应收集下列计算条件：

(1) 隧道净空断面形式、设计小时交通量、设计速度、洞外亮度、交通特性（单向交通、双向交通）。

(2) 路面材料及其亮度系数或简化亮度系数。

(3) 灯具布置方式及安装高度、间距、仰角。

(4) 光源及灯具的类型、规格。

(5) 灯具的光强分布表、利用系数曲线图、等光强曲线图、亮度产生曲线图等光度数据。

(6) 灯具的养护系数。

照明计算除与灯具的规格、型号、光源类型、隧道断面形式、灯具布置方式直接有关外，灯具制造厂还应根据国家和 CIE 的有关规定、测试方法，提供灯具的性能指标、光度数据等。按 CIE 的要求，需要提供 36 个 γ 角，52 个 c 角所对应的光强表，共计 1872 个数值，才能进行照明数值计算。

照明计算应包括下列方面：

(1) 应结合隧道工程特点选取合理的计算参数。

(2) 应根据选用照明灯具类型、布置方式等按照规范要求考虑合理方案。

(3) 应根据照明配电、调光灯要求考虑合适的灯具布置。

(4) 应根据确定的亮度、照明类型和布置方式，计算照明灯具的数量及其功率。

隧道照明计算的方法很多，传统的如经验表格法、等照度曲线法、利用系数法等，但是计算精度均不高，不能全面评价照明的效果与质量。随着计算机技术的发展与普及，根据厂家提供的光度数据表，通过计算机软件，已经可以实现繁琐的计算，得出路面上乃至隧道墙面上任意一点的照度与亮度。

隧道照明应首先根据预测交通量及设计车速等参数计算出基本亮度值，并根据洞外环境亮度计算入口段的亮度值。然后确定各过渡段的亮度值，并据此进行隧道照明布灯、配电、控制系统的设计；使设计条件下的隧道内照度、亮度、均匀度、眩光控制等指标满足要求。

11.5.1 照度计算

一般照明灯具厂家提供的光度数据图表有光强表和光强曲线两种，这些图表给出了灯具在不同方向角 c、γ（图 11.5-1）下的光强值 $I_{c\gamma}$。按照 CIE 的规定，光强表给出的灯具倾角为 $0°$、光通量为 1000lm 条件下的 1872 个数据。实际计算时应按额定光通量换算，如果灯具安装有平面转角、仰倾角时，应通过平面公式的转换，求出与测试条件一致的 c、γ 角，内插求出实际 $I_{c\gamma}$ 值，并考虑光源的衰减与灯具的养护系数。

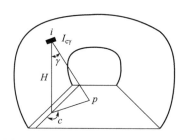

图 11.5-1　灯具光强标准测试条件

隧道内某一点的水平照度应为所有能照射该点的灯具所产生的水平照度总和。为了简化计算，一般只考虑靠近计算点附近的几个灯。关于计算灯具的选取数量 n 值，通过相关计算表明，隧道内距计算区域（假定为 S_0）一倍以上的灯具影响较小，可以不考虑。故一般情况下，取计算区域前后各一组，计算区域之外，另计 2~4 盏灯具，如图 11.5-2 所示。

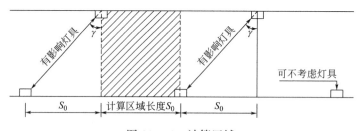

图 11.5-2　计算区域

为保证计算精度符合计算平均照度、亮度，特别是符合亮度均匀度与纵向均匀度的要求，计算区域内必须有足够的计算点数量，并且车道中心线上应布点。

（1）利用灯具的光强分布表，可按下列步骤计算路面平均水平照度：

1）某一灯具在洞内路面计算点 p 产生的水平照度时可按式（11.5-1）计算：

$$E_{pi} = \frac{I_{c\gamma}}{H^2} \times \cos^3\gamma \times \frac{\Phi}{1000} \times M \tag{11.5-1}$$

式中　E_{pi}——灯具 i 在洞内路面计算点 p 产生的水平照度（lx）；

　　　γ——p 点对应的灯具光线入射角（°）；

　　　$I_{c\gamma}$——灯具在计算点 p 的光强值（cd）；

　　　M——灯具养护系数；

　　　Φ——灯具额定光通量（lm）；

　　　H——灯具光源中心至路面的高度（m）。

隧道照明设计应考虑运营期灯具的受污状况和养护状况，养护系数 M 值宜取 0.7；纵坡大于 2% 且大型车比例大于 50% 的特长隧道养护系数 M 值宜取 0.6。

2）数个灯具在计算点 p 所产生的照度时可按式（11.5-2）计算：

$$E_{\mathrm{p}} = \sum_{i=1}^{n} E_{\mathrm{p}i} \tag{11.5-2}$$

式中 E_{p}——p 点的水平照度（lx）；

n——灯具数量，计算时可取计算区域前后各一组灯。

3）路面平均水平照度可按式（11.5-3）计算：

$$E_{\mathrm{av}} = \frac{\sum_{i=1}^{m} E_{\mathrm{p}}}{m} \tag{11.5-3}$$

式中 E_{av}——路面平均水平照度（lx）；

m——计算区域内计算点的点数。

（2）利用灯具利用系数曲线图，可按式（11.5-4）计算路面平均水平照度：

$$E_{\mathrm{av}} = \frac{\eta \times \Phi \times M \times N}{W \times S} \tag{11.5-4}$$

式中 N——灯具布置系数，对称布置时取 2，交错、中线及中央侧偏光带布置时取 1；

η——利用系数，由灯具的利用系数曲线图查取；

W——隧道路面宽度（m）；

S——灯具间距。

11.5.2 亮度计算

（1）亮度计算应满足下列条件：

1）计算区域小于灯具间距；

2）观察点距计算区域取 60~160m，应位于行车道中线处，并距路面高 1.5m；

3）计算区域内纵向计算点间距不宜大于 1.0m，横向计算点不应少于 5 个；

4）计算灯具应包括计算区域前后各一组。

（2）某灯具在路面计算点产生的亮度示意如图 11.5-3 所示，可按式（11.5-5）计算：

$$L_{\mathrm{p}i} = \frac{I_{c\gamma}}{H^2} \times r(\beta, \gamma) \tag{11.5-5}$$

式中 $L_{\mathrm{p}i}$——灯具 i 在计算点 p 产生的亮度（cd/m²）；

$r(\beta, \gamma)$——简化亮度系数；

β——观察面与光入射面之间的角度。

目前，我国公路隧道路面几乎都是水泥混凝土路面，关于路面简化亮度系数 $r(\beta, \gamma)$ 的取值，在没有实测资料的情况下，引用 CIE 的推荐值。表 11.5-1、表 11.5-2 分别列出了两种路面的 $r(\beta, \gamma)$ 值。$r(\beta, \gamma)$ 表中所有的 r 值是按 $Q_0 = 1$ 测量计算得出的。实际计算时，应乘以表中的 Q_0 值，并且表中各 r 值均乘了 1000。经推断 $L_{\mathrm{p}i}$ 可按式（11.5-6）计算：

$$L_{\mathrm{p}i} = \frac{I_{c\gamma}}{H^2} \times \frac{\Phi}{1000} \times M \times r(\beta, \gamma) \times \frac{Q_0}{1000} \tag{11.5-6}$$

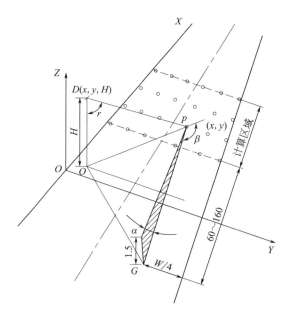

图 11.5-3 亮度计算示意图

水泥混凝土路面简化亮度系数 $r(\beta, \gamma)$ 表 11.5-1

tanγ	β(°)																		
	0	2	5	10	15	20	25	30	35	40	45	60	75	90	105	120	130	150	160	180
0	655	655	655	655	655	655	655	655	655	655	655	655	655	655	655	655	655	655	655
0.25	619	619	619	619	610	610	610	610	610	610	610	610	610	601	601	601	601	601	601
0.5	619	539	539	539	539	539	521	521	521	521	521	503	503	503	503	503	503	503	503
0.75	431	431	431	431	431	431	431	431	431	431	395	386	371	371	371	371	371	386	395
1	341	341	341	341	323	323	305	296	287	287	278	269	269	269	269	269	269	278	278
1.25	269	269	269	269	260	252	242	224	207	198	189	189	180	180	180	180	180	189	198
1.5	224	224	224	215	198	180	171	162	153	148	144	144	139	139	139	144	148	153	162
1.75	189	189	189	171	153	139	130	121	117	112	108	103	99	99	103	108	112	121	130
2	161	162	157	135	117	108	99	94	90	85	85	83	84	84	86	90	94	99	103
2.5	121	121	117	95	79	66	60	57	54	52	51	50	51	52	54	58	61	65	69
3	94	94	86	66	49	41	38	36	34	33	32	31	31	33	35	38	40	43	47
3.5	81	80	66	46	33	28	25	23	22	22	21	21	22	22	24	27	29	31	34
4	71	69	55	32	28	20	18	16	15	14	14	14	15	17	19	20	22	23	25
4.5	63	59	43	24	17	14	13	12	12	11	11	11	12	13	14	14	16	17	19
5	57	52	36	19	14	12	10	9.0	9.0	8.8	8.7	8.7	9.0	10	11	13	14	15	16

续表

tanγ	β(°)																	
	0	2	5	10	15	20	25	30	35	40	45	60	75	90	105	120	130	150	160	180
5.5	51	47	31	15	11	9.0	8.1	7.8	7.7	7.7	6								
6	47	42	25	12	8.5	7.2	6.5	6.3	6.2										
6.5	43	38	22	10	6.7	5.8	5.2	5.0											
7	40	34	18	8.1	5.6	4.8	4.4	4.2											
7.5	37	31	15	6.9	4.7	4.0	3.8												
8	35	28	14	5.7	4.0	3.6	3.2												
8.5	33	25	12	4.8	3.6	3.1	2.9	—	—	—	—	—	—	—	—	—	—	—	—
9	31	23	10	4.1	3.2	2.8		—											
9.5	30	22	9.0	3.7	2.8	2.5													
10	29	20	8.2	3.2	2.4	2.2		—											
10.5	28	1	7.3	3.0	2.2	1.9	—												
11	27	16	6.6	2.7	1.9	1.7													
11.5	26	15	6.1	2.4	1.7	—													
12	25	14	5.5	2.2	1.6														

注：水泥混凝土路面平均亮度系数 $Q_0=0.10$，表中 r 值已扩大 1000 倍，实际使用时应乘以 10^{-3}。

沥青路面简化亮度系数 $r(\beta, \gamma)$ 表 11.5-2

tanγ	β(°)																	
	0	2	5	10	15	20	25	30	35	40	45	60	75	90	105	120	135	150	165	180
0	329	329	329	329	329	329	329	329	329	329	329	329	329	329	329	329	329	329	329	329
0.25	362	358	371	364	371	369	362	357	351	349	348	340	328	312	299	294	298	288	292	281
0.5	379	368	375	373	367	359	350	340	328	317	306	280	266	249	237	237	231	231	227	235
0.75	380	375	378	365	351	334	315	295	275	256	239	218	198	178	175	176	176	169	175	176
1	372	375	372	354	315	277	243	221	205	192	181	152	134	130	125	124	125	129	128	128
1.25	375	373	352	318	265	221	189	166	150	136	125	107	91	93	91	91	88	94	97	97
1.5	354	352	336	271	213	170	140	121	109	97	87	76	67	65	66	66	67	68	71	71
1.75	333	327	302	222	166	129	104	90	75	68	63	53	51	49	49	47	52	51	54	54
2	318	310	266	180	121	90	75	62	54	50	48	40	40	38	38	38	41	41	43	45
2.5	268	262	205	119	72	50	41	36	33	29	26	25	23	24	25	24	26	27	29	28
3	227	217	147	74	42	29	25	23	21	19	18	16	16	17	18	17	19	21	21	23
3.5	194	168	106	47	30	17	14	13	12	12	11	11	11	12	13	15	14	15	14
4	168	136	76	34	19	14	10	10	10	10	10	9	10	9	11	12	11	13
4.5	141	111	54	21	14	11	9	8	8	8	8	7	7	8	8	8	10	10	11
5	126	90	43	17	10	8	8	7	6	6	6	7	6	6	6	8	8	8	9

续表

tanγ	β(°)																	
	0	2	5	10	15	20	25	30	35	40	45	60	75	90	105	120	135	150	165	180
5.5	107	79	32	12	8	7	7	7	6	5										
6	94	65	26	10	7	6	6	6	5											
6.5	86	56	21	8	7	6	5	5												
7	78	50	17	7	7	5	5	5												
7.5	7	41	14	7	4	3	4													
8	63	37	11	5	4	4	4													
8.5	60	37	10	5	4	4	4			—	—	—	—	—	—	—	—	—	—
9	56	33	9	5	4	3														
9.5	53	28	9	4	4	4														
10	52	27	7	5	4	3		—												
10.5	45	23	7	4	3															
11	43	22	7	3	3	3														
11.5	44	22	7	3	3															
12	42	20	7	4	3															

注：沥青路面平均亮度系数 $Q_0=0.07$，表中 r 值已扩大 1000 倍，实际使用时应乘以 10^{-3}。

(3) 多个灯具在计算点 p 产生的亮度时可按式 (11.5-7) 计算：

$$L_p = \sum_{i=1}^{n} L_{pi} \tag{11.5-7}$$

式中 L_p——p 点的亮度（cd/m²）。

(4) 计算区域内路面的平均亮度时可按式 (11.5-8) 计算：

$$L_{av} = \frac{\sum_{p=1}^{m} L_p}{m} \tag{11.5-8}$$

式中 L_{av}——计算区域内路面的平均亮度（cd/m²）。

(5) 灯具布置间距的初步确定：

$$\min(Q) = \Phi \times \frac{L}{S} \times N \tag{11.5-9}$$

$$S \times T \times \frac{v}{3.6 \times S} \geq 15$$

$$\frac{v}{3.6 \times S} \leq 2.5$$

$$\frac{\eta \times \Phi \times M \times N}{W \times S} \geq E_{av}$$

式中 Q——隧道内需要的总的光通量（lm）；
Φ——光源光通量（lm）；

L——需要安装灯具的隧道长度（m）；

v——车辆在隧道内的行驶速度（km/h）；

N——灯具布置系数，对称布置时取 2，交错或中间布置时取 1；

η——利用系数，由灯具的利用系数曲线图查取；

M——灯具养护系数；

W——隧道路面宽度（m）；

S——灯具间距（m）；

E_{av}——给定的车速和交通量的条件下所需要的照度（lx）。

在进行隧道布灯计算时，都应该先假定灯具的布置间距，而灯具的布置间距主要受光闪烁限制和亮度（照度）要求的约束。因此，可以建立一个以需光通量最小为目标的函数，光闪烁限制和亮度（照度）要求为约束条件的规划模型，这是一个非线性规划模型，通过数值计算软件求得最优解。通过该模型求出所需的光源光通量 Φ 和初步布灯间距 S 后，再根据相应光源的光通量选择光源功率，进行后续计算。

11.5.3 均匀度计算

（1）路面的亮度总均匀度可按式（11.5-10）计算：

$$U_0 = \frac{L_{\min}}{L_{av}} \tag{11.5-10}$$

式中　U_0——路面亮度总均匀度；

$L_{\min}$——计算区域内路面的最小亮度（cd/m²）。

（2）路面中线亮度纵向均匀度可按式（11.5-11）计算：

$$U_1 = \frac{L'_{\min}}{L'_{\max}} \tag{11.5-11}$$

式中　U_1——路面亮度总均匀度；

$L'_{\min}$——路面中线的最小亮度（cd/m²）；

$L'_{\max}$——路面中线的最大亮度（cd/m²）。

11.5.4 隧道照明计算举例

1. 隧道照明计算简例假设条件

隧道所连接道路为次干道，东西走向，天空面积百分比为 25%。

隧道路面宽度	$W = 8.8$m
断面高度	$h = 6.5$m
隧道封闭段长度	$L = 2500$m
照明设计采用的设计速度	$v_t = 60$km/h
设计小时交通量	$N = 1500$veh/(h·ln)
隧道路面	黑色沥青路面
洞外亮度	$L_{20}(S) = 3750$cd/m²
交通特性	单向交通
平均亮度与平均照度间的系数	15lx/(cd·m⁻²)

加强照明采用高压钠灯，基本照明采用隧道荧光灯，算例所采用的光源额定光通量见表 11.5-3。

灯具额定光通量取值参考表　　　　　　表 11.5-3

灯具类型	灯具额定光通量(lm)	灯具类型	灯具额定光通量(lm)
400W 高压钠灯	48000	100W 高压钠灯	9000
250W 高压钠灯	28000	2×28W 荧光灯	2×2700
150W 高压钠灯	16000	—	—

2.各区段亮度标准计算

(1) 入口段亮度

由表 11.2-1 可得 $k=0.022$，由式 (11.2-1)、式 (11.2-2) 可得：

$$L_{th1}=k\times L_{20}(S)=0.022\times 3750\text{cd/m}^2=82.5\text{cd/m}^2$$

$$L_{th2}=0.5\times k\times L_{20}(S)=0.5\times 0.022\times 3750\text{cd/m}^2=41.25\text{cd/m}^2\approx 41.3\text{cd/m}^2$$

(2) 过渡段亮度

由表 11.2-6 可得：

$$L_{tr1}=0.3\times L_{th2}=0.3\times 41.3\text{cd/m}^2=12.39\text{cd/m}^2\approx 12.4\text{cd/m}^2$$

$$L_{tr2}=0.1\times L_{th2}=0.1\times 41.3\text{cd/m}^2=4.13\text{cd/m}^2\approx 4.2\text{cd/m}^2$$

$L_{tr3}=0.035\times L_{th2}=0.035\times 41.25\text{cd/m}^2=1.4455\text{cd/m}^2<3\times 2\text{cd/m}^2=6.0\text{cd/m}^2$，可不设置过渡段 TR_3 加强照明。

(3) 中间段亮度

隧道所连接道路为次干道，则 $L_{in}=3\text{cd/m}^2$。

(4) 出口段亮度

由式 (11.2-7)、式 (11.2-8) 可得：

$$L_{ex1}=3\times L_{in}=3\times 3\text{cd/m}^2=9\text{cd/m}^2$$

$$L_{ex2}=5\times L_{in}=5\times 3\text{cd/m}^2=15\text{cd/m}^2$$

3.利用系数法计算灯具间距

由 $E_{av}=\dfrac{\eta\cdot\Phi\cdot M\cdot\omega}{W\cdot S}$ 得：$S=\dfrac{\eta\cdot\Phi\cdot M\cdot\omega}{W\cdot E_{av}}$

式中　E_{av}——计算路面平均水平照度 (lx)；

　　　ω——灯具布置系数，对称布置时取 2，交错、中线及中央侧偏单光带布置时取 1；

　　　η——利用系数，由灯具的利用系数曲线图查取；

　　　W——隧道路面宽度 (m)；

　　　M——灯具维护系数；

　　　S——灯具间距 (m)。

(1) 入口段

$$S_{TH1}=\frac{\eta\cdot\Phi\cdot M\cdot\omega}{W\cdot E_{avTH1}}=\frac{0.4\times 48000\times 0.65\times 2}{8.8\times 15\times 82.5}\text{m}\approx 2.29\text{m}$$

$$S_{TH2}=\frac{\eta\cdot\Phi\cdot M\cdot\omega}{W\cdot E_{avTH2}}=\frac{0.4\times 28000\times 0.65\times 2}{8.8\times 15\times 41.3}\text{m}\approx 2.67\text{m}$$

S_{TH1} 取 2.2m，S_{TH2} 取 2.6m。

(2) 过渡段

$$S_{TR1}=\frac{\eta \cdot \Phi \cdot M \cdot \omega}{W \cdot E_{avTR1}}=\frac{0.4 \times 16000 \times 0.65 \times 2}{8.8 \times 15 \times 12.4}\mathrm{m} \approx 5.08\mathrm{m}$$

$$S_{TR2}=\frac{\eta \cdot \Phi \cdot M \cdot \omega}{W \cdot E_{avTR2}}=\frac{0.4 \times 9000 \times 0.65 \times 2}{8.8 \times 15 \times 4.2}\mathrm{m} \approx 8.44\mathrm{m}$$

S_{TR1} 取 5m，S_{TR2} 取 8.4m。

(3) 中间段

$$S_{in}=\frac{\eta \cdot \Phi \cdot M \cdot \omega}{W \cdot E_{avin}}=\frac{0.4 \times 2 \times 2700 \times 0.65 \times 2}{8.8 \times 15 \times 3}\mathrm{m} \approx 7.09\mathrm{m}$$

S_{in} 取 7.1m。

(4) 出口段

$$S_{EX1}=\frac{\eta \cdot \Phi \cdot M \cdot \omega}{W \cdot E_{avEX1}}=\frac{0.4 \times 16000 \times 0.65 \times 2}{8.8 \times 15 \times 9}\mathrm{m} \approx 7.00\mathrm{m}$$

$$S_{EX2}=\frac{\eta \cdot \Phi \cdot M \cdot \omega}{W \cdot E_{avEX2}}=\frac{0.4 \times 28000 \times 0.65 \times 2}{8.8 \times 15 \times 15}\mathrm{m} \approx 7.35\mathrm{m}$$

S_{EX1} 取 7m，S_{EX2} 取 7m。

4. 隧道照明系统设置

本算例采用灯具利用系数法进行照明系统计算，照明系统设置见表11.5-4。

隧道照明系统设置（单洞）　　　　　表 11.5-4

项目	长度(m)	灯具规格	布置方式	单侧灯具间距(m)	路面亮度(cd/m²)	数量(盏)	功率(kW)
入口段 TH_1 加强照明	20	400W 高压钠灯	两侧对称布置	2.2	82.5	20	8
入口段 TH_2 加强照明	20	250W 高压钠灯	两侧对称布置	2.6	41.3	16	4
过渡段 TR_1 加强照明	46	150W 高压钠灯	两侧对称布置	5	12.4	20	3
过渡段 TR_2 加强照明	67	100W 高压钠灯	两侧对称布置	8.4	4.2	18	1.8
出口段 EX_1 加强照明	30	150W 高压钠灯	两侧对称布置	7	9	10	1.5
出口段 EX_2 加强照明	30	250W 高压钠灯	两侧对称布置	7	15	10	2.5
中间段照明	2500	2×28W 荧光灯	两侧对称布置	7.1	3	1430	40.04

由于亮度计算比较复杂，数据量比较大，宜采用计算机软件进行计算，在此不进行举例说明。

11.6 照明灯具布置

(1) 灯具布置方式宜符合下列规定：

1) 两车道隧道中间段照明灯具宜在隧道顶部两侧交错布置或两侧对称布置；在便于封闭交通检修的前提下，灯具可在隧道顶部单排居中偏侧布置，偏侧距离可根据实际工程情况确定；一般偏移距离为 0.5~1m。

2) 三车道盾构法隧道中间段照明灯具宜在隧道顶部两侧交错布置或两侧对称布置。

3) 三车道沉管法或明挖法隧道中间段照明灯具宜在隧道两侧车道中心线上方交错布置或对称布置。

4) 四车道沉管法或明挖法隧道中间段照明灯具宜在隧道顶部距墙一个车道宽的位置上交错布置或对称布置。

灯具的布置方式影响照明系统的照明效率，中心布置比双侧排布布置效率高，双侧交错布置比双侧对称布置效率高。但灯具双侧对称布置的诱导性最好，可将隧道的两侧轮廓清晰地勾勒出来，便于驾驶员及时发现前方弯道。

（2）隧道曲线段照明设计应符合下列要求：

1) 应为驾驶员提供良好的视觉诱导性；

2) 隧道平曲线半径不小于 1000m 的曲线段，照明灯具可按直线段布置；

3) 隧道平曲线半径小于 1000m 的曲线段，采用双侧布灯方式时，宜采用对称布置，并可适当加密；

4) 隧道内分岔口、交叉口等交通复杂段的照明应适当加强，并应为驾驶员提供良好的诱导性。

（3）隧道灯具布置要保证路面亮度总均匀度和路面中线亮度纵向均匀度。

保证亮度均匀度是为了给驾驶员提供良好的能见度和视觉上的舒适性。隧道照明质量的好坏，除了要求有一个较好的亮度外，还必须要求路面上的平均亮度和最小亮度之间不能相差太大。由于隧道是一个狭长、封闭的管状构造物，其纵向上也要求亮暗变化不能相差太大，眼睛从一个表面移到另一个表面要发生适应过程，在适应过程中眼睛的视觉能力是要降低的，适应也需要一定的时间。如果经常交替适应，亮暗的变化会带来一定的频闪效应，路面上连续、反复出现亮带和暗带，即"斑马效应"，会使驾驶员产生视觉疲劳，如果再加上亮度不够，就会造成错误视觉而危及行车安全。

（4）灯具的布置应满足闪烁频率低于 2.5Hz 或高于 15Hz 的要求。

驾车经过亮度在空间上产生周期性变化的区域，如遮光板（包括透光式和不透光式）或分别安装的灯具所产生的变化，会有闪烁的感觉。在特定的情况下，闪烁会导致不舒适，有时甚至造成严重的后果。

在连续近线照明中，即一个灯具末端与下一个灯具起始之间的距离小于灯具照射的长度，闪烁不舒适感的产生与频率有关。

闪烁效应所引起的视觉上的不舒适程度主要取决于每秒钟内亮度的变化值（闪烁频率）、闪烁的总共持续时间和一个单循环的亮度差。通常来讲，闪烁频率低于 2.5Hz 或高于 15Hz 都是可以忽略的；当闪烁频率在 4~11Hz 之间，并且持续时间超过 20s 时，如果不采取其他措施，则会产生不舒适感。因此，持续时间超过 20s 的安装路段，建议避免 4~11Hz 的频率范围，尤其是当使用亮度值很高的小光源时，轻度坡度上采用高亮度值的光源通常会让人感到不适。

灯具闪烁频率按式（11.6-1）计算：

$$f=\frac{v}{S\times 3.6} \tag{11.6-1}$$

式中　f——闪烁频率（Hz）；

　　　S——灯具间距（从中心到中心，m）；

　　　v——设计车速（km/h）。

当设计车速为 100km/h、80km/h、60km/h、40km/h 时，闪烁频率低于 2.5Hz 或高于 15Hz 对应的灯具间距要求见表 11.6-1。

不产生闪烁的灯具间距要求　　　　　　　　　　　表 11.6-1

设计速度(km/h)	100	80	60	40
灯具间距(m)	<1.85 或>11.1	<1.5 或>8.9	<1.11 或>6.6	<0.74 或>4.4

11.7　光源与灯具的选择

11.7.1　光源的选择

1. 光源基本要求

隧道照明的光源应满足在城市隧道特定环境下的光效、光通量、寿命及工作特性，还应满足在汽车排烟形成的烟雾中有良好能见度的需要。

（1）隧道照明宜选择效率高、透雾性能较好的光源；

（2）城市隧道宜选用显色指数较高的光源；

（3）光源的使用寿命应不小于 10000h。

2. 光源比较

目前，应用在城市隧道照明中的光源主要有高压钠灯、金属卤化物灯、荧光灯、电磁感应无极灯，以及最新的 LED 灯。以上几种光源的参数比较见表 11.7-1。

光源参数比较表　　　　　　　　　　　表 11.7-1

	高压钠灯	金属卤化物灯	荧光灯	电磁感应无极灯	LED 灯
光效(lm/W)	64~140	52~130	80~104	40~80	50~140
光效的理论/技术极限(lm/W)	180	180	150	150	355
显色指数(Ra)	23/60/85	65~90	60~98	75~85	60~90
色温(K)	1950/2200/2500	3000/4500/5600	全系列	2720~6500	全系列
平均寿命(h)	24000~32000	5000~20000	12000~20000	理论≥60000	理论≥50000
启动稳定时间(min)	4~8	4~10	10s 或快速	快速	快速
再启动时间(min)	10~15	10~15	10s 或快速	快速	快速

由上表可看出，高压钠灯光效高、寿命长，但显色性较差；金属卤化物灯光效高、显色性好，但寿命较短；荧光灯显色性好，但光效较低、寿命较短；电磁感应无极灯显色性好、寿命长，但光效低；LED 灯光效高、显色性好、寿命长。荧光灯、电磁感应无极灯及 LED 灯再启动时间短，可作为应急照明光源。

实际工程中高压钠灯一般用于山岭隧道及对光色要求不高的道路照明；金属卤化物灯一般用于对光色有要求的隧道和道路照明；荧光灯采用带状布置时，有明显的交通诱导作用，视觉舒适感较好，一般用于通行烟雾排放量较低的小型车辆的城市隧道，但工程投资费用、日常维护和管理工作量较大；电磁感应无极灯适用于对视觉舒适感及寿命要求高的城市隧道；LED 灯适用于各种隧道和道路，但是要解决其散热和二次光学配光的问题，避免急剧光衰、眩光和配光不均匀等。

高压钠灯、金属卤化物灯、荧光灯、电磁感应无极灯、LED 灯均可以在城市隧道内使用。设计时应注意针对各类工程的具体特点，根据各类光源的应用要点选取适合的光源，在满足规范标准的前提下，取得良好的照明效果。

11.7.2 灯具的选择

隧道照明应使用隧道专用灯具。隧道照明灯具的配光参数应能满足隧道照明计算需要，灯具光学性能应提供第三方认证报告。没有相应光学性能检验报告的灯具不应作为照明设计选用的灯具。灯具的选择应满足下列要求：

（1）防护等级不应低于 IP65；
（2）应具有适合城市隧道特点的防眩装置；
（3）灯具效率宜大于 65%；
（4）灯具内的电器配件应性能可靠、满足环境温度的要求；
（5）灯具结构应便于更换光源和附件；
（6）应具有良好的防腐性能；
（7）灯具配件应易于操作，并能调整安装角度；
（8）灯具不得侵入隧道建筑限界；
（9）灯具应具备抗震功能。

隧道灯具应设计和制造使得其在正常使用时能安全地工作，对人或周围环境不产生危险。除了整体部件以外，所有部件应符合该部件有关的标准。在正常电源发生故障后，应急状态 1min 内，灯具应达到制造规定的额定输出光通量，并持续到额定应急时间结束，且应急照明不能采用启动时间和再启动时间长的光源。

第 12 章

供配电设计

12.1 概述

1. 城市隧道供电系统的特点

城市交通隧道断面形式多样,通风、照明、消防、监控等系统用电设备众多,一旦中断供电将带来严重后果,因此其外电源宜来自不同的上级区域变电所,两路及以上的外电源要求同时工作且互为备用;同时,隧道负荷中重要负荷占比高,一般达到 60% 以上,且用电负荷在隧道中呈现狭长型分布,负荷布置分散,故根据隧道工程的规模供电系统一般由 $1 \sim n$ 个接近区域负荷中心的变电所组成。

2. 供配电系统设计要则

隧道供配电系统的设计方案应结合隧道工程级别合理确定,供配电系统的设计应遵循以下基本原则:

(1) 供电系统应简单可靠、技术先进、经济合理及便于维护,同一电压供电系统的变配电级数不宜多于二级。

(2) 应根据隧道电力负荷性质、用电容量、工程特点和地区供电条件,统筹兼顾,合理确定设计方案。

(3) 同时供电的两回及以上供配电线路中,一回路中断供电时,其余线路应能满足全部一级、二级负荷的用电需求。

(4) 供配电系统设计应根据隧道工程的实施规划,做到近远期结合,满足近期使用要求并兼顾远期发展。

(5) 根据负荷等级、用电容量和地区供电条件选择供电电源,确定供电回路数。除下面第 (6) 条所列情况外,供电电源应从地区电网取得。

(6) 符合下列条件之一时,宜设置自备电源:

1) 需要设置自备电源作为一级负荷中特别重要负荷的应急电源时,或第二电源不能满足一级负荷要求的条件时;

2) 设置自备电源较从电力系统取得第二电源经济合理时;

3) 所在地区偏僻或远离电力系统,设置自备电源经济合理时。

(7) 应急电源与正常电源之间必须采取防止并列运行措施(机械连锁、电气连锁)。目的在保证应急电源的专用性,更重要的是防止向系统反送电。

(8) 需要两回路电源线路的用电单位,宜采用同级电压供电。但根据各级负荷的不同需要及地区条件,亦可采用不同等级电压供电。

(9) 有一级负荷的用电单位难以从地区电力电网取得两个电源而有可能从邻近单位取

得第二电源时，宜从该单位取得第二电源。

（10）总变电所和配变电所宜靠近负荷中心。当配电电压为35kV，且用电负荷均为低压又较集中时，亦可将35kV直降至220V/380V配电电压。

（11）对小冲击负荷的供电需要降低冲击性负荷引起的电网电压波动和电压闪变（不包括电动机启动时允许的电压下降）时，宜采取下列措施：

1）采用专线供电；

2）较大功率的冲击性负荷群与对电压波动、闪变敏感的负荷分别由不同的变压器供电；

3）选择高一级电压或由专用变压器供电，将冲击负荷接入短路容量较大的电网中。

（12）应采用成熟、经实践证明有效的新技术及节能环保措施，提高经济、社会效益。

3. 供配电系统的主要设计内容及设计流程

隧道供配电系统的设计内容一般应包含高压配电系统、低压配电系统、电力设备选型及电缆敷设、电力监控系统（一般由隧道监控系统统一实施）等。主要设计流程如下：

（1）收集有关的设计基础资料：

1）从相关专业或部门收集有关隧道土建资料，包括隧道长度、线路设计平面图及纵断面图、隧道设计行车速度、隧道等级及隧道对该地区经济活动的影响等资料。

2）收集隧道通风、给水排水、消防、照明、监控、隧道管理中心等用电负荷资料，了解用电负荷对供电的要求。

3）通过现场踏勘或到相关部门调查，搜集隧址区有关环境、气象、交通、地形、地物、地质等资料，初步确定隧道变配电所的设置位置、数量等。

4）向建设单位了解当地的雷电活动资料及土壤电阻率。

5）如为改扩建工程，应从建设单位搜集原有的隧道供配电系统图及平面布置图，近三年来的最大负荷、年耗电量、功率因数、受电电压等。

（2）与项目所在地区供电部门沟通：

1）向供电部门提供的资料：

① 提供隧道用电最大负荷容量、负荷性质及对供电可靠性的要求、对电源的电压、供电线路形式、回路数、进线方向等要求。

② 工程名称、隧址，必要时提供显示隧道工程位置的平面图。

③ 隧道变配电所的设置数量、位置、容量及其他应当说明的情况。

④ 项目实施计划日期等基本资料。

2）向供电部门索取的资料：

① 了解隧址所在地区电网供应情况，索取有关供电电源点（变电所或发电厂）名称、方位及距离。

② 高压输电线路供电电压、线路规格、长度、回路数及每公里造价。

③ 隧道总变电所受电端电力系统的最大和最小运行方式下的短路数据。

④ 电网中性点接地方式及电网系统单相接地电容电流值。

⑤ 供电端的继电保护方式（有无自动重合闸装置等）及对用户受电端的继电保护设置和时限配合的要求。

⑥ 对功率因数的要求。

⑦ 对大型特殊用电负荷（如大功率轴流风机）启动和运行方式的要求。

⑧ 电能计量要求及电费收取办法。

⑨ 对通信调度的要求及管理分工的意见。

⑩ 供电端电源母线电压在最大负荷和最小负荷时的电压偏差范围。

（3）根据隧道通风、照明、消防、监控等运营管理设施各设计专业提供的隧道用电负荷及其对电能质量的要求，合理划分隧道用电负荷等级。

（4）根据隧道工程的长度及工程级别、负荷等级及分布，结合全寿命周期综合费用，合理确定供配电系统的总体设计方案，确定供电电源的供电方式、电压等级，隧道变电所（站）的选址、设置数量等方案。

（5）完成继电保护装置、电能计量装置的设置方案。

（6）通过负荷计算确定变电所变压器、开关等电气设备的选型，通过短路计算及压降计算，校核设备、电线及电缆的选型。

（7）提出变电所运行方案及监控要求，配合综合监控系统完成电力监控系统的控制方案。

（8）完成隧道供电设施和配电设施的系统设计和安装设计。

12.2 供配电系统

12.2.1 负荷分级与供电要求

1. 隧道负荷分级

根据《公路隧道设计规范》JTG D 70/2—2014 对隧道电力负荷的分级：应急照明、电光标志、交通监控设施、通风及照明控制设施、紧急呼叫设施、火灾检测报警控制设施及中央控制设施为一级负荷中特别重要负荷；消防水泵、排烟风机为一级负荷；基本照明、通风机等为二级负荷；其他为三级负荷。《城市地下道路工程设计规范》CJJ 221—2015 对隧道电力负荷的分级与《公路隧道设计规范》JTG D 70/2—2014 相比略有不同，该规范将雨（废）水泵和基本照明归为一级负荷。实际工程中，可综合上述两本规范，根据隧道特点开展针对性设计。

2. 各级负荷的供电要求

（1）一级负荷对供电电源的要求：

1）一级负荷应由双重电源供电，当一路电源发生故障时，另一路电源不应同时受到损坏。

2）一级负荷容量较大或有高压用电设备时，应采用两路高压电源。如一级负荷容量不大时，应优先采用从电力系统或临近单位取得第二低压电源，亦可采用应急发电机组，如一级负荷仅为照明或电子设备负荷时，宜采用蓄电池组作为备用电源。

（2）一级负荷中特别重要负荷对供电电源的要求：

除应由双重电源供电外，尚应增设应急电源。并严禁将其他负荷接入应急供电系统。常用应急电源的种类包括：

1）独立于正常电源的发电机组；

2) 供电网络中独立于正常电源的专用馈电回路;

3) EPS、UPS 应急电源装置、蓄电池组、太阳能光伏蓄电池系统。

(3) 二级负荷的供电要求:

二级负荷的供电系统,宜由两回线路供电,当发生电力线路或变压器故障时供电能迅速恢复。在负荷较小或区域供电条件困难时,二级负荷可由一回 6kV 及以上专用的架空线路或电缆供电。当采用架空线时,可为一回架空线供电;当采用电缆线路时,应采用两根电缆组成的线路供电,其每根电缆应能承受 100%的二级负荷,且互为热备用。

(4) 三级负荷均采用单电源单回线路供电,当发生供电系统容量不足时,可切除该负荷。

12.2.2 高压配电系统

1. 电压选择

(1) 隧道供电电压应从用电容量、用电设备特性、供电距离、供电线路的回路数、隧道远景用电规划、当地公共电网现状和它的发展规划以及经济合理等因素考虑,并通过与当地供电部门协商确定。6～35kV 电压线路的送电能力见表 12.2-1。

6～35kV 电压线路的送电能力　　　　表 12.2-1

标称电压 (kV)	线路种类	送电容量 (MW)	供电距离 (km)	标称电压 (kV)	线路种类	送电容量 (MW)	供电距离 (km)
6	架空线	0.1～1.2	15～4	20	架空线	0.4～4	40～10
6	电缆	3	3 以下	20	电缆	10	12 以下
10	架空线	0.2～2	20～6	35	架空线	2～8	50～20
10	电缆	5	6 以下	35	电缆	15	20 以下

注:表中数字的计算依据:
1. 架空线及 6～20kV 电缆线芯截面最大 240mm^2,35kV 电缆线芯截面最大 400mm^2,电压损失≤5%。
2. 导线的实际工作温度 θ:架空线为 55℃、6～10kV XLPE 电缆为 90℃、20～35kV XLPE 电缆为 80℃。
3. 导线间的几何均距 D_j:6～20kV 为 1.25m,35kV 为 3m,功率因数 $\cos\varphi=0.85$。

(2) 配电电压的高低取决于供电电压、用电设备的电压以及配电范围、负荷大小和分布情况等。供电电压为 35kV 及以上的用电单位的配电电压宜采用 10kV (20kV);如 6kV 用电设备(主要指高压电动机)的总容量较大,其配电电压选用 6kV 在技术经济上合理时,则宜采用 6kV。当隧道有 3kV 电动机时,应配用专用变压器,不推荐以 3kV 作为配电电压。

(3) 如能减少配变电级数,简化接线,从而节约了电能和投资,提高了电能质量时,供电电压为 35kV 及以上的用电单位,配电电压宜采用 35kV 或相应电压等级。

2. 高压配电

(1) 高压配电方式

高压配电系统的配电方式有放射式、树干式、环式及其组合方式等,其接线方式及特点见表 12.2-2。具体采用哪种供电方式,应根据隧道的形式及特点、变压器的容量及分布、地理环境等因素,从技术、经济等方面综合考虑,选择合理的配电方式,确保供电系统安全、可靠。

6～35kV 配电系统接线方式 表 12.2-2

接线方式	接线图	简要说明
单回路放射式	（6~35kV 接线图，含备用电源）	一般用于配电给二、三级负荷或专用设备，但对二级负荷供电时，尽量要有备用电源。如另有独立可靠备用电源时，则可供电给一级负荷
双回路放射式	（6~35kV 双回路接线图，含备用电源，220/380V）	线路互为备用，用于配电给二级负荷，电源可靠时，可供电给一级负荷
有公共备用干线的放射式	（6~35kV 及 6~35kV 备用电源接线图）	一般用于配电给二级负荷,如公共（热）备用干线电源可靠时,也可用于一级负荷
单回路树干式	（6~35kV 电缆线路树干式接线图）	一般用于对三级负荷配电,每条线路装接的变压器不超过 5 台,一般不超过 2000kVA。适用于外电集中引入的连续分布短隧道的供电
单侧供电双回路树干式	（6~35kV 单侧供电双回路树干式接线图，220V/380V）	一般用于二、三级负荷。电源可靠性高时,也可供电给一级负荷；供电可靠性稍微低于双回路放射式,但是投资较省

第 12 章 供配电设计 | 489

续表

接线方式	接线图	简要说明
双侧供电双回路树干式	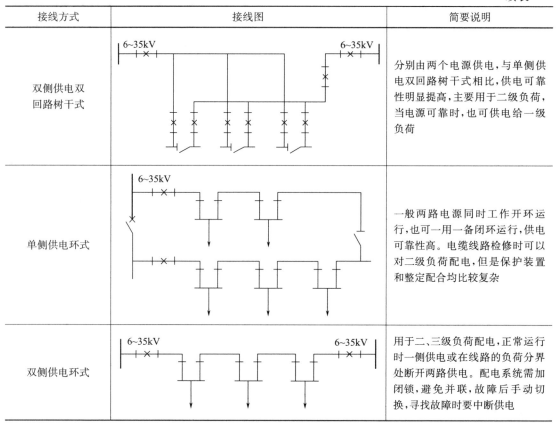	分别由两个电源供电，与单侧供电双回路树干式相比，供电可靠性明显提高，主要用于二级负荷，当电源可靠时，也可供电给一级负荷
单侧供电环式		一般两路电源同时工作开环运行，也可一用一备闭环运行，供电可靠性高。电缆线路检修时可以对二级负荷配电，但是保护装置和整定配合均比较复杂
双侧供电环式		用于二、三级负荷配电，正常运行时一侧供电或在线路的负荷分界处断开两路供电。配电系统需加闭锁，避免并联，故障后手动切换，寻找故障时要中断供电

（2）主接线

高压主接线设计应力求可靠、简单、灵活，便于操作及维护，并节约投资、适应负荷变化和发展的需要。

隧道常用高压系统主接线形式主要包括：单电源单母不分段、双电源（主/备）单母不分段、双电源单母分段等，见表12.2-3。主接线中各配电柜按功能划分主要包括：进线柜、计量柜、电压互感器柜和出线柜等。

6～20kV 变电所高压主接线　　　　表 12.2-3

主接线方式	主接线示意图	简要说明
单电源单母不分段		外电源引入处装设专用的计量柜。若电力部门同意时，进线断路器也可不设。该主接线形式适用于三级负荷、容量不大的二级负荷或专用高压设备的供电

续表

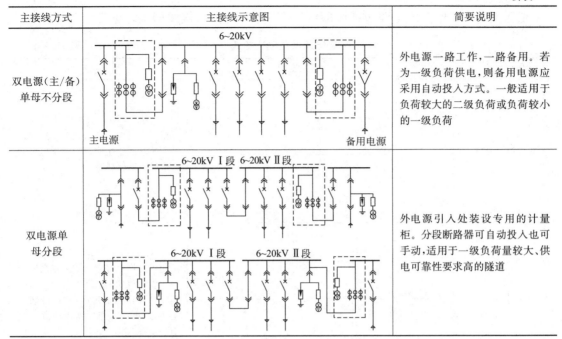

主接线方式	主接线示意图	简要说明
双电源(主/备)单母不分段		外电源一路工作,一路备用。若为一级负荷供电,则备用电源应采用自动投入方式。一般适用于负荷较大的二级负荷或负荷较小的一级负荷
双电源单母分段		外电源引入处装设专用的计量柜。分段断路器可自动投入也可手动,适用于一级负荷量较大、供电可靠性要求高的隧道

进线柜:电源进线处开关设备,可采用断路器、熔丝负荷开关、组合式熔丝负荷开关等。在进线开关前设带电显示装置,并设电压互感器,供进线合闸电源用。

计量柜:柜中电流、电压互感器及计费表计由供电部门安装,或由开关设备厂家安装后,由供电部门校核并铅封。

电压互感器柜:高压母线上设电压互感器柜,供操作电源及电压指示用。

出线柜:开关设备可采用断路器、熔丝负荷开关、组合式熔丝负荷开关等。不必加装带电显示装置,只要进线有电,在正常情况下,它都可以自由开闭。

当进、出线柜的开关设备选用真空断路器时,由于开断速度高,产生的操作过电压远超过变压器的冲击耐压。为保护变压器的绝缘不受损坏,应在供变压器回路的出线开关下方设阻容吸收装置或氧化锌避雷器,用以吸收操作过电压。

高压配电装置均应装设闭锁装置及联锁装置,以防止带负荷拉合隔离开关、带接地合闸、有电挂接地线、误拉合断路器、误入屋内有电间隔等电气误操作事故。

配电装置各回路的相序排列应一致。硬导体的各相应涂色,色别应为 L1 相黄色、L2 相绿色、L3 相红色。绞线可只标明相别。

12.2.3 低压配电系统

低压配电系统电压宜采用 220V/380V,220V 或 380V 单相用电设备接入 220V/380V 三相系统时,宜使三相平衡。当安全需要时,应采用安全特低压等级电压配电。

1. 低压侧主接线

隧道低压配电系统应根据工程性质、规模、负荷容量等因素综合考虑。应满足供电可靠性和电能质量的要求,同时应注意接线简单,操作方便安全,灵活性强,能适应负荷发展及设备检修的需要。

低压系统主接线形式主要包括单母不分段、单母分段等接线形式,见表 12.2-4。

变电所低压侧主接线　　　表 12.2-4

接线方式	低压侧接线示意图	简要说明
单母线不分段	220V/380V	一般用于配电给三级负荷。这种接线形式适用于短隧道或对供电可靠性要求不高的隧道
单母分段	220V/380V Ⅰ段　　220/380V Ⅱ段	适用于对供电可靠性要求较高的隧道。设母联开关,平时分段运行。当一台变压器退出运行时,母联开关闭合,由一台变压器供两段母线上的重要负荷

2. 低压配电方式

低压配电系统设计应根据隧道的规模、负荷性质容量及发展综合确定,接线应简单可靠,经济技术合理,便于操作维护。低压配电方式有放射式、树干式、链式等,其接线方式见表 12.2-5。当大部分用电设备容量不是很大且无特殊要求时,可采取树干式配电;当用电设备容量大且重要时,宜采用放射式配电(如轴流风机等);当一些容量很小的次要用电设备距变电所较远而数量较多时,可采用链式配电(如隧道内的插座箱)。

低压配电方式　　　表 12.2-5

类型	示意图	简要说明
放射式	220V/380V	配电回路故障互不影响,供电可靠性高,配电设备集中,检修方便,但系统灵活性较差,有色金属消耗较多。多用于负荷容量大、集中或重要的用电设备
树干式	220V/380V　　220V/380V	系统灵活性好,配电设备及有色金属消耗少,但干线故障时影响范围大

类型	示意图	简要说明
链式		适用于距变电所较远的不重要的小容量用电设备。链接的设备一般不宜超过 5 台、总容量不宜超过 10kW

12.2.4 应急电源

1. 应急电源的种类

（1）有自动投入装置的有效的独立于正常电源的专用备用线路，适用于允许中断供电时间大于电源切换时间的负荷。

（2）蓄电池，适用于容量不大、特别重要的直流电源负荷。

（3）独立于正常电源的发电机组，主要是柴油发电机组，快速启动的发电机组适用于允许中断供电时间为 15s 以上的供电。

（4）UPS 不间断电源，适用于允许中断供电时间为毫秒级的负荷。

（5）EPS 应急电源，把蓄电池直流电能逆变成正弦波交流电能的应急电源，适用于允许中断时间为 0.25s 以上的负荷。

2. 应急电源系统

（1）隧道供配电系统设计中，对于其他专业提出的特别重要负荷，应仔细研究，并尽可能减少特别重要负荷的容量，但需要双重保安措施者除外。

（2）为确保对特别重要负荷的供电，严禁将其他负荷接入应急电源系统。设有应急电源系统时，消防负荷应接入应急供电系统。

（3）应急电源与正常电源之间必须采取可靠措施（机械联锁、电气联锁）防止其并列运行，目的是保证应急电源的专用性，防止向系统反送电。

（4）防灾或类似的重要用电设备的两回电源线路应在最末一级配电箱处自动切换。

隧道工程往往同时使用几种自备电源，应使各种自备电源设备密切配合，充分发挥作用。

3. EPS

EPS（Emergency Power Supply）是利用 IGBT 大功率模块及相关的逆变技术而开发的一种把直流电能逆变成交流电能的应急电源，宜作为应急照明系统的应急电源。

（1）EPS 的工作原理

EPS 是由充电器、逆变器、蓄电池、控制器、转换开关、保护装置等组合而成的一种电源设备。

（2）EPS 的切换时间和供电时间

EPS 的切换时间一般为 0.1～0.25s，应急供电时间一般有 30min、60min、90min、

120min、180min 五种规格，还可以根据用户需要选择时间更长的规格。

4.柴油发电机组

柴油发电机组因其结构紧凑、启动迅速、维护操作简单等特点，在隧道工程中常常作为备用电源或应急电源设备。柴油发电机组主要由柴油机、发电机和控制屏三部分组成，这些设备可以组装在一个公共底盘上形成移动式柴油发电机组，也可以把柴油机和发电机组装在一个公共底盘上，控制屏和某些附属设备单独设置，形成固定式柴油发电机组。

（1）应急柴油发电机组的性能等级（表12.2-6）

柴油发电机组性能等级　　　　　表 12.2-6

性能等级	定义	用途
G1级	用于只需规定其电压和频率的基本参数的连接负载	一般用途(照明和其他简单的电气负载)
G2级	用于对其电压特性与公用电力系统有相同要求的负载。当负载变化时,可有暂时的然而是允许电压和频率的偏差	照明、泵、风机和卷扬机
G3级	用于对频率、电压和波形特性有严格要求的连接设备（整流器和硅可控整流器控制的负载对发电机电压波形的影响需要特殊考虑）	无线电通信和可控整流器控制的负载
G4级	用于对频率、电压和波形特性有特别严格要求的负载	数据处理设备或计算机系统

（2）柴油发电机组容量选择

柴油发电机组的容量应根据应急负荷大小和投入顺序以及单台电动机最大启动容量等因素综合考虑确定。

1）在方案或初步设计阶段，按配电变压器容量的10%～20%估算。

2）在施工图阶段，可根据一级负荷、消防负荷以及某些重要的二级负荷容量，按下述方法确定柴油发电机的容量：

① 按稳定负荷计算发电机的容量；

② 按最大的单台电动机或成组电动机启动的需求，计算发电机容量；

③ 按启动电动机时母线允许压降计算发电机容量。

3）柴油发电机组的额定功率系指外界大气压为100kPa、大气温度为25℃、空气相对湿度为30%的情况下，保证能连续运行12h的功率（包括超负荷110%运行1h）。如连续运行时间超过12h，则应按90%的额定功率使用。如气压、气温、湿度与上述规定不同，应对柴油发电机的额定功率进行修正。

4）在全压启动最大容量笼形电动机时，发电机母线电压不应低于额定电压的80%；当无电动机负载时，其母线电压不应低于额定电压的75%。

5）电动机全压启动允许容量取决于发电机的容量和励磁方式，宜选用高速柴油发电机组和无刷型励磁交流同步发电机，配自动电压调整装置。选用的机组应装设快速自启动装置和电源自动切换装置。

6）多台机组时，应选择型号、规格和特性相同的机组和配套设备。

12.2.5 电能质量

1.供电电压偏差

供电电压偏差是供电质量的重要指标之一。为保证供电质量，常把一些冲击性负载或冲击性负荷群采用专线供电,如射流风机等;容量较大的轴流风机等设备设置专用变压器;照明负荷大时,亦可设置专用变压器;照明负荷尽量以 380V/220V 三相供电;220V 或 380V 单相用电设备接入系统时,尽可能使三相负荷平衡,以减小线路上的电压损失。

(1) 用电设备端子处电压偏差

根据《供配电系统设计规范》GB 50052—2009,正常运行情况下,用电设备端子处电压偏差允许值:

1) 电动机为额定电压的±5%。

2) 照明:在一般工作场所为±5%的额定电压;对于远离变电所的小面积一般工作场所难以满足上述要求时,可为+5%、-10%的额定电压;应急照明、道路照明为+5%、-10%的额定电压。

3) 无特殊要求的其他供电设备应为±5%的额定电压。

(2) 供电电压偏差限值

电压偏差允许值是以 35kV、20kV、10kV、6kV、380V/220V 为基准的百分数表示的值,根据《电能质量 供电电压偏差》GB/T 12325—2008,供电电压偏差限值如下:

1) 35kV 及以上供电电压正、负偏差绝对值之和不超过标称电压的 10%。

2) 20kV 及以下三相供电电压偏差为标称电压的±7%。

3) 220V 单相供电电压偏差为标称电压的+7%~-10%。

2. 谐波抑制

交流电网中,由于许多非线性电气设备投入运行,电流波形实际上不是完全的正弦波形,而是不同程度畸变的非正弦波,使电能质量下降,严重时会给系统和用电设备运行带来危害,甚至造成事故,应引起重视,可采取的谐波抑制措施主要有:

(1) 增加换流装置的脉波数;

(2) 选用具有自消谐波能力的电气设备,使其中的某些谐波因自相抵消而消除或减少;

(3) 尽量改善系统中的三相不平衡度;

(4) 根据系统谐波含量情况,采用动态无功补偿装置或有源滤波装置;

(5) 选用 D,yn11 接线组别的三相配电变压器;

(6) 在并联电容器回路中串联适当参数的电抗器,可以限制合闸涌流和避免谐波放大;

(7) 尽可能不用或少用具有非线性特性的电气设备。

12.3 变配电所设计

应根据隧道的长度、负荷等级、负荷大小及分布、地形地貌等情况,以全寿命周期内综合费用最低为原则,确定隧道变配电所的规模、形式及设置位置。

12.3.1 变配电所所址的选择

1. 变配电所所址选择

应根据下列要求,经技术、经济比较,综合考虑确定:

（1）接近负荷中心；

（2）接近电源侧；

（3）进出线方便；

（4）运输设备方便；

（5）不应设在有剧烈振动或高温的场所；

（6）不宜设在多尘或有腐蚀性气体的场所，如无法远离，不应设在污染源的主导风向的下风侧；

（7）不应设在厕所、浴室或其他经常积水场所的正下方（指楼房的正下方），也不宜与上述场所相邻；

（8）不应设在地势低洼和可能积水的场所；

（9）不应设在有爆炸危险环境的正上方或正下方，且不宜设在有火灾危险环境的正上方或正下方，当与有爆炸或火灾危险环境的建筑物毗连时，应符合现行国家标准《爆炸危险环境电力装置设计规范》GB 50058 的规定；

（10）变电所的建（构）筑物及电气设施应满足现行国家标准《电力设施抗震设计规范》GB 50260—2013 的规定。

2. 变配电所形式的选择

（1）35kV/10（6）kV 变电所分户内式和户外式。户内式运行维护方便，占地面积少。在选择 35kV 总变电所的形式时，应考虑所在地区的地理情况和环境条件，因地制宜；技术经济合理时，应优先选用户内式。

（2）10（20、6）kV 变配电所的形式，应根据用电负荷的状况和周围环境情况综合考虑确定。

（3）不宜采用露天或半露天的变电所，如确因需要设置时，宜选用带防护外壳的户外成套变电所。

（4）变电所宜毗邻大型负荷设置，隧道内不宜设置装有可燃性油的电气设备的配变电所。

12.3.2 变配电装置的布置

变配电所的设计应根据隧道的形式和特点，因地制宜，经技术经济比较后确定。变配电装置的布置应遵循安全、可靠、适用、经济等原则，并应便于安装、操作、搬运、检修、试验和监测。

1. 变配电装置布置的基本原则及要求

（1）非充油的高、低压配电装置和非油浸型的电力变压器，可设置在同一房间内，当二者相互靠近布置时，二者的外壳均应符合现行国家标准《外壳防护等级（IP 代码）》GB/T 4208 中 IP2X 防护等级的有关规定。

（2）变电所宜单层布置，当采用双层布置时，变压器应设在底层。

（3）高压配电装置应装设闭锁及联锁装置，以防止误操作事故的发生。

（4）户外组合式变电所的进出线应采用电缆，采用架空线引至附近时改用电缆进出。

（5）高压配电室内宜留有适当数量开关柜的备用位置。低压配电室内应留有适当数量的备用回路。

（6）供给一级负荷用电的两回电源线路的电缆不宜通过同一电缆沟，当无法分开时，应采用阻燃电缆,且应分别敷设在电缆沟或电缆夹层的不同侧的桥(支)架上;当敷设在同一侧的桥(支)架上时,应采用防火隔板隔开。

(7) 在同一配电室内布置的高、低压配电装置,当高压开关柜或低压配电屏顶面有裸露带电导体时,两者之间的净距不应小于2m;当高压开关柜和低压配电屏的顶面外壳的防护等级符合IP2X时,两者可靠近布置。

(8) 有人值班的变配电所,应设单独的值班室,值班室应与配电室直通或经过通道相通,且值班室应有直接通向室外或变电所外走道的门。当低压配电室兼作值班室时,低压配电室的面积应适当增大,在值班人员经常工作的一面或一端,低压配电装置到墙的距离不应小于3m。

(9) 当电源从柜(屏)后进线且需在柜(屏)正背后墙上另设隔离开关及其手动操动机构时,柜(屏)后通道净宽不应小于1.5m。

(10) 成排布置的低压配电屏,其长度超过6m时,屏后的通道应设2个出口,并宜布置在通道的两端;当两出口之间的距离超过15m时,其间尚应增加出口。

(11) 低压配电室的长度超过7m时,应设2个出口,并宜布置在配电室两端;当配电室双层布置时,楼上的配电室的出口应至少设一个通向该层走廊或室外的安全出口。配电室的门均应向外开启,相邻配电室之间设门时,门应向低压配电室开启。

(12) 配电室可开窗,但应采取防止雨、雪、小动物、风沙及污秽尘埃进入的措施。窗台距室外地坪不宜低于1.8m,但临路的一面不宜装设窗户。

(13) 配电装置室内通道应保证畅通无阻,不得设立门槛,并不应有与配电装置无关的管道通过。

(14) 落地式配电箱的底部应抬高,高出地面的高度室内不应低于50mm,室外不应低于200mm;其底座周围应采取封闭措施,并应能防止鼠、蛇类等小动物进入箱内。

(15) 变压器外壳(防护外壳)与变压器室墙壁和门的净距不应小于表12.3-1的规定。

变压器外壳(防护外壳)与变压器室墙壁和门的最小净距 表12.3-1

项目 净距(mm)	变压器容量(kVA)	
	100～1000	1250～1600
油浸变压器外廓与后壁、侧壁净距	600	800
油浸变压器外廓与门净距	800	1000
干式变压器带有IP2X及以上防护等级金属外壳与后壁、侧壁净距离	600	800
干式变压器带有IP2X及以上防护等级金属外壳与门净距	800	1000

注:干式变压器的金属网状遮拦,其防护等级不低于IP1X,遮拦高度不低于1.8m。

(16) 高压配电室内各种通道的最小宽度,应符合表12.3-2的规定。

高压配电室内各种通道的最小宽度 表12.3-2

开关柜布置方式	柜后维护通道(mm)	柜前操作通道(mm)	
		固定式	手车式
单排布置	800(1000)	1500	单车长度+1200

续表

开关柜布置方式	柜后维护通道(mm)	柜前操作通道(mm)	
		固定式	手车式
双排面对面布置	800(1000)	2000	双车长度+900
双排背对背布置	1000	1500	单车长度+1200

注：括号内的数值适用于 40.5kV 开关柜。

(17) 低压配电室内各种通道宽度，应按现行国家标准《低压配电设计规范》GB 50054 的要求执行。

(18) 配电装置的最小电气安全净距，应按现行国家标准《3~110kV 高压配电装置设计规范》GB 50060 和《20kV 及以下变电所设计规范》GB 50053 执行。

(19) 在变压器、配电装置和裸导体的正上方不应布置灯具。

2. 对建筑（装修）的要求

(1) 变配电室及其辅助用房的内墙面及顶棚应使用不易积灰和不易起灰的材料，顶棚不应抹灰；地面宜采用耐压、耐磨、防滑、易清洗的材料铺装。

(2) 配电装置室的门和变压器室的门的高度和宽度，宜按最大不可拆卸部件的尺寸，高度加 0.5m，宽度加 0.3m 确定，其疏散通道门的最小高度宜为 2.0m，最小宽度宜为 750mm。

(3) 变配电所位于室外地坪以下的电缆夹层、电缆沟和电缆室应采取防水、排水措施；位于室外地坪下的电缆进、出口和电缆保护管也应采取防水措施。

(4) 设置在地下的变电所的顶部、位于室外地面或绿化土层下方时，应避免顶部滞水，并应采取避免积水、渗漏的措施。

(5) 配电装置的布置宜避开建筑物的伸缩缝。

(6) 有人值班的独立变电所内宜设置给、排水设施。附近无厕所时宜设厕所。

3. 防火要求

(1) 变压器室、配电室和电容器室的耐火等级不应低于二级。

(2) 变电所位于单层建筑物或多层建筑物的一层时，通向其他相邻房间或过道的门应为乙级防火门。

(3) 变电所位于地下层或下面有地下层时，通向其他相邻房间或过道的门应为甲级防火门。

(4) 变电所直接通向室外的门应为丙级防火门。

(5) 变压器室的通风窗应采用非燃烧材料。

(6) 变配电室屋顶承重构件的耐火等级不应低于二级，其他部分不应低于三级。

4. 对采暖与通风的要求

(1) 变压器室宜采用自然通风，夏季的排风温度不宜高于 45℃，且排风与进风的温差不宜大于 15℃。当自然通风不能满足要求时，应增设机械通风。

(2) 电容器室应有良好的自然通风，通风量应根据电容器允许的温度，按夏季排风温度不超过电容器所允许的最高环境空气温度计算；当自然通风不能满足要求时，可增设机械通风。电容器室、蓄电池室、配套有电子类温度敏感器件的高、低压配电室和控制室，应设置环境空气温度指示装置。

（3）当变压器室、电容器室采用机械通风时，其通风管道应采用非燃烧材料制作。当周围环境污秽时，宜加设空气过滤器。装有 SF6 绝缘的配电装置的房间，在发生事故时房间内易聚集 SF6 气体的部位，应装设报警信号和排风装置。

（4）配电室宜采取自然通风。设置在地下或地下室内的变、配电所，宜装设除湿、通风换气设备；控制室和值班室应设置空气调节设施。

（5）在采暖地区，控制室和值班室应设置采暖装置。配电室内温度低，影响电气设备元件和仪表的正常运行时，也应设置采暖装置或采取局部采暖措施。控制室和配电室内的采暖装置宜采用铜管焊接，且不应有法兰、螺纹接头和阀门等。

12.3.3 电力监控

1. 系统构成

电力监控系统由电力调度中心主站系统、通信通道和变电所综合自动化三部分组成。隧道电力监控系统一般集成于隧道设备监控系统。电力调度系统功能需求由供电专业提出，设备监控系统负责实施；通信通道由设备监控系统统一设置；变电所综合自动化系统宜由供电专业负责实施。其系统架构如图 12.3-1 所示。

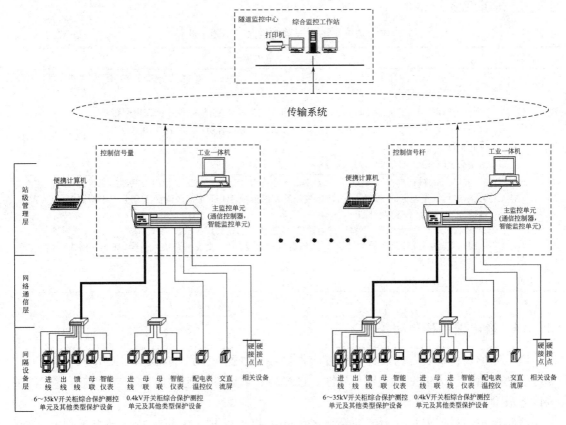

图 12.3-1　隧道电力监控系统架构图

电力调度中心主站系统作为整个隧道电力监控系统的中心，可将各变电所自动化的信息汇集到实时数据库中，支持全线供电系统的 SCADA 功能，并完成历史数据处理和存储功能。

变电所综合自动化系统由控制信号屏内的通信控制器、人机界面、安装于各开关柜内的间隔层保护测控单元及所内通信网络等组成。间隔层综合保护测控单元可实现对各开关柜的控制、监视、保护、测量，同时还完成所内各开关柜之间的联动、联锁、闭锁等功能，各间隔层监控单元相对独立。

变电所综合自动化系统通过通信通道实现与电力调度中心的通信，接收调度中心的控制命令；向调度指挥中心主机传送变电所操作、事故、预告、测量等信息。但变电所综合自动化系统的运行不依赖于中央监控系统。

2. 系统功能

通过设备监控系统将变电所内综合自动化系统采集的三遥（遥控、遥信、遥测）信息传送至隧道监控中心的监控平台，实现监控中心值班人员对整个隧道供电系统的远程监控。系统同时可根据供电系统的日常运行情况，建立运行数据库，生成系统运行报表，供系统运行、维护人员分析使用。隧道监控中心监控平台的构成方式应简单、可靠，系统中的关键设备（如系统服务器、前置数据处理机、交换机等）的配置、系统计算机访问模式、网络配置形式等应与时俱进，选择适用于工程实际的最佳方案。隧道电力监控系统的主要监控信息见表 12.3-3。

电力监控系统主要监控信息（不限于此）　　　　表 12.3-3

名称	内容
遥测	6～35kV 进线：U_A、U_B、U_C、U_{AB}、U_{BC}、U_{CA}、I_A、I_B、I_C、$\cos\varphi$、有功/无功/视在功率、有功/无功电度； 6～35kV 母线：U_A、U_B、U_C； 6～35kV 馈线：U_A、U_B、U_C、I_A、I_B、I_C、$\cos\varphi$、有功/无功/视在功率(变压器馈电回路)； 0.4kV 进线：U_A、U_B、U_C、U_{AB}、U_{BC}、U_{CA}、I_A、I_B、I_C、$\cos\varphi$、有功/无功/视在功率； 0.4kV 母线：U_A、U_B、U_C； 所用交直流屏：U_A、U_B、U_C、I_A、I_B、I_C
遥信	6～35kV：断路器分/合位置、手车位置、弹簧储能状态、选择开关位置、柜内加热器运行状态、过流、速断、失压(进线)、接地保护、接地开关位置、变压器超温报警；PT 手车工作位置、PT 手车实验位置；电容器接触器分/合位置、电容器故障； 0.4kV：断路器分/合位置、选择开关位置信号、过流、速断、失压(进线)、接地保护； 所用交直流屏：交流装置异常总信号、直流装置异常总信号、交流一路投入信号、交流二路投入信号、直流母线电压异常
遥控	断路器分/合

12.3.4　继电保护和自动装置

继电保护和自动装置的设计和设置应根据隧道供配电系统的特点，以合理的运行方式和可能的故障类型为依据，满足可靠性、选择性、灵敏性和速动性的基本要求。隧道供配电设备通常设以下保护：

线路保护：过流保护、电流速断保护、单相接地保护、失压保护（外电进线）、差动保护（外电进线及联络线视工程情况配置）；

变压器保护：过流保护、电流速断保护、低压侧单相接地保护、过负荷保护；

母联保护：过流保护、电流速断保护；

电力电容器保护：带有短延时的速断保护、过电流保护、过负荷保护、过电压保护、低电压保护、单相接地保护；

电动机保护：电流速断保护、过负荷保护、单相接地保护、失步保护、低电压保护。

随着电子技术的发展，微机继电保护装置产品已更加成熟、可靠，微机保护测控单元的保护功能使发生故障的一次设备从供电系统中退出运行，以最大限度地减少对一次设备的损坏，降低对供电系统安全供电的影响；控制、监控功能适合现场运行人员就地监控及操作，并可实现变电所无人值班，适应全所自动化及变电所综合自动化的需要。因此，建议隧道高压继电保护选择成熟、可靠的微机继电保护装置。

具体要求按现行国家标准《电力装置的继电保护和自动装置设计规范》GB/T 50062 的要求执行。

12.4 配电计算

12.4.1 负荷计算

1.负荷计算的内容

(1) 计算负荷

计算负荷又称需要负荷或最大负荷，它是一个假想的持续性负荷，其热效应与同一时间内实际变动负荷所产生的最大热效应相等。在配电设计中，通常采用 30min 的最大平均负荷作为按发热条件选择电器或导体的依据，并用来计算电压损失和功率损耗，也可作为电能消耗量及无功补偿的计算依据。计算负荷一般按照配电点划分，其配电范围即为负荷计算范围。

(2) 尖峰电流

尖峰电流是指单台或多台用电设备持续 1s 左右的最大负荷电流。一般取启动电流的周期分量作为计算电压损失、电压波动和电压下降以及选择电器和保护元件等的依据。在校验瞬动元件时，还应考虑启动电流的非周期分量。

(3) 一级、二级负荷

一级、二级负荷计算可用以确定备用电源或应急电源的容量。

(4) 规律性负荷

规律性负荷的计算是从经济运行条件出发，用以考虑变压器的台数和容量。

(5) 火灾情况下的负荷

两台变压器供电可按一台变压器工作时发生火灾，把消防用电设备的计算负荷加上未切除的一般负荷来计算总的计算负荷，据此校验变压器的容量。

在计算柴油发电机容量时，应按发生火灾时，消防用电的计算负荷加上在火灾时仍然需要工作的一级负荷中特别重要的负荷来计算总的计算负荷，据此选择柴油发电机的容量。当采用柴油发电机作为备用电源时，除计算保安性质负荷的用电设备外，根据用电负荷的性质和需要，还应计算所带其他负荷的设备功率。由于发生火灾时，可停掉除保安性质负荷用电设备以外的非消防用电设备的电源，而非消防状态下消防设备又不投入运行，二者不同时使用,所以应取其大者作为确定发电机组容量的依据。

2. 设备功率的确定

用电设备的额定功率 P_r 或额定容量 S_r 是指铭牌上的数据。对于不同负载持续率下的额定功率或额定容量,应换算为统一负载持续率下的有功功率,即设备功率 P_e。在进行隧道电力负荷计算前,需将用电设备按其性质分为不同的用电设备组,然后确定设备功率。

(1) 单台用电设备的设备功率

1) 连续工作制电动机的设备功率等于额定功率。

2) 周期工作制电动机的设备功率是将额定功率一律换算为负载持续率100%的有功功率

$$P_e = P_N \sqrt{\varepsilon_N} \tag{12.4-1}$$

式中 P_e——统一负载持续率的有功功率(kW);

P_N——电动机额定功率(kW);

ε_N——电动机额定负载持续率。

3) 短时工作制电动机的设备功率是将额定功率换算为连续工作制的有功功率。工程中可把短时工作制电动机近似地看做周期工作制电动机,再用式(12.4-1)换算。0.5h 工作制电动机可按 $\varepsilon = 15\%$ 考虑,1h 工作制电动机可按 $\varepsilon = 25\%$ 考虑。

4) 照明灯具的功率:

一般灯具的设备功率为光源额定功率加上镇流器或驱动电源的功率损耗。

(2) 用电设备组的设备功率

用电设备组的设备功率是指除去备用设备和专门用于检修的设备以外的所有单个用电设备的设备功率之和。

(3) 变电所的总设备功率

变电所的总设备功率应取所供电的各用电设备组设备功率之和,但应剔除不同时使用的负荷,例如:

1) 消防设备容量一般可不计入总设备容量。消防水泵、喷淋水泵、水幕泵、只有在消防状态下才使用的防排烟机组、防火卷帘门等容量不计入设备容量。只有当这部分容量的计算有功功率大于消防时切除的一般电力、照明的计算有功功率时,才将这部分容量的计算有功功率与消防时不切除的其他电力、照明等设备的计算有功功率相加,作为此项工程的计算有功功率。也就是说,将上述部分设备列入设备容量,而不计消防时切除的电力、照明这一部分的设备容量。

2) 季节性用电设备(如制冷设备和采暖设备)应择较大者计入总设备容量。

(4) 柴油发电机的负荷统计

1) 当柴油发电机仅作为消防、保安性质用电设备的应急电源时,用电负荷应计算消防泵(含消火栓泵、喷淋泵、消防加压泵和排水泵)、防排烟设备、消防控制设备、安防设备、电视监控设备、应急照明等设备的功率。

2) 当采用柴油发电机作为备用电源时,除计算保安性质负荷的用电设备外,根据用电负荷的性质和需要,还应计算所带其他负荷的设备功率。

由于发生火灾时,可停掉除保安性质负荷用电设备以外的非消防用电设备的电源,而非消防状态下消防设备又不投入运行,二者不同时使用,所以应取其大者作为确定发电机组容量的依据。

3. 负荷计算的方法

隧道电力负荷计算方法多采用需要系数法和利用系数法。需要系数法比较简便,应用广泛,尤其适用于变配电所的负荷计算,可作为隧道初步设计电力负荷计算的主要方法;利用系数的根据是概率论和数理统计,因而计算结果比较接近实际,适用于用电设备台数较少、设备容量相差较大的情况。

(1) 需要系数法

隧道电力负荷中单机负荷较大的是通风机、水泵等,一般采用单机组或同类设备放射式供电,在计及供电线路、开关时,一般用单机的额定电流或启动电流进行选型或校验;计及变压器容量时,可以不论台数多少均直接乘以需要系数,实际运行证明是切实可行的。隧道电力负荷中的其他负荷,如监控设备、照明等均是比较均匀分布的小容量负荷,可以用需要系数法进行计算。

1) 用电设备组的计算功率:

$$P_c = K_d P_e \tag{12.4-2}$$

$$Q_c = P_c \tan\varphi \tag{12.4-3}$$

2) 配电干线或变电所的计算功率:

$$P_c = K_{\Sigma p} \sum (K_d P_e) \tag{12.4-4}$$

$$Q_c = K_{\Sigma q} \sum (K_d P_e \tan\varphi) \tag{12.4-5}$$

3) 计算视在功率和计算电流:

$$S_c = \sqrt{P_c^2 + Q_c^2} \tag{12.4-6}$$

$$I_c = \frac{S_c}{\sqrt{3} U_n} \tag{12.4-7}$$

以上各式中　　P_c——计算有功功率(kW);

　　　　　　　Q_c——计算无功功率(kvar);

　　　　　　　S_c——计算视在功率(kVA);

　　　　　　　I_c——计算电流(A);

　　　　　　　P_e——用电设备组的设备功率(kW);

　　　　　　　K_d——需要系数;

　　　　　　　$\tan\varphi$——计算负荷功率因数角的正切值;

　　　　　　　U_n——系统标称电压(线电压)(kV);

　　　　　　　$K_{\Sigma p}$——有功功率同时系数,取 0.8~0.9;

　　　　　　　$K_{\Sigma q}$——无功功率同时系数,取 0.93~0.97。

4) 变电所或总降压变电所的计算负荷,为各分变电所计算负荷之和再乘以同时系数 $K_{\Sigma p}$ 和 $K_{\Sigma q}$。对变电所的 $K_{\Sigma p}$ 和 $K_{\Sigma q}$ 分别取 0.85~1 和 0.95~1;对总降压变电所的 $K_{\Sigma p}$ 和 $K_{\Sigma q}$ 分别取 0.8~0.9 和 0.93~0.97。当简化计算时,同时系数 $K_{\Sigma p}$ 和 $K_{\Sigma q}$ 可都取 $K_{\Sigma p}$ 值。

对于多级高压配电系统，特别是多级降压的供配电系统，应逐级多次取同时系数。

5）用电设备台数为 5 台机以下时，不宜采用需要系数法，推荐用利用系数法计算。

（2）利用系数法

用利用系数法确定计算负荷时，不论计算范围大小，都必须求出该计算范围内用电设备的有效台数及最大系数，然后算出结果。

1）最大负荷班的用电设备组平均负荷

$$P_{av}=K_u P_e \tag{12.4-8}$$

$$Q_{av}=P_{av}\tan\varphi \tag{12.4-9}$$

式中　P_{av}——用电设备组的有功平均功率（kW）；

　　　Q_{av}——用电设备组的无功平均功率（kvar）；

　　　P_e——用电设备组的设备功率（kW）；

　　　K_u——最大负荷班的用电设备组利用系数；

　　　$\tan\varphi$——用电设备组的功率因数角的正切值。

2）全计算范围的总利用系数

$$K_{ut}=\frac{\sum P_{av}}{\sum P_e} \tag{12.4-10}$$

式中　K_{ut}——总利用系数；

　　　$\sum P_{av}$——各用电设备组的有功平均功率之和（kW）；

　　　$\sum P_e$——各用电设备组的设备功率之和（kW）。

3）用电设备有效台数

将不同设备功率和工作制的用电设备台数换算为相同设备功率和工作制的等效值：

$$n_{eq}=\frac{(\sum_{i=1}^{n} P_{ei})^2}{\sum_{i=1}^{n} P_{ei}^2} \tag{12.4-11}$$

式中　n_{eq}——用电设备的有效台数；

　　　P_{ei}——第 i 台用电设备的设备功率（kW）。

4）计算负荷

$$P_c=K_m \sum P_{av} \tag{12.4-12}$$

$$Q_c=K_m \sum Q_{av} \tag{12.4-13}$$

式中　P_c——计算有功功率（kW）；

　　　Q_c——计算无功功率（kvar）；

　　　K_m——最大系数。

视在功率和计算电流分别见式（12.4-6）和式（12.4-7）。

（3）利用系数法和需要系数法的关联

1）当电力负荷采用利用系数法计算时，照明负荷仍应采用需要系数法计算。变电所或更大计算范围的总负荷，应为前者最大负荷与后者需要负荷的有功、无功分量分别相加。

2)在一定的条件下,需要系数和利用系数存在转换关系。当缺乏某些计算系数的资料时,两者可相互补充。

(4)单相负荷计算

1)单相用电设备应均衡分配到三相上,使各相的计算负荷尽量相近,减少不平衡度。

2)当符合式(12.4-14)时,单相负荷可不作换算,直接与三相负荷相加。

$$\sum P_{es} \leqslant 15\% \sum P_{el} \quad (12.4-14)$$

式中 $\sum P_{es}$——计算范围内单相负荷的设备功率之和(kW);

$\sum P_{el}$——计算范围内两相负荷的设备功率之和(kW)。

3)当符合式(12.4-15)时,单相负荷应换算为等效三相负荷后,再纳入三相负荷计算。

$$\sum P_{es} > 15\% \sum P_{el} \quad (12.4-15)$$

4)进行单相负荷换算时,一般采用计算功率。对需要系数法,计算功率即为需要功率;对利用系数法,计算功率取平均功率。如单相负荷均为同类用电负荷,也可直接采用设备功率换算。

5)单相负荷换算为等效三相负荷的简化法:

① 只有相间负荷时,将各相间负荷相加,选取较大的两项数据进行计算。

当 $P_{UV} \geqslant P_{VW} \geqslant P_{WU}$ 时　　$P_{eq} = \sqrt{3} P_{UV} + (3-\sqrt{3}) P_{VW} = 1.73 P_{UV} + 1.27 P_{VW}$

$$(12.4-16)$$

当 $P_{UV} = P_{VW}$ 时　　　　　$P_{eq} = 3 P_{UV} \quad (12.4-17)$

当只有 P_{UV} 时　　　　　　$P_{eq} = \sqrt{3} P_{UV} \quad (12.4-18)$

以上式中　　P_{eq}——等效三相负荷(kW);

P_{UV}、P_{VW}、P_{WU}——接于 UV、VW、WU 线间的单相负荷(kW)。

② 只有相负荷时,等效三相负荷取最大相负荷的3倍。

(5)尖峰电流的计算

尖峰电流是电动机等用电设备启动或冲击性负荷工作时产生的最大负荷电流,其持续时间一般为1~2s。它是用以计算变电所低压母线及线路的电压波动,选择自动开关、熔断器和保护装置电流整定值的依据,也是检验电动机能否自启动的主要数据。

1)单台设备的尖峰电流

$$I_{st} = K I_N \quad (12.4-19)$$

2)接有多台电动机的配电线路,只考虑一台电动机启动时的尖峰电流

$$I_{st} = (K I_N)_{max} + I_c' \quad (12.4-20)$$

以上式中　I_{st}——尖峰电流(A);

I_N——电动机额定电流(A);

$(K I_N)_{max}$——启动电流最大的一台电动机的启动电流(A);

I_c'——除启动电动机以外的配电线路计算电流(A);

K——启动电流倍数,即启动电流与额定电流之比。笼形电动机可达7倍左右,绕线转子电动机一般不大于2倍,直流电动机为1.5~2倍。

在工程设计中,电动机的启动电流只要知道它的规格,就可从产品样本上查到,这样

可使计算简化。

4. 无功补偿

无功补偿的设计应按全面规划、合理布局、分层分区补偿、就地平衡的原则确定最优补偿容量和分布方式。

无功补偿的设计应首先提高系统的自然功率因数，不足部分再装设人工补偿装置。隧道供配电系统主要采用并联电容补偿装置。

（1）提高系统自然功率因数

一般隧道供配电系统消耗的无功功率中，异步电动机约占70%，变压器约占20%，线路约占10%，所以设计中应正确、合理地选择电动机和变压器的容量，减少线路感抗。具体措施如下：

1) 合理选择电动机功率，尽量提高其负荷率，避免"大马拉小车"。

2) 合理选择变压器容量，负荷率宜在75%～85%，且应计及负荷计算的误差。合理选择变压器台数，适当设置低压联络线，以便切除轻载运行的变压器。

3) 优化系统接线和线路设计，减少线路阻抗。

用户的自然总平均功率因数较低，单靠提高设备的自然功率因数达不到供电部门要求时（平均功率因数达到0.9以上），应装设必要的无功功率补偿设备，以进一步提高用户的功率因数。

（2）采用并联电力电容补偿

1) 并联电容补偿装置的基本要求

① 并联电容器的安装容量，应满足就地平衡的要求。

② 在电容器分组投切时，母线电压波动应满足国家现行有关标准的要求，并应满足系统无功功率和电压调控要求。

③ 当分组电容器按各种容量组合运行时，应避开谐振容量，不得发生谐波的严重放大和谐振。

④ 并联电容装置宜装设在变压器的主要负荷侧。

⑤ 电容器回路中应串联适当电抗率的电抗器，以限制合闸涌流，抑制谐波电流，防止电容器过负荷。电抗率按表12.4-1选择。

电抗率 K 的选择　　　　　　　　　　　表12.4-1

谐波次数	电抗率	谐波次数	电抗率
3	12～13	7	3～4
5	5～6	11	2～3

2) 并联电容补偿容量计算

① 按最大负荷计算的补偿容量

$$Q_c = P_c(\tan\varphi_1 - \tan\varphi_2) = P_c q_c \tag{12.4-21}$$

式中　Q_c——补偿容量（kvar）；

P_c——最大负荷有功功率（kW）；

q_c——无功功率补偿率（kvar/kW）；

$\tan\varphi_1$——最大负荷功率因数角正切值；

$\tan\varphi_2$——要达到的功率因数角正切值。

② 按提高电压要求计算的补偿容量

$$Q = \Delta U \frac{U_b}{X_L} \quad (12.4\text{-}22)$$

式中　Q——补偿容量（kvar）；
　　　ΔU——补偿后变电所母线电压升高值容量（kV）；
　　　U_b——补偿前变电所母线电压（kV）；
　　　X_L——该变电所送电线路的感抗值（Ω）。

③ 并联电容器装置的实际输出容量

考虑运行电压与额定电压的差异和电抗器的无功损耗，并联电容器装置的实际输出容量可按式（12.4-23）计算。

$$Q_c = Q_N \left(\frac{U_c}{U_N}\right)^2 (1-K) \quad (12.4\text{-}23)$$

式中　Q_c——并联电容器装置的实际输出容量（kvar）；
　　　Q_N——并联电容器装置的额定容量（kV）；
　　　U_c——并联电容器装置的平均运行电压（kV），可取系统标称电压的 1.05 倍；
　　　U_N——并联电容器装置的额定电压（kV）；
　　　K——串联电抗器的电抗率。

（3）电容器设置、控制及调节

1）对于容量较大、负荷平稳且经常使用的用电设备的无功功率，宜单独就地补偿。对电动机采用就地单独补偿时，补偿电容器的额定电流不应超过电动机激励电流的 0.9 倍。补偿基本无功功率的电容器组宜在变配电所内集中补偿。

2）对于补偿低压基本无功功率的电容器组以及常年稳定的无功功率和投切次数较少的高压电容器组，宜采用手动投切。为避免过补偿或在轻载时电压过高，在采用高、低压自动补偿装置效果相同时，宜采用低压自动补偿装置，循环投切。

3）无功自动补偿的调节方式以节能为主进行补偿者，采用无功功率参数调节；当三相负荷平衡时，也可采用功率因数参数调节；以改善电压偏差为主进行补偿者，应按电压参数调节；无功功率随时间稳定变化时，按时间参数调节。

12.4.2　短路电流计算

1. 短路电流计算的基本概念

（1）在三相交流系统中可能发生的短路故障主要有三相短路、两相短路和单相短路（包括单相接地故障）。通常，三相短路电流最大，当短路点发生在发电机附近时，两相短路电流可能大于三相短路电流；当短路点靠近中性点接地的变压器时，单相短路电流也有可能大于三相短路电流。

（2）短路过程中短路电流变化的情况决定于系统电源容量的大小或短路点离电源的远近。在工程计算中，如果以供电电源容量为基准的短路计算电抗不小于 3，短路时即认为电源母线电压维持不变，不考虑短路电流交流分量（周期分量）的衰减，可按无限大电源容量的系统或远离发电机端短路进行计算。否则，应按短路电流含衰减交流分量的系统，即有限电源容量的系统或靠近发电机端短路进行计算。

(3) 短路电流计算应求出系统最大运行方式下的最大短路电流值，用以校验电气设备的动稳定、热稳定及分断能力，整定继电保护装置；还应求出系统最小运行方式下的最小短路电流值，作为校验继电保护装置灵敏系数和校验电动机启动的依据。一般需要计算下列短路电流值：

1) i_p——短路峰值电流（短路冲击电流或短路全电流最大瞬时值）；
2) I_k'' 或 I''——对称短路电流初始值（超瞬态短路电流）；
3) $I_{0.2}$——短路后0.2s的短路电流交流分量（周期分量）有效值；
4) I_k——稳态短路电流有效值。

2. 短路电流计算方法

目前，国内短路电流的计算方法主要有两种：一种是按现行国家标准《三相交流系统短路电流计算》GB/T 15544 提供的方法计算，简称 IEC 法；另一种是按现行国家标准《导体和电器选择设计技术规定》DL/T 222 提供的方法计算，简称实用计算方法。

IEC 法的优点是采用等效电压源法，不需考虑发电机的励磁特性，该方法目前在国际上广泛应用，国内已在独资、合资项目及涉外工程项目中使用。实用计算方法的特点是在国产同步发电机参数和容量配置的基础上，考虑到我国电力系统负荷分配的实际情况，用概率统计方法制定了短路电流周期分量运算曲线，计算过程较为简便，在国内电力行业应用广泛。

根据隧道供配电系统在整个电力系统网络拓扑中的位置及特点，本着工程实用的原则，以短路电流实用计算方法进行介绍。

(1) 电路元件参数的换算

进行短路电流计算时，先要知道短路电路的电参数，如电路元件的阻抗、电路电压、电源容量等，然后通过网络变换求得电源至短路点之间的等值总阻抗，最后按照公式求出短路电流。

短路电路的电参数可以用有名单位制表示，也可以用标幺制表示。有名单位制一般用于 1kV 以下低压网络的短路电流计算，标幺制多用于高压网络。

1) 标幺制

标幺制是一种相对单位制，电参数的标幺值为其有名值与基值之比，即：

容量标幺值
$$S_* = \frac{S}{S_b} \qquad (12.4\text{-}24)$$

电压标幺值
$$U_* = \frac{U}{U_b} \qquad (12.4\text{-}25)$$

电流标幺值
$$I_* = \frac{I}{I_b} \qquad (12.4\text{-}26)$$

电抗标幺值
$$X_* = \frac{X}{X_b} = \frac{\sqrt{3} I_b X}{U_b} = \frac{S_b X}{U_b^2} \qquad (12.4\text{-}27)$$

工程计算中，通常首先选定基准容量 S_b 和基准电压 U_b，与其相应的基准电流 I_b 和基准电抗 X_b 可由式（12.4-28）和式（12.4-29）导出。

$$I_b = \frac{S_b}{\sqrt{3} U_b} \qquad (12.4\text{-}28)$$

$$X_b = \frac{U_b}{\sqrt{3}I_b} = \frac{U_b^2}{S_b} \tag{12.4-29}$$

基准容量可以任意选定。但为了计算方便,基准容量 S_b 一般取 100MVA;如为有限电源容量系统,则可选取向短路点馈送短路电流的发电机额定总容量 S 作为基准容量。基准电压 U_b 应取各电压级平均电压(线电压)U_{av},即 $U_b = U_{av} = 1.05U_n$(U_n 为系统标称电压),对于标称电压为 220V/380V 的电压级,则计入电压系数 c(取 1.05),即 $1.05U_n = 400V$。

采用标幺值计算短路电路的总阻抗时,必须先将元件阻抗的有名值和相对值按同一基准容量换算为标幺值,而基准电压采用各元件所在级的平均电压。电路元件阻抗标幺值和有名值的换算公式见表 12.4-2。

2)有名单位制

用有名单位制(欧姆制)计算短路电路的总阻抗时,必须把各电压级所在元件阻抗的相对值和欧姆值,都归算到短路点所在级平均电压下的欧姆值,其换算公式见表 12.4-2。

电路元件阻抗标幺值和有名值的换算公式 表 12.4-2

序号	元件名称	标幺值	有名值(Ω)
1	同步电机(发电机或电动机)	$X''_{*d} = \frac{x''_d\%}{100} \cdot \frac{S_b}{S_{NG}} = x''_d \frac{S_b}{S_{NG}}$	$X''_d = \frac{x''_d\%}{100} \cdot \frac{U_{av}^2}{S_{NG}} = x''_d \frac{U_{av}^2}{S_{NG}}$
2	双绕组变压器	$R_{*T} = P_{krT} \frac{S_b}{S_{NT}^2} \times 10^{-3}$ $X_{*T} = \sqrt{Z_{*T}^2 - R_{*T}^2}$ $Z_{*T} = \frac{u_{kN}\%}{100} \frac{S_b}{S_{NT}}$ 当电阻值允许忽略不计时 $X_{*T} = \frac{u_{kN}\%}{100} \frac{S_b}{S_{NT}}$	$R_T = \frac{P_{krT}}{3I_{NT}^2} \times 10^{-3} = \frac{P_{krT}U_b^2}{S_{NT}^2} \times 10^{-3}$ $X_T = \sqrt{Z_T^2 - R_T^2}$ $Z_T = \frac{u_{kN}\%}{100} \frac{U_b^2}{S_{NT}}$ 当电阻值允许忽略不计时 $X_T = \frac{u_{kN}\%}{100} \frac{U_b^2}{S_{NT}}$
3	电抗器	$Z_{*R} \approx X_{*R} = \frac{x_{kR}\%}{100} \frac{U_{NR}}{\sqrt{3}I_{NR}} \frac{S_b}{U_b^2}$ $= \frac{x_{kR}\%}{100} \frac{U_{NR}}{I_{NR}} \frac{I_b}{U_b}$	$Z_R \approx X_R = \frac{x_{kR}\%}{100} \frac{U_{NR}}{\sqrt{3}I_{NR}}$ $R_b \ll X_b$
4	线路	$X_* = X \frac{S_b}{U_b^2}; R_* = R \frac{S_b}{U_b^2}$	
5	电力系统(已知短路容量 S''_s)	$X_{*s} = \frac{S_b}{S''_s}$	$X_s = \frac{U_b^2}{S''_s}$
6	基准电压相同,从某一基准容量 S_{b1} 下的标幺值 X_{*1} 换算到另一基准容量 S_b 下的标幺值 X_*	$X_* = X_{*1} \frac{S_b}{S_{b1}}$	—

续表

序号	元件名称	标幺值	有名值(Ω)
7	将电压 U_{R1} 下的电抗值 X_1 换算到另一电压 U_{R2} 下的电抗值 X_2	—	$X_2 = X_1 \dfrac{U_{R2}^2}{U_{R1}^2}$

注：表中符号说明：

S_{NG}——同步电机的额定容量（MVA）；S_{NT}——变压器的额定容量（MVA）；

x_d''——同步电动机的超瞬态电抗相对值；$x_d''\%$——同步电动机的超瞬态电抗百分比；

$u_{kN}\%$——变压器阻抗电压百分比；$x_{kR}\%$——电抗器额定电抗电压百分比；

U_{NT}——变压器额定线电压（kV）；U_{NR}——电抗器额定线电压（kV）；

I_{NT}——变压器额定电流（kA）；I_{NR}——电抗器额定电流（kA）；

X、R——线路每相电抗值、电阻值（Ω）；P_{krT}——变压器负载损耗（kW）；

S_s''——系统短路容量（MVA）；S_b——基准容量（MVA）。

(2) 高压系统短路电流计算

1) 计算条件

① 短路前三相系统是正常运行情况下的接线方式，不考虑仅在切换过程中短时出现的接线方式。

② 设定短路回路各元件的磁路系数为不饱和状态，即认为各元件的感抗为一常数。电网电压在 6kV 以上时，除电缆线路应考虑电阻外，网络阻抗一般可视为纯电抗（略去电阻）；若短路电路中总电阻 R_Σ 大于总电抗 X_Σ 的 1/3，则应计入其有效电阻。

③ 电路电容和变压器的励磁电流略去不计。

④ 在短路持续时间内，短路相数不变，如三相短路保持三相短路，单相接地短路保持单相接地短路。

⑤ 电力系统中所有发电机电势相角都认为相同（大多数情况下相角很接近）。

⑥ 对于同类型的发电机，当它们对短路点的电气距离比较接近时，则假定它们的超瞬态电势的大小和变化规律相同。因此，可以用超瞬态网络（发电机用超瞬态电抗 X_d'' 来代表）进行网络化简，并将这些发电机合并成一台等值发电机。

⑦ 具有分接开关的变压器，其开关位置视为在主分接位置。

⑧ 电力系统为对称的三相系统。负荷只作近似的估计，并用恒定阻抗来代表。

2) 三相短路电流初始值 I_K'' 的计算

远离发电机端的（无限大电源容量的）网络发生短路时，即以电源容量为基准的计算电抗 $X_{*c} \geqslant 3$ 时，短路电流交流分量在整个短路过程不发生衰减，即 $I_K'' = I_{0.2} = I_K$，其计算方法有以下两种。

① 标幺值计算

$$I_{*K} = S_{*K} = \frac{1}{X_{*c}} \tag{12.4-30}$$

$$I_K'' = I_{*K} I_b = \frac{I_b}{X_{*c}} \tag{12.4-31}$$

$$S_K = S_{*K} S_b = I_{*K} S_b = \frac{S_b}{X_{*c}} \tag{12.4-32}$$

式中 I_{*K}——短路电流交流分量有效值的标幺值;

S_{*K}——短路容量标幺值;

X_{*c}——短路电路总电抗(计算电抗)标幺值;

I''_K——短路电流初始值(kA);

S_K——短路容量(MVA)。

② 用有名单位制计算

$$I_K = I''_K = \frac{U_{av}}{\sqrt{3} X_c} \tag{12.4-33}$$

如果 $R_c = \frac{1}{3} X_c$,则应计入有效电阻 R_c,I''_K 应按下式算出

$$I_K = I''_K = \frac{U_{av}}{\sqrt{3} Z_c} = \frac{U_{av}}{\sqrt{3}\sqrt{R_c^2 + X_c^2}} \tag{12.4-34}$$

式中 Z_c——短路电路总阻抗(Ω);

R_c——短路电路总电阻(Ω);

X_c——短路电路总电抗(Ω)。

3)两相不接地短路电流 I_{K2} 的计算

两相短路稳态电流 I_{K2} 与三相短路稳态电流 I_{K3} 的比值关系,视短路点与电源的距离远近而定:

① 在发电机出口处发生短路时,$I_{K2} = 1.5 I_{K3}$;

② 在远距离点短路时(即 $X_{*c} > 3$ 时),$I_{K2} = 0.866 I_{K3}$。

4)单相接地电容电流 I_c 的计算

电网中的单相接地电容电流由电力线路和电力设备(同步发电机、大容量同步电动机及变压器等)两部分的电容电流组成。

① 电缆线路的单相接地电容电流的计算

6kV 电缆线路
$$I_c = \frac{95 + 2.84S}{2200 + 6S} U_n l \tag{12.4-35}$$

10kV 电缆线路
$$I_c = \frac{95 + 1.44S}{2200 + 0.23S} U_n l \tag{12.4-36}$$

电缆线路的单相接地电容电流还可以按式(12.4-37)估算:

$$I_c = 0.1 U_n l \tag{12.4-37}$$

② 架空线路单相接地电容电流的计算

无架空地线单回路
$$I_c = 2.7 U_n l \times 10^{-3} \tag{12.4-38}$$

有架空地线单回路
$$I_c = 3.3 U_n l \times 10^{-3} \tag{12.4-39}$$

架空线路的单相接地电容电流还可以按式(12.4-40)估算:

$$I_c = \frac{U_n l}{350} \tag{12.4-40}$$

以上式中 S——电缆芯线的标称截面(mm²);

U_n——线路额定线电压(kV);

l——线路长度(km);

I_c——接地电容电流（A）。

架空线路和电缆线路每千米单相接地电容电流的平均值见表 12.4-3。变电所增加的接地电容电流百分数见表 12.4-4。

架空线路和电缆线路每千米单相接地电容电流的平均值（单位：A/km） 表 12.4-3

电压 (kV)	电缆线路,当芯线截面为下列诸值时(mm²)										架空线路	
	10	16	25	35	50	70	95	120	150	185	240	单回路	双回路
6	0.33	0.37	0.46	0.52	0.59	0.71	0.82	0.89	1.10	1.20	1.30	0.013	0.017
10	0.46	0.52	0.62	0.69	0.77	0.90	1.00	1.10	1.30	1.40	1.60	0.0256	0.035
35	—	—	—	—	—	3.70	4.10	4.40	4.80	5.20	—	0.078	0.102
												0.091*	0.110*

注：标 * 的数字用于有架空地线的架空线路。

变电所电力设备增加的接地电容电流百分数 表 12.4-4

额定电压(kV)	6	10	15	35	63	110
附加值(%)	18	16	15	13	12	10

5）三相短路电流峰值 i_p 的计算

根据短路电流变化可知，i_p 包含有交流分量 i_{AC} 和直流分量 i_{DC}。短路电流直流分量的起始值 $A=\sqrt{2}I''_k$，i_p 出现在短路发生后的半周期（0.01s）内的瞬间，其值可按下式计算：

$$i_p = K_p\sqrt{2}I''_k \tag{12.4-41}$$

式中 K_p——短路电流峰值系数，$K_p = 1 + e^{-\frac{0.01}{T_f}}$；

T_f——短路电流直流分量衰减时间常数（s），当电网频率为 50Hz 时，$T_f = \frac{X_\Sigma}{314R_\Sigma}$；

X_Σ——短路电路总电抗（Ω）；

R_Σ——短路电路总电阻（Ω）。

如果电路只有电抗，则 $T_f = \infty$，$K_p = 2$；如果电路只有电阻，则 $T_f = 0$，$K_p = 1$；可见 $2 \geqslant K_p \geqslant 1$。

在工程设计中 K_p 的取值以及 i_p 的计算值如下：

① 当短路发生在发电机端时，取 $K_p = 1.9$，$i_p = 2.69I''_k$；

② 当短路发生在发电厂高压侧母线时，取 $K_p = 1.85$，$i_p = 2.62I''_k$；

③ 当短路点远离发电厂，短路电路的总电阻较小，总电抗较大 $\left(R_\Sigma \leqslant \frac{1}{3}X_\Sigma\right)$ 时，$T_f \approx 0.05s$，取 $K_p = 1.8$，$i_p = 2.55I''_k$；

④ 在电阻较大 $\left(R_\Sigma > \frac{1}{3}X_\Sigma\right)$ 的电路中，发生短路时，短路电流非周期分量衰减

较快,可取 $K_p=1.3$, $i_p=1.84I''_k$。

(3) 低压网络阻抗及短路电流计算

1) 低压网络阻抗的计算

低压系统短路电流的计算条件同高压系统短路电流计算的条件,但是,一般低压配电用的变压器的容量远小于系统的容量,因此短路电流可按远离发电机端,即无限大电源容量的网络短路进行计算。

短路计算中应计入电路各元件的有效电阻,但是短路点的电弧电阻、导线连接点、开关设备和电器的接触电阻可忽略不计。

在计算三相短路电流时阻抗指的是元件的相阻抗,即相正序阻抗。因为已经假定系统是对称的,发生三相短路时只有正序分量存在,所以不需要特别提出序阻抗的概念。

在计算单相短路(包括单相接地故障)电流时,则必须提出序阻抗和相保阻抗的概念。在低压网络中发生不对称短路时,由于短路点离发电机较远,因此可以认为所有元件的负序阻抗等于正序阻抗,即等于相阻抗。

TN 接地系统低压网络的零序阻抗等于相线的零序阻抗与 3 倍保护线(即 PE、PEN)的零序阻抗之和,即 $\dot{Z}_{(0)}=\dot{Z}_{(0)ph}+3\dot{Z}_{(0)p}$; $R_{(0)}=R_{(0)ph}+3R_{(0)p}$; $X_{(0)}=X_{(0)ph}+3X_{(0)p}$。

① 线路零序阻抗的计算

$$|\dot{Z}_{(0)}|=|\dot{Z}_{(0)ph}+3\dot{Z}_{(0)p}|=\sqrt{[R_{(0)ph}+3R_{(0)p}]^2+[X_{(0)ph}+3X_{(0)p}]^2} \quad (12.4\text{-}42)$$

式中 $\dot{Z}_{(0)ph}$、$R_{(0)ph}$ 和 $X_{(0)ph}$——相线的零序阻抗、零序电阻和零序电抗;

$\dot{Z}_{(0)p}$、$R_{(0)p}$ 和 $X_{(0)p}$——保护线的零序阻抗、零序电阻和零序电抗。

② 线路相保阻抗的计算

单相接地短路电路中任一元件(配电变压器、线路等)的相保阻抗 Z_{php}、相保电阻 R_{php} 和相保电抗 X_{php} 的计算公式为:

$$Z_{php}=\sqrt{R_{php}^2+X_{php}^2} \quad (12.4\text{-}43)$$

$$R_{php}=\frac{1}{3}[R_{(1)}+R_{(2)}+R_{(0)}]=\frac{1}{3}[R_{(1)}+R_{(2)}+R_{(0)ph}+3R_{(0)p}] \quad (12.4\text{-}44)$$

$$X_{php}=\frac{1}{3}[X_{(1)}+X_{(2)}+X_{(0)}]=\frac{1}{3}[X_{(1)}+X_{(2)}+X_{(0)ph}+3X_{(0)p}] \quad (12.4\text{-}45)$$

③ 高压侧系统阻抗的计算

在计算 220V/380V 网络短路电流时,变压器高压侧系统阻抗需要计入。若已知高压侧系统短路容量为 S''_s,则归算到变压器低压侧的高压系统阻抗可按下式计算:

$$Z_s=\frac{(cU_n)^2}{S''_s}\times 10^3 \quad (12.4\text{-}46)$$

工程中若 R_s 和 X_s 的确切值未知,可近似按 $R_s=0.1X_s$,$X_s=0.995Z_s$ 计算。

式中 U_n——变压器低压侧标称电压,0.38kV;

c——电压系数,计算三相短路电流时取 1.05;

S''_s——变压器高压侧系统短路容量(MVA);

R_s、X_s 和 Z_s——归算到变压器低压侧的高压系统电阻、电抗和阻抗(mΩ)。

至于零序阻抗,Dyn11 和 Yyn0 连接的配电变压器,当低压侧发生单相短路时,零序电流不能在高压侧绕组流通,高压侧对于零序电流相当于开路状态,故在计算单相接地短路电流时视若无此阻抗。10(6)/0.4kV 配电变压器高压侧系统短路容量与高压侧系统阻抗、相保阻抗(归算到 400V)的数值关系见表 12.4-5。

高压侧归算到 400V 侧的数值关系(单位:mΩ)　　表 12.4-5

高压侧短路容量 S''_s(MVA)	10	20	30	50	75	100	200	300	∞
Z_s	16.00	8.00	5.33	3.20	2.13	1.60	0.80	0.53	0
X_s	15.92	7.96	5.30	3.18	2.12	1.59	0.80	0.53	0
R_s	1.59	0.80	0.53	0.32	0.21	0.16	0.08	0.05	0
R_{phps}	1.06	0.53	0.35	0.21	0.14	0.11	0.05	0.03	0
X_{phps}	10.61	5.31	3.53	2.12	1.41	1.06	0.53	0.35	0

2)低压网络短路电流计算

① 三相和两相(不接地)短路电流的计算

在 220V/380V 低压配电网络中,一般以三相短路电流为最大,其三相短路电流交流分量有效值按下式计算:

$$I''=\frac{cU_n/\sqrt{3}}{Z_k}=\frac{1.05U_n/\sqrt{3}}{\sqrt{R_k^2+X_k^2}}$$
$$=\frac{230}{\sqrt{R_k^2+X_k^2}}=\frac{230}{\sqrt{(R_s+R_T+R_m+R_L)^2+(X_s+X_T+X_m+X_L)^2}} \quad (12.4\text{-}47)$$

式中　　U_n——网络标称电压(线电压)(V),220V/380V 网络为 380V;

Z_k、R_k、X_k——短路电路总阻抗、总电阻、总电抗(mΩ);

R_s、X_s——变压器高压侧系统的电阻、电抗(归算到 400V 侧)(mΩ);

R_T、X_T——变压器的电阻、电抗(mΩ);

R_m、X_m——变压器低压侧母线段的电阻、电抗(mΩ);

R_L、X_L——配电线路的电阻、电抗(mΩ);

I''——三相短路电路的初始值(kA)。

只要 $\sqrt{R_T^2+X_T^2}/\sqrt{R_s^2+X_s^2}\geqslant 2$,变压器低压侧短路时的短路电流交流分量不衰减,即三相短路电流稳态值 $R_k=I''$。

② 单相接地故障短路电流的计算

TN 系统的低压网络单相接地故障电流 I''_{k1} 可由下式计算:

$$I''_{k1}=\frac{cU_n/\sqrt{3}}{Z_{php}}=\frac{1.0U_n/\sqrt{3}}{Z_{php}}=\frac{220}{Z_{php}} \quad (12.4\text{-}48)$$

3.限制短路电流的措施

(1)变压器分列运行。

(2)采用高阻抗变压器。

(3)在变压器回路中装设电抗器。

(4)采用小容量变压器。

12.5 配电设备及电线电缆选择

12.5.1 电器及开关设备的选择

1. 电器和导体的选择的原则

选择电器和导体时,应根据工程特点,符合国家现行的有关产品标准,并应符合下列规定:

(1) 应按使用地点的环境、气候、海拔,选用与所在场所及环境条件相适应的设备。由于隧道内潮湿、烟雾、粉尘多,环境较恶劣,隧道内配电设施的选择除应满足基本功能要求外,还应适应潮湿环境,具有必要的防水、防尘性能。

(2) 隧道内变电所由于受运行环境和维护条件的限制,应选择低噪声、空气自冷、无自爆和免维护、符合消防安全要求的成熟可靠产品,并满足潮湿环境的要求。

(3) 额定频率应与所在回路的频率相适应。

(4) 额定电压应与所在回路的标称电压相适应,其允许的最高工作电压不得低于该回路的最高运行电压。

(5) 额定电流不应小于所在回路的计算电流,其长期允许电流不得小于该回路的最大持续工作电流。

(6) 应满足短路条件下的动稳定与热稳定的要求。

用熔断器保护的导体和电器,可不验算热稳定性,但动稳定性仍应验算;

用高压限流熔断器保护的导体和电器,可根据限流熔断器的特性,来校验导体和电器的动、热稳定性;

用熔断器保护的电压互感器回路,可不验算动稳定性和热稳定性。

(7) 验算短路动稳定时,硬导体的最大应力,不应大于表 12.5-1 所列数值。重要回路的硬导体应力计算,还应考虑动力效应的影响。

硬导体的最大允许应力(单位:MPa)　　　　表 12.5-1

材料	硬铜	硬铝	钢
最大应力	140	70	160

(8) 用于断开短路电流的电器应满足短路条件下的接通能力和分断能力。短路开断电流,一般按三相短路验算。如单相、两相短路较三相短路严重时,则按严重情况验算。

(9) 按断流能力校核高压断路器时,宜取断路器实际开断时间的短路电流作为校核条件。装有自动重合闸装置的高压断路器,应考虑重合闸时对额定开断电流的影响。

(10) 带电抗器的 6kV 或 10kV 出线,隔板(母线与母线隔离开关之间)前的引线和套管,应按短路点在电抗器前计算,隔板后的引线和电器,一般按短路点在电抗器后计算。

(11) 绝缘等级应和电力系统的额定电压相配合。

(12) 当维护、测试和检修设备需断开电源时,应设置隔离电器。隔离电器宜采用同时断开电源所有极的隔离电器或彼此靠近的单极隔离电器。当隔离电器误操作会造成严重事故时，应采取防止误操作的措施。

（13）设置于隧道内部的变配电所，宜选用真空开关、六氟化硫开关。

（14）用于切合并联补偿电容器组的断路器宜用真空断路器或六氟化硫断路器。

（15）高压出线开关，当采用真空断路器时，为避免变压器（或电动机）操作过电压，应装有浪涌吸收器。高压出线断路器的下侧应装设接地开关和电源监视灯（或电压监视器）。

（16）隧道配电变压器应选用低损耗、低噪声、节能环保的干式变压器。经技术经济比较合理时，可选用非晶合金等节能型变压器。

（17）隧道的动力和照明共用变压器对照明质量及光源寿命有明显不利影响时，可设照明专用变压器。

（18）低压电路中需防止电流流经不期望的路径时，可选用具有断开中性极的开关电器。

2. 高压电器及开关设备的选择

（1）高压电器及开关设备包括：高压交流断路器、高压负荷开关、高压隔离开关、高压熔断器、高压接触器、限流电抗器、电流互感器、电压互感器、消弧线圈（电磁式）、接地变压器、接地电阻器、绝缘子等。

（2）金属封闭开关设备包括：铠装式、间隔式、箱式、充气式（C-GIS）、气体绝缘（GIS）和封闭式组合（复合）电器（HGIS）等。

（3）过电压保护设备包括：避雷器、高压阻容吸收器。

（4）导体包括：硬导体、软导体、高压电力电缆、高压配电装置的载流母线等。

（5）高压电器、开关设备及导体的选择与校验项目见表 12.5-2，具体要求及相关计算按现行国家标准《导体和电器选择设计技术规定》DL/T 5222 的要求执行。

高压电器、开关设备及导体的选择与校验项目　　　　表 12.5-2

设备名称	额定电压	额定电流	额定开断电流	短路电流校验		绝缘水平
				动稳定	热稳定	
高压交流断路器	√	√	√	√	√	√
高压交流负荷开关	√	√	√	√	√	√
高压交流真空接触器	√	√	√			√
高压交流隔离开关和接地开关	√	√		√	√	√
高压交流熔断器	√	√	√			√
限流电抗器	√	√		√	√	√
接地变压器	√	√				√
接地电阻	√	√			√	
消弧线圈	√	√				√
电流互感器	√	√		√	√	√
电压互感器	√					√
避雷器	√					
支柱绝缘子	√			√		√

续表

设备名称	额定电压	额定电流	额定开断电流	短路电流校验		绝缘水平
				动稳定	热稳定	
绝缘套管	√					√
软导体		√			√	
硬导体		√		√	√	
电缆	√	√			√	√
交流金属封闭开关设备	√	√	√	√	√	√

3. 低压电器及开关设备的选择

（1）低压电器及开关设备包括：低压交流断路器、低压开关、低压隔离器、低压隔离开关、低压熔断器、低压隔离开关及熔断器组合电器、低压接触器、低压电抗器、电流互感器、电压互感器、低压转换开关电器、剩余电流动作保护电器等。

（2）低压开关柜（箱）包括：配电柜（箱）、电容器柜、控制柜（箱）等，尤其是隧道内的配电柜（箱），其防护等级应不低于 IP55。

（3）导体包括：硬导体、软导体、低压电缆、低压配电装置的载流母线等。

（4）低压电器、开关设备及导体的选择及校验按现行国家标准《低压配电设计规范》GB 50054 和《通用用电设备配电设计规范》GB 50055 的相关要求执行。

12.5.2 电线电缆选择

1. 电线、电缆类型的选择

（1）导体材料的选择

一般用作电线电缆的导体材料主要有铜和铝，导体材料的选择应根据负荷性质、环境条件、配电线路条件及市场价格等实际情况进行；采用铜导体损耗比铝导体要低，同时铜材的机械性能优于铝材，城市隧道作为重要的交通设施，且隧道内运营环境较为恶劣，所以在设计中较多选用铜芯电缆。

（2）绝缘及护套材料的选择

1）普通电线电缆的选择

① 聚氯乙烯（PVC）绝缘及护套的电力电缆。线芯长期允许最高工作温度 70℃，有 1kV 及 6kV 两级，制造工艺简便，没有敷设高差的限制，其质量轻，弯曲性能好，具有内铠装结构，使铠装不易腐蚀，接头安装操作简便，能耐油和酸碱的腐蚀，不延燃。但是其对气候适应性能差，虽有一定的阻燃性能，但在燃烧时释放有毒气体，因此在城市隧道内敷设需要满足一旦火灾燃烧时的低烟低毒要求时不宜采用。

② 交联聚乙烯绝缘（XLPE）电线电缆，线芯长期允许最高工作温度 90℃，交联聚乙烯绝缘聚氯乙烯护套的电力电缆，性能优良，结构简单，制造方便，外径小，质量轻，载流量大，敷设方便，不受高差限制，电压等级全覆盖，作终端和中间接头较简便而被广泛采用。由于交联聚乙烯料轻，1kV 级的电缆价格与聚氯乙烯绝缘的电缆相差有限。

2）阻燃耐火电缆的选择

隧道为一封闭空间，发生火灾会导致较大的经济损失和人员伤亡。因此，在隧道电线电缆的绝缘及护套材料的选择中,电力电缆应选用无卤、低烟的阻燃型,火灾时需要保证供电的配电线路应采用矿物绝缘类耐火铜芯电缆或阻燃耐火铜芯电缆。

① 电线电缆成束敷设时,应采用阻燃型电线电缆,确定阻燃等级时应根据隧道的等级和敷设条件,并核算电线电缆的非金属材料体积、总重最终确定;

② 直埋敷设和穿管暗敷的电缆,可选用普通电缆;

③ 用于普通设备线路的电线穿管暗敷时可采用普通电线;

④ 同一建筑物内敷设的阻燃电缆其阻燃级别宜相同;

⑤ 在敷设路径中,设法减少电缆束的非金属含量,可选择不同的路径以减少同一路径中电缆的数量,变电所出线较多时宜分别敷设在不同的电缆桥架内,可降低电缆阻燃等级;

⑥ 耐火电线电缆应根据火灾发生时消防用电设备的最少持续供电时间来选择,可选择耐火温度950℃,持续供电时间180min的耐火电缆,或耐火温度不低于750℃,持续供电时间不少于90min的耐火电缆。

(3) 电缆外护层的选择

应按敷设的环境条件及敷设方式选择电缆外护套形式:

① 隧道内敷设的电缆,当敷设于无机械损伤及无鼠害的场所时,可采用非铠装的电缆。

② 沿隧道电缆沟、隧道壁、桥架、穿管和线槽敷设的电缆,其绝缘或护套应具有非延燃性,如聚氯乙烯绝缘或聚氯乙烯护套等,并应采用具有防水和防老化的外护层电缆。

③ 隧道外直埋敷设的电缆,应采用具有防腐外护层的铠装电缆。当土有可能发生移位的地段直接埋地敷设电缆时,应选用能承受机械外力的钢丝铠装电缆,并增加长度,采用S形敷设,或采用板桩或排桩加固土措施,以减小或消除土移位作用于电缆的拉力。

2. 线缆的持续载流量

导线的持续载流量取决于线芯导体的材质损耗、电缆绝缘材料的长期允许最高工作温度和允许的短路温度、线缆敷设地点的环境温度、线缆的敷设方式。

(1) 线缆的长期允许最高工作温度见表12.5-3。

电线、电缆导体长期允许最高工作温度 表 12.5-3

电线、电缆种类		导体长期允许最高工作温度(℃)	电线、电缆种类	导体长期允许最高工作温度(℃)
塑料绝缘电线	450V/750V	70	耐热氯乙烯导线	105
交联聚乙烯绝缘电力电缆	1～10kV	90	铜、铝母线槽	110
	35kV	80	铜、铝滑接式母线槽	70
聚氯乙烯绝缘电力电缆	1kV	70	刚性矿物绝缘电缆	70、105*
裸铝、铜母线和绞线		70	柔性矿物绝缘电缆	125

注: *刚性矿物绝缘电缆系指电缆表面温度,线芯温度约高5～10℃。

(2) 不同环境温度下的载流量校正系数

1) 环境温度的选取

环境温度一般取敷设场所持续出现的最高温度，敷设在空气中的，应取一年中最热月份每天出现的最高温度平均值；埋地敷设的，按规范规定，常埋在室外地坪 0.7m 以下；凡是有人经过的地方，没有作特殊处理的，应深埋在 1m 以下；在寒冷地区应深埋在冻土层以下。因此，埋地敷设的环境温度常取地面下 0.8m 处最热月份的平均地温。同时，还应考虑是否机械通风、空调等条件选取不同的环境温度，见表 12.5-4。

确定电线、电缆载流量的环境温度表　　　　　　　12.5-4

电缆敷设场所	有无机械通风	选取的环境温度
土中直埋	—	埋深处的最热月平均地温
水下	—	最热月的日最高水温平均值
户外空气中、电缆沟	—	最热月的日最高温度平均值
有热源设备的建筑物内	有	通风设计规范
	无	最热月的最高温度平均值另加 5℃
其他建筑物内	有	通风设计规范
	无	最热月的日最高温度平均值
户内电缆沟	无	最热月的日最高温度平均值另加 5℃
隧道、电气竖井	有	通风设计规范

2) 不同环境温度下的载流量校正系数

线路在同样的持续电流、不同的环境温度下，由于热平衡不同，而使芯线具有不同的温升，当芯线温度超过长期允许的最高工作温度时，不仅会影响线缆的使用寿命，有时甚至会危及安全，造成经济损失。

不同环境温度及不同敷设方式下的线缆载流量及校正系数按现行国家标准《电力工程电缆设计规范》GB 50217 的要求执行。

3. 导线截面选择

一般导线的截面应先按载流量选取，再进行热稳定校验，其次校验与过负荷保护的匹配，同时应校验电压损失及接地故障时能否断开电路，并满足机械强度的要求。经这样验算后选择的导线截面，才是安全、经济、合理、实用的截面。

(1) 按载流量初选导线截面

接线路额定电压及最大计算电流 I_j、敷设方式及环境温度，选用相应的线缆型号及截面 S_j，使经过各种因数校正后的线缆载流量 I_h，大于等于线路最大计算电流 I_j，即：

$$H_h \geqslant H_j \tag{12.5-1}$$

以保证线缆芯数的实际工作温度，不超过芯数长期允许最高工作温度，使线缆维持正常的使用年限。

初选的导线截面 S_j，应满足机械强度的要求，不应小于表 12.5-5、表 12.5-6 所列的不同用途及安装方式下的最小允许截面 S_{min}，即：

$$S_j \geqslant S_{min} \tag{12.5-2}$$

绝缘导线最小允许截面（单位：mm²）　　　表 12.5-5

序号	用途及敷设方式	芯线的最小面积		
		铜芯软线	铜线	铝线
1	照明用灯头线	—	—	—
	屋内	0.4	1.0	2.5
	屋外	1.0	1.0	2.5
2	移动式用电设备	—	—	—
	生活用 生产用	0.75	—	—
	生产用	1	—	—
3	架设在绝缘支持件上的绝缘导线 其支架间距	—	—	—
	(1)2m 及以下,屋内	—	1.0	2.5
	(2)2m 及以下,屋外	—	1.5	2.5
	(3)6m 及以下	—	2.5	4
	(4)15m 及以下	—	4	6
	(5)25m 及以下	—	6	10
4	穿管敷设的绝缘导线	1.0	1.0	2.5
5	塑料护套线沿墙明敷设	—	1.0	2.5
6	板孔穿线敷设的导线	—	1.5	2.5

（2）按经济电流选择截面

按照电缆初建投资费和电缆寿命期限内运行累计的电能损耗费之和最小的原则确定的电缆截面积，即为电缆的经济电流截面，根据现行国家标准《电力工程电缆设计规范》GB 50217 要求，10kV 及以下电力电缆除满足上述要求外，尚宜按照经济电流截面选择。城市隧道用电设备一般供电距离较短，或者设备（一般照明除外）连续工作的时间较短，因此在 10kV 及以下的线路中较少使用。建议照明干线及其他用电设备的小截面导线按载流量所选的导线截面已满足电压损失要求时，可加大一级导线截面，以减少线路上的能量损失。若按电压损失要求已加大了一级导线截面时，则不宜再增大。

（3）低压中性点接地系统中 N（PEN）线截面的选择

1）三相四线制配电系统中，N 导体的允许载流量不应小于线路中最大的不平衡电流与谐波电流之和，当相导体为铜且截面积不大于 16mm² 时，中性导体应与相导体截面相同，当相导体为铜且截面积大于 16mm² 时，若 3 次谐波电流不超过基波电流的 15%，可选择小于相导体截面，但不得小于相导体截面的 50%，且截面积不小于 16mm²。

2）当负荷大部分为单相负荷时，如照明供电回路，则 N 或 PEN 线的截面应与相线等截面。

3）PEN 导体除应符合 N 导体的选择要求外，尚应满足 PE 导体的选择要求。

（4）PE 线截面选择

1）在 TN 系统中 PE 线是通过故障电流的，为使保护装置有足够灵敏度，应减小零相阻抗，所以 PE 线截面不宜过小。

2) PE 线所用的材质与相线相同时，按热稳定要求，截面可参考表 12.5-6，具体应不小于现行国家标准《民用建筑电气设计规范》JGJ 16 规定值。

PE 线的最小截面（单位：mm²）　　　　　表 12.5-6

装置的相线截面 S	PE 线的最小截面	装置的相线截面 S	PE 线的最小截面
S≤16	S	S>35	S/2
16<S≤35	16	—	—

（5）截面载流量与过负荷整定电流的配合

所选导线截面的载流量与线路过负荷整定电流的配合，其目的是不致因导线过负荷发热，使芯线温升超过允许最高温度，而过负荷保护装置仍不动作，以致引起导线过热走火，酿成火灾。

（6）所选截面应满足热稳定允许的最小截面

热稳定允许的最小截面应满足式（12.5-3）的要求。

$$S_{\min} = \frac{\sqrt{Q_t}}{c} \times 10^3 \tag{12.5-3}$$

式中　$S_{\min}$——电缆所需的最小截面（mm²）；

　　　Q_t——短路电流的热效应（kA²·S）；

　　　c——热稳定系数。

电缆长期允许工作稳定和短时的允许最高温度计相应的热稳定系数 c 值，见表 12.5-7。

热稳定系数 c　　　　　表 12.5-7

电缆种类和材料		导体长期允许工作温度(℃)	短路时导体允许最高温度(℃)	c
6~10~35kV 交联聚乙烯绝缘电缆	铜芯	90	250	137
	铝芯	90	250	90
		90	200	77
20~35kV 交联聚乙烯绝缘电缆	铜芯	80	250	142
	铝芯	80	250	93
		80	200	81

按与过负荷保护配合后的导线截面进行热稳定校验。

低压配电线路一般都是大电流传输，因此截面较大，支线截面虽小，但短路电流也小，基本满足热稳定要求，一般可不作校验。仅对低压配电室中的小截面回路进行校核，如供电给高压交流操作的回路、弱电电源回路、变配电室照明回路等；另外，针对干线较短而分支线很小时，由于短路电流较大，需对分支线作热稳定校验。但高压侧电缆供电时，其截面往往取决于热稳定要求的最小截面，因此必须作校验。

（7）对所选截面进行电压损失校验

按热稳定校验合格的截面进行电压损失校验，以保证供电质量，若电压损失超过规定值时，则应加大导线截面，使其达到要求值。线路电压损失可按式（12.5-4）、式（12.5-5）和式（12.5-6）计算。

三相平衡负荷线路：
$$\left.\begin{array}{l}\Delta u=\dfrac{\sqrt{3}\,Il}{10U_\mathrm{n}}(R'\cos\varphi+X'\sin\varphi)\\[4pt]\Delta u=\dfrac{Pl}{10U_\mathrm{n}^2}(R'\cos\varphi+X'\tan\varphi)\end{array}\right\} \quad (12.5\text{-}4)$$

线电压的单相负荷线路：
$$\left.\begin{array}{l}\Delta u=\dfrac{2Il}{10U_\mathrm{n}}(R'\cos\varphi+X'\sin\varphi)\\[4pt]\Delta u=\dfrac{2Pl}{10U_\mathrm{n}^2}(R'\cos\varphi+X'\tan\varphi)\end{array}\right\} \quad (12.5\text{-}5)$$

相电压的单相负荷线路：$\Delta u=\dfrac{2\sqrt{3}\,Il}{10U_\mathrm{n}}(R'\cos\varphi+X'\sin\varphi)$ （12.5-6）

以上式中　　Δu——线路电压损失（%）；

U_n——系统标称电压（kV）；

I——负荷电流（A）；

$\cos\varphi$——负荷功率因数；

P——负荷有功功率（kW）；

l——线路长度（km）；

R'、X'——三相线路单位长度的电阻和电抗（Ω/km）。

（8）所选截面产生的单相接地短路电流能否使保护按时动作

对 TN 系统，接电压损失校验后的截面，还应再校验单相接地短路时保护设备能否按规范要求的时间及时切除故障。若达不到要求，可加大导线截面，或考虑能否减小保护装置的整定电流，或者采用漏电保护。

在一个工程中，成千上万条线路都要作这样的校验，相当烦琐。一般选取其中距离最长、截面积较小的进行电压损失及单相接地故障切除时间的校验，条件最差的线路能满足要求，则短距离大截面的，虽然载流量大，保护装置整定电流也大，但由于阻抗小，单相短路电流也大，容易满足要求，可不作校验。

12.6　防雷与接地

12.6.1　防雷

雷电入侵隧道的形式有两种，一种是直击雷，另一种是感应雷。直击雷击中隧道内设备可能性很小，通常不必安装防护直击雷的设备。感应雷则是由雷闪电流产生的强大电磁场变化与导体感应出的过电压、过电流形成的雷击危害。

防雷是一项综合工程，主要包括外部防雷和内部防雷。

外部防雷包括避雷针、避雷带、引下线、接地极、二合一防雷器等，其主要的功能是为了确保隧道及附属建筑物本体免受直击雷的侵袭，将可能击中建筑物的雷电通过避雷针、避雷带、引下线等，泄放入大地。

内部防雷是为保护建筑物内部的设备以及人员的安全而设置的。主要以空间屏蔽、等电位连接、减少接近耦合、过电压保护等措施，通过在设备的前端安装合适的避雷器，即过电压保护，使设备、线路与大地形成一个有条件的等电位体。将因雷击而使内部设施感应到的雷电流安全泄放入地。

1. 建筑物防雷

按照现行国家标准《建筑物防雷设计规范》GB 50057 的要求执行。

2. 隧道内设备的防雷

1）隧道内电力设备的防雷按照现行国家标准《交流电气装置的过电压保护和绝缘配合设计规范》GB/T 50064 的要求执行。

2）隧道电子设备的防雷

由于电子设备耐压较低，感应过电压、高电位引入都会对电子设备有严重的损害，因此除采用外部防雷措施外，还应采取必要的内部防雷防护措施，具体按现行国家标准《建筑物电子信息系统防雷技术规范》GB 50343 的要求执行。

12.6.2 接地

1. 接地类型及要求

（1）工作接地

供电系统为了取得相电压、线电压，减少中性点电位偏移而采用的接地，如变压器中性点、发电机中性点的接地。

（2）保护接地

电力设备及低压用电设备的金属外壳、钢筋混凝土电杆等由于绝缘的破坏可能带电，为防止带电电压危及人身安全而设置的接地称为保护接地。

（3）过电压保护接地

过电压保护接地是为了消除或减轻雷电及其他过电压危及人身和损坏设备而设置的接地。

（4）防静电接地

防静电接地是为了消除静电而设置的接地，如计算机房防静电电板的接地，柴油发电机房的油管路及储油设备的防静电接地等。

（5）电磁兼容性接地

电磁兼容性是使器件、电路、设备或系统在其电磁环境中能正常工作，且不对该环境中任何事物构成不能承受的电磁骚扰。为此目的所做的接地称为电磁兼容性接地。

进行屏蔽是电磁兼容性要求的基本保护措施之一。为防止寄生电容回授或形成噪声电压需将屏蔽体进行接地，以便电气屏蔽体泄放感应电荷或形成足够的反向电流以抵消干扰影响。

2. 交流电气装置的接地设计

交流电气装置的接地设计，应遵循规定的设计步骤。设计方案、接地导体（线）和接地极材质的选用等，应因地制宜。土壤情况比较复杂地区的变电所的接地网，宜经经济技术比较后确定。具体设计按照现行国家标准《交流电气装置的接地设计规范》GB/T 50065 的要求执行。

第13章

监控系统设计

13.1 概述

城市隧道作为道路的特殊路段，一般位于交通流量大，路网相对复杂的区段，基本采用下穿地面的形式，使交通视野、通风、排水条件变差，需要采取人工的方法来改善，而建立一个集成的隧道监控、通信系统，对确保隧道的安全运营，提高行车、环境、设备管理效率，增强对突发事件的处理能力都是必不可少的。根据需要，一般隧道监控系统主要由以下几个部分组成：

（1）设备监控系统；
（2）交通监控系统；
（3）视频监控系统；
（4）控制中心机房系统；
（5）综合通信系统；
（6）防灾报警系统；
（7）供配电系统。

它们之间紧密联系，成为整体，组成了隧道监控系统。

隧道监控具有控制、监视、安全、服务、运营等功能，系统结构一般分为中心级系统、中间级系统、终端级系统三级，各自有不同的组成和功能要求。

中心级系统：由计算机、数据库服务器、通信设备、显示输出设备、报警设备及存储设备等硬件和将计算机集成、智能控制、通信、图像处理、地理信息、卫星定位等相关技术融合运用的软件组成，应用于隧道运营管理的综合平台，对中间级系统与终端级系统进行管理，与它们共同构成隧道监控系统。

中间级系统：由中间控制器、简单的输入输出设备、通信设备等硬件和嵌入式软件组成，能够上传数据并接收中心级系统下发的参数和命令，负责隧道监控系统的数据采集、处理、控制和管理的系统，同时也是中心级系统与终端级系统之间的数据中继转发通信信道。

终端级系统：由终端集中器及其所辖的终端模块和通信模块等设备组成的，能够上传数据并接收中心级系统下发的或中间级系统转发的运行参数和命令，负责对隧道设施的运行进行监测与控制的系统。

中心级系统和中间级系统可采用光纤以太网形式有线传输，或公用网络无线远传；中间级系统与终端设备一般采用有线传输，与若干终端设备连接，实现在同一监控工作站上监控、调度、协调和联动多系统功能，在主干网络故障时，中间级系统可独立运行。

隧道综合通信系统分为有线和无线两类。有线通信主要用于隧道自身管理，无线通信包括自用和公用两部分，隧道自用无线通信有无线对讲和利用无线公网信号远传，而公用无线通信基本是公共无线信号引入，如三大移动运营商信号覆盖、调频广播、公安消防无线信号等。

13.2 系统特点

隧道是重要的交通节点，特点非常明显，监控系统应根据这些特点进行设计。

第一是狭长，设备分散呈带状分布，所以中间级监控设备沿线 100~300m 设置一台控制器，每个控制器控制点数不多，但下级终端设备复杂，有通风、排水、照明、交通设施、仪表、视频、配电等，信号接入方式也五花八门，需要各种接入接口对应，目前城市超长隧道越来越多，监控设备不仅要求抗干扰能力强，通信距离也要求更长，设备基本要求采用工业级产品，通信介质通常采用光纤。

第二是空间封闭，环境差，隧道里空间狭隘、空气污浊流通不畅、光线较暗、湿度大，电磁干扰大，需要特别注意设备的安装位置，汽车尾气排放大量的碳颗粒和油污，对监控设备影响很大，设备防护等级要求高，隧道内配电箱、控制器防护等级不低于 IP65。

第三是发生事故后果比地面交通严重，造成人员伤亡严重、救援困难、可视性差，事故发生第一时间需要反映到控制中心；所以设备功能要求齐全，应急反应应及时，具有视频事件分析和报警能力，而且需要多系统协同工作，联动处理事故现场。

第四是维修不便，隧道内设备维修需要封闭车道，甚至整个隧道，而城市隧道是一个城市的交通咽喉，通常流量较大，一个点的交通阻断，可能会造成大面积交通瘫痪，因此，隧道一旦开通，监控系统不太可能再封闭维修。因此，要充分考虑系统的可靠性、稳定性、可维护性、操作的方便性。

第五是城市隧道监控系统设计尚无专门的标准和规范指导设计，工程实践中多参考公路隧道、城市地下道路和民用建筑的相关规范和要求，不同的规范对系统要求存在一些差异。

第六是行人在隧道内通行存在较大风险，因此设备巡视检测一般都采用智能方式；设备按无人值守方式运行，隧道内设置摄像机应无盲区监视隧道动态，设备运行状态由控制器和仪表监测其运行，系统设计应充分考虑运营管理需求，降低维护成本，减少巡查工作量，缩短事故处理周期。

13.3 设计前期

13.3.1 设计原则

（1）遵循分散控制、集中管理、资源共享的基本原则。
（2）安全可靠、技术先进、经济合理、维修方便。

(3)应符合和满足设备电磁兼容性要求，并应具有抗干扰性能。

(4)结合隧道分期发展规划，适当预留将来的扩容条件，做好近远期结合，以近期为主；设备选择考虑开放性。

(5)系统构建应以运营管理需求为基础，根据隧道规模、功能、结构特点、管理模式，合理配置监控系统。

(6)隧道监控通信系统应满足正常营业管理和灾害事故应急指挥需要。

(7)根据信息技术发展和应用的需求，实现与其他相关信息系统的集成和互通。

13.3.2 系统接口

监控与通信系统是隧道管理中枢，与所有专业都有联系，必须做好设计协调配合，明确接口、范围要求，避免遗漏和冲突。接口分内部与外部两大部分，外部接口应与当地交通管理、市政管理、急救防灾管理、通信信号覆盖服务等部门、网络建立紧密联系，做好沟通协调工作，在设计和设备选择中充分考虑与它们的接口预留和衔接；内部接口为项目各专业之间的接口，具体为：

(1)结构：防雷接地预留接地和等电位引出连接板；预埋线管，预留孔洞；提出设备承重要求。

(2)隧道建筑：设备用房用地面积、位置；门窗、地基标高要求；防静电、防尘、抗干扰要求；隧道内设备安装条件预留。

(3)配电系统：配电回路数量、容量，电量检测要求，用电位置和接电点、电压等级，共用接地网时，接地点预留。

(4)隧道照明：设备信号采集接口方式，控制功能模式，检测参数表、受控设备位置，应急响应策略。

(5)消防报警：中心控制室级通信，火灾强制切入控制，应急响应控制策略。

(6)通风：设备信号采集接口方式，控制功能模式，检测参数表、受控设备位置，应急响应策略。

(7)排水：设备信号采集接口方式，控制功能模式，检测参数表、受控设备位置，应急响应策略。

除以上的专业接口外，还有监控各子系统之间的通信接口，应具有兼容性，采用标准的接口形式，协议为标准协议或公开协议，满足对内管理、对外通信、与相关管理部门协调等需求，具有综合处理能力。

13.3.3 设计基础资料

(1)收集当地交通管理部门、消防部门和业主对隧道运行管理的要求。

(2)相关专业提供的隧道土建资料，交通流量、行车速度、周边路网情况。

(3)索取通风、排水、照明、电气、消防等专业设计资料和工艺控制要求。

(4)了解隧道周围环境、交通、地形，确定控制中心设置位置。

(5)了解当地通信网络覆盖和运行状况。

(6)确定隧道群管理控制系统的信息通信方式和内容。

改造扩建工程，需建设单位提供原有系统设置资料、运行情况、设备状况。

13.4 系统设计

13.4.1 监控设施配置

监控系统的拓扑结构应根据隧道规模、道路等级、功能需求、管理要求等因素综合确定。《公路隧道设计规范》JTG 3370.1—2018 对于监控系统配置是根据隧道等级来划分的，根据隧道长度和预计年交通流量两个因数，隧道分为 A+/A/B/C/D 五级（图 13.4-1）。

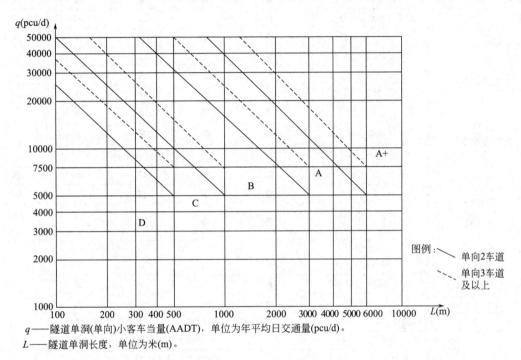

q——隧道单洞(单向)小客车当量(AADT)，单位为年平均日交通量(pcu/d)。
L——隧道单洞长度，单位为米(m)。

图 13.4-1 隧道监控等级划分

各级隧道的监控系统设施配置见表 13.4-1。

隧道监控设施配置 表 13.4-1

设施名称		各类设施分级				
		A+	A	B	C	D
交通安全设施		按第 4 章规定设置				
通风设施	风机	按第 5 章规定设置				
	能见度检测器	★	★	■	▲	—
	CO 检测器	★	★	■	▲	—
	NO_2 检测器	■	■	■	▲	—
	风速风向检测器	★	★	★	▲	—
照明设施	灯具	按第 6 章规定设置				
	亮度检测器	★	★	★	■	—

续表

设施名称		各类设施分级				
		A+	A	B	C	D
交通监控设施	车辆检测器	★	★	■	▲	—
	视频事件检测器	★	★	■	▲	—
	摄像机	●	●	★	■	—
	可变信息标志	★	★	▲	▲	—
	可变限速标志	★	★	■	▲	—
	交通信号灯	★	★	★	■	—
	车道指示器	●	●	★	★	▲
	交通区域控制单元	★	★	▲	▲	—
紧急呼叫设施	紧急电话	★	★	★	▲	—
	隧道广播	★	★	★	—	—
火灾探测报警设施	火灾探测器	●	●	★	▲	—
	手动报警按钮	●	●	●	▲	—
	火灾声光警报器	按第9章规定设置				
消防设施与通道	灭火器	●	●	●	●	●
	消火栓	●	●	■	—	—
	固定式水成膜泡沫灭火装置	●	●	■	—	—
	通道	按第10章规定设置				
中央控制管理设施	计算机设备	★	★	★	▲	—
	显示设备	★	★	★	▲	—
	控制台	★	★	★	▲	—
供配电设施		根据以上用电设施配置情况设置				
接地与防雷设施		根据以上用电设施配置情况设置				
线缆及相关设施		根据以上各类设施配置情况设置				

注："●"：必须设；"★"：应设；"■"：宜设；"▲"：可设；"—"：不作要求。

同时，还有一级公路和二级公路隧道的配置表，基本思路是一致的。

《城市地下道路工程设计规范》CJJ 221—2015 对于监控系统设置也作了要求，明确长及特长距离城市地下道路宜设置运营管理中心（地下道路长度分类见表13.4-2），其他规模地下道路可设置监控、应急事件处理管理所，符合交通管理、电力供应、防灾报警、设备监控、应急处置等功能要求。城市立交多见中短隧道，而穿江、过海多为中长隧道，超长隧道，在沿海城市也陆续多了起来。

地下道路长度分类　　表13.4-2

分类	特长距离地下道路	长距离地下道路	中等距离地下道路	短距离地下道路
长度 L(m)	$L>3000$	$3000 \geq L>1000$	$1000 \geq L>500$	$L<500$

目前，国内较少针对城市隧道的设计规范，对于城市隧道监控设计也主要参考以上规范标准执行，同时根据实际需求调整规模大小，一般城市隧道由于交通流量和交通影响比公路大，交通环境复杂，设置标准会比公路隧道更高，除提高以上设计标准外，还可能增

加电气火灾监控、智能照明监控、事件检测分析系统、结构风险检测评估等。随着智慧城市建设和隧道管理要求的提升,可能采用隧道集群管理,隧道需要考虑信号的上传和大数据分析。

13.4.2 拓扑结构

监控系统架构按隧道控制逻辑关系和线路拓扑构建,一般由中心级系统、中间级系统和终端级系统形成三级逻辑层,形成集散式网络控制系统,中间采用两级通信层进行联络,主干网一般采用光纤以太环网,必要时,可采用冗余网络结构,现场级网络一般采用以太网/现场总线方式;当隧道规模不大时,可仅设两层甚至一层结构。在控制中心无法设置或管理采取远传方式时,系统架构可由中间级和终端级两级组成;超短隧道,受监控设备较少时,可现场设置终端监控设备,一级控制即可(图13.4-2~图13.4-4)。

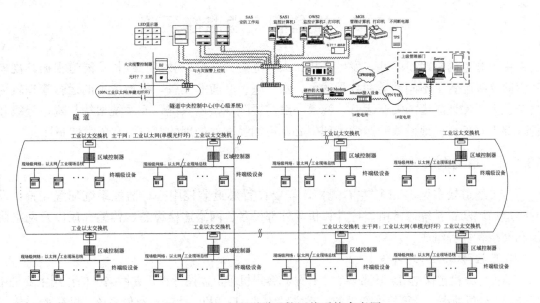

图13.4-2 大型隧道监控网络系统参考图

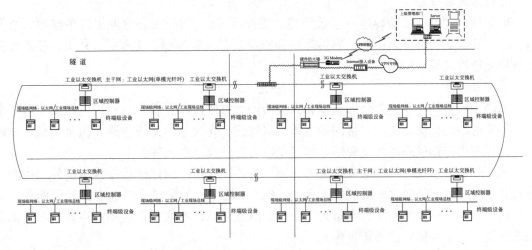

图13.4-3 中型隧道监控网络系统参考图

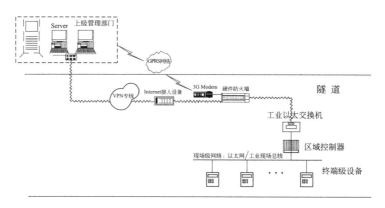

图 13.4-4 小型隧道监控网络系统参考图

13.5 设备和交通监控系统

由于隧道的相对封闭性,发生事故、火灾危险大,难以救援、维护;隧道根据其规模和消防等级配置了不同种类和数量的风、水、电、交通等设备,故而隧道的运营管理较为复杂,为了保证隧道的安全运营,隧道一般需要配备监控系统,而系统架构与隧道等级和管理要求有关,就地设置的运营管理中心,可加强事件处理的有效性和危害抑制性。

13.5.1 系统组成

城市隧道较多见 1km 长左右规模,需要设置隧道监控中心,监控系统配置完整,设置隧道局域网;系统通常由监控计算机与外部设备、网络连接设备、传输介质以及网络协议和网络软件等组成。

1. 监控计算机与外部设备

监控计算机包括主机、服务器、工作站和客户机等,监控计算机在网络中的作用主要是用来处理、分析数据。计算机外部设备包括控制终端、打印机、大容量存储系统、投影显示等。

2. 网络连接设备

网络连接硬件由传输媒体(连接线缆、连接器等)、网络设备(网卡、中继器、收发器、集线器、交换机、路由器、网桥等)和资源设备(服务器、工作站、PLC、外部设备如现场交通设备等)构成。

3. 传输介质

网络中的传输介质一般分为有线和无线两种。有线传输介质是指利用电缆或光缆等来充当传输通路的传输介质,包括同轴电缆、双绞线、光缆等,无线传输介质是指利用电波或光波等充当传输通路的传输介质,包括微波、红外线、激光等。

光纤是由一组光导纤维组成的传输介质,它通过光信号间接地传输数字信号(中间要经过光信号与数字信号之间的转换过程)。光纤一般可分为单模光纤和多模光纤两种,两者相比单模光纤传输速度快、容量大。一般在隧道局域网布线中,连接距离较长时(如达到几公里、几十公里)多使用单模光纤。

隧道设备与交通监控系统几乎所有网线都采用双绞线。双绞线根据结构和功能不同一般分非屏蔽双绞线和屏蔽双绞线。在隧道环境中多采用屏蔽双绞线，在办公区域可采用非屏蔽双绞线。

4.网络协议

在计算机网络技术中，一般把通信规程称作协议。所谓协议，就是在设计网络系统时预先作出的一系列约定（规则和标准）。数据通信必须完全遵照约定来进行。网络协议是通信双方共同遵守的一组通信规则。

13.5.2 局域网结构

隧道局域网常见的拓扑结构有星形、环形、树形（总线形）等；其中总线形拓扑结构是树形拓扑结构的特例。目前，隧道局域网中均广泛应用。一般大中型隧道多采用环形结构，中型隧道多采用树形（总线形）结构，小型隧道采用星形结构（图 13.5-1～图 13.5-3）。

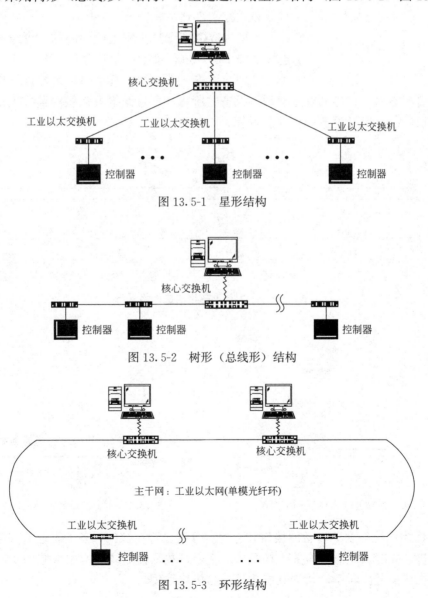

图 13.5-1　星形结构

图 13.5-2　树形（总线形）结构

图 13.5-3　环形结构

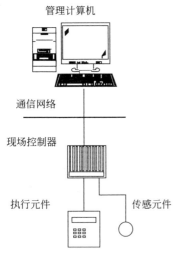

图 13.5-4 控制系统基本组成

隧道设备和交通监控系统目前广泛采用集散型计算机控制系统，又称分布式控制系统（Distributed Control System，简称 DCS）的多层次的网络结构（图 13.5-4）。一般包括主干（核心）层、汇聚层和终端接入层三个层级，规模较小的网络只包括主干层和终端接入层两个层次，特大的隧道网络甚至具有四个层次（图 13.5-5～图 13.5-7）。它的特征是"集中管理，分散控制"，即以分布在现场被控设备处的可编程控制装置（即 PLC）完成被控设备的实时监测和控制，安装于中央监控室的管理计算机完成集中数据存储、分析、显示、报警、打印与优化控制，从而形成管理、控制、现场设备三个网络层构成的分级分布式控制管理系统。

小型短隧道不设置就地监控中心的，可通过网络通信连接群控中心，进行集中控制管理。

管理计算机（或称上位机、中央监控计算机）设置在隧道中央监控室内，它将来自隧道现场设备的所有信息数据集中提供给监控人员，并接至室内的显示设备、记录设备和报警装置等。

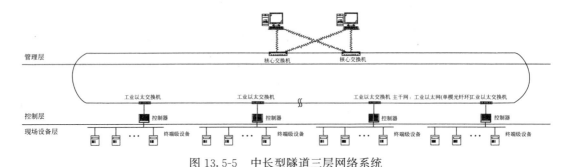

图 13.5-5 中长型隧道三层网络系统

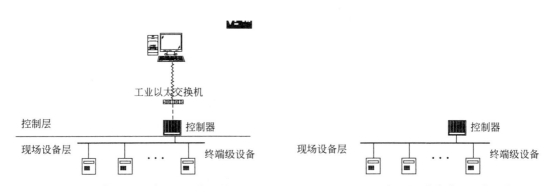

图 13.5-6 中短型隧道两层网络系统　　　　图 13.5-7 小型短隧道单层网络系统

PLC 作为系统与现场设备的接口，它通过分散设置在被控设备的附近，收集来自现场设备的信息，并能独立监控有关现场设备。它通过数据传输线路与中央监控室的中央管理监控计算机保护通信联系，接受其统一控制与优化管理。

中央管理计算机与PLC之间的信息传送,由数据传输线路(通信网络)实现,较小规模的系统可以简单用屏蔽双绞线作为传输介质。大规模的系统则须采用光纤作为传输介质。

传感器和执行,是装置在被控设备的传感(检测)元件和执行元件。这些传感元件如亮度传感器、气体传感器、压力传感器、流量传感器、电流电压转换器、液位检测器等,将现场检测到的模拟量或数字量信号输入至PLC,PLC则输出控制信号传送给继电器、调节器等执行元件,对现场被控设备进行控制。

13.5.3 系统方案及设备的选择

集散型监控系统主要由如下四部分构成:通信网络、中央管理计算机、PLC及传感器、执行器。

1. 通信网络

(1) 网络结构

网络结构通常由网络中心、内部网络与外部网络构成。网络中心与上级部门连接,实现Internet接入,并具有担负全网的运营管理及监控能力;外部网络承担对外公告及访问Internet服务;内部网络作为办公、生产业务处理和信息管理的平台。

(2) 网络各层次设备

主干(核心)层:承担网络中心的主机(或主服务器)与网络主干交换设备的联结,或者实现网络多台主干交换设备的光纤联结。其传输速率一般达到1000Mbps,甚至万兆,要留有一定的冗余,根据需要可方便扩展新业务。主干网应能支持多种网络协议。

汇聚层:一般以基于100M/1000Mbps传输率的局域网交换机组成,在隧道中汇聚各区域的交换机,上链主干层,下链终端接入层。

终端接入层:一般以10M/100Mbps传输率的局域网交换机组成,连接用户终端及桌面设备。

若采用以太网无源光网,主干层传输率为1Gbps,通过无源分线器分成16或32路至用户端,则每个用户端的平均传输率为66Mbps或33Mbps,实现对用户FTTD连接。

以太网无源光网可以与传统的以太网交换机进行连接。既可实现用户端口数的扩展;还能实现更高传输率和更多端口数的主干层。

(3) 网络应用带宽

网络主干通常为1000Mbps传输速率,连接服务器机群与主干交换机;主干与汇聚层通常以100Mbps/1000Mbps连接;汇聚层交换机到桌面一般为10/100Mbps或100Mbps连接。

(4) 内网和外网的设置

为了加强信息安全性,一般要构建内网、外网两个网络。内网和外网一般是物理隔离,也可通过防火墙逻辑隔离。

1) 内网可采用千兆以太网交换技术、TCP/IP通信协议,由主干、汇聚和终端接入层(或由主干和终端接入层)构成,主干一般支持1G传输速率,传输介质可采用6类对绞线或多模光纤，在大范围建筑群中，主干可能支持 10G 传输速率，并考虑采用单模光纤。

2）内网仅限于内部用户使用，内部的远程用户要通过公网方式接入网络中心，必须经过身份认证后才能访问内部网。

3）内网中还包括具有特殊网络安全要求的专网，专网必须在内网中独立构建。

4）外网与 Internet 相连，应考虑防止外部入侵对外网信息的非法获取，通常以防火墙为代表的被动防卫型安全保障技术已被证明是一种较有效的措施。同时，也有采取实时监测网络的非法访问的主动防护。外网与 Internet 网络互连一般由上级部门提供接入。

5）作为网络运行的关键设备，交换机应采用高可靠、易扩充和有较好管理工具的产品。

6）若物理隔离内网与外网，则其配线及线路敷设必须是彼此独立的，不得共管、共槽敷设。

（5）访问 Internet

本地网络通过路由器和防火墙，一般以专线或企业网方式连至上级网络中心，实现 Internet 访问。

（6）网络设备的选择

网络设备主要包括交换机、路由器等。网络交换机的类型必须与网络的总体结构相适应，在满足端口要求的前提下，可按下列原则配置：

小型网络可采用独立式网络交换机，独立式交换机价格较便宜，但其端口数量固定；

大、中型网络宜采用堆叠式或模块化网络交换机，堆叠式或模块化交换机便于网络的扩展。

2. 中央管理计算机

中央管理计算机担负着整个隧道的设备控制与管理、车辆流量与安全行驶的监控及隧道环境的控制与管理等关键任务，起着类似人脑的重要指挥作用，除要求完善的软件功能外，硬件还必须可靠。隧道的管理计算机采用工业级计算机，为了避免一台计算机发生故障死机，管理计算机同时使用两台或多台计算机完成同一任务，利用增加冗余度来提高整体可靠性。为保证实时性，通常采用两台计算机互为热备份的"双机热备份"或称"双机容错"方法。

3. PLC

PLC 常用作集散控制系统中的现场控制站，通过通信总线与终端控制器联系，具有一定的存储能力，通常它安装在被控设备附近。PLC 的核心是可编程控制器，通过模拟量输入通道（AI）和开关量输入通道（DI）采集实时数据，然后按照一定的控制规律进行计算，最后发出控制信号，并通过模拟量输出通道（AO）和开关量输出通道（DO）直接控制生产过程。在 PLC 的系统设计和使用中，主要掌握 PLC 的输入和输出的连接。根据信号形式的不同，PLC 的输入和输出有如下四种方式。

（1）模拟量输入（Analogy Input，缩写为 AI）

模拟量输入的物理量有温度、湿度、浓度、压力、压差、流量、空气质量、CO_2、CO 等气体含量、脉冲计数、脉冲频率、单相（三相）电流、单相（三相）电压、功率因数、有功功率、无功功率、交流频率等，这些物理量由相应的传感器感应测得，再经过变送器转变为电信号送入 PLC 的模拟输入口（AI）。此电信号可以是电流信号（一般为 0～10mA），也可以是电压信号（0～5V 或 0～10V）。电信号送入 PLC 模拟量输入 AI 通道后，经过内部模拟/数字转换器（A/D）将其变为数字量，再由 PLC 计算机进行分析处理。

（2）数字量输入（DI）

PLC 计算机可以直接判断 DI 通道上的开关信号，如启动继电器辅助接点（运行状态）、热继电器辅助接点（故障）、水位开关、电磁开关、风速开关、手自动转换开关、0～100％阀门反馈信号等，并将其转化成数字信号，这些数字量经过 PLC 控制器进行逻辑运算和处理。PLC 控制器对外部的开关、开关量传感器进行采集。DI 通道还可以直接对脉冲信号进行测量，测量脉冲频率，测量其高电平或低电平的脉冲宽度，或对脉冲个数进行计数。

一般数字量接口没有接外设或所接外设是断开状态时，PLC 控制器将其认定为"0"，而当外设开关信号接通时，PLC 控制器将其认定为"1"。

（3）模拟量输出（AO）

PLC 模拟量输出（AO）信号是 0～5V、0～10V 间的电压或 0～10mA、4～20mA 间的电流。其输出电压或电流的大小由计算机内数字量的大小决定。由于 PLC 计算机内部处理的信号都是数字信号，所以这种连续变化的模拟量信号是通过内部数字/模拟转换器（D/A）产生的。通常，模拟量输出（AO）信号用来控制隧道亮度调节等动作。

（4）数字量输出（DO）

开关量输出（DO）亦称数字量输出，它可由计算机输出高电平或低电平，通过驱动电路带动继电器或其他开关元件动作，也可驱动指示灯显示状态。DO 信号可用来控制开关、交流接触器、变频器以及可控硅等执行元件动作。交流接触器是启停风机、水泵等设备的执行器。控制时，可以通过 PLC 的 DO 输出信号带动继电器，再由继电器触头接通交流接触器线圈，实现设备的启停控制。

（5）现场总线（Field Bus）

位于隧道的许多设备和装置，如：传感器、调节器、变送器、执行器等都是通过信号电缆与计算机、PLC 相连的。当这些装置和设备相距较远、分布较广时，就会使电缆线的用量和敷设费用大大增加，造成了整个项目的投资成本增加、系统连线复杂、可靠性降低、维护工作量增大、系统进一步扩展困难等问题。因此，人们迫切需要一种可靠、快速、能经受工业现场环境、低廉的通信总线，将分散于现场的各种设备连接起来，实施对其监控。现场总线就是在这种背景下产生了。

现场总线的主要特点：

1）全数字化通信：采用现场总线技术后只用一条通信电缆就可以将控制器与现场设备（智能化的、具有通信口）连接起来，提高了信号传输的可靠性。

2）系统具有很强的开放性：这里的开放是指对相关标准的一致性和公开性，用户可按自己的需要和对象，把来自不同供应商的产品组成大小随意的系统。

3）具有强的互可操作性与互用性：实现互连设备间、系统间的信息传送与沟通，可实行点对点、一点对多点的数字通信，不同生产厂家的性能类似的设备可以进行互用。

4）现场设备具有智能化与功能自治性：它将传感测量、补偿计算、工程量处理与控制等功能分散到现场设备中完成，仅靠现场设备即可完成自动控制的基本功能，并可随时诊断设备的运行状态。

5）系统结构的高度分散性：由于现场设备本身已可完成自动控制的基本功能，使得现场总线已构成一种新的全分布式控制系统的体系结构。从根本上改变了现有 DCS 集中与分散相结合的集散控制系统体系，简化了系统结构。

4. 仪表、传感器、执行器和显示器

（1）仪表的分类及主要功能

隧道中常用的仪表分为检测仪表（如传感器、变送器）和执行仪表（如电动执行器）两大类。

隧道监控系统中常用的检测仪表包括：温度、湿度、压力、压差、水位、一氧化碳、二氧化碳、照度、电量等测量仪表。执行仪表包括电动调节阀、电动蝶阀、电磁阀、电动风阀执行机构等。

（2）信息发布显示

信息发布显示设备包括：隧道应急广播、交通信号灯、车道指示器、交通信息情报板等。

13.5.4 系统控制方案

1. 设备监控子系统

设备控制子系统包括照明控制系统、通风控制系统、排水控制系统、配变电所电力监控系统、火灾自动报警系统、电气火灾监控系统。

有人工照明设施的隧道应设置照明控制系统，并根据照明方式、环境要求合理确定照明方案，照明控制系统根据检测洞内外亮度值、时间、交通量、车速、天气条件等控制参数经计算处理后控制照明工况及按时间区段预先编制程序控制照明工况。

有机械通风设施的隧道应设置通风控制系统，并根据通风方式、工况要求合理确定通风方案，通风控制系统应检测隧道能见度、NO_2 浓度、CO 浓度和风向、风速，控制风机的运转，根据检测的交通量数据，实时了解隧道内交通量、行车速度、车辆构成等，通过交通流量状况分析并计算出车辆排放量，以及按时间预先编制程序控制风机运转。

有排水设施的隧道应设置排水控制系统，并根据排水工况要求合理确定排水方案，排水控制系统根据排水池水位和排水泵运行参数经计算处理后控制排水工况。

2. 交通监控子系统

在设置交通监测设施、交通诱导设施及信息发布设施的隧道应设置交通控制系统，交通控制系统应通过交通监测设施检测隧道交通信息、车辆运行状况，收集隧道交通运营状态，处理交通信息，同时接收中央控制室计算机传来的信息或者指令，发布信息对隧道进行控制和诱导。

采集和处理隧道交通基本信息，包括交通量、车速、占有率，采集交通监控设施的工作状态信息和控制反馈信息，向可变信息标志、可变限速标志、显示设备发送显示信息，向交通控制和诱导设施发送控制和诱导信息（表 13.5-1）。

隧道设备和交通监控系统监测点　　　　　表 13.5-1

系统		监控点	接口位置或传感器
设备监控系统	照明系统	照明回路开/关	控制器输出
		照明回路运行/故障	相应控制回路
		照明回路手/自动	相应控制回路
		亮度/照度检测	相应仪表传感器
	通风系统	风机回路开/关	控制器输出
		风机回路运行/故障	相应控制回路
		风机回路手/自动	相应控制回路
		能见度	相应仪表传感器
		NO_2 浓度	相应仪表传感器
		CO 浓度	相应仪表传感器
		风向、风速	相应仪表传感器
	排水控制系统	水泵回路开/关	控制器输出
		水泵回路运行/故障	相应控制回路
		水泵回路手/自动	相应控制回路
		水位监测	相应仪表传感器
交通监控系统	交通监控子系统	车辆检测器	相应仪表传感器
		交通信号灯	控制器输出
		车道指示器	控制器输出
		可变信息标志	控制器总线输出
		可变限速标志	控制器总线输出
		超限车辆检测	相应仪表传感器

13.6　电力监控系统

　　电力监控系统通过电力监控系统设于现场的测控装置，实时采集隧道供配电系统中供电设备的运行状态，对进/出线等设备运行状态进行监视，通过对故障动作信号的采集，加快对电网事故的反映和处理速度，缩短因故障所造成的停电时间；通过监控中心还可以远程发布控制命令、远程遥控分合相应开关回路。隧道电力监控系统应满足隧道电气设备和线路的继电保护和电气测量要求，具备隧道电气设备的监视、保护、测量、控制、管理功能。

13.6.1　系统组成

　　隧道电力监控系统采用多层分布式系统结构，包括管理层（中控层）、控制层（站控层）、现场设备层（间隔层）（图 13.6-1）。

　　1. 管理层（中控层）

　　隧道电力监控系统在隧道监控中心设置监控工作站。获取供配电系统的实时数据信

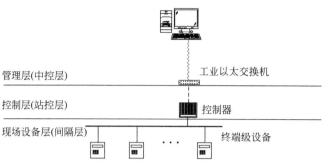

图 13.6-1　隧道电力监控系统

息,对隧道内供配电系统的负荷状况、负荷分布曲线、重要报警、事故统计、工作状态等电力监控数据进行获取与统计,从整体上对供配电系统进行监视和控制,分析供配电系统的运行状态,对整个被监控的供配电系统进行有效的控制、管理,使供配电系统处于最优的运行状态。监控管理层(监控中心、分中心或管理所)将实时地接收隧道内供配电系统的有效数据,以保证监控中心对供电系统全局运行状态的掌握,并协调各个监控系统之间的运行。

2．控制层（站控层）

各监控子站与监控中心之间的数据传输是可通过高速光纤通信网来实现的,各监控子站利用光纤通信通道传输数据到电力监控工作站进行数据处理。每个监控子站通过光纤通信通道与监控中心的电力监控工作站进行通信;通过 RS485、RS232、CAN 等接口,与隧道配电中心内的测控装置进行通信,采集终端装置的数据信息,进行协议转换、数据处理、数据转发,上传有效数据至电力监控工作站。

3．现场设备层（间隔层）

现场设备层主要指各配电系统各变电所、箱变等电气设备的电力监控。其面向对象（高压进线/出线、低压进线、变压器等设备对象）的数据采集和数据集中转换传输的标准模式配置,主要由继电保护装置、智能配电装置、变压器监控单元等设备构成。

13.6.2　系统设置及功能

隧道电力监控系统由设置在隧道监控中心的主站监控系统、设置在隧道各配电所内的现场控制系统、设置在终端的测控元件以及通信网络构成。

隧道电力监控中心主站监控系统的基本功能:

(1) 实现对隧道配电系统的遥控;

(2) 实现对隧道配电系统设备运行状态的实时监视和故障报警;

(3) 实现对隧道配电系统中主要运行参数的遥测;

(4) 实现中文界面的屏幕、模拟盘或其他设备的显示,以及运行和故障记录信息的打印功能;

(5) 实现隧道电能统计等的日报、月报制表打印;

(6) 实现电力监控系统自检功能。

13.6.3 系统监控的基本内容

隧道电力监控的基本内容包括控制、测量、监控三部分。

控制是指隧道电力监控中心向隧道配电系统主要的断路器、负荷开关及系统用电动隔离开关等开关电气设备发送"合闸"、"分闸"指令，实行远距离控制操作。

测量是指电力监控中心对隧道配电系统进/出线电量参数的测量，包括电流、电压、功率、功率因素等。

监控是指电力监控中心对隧道配电系统各电气设备的工作状态进行监控，如断路器运行/故障跳闸状态、变压器运行/故障状态等（表13.6-1）。

电力监控系统监控内容　　　　　　　　　　　　表13.6-1

		监控内容		
	监控名称	控制	测量	监控
电力监控系统	10kV配电线路	—	电量参数，包括电流、电压、功率、功率因素等	—
	10kV进出线电气设备	开/关	—	运行/故障
	10kV/0.4kV变压器	—	三相电量参数，包括电流、电压、功率、功率因素、零序电流及变压器温度等	运行/故障
	0.4kV配电线路	—	电量参数，包括电流、电压、功率、功率因素等	—
	0.4kV进出线电气设备	开/关	—	运行/故障

13.7 视频监控系统

隧道内行车环境差、空间封闭狭长等环境因素易引起交通事故及二次事故的发生。在隧道内设置视频监控系统，能实时、直观、准确地监视隧道内的交通运行状况、各种信号状态、车流密度；能发现隧道中的异常情况，对隧道内的火灾报警信息、交通阻塞、事故信息予以确认；并为监控室的指挥调度人员提供直观的现场情况，有效指挥异常状况的处理和交通疏导；同时，能为值班人员进行事后分析、处理各种异常事故提供直接可靠的依据。

隧道内的视频监控系统能够实时、形象、真实地反映隧道内被监视控制的对象，通过查询和重放录制材料，获得大量丰富的信息；极大地提高了系统管理的效率和有效性，因此在隧道中得到广泛应用和重视。

视频报警控制器有模拟式和数字式两类：模拟式是通过检测被摄景物亮度电平的变化来触发报警；数字式是通过图像识别系统对图像信号进行对比、分析、处理。一旦监控对象发生变化，即可在不到0.1s的时间内将入侵者的现场图像信号自动存储到计算机或其他硬盘存储系统，被摄的入侵现场图像也同时在监视屏上以闪亮方式显示，引起监控人员注意。

根据隧道特点，视频监控系统设计应充分考虑到隧道具有照度低、通风条件差、湿度高等特点。系统要求在隧道正常运行时，能够循环显示监视图像，并还能将所有监视画面集中显示。在有报警时，能自动切换进行监视，并能启动录像机进行录像存档。系统还要求摄像机有自动检测功能。可按照交警要求接入交警系统并与交警系统联网。

13.7.1 系统组成

典型的视频监控系统主要由前端闭路监控设备和后端设备这两大部分组成，其中后端设备可进一步分为中心控制设备和分控制设备（图13.7-1）。前、后端设备有多种构成方式，它们之间的联系（也可称作传输系统）可通过电缆、光纤、双胶线或微波等多种方式来实现。

前端采集系统：包括摄像机、镜头、云台、解码器、支架、护罩等设备组成。

视频传输系统：包括视频线传输、光纤传输、共缆传输（有线电视射频信号方式）、双绞线传输、无线传输、电力载波传输等。

终端存储系统：包括硬盘录像系统、非硬盘存储录像机（移动监控存储）等。

终端控制系统：包括监控软件、视频矩阵、云台控制键盘、画面处理器、切换器、分配器、视频放大器、抗干扰器等。

终端显示系统：包括显示器、投影仪、大屏幕监视器等。

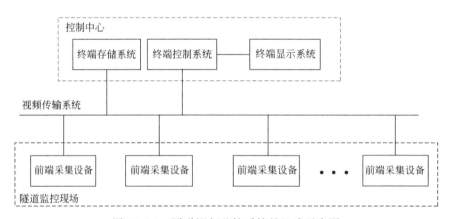

图13.7-1 隧道视频监控系统的组成示意图

13.7.2 系统设置及功能

隧道视频监控系统一般分为管理视频监控和交通视频监控：管理视频监控主要用于监控隧道内各种设备（如风机、水泵等）的运行状态、设备用房的情况、风机运行状态、照明、对隧道能见度，对隧道内各种事故及火灾报警情况进行确认。管理视频监控摄像机主要设置于各附属管理建筑、设备用房、隧道出入口，在隧道内布置时间距不应超过150m（图13.7-2）。交通视频监控用于直观地了解隧道交通运行状况（如隧道出、入口及隧道内的交通流量、车流密度及道路使用状况），同时还可以对隧道控制信号，如车道控制标志、交通信号灯、可变情报板，以及隧道内的火灾报警进行直观确认，以便于为交通控制提供直观的依据和客观的记录。可按照交警要求接入交通管理系统。

隧道视频监控系统一般按照以下几个部分设置。

1. 视频摄像子系统

该部分主要由彩色高清晰度摄像机自动光圈光学镜头、防护罩、云台、支架及解码器

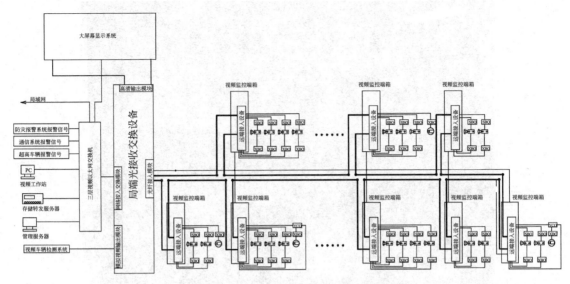

图 13.7-2　隧道视频监控系统示意图

等设备组成。

摄像机设置的基本设计原则:

(1) 摄像机应设置于隧道内、隧道外及隧道附属管理建筑处,且不得侵入建筑限界;

(2) 摄像机宜设置于隧道内紧急停车带、车行横道、人行横道处;

(3) 隧道外摄像机应设置于距隧道口 100~400m 处,应能清楚地监视洞口区域的全貌和交通状况;

(4) 隧道内摄像机直线段设置间距不应大于 150m,曲线段设置间距可根据实际情况适当减小,应能全程连续监视隧道内车辆运行情况和报警救援设施使用状况。

2. 图像传输子系统

由于隧道距离较长,环境恶劣,为了得到高质量的视频图像,对于视频信号的传输采用光纤传输方式,通常将电信号转为光信号,再经光纤传输至控制室。

3. 输出子系统

显示部分一般由多台监视器或大屏幕拼接系统组成,由多台摄像机组成的电视监控系统中一般将几台摄像机的图像信号用一台监视器轮流切换显示。也可以应用画面分割器将几台摄像机送来的图像信号同时显示在一台监视器上(图 13.7-3)。

视频信号同时保存到中控室的硬盘录像机内。

4. 控制子系统

控制部分是整个系统的核心,总控制台对摄像机及其辅助设备的控制采用以太网/总线方式,把控制信号送到各摄像机附近的图像监控终端机,在图像监控终端机上将总控制台送来的编码控制信号解出,成为控制动作的命令信号,再去控制摄像机及其辅助设备的各种动作。视频切换器可以选择任何一路视频信号输出。控制键盘能够预先对云台进行编程,使其对应于多个报警点的位置,当有报警信号时能够快速旋转,使摄像机对准报警点进行摄像。

隧道视频控制系统应设置在中央控制室内,并符合下列要求:

图 13.7-3 大屏幕显示系统

（1）监视器分辨率高于录像机；
（2）录像设备应具有手动或自动控制功能，可进行长延时录像；
（3）应具有计算机接口并能受中央管理计算机的控制；
（4）应具有对视频信号进行多路分配的功能；
（5）应能对现场视频信号采用一对一或一对多的方式显示；
（6）应能对多路视频信号进行选择显示；
（7）应能根据隧道监控系统接收或检测到的紧急电话、火灾报警和交通异常信号等，自动对显示方式进行切换或将报警区域的相关视频信号优先切换至监视器（图 13.7-4）。

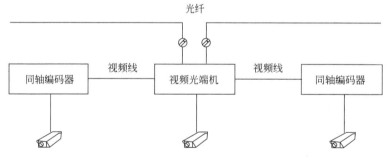

图 13.7-4 隧道内视频接入示意图

13.7.3 设计方案选择

1. 模拟标清监控系统方案

（1）系统的组成

闭路监控系统根据其使用环境、使用部门和系统的功能而具有不同的组成方式，无论系统规模大小和功能多少，一般监控电视系统由摄像、传输、控制、图像处理和显示等四个部分组成。

1）摄像部分

作用是把系统所监控的目标，即把被摄体的光信号变成电信号摄像机的种类很多，不同的系统可以根据不同的使用目的而选择不同的摄像机及镜头等。

安装在监视现场的设备称为"前端设备"。前端设备通常包括：摄像机、摄像机镜头、摄像机防护罩、旋转云台、解码器和安装支架等。带有监听功能的系统，安装有监听探测器；带有安全防范报警功能的系统，安装有各种类型的报警探测器；具有联动功能的系统，安装有报警联动照明设备、红外线灯以及其他控制设备。

2）传输部分

作用是将摄像机输出的音、视频信号馈送到中心机房或其他监控点；本部分能够应用的产品有视频分配器、视频放大器、馈线等。视频传输部分的物理介质可以是同轴电缆或光纤。

3）控制部分

作用是在中心机房通过有关设备对系统的摄像和传输分配部分的设备进行远距离控制，控制部分的主要设备有：集中控制器、电动云台、云台控制器等。

4）图像处理和显示部分

图像处理是指对系统传输的图像信号进行切换、记录、回放、加工和复制等；显示部分则是使用监视器进行图像重现，有时还采用投影电视来显示其图像信号。图像处理和显示部分的主要设备有：视频切换器、监视器和硬盘录像机等。

（2）监控中心的功能

监控中心监控平台应具备以下操作功能：

1）通过系统控制键盘，控制摄像机、监视器及其他设备所需电源通断。

2）通过系统控制键盘，输出各种遥控信号。

3）接收各种告警信号，及各监视系统的连动编程控制。

4）对音、视频信号进行切换控制。

5）对视频信号叠加编号字符。

6）通过内部通话控制主机，与前端各分机进行通话或监听。

（3）传输线路

由前端摄像机摄取的视频电视信号、监听探测器拾取的声音信号、报警探测器发出的报警信号以及主控设备向前端设备传送的控制信号以及供电电源等，都要通过一定的传输媒体进行传送。传输系统可以是有线传输方式、无线传输方式、微波传输方式、光纤传输方式、双绞线平衡传输方式和电话线传输方式等。在一些较复杂的闭路电视监控系统中，可以同时使用多种传输系统。

为保证各个前端摄像机供电正常，并且电源线和视频线一起敷设不会对视频信号产生干扰，设计在监控室将 AC 220V 的电压转为 DC 12V 给各个摄像机供电。所有的供电线缆采用 RVV2×1.0 的电源线。

室外的高清红外高速球形摄像机通过 485 总线控制，采用 RVVP2×1.0 的控制线缆。

（4）存储部分

数据的存储对监控来说是非常重要的，特别是事后取证，对录像进行调览等操作决定着应对突发事件的处理效率。可以采用分布式集中存储，并配合 NVR 采用前端网络摄像机的 SD 卡存储，实现 ANR 存储，确保了系统的稳定性、可靠性。存储特点：

1) 在监控中心和分控中心分别部署存储系统，实现分布式集中存储；
2) 采用基于 iSCSI 技术的 IP SAN（Storage Area Network）解决方案；
3) 采用 RAID5 等存储技术，提高数据存储的安全性、可靠性；
4) 基于 IP 网络进行存储，实现随时随地调看存储资料；
5) 采用 ANR 技术，保证录像数据、告警数据、抓拍数据的完整性。

ANR 技术应用于防止前端录像丢失的场景下，即当 NVR 和前端网络摄像机之间的链路出现故障，如断链、NVR 断电等，通过网络摄像机自带的 SD 卡能够自动对前端视频进行数据存储，可存储的内容包括视频录像、告警图像抓拍、告警日志等，直到链路恢复正常，再将这些数据回传至 NVR，真正确保了整个系统的安全可靠性和数据的完整性。

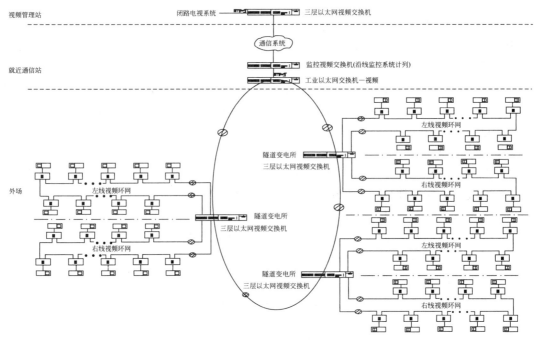

图 13.7-5　数字高清视频监控系统示意图

2. 数字高清视频监控系统方案（图 13.7-5）

（1）摄像机的选型

高清摄像机分辨率标准为 $1280(H) \times 720(V)$ 或 $1920(H) \times 1080(V)$，采用隔行或逐行扫描方式，逐行扫描具有最高等级视频清晰度标准，监控画面、更清晰、更详细，信息更有效，传输数字视频信号。对于隧道特殊环境，获取高质量画面无疑是隧道监控的重点，因此选用高清摄像机。

而高清视频摄像机又根据压缩方式分为数字非压缩编码摄像机及数字压缩编码（IP 网络高清）摄像机两种。数字非压缩编码的视频信号不经过任何压缩技术处理，数字压缩编码视频信号经过压缩处理，其码流大幅度降低，占用带宽少，后期存储发布等也比非压缩方式更为方便，回放录像与实时画面达到同等的高清效果，提高了监控系统的工作效率。

针对隧道内摄像机布设数量较多的情况，推荐采用网络高清摄像机。

（2）摄像机的布设方案

隧道内每不到90m设置1套高清摄像机，监控范围覆盖全部隧道；隧道内每处人行横道、车行横道设置1套高清摄像机，及时、快速地发现隧道内的异常情况；隧道洞外设置高清云台摄像机，对隧道洞口交通流、路况以及运行情况进行视频监控。

（3）视频传输方案

隧道内前端高清摄像机采用环网方式完成监控传输一体化，减少监控摄像机到传输设备之前的故障点，减少视频线缆或电缆受雷电破坏信号传输，避免当某处发生故障或光路不通时视频丢失情况。前端每一台或几台高清摄像机配一套工业交换机，隧道内左右线分别构建千兆自愈环网，将视频信号上传至区域控制中心，由区域控制中心视频系统上传至隧道监控管理中心。摄像机摄取现场视频信号，采用以太网交换机＋单模光纤环网方式传送至隧道区域控制中心，经隧道区域控制中心内设置的以太网视频交换机与附近隧道组网后上传至隧道监控管理中心，经通信系统实现各隧道视频至隧道监控管理站的汇聚。

（4）视频存储（图13.7-6）方案

目前，主流设计方案有如下两种。

方案一：

隧道区域控制中心设置视频存储设备，分布式存储单元单个存储图像相对较少，选用NVR硬盘录像机进行本地存储，本地可对隧道图像进行存储、查询、控制，隧道区域控制中心通过视频网络对各隧道图像进行调用、查看、控制，存储时间不小于30d。该方案

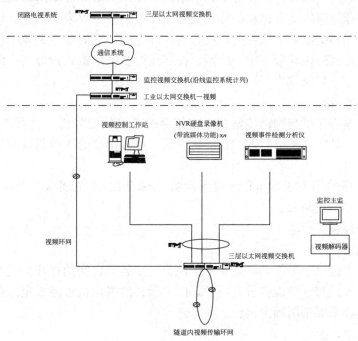

图13.7-6 视频存储示意图

在主线光缆中断或故障情况下，可本地存储、查询，可靠性高，但需要在隧道现场进行维护，隧道现场环境对存储设备的寿命存在一定影响。

方案二：

在隧道监控管理中心设置视频存储设备，集中存储视频数量较大，选用 IPSAN 磁盘阵列进行集中存储，并设置视频存储服务器及流媒体发布服务器配套设备。该方案仅需在隧道监控管理中心进行维护，在光缆中断或故障情况下，需修复完成后才能实现存储，造成部分视频遗漏，可靠性较差，视频在传输过程中占用大量传输带宽，造成传输速率下降。

13.7.4 系统设备选型

1. 摄像机

摄像机分类：按摄像机的结构和安装方式可分为球形（半球形）摄像机、枪式摄像机，和网络摄像机。

(1) 球形（半球形）摄像机

球形（半球形）摄像机（Dome Camera）结构紧凑、安装方便，把摄像机、光学镜头、旋转云台、云台的解码器、防护外罩和安装底座等全部集成在一个球罩内，因此又称为球形一体机。

球形摄像的最大缺点是有机玻璃球会影响摄像机的感光灵敏度和图像色彩，有机玻璃球罩的抗环境性能（如强光和高温曝晒）较差，因此一般以室内应用为主。

(2) 枪式摄像机

与球形摄像机类似，枪式摄像机除防护外罩外，把摄像机、光学镜头、旋转云台、控制镜头和控制云台的接收解码器全部装置集成在一个安装底座上。防护外罩只保护摄像机和光学镜头，是采用金属材料制作的全封闭结构；在镜头前的外罩采用高透明度的玻璃窗口，因此避免了球形摄像机有机玻璃球罩的透明度影响摄像效果的缺点。枪式摄像机具有很好的抗环境性能和抗电磁干扰性能，适合室内外应用。它的缺点是体积较大和只能适合支架式安装，不适宜隐蔽场合应用。故而，在隧道内多采用枪式摄像机，隧道外和特殊场所采用球形（半球形）摄像机。

(3) 网络摄像机

网络摄像机是摄像机与网络传输技术相结合的新一代摄像机；拥有独立的 IP 地址和嵌入式操作系统，是实现网络监控的智能化产品，可将拍摄的图像直接通过网络传送到另一个远端接收端口。

使摄像机所摄的画面通过 RJ-45 以太网接口或 WLAN 无线接口直接传送到网络上，通过网络即可远端监视画面。

2. 摄像机云台和防护罩

(1) 摄像机云台

云台是安装摄像机的工作基座，用于摄像机与安装架之间的连接。它有手动云台（又称半固定支架云台）和电动旋转云台两种。固定云台的摄像机可完成定点拍摄或全景拍摄功能。现在大多隧道多采用固定云台。

(2) 防护罩

摄像机防护罩用来保护摄像机和镜头可靠工作、延长其使用寿命和防止对摄像机造成人为损坏。防护罩可分为室内型、室外型和特殊型等三种。隧道一般采用室外型。

3. 数字处理/控制设备

数字处理/控制设备由视/音频压缩编/解码器、信号切换控制系统（视/音频分配器、视/音频和 VGA 切换矩阵、摄像机和云台控制编解码器等）及视频管理服务器等设备组成。

4. 视频监控管理终端

视频监控管理终端是监控中心通过传输网络对全系统实施管理和控制切换远端摄像机图像的核心设备。

对于 200 台以下前端摄像机的小型视频监控系统，通常采用 VGA 切换矩阵和台式电脑组成的专用控制台，对系统实施管理、控制和图像切换。更多摄像机前端的大中型视频监控系统，必须采用专用控制软件的高性能视频服务器来解决。

5. 视频切换矩阵

视频切换矩阵与计算机配套组成管理中心控制台，主要功能是对视频图像的输入和输出进行任意通路的切换，即可以在任何输入端与任何可输出端之间进行信号路由选择，主要用于管理、控制和切换视频监控系统。采用视频切换矩阵可节省大量信号处理设备和显示器，简化系统操作。

切换矩阵分为模拟矩阵和数字矩阵两类。

模拟矩阵。信号不经过任何处理，全部以模拟视/音频信号直接切换；采用单片机或专用芯片控制的模拟开关实现矩阵切换。模拟矩阵的优点是视频图像质量好，技术成熟，配置灵活，信号无延时。系统组成方案为模拟矩阵＋DVR 数字硬盘录像机，模拟矩阵和 DVR 需分别进行控制，操作流程较复杂；CCTV 系统如果不增加其他配套装置或功能处理板卡插件，画面上不能叠加字符、不能多画面显示、不能远距传输和不能与 DVR 数字硬盘录像机组合成一体机等。

数字矩阵。顾名思义，全部采用数字处理的矩阵。一般都有数字信号和模拟信号两种输入接口。数字矩阵的优点是可在图像画面上叠加中文字符、可多画面显示、可远距离传输、可方便地与 DVR 数字硬盘录像机组成一体机和不需其他外接设备等，系统集成度高、成本低、操作方便，但数字视/音频信号需经压缩编码，图像质量会有一些不明显的损失及产生一些信号延时。数字矩阵可分为总线型和数据交换型两类。

6. 视/音频信息存储和显示系统

视/音频信息存储、显示系统是视频监控系统的终端设备，由信息存储（包括查询回放）和大屏显示系统两部分组成。

7. 数据信息存储

信息存储和回放是电视监控系统的重要组成部分。中小型隧道系统一般都采用 DVR 多通道数字硬盘机，大中型隧道系统可采用服务器、磁盘阵列或专门的存储设备。

8. 图像分辨率标准和多画面显示

多画面显示系统是视频监控系统常用的终端显示器，显示器的图像分辨率必须满足电视监控图像清晰度的相应等级要求。

9. 信号传输系统

监控现场摄像机采集到的视/音频信号通过传输网络向监控中心传送，监控中心还要把控制摄像机的指令信号传送给受控摄像机，因此在摄像机与监控中心之间必须建立一个双向传输网络系统。

隧道视频监控系统一般采用专网或局域网传输。专网传输系统的传输速度快、频带宽、延时小、无干扰、维护使用费少、声音和图像清晰稳定，但建设投资费较多。根据传输距离和传输带宽要求，可采用同轴电缆、双绞线、光缆或无线传输网络等。

13.8 监控中心

13.8.1 监控数据中心的选址和设置

1. 机房位置选择

按照《数据中心设计规范》GB 50174—2017，机房位置选择应符合下列要求：
(1) 电力供给应充足可靠，通信应快速畅通，交通应便捷；
(2) 采用水蒸发冷却方式制冷的数据中心，水源应充足；
(3) 自然环境应清洁，环境温度应有利于节约能源；
(4) 应远离产生粉尘、油烟、有害气体以及生产或贮存具有腐蚀性、易燃、易爆物品的场所；
(5) 应远离水灾、地震等自然灾害隐患区域；
(6) 应远离强振源和强噪声源；
(7) 应避开强电磁场干扰；
(8) 设置在建筑物内局部区域的数据中心，在确定主机房的位置时，应对安全、设备运输、管线敷设、雷电感应、结构荷载、水患及空调系统室外设备的安装位置等问题进行综合分析和经济比较。

2. 数据中心的组成

(1) 数据中心的组成应根据系统运行特点及设备具体要求确定，宜由主机房、辅助区、支持区、行政管理区等功能区组成。

1) 主机房：主要用于数据处理设备安装和运行的建筑空间，包括服务器机房、网络机房、存储机房等功能区域；

2) 辅助区：用于电子信息设备和软件的安装、调试、维护、运行监控和管理的场所，包括进线间、测试机房、总控中心、消防和安防控制室、拆包区、备件库、打印室、维修室等区域；

3) 支持区：为主机房、辅助区提供动力支持和安全保障的区域，包括变配电室、柴油发电机房、电池室、空调机房、动力站房、不间断电源系统用房、消防设施用房等。

(2) 机房使用面积应根据计算机设备的外形尺寸布置确定。在计算机设备外形尺寸不完全掌握的情况下，计算机机房使用面积应符合下列规定：

1) 当计算机系统设备已选型时，主机房的使用面积应根据电子信息设备的数量、外形尺寸和布置方式确定，并应预留今后业务发展需要的使用面积。主机房的使用面积可按下式确定：

$$A = SN \tag{13.8-1}$$

式中 A——主机房的使用面积（m²）；

S——单台机柜（架）、大型电子信息设备和列头柜等设备占用面积，可取 2.0~4.0m²/台；

N——主机房内所有机柜（架）、大型电子信息设备和列头柜等设备的总台数。

2）辅助区和支持区的面积之和可为主机房面积的 1.5~2.5 倍。

3）用户工作室的使用面积可按 4~5m²/人计算；硬件及软件人员办公室等有人长期工作的房间，使用面积可按 5~7m²/人计算。

3. 设备布置要求

数据中心内的各类设备应根据工艺设计进行布置，应满足系统运行、运行管理、人员操作和安全、设备和物料运输、设备散热、安装和维护的要求。

容错系统中相互备用的设备应布置在不同的物理隔间内，相互备用的管线宜沿不同路径敷设。

当机柜（架）内的设备为前进风/后出风冷却方式，且机柜自身结构未采用封闭冷风通道或封闭热风通道方式时，机柜（架）的布置宜采用面对面、背对背方式。

主机房内通道与设备间的距离应符合下列规定：

（1）用于搬运设备的通道净宽不应小于 1.5m；

（2）面对面布置的机柜（架）正面之间的距离不宜小于 1.2m；

（3）背对背布置的机柜（架）背面之间的距离不宜小于 0.8m；

（4）当需要在机柜（架）侧面和后面维修测试时，机柜（架）与机柜（架）、机柜（架）与墙之间的距离不宜小于 1.0m；

（5）成行排列的机柜（架），其长度超过 6m 时，两端应设有通道；当两个通道之间的距离超过 15m 时，在两个通道之间还应增加通道。通道的宽度不宜小于 1m，局部可为 0.8m。

4. 设备布置方式

计算机设备的布置方式，多采用集中和人机分离两种。

人机分离的平面布置方式是今后机房内平面布置的主要形式。

13.8.2 监控中心的环境要求

（1）温度、露点温度及空气粒子浓度应符合《数据中心设计规范》GB 50174—2017 的要求；数据中心的空气调节系统设计应根据数据中心的等级，按《数据中心设计规范》GB 50174—2017 附录 A 的要求执行。与其他功能用房共建于同一建筑内的数据中心，宜设置独立的空调系统。

（2）噪声、电磁干扰、振动及静电应符合相关规范要求。

13.8.3 监控中心的供电

数据中心用电负荷等级及供电要求应根据数据中心的等级，按现行国家标准《供配电系统设计规范》GB 50052 及表 13.8-1 的要求执行。

数据中心供电及电源质量要求表　　　　表 13.8-1

项目	技术要求			备注
	A级	B级	C级	
电气技术				
供电电源	应由双重电源供电	宜由双重电源供电	两回线路供电	—
供电网络中独立于正常电源的专用馈电线路	可作为备用电源	—	—	—
变压器	$2N$	$N+1$	N	A级也可采用其他避免单点故障的系统配置
后备柴油发电机系统	$(N+X)$冗余$(X=1\sim N)$	$N+1$,当供电电源只有一路时需设置后备柴油发电机系统	不间断电源系统的供电时间满足信息存储要求时,可不设置柴油发电机	—
后备柴油发电机的基本容量	应包括不间断电源系统的基本容量、空调和制冷设备的基本容量	—	—	—
柴油发电机燃料存储量	满足12h用油	—	—	1.当外部供油时间有保障时,燃料存储量仅需大于外部供油时间。2.应防止柴油微生物滋生
不间断电源系统配置	$2N$ 或 $M(N+1)(M=2、3、4\cdots)$	$N+1$	N	$N\leqslant 4$
	一路$(N+1)$UPS和一路市电供电	—	—	满足《数据中心设计规范》GB 50174—2017 第 3.2.2 条要求时
	可以$2N$,也可以$(N+1)$	—	—	满足《数据中心设计规范》GB 50174—2017 第 3.2.3 条要求时
不间断电源系统自动转换旁路	需要			—
不间断电源系统手动维修旁路	需要			—
不间断电源系统电池最少备用时间	15min 柴油发电机作为后备电源时	7min 柴油发电机作为后备电源时	根据实际需要确定	—
空调系统配电	双路电源(其中至少一路为应急电源),末端切换。采用放射式配电系统	双路电源,末端切换。采用放射式配电系统	采用放射式配电系统	—

续表

项目	技术要求			备注
	A 级	B 级	C 级	
变配电所物理隔离	容错配置的变配电设备应分别布置在不同的物理隔间内			
电子信息设备交流供电电源质量要求				
稳态电压偏移范围(%)	+7～-10			交流供电时
稳态频率偏移范围(Hz)	±0.5			交流供电时
输入电压波形失真度(%)	≤5			电子信息设备正常工作时
允许断电持续时间(ms)	0～10			不同电源之间进行切换时

电子信息设备供电电源质量应根据数据中心的等级，按表13.8-1的要求执行。当电子信息设备采用直流电源供电时，供电电压应符合电子信息设备的要求。

供配电系统应为电子信息系统的可扩展性预留备用容量。且户外供电线路不宜采用架空方式敷设。数据中心低压电源应由专用配电变压器或专用回路供电，变压器宜采用干式变压器，变压器宜靠近负荷布置。其低压配电系统的接地形式宜采用 TN 系统。采用交流电源的电子信息设备，其配电系统应采用 TN-S 系统。

13.8.4 监控中心的接地

数据中心的防雷和接地设计，应满足人身安全及电子信息系统正常运行的要求，并应符合现行国家标准《建筑物防雷设计规范》GB 50057 和《建筑物电子信息系统防雷技术规范》GB 50343 的有关规定。保护性接地和功能性接地宜共用一组接地装置，其接地电阻应按其中最小值确定。

对功能性接地有特殊要求需单独设置接地线的电子信息设备，接地线应与其他接地线绝缘；供电线路与接地线宜同路径敷设。数据中心内所有设备的金属外壳、各类金属管道、金属线槽、建筑物金属结构等必须进行等电位联结并接地。

电子信息设备等电位联结方式应根据电子信息设备易受干扰的频率及数据中心的等级和规模确定，可采用 S 型、M 型或 SM 混合型。

机房内设有防静电地板时，其地板及金属的门、窗均作接地处理，且保证等电位。

等电位联结网格应采用截面积不小于 $25mm^2$ 的铜带或裸铜线，并应在防静电活动地板下构成边长为 0.6～3m 的矩形网格。等电位联结带、接地线和等电位联结导体的材料和最小截面积，应符合《数据中心设计规范》GB 50174—2017 的相关要求。

13.8.5 监控中心的装修要求

室内装修设计选用材料的燃烧性能应符合现行国家标准《建筑内部装修设计防火规范》GB 50222 的有关规定。

主机房室内装修，应选用气密性好、不起尘、易清洁、符合环保要求、在温度和湿度变化作用下变形小、具有表面静电耗散性的材料，不得使用强吸湿性材料及未经表面改性处理的高分子材料作为面层。主机房内墙壁和顶棚的装修应满足使用功能要求，表面应平整、光滑、不起尘、避免眩光，并应减少凹凸面。

技术夹层的墙壁和顶棚表面应平整、光滑。当采用人造顶棚做技术夹层时，宜设置检修通道或检修口。

13.8.6 监控中心的静电防护要求

主机房和辅助区的地板或地面应有静电泄放措施和接地构造，防静电地板、地面的表面电阻或体积电阻值应为 $2.5 \times 10^4 \sim 1.0 \times 10^9 \Omega$，且应具有防火、环保、耐污耐磨性能。

主机房中不使用防静电活动地板的房间，可铺设防静电地面，其静电耗散性能应长期稳定，且不应起尘。主机房的工作台面宜采用导静电或静电耗散材料。

电子信息系统机房内所有设备的金属外壳、各类金属管道、金属线槽、建筑物金属结构等必须进行等电位联结并接地。

静电接地的连接线应有足够的机械强度和化学稳定性，宜采用焊接或压接。当采用导电胶与接地导体粘结时，其接触面积不宜小于 $20cm^2$。

主机房地面设计应满足使用功能要求，当铺设防静电活动地板时，活动地板的高度应根据电缆布线和空调送风要求确定，并应符合下列规定：

（1）活动地板下的空间只作为电缆布线使用时，地板高度不宜小于 250mm；

（2）活动地板下的空间既作为电缆布线，又作为空调静压箱时，地板高度不宜小于 500mm；当电缆敷设在活动地板下时，为避免电缆移动导致地面起尘或划破电缆，地面和四壁应平整而耐磨；当同时兼作空调静压箱时，为减少空气的含尘浓度，地面和四壁应选用不易起尘和积灰、易于清洁，且具有表面静电耗散性能的饰面涂料。

13.9 通信系统

隧道是空间狭窄的特殊通信区域，影响无线信号正常传播；此外，由于车体对信号的遮挡，车辆行驶速度快，导致隧道内的通信信号极差，产生通信盲区。对重要的隧道实现全线网络信号覆盖是运营商提高网络质量的一个重要环节，是提高综合竞争力的一个有力手段。

13.9.1 公网无线引入系统

隧道公网通信系统主要由隧道覆盖的信号源、天馈系统组成。

1. 隧道覆盖的信号源

为了提供隧道覆盖，一个或多个信号源与分布式系统是必要的。信号源的选择，需要根据隧道附近的无线覆盖状况和传输、话务、现有网络设备等情况来决定。隧道覆盖所采用的信号源包括宏蜂窝基站、微蜂窝基站、直放站等。

（1）宏蜂窝基站：对于人流量大、话务量也高的隧道，这种场合不仅要覆盖站台，而且还要覆盖隧道系统出口等地方，可采用容量较大的宏蜂窝基站。使用宏蜂窝基站的优点是可以提供更多的信道资源，扩容较为容易，单个基站覆盖能力强；缺点是需要用电缆从 BTS 设备所在的机房引入信号覆盖隧道，增加了馈线损耗，需要较大的机房等配套设备，总的投资费用高。

（2）分布式基站：目前无线设备多采用分布式的设计，即 BBU+RRU 的方式，BBU 负责基带信号处理，RRU 进行射频信号的收发。BBU 和 RRU 之间通过光纤连接，同时 RRU 也可以级联部署。BBU 可集中放置在具有较完善传输配套装置的机房，RRU 通常靠近覆盖目标安装，大大减少了馈线损耗（相对宏蜂窝基站而言），同时 BBU 采用池组化方式部署，便于扩容、升级，以及小区之间协调调度和干扰控制的实现，尤其适合长隧道的覆盖。

（3）微蜂窝基站：对容量要求不是很高的隧道覆盖，可采用微蜂窝基站。使用微蜂窝基站的优点是所需设备空间小，所需配套设备少，总的投资费用低。缺点是设备最大发射功率较低，覆盖范围相对较小。

（4）无线直放站：如果附近有信号源可以利用，则可采用无线直放站来作为隧道覆盖的信号源。采用直放站往往是网络拓展的第一步，在网络容量上升后再用基站来替换。采用直放站作为信号源的优点包括：无需传输、综合成本低、可将远处的话务带给施主小区，使小区的信道利用率更高、安装速度快等。无线直放站有宽带直放站和选频直放站两种，采用无线直放站会使得网络管理复杂度增加，不便维护，另外在采用选频直放站时，施主小区的频率发生变更后，直放站的频率也要进行调整，不利于整网规划和优化，施主天线和重发天线需要有足够的隔离度，造成安装空间上有些困难等缺点。除采用无线直放站以外，也可采用光纤直放站作为信号源对隧道进行覆盖。

在实际工程中，必须根据隧道长度、隧道附近的覆盖状况、基站分布、话务分布、建站条件等因素选择信号源，分布式基站和微站是隧道覆盖建设常用的信号源。

2. 隧道覆盖的天馈系统选择

在选择好了信号源之后，则必须根据实际情况配置天馈系统，对隧道进行覆盖。通常有三种不同配置的天馈系统：同轴馈电无源分布式天线、光纤馈电有源分布式天线、泄漏电缆。

（1）同轴馈电无源分布式天线：这种覆盖方案的设计比较灵活，价格相对低，安装较方便。同轴电缆的馈管衰减较小，天线增益的选择主要取决于安装条件，在条件许可的情况下，可选用增益相对较高的天线，来提高覆盖范围。该方案的简化版就是采用单根天线对隧道进行覆盖，对于较短的隧道来说，这种方案确实是一种低成本解决方案。

（2）光纤馈电有源分布式天线系统：在某些复杂的隧道覆盖环境中，可采用光纤馈电有源分布式天线系统来替代同轴馈电无源分布式天线系统。它更适用于覆盖地下隧道（地铁隧道）和站台。采用光纤馈电有源分布式天线系统的主要好处包括在室内安装的电缆数减少、可适用更细的电缆、采用光缆可降低电磁干扰、在复杂的网络中设计更灵活等，缺点是成本高。

（3）泄漏电缆：采用泄漏电缆进行隧道覆盖，是一种最为常用的方法，这种方法的好处在于：

1）可减小信号阴影和遮挡，在复杂的隧道中采用分布式天线，手机与某特定天线之间可能会受到遮挡，导致覆盖不好；

2）信号波动范围减小，与其他天线系统相比，隧道内信号覆盖均匀；

3）可对多种服务同时提供覆盖，泄漏电缆本质上是宽带系统，多种不同的无线系统可以共享同一泄漏电缆，考虑到在隧道中经常使用某些无线系统（寻呼系统、告警系统、广播等），采用共享一条泄漏电缆的方法，可省去架设多条天线的工程。

3. 通信系统的设置

在进行隧道通信系统覆盖规划之前，一般需要知道以下数据：

隧道长度、隧道宽度、隧道孔数、覆盖概率（50%、90%、95%、98%、99%）、隧道结构（金属、混凝土）、载频数目、隧道中最小接收电平（一般为 $-85\sim-102\text{dBm}$）、隧道孔间距、AC/DC是否可用、墙壁能否打孔、隧道入口处的信号电平、隧道内部已有信号电平等。

目前，隧道综合通信根据隧道的具体情况主要有以下几种设计方案。

（1）无线直放站＋八木天线（图13.9-1）

适用范围：

长度不超过600m的笔直隧道，且隧道外可以接收到较强的无线信号。

特点：

1）采用无线引入方式，对接收信号强度要求较低；

2）具有很好的隔离度，便于站址的选择；

3）发射功率大；

4）选频灵活，最多可以提供八载频的选频方式。

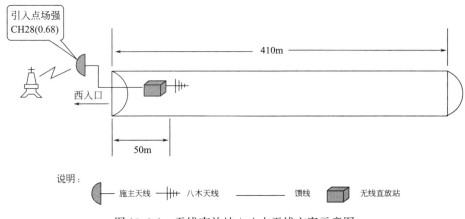

图13.9-1　无线直放站＋八木天线方案示意图

（2）隧道两端均采用无线直放站＋八木天线（图13.9-2）

适用范围：

长度不超过1000m的笔直隧道，且隧道口两端均可以接收到较强的无线信号。

特点：

1）采用无线引入方式，对接收信号强度要求较低；

2）具有很好的隔离度，便于站址的选择；

3）安装方便、灵活；

4）发射功率大；

5）选频灵活，最多可以提供八载频的选频方式。

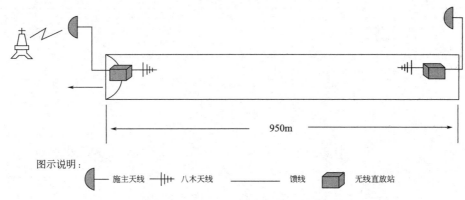

图 13.9-2　隧道两端均采用无线直放站＋八木天线方案示意图

（3）无线直放站＋泄漏电缆＋干放＋八木天线（图 13.9-3）

适用范围：

隧道长度在 600～1100m 的笔直隧道，且仅有隧道一端可以接收到基站信号。

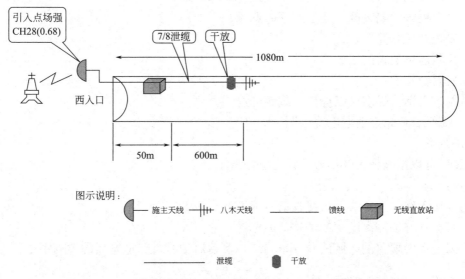

图 13.9-3　无线直放站＋泄漏电缆＋干放＋八木天线方案示意图

特点：

1）采用无线引入方式，对接收信号强度要求较低；
2）具有很好的隔离度，便于站址的选择；
3）安装方便、简单；
4）采用泄缆覆盖的区域信号分布均匀；
5）发射功率大；
6）选频灵活，最多可以提供八载频的选频方式。

（4）隧道两端均采用无线直放站＋泄漏电缆＋干放（图 13.9-4）

适用范围：

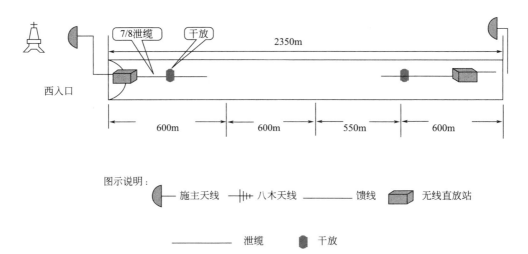

图 13.9-4 隧道两端均采用无线直放站+泄漏电缆+干放方案示意图

隧道长度在 1200～2400m 的笔直隧道，且隧道两端均可以接收到基站信号。

特点：
1) 采用无线引入方式，对接收信号强度要求较低；
2) 具有很好的隔离度，便于站址的选择；
3) 安装方便、简单；
4) 采用泄缆覆盖的区域信号分布均匀；
5) 发射功率大；
6) 选频灵活，最多可以提供八载频的选频方式。

（5）无线直放站+泄漏电缆（图 13.9-5）

适用范围：

隧道口可以接收到无线信号的任意弯曲隧道。

特点：
1) 采用无线引入方式，对接收信号强度要求较低；
2) 具有很好的隔离度，便于站址的选择；
3) 采用泄缆覆盖的区域信号分布均匀，覆盖后信号受隧道弯曲的影响很小；

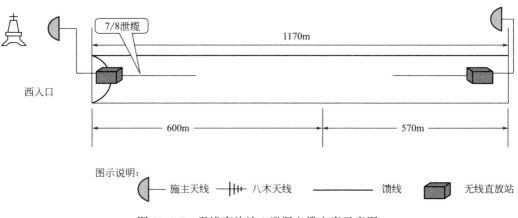

图 13.9-5 无线直放站+泄漏电缆方案示意图

4)发射功率大;

5)选频灵活,最多可以提供八载频的选频方式。

(6)基站+光纤直放站(图13.9-6)

适用范围:

隧道口无法接收到任何无线信号的隧道或隧道群。

特点:

1)采用有线接入,耦合基站信号,通过光纤传输;

2)不受隔离度限制,理论上可以任意选择站址;

3)安装方便、简单;

4)采用泄缆覆盖的区域信号分布均匀;

5)由于只能耦合基站部分功率,发射功率较小;

6)理论上可以覆盖足够长的隧道,但实际上直放站级联会造成底噪抬高,影响系统性能,一般不用于长隧道的覆盖。

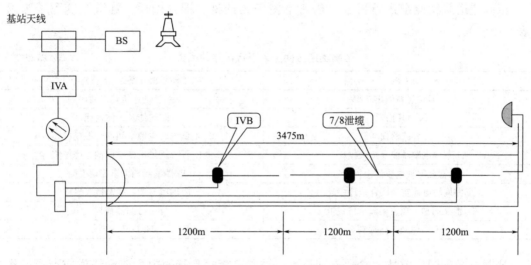

图13.9-6 基站+光纤直放站方案示意图

(7)BBU+RRU+(POI)+泄漏电缆

这是目前长隧道(1km以上)通常采用的覆盖方式。

多系统接入时,通常采用高性能POI设备将多个系统的信号进行合路之后馈入漏缆。

特点:

1)发射功率大,单接入点覆盖距离远;

2)采用漏缆覆盖,区间信号分布更均匀;

3)易于扩容及小区合并和分裂,组网设计更灵活。

4.链路预算

(1)信源+天线方式

目前的通信系统主要可分为2G的GSM900,3G的WCDMA2100,4G的LTE1800。基站的发射功率为10W,定向天线增益为16dBi。不同通信系统的覆盖距离如表13.9-1所示。从表中可以看出,当隧道的长度在1km左右,并且隧道的路径是笔直的时,采用定向天线可以达到良好的覆盖效果。

不同通信系统链路预算表　　　　　　　　　　　　　　表 13.9-1

	GSM900	WCDMA2100	LTE1800
发射功率(dBm)	40	40	40
导频功率(dBm)	40	30	15
天线增益(dBi)	16	16	16
接收功率门限(dBm)	－80	－85	－100
阴影衰落裕量(dB)	10	10	10
车体损耗(dB)	10	10	10
填充损耗(dB)	10	10	10
链路预算(dB)	106	101	101
覆盖距离(m)	5569	952	1103

（2）信源＋漏缆方式

区间隧道采用漏缆进行覆盖，需考虑漏缆的选型、耦合损耗、隧道宽度因子等因素（表 13.9-2）。

影响隧道区间上、下行链路的因素　　　　　　　　　　表 13.9-2

基站→移动手机(下行链路)	移动手机→基站(上行链路)
A. 基站设备输出功率	A. 移动手机输出功率
B. POI 插损	B. 车体及人体损耗
C. 分路器损耗	C. 泄漏同轴电缆空间耦合损耗(95%)
D. 射频电缆跳线及接头损耗	D. 泄漏同轴电缆空间耦合修正值
E. 泄漏同轴电缆传输损耗	E. 泄漏同轴电缆传输损耗
F. 泄漏同轴电缆空间耦合损耗(95%)	F. 射频电缆跳线及接头损耗
G. 泄漏同轴电缆空间耦合修正值	G. 分路器损耗
H. 车体及人体损耗	H. POI 插损

泄漏电缆不同厂家技术参数差别较大，链路测算时参照国内主流漏缆供应商指标作为测算标准，本方案漏缆指标取值如表 13.9-3 所示。

漏缆指标取值　　　　　　　　　　　　　　　　　　表 13.9-3

序号	项目	单位	频率	规格代号 42
1	衰减常数,20℃	dB/100m(±10%)	800	2.15
			900	2.33
			1800	4
			1900	4
			2000	4.41
			2200	5.01
			2400	5.7
			2600	6.4
			2620	6.49

续表

序号	项目	单位	频率	规格代号 42
2	耦合损耗(95%)距电缆 2m 处测量值	dB(±5dB)	800	72
			900	70
			1800	67.2
			1900	65
			2000	66.6
			2200	65.2
			2400	65
			2600	66
			2620	66.3

泄漏电缆覆盖模型如图 13.9-7 所示，信号源从泄漏电缆的一端注入射频信号，经过一定距离的传输衰减，信号逐渐减弱，直到衰减到无法满足覆盖要求为止，该距离即为信号源的有效覆盖距离。

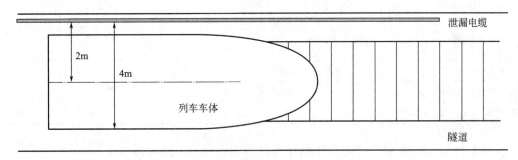

图 13.9-7　泄漏电缆覆盖模型示意图

漏缆的覆盖距离

$$L=[P_{in}-(P_0+L_1+L_2+L_3+L_4+L_5)]/S(m) \qquad (13.9\text{-}1)$$

式中　P_{in}——泄漏电缆输入端注入功率；

　　　P_0——最低要求覆盖信号强度；

　　　L_1——泄漏电缆耦合损耗，此项为泄漏电缆指标，一般取 95% 覆盖概率的耦合损耗，与工作频段有关；

　　　L_2——人体衰落，与车厢内的拥挤程度有关，一般取 3~5dB；

　　　L_3——宽度因子，$X\lg(d/2)$，d 为终端距泄漏电缆的距离，X 为系数，一般取值在 10~20dB 之间，根据实际项目进行模测校准；

　　　L_4——设计衰减余量，一般取 3dB；

　　　L_5——车体损耗，与车厢类型有关，一般地铁车体损耗在 8~12dB 左右，具体损耗取值应以模测为准；

　　　S——每米泄漏电缆传输损耗，此项为泄漏电缆指标，与工作频段有关。

其中，隧道内车门关闭，最高车速为 80km/h，车内移动手机的车体损耗按 12dB，人体损耗按 3dB，隧道宽度因子影响为 3dB（漏缆距车厢远处约 4m），POI 按上、下行 2 路均输出考虑，插入损耗按5dB。

依据以上指标，结合各运营商覆盖要求指标，漏缆链路预算如表13.9-4所示。

漏缆链路预算　　　　　　表13.9-4

系统制式	WCDMA	LTE	GSM900	移动LTE-F	移动LTE-E	电信CDMA
频段(MHz)	2100	1800	900	1900	2300	800
车内场强要求(dBm)	−85	−100	−85	−100	−100	−90
P_t 输出功率或导频功率(dBm)	33	12.2	37	12.2	12.2	33
N_1 跳线损耗(dB)	1	1	1	1	1	1
N_3 合路器(POI)损耗(dB)	5	5	5	5	5	5
漏缆注入功率(dBm)	27.00	6.20	31.00	6.20	6.20	27.00
M 衰减因子、余量(dB)	3	3	3	3	3	3
4m处衰减因子(M宽度因子,dB)	3.01	3.01	3.01	3.01	3.01	3.01
M_1 介质损耗(dB)	12	12	12	12	12	12
M_2 人体损耗(dB)	5	5	5	5	5	5
漏缆耦合损耗(dB)	65.2	67.2	70.3	67.6	65.5	72
要求漏缆末端功率(dBm)	3.21	−9.79	8.31	−9.39	−11.49	5.01
漏馈百米衰减(dB/100m)	4.2	3.6	2.1	3.7	5.3	2
预测覆盖半径(m)	566	444	1080	421	334	1099
预测有源设备两边覆盖距离(m)	1133	888	2161	843	668	2199
考虑切换双边单边最远覆盖距离(m)	1088	865	2027	820	645	2176

实际系统设计时要根据受限系统的标准进行断点设置，并完成组网。

13.9.2 调频广播无线引入系统

调频广播的频率范围为88～108MHz，要求覆盖场强达到22dBuV/m即可达到良好接收效果。在隧道中，一般采用泄漏电缆加调频广播宽频功放组合的形式进行覆盖。隧道外的信号经过调频功放放大后，输入到泄漏电缆中，泄漏电缆按照一定的泄漏率均匀地泄漏电磁波，实现隧道内的信号覆盖。在泄漏电缆的终端必须接入终端负载以实现阻抗匹配。

隧道调频广播引入系统如图13.9-8所示，由调频专用接收天线将调频广播信号接收后，经过专用天线放大器将信号放大，进入调谐器解出所需频率的音频信号，再经过调制解调器把该音频信号转换为调频信号后，进入混合器进行合路。合路后的信号通过光端机转换为光信号，经由光缆传输到光接收点，在接收端通过光端机转换为调频广播信号，在输入到调频广播宽频功放进行放大后输出到泄漏电缆，将广播信号转发到隧道区域，实现调频广播的隧道覆盖。

调频广播宽频功放是增强射频信号功率的一种宽带无线电发射中转设备。它能放大调频广播信号的功率，并经由泄漏电缆将被宽频放大的调频广播信号发射到待覆盖区域。每台调频广播宽频功放的工作状态可由自身采集，并经由传输链路反向发送到监控中心，可实时监测广播宽带功率放大基站的工作状态良好与否。

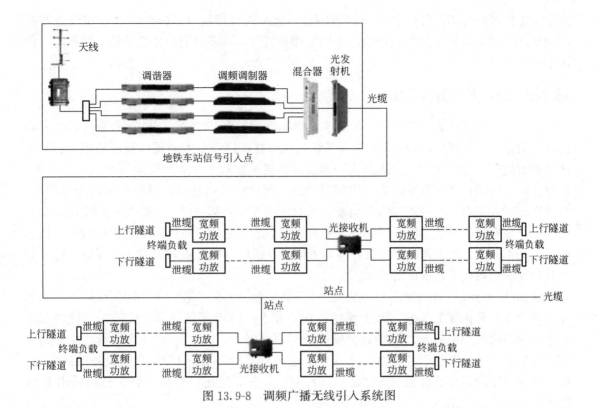

图 13.9-8　调频广播无线引入系统图

调频广播功放的功率一般为 10W，每台调频广播宽频功放的传输距离，由调频广播宽频功放的功率和所选用的泄漏电缆的衰减率决定，线径越粗的电缆高频衰减率越低，每台功放的覆盖距离一般在 800~1000m 的范围，最多可串接 8 级功放。在实际系统中，每隔 12.8km 需设置一个射频光接收点，由光接收点两端各连接 6.4km 泄漏电缆来进行覆盖，在 6.4km 泄漏电缆上每隔 800m 连接一台调频广播宽频功放。通过多个调频广播宽频功放及多个光接收点层层接力，就可通过泄漏电缆将调频广播信号覆盖整个隧道了。

泄漏同轴电缆主要用于隧道、矿井、地铁、大型建筑内及高速公路、铁路等场合无线电波不能直接传播或传播不良的特殊环境内，兼有信号传播和发送、接收天线的双重功能。具有衰减低、驻波比低、功率容量高、信号耦合性能优良、抗腐蚀性好等特点。该电缆采用氩弧焊、轧纹和可多向开槽设备，切削一组或两组合适的外导体槽孔，使电缆周围沿信号传输方向具有强度相对均匀的射频信号，实现信号在分立天线盲区的长距离输送。

目前，泄漏电缆的频段覆盖从 75MHz 到 2GHz 以上，适应现有的各种无线通信体制，应用场合包括无线传播受限的地铁、铁路隧道和公路隧道等。"泄漏同轴电缆通信"就是以同轴电缆作无线电台的天线，用它进行通信，可在一定范围内产生均匀的信号场强，而不受周围环境的影响，通信可靠性高，也不存在通信盲区，接收电平稳定，不容易受到外来信号干扰。泄漏同轴电缆系统可以提供多信道无线覆盖服务。与传统的天馈系统相比，泄漏电缆天馈系统具有以下优点：一是信号覆盖均匀，尤其适合隧道等狭小空间，可减少信号阴影及遮挡，受"填充效应"影响小；二是泄漏电缆本质上是宽频带系统，某些型号的泄漏电缆可同时用于警用寻呼（160MHz）、警用无线通信（350MHz）、全市应急指挥（800MHz）等系统；三是利用泄漏电缆的宽频带特性，可同时应用于多系统，使平均造价成本大大降低。

13.9.3 公安无线引入系统

目前，公安无线通信系统采用的数字集群标准主要有 TETRA（陆上集群无线电）和 PDT（警用数字集群）两种。TETRA 系统的优点在于话音清晰、提高频谱利用率、传输速率有所提高、功能强大，较适合入口密度大、警员数量多、应用需求复杂的发达城市。但存在以下问题：系统覆盖能力比模拟系统差，城市内基站众多，导致系统建设费用高；目前 TETRA 主要供货商都为国外企业，不对中国开放加密接口，存在加密和使用安全性的问题，公安通信系统是涉及国家安全的重要通信系统之一，采用国外企业控制核心技术的系统，不利于公安工作的保密性，并且不同设备供应商使设备间很难实现互联互通，后期建设受制于前期工程的设备选型。

从 2008 年开始，公安部牵头对制定 PDT 数字集群新标准进行了共同研究论证，并建立了产业联盟和标准工作组。PDT 系统的优点在于：PDT 系统具备 TETRA 系统的基本功能，采用国产加密机制，可满足公安部门的保密需求；PDT 系统（含终端）成本约为 TETRA 系统的七分之一，可大大降低系统建设投资。但支持 PDT 产品设备的厂家少，国内各城市还没有开始真正大规模建设。目前，公安部门还没有强制要求必须采用 PDT 系统。

在实际应用中，大多采用泄漏电缆的方式对隧道进行覆盖，应用场合包括地铁隧道、铁路隧道和公路隧道等。隧道的覆盖规划需要考虑公安系统的工作频段，设备的最小接收电平，以及发射功率等参数。在进行链路预算时，常用的方法是找出链路最长、信号损耗最大的一条泄漏电缆路由进行上下行链路预算。考虑到泄漏电缆为宽带系统，可能需要对每种通信体制分别进行链路预算，一般选择发射功率小或频率较高的通信体制进行链路预算。

下面以某地警用无线通信系统泄漏电缆设计计算为例，进行简单介绍。系统下行信号（由无线基站发往用户对讲机）发射功率为 25W，相对于用户对讲机功率（4W）高出 8dB，综合考虑系统的耦合过程等因素，下行信号将高于上行信号 3dB 左右。因此，该系统属于上行受限系统，应以上行链路预算的分析为主。

当工作频率为 800MHz 时，耦合损耗为 68dB（2m 处通信概率为 95%），泄漏同轴电缆的衰减常数 α 为 35dB/km，手机最大输出功率分别按 1W（30dBm）、2W（33dBm）、4W（36dBm）计算，最低工作电平按 −105dBm 计算，耦合损耗的波动裕量为 5dB，跳线及接头损耗为 2dB，车体影响为 10dB，耦合器损耗 6dB。链路预算如表 13.9-5 所示。

800MHz 泄漏电缆链路预算表　　　　　　　　　　　表 13.9-5

终端发射功率(dBm)	30	33	36
漏缆衰减常数(dB/km)	35	35	35
耦合损耗(dB)	68	68	68

续表

耦合损耗波动裕量(dB)	5	5	5
跳线及接头损耗(dB)	2	2	2
车体损耗(dB)	10	10	10
分路器损耗(dB)	6	6	6
最小接收电平(dBm)	−105	−105	−105
链路预算(dB)	44	47	50
传输距离(km)	1.26	1.34	1.43

当工作频率为350MHz,耦合损耗为80dB(2m处通信概率为95%)时,泄漏同轴电缆的衰减常数 α 为20dB/km,其余参数与800Hz场景相同,链路预算如表13.9-6所示。

350MHz泄漏电缆链路预算表　　　　　　表13.9-6

终端发射功率(dBm)	30	33	36
漏缆衰减常数(dB/km)	20	20	20
耦合损耗(dB)	80	80	80
耦合损耗波动裕量(dB)	5	5	5
跳线及接头损耗(dB)	2	2	2
车体损耗(dB)	10	10	10
分路器损耗(dB)	6	6	6
最小接收电平(dBm)	−105	−105	−105
链路预算(dB)	32	35	38
传输距离(km)	1.60	1.75	1.90

13.9.4 隧道紧急电话和广播系统

紧急电话和隧道广播属于隧道的紧急呼叫设施,为隧道管理提供快捷紧急呼叫功能。

1. 紧急电话

紧急电话是为行驶在公路上的驾驶员在出现交通事故时提供紧急救援的专用通信系统,同时也是监控系统收集道路上车辆故障及交通事故信息,监控道路运行情况的主要设备。

紧急电话主控设备宜设置在中央控制室,隧道内分机设置间距不宜大于200m,隧道内自入口起200m内不设置紧急电话分机,分机宜设置在隧道入口、出口、隧道内紧急停车带、人行横通道处。隧道内分机宜设置在可容人的预留洞室,同时配隔声门并设置照明,可为紧急停车带处的紧急电话分机设置电话亭。

紧急电话主控设备应具有以下功能:

(1) 汇接各紧急电话分机传输线路,控制各分机的呼叫业务;

(2) 与分机之间应能全双工通话;

(3) 允许两处及两处以上分机同时排队报警,并具有接警信息输出接口;
(4) 具有自动检测功能,可检测系统的正常和故障状态;
(5) 具有自动录音及回放功能;
(6) 具有查询统计及打印功能。

2. 隧道广播

隧道广播主要在隧道内阻塞、交通事故、火灾等情况下使用,可以采用有线广播方式或无线广播方式。

当隧道内由于火灾或交通事故而发生阻塞,中央控制室组织灭火或指挥疏导车流、治理混乱、抢救受伤人员时,值班操作员可通过广播向隧道内车辆进行喊话,传递信息,疏散导向。平时也能利用此系统灵活地传递公路养护施工状态或交通信息。

有线广播控制器宜设置在中央控制室,与中央控制室计算机相连接,扬声器应设置在隧道入口、出口及人行横通道、车行横通道处,通常,扬声器间距根据扬声器灵敏度、功率来选择,以扬声器之间不发生干扰为原则,间距值50m为经验值。

隧道有线广播设施应满足下列技术要求:
(1) 应具备全呼及分组群呼功能;
(2) 应具有自动故障检测功能,能显示系统各设备工作状态;
(3) 声学特性指标不应低于《厅堂扩声系统设计规范》GB 50371—2006 所规定的会议类扩声系统二级声学特性指标要求。

当采用无线广播方式时,应在隧道进口前设置醒目标志,告知隧道无线广播频率。

紧急电话和有线广播可以是完全分离的两套系统,现在有许多产品则将二者在物理上进行整合,逻辑上相对独立,两者功能互不干扰。如某公司产品采用紧急电话、有线广播合二为一的综合通信平台,即紧急电话和有线广播合用一套软件(同一操作画面进行接警和广播并接入以太网三层交换机,对其他子系统的数据请求提供支持或联动),合用传输光纤,共用光收发器,功能上又互相独立,互不影响,既可以节省资源,又可以提高效率。在隧道管理站设置紧急电话有线广播集中控制台,负责管理隧道内外紧急电话及广播系统的监控与控制。紧急电话控制台和有线广播控制台合用。隧道紧急电话和广播系统的供电方式采用就近取电方式,由隧道洞内附近配电房的 AC220V 交流电源进行供电,或从就近配电箱取电。洞口立柱式紧急电话分机的供电方式为电池供电(太阳能电池和其他可反复充电电池),或从隧道口最近取 AC220V 进行供电。

13.10 监控系统配电及防雷接地

13.10.1 隧道监控系统配电

隧道监控系统采用了很多计算机和数字化设备,为防止数据丢失,这些设备不允许突然停电,供电系统均需备有不间断供电。系统的供电电源虽然耗电量不大,但用电要求较复杂,不仅有交流供电、直流供电,还有柴油机应急发电供电和 UPS。

隧道的监控系统属于一级负荷中特别重要的负荷,其设备应确保不发生突然停电事故。交流电源供电方式有两种方案:

（1）两路 380V/220V 交流市电输入自动交互切换＋专为监控系统计算机设备供电的 UPS 不间断供电电源，优点是两路市电自动切换可在瞬间完成，UPS 的供电持续时间不少于 180min；可满足整个隧道所有监控系统用电设备供电（图 13.10-1）。

（2）一路 380V/220V 交流市电输入和一路柴油机自发电源输入＋专为监控系统计算机设备供电的 UPS。市电与柴油发电机电源自动切换。备用自发电系统可满足整个隧道及其附属所有用电设备的供电需求，优点是供电可靠性高。市电与自发电电源自动切换的间隙时间约需 5~10min（图 13.10-2）。

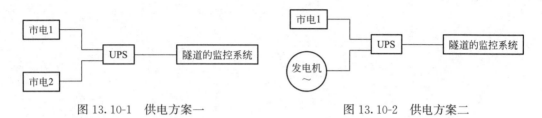

图 13.10-1　供电方案一　　　　　　图 13.10-2　供电方案二

不少隧道监控系统需要直流供电电源，例如，视频监控系统中有些摄像机采用 12V 直流电源，火灾报警系统采用 24V 直流电源，程控交换机采用 48V 直流电源等。

隧道监控系统的直流供电电源通常取自交流供电系统。由于这些直流用电设备的安装位置非常分散，用电量又不大，因此都采用分散供电方式，即采用各用电设备自带的重量轻、体积小、安装方便、适应性强的开关式直流稳压电源。

13.10.2　防雷

雷电入侵隧道的形式有两种，一种是直击雷，另一种是感应雷。一般来说，直击雷击中隧道内的电子设备的可能性很小，通常不必安装防护直击雷的设备。感应雷即是由雷闪电流产生的强大电磁场变化与导体感应出的过电压、过电流形成的雷击危害。感应雷入侵隧道弱电系统主要有以下四条途径：

（1）雷电的地电位反击电压通过接地体入侵；
（2）由交流供电电源线路入侵；
（3）由通信信号线路入侵；
（4）由计算机通信线路入侵。

不管是通过哪种形式、哪种途径入侵，都会使隧道的弱电系统受到不同程度的损坏或严重干扰。隧道的防雷可以通过如下措施：

（1）合理选择机房的位置及机房内设备的合理布局可有效地减少雷害；
（2）在供电系统及计算机网络终端设备的接口处安装电涌保护器（SPD），并对出入机房的电缆线采取屏蔽、接地、实现等电位连接等措施，可有效减少雷击过电压对弱电系统设备的侵害；
（3）机房采用联合接地。

13.10.3　接地

监控系统的接地和防雷是对保证整个系统信息传播的质量、阻止环境电磁干扰、保护人员和设备安全具有重要作用的项目。采用等电位连接和共用接地系统，使信号接地不形成闭合回路，共模形态的杂讯不易产生，同时可消除静电和电场的干扰，不易受磁场干扰。采用联合接地时接地电阻应小于1Ω。

监控系统的控制机房设备、现场控制器和现场管线均应良好接地。监控系统接地包括屏蔽接地和保护接地，屏蔽接地用于屏蔽线缆信号屏蔽接地处，保护接地用于正常不带电设备如金属机箱、桥架、电缆保护管等处。

第 14 章

防灾设计

14.1 概述

14.1.1 设计内容

隧道防灾设计包括防火、防淹、防爆、抗震等方面。

防火灾设计包括建筑安全距离防护（总平面布局）、疏散和救援通道、结构防火保护，以及各种防灾设施等。防洪设计主要包括隧道洞口的防淹设计和防淹设施。隧道防淹设计一般考虑在下穿隧道接地点处设置驼峰，无特殊要求的情况下，不作其他防淹设计。防爆设计主要指隧道内人防的相关设计内容，人防由专项设计资质单位设计，本手册中不包括此内容。抗震设计见隧道结构相关章节。本章主要讨论防火灾设计。

道路、隧道及桥梁等任何一种交通方式都存在运营安全问题，但由于隧道为封闭的地下空间，一旦发生事故，其所产生的影响、造成的人员、财产损失都远甚于其他环境条件下，故必须以"以人为本、关爱生命"的原则，切实做好隧道抗灾系统设计，全方位提升隧道防灾、减灾、救灾能力，保证隧道运营的安全性。

隧道灾害中发生频率最高的是交通事故，危害最大的是火灾。根据国外学者对公路隧道、高速公路等的广泛调研，世界公路协会（PIARC）"公路隧道安全专家组意见最终报告"结论可知：隧道内交通事故率远低于路段，仅为其一半左右，且伤害程度也相对轻。这主要是因驾驶员进入隧道后，一般注意力相对集中。同时，隧道内不受风、霜、雨、雪、雾等恶劣天气干扰，路况较优。

隧道中对安全威胁最大的是火灾。但发生火灾的概率很低，参照国外统计资料，再针对具体工程设计状况、交通流量、车辆构成特性等进行分析计算后，得知火灾发生概率：20MW 规模火灾发生概率约为 $1.00\times10^{-5}\sim1.99\times10^{-2}$ 起/百万公里，50MW 规模火灾发生概率约为 $1.98\times10^{-6}\sim3.94\times10^{-3}$ 起/百万公里。这虽远远低于一般交通事故概率，但危及安全。如扑救不及时，处理不当，会酿成重大人身伤亡事故。1949～2001 年间，世界上发生的重大道路隧道火灾共 20 多起，法国和意大利之间的勃朗峰（Mont Blanc）隧道，自 1965 年建成后，先后发生过 17 起火灾，无重大伤亡事故，但 1999 年的火灾伤亡惨重——39 人死亡，30 多辆汽车烧毁，隧道受损。事故原因：一辆载有 9t 植物油和 12t 面粉的卡车漏油所致。1999 年，奥地利的陶恩（Tauern）隧道，由于 2 辆卡车（满载油漆）和 4 辆小汽车追尾而引发火灾，12 人丧生。2001 年 10 月，瑞士圣哥达（St. Gotthard）隧道因两车对撞导致严重火灾，死亡 11 人。在这些重大的惨痛事故中，究其原因，除因隧道内车辆是对向行驶、行车安全性差外，火灾发生的肇事车常载有易燃物品，是风险隐患的所在。故工程方案设计中，必须在确认风险的基础上，积极采取针对性、有效措施，来降低风险、保证安全。为此，在新建的隧道设计中，应将抗灾体系设计作为一条主线，贯穿始终。以防（灾）为主，落实减灾，确保有效救灾，且环环相扣，形成一个良性互补的"安全链"。

14.1.2 设计原则

隧道防火灾设计应遵循的主要原则如下：

（1）防灾设计原则应贯彻"预防为主，防消结合"的工作方针，消防设计应针对隧道的火灾特点，立足于自防自救，采用相应的防火措施，做到安全、适用、经济。

（2）整座隧道的防灾设计能力按同一时间内发生一处火灾考虑。

（3）隧道内火灾发热量应根据通行车辆的类型确定，原则上隧道内按禁止危险品车辆通行设计。

（4）应配置隧道内火灾时，供司乘人员迅速撤离火灾区域及消防救援的通道，并设置灭火、控烟、防灾报警等消防设施，以创造良好的疏散和救援条件。

（5）当遭受低于设防标准的火灾时，隧道的主体结构以应不受损坏或不需修理可继续使用；当遭受相当于设防标准的火灾时，主体结构可能有一定损坏，经修理可继续使用。

（6）城市隧道除应具备完善的防灾系统外，还应根据需要考虑与城市总体防灾系统的联网。

14.2 建筑防灾

14.2.1 建筑消防布局

（1）隧道总体设计时，应根据隧道的地质、地形、气象、水文、地震等自然条件及区域消防能力，综合考虑隧道的消防安全布局，合理确定隧道及其附属用房的位置、防火间距、消防车道、消防水源以及室外消防应急设施等。

（2）城市道路隧道等级应不低于双向四车道标准，对向的车行道宜隔离分开，建议设置在两个结构空间内，以可有效降低交通事故的概率，并提高疏散救援能力。

（3）隧道弱电设备室、隧道消防泵房、隧道排水及废水泵房、隧道中控室等可以布置要求：

除中控室外的设备用房宜尽可能利用隧道的地下富余空间设置，并应根据隧道的长度、规模及相关专业要求布置，合理选址。

中央控制室是隧道正常运营的监视、控制、调度中心，也是事故救援的指挥中心。中控室须24h有人值班，故一般设置于配备管理人员和救援人员办公和值班的管理中心内。管理中心可不贴近隧道设置，但应满足救援人员能快速进入隧道的需求，合理选址。

隧道主要附属用房其消防设计应符合现行国家工程建设消防技术标准的有关规定。

（4）隧道应根据需要配备以下的主动防火和被动防火设施：

主动防火设施包括：火灾报警、消防灭火、应急供电与照明、疏散救援系统等。被动防火设施包括：在隧道顶部设置抗热冲击、耐高温的防火内衬，在结构迎火面设置防火隔热保护措施及防火分隔、防护冷却等措施。

(5) 隧道总体设计时，应根据隧道工法的特点，综合考虑火灾时的人员疏散、救援设施，合理布置。疏散救援设施主要有：人行横通道、纵向疏散通道、逃生滑梯或逃生楼梯等。见安全疏散和消防救援设计章节。

14.2.2 防火分区和建筑构造

(1) 隧道的每孔车道为一个防火分区。隧道内安全通道、设备管廊、附属设备用房应与车道通行空间之间应采用耐火极限不低于 3.0h 的防火墙和甲级防火门完全分隔。

(2) 设置在隧道地下空间内的附属用房，需符合下列规定：

隧道道内地下设备用房的每个防火分区的最大允许建筑面积不应大于 $1500m^2$，每个防火分区的安全出口数量不应少于 2 个，与车道或其他防火分区相通的出口可作为第二安全出口，但应至少设置 1 个直通室外的安全出口；建筑面积不大于 $500m^2$，且无人值守的设备用房可设置 1 个安全出口。

如地下设备用房靠近隧道洞口设置，其与车道相通的出入口可视为直通室外的安全出口。

(3) 隧道及隧道内的地下设备用房、风井和消防救援出入口的耐火等级应为一级，地面的重要设备用房、运营管理中心及其他地面附属用房的耐火等级不应低于二级。

(4) 除嵌缝材料外，隧道车行道空间内部的装修应采用不燃材料。附属用房内装饰应采用不燃或难燃材料。

(5) 横向人行通道两端及通向人行疏散通道的安全口应设置甲级防火门。

(6) 横向车行通道内应设置耐火极限不低于 3.0h 的防火卷帘。

14.2.3 安全疏散和消防救援

隧道的安全疏散与消防救援的设计尤为重要，应满足在火灾事故中，人员可通过消防设施及时逃离危险区域，消防人员也可通过消防设施进入火灾现场扑救的要求。

1. 人行通道

一般人员的疏散、救援的方式有横向和纵向两种。

(1) 横向方式

在两孔车道之间设置人行横通道，火灾事故时，人员可经横通道撤离至另一个安全车道孔。救援人员也可通过最近的横通道至火灾点进行扑救。

双孔隧道设置的横向人行通道的间距或隧道通向人行疏散通道的安全口间距应满足现行《建筑设计防火规范》GB 50016 及其他相关规范的要求，当按规范执行困难时，应取得当地消防审批部门的认可和批复文件。

盾构法施工的双孔隧道之间的人行横通道做法见图 14.2-1。

明挖法、沉管法施工的双孔隧道，人行横通道的间距可适当加密（图 14.2-2）。

矿山法施工的隧道，人行横通道的见图 14.2-3。

(2) 纵向方式

在隧道内设置一条平行于行车隧道、并在合适位置设置通至室外安全出口的安全通道。隧道与安全通道之间间隔一定距离设置安全门或安全口。火灾事故时，人员可经安全口或安全门撤离至安全通道内，再经安全通道至室外。救援人员也可通过最近的安全口或

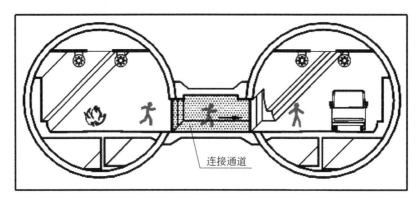

图 14.2-1　盾构法横向人行通道

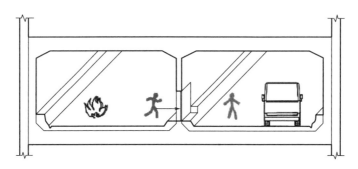

图 14.2-2　明挖法、沉管法隧道横向人行通道

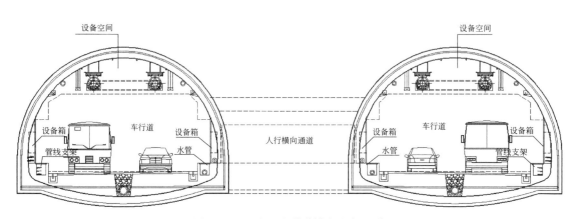

图 14.2-3　矿山法隧道横向人行通道

安全门至火灾点进行扑救。

盾构法隧道中，车行道两侧的空间较为局促，车道下部空间较为富裕，一般将纵向安全通道设置于车道板下部空间内，通过下滑梯或疏散楼梯和辅助逃生口将车道层与纵向安全通道连接，下滑梯和疏散楼梯可作为辅助疏散设施，辅助疏散设施的设置应符合现行《建筑设计防火规范》GB 50016 和相关规范的要求。逃生口上部如采用水平盖板形式，其盖板应能承受行车荷载并便于开启。盖板应尽量避免侵入车道（图 14.2-4）。

明挖法、沉管法施工的双孔隧道，建议在两车道孔之间设置纵向安全通道，通道应通

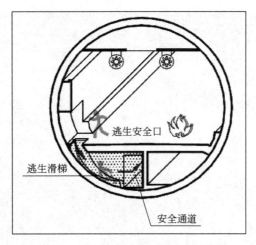

图 14.2-4　盾构法隧道纵向人行通道

至隧道洞口，并在洞口处设置防火门。隧道内，间隔设置甲级防火门，与安全通道相通，间隔距离应满足人行横通道的要求。当一孔隧道发生火灾时，驾乘人员可由就近安全门进入安全通道，向洞口方向疏散，再经洞口处的防火门逃离至室外。当另一孔非火灾车道孔受阻时，救援人员也可由安全通道至火灾点就近的安全门，实施救援（图 14.2-5）。

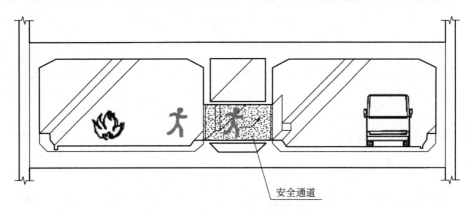

图 14.2-5　明挖法、沉管法隧道纵向人行通道

2. 上、下层疏散

近年来，由于双层隧道可以较好的节约占地，且隧道断面具有利用率高的特点，在城市隧道中被广泛运用。双层隧道中，人员的疏散和救援就变得相对简单，设置上下层之间的封闭疏散楼梯，使上下层车道在火灾事故中互为备用。当隧道内一孔车道发生火灾时，另一孔安全隧道应立即停止正常运营，进入应急预案模式，事故孔中的乘行人员由连接上、下层车道的疏散楼梯撤离至另一孔安全车道，救援人员也可反向进入事故点进行救援。上、下层之间的楼梯间应采用封闭楼梯间（图 14.2-6）。

3. 独立避难所

当无法设置直通室外的人员疏散出口或独立的纵向疏散通道时，应设置独立避难所等避难设施。

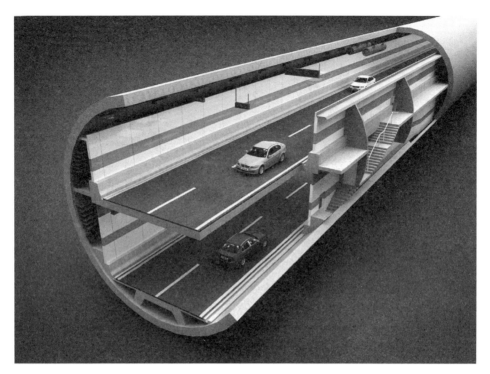

图 14.2-6　盾构法双层隧道的疏散楼梯

独立避难所的设置应符合下列规定：

（1）避难所应采用建筑构件耐火极限不低于 3.0h 的分隔构件与其他部位分隔开，避难所的分隔构件上不应设置除分隔门、送风口外的其他门窗、洞口，其分隔门应采用甲级防火门，其送风口上应设置防火阀；其内部装修材料必须为 A 级。

（2）避难所内必须设置独立、可靠的防烟排风设施，送风管、排风管不得明敷在隧道内，送风量应大于排风量，以确保火灾延续时间内有 30～50Pa 气压，防止烟气流入避难间。

（3）避难所内应设置电视监控设施、紧急电话、应急广播、应急照明、消防卷盘和饮用水储备。

（4）避难间内应急照明的供电时间不应低于火灾延续时间。

（5）避难间入口上方应设置内部照明、单向显示的电光标志。

（6）独立避难所的面积不宜小于 10m^2。独立避难所的设置间距不宜大于 300m。

4. 服务隧道

对于特长、超长隧道，应做专项的防灾救援设计，如有必要可设置服务隧道，提供独立的疏散、救援通道。服务隧道一般在矿山法山岭隧道中有工程实例，可参考厦门翔安隧道。

14.2.4　人员疏散时间

火灾工况时，隧道内司乘人员的安全疏散时间宜小于 15min。司乘人员自隧道任意一点撤离至另一个安全空间内视为安全，安全空间可以是对向安全车道、人行横通道、纵向人行安全通道、避难所。疏散通道各部位的最大通过能力可按表 14.2-1 的规定进行计算。

当设有重点排烟系统和泡沫—水喷雾灭火联用系统时,安全疏散时间可适当放宽至 20min。

隧道各部位的最大通过能力　　　　表 14.2-1

部位名称	每秒通过人数	宽度
横向人行通道	3.0	门宽度不小于 1.2m
下滑辅助逃生口	0.3	滑梯宽度不小于 0.6m
疏散至上(下)通道的楼梯	1.0	楼梯宽度不小于 0.8m

14.2.5 车行横通道

此处所提的车行通道为事故时,车辆的紧急调头及救援车辆进入隧道的特殊通道,而非沿隧道方向正常行驶的车行空间。

一般设计中,两孔隧道之间设置车行横通道,沿垂直隧道长度方向布置或斜向布置,通向相邻隧道,使得两个隧道孔互为备用。也有的在两个隧道孔之间设置一条车行疏散通道(服务隧道),沿隧道长度方向布置,由车行横通道与之相连,并应直通隧道室外。由于车行横通道的断面较大,在盾构法隧道中较难实施,盾构段内无法设置车行横通道,一般都设置在盾构段两端的工作井内(图 14.2-7)。

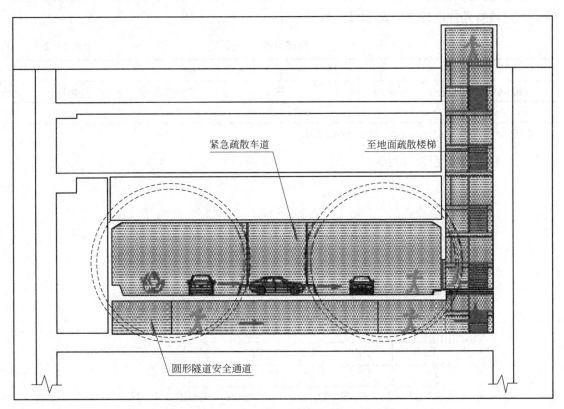

图 14.2-7　盾构法隧道工作井内车行横通道

上下行隧道之间应利用洞外联络道或在中央分隔带开口,设置能够连通相邻隧道的环形车道。

14.2.6 隧道结构和构件防火设计

隧道中一旦发生火灾，受热面集中在车道顶部，故在结构及构件防火设计中，须着重考虑隧道顶部主体承重结构的防火措施。

隧道应按以下要求确定相应的火灾设防标准：

（1）道路隧道顶部主体承重结构应采取防火内衬进行保护，其耐火极限及测试耐火极限所采用的升温曲线应根据隧道分类按表14.2-2确定。

耐火极限及测试用升温曲线　　　　表14.2-2

隧道类别	顶部主体承重结构耐火极限(h)	测试耐火极限采用的升温曲线
超长隧道 特长隧道 长隧道	2	RABT
中隧道	2	HC
短隧道	—	—

隧道宜按其封闭段长度L分为5类，城市隧道设计按不考虑装载易燃、易爆及其他危险品车辆通行条件进行。如表14.2-3所示。

隧道分类　　　　表14.2-3

隧道封闭段长度L(m)				
超长隧道	特长隧道	长隧道	中隧道	短隧道
$L>5000$	$5000 \geqslant L>3000$	$3000 \geqslant L>1000$	$1000 \geqslant L>500$	$L \leqslant 500$

注：封闭段长度指隧道两端洞口之间暗埋段的长度。

（2）升温曲线见图14.2-8。

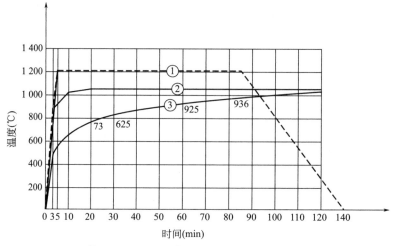

①—RABT曲线；②—HC曲线；③—ISO曲线

图14.2-8　升温曲线

(3) 耐火极限判定标准为：

1) 当采用 HC 标准升温曲线测试时，其耐火极限的判定标准为：受火后，当距离混凝土底表面 25mm 处钢筋的温度超过 250℃，或者混凝土表面的温度超过 380℃时，判定为达到耐火极限；

2) 当采用 RABT 标准升温曲线测试时，其耐火极限的判定标准为：受火后，当距离混凝土底表面 25mm 处钢筋的温度超过 300℃，或者混凝土表面的温度超过 380℃时，判定为达到耐火极限。

(4) 隧道承重结构防火内衬保护范围应满足以下要求：

1) 隧道拱顶（相当于矩形隧道侧墙顶以上的圆拱部分）；

2) 矩形隧道顶板以及顶板下 1.0m 范围内的侧墙部分（含加腋）；

3) 沉管隧道管节接头等重要部位。

(5) 隧道内的排烟风道结构耐火极限不应小于 30min，其测试耐火极限，超长、特长、长隧道采用 RABT 升温曲线，中隧道采用 HC 升温曲线。

14.3 消防给水和灭火设施

14.3.1 一般规定

1. 隧道内消防给水和灭火装置

(1) 隧道消防给水系统应与隧道生产生活给水系统分开设置；

(2) 隧道消防设施主要有：灭火器、消火栓系统、水喷雾系统、泡沫－水喷雾联用灭火系统、泡沫消火栓等；

(3) 隧道内消防设施的设置应根据隧道等级确定。见图 14.3-1、表 14.3-1；

(4) 隧道工程独立设置附属建筑消防按《建筑设计防火规范》GB 50016—2014 执行。

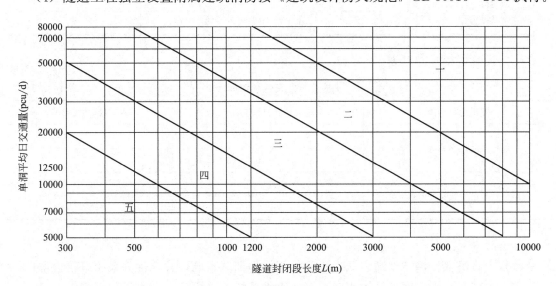

图 14.3-1 道路隧道工程分级图

隧道工程安全、运营管理设施配置表　　　　　　　　　　　　表 14.3-1

设施名称		隧道分级					备注
		一	二	三	四	五	
消防	消防水源	■	■	■	■	■	
	灭火器	■	■	■	■	■	
	消火栓	■	■	■	■	▲	短隧道可不设
	泡沫消火栓	/	▲	▲	▲	/	
	水喷雾系统	/	■	▲	▲	/	短隧道可不设
	泡沫—水喷雾联用灭火系统	■	■	/	/	/	短隧道可不设

注：1. ■——应选设施；▲——可选设施；/——不作要求，表示二者应取其一。
　　2. 除一级隧道外，不通行货车的隧道可不设泡沫—水喷雾联用灭火系统，但对单洞双层隧道、有特殊通行要求及特殊不利环境条件的隧道应根据具体情况作专题研究后确定。

2. 隧道消防给水系统设计与用水量

(1) 隧道内消防用水量按同一时间发生一处火灾考虑；
(2) 隧道消防泵宜从城市管网直接抽水，不设消防水池；
(3) 隧道室内外消火栓用水量见表 14.3-2；

隧道室内外消火栓用水量　　　　　　　　　　　　表 14.3-2

隧道通行车辆	隧道暗埋段长度(m)	室内消火栓设计流量(L/s)	室外消火栓设计流量(L/s)
可通行危险化学品等机动车	≤500	10	20
	>500	20	30
仅限通行非危险化学品等机动车	≤1000	10	20
	>1000	20	30

(4) 火灾延续时间见表 14.3-3。

隧道的火灾延续时间　　　　　　　　　　　　表 14.3-3

隧道通行车辆	隧道暗埋段长度(m)	火灾延续时间(h)
可通行危险化学品等机动车	≤500	2.0
	>500	3.0
仅限通行非危险化学品等机动车	≤1500	2.0
	>1500	3.0

3. 消防水源

(1) 市政给水、消防水池、天然水源等可作为消防水源，并宜优先采用市政给水；
(2) 当市政给水管网连续供水时，消防给水系统可采用市政给水管网直接供水；
(3) 用作二路消防供水的市政给水管网应为环状管网，并应至少有两条不同的市政给水管上不少于两条引入管向消防给水系统供水；

(4) 当采用一路消防供水或只有一条入户引入管时，应设置消防水池；

(5) 当生产、生活用水量达到最大，市政给水管网或入户引入管不能满足室内外消防给水总设计流量时，应设置消防水池；

(6) 当消防水源供水压力不能满足消防用水压力要求时，应设置消防泵房。

4. 消防泵房和消防水泵接合器

(1) 根据隧道的长度，消防给水系统可设置一座或多座消防泵房；

(2) 消防泵房的供水保护半径不宜超过2500m；

(3) 跨越河道、海峡、山体等两端缺乏其他连接通道的隧道宜在隧道两侧设置消防泵房；

(4) 消防泵房不应设置在地下三层及以下或室内地面与室外出入口地坪高差大于10m的地下楼层；

(5) 各类消防泵应设置备用泵；

(6) 消火栓灭火系统、水喷雾灭火系统、泡沫—水喷雾联用系统等水灭火系统，均应设置消防水泵接合器；

(7) 在隧道洞口应设置与隧道内消防用水量相符的水泵接合器，并在接合器的15~40m范围内设置室外消火栓；

(8) 在隧道出入口处应设置消防水泵接合器；

(9) 每种水灭火系统的消防水泵接合器配置数量应按系统设计流量经计算确定，但当计算数量超过3个时，可根据供水可靠性适当减少；

(10) 消防水泵接合器的给水流量宜按每个10~15L/s计算；

(11) 水泵接合器应设在室外便于消防车使用的地点，且距室外消火栓或消防水池的距离不宜小于15m，并不宜大于40m。

5. 消防排水

(1) 隧道内废水应分段设置横截沟收集，在隧道工作井、隧道最低处设置废水泵房将消防废水及时排除；

(2) 废水泵房的排水能力，应按隧道内消防排水量和结构渗漏水量之和确定；

(3) 废水泵房宜设置备用泵。

14.3.2 消火栓（和固定式泡沫灭火装置）系统

1. 消火栓（和固定式泡沫灭火装置）系统应用范围和作用

固定式泡沫灭火装置一般设置在隧道暗埋段范围内的车道层；消火栓系统一般设置在隧道暗埋段范围内的车道层、设备管廊和逃生通道内。消火栓系统是提供消防员实施灭火，控制可燃物、隔绝助燃物、消除着火源，扑灭火灾的重要消防设施之一。

2. 系统的组成

消火栓灭火系统包括室内消火栓系统和室外消火栓系统。

3. 消火栓系统设计

(1) 室内消火栓箱

1) 消火栓箱内应设置 $DN65$ 单头单阀消火栓一只、$\phi 19$ 水枪一把、$DN65$ 有内衬里消防水带（25m）一盘、ϕ19 消防软管卷盘（30m）一盘和消火栓按钮等；

2）消火栓栓口压力不应小于 0.30MPa（公路隧道不应小于 0.25MPa），当消火栓栓口动水压力大于 0.70MPa 时，应设置减压设施；

3）消火栓箱的间距不应大于 50m，单孔双向行驶隧道或单孔单向行驶车道大于三车道时，应在隧道两侧交错布置；

4）消火栓栓口离地面高度宜为 1.10m，其出水方向应便于消防水带的敷设，并宜与设置消火栓箱的墙面成 90°角或向下。

（2）室外消火栓

1）在隧道出入口处应设置室外消火栓，且距离出入口的距离宜在 5～40m 范围；

2）室外消火栓的数量应根据室外消防设计流量和保护半径经计算确定，保护半径不应大于 150m，每个室外消火栓的出流量宜按 10～15L/s 计算；

3）设置在隧道出入口的室外消火栓，宜布置在隧道出入口的两侧。

（3）消火栓系统管道布置

1）隧道内消火栓给水应采用环状给水管网；

2）隧道内消防管道的直径应根据流量、流速和压力要求经计算确定，但不应小于 $DN100$；

3）隧道内消防给水管道应采用阀门分成若干独立段，检修时同层同时关闭的消火栓数量不宜超过 5 个；

4）消火栓系统总管的相对最高点处宜设置自动排气阀，相对最低点处宜设置放水阀；

5）典型水下隧道消火栓系统布置图，见图 14.3-2。

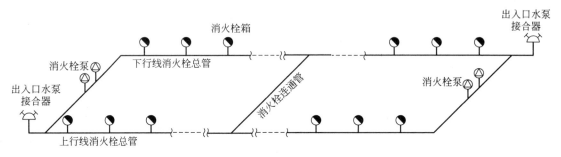

图 14.3-2 典型水下隧道消火栓系统布置图

（4）设计计算

1）消防管道单位长度管道沿程水头损失可按公式（14.3-1）计算确定：

$$i = 10^{-6} \frac{\lambda}{d_i} \frac{\rho v^2}{2} \tag{14.3-1}$$

$$2\frac{1}{\sqrt{\lambda}} = -2.0 \log\left(\frac{2.51}{Re\sqrt{\lambda}} + \frac{\varepsilon}{3.71 d_i}\right)$$

$$Re = \frac{v d_i \rho}{\mu}$$

$$\mu = \rho \nu$$

$$v = \frac{1.775 \times 10^{-6}}{1 + 0.0337T + 0.000221T^2}$$

式中 i——单位长度管道沿程水头损失（MPa/m）；

d_i——管道的内径（m）；

v——管道内水的平均流速（m/s）；

ρ——水的密度（kg/m³）；

λ——沿程损失阻力系数；

ε——当量粗糙度（m），镀锌钢管 0.001 5；

Re——雷诺数，无量纲；

μ——水的动力黏滞系数（Pa/s）；

υ——水的运动黏滞系数（m²/s）；

T——水的温度，宜取 10℃。

2) 管道速度压力可按公式（14.3-2）计算确定：

$$P_v = 8.11 \times 10^{-10} \frac{q^2}{d_i^4} \qquad (14.3\text{-}2)$$

式中 P_v——管道速度压力（MPa）；

q——管道设计流量（m³/s）。

3) 管道压力可按公式（14.3-3）计算确定：

$$P_n = P_t - P_v \qquad (14.3\text{-}3)$$

式中 P_n——管道某一点处压力（MPa）；

P_t——管道某一点处总压力（MPa）。

4) 管道沿程水头损失宜按公式（14.3-4）计算确定：

$$P_f = i \cdot L \qquad (14.3\text{-}4)$$

式中 P_f——管道沿程水头损失（MPa）；

L——管道直线段长度（m）。

5) 管道局部水头损失宜按公式（14.3-5）计算确定（当资料不全时，局部水头损失可按管道沿程水头损失的 10%～20%计）：

$$P_p = i \cdot L_p \qquad (14.3\text{-}5)$$

式中 P_p——管件和阀门等局部水头损失（MPa）；

L_p——管件和阀门等当量长度（m）。

6) 消火栓泵或消防给水所需要的设计扬程或设计压力，宜按公式（14.3-6）计算确定：

$$P = k_2 \left(\sum P_f + \sum P_p \right) + 0.01H + P_0 \qquad (14.3\text{-}6)$$

式中 P——消火栓泵或消防给水系统所需要的设计扬程或设计水压力（MPa）；

k_2——安全系数，可取 1.20～1.40；宜根据管道的复杂程度和不可预见发生的管道变更所带来的不确定性；

H——当消火栓泵从消防水池吸水时，H 为最低有效水位至最不利消火栓的高差；当消火栓泵从市政给水管网直接吸水时，H 为火灾时市政给水管网在消防水泵入口处的设计压力值的高程至最不利消火栓的高差（m）；

P_0——最不利点消火栓所需的设计压力（MPa）。

4. 固定式泡沫灭火装置（泡沫消火栓）设计

（1）隧道内泡沫消火栓的间距不应大于 50m，并宜与隧道消火栓箱相邻并列设置；

（2）泡沫消火栓箱内应设置泡沫液箱、ϕ19 软管卷盘（25m）、ϕ9 泡沫枪、比例混合器、压力表以及其他附属阀门等；

（3）应配置带开关的吸气型泡沫枪，且其泡沫枪在进口压力 0.5MPa 时，泡沫混合液流量不应低于 30L/min，射程不应小于 6m；

（4）宜选用 3% 的环保型水成膜泡沫液，混合泡沫液连续供给时间不应小于 20min；

（5）泡沫罐容积宜为 30L，罐体及附件宜采用不锈钢材质；

（6）泡沫消火栓消耗的水流量应计入泡沫消防水泵的额定流量内，其给水流量宜按 1L/s 计算，最不利泡沫消火栓给水压力不宜小于 0.35MPa。

14.3.3 水喷雾系统和泡沫—水喷雾系统

1. 水喷雾系统和泡沫—水喷雾系统应用范围和作用

水喷雾系统和泡沫—水喷雾固定式灭火系统一般设置在隧道暗埋段范围内的车道层。水喷雾系统在隧道内设置一般用于对着火区域进行隔离防护冷却，以防止火灾蔓延和保护隧道结构；泡沫—水喷雾系统则用于扑灭隧道内的早期火灾。

2. 设计基本参数

（1）系统基本参数见表 14.3-4。

系统供给强度、持续供给时间和响应时间   表 14.3-4

系统名称	防护目的	供给强度 (L/min·m²)	持续供给时间 (h)	响应时间 (s)	最不利处喷头压力 (MPa)
水喷雾系统	防护冷却	6.0	4	300	0.2
泡沫—水喷雾系统	灭火	6.5	泡沫 20min 水喷雾 1h	45	0.35

（2）系统作用面积不宜大于 600m²。

（3）泡沫—水喷雾系统的泡沫液采用 AFFF 水成膜泡沫，泡沫混合比 3%～6%。

3. 系统的组成

（1）水喷雾系统一般由火灾探测自动控制系统、加压给水设备、控制阀箱（雨淋阀组）、水雾喷头和管道系统等组成；

（2）泡沫—水喷雾系统一般由火灾探测自动控制系统、加压给水设备、控制阀箱（雨淋阀组、比例混合器、泡沫液电磁阀、泡沫液过滤器等）、泡沫储罐、泡沫加压设备、专用泡沫—水雾喷头和管道系统等组成。

4. 水喷雾系统设计

（1）系统设计流量

1）水雾喷头的流量应按式（14.3-7）计算确定：

$$q = K\sqrt{10P} \tag{14.3-7}$$

式中 q——水雾喷头的流量（L/min）；

P——水雾喷头的工作压力（MPa）；

K——水雾喷头的流量系数（根据产品确定）。

2) 系统设计流量应按式（14.3-8）计算确定：

$$Q_j = \frac{1}{60}\sum_{i=1}^{N} q \qquad (14.3\text{-}8)$$

式中 Q_j——系统的计算流量（L/s）；

N——同时开启的水雾喷头数量（只）；

q_i——水雾喷头的实际流量（L/min），按水雾喷头的实际工作压力计算。

3) 系统的设计流量应按式（14.3-9）计算确定：

$$Q_s = kQ_j \qquad (14.3\text{-}9)$$

式中 Q_s——系统的设计流量（L/s）；

k——安全系数，应取 1.05～1.10。

（2）管道水力计算

1) 钢管管道的沿程水头损失应按式（14.3-10）计算确定：

$$i = 0.0000107 \frac{v^2}{d_j^{1.3}} \qquad (14.3\text{-}10)$$

式中 i——管道的沿程水头损失（MPa/m）；

v——管道内水的流速（m/s），宜取 $v \leqslant 5\text{m/s}$；

d_j——管道的计算内径（m）。

2) 管道的局部水头损失宜采用当量长度法计算，或按管道沿程水头损失的 20%～30%计算。

3) 雨淋阀的局部水头损失应按 0.08MPa 计算（按《水喷雾灭火系统技术规范》GB 50219—2014 规定）。

4) 系统所需压力应按式（14.3-11）计算确定：

$$H = \sum h + P_0 + h_z \qquad (14.3\text{-}11)$$

式中 H——系统所需压力（MPa/m）；

$\sum h$——管道沿程和局部水头损失之和（MPa）；

P_0——最不利点水雾喷头的工作压力（MPa）；

h_z——最不利点处水雾喷头与系统供水管中心线之间的静压差（MPa）。

5. 泡沫—水喷雾系统设计

泡沫—水喷雾系统的设计包括水喷雾和泡沫两个系统部分，水喷雾部分的计算与 3.4 节水喷雾系统设计相同。

（1）系统工作原理

见图 14.3-3。

（2）灭火分区的划分

根据隧道的结构特点和隧道路面宽度、高度以及隧道专用泡沫喷雾喷头的技术参数，划分灭火分区。一般按照 25m 为一个防火分区，灭火时按照 2～3 个灭火分区同时喷雾计算，系统设备与火灾报警的探测分区一一对应。

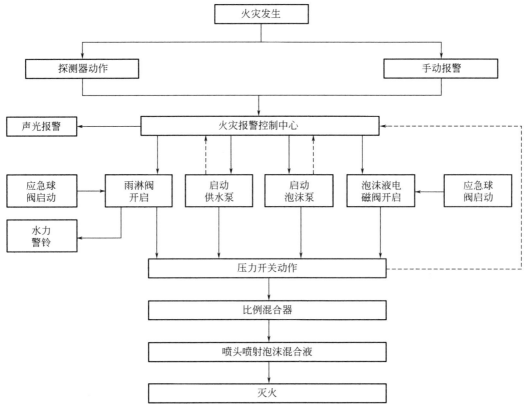

图 14.3-3 系统的控制程序图

(3) 隧道专用泡沫喷头的选择

根据隧道路面宽度、高度以及单侧、双侧喷头的设计参数等相关数据来选择相应的专用隧道泡沫/水喷雾喷头。见表 14.3-5。

隧道专用水成膜泡沫喷头技术参数（参考值） 表 14.3-5

序号	喷头型号	额定流量(L/s)	工作压力(MPa)	射程(m)	安装间距(m)
1	PT2.7-C	2.70	0.35～0.80	6.2	≤5
2	PT3.4-C	3.40	0.35～0.80	7.6	≤5
3	PT3.9-C	3.90	0.35～0.80	8.1	≤5
4	PT4.2-C	4.20	0.35～0.80	9.2	≤5
5	PT5.4-C	5.40	0.35～0.80	10.0	≤5
6	PT6.6-C	6.60	0.35～0.80	12.0	≤5
7	PT6.6	6.60	0.35～1.00	13.0	≤5

(4) 隧道专用泡沫喷雾控制阀组的选定

1) 泡沫—喷雾控制阀组工作原理，见图 14.3-4。
2) 泡沫—喷雾控制阀箱的组成和结构，见图 14.3-5。

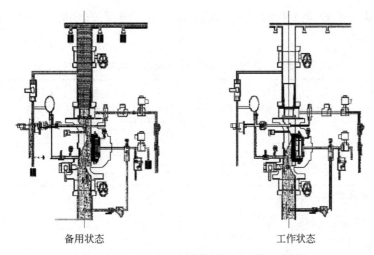

备用状态　　　　　　　工作状态

图 14.3-4　泡沫—喷雾控制阀组工作原理图

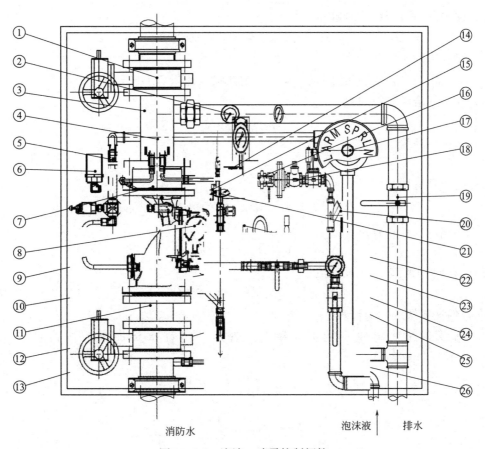

消防水　　　　　　　泡沫液　排水

图 14.3-5　泡沫—喷雾控制阀箱

①—系统侧信号蝶阀（常开）；②—调试管路压力表；③—混合器外接管；④—双针压力表；⑤—水力警铃控制阀（常开）；⑥—压力开关；⑦—比例混合器；⑧—供水侧压力表；⑨—雨淋报警阀；⑩—雨淋阀紧急启动球阀（常闭）；⑪—法兰短管；⑫—供水侧信号蝶阀（常开）；⑬—雨淋阀控制腔球阀（常开）；⑭—平衡阀；⑮—滴液阀（常闭）；⑯—止回阀；⑰—水力警铃；⑱—泡沫液控制电磁阀（常闭）；⑲—排水调试球阀（常闭）；⑳—过滤器；㉑—雨淋阀控制腔压力表；㉒—雨淋阀启动电磁阀（常闭）；㉓—泡沫液进口压力表；㉔—冲洗球阀（常闭）；㉕—泡沫液控制球阀（常开）；㉖—阀组箱体

3）每个灭火分区设置一套泡沫—喷雾控制阀组，隧道专用泡沫—喷雾控制阀组技术参数见表 14.3-6。

隧道专用泡沫—喷雾控制阀组技术参数表　　　　表 14.3-6

规格	适用流量 (m³/h)	水管入口压力(MPa)	泡沫液入口压力(MPa)	混合比 (%)	水力损失 (MPa)	水管连接管管径(mm)	泡沫管连接管径(mm)
DN100	54～130	0.5～1.0	0.6～1.2	3～3.9	0.05～0.28	100	25
DN125	54～200	0.5～1.0	0.6～1.2	3～3.9	0.05～0.28	125	32
DN150	54～270	0.5～1.0	0.6～1.2	3～3.9	0.05～0.28	150	32

注：不同厂家产品参数略有不同。

（5）泡沫系统设计流量

1）保护面积计算

$$S = L \times B \, (\text{m}^2)$$

2）保护区所需泡沫混合液量

$$Q_{混} = S \times q \, [q——泡沫混合液供给强度(\text{L/min} \cdot \text{m}^2)]$$

3）保护区喷头数的确定

$$N = Q_{混} / q_{喷} \, [q_{喷}——泡沫喷头流量(\text{L/min})]$$

4）泡沫混合液计算流量

$$Q_j = N \times q_{喷}$$

5）泡沫原液量

$$Q_{原} = 3\% \times Q_j$$

6）泡沫计算用量

$$V_j = Q_{原} \times T \, (T——泡沫喷雾持续时间 20\text{min})$$

7）泡沫液设计储存量

$$V_s = 1.5 \sim 2.0 V_j$$

8）泡沫—水喷雾系统设计流量

$$Q_{系} = (1.05 \sim 1.10) \times Q_j$$

（6）泡沫系统的水力计算

1）泡沫系统管道应采用不锈钢管，管道的沿程水头损失应按式（14.3-12）、式（14.3-13）计算确定：

$$h_f = 0.2252 \left(\frac{f \cdot L \cdot \rho \cdot Q^2}{d^5} \right) \quad (14.3\text{-}12)$$

$$Re = 21.22 \left(\frac{Q \cdot \rho}{d \cdot \mu} \right) \quad (14.3\text{-}13)$$

式中　h_f——管道的沿程水头损失（MPa/m）；

　　　f——管道的摩擦系数，可根据雷诺数 Re 查莫迪图得到；

　　　L——管道的长度（m）；

　　　ρ——液体的密度（kg/m³）；

　　　Q——流量（L/min）；

d——管道直径（mm）；

Re——雷诺数；

μ——绝对动力黏度（cP）。

2）管道的局部水头损失宜采用当量长度法计算，也可按系统管道沿程水头损失的20%～30%估算。

3）系统所需压力应按式（14.3-14）计算确定：

$$H = \sum h + P_0 + h_z \qquad (14.3\text{-}14)$$

式中 H——系统所需压力（MPa/m）；

$\sum h$——管道沿程和局部水头损失之和（MPa）；

P_0——最不利点泡沫产生装置或泡沫喷射装置的工作压力（MPa）；

h_z——最不利点处泡沫产生装置或泡沫喷射装置与系统引入管中心线之间的静压差（MPa）。

(7) 泡沫—水喷雾系统管道布置

1）隧道内水喷雾和泡沫液的供给管均应布置成环状；

2）水喷雾管和泡沫液管的管径应根据系统设计流量、流速和压力要求经计算确定；

3）水喷雾管和泡沫液管的水力坡降线宜与隧道的平均坡度相近，以减小各保护区供水（泡沫）压力差；

4）在系统主管道的相对高点应设置排气阀，在系统主管道的相对低点应设置泄水阀；

5）系统管道应设置检修阀门，使管道分成若干段，每段内控制阀箱的数量不宜超过10个；

6）泡沫液管道及阀门等附件应采用不锈钢材质。

(8) 典型水底隧道泡沫—水喷雾联用系统图（图14.3-6）。

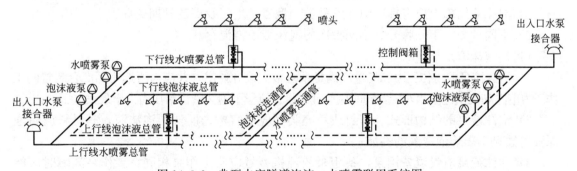

图14.3-6 典型水底隧道泡沫—水喷雾联用系统图

(9) 喷头布置

1）泡沫—喷雾喷头的布置间距和位置应根据车道数、车道宽度、保护范围、喷头保护半径等因素确定；

2）泡沫—喷雾喷头的安装高度宜为4.0～5.0m，见图14.3-7。

(10) 泡沫液罐

1）泡沫液储罐应采用耐腐蚀材料制作。

2）泡沫液储罐不得安装在火灾及爆炸危险环境中，其安装场所的温度应符合其泡沫

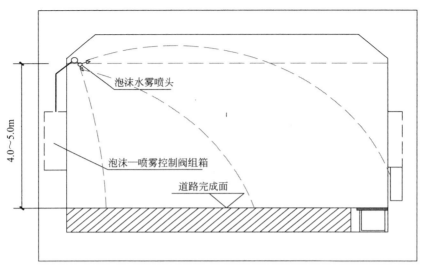

图 14.3-7 泡沫—喷雾喷头安装图

液的储存温度要求。当安装在室内时,其建筑耐火等级不应低于二级;当露天安装时,与被保护对象应有足够的安全距离。

3)泡沫液储罐宜采用卧式或立式圆柱形储罐,并应符合下列规定:

① 储罐应留有泡沫液热膨胀空间和泡沫液沉降损失部分所占空间;

② 储罐出口设置应保障泡沫液泵进口为正压,且应能防止泡沫液沉降物进入系统;

③ 储罐上应设液位计、进料孔、排渣孔、人孔、取样口、呼吸阀或带控制阀的通气管。

4)泡沫液储罐应设置液位信号传输装置,应包括最低储存液位和最低停泵液位等。

5)泡沫液储罐上应有标明泡沫液种类、型号、出厂及灌装日期的标志。

6)不同种类、不同牌号、不同批次的泡沫液不得混存。

(11)泡沫液泵

1)泡沫液泵的工作压力和流量应满足系统最大设计要求,并应与所选比例混合装置的工作压力范围和流量范围相匹配,同时应保证在设计流量下泡沫液供给压力大于最大水压力;

2)泡沫液泵的结构形式、密封或填充类型应适宜输送所选的泡沫液,其材料应耐泡沫液腐蚀且不影响泡沫液的性能;

3)泡沫液泵应设置备用泵,备用泵的规格型号应与工作泵相同,工作泵故障时应能自动与手动切换到备用泵;

4)泡沫液泵应耐受时长不低于 10min 的空载运行;

5)当泡沫液泵平时充泡沫液时,应充满。

(12)水成膜泡沫灭火剂

1)组成:水成膜泡沫灭火剂是在氟碳表面活性剂的基础上,添加碳氢表面活性剂、稳定剂、助溶剂、抗冻剂及水配制而成。

2)适用范围:该灭火剂为低倍数泡沫灭火剂,可适用于各种类型的低倍数泡沫发生器。在满足水成膜泡沫灭火剂条件的基础上,还能适用于水溶性可燃、易燃液体火灾的扑救与预防。如生产、贮存醇、酯、醚、醛、酮有机酸等的水溶性可燃、易燃液体化工厂、酒厂、化工仓库等。是目前所有泡沫灭火剂中灭火能力最强的一种。

14.3.4 灭火器

（1）隧道工程属于公共建筑，应设置灭火器。

（2）隧道内火灾种类属于 A、B、E 类火灾，一般在车道层内设置干粉（磷酸铵盐）和泡沫灭火器；电缆层、设备层设置干粉（磷酸铵盐）灭火器。

（3）通行机动车的长隧道和三车道以上（包括三车道）的隧道，在隧道两侧均应设置灭火器，每个设置点不少于 4 具；灭火器布置点宜交错布置，单侧间距不应大于 100m。

（4）其他隧道可在隧道一侧布置灭火器，每个设置点不应少于 2 具，间距不宜大于 50m。

（5）隧道附属建筑的灭火器配置按《建筑灭火器配置设计规范》GB 50140—2005 执行。

14.4 防烟与排烟系统

隧道工程的通风防排烟系统设计范围包括行车道、专用疏散通道及设备管理用房等。专用疏散通道的正压送风及设备管理用房的防排烟设计可参考相关规范及设计手册，本节重点阐述行车道的通风排烟系统设计。

隧道为狭长形地下空间，通过两端洞口或匝道口与大气相通，具有火灾规模大、空间较小、火灾烟雾蔓延快、人员疏散困难等特点，隧道的通风系统应能有效控制烟气扩散并及时将烟雾排除的功能，对保证隧道的安全运营十分重要。

14.4.1 防、排烟设计标准和火灾场景

1. 火灾的规模和产烟量

隧道的火灾规模取决于通过隧道的车辆种类，产烟量与火灾规模可参考表 14.4-1。

隧道火灾规模及产烟量　　　　　表 14.4-1

火灾源	等同燃烧汽油盘面积(m^2)	火灾规模(MW)	烟雾体积流量(m^3/s)
小客车	2	5	20
公交/货车	8	20	60
油罐车	30~100	50~100	100~200

位于城市不同区域的隧道通行车辆种类可能不同，有些隧道仅允许通行小汽车，有些隧道仅允许通行客车（小汽车、公交车等），有些隧道允许通行除危险品外的各类车。不同的车种，其火灾负荷不同。原则上，隧道应当根据其通行的车辆种类取用合适的火灾规模。一般仅通行小汽车的隧道，火灾规模可取用 8~10MW，考虑两辆车相撞时的火灾负荷；允许通行公交车的隧道可考虑火灾规模 20~30MW；允许通行货车的隧道火灾规模可取用 50~100MW。取用较大火灾规模时，对隧道的各类防火设施影响重大，应当经综合评估后确定。

2.设计标准

当采用纵向控烟模式时,纵向风速不应低于位于最大坡度段能抑制烟气逆流的临界风速,同时一般要求不应低于2m/s。

临界风速与火灾规模、隧道空间高度及坡度等因素有关,可按式(14.4-1)～式(14.4-3)计算。

$$V_c = 0.606K \cdot g \left(\frac{g \cdot H \cdot Q}{\rho \cdot C_p \cdot A \cdot T_f} \right)^{1/3} \quad (14.4\text{-}1)$$

$$T_f = \frac{Q}{\rho \cdot C_p \cdot A \cdot V_c} + T \quad (14.4\text{-}2)$$

$$K_g = 1 + 0.0374 i^{0.8} \quad (14.4\text{-}3)$$

式中 V_c——临界风速(m/s);
Q——火灾规模(kW);
H——隧道最大净空高度(m);
A——隧道横断面积(m²);
K_g——坡度修正系数;
i——隧道坡度(%);
C_p——空气比热[kJ/(kg·K)];
g——重力加速度(m/s²);
T——火场远区空气温度(K);
T_f——烟气平均温度(K);
ρ——火场远区空气密度(kg/m³)。

当采用重点排烟时,考虑到机械排烟的效率和安全性,排烟量可按产烟量的1.3～1.5倍选用。

3.火灾场景

隧道内发生火灾时,车辆的行驶状态对采用的烟气控制模式非常重要。

城市隧道基本采用单向交通的形式,纵向通风系统是最合适的通风模式。当交通畅通状态下,隧道内发生车辆火灾时,通常认为火灾前方的车辆能尽快开离隧道。因此,为了保护受火灾点阻挡的后方车辆,采用纵向控烟的方向与行车方向一致。

但是,城市隧道可能存在日常阻塞的情况,或者受隧道出口交通灯或周边道路受阻的影响,造成隧道内车辆通行速度缓慢。此时,若在隧道内车队中发生火灾,前方车辆不能快速离开隧道。若仍采用纵向控烟的方式,烟气向车行方向蔓延,严重影响前方车辆安全,可能引发二次灾害。

因此,城市隧道进行烟气控制设计时,应首先明确火灾发生时的交通场景,据此确定合适的烟气控制方案。通常交通畅通、偶尔发生阻塞的隧道,应优先采用纵向控烟;而日常阻塞的隧道,采用纵向控烟风险较大,可采用重点排烟方式。

14.4.2 隧道烟气控制模式

1.隧道烟气控制方式分类

隧道烟气控制方式分为自然排烟和机械排烟(图14.4-1)。

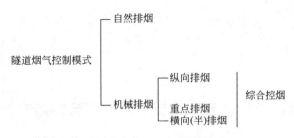

图 14.4-1 隧道烟气控制模式

(1) 自然排烟

设计时需根据隧道长度、断面、坡度、交通量、交通方向、车辆种类、火灾规模、自然条件等进行综合分析、计算，确定是否需要设置机械排烟系统。

一般而言，当隧道长度短、交通量低时，火灾发生概率较低，人员疏散比较容易，可以采用洞口自然排烟方式。条件允许时也可以在隧道顶部开设一定数量的通风口，火灾时通过该风口自然排烟。双管隧道的自然排烟口设置应避免气流短路。

长度较长、交通量较大的隧道应设置机械排烟系统。《建筑设计防火规范》GB 50016—2014 要求长度大于 500m 的隧道需设排烟设施，NFPA 502（美国消防协会标准）中规定长度超过 240m 的隧道若不设机械排烟，必须进行性能化防火分析，并经主管部门批准后才可不设机械排烟系统。

(2) 机械排烟

机械排烟的设计原则是火灾发生后应能及时排除烟雾或者能够有效控制烟雾的蔓延，为司乘人员的撤离提供一定的新风和良好的能见度，同时为消防人员的救援工作创造适宜的条件。

隧道采用的基本排烟模式通常可分为纵向排烟、横向（半横向）排烟及重点排烟模式，以及由基本排烟模式派生的各种组合排烟模式。

2. 控烟模式

控烟模式应根据隧道种类、火灾疏散方式和交通状态，结合隧道正常工况的通风模式确定，将烟气控制在最小范围之内，以保证乘客疏散路径满足逃生环境要求，并为消防灭火创造条件。

(1) 纵向控烟

火灾时，隧道内烟气沿隧道纵向流动的排烟模式为纵向排烟模式，是一种常用的烟气控制方式。可通过悬挂在隧道内的射流风机或其他射流装置、风井送排风设施等及其组合方式实现（图 14.4-2）。

该排烟方式较适用于单向行驶、交通量不高的隧道。纵向通风排烟时，气流方向与车行方向一致。以火源点为分界，火源点下游为烟区，上游为清洁区，司乘人员向气流上游疏散。

由于高温烟气沿坡度向上扩散速度很快，当坡道上发生火灾、采用纵向通风控制烟流、通风气流逆坡向时，必须使纵向气流的流速高于临界风速。

美国于 1993 年 9 月～1995 年 4 月，在纪念隧道进行了全尺寸火灾试验，进行了系统的防排烟实测。从纪念隧道的火灾试验看，采用射流风机、纵向风速 2.54～2.95m/s 已足

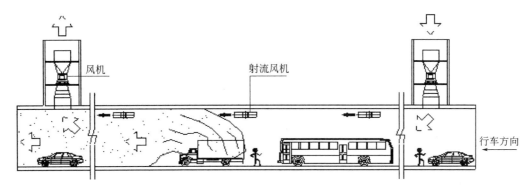

图 14.4-2　纵向排烟示意图

以应对 10～100MW 的火灾。

当隧道较长时，为了减少损失和烟气影响范围，通常需对隧道进行纵向分段，控制烟气在隧道内的行程一般不超过 3km。城市隧道通常根据排风井的位置以及距洞口的距离，将隧道分成若干个区域，按区域编制射流风机、集中排风（烟）风机、疏散通道加压送风等设备的组合开启模式。

火灾发生时，一般应先尽量开启火灾上游距离火灾点较远的射流风机，并从最近的排烟风机将烟气排出隧道。典型的城市隧道控烟区域划分如图 14.4-3 所示。

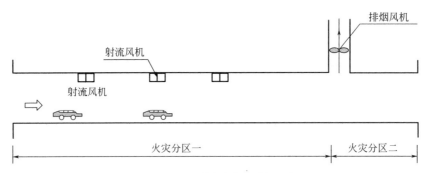

图 14.4-3　纵向控烟的分区图

当火灾分区一发生火灾时，开启射流风机和风井内的排烟风机（通常由洞口集中排风机兼）；当火灾分区二发生火灾时，开启隧道内的射流风机，将烟气直接驱赶出洞口。

（2）重点排烟

重点排烟是将烟气直接从火源附近排走的一种方式，从两端洞口自然补风或开启一定数量的射流风机机械补风，隧道内可形成一定的纵向风速。该方式在隧道纵向设置专用排烟风道，并设置一定数量的排烟口。火灾时，火源附近的排烟口开启，将烟气快速有效地排离隧道。重点排烟示意图见图 14.4-4 所示。

重点排烟适用于双向交通的交通隧道或交通流量较大、阻塞发生率较高的隧道。排烟口的大小、间距对烟气的控制有较明显的影响。但对于单向交通顺畅的隧道，火灾初期，火灾点前方的车辆将继续行驶离开隧道，受原纵向风速及部分车辆行驶的影响，特别在排烟系统开启的初期，将烟气控制在着火点处较小范围、维持高温烟气稳定上浮在隧道顶部的难度较大。

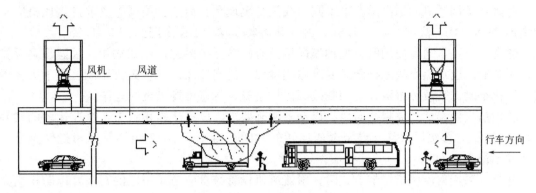

图 14.4-4　重点排烟示意图

采用重点排烟且隧道较长时，为了保证隧道补风畅通，通常可开启距火灾点较远的射流风机，开启方向指向火灾点，该距离尽量不小于 300m，以确保不影响烟气分层。

(3) 横向（半横向）排烟

横向（半横向）排烟也是一种常用的烟气控制方式。通常可以按隧道长度划分一定的区域。对于单区域的横向（半横向）排烟方式而言，沿隧道长度均匀排烟、补风（或集中补风），排烟量不应小于补风量，将烟气控制在一定的范围。当送排风量不等时，隧道内存在一定的纵向气流（图 14.4-5）。

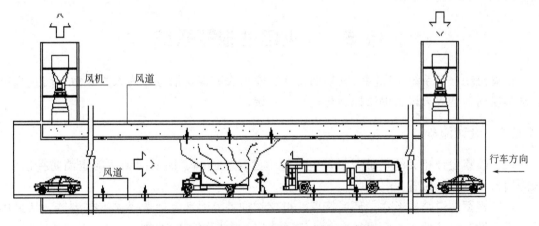

图 14.4-5　横向（半横向）排烟示意图

横向（半横向）排烟方式适用于单管双向交通或交通流量大、阻塞发生率较高的单向交通隧道。目前，该方式在城市隧道中极少采用。

14.4.3　排烟设备

1. 排烟风机

隧道内常用的排烟风机为大型轴流风机、射流风机。

设在通风井内的排烟风机通常为大型轴流风机，设在行车道顶部的排烟风机通常为射流风机。同时，根据设计的要求，有些排烟风机还兼容正常工况下的通风换气。

当风机需双向可逆时，逆转风量不应小于正转风量的 95%。

各国对排烟风机的耐高温要求不同，我国与奥地利、荷兰、美国等要求排烟风机应至少满足 250℃/1h，法国 250℃/1.5h，挪威和瑞典 300℃/1h，瑞士 400℃/1.5h。

通常对于正常通风使用的大型轴流风机设有故障保护措施，比如缺相、轴温超高保护等，正常通风出现该类故障报警时要求停相检修。但当该风机兼容火灾排烟、用于火灾运行时，排烟时出现故障报警，应切断故障保护措施，尽量维持风机的运作。

美国防火协会的相关规范对风机启动有明确要求，风机从静止状态至全速运转的时间不得超过 30s，多级风机从开启至全速运转的时间不得小于 60s，可逆转风机逆转至全速的时间不得小于 90s。

此外，采用射流风机排烟方式时，射流风机设置数量应考虑一定的冗余，以防止离火源最近的射流风机失效。据资料介绍，对于 20MW 的火灾，距火源 50m 时，烟气温度可达 204℃，50MW 时可达 332℃，100MW 时可达 677℃。显然，考虑风机数量一定的冗余是必要的。

2. 防火阀及其他

由于隧道建设规模及投资的控制，隧道的机械排烟系统常常与正常通风系统兼容。此时，与排烟风机相联的设备如防火阀、消声器、软接头等应与排烟风机保持相同的耐高温要求。

隧道通风排烟量很大，常采用土建风道、大规模的组合式风阀。设计时风机的配电柜、风阀的执行机构尽量不设在烟道内；若不可避免时，应采取保护隔热措施，使其与风机保持同样的耐高温要求。

14.5 火灾自动报警系统

火灾自动报警系统是探测火灾早期特征、发出火灾报警信号，为人员疏散、防止火灾蔓延和启动自动灭火设备提供控制与指示的系统。

14.5.1 设计流程

（1）收集设计相关的基础资料，包括隧道建筑平面图、横断面图。确定消防控制室、消防值班室的设置位置。

（2）根据隧道结构形式、环境特点、可燃物种类等因素合理选择火灾探测器。从适用性、可靠性、经济性等方面进行方案比选，确定火灾探测器的种类。

（3）在系统保护区域范围内划分探测区域、报警区域，布设火灾探测器、火灾报警装置。

（4）计算消防模块数量，确定消防模块箱设置位置、数量。

（5）确定火灾报警控制器的容量、设置数量。

（6）确定系统的组网方式，内部、外部接口形式和设计分界面。

（7）计算设备用电量，向供电专业提出用电要求。

14.5.2 系统组成

火灾自动报警系统由火灾探测器、手动火灾报警按钮、火灾警报装置、火灾报警控制器、消防控制室图形显示装置、消防应急广播、消防专用电话、消防电源等设备组成。

14.5.3 系统功能

(1) 通过火灾探测器、手动火灾报警按钮，自动探测火灾，发出报警信号，向隧道监控中心传送报警信息。

(2) 联动消防设备灭火，如消火栓系统、水喷雾泡沫灭火系统、防排烟系统等。显示消防设备动作信号、故障信号。

(3) 通过手动直接控制装置，控制消防泵、防排烟风机启停。

(4) 联动消防应急广播、应急照明、防火卷帘门等，引导人员安全撤离。

(5) 通过图形化用户界面显示消防设备的运行状态。存储、打印报警信息。

(6) 具有对外通信功能。将报警信息上传隧道监控网络，联动视频监控系统、交通监控系统、照明系统切换至火灾运行模式。

14.5.4 火灾探测器的选用和布置

1. 火灾探测器的选用

汽车燃烧是隧道内最常见的火灾，其主要特征是耀眼的明火及强烈的辐射热，且发展速度极快。使用感光和感温类探测器可较为准确地探测到此类火灾的发生。

根据《火灾自动报警系统设计规范》GB 50116—2013，城市道路隧道应同时采用线型光纤感温火灾探测器和点型红外火焰探测器（或图像型火灾探测器）。火灾探测设备的防护等级不应低于 IP65，并应符合消防产品 CCCF 认证的要求。

隧道内常用的火灾探测器包括点式双波长火焰探测器和线型光纤感温火灾探测器。其中，线型光纤感温火灾探测器根据检测原理不同，分为分布式光纤感温探测器和光纤光栅感温探测器。

(1) 双波长火焰探测器

双波长火焰探测器属于点形红外火焰探测器，其工作原理是根据火灾发生时所产生辐射光的特定波长以及火焰闪烁频率来判定火灾。双波长火焰探测器的优点是不受环境温度、风速变化影响，响应速度快，灵敏度高。缺点是在火灾阴燃阶段，由于只产生烟雾而没有火焰，无法实现早期报警。当火源被遮挡时可能造成探测器漏报警或延迟报警。

(2) 分布式光纤感温探测器

分布式光纤感温探测器利用光在光纤中传输时产生的后向喇曼（Raman）散射温度效应和光时域反射（OTDR）原理来获取空间温度分布信息。分布式光纤感温探测器可对空间的温度场变化进行实时监测，指示位置和温度值。

分布式光纤感温探测器既是温度传感设备，也是信号传输设备。探测器不带电，具有本质安全特性。隧道现场仅需敷设一根测温光纤，无需其他连接电缆和模块，系统结构简单，便于安装维护。

分布式光纤感温探测器通过检测后向喇曼散射光的光强获取温度值，检测数据的可靠性和响应时间与光源稳定性、检测精度、空间分辨率、测量距离等参数有关。参数要求越高，检测响应时间越长（图 14.5-1）。

(3) 光纤光栅感温探测器

光纤光栅测温技术分为独立式光栅测温和全同光栅测温两种类型。独立式光栅测温传

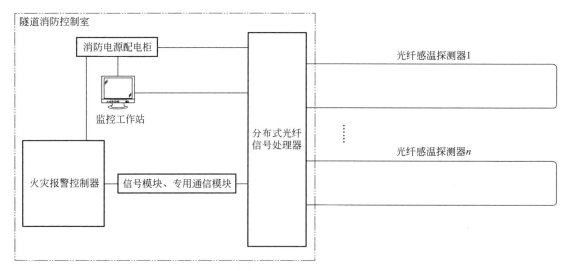

图 14.5-1　分布式光纤测温系统组成示意图

感器上各个光栅探测器的中心波长都是不同的，通过信号解调器对波长进行分析，可对每个探测器周围的温度进行实时监测报警。全同光栅测温通道上多个光栅探测器波长相同，一个波长数据对应了一个区段的温度变化。因此，无法定位到每个探测器的温度。

光纤光栅传感器通过监测波长的变化，获得光纤光栅周围的温度数据。测量时间短，检测精度高。波长信号在传输过程中不受传输距离的限制。

每路光纤光栅感温探测器由多个光纤光栅传感器串联而成，通过主干传输光缆与信号处理器连接。每台光栅信号处理器可接入多路光纤光栅感温探测器，任一探测器附近的温度变化信息都会被信号处理器获取。隧道现场需敷设光纤光栅感温探测器和传输光缆，系统结构较为复杂。

线型光纤感温火灾探测器受环境风速影响较大，由于自然风、活塞风以及机械通风的影响，报警点与火灾点可能存在偏差（图 14.5-2）。

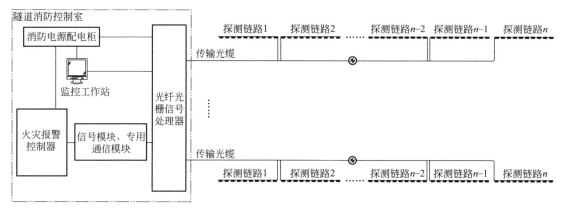

图 14.5-2　光纤光栅测温系统组成示意图

（4）图像型火灾探测器

图像型火灾探测器通过光电技术和数字图像处理技术对火灾图像的特征进行处理和分析，获得火灾发生的多重判据，实现对火灾的早期探测。图像型火灾探测器可对烟雾和火焰进行探测，不受环境温度、风速变化影响，具有探测范围广、响应速度快、可视化、智能化等优点，可实现火灾早期预警。缺点是当火源被遮挡时可能造成探测器漏报警或延迟报警。

隧道附属用房一般设置点形光电感烟探测器。超长、特长隧道无人值班的重要设备机房也可采用吸气式感烟火灾探测器，对火灾进行早期探测。

2. 火灾探测器的布置

为了能及时有效地探测到火灾，火灾探测器的布设范围应覆盖整条隧道。线形光纤感温探测器设置于隧道顶部，距顶棚 100～200mm，沿隧道纵向敷设。每路线形光纤感温探测器最多保护两条车道。点形红外火焰探测器（或图像型火灾探测器）设置于车行隧道侧墙上方，安装高度、设置间距应根据设备的有效探测范围确定。在隧道弯道段需调整探测器安装位置和间距，确保无探测盲区。相邻探测器的探测区域应有一定重叠。

当隧道内设有自动喷水灭火系统、防排烟系统时，火灾探测区域需与设备联动区域相对应。

14.5.5 探测区域、报警区域的划分

报警区域的划分是为了迅速确定报警及火灾发生的部位。探测区域是将报警区域按探测火灾的部位划分的单元，根据火灾探测器的保护面积确定。一个报警区域可以对应一个探测区域，一个报警区域也可以包含多个探测区域。设计时应根据火灾探测器的保护面积、建筑防火分区的划分，排烟系统、水消防灭火系统的联动控制要求确定探测区域、报警区域。隧道车行通道报警区域不宜超过 150m。

14.5.6 手动火灾报警按钮的设置

每个防火分区至少设置一只手动火灾报警按钮。从一个防火分区内的任何位置到最邻近的手动火灾报警按钮的步行距离不应大于 30m。

隧道内应采用防水型手动火灾报警按钮。手动火灾报警按钮宜设置在行车方向右侧，明装于隧道侧墙上方。手动火灾报警按钮底边距地面高度 1.3～1.5m。

14.5.7 火灾报警装置的设置

隧道入口前和隧道内应设置火灾声光警报器。在隧道内设置间隔为 50m。

火灾警报器最不利点的声压级应高于背景噪声 15dB。

火灾声光警报器底边距路面安装高度应大于 2.2m。

14.5.8 消防模块的设置

消防模块包括输入模块、输出模块、中继模块、隔离模块等。

输入模块用于接收消防设备的动作信号，通过总线传送至火灾报警控制器。输出模块用于接收火灾报警控制器的指令，使消防设备动作。输入、输出模块的数量根据监控对象信号监视点、联动控制点数要求确定。

中继模块主要用于提高总线的抗干扰能力、延长总线通信距离。

隔离模块将发生故障的部分总线与整个系统隔离，保证系统的其他部分能够正常工作。

消防模块应设置在监控对象附近，采用独立的金属箱体安装，隧道车行通道内箱体防护等级不低于 IP65。

14.5.9　火灾报警控制器的设置

火灾报警控制器设置在隧道消防控制室或隧道监控中心，集中显示各类报警信号，向消防设备发出联动控制指令，显示设备动作信号。

火灾报警控制器通过总线回路连接火灾探测器、手动火灾报警按钮、声光警报器、输入模块、输出模块等设备。根据《火灾自动报警系统设计规范》GB 50116—2013，单台火灾报警控制器所连接的地址总数不应超过 3200 点。其中，联动控制对象的地址数不宜超过 1600 点。单个回路所连接的地址总数不宜超过 200 点，其中联动控制对象的地址数不宜超过 100 点。并应预留不少于 10% 的余量。方案设计时，首先应计算隧道各区段监控对象的地址总数，再确定火灾报警控制器的容量和设置数量。

火灾报警控制器的总线回路可采用树形结构或环形结构，设计时根据工程具体情况确定。受信号传输距离的限制，若总线长度超出设备允许范围，应增设区域火灾报警控制器。火灾报警控制器之间通过光纤组成环网。

系统报警总线和电源线上应设短路隔离器，每个短路隔离器保护的终端设备、模块的总数不应超过 32 个。总线在穿越防火分区处应设置短路隔离器。

14.5.10　消防联动控制设计

1. 对消火栓系统的联动控制
（1）控制消火栓泵启停。
（2）显示消火栓按钮的动作信号。
（3）显示消火栓系统压力开关、流量开关的动作信号。
（4）显示消火栓泵的启动、停止、故障状态。
（5）消防控制室设置消火栓泵手动启、停控制按钮，在联动控制失效的情况下，可通过专用线路直接手动控制消火栓泵。

2. 对水喷雾泡沫灭火系统的联动控制
（1）控制雨淋阀组开启。
（2）控制水喷雾泵、泡沫泵启停。
（3）显示雨淋阀组、压力开关、水流指示器动作信号。
（4）显示水喷雾泵、泡沫泵、稳压泵的启动、停止、故障状态。
（5）消防控制室设置水喷雾泵、泡沫泵手动启、停控制按钮，在联动控制失效的情况下，可通过专用线路直接手动控制水喷雾泵、泡沫泵。

3. 对防排烟系统的联动控制
（1）控制防烟风机、排烟风机启停。
（2）控制排烟阀、防火阀动作。
（3）显示防烟风机、排烟风机，排烟阀、防火阀动作信号、故障信号。
（4）消防控制室应设置防烟风机、排烟风机手动启、停控制按钮，在联动控制失效的情况下，可手动控制排烟风机。

4. 对其他系统的联动控制

(1) 联动视频监控系统，自动切换显示报警区域视频图像，供值班人员确认火灾。

(2) 联动交通监控系统，发布火灾报警信息，指示、诱导车辆疏散。

(3) 联动隧道照明系统。调光照明系统自动调整亮度至100%，开启疏散通道照明。

14.5.11　消防应急广播

消防应急广播系统由音源设备、功率放大器、功放控制设备、扬声器和馈电线路等组成。消防应急广播系统可独立设置，也可与隧道运营广播系统合用。当系统合用时应具备消防应急广播强制切入功能。合用设备应符合消防产品CCCF认证的要求。

14.5.12　消防专用电话

消防专用电话系统由消防电话总机、消防专用电话分机和专用电话网络组成。分为总线制和多线制两种形式。消防专用电话可与隧道内设置的紧急电话合用。

电话网络应采用独立的消防通信系统，并应单独布线。

消防控制室、消防值班室设置消防专用电话总机。电话分机与总机之间的通话采用直接呼叫方式，不应经过转接。

消防控制室、消防值班室应设置向消防部门直接报警的外线电话。

14.5.13　线缆的选择及敷设方式

火灾报警系统供电线路、消防联动控制线路应采用耐火铜芯电线电缆。报警总线、消防应急广播和消防专用电话等传输线路应采用阻燃或阻燃耐火电线电缆。线缆采用金属管或金属线槽保护。

火灾自动报警系统应单独布线。系统内不同电压等级、不同电流类别的线路，不应布在同一管内或线槽的同一槽孔内。合用同一线槽时，线槽内应有隔板分隔。

14.5.14　消防电源及接地设计

(1) 火灾报警系统供电应设置主电源和备用电源。系统主电源应采用消防电源。由供电系统引接两路独立的三相交流电源进线，消防控制室设置双电源自动切换装置和配电箱，为控制室内的火灾报警设备供电。隧道外场设置消防电源配电箱，为隧道现场的报警设备、消防模块供电。系统备用电源可采用火灾报警控制器自带的蓄电池电源或消防设备应急电源。

(2) 消防设备应急电源一般指EPS，其工作原理是当市电正常时，市电经过输出切换装置直接给负载供电，同时通过充电器为蓄电池充电或浮充。当市电断电时，EPS自动切换至蓄电池逆变供电给负载。

(3) 消防设备应急电源的输出功率应大于火灾报警系统全负荷功率的120%。蓄电池组的容量应保证火灾报警系统连续工作3h以上。

(4) 消防控制室图形显示装置、消防通信设备的电源，一般采用在线式UPS电源装置供电。防止因电源切换造成通信中断，数据丢失。

(5) 火灾自动报警设备的接地采用共用接地装置时，接地电阻值不应大于1Ω；采用专用接地装置时，接地电阻值不应大于4Ω。

（6）消防控制室内的电气和电子设备的金属外壳、机柜、机架、金属管、槽等应采用等电位连接。

14.5.15 消防控制室

（1）消防控制室应能集中显示、存储、管理隧道全线火灾报警信息、消防设备运行状态信息，对消防设备进行联动控制。

（2）隧道消防控制室应设置应急通信设备，如消防专用电话、火灾报警专线电话、消防广播、消防无线通信设备等，用于防灾救援时的人员调度、疏散。隧道消防控制中心还应将火灾报警信息通过网络传输至上级消防监控中心。

（3）隧道24h连续运营，一般独立设置管理中心，配置视频监视、广播、应急通信等监控设备，设专人24h值守。因此，隧道消防控制室可与管理中心合设。除火灾报警专用设备外，其他监控设备可以合用。

（4）火灾报警设备应集中设置在便于值班员观察和操作的部位，并与其他设备之间有明显间隔，保证独立的操作空间。火灾报警信息应设置明显的声光报警提示。

14.6 防灾用电与应急照明

14.6.1 防灾用电

防灾用电负荷，包括防灾报警系统、设备监控系统、消防水泵、废水泵、事故风机、防火卷帘、广播、应急照明、疏散指示标志等设备用电及运营管理中心中消防用电应按一级负荷考虑。

14.6.2 应急照明类别

隧道应急照明按功能分为两类，即疏散照明和备用照明。

疏散照明是在正常照明因电源失效或因灾害熄灭时，为了在紧急情况下能安全撤离，确保疏散通道能得到有效的辨认和使用而设置的应急照明。因此，疏散照明包括用于照亮疏散通道的照明灯具和用于明确指示通向安全区域及其路径的疏散标志指示灯。隧道车道层、安全通道、疏散走道灯等处设置了疏散照明灯具及疏散标志指示灯，用于照亮疏散通道指引人员通向安全区域。

备用照明是在正常照明因电源失效而熄灭时，为确保正常活动继续进行而设的应急照明。设置备用照明可防止因正常照明熄灭后所引发的事故或损失。隧道及重要的设备用房，如中央控制室、变电所房间、消防泵房、监控设备室隧道车行道等均设置备用照明，备用照明的照度按相关规范有不同要求。

14.6.3 应急照明设计

隧道应急照明分疏散应急照明和备用应急照明两类。

一、二类长隧道需要设置火灾自动报警系统，隧道疏散应急照明电源采用集中控制型集中电源供电，A型灯具，24V直流电源分区配电，应急时间对一、二类长隧道要求2.0h，三、四类短隧道要求1.5h；疏散应急照明仅要求考虑隧道两侧人行道和横道、配电房、消防控制室、消防水泵房和备用发电机房等区域，照度标准为1.0lx。

一、二类长隧道的应急备用照明系统电源宜采用应急电源集中供电方式，正常时由外电源直接供电，当外电源全部失去时，应急备用照明电源提供逆变后的交流电源供电，切换时间不大于0.3s，该应急电源在正常母线电压低于额定电压的85%时应能自动启动。

三、四类短隧道的应急照明系统可采和应急电源分散式供电方式，应急照明灯具和疏散标志指示灯自带蓄电池，正常时由外电源直接供电，当应急照明回路的外电源失去时，自带的蓄电池逆变成交流电源供电，切换时间不大于0.3s。

隧道车道层应急备用照明亮度不应小于隧道中间段亮度的10%，且不应低于0.2cd/m^2。应急备用照明正常运营时宜兼作一般照明的一部分，布置方式同一般照明。应急照明平时常亮有利于及时发现应急照明系统的故障，否则当灾害发生时不能正常工作就会酿成大祸，造成重要损失。

应急照明电线、电缆采用耐火电线、电缆或矿物绝缘类不燃性电缆。

相关规范

[1]《道路隧道设计规范》DG/TJ 08—2033—2008
[2]《建筑设计防火规范》GB 50016—2014
[3]《消防给水及消火栓系统设计规范》GB 50974—2014
[4]《水喷雾灭火系统技术规范》GB 50219—2014
[5]《泡沫灭火系统设计规范》GB 50151—2010
[6]《建筑灭火器配置设计规范》GB 50140—2005

第 15 章

交通管理及安全设施设计

15.1 概述

(1) 隧道交通管理及安全设施设计应符合现行国家标准《城市道路交通设施设计规范》GB 50688 及《道路交通信号灯》GB 14887 的相关规定。

(2) 隧道交通管理设施设计内容主要包括交通标志、交通标线、引导设施、交通控制及诱导设施等。

(3) 隧道安全设施设计内容主要包括防撞设施、道口检查亭等。

15.2 设计原则

(1) 隧道交通管理设施设计应遵循安全实用、质量可靠、经济合理、技术先进的原则。

(2) 隧道交通管理设施设计应按等级进行统筹规划、总体设计,等级划分应符合现行国家标准《城市道路交通设施设计规范》GB 50688 的相关规定,且交通管理设施(包括支撑结构)不得侵入建筑限界。

(3) 隧道交通设施除应保持其各自特性和相对独立外,还应相互匹配、相互协调,使之成为统一、协调、完整的系统工程。

(4) 隧道交通设施设计方应提供交通设施的设置桩号、预留孔尺寸、结构重力、受力条件等,隧道结构设计时应进行预留、预埋设计,交通设施的设置由交通设施设计方设计。

(5) 隧道的交通标志应设置在驾驶人员最易看到、并能准确判读的醒目位置,在小半径平曲线或竖曲线等路段设置标志,应考虑侧墙、附属设施等对标志的遮挡。

(6) 隧道交通标志等尺寸、位置可根据隧道内空间状况作适当调整,并应满足现行国家标准要求。

(7) 隧道应设置反光交通标线,交通标线表面抗滑性能一般不应低于所在路段路面,其余还应满足现行国家标准《道路交通标志和标线》GB 5768 及《城市道路交通标志和标线设置规范》GB 51038 的规定。

(8) 隧道安全防护设施应采用环保材料,便于安装,易于维修。

15.3 交通标志

(1) 交通标志设计的主要内容:①设置位置和版面内容确定,版面尺寸设计;②支撑方式、标志板、支撑件、连接件，基础：强度、稳定性验算；③视认角度验算及视认环境评价；④材料及施工工艺要求等。

(2) 城市隧道入口前应设置交通标志，并符合下列要求：

1) 在隧道入口前至少 50m 处，宜设置隧道指示标志，用于指示隧道名称和长度等。

2) 宜设置开车灯行驶标志，可与隧道指示标志合并设置。在设置形式上一般采用柱式的支撑方式。

3) 根据交通管理需求，在入口处前应设置限速、限重、限高、限制车型、禁止停车、禁止危化品车辆等禁令标志。在设置形式上，可与入口前龙门架结合布置，或采用柱式的支撑方式。

4) 针对限高有特殊要求的城市隧道，入口前应连续设置 3 次超高警告，条件受限时，不应少于 2 次。各次警告之间应保持一段距离，并能保证超高车辆及时分流，采用软硬结合的控制措施，最后一次应为硬杆型的防撞门架，门架前应设置分流超高车辆的绕行通道。

(3) 隧道内交通标志按使用状态可分为正常运营状态的标志系统和火灾等突发事件下的标志系统，具体类型如下：

1) 正常运营状态标志：

① 应急停车港湾。城市隧道内设置应急停车港湾时，应在应急停车港湾前 5m 设置应急停车港湾指示标志，柱式双面显示。

② 线形诱导标志。在线形变化较大的路段，应设置引导行驶方向的线形诱导标志，每处设置数量不应少于 3 块，诱导标志宜采用电光标志。

③ 急弯等警告标志。在急弯、连续弯道、陡坡等危险路段前一定距离设置，同时宜设置限速标志配合使用，前置距离应符合现行标准《道路交通标志和标线》GB 5768 的规定。

④ 多点进出指路标志。当城市隧道出口与地面道路交叉口间的距离较短或隧道为多点进出时，应在隧道内设置出口引导标志，分级指引，对前方出口名称、方向、距离进行预告。对于多点进出的长距离隧道，在次出口之前应连续设置出口预告标志，且出口预告标志应连续设置。标志设置应符合现行标准《道路交通标志和标线》GB 5768 和《城市道路交通标志和标线设置规范》GB 51038 的规定。当设计速度小于 60km/h 时，出口预告标志的间距可以缩小，分别在减速车道的渐变段起点前 0m、250m、500m、1km 设置出口预告标志，且需要在地下道路出口分流端设置当前出口标志和下一出口预告标志；当间距小于 1km 时，可取消 1km 处出口预告标志。出口预告标志设置方式一般采用悬挂式、光电式。

⑤ 车库联络道指路标志。除预告前方出口道路名称、地块停车库名称、方向、距离等，还应预告停车库的空车位数。一般预告不宜小于 2 级，对于重要地块的地下车库指引可提高至 3 级，在出口分流端设置出口确认标志。

2) 火灾等突发事件状态标志：

① 疏散指示标志。用于突发事件下引导人员疏散至安全出口，隧道两侧侧墙上应每隔 50m 设置疏散指示标志，安装净空高度应不大于 1.3m。安全通道、楼梯转角处的墙、柱上应设置疏散指示灯，安装部位距地面高度应不大于 1.0m，间距不大于 15m。疏散指

示标志除应指示逃生方向外,还应标识与逃生出口的距离。疏散指示标志应采用光电式,增强识别性。

② 车行横洞指示标志。用于指示隧道内车行横洞位置,在发生紧急状况时指示车辆改行,应设置于行车方向左侧行车横洞处顶部及两侧。设置方式一般采用附着式,光电形式、双面显示,安装净高不应大于 2.5m。在逃生出口处,还应设置 LED 灯,增强逃生出口的可识别性。

③ 人行横洞指示标志。用于指示隧道内人行横洞位置,在发生紧急状况时指示人员逃生路线,应设置于行车方向左侧人行横洞处顶部及两侧。设置方式一般采用附着式,光电形式、双面显示,安装净高不应大于 2.5m。对于双层式横断面布置形式的隧道,通过逃生楼梯实现上、下层连通,连接楼梯相当于人行横洞功能,对于此类型安全出口的指示标志与人行横洞指示标志、车行横洞指示标志等设置方法相同。在逃生出口处,还应设置 LED 灯,增强逃生出口的可识别性。

④ 消防设备指示标志。用于指示隧道内消防设备位置,应设置于消火栓上方,安装净高不应大于 2.5m。设置方式一般采用附着式,光电形式、单面显示。

⑤ 紧急电话指示标志。指示隧道内紧急电话位置,应设置于紧急电话上方,安装净高不应大于 2.5m。设置方式一般采用附着式,光电形式、双面显示。

(4) 应根据隧道管理的要求,在隧道入口处对限制通行的交通设置禁止通行的三级预告标志。

(5) 隧道应根据道路功能、等级设置隧道入口引导标志,并符合下列要求:

1) 入口引导标志应设置在与隧道连接的道路,以及周边的主干路、次干路的各主要交叉口,且不少于 2 个主要交叉口。

2) 对于地下快速路和主干道,除下穿路口的地下通道外,应在入口周边 2km 范围内设置入口引导标志,其余还应符合现行国家相关标准的规定。

3) 对于地下车库联络道应在入口周边 1km 范围内设置入口引导标志。

4) 入口引导标志应预告通往隧道的入口方向,大于等于 500m 范围的入口引导标志同时应预告距离,500m 范围内的入口引导标志可省略距离标注。

5) 入口引导标志宜单独设置,也可结合指路标志以及可变信息标志综合设置。

6) 引导标志可结合道路上的指路标志用附着式或结合式。

(6) 隧道内大多采用悬挂式标志,标志净空高度与建筑限界间一般应保留 20~50cm 的余量。

(7) 隧道交通标志布置时应考虑侧墙、顶部、通风设施等机电设备的遮挡,必要时适当调整位置。

(8) 在隧道平曲线及凹曲线路段,应检验标志的识别视距。

(9) 对于混合行驶隧道,需要考虑货车对重要标志的遮挡,对于出口分流等重要的指路标志应进行分级、重复设置。

(10) 隧道的交通标志宜采用电光标志材料;并可根据隧道空间状况对可变情报板、限速标志等尺寸作适当调整,且应满足现行国家标准《道路交通标志和标线》GB 5768 及《城市道路交通标志和标线设置规范》GB 51038 的要求。电光标志宜体薄量轻、便于悬挂,亮度衰减慢、便于长期工作;电光标志可采用单面发光或双面发光、主动发光和被动反光相结合方式。

(11) 隧道的交通标志一般采用照明式或发光式。不同的光电型交通标志在可靠性、经济性等方面各有优缺点，见表 15.3-1。采用 LED 光源作为照明方式比较节能；采用照明与被动反光相结合的照明方式，既能保证标志的识别效果，又能提高可靠性。

几种常用的隧道光电式标志比较　　表 15.3-1

隧道光电标志	优点	缺点
照明式——采用外部照明	标志一般是传统逆反射形式，即使外部照明发生故障，依靠反光能仍基本维持功能	(1) 能耗较大； (2) 照射亮度不够均匀
照明式——采用内部照明（灯箱式）	识别效果好	(1) 体积相对较大； (2) 内部灯管易损坏； (3) 能耗较大； (4) 标志本身不能反光，一旦内部电路发生故障，标志识别性将大大降低
照明式——采用内部照明（LED）	(1) 识别效果好； (2) 体薄量小，便于悬挂； (3) 亮度衰减慢，便于长期工作，耐久性好； (4) 节能	(1) 初期投资相对较高； (2) 标志本身不反光，一旦内部电路发生故障，标志识别性将大大降低
发光式——采用 LED 显示屏	自发光，识别效果佳	(1) 投资相对较高； (2) 一旦发生故障，标志作用将丧失

(12) 城市隧道主线合流端前应设置注意合流标志，并宜设置振荡标线配合标志使用。

(13) 受空间限制，隧道交通标志版面的字体高度、长宽比、标志尺寸等需综合优化，可根据隧道的空间状况作适当调整，但不得改变版面各要素之间的相互关系，也不得侵入道路建筑限界。

(14) 可以借鉴国外隧道的安全逃生标志系统设置，从标志的版面、色彩、光电亮度以及设置形式等方面提高应急标志的识别性，具体包括：

1) 在版面布置上不局限于传统的标志形式，设置大比例的图形符号、色彩，与侧墙形成强烈的视觉差异。

2) 采用悬挂式的支撑方式，比传统的附着式更便于远距离观察。

3) 在人行横洞、车行横洞等逃生出口处，除布设指示标志外，还在逃生口设置 LED 灯，增强逃生出口的识别性。

15.4 交通标线

(1) 交通标线设计的主要内容：设置位置、内容、种类；文字、图形和尺寸；材料及施工工艺要求等。

(2) 隧道内标线在功能形态、设置方法以及材料性能和技术要求等方面与地上道路基本相同，应包括道路标线、轮廓标、诱导标以及突起路标等。

(3) 道路标线设计应按照现行国家标准《道路交通标志和标线》GB 5768 执行。标线应根据相应道路等级设置车行道分界线、车行道边缘线、出入口标线、导流线等；隧道出入口的洞口内及洞外 50~100m 范围内应设置实线车道分界线，禁止超车。

(4) 城市隧道连续弯道、视距不良等危险路段宜设置实线车道分界线，禁止变道超车。

(5) 城市隧道主线以及出入口地下匝道等车行道两侧应连续设置轮廓标，轮廓标设置应符合现行国家标准《城市道路交通设施设计规范》GB 50688 的规定。

(6) 城市隧道洞门、洞内紧急停车带的迎车面端部宜设置立面标记。

(7) 小半径、急弯、陡坡、长大下坡、合流段等隧道事故易发路段前，应设置减速振荡标线等相应减速措施以及危险警告标志。

(8) 限制车行道的行驶速度、控制车行道行驶车辆的类型或指定车行道前进方向、提示出口信息时，可设置相应的路面文字标记。

(9) 标线涂料宜采用环保、防滑的反光涂料。标线涂料宜采用热熔型反光涂料。

(10) 当隧道内设置全天候照明系统，且平均照度达 $1.5cd/m^2$ 以上时，可不设置突起路标和轮廓标。

15.5 交通管理设施

(1) 交通信号控制及诱导设施主要包括车辆检测器、交通信号灯、车道指示器、可变信息标志、可变限速标志以及交通区域控制单元等外场设备。

(2) 交通信号灯的设置以及技术要求应符合下列要求：

1) 隧道内的交通信号设施宜采用专用车道指示器。

2) 在城市隧道入口应设置红、黄、绿组成的交通信号灯，可结合城市地下道路入口前的防撞门架设置。

3) 交通信号灯应显示清晰，尺寸、光学性能等应符合现行国家标准《道路交通信号灯》GB 14887 的规定。

(3) 专用车道指示器的设置以及技术要求应符合下列要求：

1) 设置在隧道各车道中心线上方，不得侵入道路建造限界内。

2) 在隧道入、出口及行车横洞处应各设一组车道指示器。

3) 设置在直线路段时，间距不应大于 500m，曲线路段间距可根据具体情况适当减少。

4) 专用车道灯应由红色叉形灯及绿色箭头灯组成。专用车道灯应显示清晰，视距不应小于 200m。

5) 车道指示器尺寸、光学性能等应符合现行国家标准《道路交通信号灯》GB 14887 的规定，安装位置应位于车道正上方，安装高度可根据地下道路净高适当调整。

6) 双面显示车道指示器不得同时显示绿色箭头灯。

15.6 交通安全设施

(1) 隧道内部不设检修道时，侧墙下部必须设置防撞侧石，高度宜为 75~85cm，迎车面外形按照现行国家标准《公路交通安全设施技术规范》JTG F71 的要求设置。

(2) 隧道的主线分流端部应设置防撞设施。

(3) 隧道出入口敞开段的护栏端部应采取安全性处理措施。

(4) 隧道限制危险品车辆通行时，在隧道入口处宜设置检查亭。设置检查亭的安全岛宽度不应小于 3m，安全岛末端应设置供受检查车辆停放的车道及驶离隧道入口的通道；如由于场地条件限制，无法设置检查亭时，应有相应措施。

相关规范

[1]《城市地下道路工程设计规范》CJJ 221—2015
[2]《城市道路交通设施设计规范》GB 50688—2011
[3]《道路交通信号灯》GB 14887—2011
[4]《道路交通标志和标线》GB 5768—2009
[5]《城市道路交通标志和标线设置规范》GB 51038—2015
[6]《公路交通安全设施施工技术规范》JTG F71—2006
[7]《道路隧道设计规范》DG/TJ 08—2033—2008

参考文献

俞明健. 城市地下道路设计理论与实践 [M]. 北京：中国建筑工业出版社，2014.

第 16 章

运营管理中心设计

16.1 概述

（1）超长隧道、特长隧道、长隧道宜设置运营管理中心，中隧道、短隧道可按需要设置设备监控、应急事件处理管理所。

（2）运营管理中心应具备隧道交通管理、电力供给、防灾报警、设备监控以及紧急事件的应急处理和全线信息的集散与交换功能。

（3）运营管理中心宜由中央控制室、设备用房、管理用房、隧道维护用房、仓库及停车场组成。运营管理中心的建设规模不宜大于表 16.1-1 的要求。

运营管理中心建设规模　　　　　　　　表 16.1-1

隧道分类	特长、长隧道	中隧道	短隧道
建筑面积（m²）	3000~4500	2000~3000	1000~1500
管理人员数	100~120	80~100	60~80

16.2 选址

（1）运营管理中心宜布置在隧道引道口附近，便于日常管理及应急处理。

（2）运营管理中心应避开高温、潮湿、烟气、多尘、有毒、腐蚀等气源和污染源；应避开易燃、易爆、噪声和振动源；应避开强电磁干扰源等，并应设于污染源的上风向，同时应利用有利的地形和环境或采取相应设施隔离。

（3）现代城市隧道密度越来越高，用地紧张，基于当今的高速网络通信技术，位置较近的隧道宜集中布置运营管理中心，即经与隧道运营养护单位沟通后宜采用隧道群一体化控制中心同时控制几条隧道的运行，并应符合以下要求：

1）监控系统设备应同时满足多条隧道的总体监控功能、运营管理需求以及可靠性要求。

2）救援线路长度和救援时间应控制在合理范围内，并应满足应急救援要求。

16.3 功能要求

（1）运营管理中心应对隧道运营的全过程进行集中监控和管理，同时兼做防灾和应急指挥中心，并应具备防灾和应急指挥的功能。

(2) 运营管理中心的整体工艺设计应满足运营、维护和管养的需求,并符合建筑节能设计的要求。

(3) 运营管理中心的建筑应满足下列要求:

1) 布局简洁、实用、功能分区明确、符合运营管理及消防要求。

2) 建筑分类为多(高)层二类公共建筑,耐火等级不应低于二级,屋面防水等级不应低于二级。

3) 具有相对独立性、安全性和可靠性,宜设置为独立建筑,在与其他建筑合建时,应设置独立的进出口通道。

(4) 运营管理中心宜划分为运营监控区、运营管理区、设备区、维修区及辅助设备区。各功能划区应结合实际的运作模式和管理模式设置。

(5) 运营监控区和运营管理区应相邻设置;设备区应集中设置,应靠近运营监控区,且不应与运营管理区混合布置;维修区宜靠近设备区。

(6) 运营监控区应设中央控制室和紧急事件指挥室等。运营监控区应作为独立的安全分割区;进入中央控制室前应设缓冲区,并宜配置安防设施;在运营监控区宜配置交接班室、打印室及必要的值班和管理用房以及生活和卫生设施。

(7) 中央控制室及设备用房设计应满足下列要求:

1) 满足设备工艺要求,采用大空间布置,布置应整齐、紧凑和美观,并应便于观察、操作和维修,同时应便于人员行动和疏散。

2) 中央控制室的室内净空高度应根据房间面积大小及视线的要求进行设计,净高不宜小于4m,内部装修应满足现行国家标准《数据中心设计规范》GB 50174 的要求。

3) 中央控制室内应设固定式双层密封、防火(防爆)、隔声和隔热窗,阳光不应直射设备。

4) 当中央控制室按隧道群一体化设计时,宜按管理岗位划分功能区,也可按隧道线路划分功能区。

5) 中央控制室应具备紧急事件指挥中心的功能。

6) 中央控制室内应设置与运营有关的监控系统和操作终端设备,不得安装大功率的电气设备及其他动力设备。

(8) 紧急事件指挥室、交接班室和打印室等应与中央控制室同层相邻设置;紧急事件指挥室与中央控制室应用玻璃隔断。

(9) 运营管理区应根据运营管理的需要,按组织架构设置必要的办公管理和生活设施。

(10) 设备区各系统设备的布置及设计应符合下列要求:

1) 设备房的楼层布置和平面布置应以方便运营管理,便于工程实施,互相关联的管线短为原则。

2) 设备区设备房的室内布置应整齐、紧凑,并应便于观察、操作和维修。

3) 设备机房的面积应按照系统的远期容量确定,机房内设备布局应合理、紧凑,并预留必要操作、维护空间,走道净宽不应小于1.2m。

4) 设备布置应使设备之间的连线短,外部管线进出应方便。

5) 大功率的强电设备不应与弱电设备混合安装和布置。除自动灭火系统外,各电气系统设备用房不应有水管穿过；风管穿过时应避免管道凝露滴到电气设备上。

6）设备房的布置，宜按线路划分，也可按系统划分。

7）设备房净空不宜小于 3m；地面宜根据具体的工艺要求设计，采用下部进线时应架设架空活动地板，并应根据设备的安装要求，设置设备的承重、固定和起吊装置。

8）综合监控机房的位置安排，应考虑电缆引入方便、配线长度合理、便于维修等因素。

9）应根据隧道综合监控的要求合理布置，预留沟、槽、管、孔。

10）设备机房应防止有毒、有害气体进入，并应配备良好的防尘措施。

（11）维修区应满足维护管理和值班等功能要求，各隧道宜按专业系统合设，也可分设。

（12）运营监控区宜设置参观演示室、参观接待室及培训演示室。参观演示室应与中央控制室相邻设置，也可与紧急事件指挥室合设。

（13）辅助设备区设备的配置应符合下列要求：

1）辅助设备区宜设置供电与低压配电、通风与空调、给水与排水、消防与自动灭火等系统设备和用房。

2）供电与低压配电、空调、给水与排水、消防等系统设备，宜设置在地面一层或地下一层；低压配电、通风与空调、给水与自动灭火等系统设备，宜设置在各层距用户较近的位置。

（14）隧道群控制中心必须具有三大基本功能：

1）正常情况下，控制中心负责进行所辖隧道的交通监视，以及隧道内机电设备的运行控制与管理。建议为每一条隧道配置一个交通监控席位，如果是特别长大的隧道，还需要考虑分段监控。

2）配合交通管理部门协调隧道与地面交通、各隧道之间的交通组织，处理一般的交通异常事件。建议隧道群控制中心按所辖隧道同时只发生一次重大交通事故考虑其功能配置以及应急设施的配置，以便适当控制隧道群控制中心的造价。

3）在隧道内发生重特大事故、火灾等突发事件情况下，能够及时报警，采取应急措施，配合交通管理、公安交警、消防等部门进行应急联动和处置。建议隧道群控制中心按所辖隧道同时只发生一次重大交通事故考虑其功能配置以及应急设施的配置；按所辖隧道同时只发生一处火灾考虑隧道群控制中心的功能配置；按同时只有一座变电所发生重大供电故障考虑隧道群控制中心的功能配置，以便适当控制隧道群控制中心的造价。

（15）中央控制室及其设备用房宜采用全面的防静电装修，包括墙面、地面、吊顶、家具、窗帘等，机房防静电架空底板高度不宜低于 0.35m。

（16）根据隧道应急维护需要宜配置相应规模的应急停车场。

（17）运营管理中心的管理部分设计，可参照现行国家标准《办公建筑设计规范》JGJ 67 进行。

（18）运营管理中心结构设计应根据承载力极限状态和正常使用极限状态的要求，分别对构件承载力、稳定、变形进行计算和验算。

（19）设计使用年限为 50 年。

（20）建筑结构安全等级为一级。

(21) 荷载取值除了符合现行国家标准《建筑结构荷载规范》GB 50009 的规定外，还应满足以下要求：

1) 设备用房使用荷载标准取值应符合设备用房使用功能要求。

2) 施工荷载标准取值不应小于 $2kN/m^2$，并应根据施工堆载、施工工艺以及设备安装、运输要求进行验算。

(22) 当运营管理中心设有地下室并有人防设计要求时，应执行相关的现行设计规范。

(23) 运营管理中心给水排水设计应符合现行国家标准《建筑给水排水设计规范》GB 50015 的规定，同时应满足以下要求：

1) 给水引入管宜从隧道消防进水管水表井前接出，并单独设置水表井。

2) 运营管理中心附近地区如无市政污水管道或合流管道时，污水应达到排入市政污水管的标准，污水应经深化处理、达到雨水或受纳水体的水质标准后，方可进入市政雨水管道或附近水体。

(24) 运营管理中心消防系统设计应按现行国家标准《建筑设计防火规范》GB 50016 进行，同时应满足以下要求：

1) 运营管理中心应设置引入公安、消防无线信号，应满足公安、消防统一调度要求，应设置火灾自动报警、环境与设备监控、火灾事故广播、自动灭火、消防、防排烟等系统、防灾无线调度通信台和防灾广播控制台。

2) 运营管理中心应设置消防控制室。

3) 运营管理中心应设置消防专用电话、手动报警按钮和对讲电话插孔。

4) 运营管理中心各分区出入口、主要通道和重要房间应设置闭路电视监视系统和门禁系统等安防设施。

5) 对重要的电气设备用房应设置自动灭火系统，并优先选用气体灭火系统。

6) 运营管理中心应设置保安值班室，保安值班室应与消防控制室合并。

(25) 运营管理中心通风空调与供暖设计应符合现行国家标准《工业建筑供暖通风与空气调节设计规范》GB 50019、《公共建筑节能设计标准》GB 50189、《数据中心设计规范》GB 50174 等相关规定，同时应满足以下要求：

1) 中央控制室内环境温度宜控制为 16～27℃，中央控制室和各系统设备房每小时内的温度变化不宜超过 3℃，各系统设备房应按现行国家标准《数据中心设计规范》GB 50174 的有关规定设置，并宜按不低于 B 级要求设计。

2) 模拟屏前后的温差不宜超过 3℃。

3) 中央控制室及设备房应维持正压。

4) 中央控制室、运营管理区、设备区的空调系统应分开设置。

(26) 运营管理中心的布线应满足下列要求：

1) 运营管理中心应有序敷设管线，并宜采用综合布线和综合管线敷设方式。

2) 综合布线和综合管线应为检修、更新改造预留空间；综合布线和综合管线应具有防火、防水和防鼠等安全功能。

3) 电缆的选择和管线的敷设过程应满足强电、弱电和消防等专业的要求。管线敷设宜做到线路短、交叉少。

4) 竖向布线宜采用电缆井敷线方式，并应满足强电、弱电和消防等专业的要求。

5) 水平布线宜采用电缆夹层敷线方式，并应根据夹层的具体情况，分层分区设置电缆桥架或汇线槽。动力电缆和弱电电缆应分开敷设。

6) 中央控制室内的电线、电缆和管线宜隐蔽敷设。

(27) 运营管理中心的供电照明设计除应符合国家、行业现行规范的相关规定外，同时应满足以下要求：

1) 运营管理中心应设置正常照明与应急照明。照明灯具应选择节能型、散射效果良好、使用寿命长及维修更换方便的灯具；灯具的布置宜与建筑装修和设备布置相协调。

2) 所有的用电负荷，可由运营管理中心降压变电所供电或就近隧道降压变电所供电。降压变电所内应设两台动力变压器，分别引入两路相对独立的电源供电，并应满足运营管理中心一、二、三级负荷的需要；当一台变压器退出运行时，另一台变压器可至少满足全部一、二级负荷的需要。

3) 运营管理中心内各类用房的照明标准及节能要求，应符合现行国家标准《建筑照明设计标准》GB 50034 的有关规定。

4) 运营管理中心的动力照明设备的接地制式为 TN-S 系统。

5) 运营管理中心应设统一的强弱电系统综合接地极，总的接地电阻不应大于 1Ω，并应满足各系统总的散流要求。

6) 运营管理中心防雷接地应符合现行国家标准《建筑物防雷设计规范》GB 50057 的有关规定，其防护类别不应低于第二类防雷建筑物，防雷接地电阻不大于 10Ω。

7) 中央控制室的照明应柔和和均匀，应无眩光，并应满足操作台面和通道照度的要求，在操作台面不应有阴影；室内照明均匀度不宜低于 0.7，并应采用分区调光。

8) 当中央控制室采用马赛克式模拟屏时，模拟屏前区和操作台面距地面 0.8m 处的照度宜为 100～200lx。

9) 当中央控制室采用投影式模拟屏时，模拟屏前区光线宜暗，操作台面距地面 0.8m 处的照度宜为 100～150lx，操作台宜设置局部照明。

10) 照明灯具端电压不应大于其额定电压的 105%；一般工作场所不宜低于 95%，安全特低电压供电的照明不宜低于 90%。

11) 运营管理中心应急照明的照度不应低于正常照明的 10%，中央控制室的应急工作照明不应低于正常照明的 30%，应急照明的持续供电时间不应低于 1h。

12) 对影响隧道正常运营的重要用房，例如中央控制室、计算机房、变电所等，应设置应急照明。

13) 运营管理中心疏散通道内应设置诱导指示及应急照明。

(28) 中央控制室架空地板及工作台面的静电泄漏电阻值应符合现行国家标准《防静电活动地板通用规范》SJ/T 10796 的规定。

(29) 管理、运营模式应满足以下要求：

1) 综合监控应具有信息接收、分析、判断、确认、预测、异常事件的处理决策、指令发布、设备运行状态的监视和控制等功能。

2) 发生事故时，除及时向隧道使用者和管理人员通报信息外，还应及时启动相应的应急预案组织救助。

(30) 隧道群监控系统构成方案

1) 隧道群监控系统应在各单体隧道监控系统的基础上进行集成,从系统层次的角度分析,集成的只是监控系统的信息层,各单体隧道的控制层和设备层仍是独立的。当控制中心远离隧道本体,成为集成、共享的隧道群控制中心以后,更应该加强控制层的单体(区域)控制功能,加强降级控制能力。

2) 推荐的隧道群监控系统构成方案为:每条隧道拥有独立的设备层和控制层网络系统,各隧道的中央监控工作站集成,控制中心网络系统合并,并建立覆盖所有接入隧道的中央数据库。大屏幕显示器统一设置,功能共享,环境及机电设备监控工作站集成,功能共享。本方案系统集成度高,设备利用率高,所有的工作站均具有相同的功能,只是按不同的认证取得相应的监控权限,投资少,运行成本低。

3) 隧道群监控系统基本结构如图16.3-1所示。图中表示了新建、已建和待建隧道的处理方法。新建隧道可以采用千兆级以太网接入隧道群控制中心;已建隧道需要对原控制中心进行改造,将其网络和监控功能接入隧道群控制中心,原控制中心则可以改为无人值守通信站,或是本地值班工作站;待建隧道是预留接入条件。

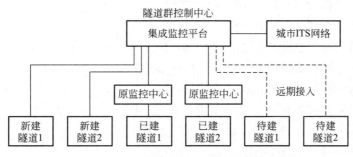

图16.3-1 隧道群监控系统基本结构图

4) 单体隧道的管理:

① 单体隧道监控系统应该可以独立运行,具有数据采集和传送、本地控制协调、就地手动控制、执行隧道群控制中心指令的功能。

② 单体隧道监控系统不设控制中心,但由于隧道群控制中心可能距离较远,应考虑设置本地的监控值班员。本地的监控值班可以设置在工作井、牵引车值班室或道口检查亭,并配置有基本的监视和操控能力。建议设1~2个监控显示屏和操控键盘,可以监视隧道的行车状况以及异常事件的报警,可以操控电视监视和广播设备,以便在突发灾难的情况下就地协调组织救援。

③ 在越江通道监控中心因故退出运行的情况下,本地的监控值班可以部分地承担隧道的监控任务,维持隧道的安全运行。

5) 机电设备监控:

① 各隧道的机电设备监控系统以PLC控制为主。控制设备均安装在工作井内,以工业级光纤环网相互连接,平时无人值守,通过千兆级三层交换机接入广域的光纤工业以太环网,连接隧道群控制中心。

② 隧道内所有机电设备(包括变电所、通风、排水、照明、环境监测设备)的运行及其相互间的协调均由PLC控制器直接控制,隧道群控制中心通过单体隧道的PLC控制器实现对隧道机电设备的监控。

6）交通监控：

① 隧道内的车辆检测器、信息显示板、信号装置等交通监控外场设备直接受控于隧道群控制中心。单体隧道监控系统仅为上述设备提供工业以太网接入，或作为传输通道。

② 交通事件分析装置（视频图像分析系统）布置在单体隧道的工作井内，事件报警信息及其相关的图像信息上传到隧道群控制中心。

7）闭路电视系统：

视频图像信号经模拟光端机传送到工作井，经分配后一方面提供视频图像分析，另一方面经数字化后由千兆网络传送到隧道群控制中心。视频的数字化格式以及交换协议应与城市快速路网监控系统相同，以便在全市范围内实现视频图像资源的共享。

相关规范

[1] 《城市地下道路工程设计规范》CJJ 221—2015
[2] 《数据中心设计规范》GB 50174—2017
[3] 《办公建筑设计规范》JGJ 67—2006
[4] 《建筑结构荷载规范》GB 50009—2012
[5] 《建筑给水排水设计规范》GB 50015—2003
[6] 《建筑设计防火规范》GB 50016—2014
[7] 《工业建筑供暖通风与空气调节设计规范》GB 50019—2015
[8] 《公共建筑节能设计标准》GB 50189—2015
[9] 《建筑照明设计标准》GB 50034—2013
[10] 《防静电活动地板通用规范》SJ/T 10796—2001
[11] 《道路隧道设计规范》DG/TJ 08—2033—2008
[12] 《地铁设计规范》GB 50157—2013
[13] 《建筑物防雷设计规范》GB 50057—2010
[14] 《消防给水及消火栓系统技术规范》GB 50974—2014
[15] 《自动喷水灭火系统设计规范》GB 50084—2017

参考文献

俞明健. 城市地下道路设计理论与实践 [M]. 北京：中国建筑工业出版社，2014.

第 17 章

建筑装饰及景观设计

17.1 隧道装饰原则

17.1.1 隧道装饰应简洁、大方、流畅

隧道为交通性建筑,隧道的装饰应该以简洁明快、大方、流畅为原则,体现隧道建筑的快捷、安全。

17.1.2 隧道装饰应考虑防火、防潮、耐腐蚀、抗震

(1) 隧道车道孔采用的装饰材料应为不燃 A 级材料。
(2) 隧道内部环境较为潮湿,故装饰材料应具有防潮性能。
(3) 隧道内车辆排放的尾气带有酸性,故装饰材料应具有耐腐蚀性能。
(4) 隧道内车辆驶过,会产生振动,故装饰材料的安装方式应具有一定的抗震性能。

17.1.3 隧道装饰应具有耐久性

隧道建筑装饰主要集中在侧墙与顶部,选用的装饰材料应能满足 25 年的使用寿命。

17.2 隧道内装

17.2.1 侧墙装饰

(1) 大面积的墙面色彩宜为浅色,忌用深色,浅色墙在隧道照明等级的反射下也可提高隧道内的亮度。
(2) 超长、特长隧道墙面色彩可分段变化,避免行车视觉疲劳。
(3) 侧墙装饰材料应选用表面对光的漫反射系数≥70%的自洁性、耐洗刷材料。
(4) 侧墙装饰应考虑风压的作用。
(5) 设备箱宜采用统一形式,以模数化的方式布置。消防设备箱及应急电话应有明显的识别标志。安全疏散口应有明显标识。

17.2.2 侧墙材料

隧道内使用的装饰材料较为单一,从早前的涂料、面砖到现在使用较多的隧道装饰板。

1.涂料

山岭隧道中使用较多,价格便宜,但耐久性差,不易清洁,故城市隧道中不建议使用。

2.釉面砖

2000年之前的城市隧道多使用釉面砖作为隧道侧墙装饰材料,面砖表面硬度高,耐洗刷、易清洁、造价低廉,几乎没有什么缺点。随着城市建设的发展,对隧道内的景观要求也逐步提高,面砖块面不够大,整体效果不够大气成了它的缺点(图17.2-1)。

图17.2-1 侧墙面砖装饰效果

3.侧墙装饰板

用得较多的侧墙装饰板有搪瓷钢板、水泥纤维板等。搪瓷钢板表面的瓷面由高温烧结而成,具有较高硬度,耐洗刷,但反光率略微偏高,且价格较高(图17.2-2)。水泥纤维板表面有一层涂层,再经硬化等处理,但总的来说硬度一般,但板材价格较钢板便宜很多,故也有较高的使用率(图17.2-3)。

图 17.2-2　侧墙搪瓷钢板装饰效果

图 17.2-3　侧墙水泥纤维板装饰效果

17.2.3　顶棚装饰

隧道顶棚装饰材料除了要满足隧道防灾的要求外，顶板宜采用深黑色或深蓝色，明露管线及设备宜为同色。

隧道顶部装饰大多与隧道顶部承重结构的被动防火材料结合，一般有防火涂料与防火板两种。

（1）防火涂料施工完毕之后，表面没有缝隙，防火性能较好。但防火涂料施工工艺复杂，为了确保固定牢靠，须在涂料层中张拉钢丝网，且对施工质量要求较高，在施工过程中对周边施工环境有影响，不适宜工期短的工程项目。

（2）防火板在城市隧道建设中运用较多，施工工艺简单，且施工快捷，防火性能好。

17.3 隧道洞口景观

17.3.1 洞口景观设计原则

（1）景观设计应简洁实用，并与隧道洞口周围的地形、植被（绿化）及洞口接线线形相协调，有利于环境保护。

（2）考虑景观设计对洞口亮度的影响，应尽可能降低洞口亮度，改善驾乘人员的视觉，为驾乘人员提供安全舒适的行车环境，节约能源。

17.3.2 洞口景观设计内容

（1）隧道洞门造型设计；
（2）洞口前的人工构造物及自然景观设计；
（3）隧道洞门处绿化处理。

17.3.3 洞口景观设计要点

（1）在道路平纵面总体设计时，应对隧道洞口景观设计的相关性有所考虑，使洞口景观设计融入路线的总体设计。

（2）景观设计应与结构功能设计紧密结合、融为一体；景观设计时，可考虑景观对减少洞口亮度、洞口防废气串流以及支挡的作用，使洞口绿化、人工减光措施、废气防串隔离结构、支挡结构等设施并入景观设计总体规划。

（3）洞口景观设计时，应考虑洞口区域周边一定范围内的各种因素，包括地形、地质、植被、人工构造物及人文环境等，权衡各因素的影响，对景观设计进行细致的规划。应避免破坏原有的自然景观，不宜用太多的人工构造物装饰洞口，使洞口段视觉上过于凌乱。此外，应配合三维效果图或模型来验证景观设计效果。

（4）洞口景观设计力求简洁明了，与周围的自然环境融为一体，景观设计应考虑与洞门形式相协调。

17.3.4 洞口形式

1. 山岭隧道洞口

城市隧道中也不乏会有山岭隧道，山岭隧道洞口有贴壁式洞口和突出式洞口。

（1）图17.3-1所示为贴壁式洞口，由图可见，该洞口没有设置自然减光设施，完全靠洞内加强照明来实现光过渡。通过进出洞口的前后错位，解决废气串流问题。但是，城市隧道交通量较大，一般建议设置自然减光设施，与洞内加强照明相结合，效果会更好。

（2）图17.3-2所示为突出式洞口，由图可见，该洞口设置自然减光设施。进洞口与出洞口之间的间距较大，可以有效防止废气串流问题。

2. 下穿隧道洞口

城市隧道除了山岭隧道外，多半是下穿隧道，下穿隧道包括过江、湖的水底隧道和城市地下道路隧道等。下穿隧道对洞门形式没有分类，但一般设计中会更多地关注自然减光设施的形式及减光和景观效果。

图 17.3-1　山岭隧道贴壁式洞口

图 17.3-2　山岭隧道突出式洞口

（1）图 17.3-3 所示为格栅形式的光过渡，也是早期建设的城市隧道中，出现频率较高的一种，格栅梁竖向的高度一般大于横向间距，使日照光不能直接射入驾驶员的视角，且减光效果较好。但是当光线角度处在直射状态时，隧道地面上就会形成一条条斑马线，且间距相等，当车辆驶过时，会产生一种频闪现象，使驾驶员感到不适。

（2）图 17.3-4 所示为遮阳板形式（叶片式）的光过渡，采用多个叶片状遮阳板，间距由外向里逐渐变小，实现减光效果。但光过渡减光效果一般，更多地注重洞口的景观造型。

（3）图 17.3-5 所示为遮光棚形式的光过渡，光过渡整个为一个棚架形式，一般采用钢结构，棚架顶部可局部开设递减规律的透光孔。光过渡减光效果较好。另外，随着对城市环境的要求越来越高，为降低隧道进出口的噪声对周边环境的影响，有的隧道洞口采用全隐形声屏障与光过渡相结合的形式。见图 17.3-6。

图 17.3-3　格栅形式的光过渡

图 17.3-4　遮阳板形式的光过渡

图 17.3-5　遮光棚形式的光过渡

图 17.3-6　全隐形声屏障的光过渡

第18章

设计程序

城市隧道工程设计一般分为前期工作和工程设计两部分。本次依据《市政公用工程设计文件编制深度规定》(2013年版)、《市政公用工程施工图设计文件技术审查要点》等文件,对可行性研究、初步设计和施工图设计三个阶段中的设计程序进行论述,项目建议书(又称预可行性研究报告)编制深度参照有关规定执行。供设计人员参考使用,在使用过程中可以结合项目实际情况灵活运用。

18.1 总体要求

设计文件的编制必须贯彻执行现行《建设工程质量管理条例》《建设工程勘察设计管理条例》等政策、法规,遵守设计工作程序,各阶段设计文件应完整、齐全,内容、深度符合相关要求。

18.1.1 设计文件编制依据

根据我国《建设工程勘察设计管理条例》,编制建设工程勘察、设计文件,应当以下列规定为依据:
(1) 项目批准文件。
(2) 城市规划。
(3) 工程建设强制性标准。
(4) 国家规定的建设工程设计文件深度要求。

18.1.2 设计文件要求

(1) 设计文件的编制应依据现行国家、行业、地方标准及规范进行。
(2) 设计文件应文—图—表完整、齐全、一致,内容组成、编制深度应符合《市政公用工程设计文件编制深度规定》(2013年版)的要求。
(3) 设计文件应签署完整。
(4) 设计文件中选用的材料、构(配)件、设备,应当注明其规格、型号、性能等技术指标,其质量要求必须符合国家规定的标准。除有特殊要求的建筑材料、专用设备和工艺生产线等外,设计单位不得指定生产厂、供应商。
(5) 设计应结合我国和当地经济条件、技术水平,充分吸收国内外先进经验,积极采用新技术、新材料、新工艺、新设备,合理使用土地资源,重视环境保护,达到经济、社会和环境的综合效益。

18.2 设计程序

根据《市政公用工程设计文件编制深度规定》(2013年版),市政隧道工程设计一般分为前期工作和工程设计两部分。

(1) 前期工作包括:项目建议书(又称预可行性研究)、工程可行性研究。

项目建议书是建设项目前期工作的第一步,它是对拟建项目的轮廓性设想。主要是从客观角度考察项目的必要性、是否符合国家长远规划的方针和要求、分析建设项目条件是否具备、是否继续作进一步研究。从总体上看,项目建议书是属于定性性质的。

经审批后的项目建议书是编制可行性研究报告和作为拟建项目立项的依据。

可行性研究要求进行充分的调查研究,通过必要的测量和地质勘察,对可能的建设方案从技术、经济、安全、环境等方面进行综合比选、论证,研究确定项目路线起、终点;提出若干可行的隧道工法进行比选分析,建议推荐的隧道工法方案、明确建设规模、确定技术标准、估算项目投资、分析经济效益、编制研究报告。

可行性研究报告既是项目建设的起点,也是以后一系列工作的基础。经审批后,即可作为编制设计任务书和初步设计等工作的依据。

(2) 工程设计包括:初步设计和施工图设计。

对于技术简单、方案明确的小型建设项目,经主管部门批准,工程设计可按一阶段直接进行施工图设计。

18.3 设计文件编排要求

18.3.1 可行性研究

1. 主要任务及成果

可行性研究应以批准的项目建议书、立项批复文件和委托书为依据进行编制,其主要任务是在充分调查研究、评价预测和必要的勘察工作基础上,对项目建设的必要性、技术可行性、经济合理性、实施可能性、环境影响性,进行综合性的研究和论证,提出若干可行的隧道工法进行比选分析,建议推荐方案、工程规模及技术标准。

可行性研究工作的成果是可行性研究报告,批准后的可行性研究报告是编制设计任务书和进行初步设计的依据。某些项目的可行性研究,经行业主管部门同意可简化为可行性方案设计(简称方案设计)。

2. 文件编排

(1) 封面:项目名称、项目编号、编制单位(包括联合体单位)、编制时间;

(2) 扉页:项目名称、项目编号、编制单位(包括联合体单位)负责人、部门负责人和设计负责人、编制时间;

(3) 咨询单位资质证书;

(4) 文件目录;

(5) 文本内容(包括设计说明、工程量汇总表、投资估算及国民经济评价等);

(6) 附件(包括批复文件、评审意见、承诺函等);

(7) 附图、附表。

18.3.2 初步设计

1. 主要任务及成果

初步设计应以批准的可行性研究报告、可行性研究报告批复文件或方案设计进行编制，以可研阶段已确定的总体方案为基础，进一步进行节点方案细化、优化、比选并提出推荐方案；明确工程规模、建设目的、投资效益、设计原则、技术标准；对不同的隧道工法方案和主要关键技术方案进行详尽的比选论证，明确采用技术合理、工法可行的隧道结构方案；提出设计中存在的问题、注意事项及建议，其深度应能控制工程投资、满足编制施工图设计、主要设备定货、招标及施工准备的要求。

初步设计工作的成果是初步设计文件，批准后的初步设计是进行施工图设计的依据。

2. 文件编排

(1) 封面：项目名称、项目编号、编制单位（包括联合体单位）、编制时间；
(2) 扉页：项目名称、项目编号、编制单位（包括联合体单位）负责人、部门负责人和设计负责人、编制时间；
(3) 设计单位设计资质证书；
(4) 文件目录；
(5) 总说明书（包括设计说明、工程量汇总表、工程概算等）；
(6) 附件（包括批复文件、评审意见等）；
(7) 设计图表。

18.3.3 施工图设计

1. 主要任务及成果

施工图设计应根据批复的初步设计进行编制，严格执行初步设计中已确定的隧道工程方案、建设规模、技术标准、施工工艺、技术措施、核定投资等；施工图设计文件应能满足施工招标、施工安装、材料设备订货、非标设备制作、加工及编制施工图预算的要求。

施工图设计的工作成果是施工图设计文件，经技术审查批准后作为工程施工的依据。

2. 文件编排

(1) 封面：项目名称、项目编号、编制单位、编制时间；
(2) 扉页：项目名称、项目编号、编制单位（包括联合体单位）负责人、部门负责人和设计负责人、编制时间；
(3) 文件目录；
(4) 各专业施工图设计说明；
(5) 工程量汇总表；
(6) 工程总体设计图；
(7) 主体工程设计图；
(8) 节点大样图、工序示意图；

(9)临时工程(措施)设计图。

18.4 工程设计资料

工程设计资料包括项目基础资料和现场资料。

项目基础资料包括经有关部门对项目批准、核准或备案的文件、报告(如选址报告、资源报告、勘察报告、专项评估报告等)、资料(如气象、水文、地质等)、协议(如燃料、水、电、气、运输等)和有关数据等其他基础资料。现场资料包括地上和地下已有的建筑物、构筑物、线缆、管道、受保护的古建筑、古树木等坐标方位、数据和其他相关资料。

18.4.1 可行性研究

(1)前一阶段成果文件及批复文件;

(2)经政府相关部门批准的《城市总体规划》《综合交通体系规划》《分区规划》《市政专项规划》《控制性详细规划》等规划资料;

(3)项目所在地的地方志、统计年鉴(近3~5年)、支持本项目的政策性文件;

(4)拟建工程区域的自然、经济、社会概况,交通调查资料等;

(5)拟建工程道路路网交通流量预测报告;

(6)拟建工程沿线地质勘察资料、河道水文资料;

(7)拟建工程沿线现状道路、桥涵、地下管线、地上杆线等资料(既有道路、桥涵利用路段应提供检测结果及评价报告),相交道路及地下管线、地上杆线等资料;

(8)工程建设的进度要求和工期计划;

(9)拟建工程沿线比例尺不小于1:2 000数字化地形图;

(10)土地管理部门的建设用地预审文件(部分项目需要压覆矿产资源证明)、规划部门对建设用地的预审文件;

(11)拟建工程资本金证明、贷款承诺函、利用外资及合资项目的审批文件及出资协议;

(12)外部配套供水/电/气承诺函或协议书;

(13)拟建项目跨越公路、铁路、航道、机场控制区、电力杆线、油气管道等的批复文件;

(14)拟采用新技术、新材料、新工艺的科技鉴定书;

(15)其他相关文件。

18.4.2 初步设计

(1)《可行性研究报告》及其批复文件;

(2)经政府相关部门批准的《城市总体规划》《综合交通体系规划》《分区规划》《市政专项规划》《控制性详细规划》等规划资料;

(3)拟建工程地质初步勘察报告;

(4)拟建工程沿线河道水文资料;

（5）拟建工程沿线现状道路、桥涵、地下管线、地上杆线等资料；
（6）相交道路、地下管线、地上杆线等资料；
（7）拟建工程平面控制测量、高程控制测量资料；
（8）拟建工程沿线比例尺不小于 1∶1000 的数字化地形图；
（9）其他相关文件。

18.4.3　施工图设计

（1）《初步设计文件》及其批复文件；
（2）拟建工程地质详细勘察报告；
（3）拟建工程沿线河道水文资料；
（4）拟建工程平面控制测量、高程控制测量资料；
（5）拟建工程沿线现状道路、桥涵、地下管线、地上杆线等资料；
（6）相交道路、地下管线、地上杆线等资料；
（7）拟建工程沿线比例尺不小于 1∶1000 的数字化地形图；
（8）拟建工程沿线环境影响评价报告及环评批复文件；
（9）其他相关文件。

18.4.4　主要设计资料参考清单

工程设计中主要设计资料包括但不限于以下清单内容，具体项目依据实际情况进行资料收集，表 18.4-1 所列清单内容供设计人员参考使用。

主要设计资料参考清单表　　表 18.4-1

资料类型	资料名称	可行性研究	初步设计	施工图设计
规划资料	城市总体规划纲要/总体规划/分区规划的文本、说明书、图集	√	√	√
	市政专项规划(道路、交通、竖向、给水、雨水、污水、中水、电力、电信、照明、热力、燃气、防洪等)的文本、说明书、图集	√	√	√
	控制性/修建性详细规划的文本、说明书、图集	√	√	√
	历史文化名城保护规划	◇	◇	◇
	城市设计说明书、图集	◇	◇	◇
基础资料	岩土工程可行性研究勘察报告	√	—	—
	岩土工程初步勘察报告	—	√	—
	岩土工程详细勘察报告	—	—	√
	项目区域数字化地形图	√	√	√
	道路/桥位河床/沟渠纵断面、横断面测量资料	◇	√	√
	水文资料(隧道穿越的江、海或湖)	√	√	√
	物探报告	—	√	√
	交通流量预测报告	√	√	√
	已建管网/厂、站资料(给水排水、电力、电信、照明、热力、燃气、通信)	√	√	√

续表

资料类型	资料名称	可行性研究	初步设计	施工图设计
基础资料	涉铁路、军事、油气管道、国防通信的已建或实测资料	√	√	√
	相邻建(构)筑物的相关资料(竣工图)	√	√	√
	相关工程的设计文件(同期设计资料/施工图/竣工图)	√	√	√
	电力、电信运营单位实际需求	√	√	√
	建筑材料来源	√	√	√
	取弃土场位置	√	√	√
前期成果文件	项目建议书	√	—	—
	工程可行性研究报告	—	√	—
	初步设计文件	—	—	√
	环境影响评价报告	—	√	—
	地质灾害危险性评估报告	◇	—	—
	地震安全性评价报告	—	◇	◇
	社会风险评估报告	◇	◇	—
	节能评估报告	◇	◇	—
	防洪影响评价报告	√	√	—
	水土保持评价报告	◇	—	—
	建设项目交通影响评价报告	◇	◇	—
	建设项目压覆矿产资源证明或压覆矿产资源评估报告	◇	—	—
	通航安全技术论证报告	◇	◇	—
	航道通航条件影响评价报告	◇	◇	—
行政审批文件	立项批复文件	√	—	—
	工程可行性研究报告批复文件	—	√	—
	方案设计批复文件/会议纪要	◇	◇	◇
	初步设计批复文件	—	—	√
	环评批复文件	—	◇	√
	防洪评价批复文件(隧道穿越的江、海或湖)	—	√	—
	建设工程规划许可证	√	√	√
	规划设计条件通知书	—	√	√
	建设项目选址意见书	—	√	√
	建设用地规划许可证	—	√	√
	涉铁路/航道/机场/公路/电力/石油部门的批文	√	√	√
部门支持文件	相关会议纪要/函件	√	√	√
	自筹资金证明/银行贷款承诺函	√	—	—
	供水/供电/供气承诺函	√	√	—
	建设工期计划	√	√	—
	地方志	√	—	—

续表

资料类型	资料名称	可行性研究	初步设计	施工图设计
部门支持文件	国民经济统计年鉴(近3~5年)	√	—	—
	政府工作报告(近3~5年)	√	√	—
	地方性的概预算编制办法	√	√	√
	上季度建设工程材料综合指导价	√	√	√
	征地拆迁补偿标准	√	√	—

注：表格中"√"表示必须有，"◇"表示可能有，"—"表示不需要。

18.4.5 设计资料验证

设计资料是工程设计的基础和条件，资料的有效性、完整性、准确性、一致性直接影响工程设计的质量和进度，设计资料验证包括但不限于以下方面：

（1）规划文件的合法性和有效性；

（2）上一阶段批复文件、审查报告与设计文件的符合性，设计文件的完整性；

（3）行政审批文件的完整性、时效性；

（4）测量资料、地下管线探测资料、勘察资料、水文资料与现场的符合性；

（5）基础资料中坐标系统、高程系统的一致性；

（6）已建工程项目竣工资料与现场的一致性；

（7）建设工程材料指导价格、建设用地费、建设项目资金筹措文件的时效性；

（8）设计说明中应完整、准确地列出设计资料的名称、编制单位、编制时间，以用于日后追溯查询。

第 19 章

设计文件编制深度

城市隧道工程设计一般分为前期工作和工程设计两部分。本次依据《市政公用工程设计文件编制深度规定》（2013 年版）、《市政公用工程施工图设计文件技术审查要点》等文件，对可行性研究、初步设计和施工图设计三个阶段中的设计文件编制深度进行论述，供设计人员参考使用，在使用过程中可以结合项目实际情况灵活运用。

对于非独立立项的隧道，总体或道路工程已论证的内容可以略去。

19.1 可行性研究报告

工程可行性研究报告文件由正文和附图两部分组成。正文主要包括报告说明书、工程量汇总表、投资估算和必要的附件；附图主要包括隧道总体设计图、主要隧道工法方案设计图及必要的附属工程设计图。

19.1.1 概述

简要介绍工程建设项目的背景、项目编制依据、项目研究的范围及主要内容，以及研究的过程；简述建设的必要性、实施的可行性，项目建议书或预可行性研究批复意见及执行情况，主要研究结论。

项目名称、建设单位名称、编制单位名称、投资项目性质。

（1）建设背景

论述项目背景、研究过程、建设必要性。

（2）编制依据

工程建设主管部门批准的项目建议书（预可行性研究）及有关行政审批文件。包括：

1）工程项目的委托合同书。

2）城市总体规划及相关的专业系统（如城市路网、轨道线网、航道、风景区、重要管线等）规划文件。

3）国家、行业、地方的法规和政策文件。

4）地质勘察资料、测量资料、统计资料。

5）相关专题的研究（对大型和特大型隧道应作补充）。

（3）研究范围及主要研究内容

明确工程研究范围、主体规模和研究的内容。

（4）研究过程

（5）项目建议书（预可行性研究）批复意见及执行情况

(6) 主要研究结论

说明项目在技术、经济、社会效益等方面的总体评价及推荐方案概况，明确研究结论是否可行，简述主要的问题和合理化建议。

19.1.2 现状评价、规划及建设必要性分析

(1) 研究区域概况

项目所在地的行政区划、城市概况、自然资源、经济概况等。

项目所在区域的地理区位、气候条件、地形地貌、水文、地质构造等。

(2) 研究区域社会经济发展状况

结合统计资料说明区域经济水平、经济布局、经济结构和对外贸易的现状情况。结合社会经济发展规划和城市规划对主要社会经济指标进行分析和预测，如人口、经济、产业结构等。

(3) 研究区域交通现状评价与发展规划

依据现状说明项目影响区域范围内的公路、铁路、水运、航空、城区道路、轨道交通、交通枢纽、客货站场的现状情况和各种交通方式分担的运输量。

结合综合交通发展规划和城市规划说明项目影响区域内未来公路、铁路、水运、航空的发展情况，重点论述与拟建项目直接关联的城区道路、轨道交通、交通枢纽、客货站场的规划发展情况。

(4) 沿线用地和其他重大设施规划

包括路网、轨道交通、水运、重大市政管线等基础设施。

依据现状说明项目影响区域范围内的土地开发利用情况、用地性质、现状产业布置情况、交通源和交通组成情况等。

结合城市规划说明项目影响区域内未来土地利用、用地性质、产业布局的规划情况，并对现状和规划间的一致性、差异性进行说明。

(5) 交通量预测分析

1) 现状交通调查与分析

交通调查内容、方法、范围等。

分析交通量构成、分布特点、交通运行特征等。

2) 交通量预测方法

交通量预测总体思路。

交通量预测方法、步骤概述。

3) 交通量预测内容及结果

交通量预测内容。

交通量预测结果。

(6) 项目建设必要性

依据现状、结合规划对拟建道路在路网中的地位、交通功能、服务功能、景观功能等进行定位，分析拟建项目建设的必要性；对分期建设的道路应进行近远期功能定位。

19.1.3 工程建设条件

(1) 自然条件

包括地形、地貌,周围景观环境,气象和水文等。

(2) 建设条件

1) 工程沿线环境,包括沿线建、构筑物情况,管线及地下障碍物,江河湖海和文物保护等;

2) 工程地质和水文地质;

3) 地震;

4) 河段水文和河势演变;

5) 航道、航运、水工和岸线建筑;

6) 防洪现状及规划;

7) 其他(与工程相关的路网、轨道交通等其他设施);

8) 建筑材料及运输条件。

(3) 工程各专题的研究结论

如环境影响评价、场地地震安全性评价、场地地质灾害危险性评估和矿产资源评估等专题。

19.1.4 建设规模和主要技术标准

(1) 项目功能定位;

(2) 建设规模;

(3) 主要技术标准(包括道路等级,设计车速,隧道线形指标、隧道建筑限界,荷载,建筑防火、防水和抗震设防等)。

19.1.5 工程总体方案

(1) 总体设计原则

根据对项目建设条件的综合分析,提出项目设计思路,制定设计原则。

(2) 线位方案比选

对不同实施线位隧道以及隧道断面车道数的设计方案进行比选分析,提出推荐方案、工程规模、技术标准。

(3) 隧道实施方案比选

结合工程建设条件,对路线相应位置上修建桥梁与隧道的方式以及隧道实施的工法作必要的分析比较。

(4) 路线交叉和疏解

根据项目实际情况的需要确定论述内容。

(5) 交通组织和评价

19.1.6 隧道工程

(1) 隧道线路

包括隧道横断面设计、平面设计、纵断面设计和路线交叉等内容。

(2) 隧道建筑与景观

(3) 隧道结构设计及施工方法

根据工程地质和水文地质条件，隧道建筑形式、建设环境情况，论述隧道适宜的施工方法和结构形式，以及工程技术措施含地下水处理措施、施工辅助措施等，应进行各种适宜工法的技术、经济、安全、质量、工期、环境影响的综合分析和比选。

(4) 工程建设风险管理

对工程自身风险和环境风险进行专门的定性分析和论述，并从方案的角度提出下一步工作的建议和风险工程设计优化方向。

(5) 结构防水与耐久性

论述主要设计原则、技术标准，进行耐久性设计分析和隧道结构防水设计。

(6) 隧道通风

(7) 隧道给水排水、消防

(8) 隧道供配电和照明

(9) 隧道监控

19.1.7　接线道路工程

主要包括隧道两端的接线道路和地面道路工程所涉及的道路、桥梁和管线等工程内容。

19.1.8　附属工程

主要包括隧道的养护与管理设施，隧道交通安全与管理设施等。

19.1.9　防灾救援

(1) 防灾救援标准及组织体系；

(2) 火灾工况下防灾措施与救援方案；

(3) 水灾工况下防灾措施与救援方案；

(4) 恐怖袭击工况下防灾措施与救援方案；

(5) 其他（如有防空要求，也纳入本节）。

19.1.10　环境影响分析与节能评价

(1) 沿线环境特征分析；

(2) 建设项目环境影响分析；

(3) 环境保护措施；

(4) 施工及运营期节水、节电、节地、节油等措施；

设计、施工、运营期间采用的节水、节电、节约用地、节约燃油等节能措施，并进行评价。

19.1.11　工程筹划

(1) 工程建设总体计划安排

（2）施工组织及关键线路分析

分析工程的施工条件和特点，研究制约工程进度、质量、造价的关键环节，给出工期安排等实施方案。

（3）工程项目管理机构组织方案

19.1.12 招标方案

主要包括编制依据、招标原则、招标范围、标段划分、招标组织形式、招标方式以及招标方案等内容。

19.1.13 公众利益和公共安全

（1）影响程度分析

道路建设对沿线文物单位、名木古树、重要生活设施的影响程度。

道路建设对轨道交通、水源地、重大管线等城市重要设施的影响程度。

道路建设对居民生活、居民利益以及征拆规模的影响程度。

（2）预防保护措施

提出相应的保护措施、安全设施的设计、施工方案，方案应同时符合相关部门的保护法规、条例要求。

19.1.14 社会评价

（1）项目对社会的影响分析

主要分析项目对所在地社会的正、负面影响。

主要包括对居民收入、生活水平与质量、就业的影响，对不同利益群体、弱势群体的影响，对所在地文化、教育、卫生的影响，对少数民族风俗习惯和宗教的影响等。

（2）项目与所在地互适性分析

通过了解当地政府、企业、居民及道路使用者对建设项目的支持程度，分析项目与当地社会环境的相互适应性。

（3）社会风险分析

对可能影响项目的各种社会因素进行识别和排序，并对影响面大、持续时间长、容易引起较大矛盾的社会因素及未来可能的变化进行分析，提出必要的防范措施。

（4）社会评价结论

19.1.15 新技术应用与科研项目建议

（1）新技术应用的必要性与风险性分析。

（2）主要科研项目建议。

19.1.16 投资估算、资金筹措及经济评价

参照相关专业文件编制深度规定。

19.1.17 研究结论与建议

(1) 推荐方案工程规模
(2) 可行性论述

从政策、规划、技术、经济、社会影响等方面进行分析,明确项目建设的必要性、技术可行性、经济合理性、实施可能性。

(3) 建议

明确项目存在的主要问题和主要争论与分歧,并提出项目实施的合理化建议。

19.1.18 附件（重要的设计依据文件）

(1) 项目委托书、前一阶段的项目批复文件;
(2) 城市规划部门的评审意见;
(3) 土地管理部门的建设用地预审文件;
(4) 项目资本金承诺证明及银行等金融机构对项目贷款的承诺函;
(5) 其他相关文件等。

19.1.19 附图、附表

(1) 工程地理位置图或隧道线位平面图（含比较线位）;
(2) 工程总体布置图（含比较线位）;
(3) 隧道结构标准横断面方案图（包括比选方案）;
(4) 隧道洞口布置图（如有）;
(5) 隧道主要施工工法方案图（包括比选方案）;
(6) 隧道周边环境保护方案图（如有）;
(7) 隧道工程数量表;
(8) 道路交通、排水、照明、通风、监控、绿化等其他附属工程数量表;
(9) 设计委托或合同要求的效果图。

19.2 初步设计文件

初步设计文件由设计说明书、工程概算和设计图纸组成。图纸主要包括隧道总体设计图、主要结构方案设计图、必要的附属工程设计图以及各专业主要工程材料设备数量表。

19.2.1 设计说明书

1. 概述

(1) 设计依据。

委托设计合同、工程可行性研究报告的批复意见、工程综合规划条件、与工程相关的专题研究报告及其他有关文件。

(2) 工程范围（含项目地理位置图）和设计内容。
(3) 设计研究过程。

（4）对可行性研究报告批复意见和专家评估意见的执行情况，如标准、规模有重大变化，应说明改变部分的内容、原因和依据，并予以论证并履行报批手续。

（5）设计方案概述。

包括设计方案，工程分期建设计划安排，投资概算和经济指标，问题与建议等。

2. 工程建设条件

（1）区域现状和规划

主要包括区域概况和规划，区域土地使用现状和规划，区域路网、交通现状评价和规划以及与工程相关的轨道交通、铁路等其他工程的现状与规划等。

（2）自然条件

主要包括场地地形地貌、气象、植被、地震等自然条件。

（3）建设和环境条件

主要包括沿线建（构）筑物，工程地质，水文地质，工程河段水文和河势演变，航道、航运、水工和岸线建（构）筑物，沿线管线和地下障碍物，防洪现状及规划等工程建设条件。

（4）工程地质条件

简述沿线工程地质勘察报告的主要内容。

（5）沿线环境敏感区（点）分布及对项目建设的影响

包括自然生态、水资源、动植物、文物保护区（点）、重要公共建筑物、重要设施、矿产资源、自然与人文景观等。

项目区域内铁路、水运、航空、管道等运输方式对项目的影响。

（6）主要专题评估意见和结论

主要包括按当地建设主管部门的要求进行必要的专题研究的意见和结论，如环境影响评价、场地地震安全性评价、场地地质灾害危险性评估和压覆矿产资源评估等。

3. 设计原则和技术标准

（1）设计原则

（2）采用的主要设计规范和标准

主要指采用或参考的设计规范和标准，应包含设计合同中约定的全部标准。

（3）主要设计技术指标

包括道路等级，设计车速，道路线形标准，隧道净高及建筑限界，设计荷载，抗震设防标准，人防设防标准，通风、消防、照明与供配电等，必要时应说明选用标准的根据和理由。

4. 工程总体设计

（1）工程方案比选

综合各项技术条件进行方案比较，包括线位方案比较、关键节点方案比较、隧道出入口与路线交叉方案比较等，通过技术经济论证，提出推荐方案。

（2）工程总体布置

（3）交通组织设计与评价

5. 隧道工程设计

（1）线路设计

主要包括隧道线路平、纵等设计原则、控制因素分析和设计方案等。

横断面设计：应确定横断面布置形式，断面和宽度组合的确定与规划横断面、现况横断面（改扩建道路）的关系。

平面设计：应确定道路设计范围、红线、中线定线等控制因素，各交通系统（机动车系统、非机动车系统、人行系统、公交系统等）设施的布置和平面尺寸；需进行深化论证的应给出方案比选。

纵断面设计：应确定河道、铁路、杆管线、交叉口等主要竖向控制高程；需进行深化论证的应给出方案比选。

（2）隧道建筑设计

主要包括隧道建筑总体布置，隧道横断面设计，盾构法隧道的盾构工作井设计（沉管隧道的连接井设计等），隧道设备用房设计（包括变电所、消防泵房、风机房和风塔、光过渡建筑等），隧道装修设计，景观与绿化设计等。

（3）隧道结构与防排水设计

主要包括结构与防排水的设计原则和标准。

结构设计应满足相关规范和规定的基本设计原则，以及其他设计原则如各种结构构件截面设计原则、基坑支护（明挖法）和初期支护（矿山法）与永久结构之间的结合设计原则等；确定设计使用年限、安全等级及结构重要性系数、环境类别、抗震设防烈度及抗震等级、基坑变形控制标准、盾构法和矿山法地面沉降控制标准、钢筋混凝土结构裂缝控制标准、抗浮设防水位及抗浮安全系数、防水等级、防火等级、钢结构防腐防锈标准、防洪设计标准等。

隧道结构应在可行性研究成果基础上，对结构施工方法的技术、经济进行综合比选，选定主要施工步序、地下水及不良地质处理方案，提出主要施工技术要求和措施。

隧道结构应根据其采用的工法特点来进行针对性的设计，包括结构单元的划分、结构设计参数、主要结构构件尺寸与关键构造措施等，如明挖法的结构设计参数、变形缝设置、基坑支护结构形式等；矿山法的初期支护参数、二次衬砌参数、辅助性施工技术措施、变形缝设置等；盾构法的结构设计参数、拼装方式及相应构造措施等；沉管法的结构设计参数、节段划分、接头设计、基础与覆盖处理等。隧道结构计算、施工过程的稳定性分析，隧道抗震设计、结构耐久性设计、隧道防排水设计等。

在设计文件中，对邻近建、构筑物或重大管线等的隧道，应反映出隧道与其相邻的关系及主要保护性的技术措施；重大临时工程的设计，如盾构法的工作井、沉管法的干坞、矿山法的竖井等；此外，还应包括洞门、附属设施、基础等设计和隧道监控量测的内容。

（4）人防设计

如有人防要求，应增加人防的建筑、结构、机电设备系统，平战功能转换等设计。

（5）隧道通风

主要包括设计原则，设计标准，风量计算，通风方式比选及设备配置，防排烟，系统控制，通风节能与环保，主要设备材料表等。

（6）隧道给水排水和消防

主要包括设计原则，设计标准，隧道给水系统，废水、雨水排水系统，消防系统，消防设备控制要求，主要设备材料表等。

(7) 隧道照明

主要包括设计原则，设计标准，光源与灯具选择，照明布置方式，照明供电设计，照明控制，照明设备和照明节能措施，主要设备材料表等。

(8) 隧道供电

主要包括设计原则，设计标准，电源及供电方案，变、配电系统，设备控制及选择，变电所继电保护及自动化装备，接地与防雷，负荷统计，电气节能与环保，主要设备材料表等。

(9) 隧道监控

主要包括设计原则，设计标准，系统组成，各分系统的功能、构成及方案，监控用房，主要设备材料表等。

6. 接线道路工程

主要包括隧道两端的接线道路和地面道路工程所涉及的道路、桥梁和管线等工程内容（可参照其相关工程的有关规定来执行）。

7. 附属工程设计

配套的服务及管理设施的设计（如设置隧道管理中心，则应增加隧道管理中心的建筑、结构、机电设备系统的设计等）。

交通工程设施（交通标志、标线、安全设施和道口检查设施等）。

8. 防灾与救援设计

主要针对运营期间可能发生的重大自然灾害或事故，研究防灾技术措施和救援方案。对超长和特长隧道或工程建设条件和环境复杂、施工技术要求特殊的隧道应另外增加工程的风险评估。

9. 隧道施工方案及施工组织设计

主要包括施工方法、关键施工机具的选型、主要施工场地的选址与使用条件的分析、辅助性施工技术措施的工艺与流程、指导性施工工序的安排、工程进度计划等。

10. 环保与节能

(1) 环保

主要结合环评意见进行针对性的环境保护和控制措施（如对生态环境，噪声、振动污染，环境空气污染，水环境污染和固体废弃物等控制措施）。

(2) 节能

主要包括方案对节地，隧道通风、照明、供电、监控等系统节能和采取措施，交通节能等进行分析。

11. 公众利益和公共安全设计

道路建设针对沿线文物单位、名木古树、重要生活设施、轨道交通、水源地、重大管线、居民生活、居民利益等的影响程度，提出相应的保护措施、安全设施的设计、施工方案，方案应同时符合相关部门的保护法规、条例要求。

12. 近远期结合实施方案

(1) 新技术采用及拟立项的科研项目（根据需要）

(2) 结论与建议

包括各类新建地上、地下杆管线、沿线文物古迹、特殊建筑、相关部门（规划、业主、管理单位、县、乡、村）的联系配合。

需要进一步解决的主要问题和对下阶段设计工作的建议。

（3）附件（重要的设计依据文件及有关协议和纪要等）

19.2.2 工程概算

见其他相关编制深度的要求。

（1）主要材料及设备表

工程全部所需的三材和其他主要设备材料的名称、规格（型号）、数量（以表格形式列出）。

（2）主要技术经济指标

19.2.3 设计图纸

（1）道路、总体

工程地理位置图：表示出道路工程在地区交通网络中的关系及沿线主要构筑物的概略位置。

工程线位平面图（含比较线位）：地形、地物、路线线形，沿线主要控制建（构）筑物，重大管线和相关交叉工程等。

平面设计图：应表示出隧道洞口，接地点，工作井（连接井）和横向通道等位置，其余表达方法可参照相关道路工程的有关规定。

纵断面设计图：应表示出隧道地质剖面，隧道洞口，接地点，工作井（连接井）和横向通道等位置，其余表达方法可参照相关道路工程的有关规定。

道路横断面、交叉口平面或路线交叉口纵横、附属设施设计图。交通标志、标线布置图。

隧道方案比较图（工程线位平面图、横断面设计图、平面设计图、纵断面设计图）。

以上其他未尽的可参考相关道路工程的有关规定。

（2）隧道建筑

隧道建筑总体布置图：绘制隧道引道口、暗埋段洞口、隧道主体、光过渡建筑位置；雨水泵房、废水泵房、消防泵房位置；盾构法隧道连接通道、盾构工作井位置；隧道通风机房及其风亭建筑位置；地面道路、绿化范围；其他设备用房、管理设施等。

隧道主要横断面布置图：按照不同道路规模、结构形式等绘制，绘制建筑限界、隧道结构轮廓，布置各个系统设备、安全通道、连接通道、其他安全疏散方式、排水和防撞设施等。

隧道设备综合平面布置图：综合绘制通风、给水排水、供电、照明、监控与通信等设备系统在隧道内布置的设备。盾构隧道盾构工作井、沉管法隧道连接井设计图：根据不同形式绘制工作井或连接井的各层平面、纵剖面和横剖面设计图。隧道洞口、光过渡建筑设计图：根据不同形式绘制洞口和光过渡立面图、纵断面设计图、横剖面设计图。配套设备用房、管养设施的设计图：绘制各层平面、剖面、地面建筑的主入口立面、其他重要立面设计图。

(3) 隧道结构

明挖法隧道、盾构隧道工作井、明挖段结构：结构平面图、结构纵剖面图、结构横剖面图以及相应的钢筋图，雨水泵房、变电所等附属结构图，管理用房结构图（基础、楼板平面图等）；明挖结构的围护结构平面图，围护结构纵剖面图（带地质纵剖面），围护结构横剖面图，围护结构配筋图（典型断面）。

矿山隧道：主要包括隧道结构平面图，隧道结构地质纵剖面图，隧道结构衬砌断面图，隧道初支钢架设计图，隧道二次衬砌断面配筋图，隧道施工方法示意图，施工竖井及横通道平面布置图，施工竖井及横通道横剖面图，施工竖井围护结构设计图，施工横通道衬砌断面图，施工横通道初支钢架设计图等。

盾构隧道：主要包括衬砌圆环布置图，衬砌结构分块模板图，衬砌结构连接件、预埋件图，特殊衬砌圆环图，衬砌结构分块配筋图（典型断面处），盾构进出洞预埋钢环图，盾构进出洞连接构造图，圆隧道内部结构模板图，连接通道结构图。

沉管隧道：主要包括干坞平、纵剖面图，典型剖面结构图，基槽竣挖平面图、横断面图，管段平面图、纵剖面图、横断面图，管段配筋图（典型断面），管段主要附属结构图（混凝土封门或钢封门）；压舱水箱；临时支承系统；吊点、系缆柱；人孔与测量塔；拉合装置、导向装置等；管段基础处理、回填覆盖断面图，岸壁保护结构平面图、横断面图等。

隧道结构耐久性和防水设计图（根据工法特点进行针对性设计）。

监控量测设计图：绘制隧道监控量测的平面布置图、典型横断面图等。

(4) 隧道通风

主要包括隧道通风系统总平面布置示意图，隧道通风横断面布置图，通风机房平剖面布置图，附属工程通风空调平剖面布置图，通风系统操作控制图等。

(5) 隧道给水排水、消防

主要包括隧道消防系统图，废水泵房布置图，雨水泵房布置图，管理中心给水排水平面布置图等。

(6) 隧道照明

主要包括照明供电系统图，照明开关柜配置图，照明平面布置图，照明配电站布置图，照明灯具横断面布置图等。

(7) 隧道供电

主要包括供电系统主接线图，高压柜、低压柜设备配置图，平面布置图等。

(8) 隧道监控

主要包括弱电各子系统系统图，弱电设备室及控制室设备布置示意图等。

(9) 附属工程

如隧道管理中心的建筑、结构和机电设备系统等应根据相关要求和规定出图。

(10) 各专业主要工程材料设备数量表

(11) 隧道主体工程图纸目录（参考）（表 19.2-1～表 19.2-4）

明挖法隧道结构 初步设计图纸目录（参考） 表19.2-1

序号	图纸名称
隧道结构	
1	图纸目录
2	隧道结构设计说明
3	隧道结构工程数量汇总表
4	隧道工程地理位置图
5	隧道总平面图
6	隧道平面布置图
7	隧道地质钻孔平面图
8	隧道结构立面图
9	隧道结构平面图
10	隧道结构横断面图
11	隧道泵房电房构造图
12	隧道抗拔桩及地基处理平面图
13	隧道地基处理立(含地质纵剖)面图
14	溶(土)洞处理措施图(如有)
15	隧道结构防水设计图
16	防撞侧石、排水沟及检修道设计图
17	隧道装饰及铺装设计图
18	电缆通道设计图(如有)
19	通风道设计图(如有)
基坑支护结构	
1	图纸目录
2	基坑工程设计说明
3	基坑工程数量汇总表
4	基坑总平面布置图
5	基坑周边环境平面图
6	支护结构平面布置图
7	支护结构立面(含地质)布置图
8	支撑平面布置图
9	支护结构剖面图
10	监测设计图
11	基坑周边现状管线迁改图
12	施工期间地面交通组织、疏解图
13	近邻重要建(构)筑物保护处理措施图(如有)

矿山法隧道结构 初步设计图纸目录（参考） 表 19.2-2

序号	图纸名称
目录、设计说明及隧道表	
1	图纸目录
2	隧道工程设计说明
3	隧道工程数量汇总表
4	隧道表
5	隧道总平面布置图
6	隧道左线设计布置表
7	隧道右线设计布置表
隧道总体（平纵横）	
1	隧道钻孔平面布置图
2	隧道平面布置图-推荐方案
3	隧道平面布置图-比选方案
4	隧道左线地质纵断面图
5	隧道右线地质纵断面图
6	隧道人行、车行横通道布置图
7	分离式、小净距隧道建筑限界及内轮廓断面图
8	人行、车行横洞建筑限界及内轮廓断面图
隧道进出洞设计图	
1	隧道北侧洞门设计图
2	隧道南侧洞门设计图
3	隧道洞门比选方案图
4	隧道洞口管棚设计图-推荐方案
5	隧道洞口管棚钢架设计图
6	隧道洞口双排小导管设计图-比选方案
隧道衬砌断面图	
1	分离式隧道 S-Ⅴ型衬砌结构断面图
2	分离式隧道 S-Ⅳ型衬砌结构断面图
3	分离式隧道 S-Ⅲ型衬砌结构断面图
4	分离式隧道 S-Ⅱ型衬砌结构断面图
5	分离式隧道 S-Ⅰ型衬砌结构断面图
6	小净距隧道划分界限图
7	小净距隧道 XS-Ⅴ型衬砌结构断面图
8	小净距隧道 XS-Ⅳ型衬砌结构断面图
9	小净距隧道 XS-Ⅲ型衬砌结构断面图

续表

序号	图纸名称
车行横洞与人行横洞	
1	车行横洞平面布置图
2	车行横洞剖面图
3	车行横洞衬砌结构设计图
4	车行横洞与主洞交叉口主洞加强段衬砌结构设计图
5	车行横洞与主洞交叉口主洞贯通段衬砌结构设计图
6	人行横洞平面布置图
7	人行横洞剖面图
8	人行横洞复合衬砌结构断面图
9	人行横洞与主洞交叉口贯通段衬砌结构设计图
隧道防排水	
1	隧道洞身衬砌防排水设计图
2	隧道车行横洞防排水设计图
3	隧道人行横洞防排水设计图
超前支护	
1	主洞超前支护方案图（超前小导管）
2	主洞超前支护方案图（超前锚杆）
3	超前地质预报系统示意图
4	隧道注浆堵水预案图
5	隧道超前探水钻孔设计图
6	隧道局部超前预注浆堵水设计图
7	隧道洞身全断面深孔预注浆动态方案图
8	隧道施工紧急预案设计图
9	二次衬砌拱顶压浆设计图
施工步序图	
1	分离式隧道施工步序图
2	小净距隧道施工步序图
监控量测	
1	分离式隧道施工监控量测设计图
2	小净距隧道施工监控量测设计图
3	隧道施工监控量测项目及要求
路面结构及其他设计图	
1	隧道洞内一般路面结构图
2	隧道洞内车行、人行横通道路面结构图
3	隧道内装饰设计图
4	中间工作竖井结构设计图（如有）

盾构法隧道结构 初步设计图纸目录（参考） 表 19.2-3

序号	图纸名称
目录及设计说明工程数量表	
1	图纸目录
2	盾构隧道结构设计说明
3	盾构隧道工程数量汇总表
盾构隧道总体	
1	隧道地质钻孔平面布置图
2	隧道工程总平面布置图（推荐）
3	隧道工程平面图（推荐）
4	隧道工程地质纵剖面图（推荐）
5	隧道工程总平面布置图（比较）
6	隧道工程平面图（比较）
7	隧道工程地质纵剖面图（比较）
8	隧道限界设计图
9	隧道工程横断面图
盾构井(含明挖段)围护结构、主体结构	
1	盾构井(含明挖段)总平面布置图
2	盾构井(含明挖段)施工围挡及交通疏解图
3	盾构井(含明挖段)管线迁改图（如有）
4	盾构井(含明挖段)围护结构平面布置图
5	盾构井(含明挖段)各道支撑平面布置图
6	盾构井(含明挖段)围护结构地质纵断面图
7	盾构井(含明挖段)围护结构地质横断面图
8	围护结构配筋图
9	基坑及周边建(构)筑物监测平面图
10	基坑监测剖面图
11	周边建(构)筑物保护图（如有）
12	盾构井(含明挖段)主体结构平面图
13	盾构井(含明挖段)主体结构纵断面图
14	盾构井(含明挖段)主体结构横断面图
15	主体结构配筋图
管片结构图	
1	通用衬砌环构造图
2	标准块 Bx 构造图
3	邻接块 Lx 构造图
4	封顶块 F 构造图
5	标准块配筋图

续表

序号	图纸名称
管片结构图	
6	邻接块配筋图
7	封顶块配筋图
8	特殊管片衬砌环构造图(如有)
9	特殊管片衬砌环配筋图(如有)
端头加固图	
1	始发井端头加固平面图
2	始发井端头加固剖面图
3	到达井端头加固平面图
4	到达井端头加固剖面图
预埋件设计图与内部结构设计图	
1	盾构井预埋件设计图
2	盾构管片预埋件设计图
3	内部现浇部分结构布置图
4	内部现浇部分结构配筋图
5	隧道设备用房建筑设计图
6	隧道装修设计图
7	隧道综合管线布置图
8	隧道防淹设计图(如有)
防水设计图	
1	盾构井(含明挖段)防水设计图
2	施工缝防水设计图
3	变形缝防水设计图
4	盾构管片防水设计图
5	管片接缝防水设计图
6	密封垫橡胶圈设计图
7	进出洞防水设计图
其他	
1	区间泵房设计图(如有)
2	区间联络通道设计图(如有)
3	盾构隧道空推段设计图(如有)
4	重要建(构)筑物处理措施图(如有)
5	盾构隧道接口梁设计图
6	疏散平台设计图
7	隧道施工横通道图

沉管法隧道结构 初步设计图纸目录（参考）

表 19.2-4

序号	图纸名称
第一部分：隧道总体	
1	图纸目录
2	隧道工程设计总说明
3	隧道工程地理位置图
4	隧道工程平纵缩图
5	隧道总体平面布置图
6	隧道总体立面布置图
7	隧道总体横断面布置图
8	隧道平面布置图
9	隧道路面结构设计图
10	隧道洞门设计图
11	隧道装饰设计图
12	隧道总体施工工序图
第二部分：沉管结构	
1	图纸目录
2	沉管结构工程数量汇总表
3	隧道总体平面布置图
4	隧道沉管段钻孔位置图
5	隧道沉管段地质纵断面图
6	隧道沉管段平面布置图（推荐方案）
7	隧道沉管段纵断面设计图（推荐方案）
8	隧道沉管段平面布置图（比选方案）
9	隧道沉管段纵断面设计图（比选方案）
10	隧道沉管段横断面结构图
11	隧道沉管段结构纵向布置比选图
12	隧道沉管段横断面钢筋图
13	管段平面及纵断面结构图
14	江中废水泵房设计图
15	沉管管段剪切键结构设计图
16	沉管管段竖向剪切键结构图
17	沉管管段鼻托梁
18	沉管管段水平剪切键图推荐方案
19	沉管管段水平剪切键图比选方案
20	沉管管段纵向限位设计图
21	短管节水平限位及拉合设计图

续表

序号	图纸名称
22	沉管段防水设计图
23	沉管段接头防水设计图
24	沉管管段端钢壳设计图
25	沉管管段钢端封门设计图
26	沉管管段压载水箱布置图
27	沉管管段压载水箱构造图
28	沉管管段预制工序图
29	沉管段整体施工流程图
30	沉管段安装流程图
31	沉管段与岸上段接头施工步骤图
32	沉管段水力压接示意图
33	最终接头设计图
34	E1~E6管段管顶舾装件布置图
35	沉管段底部临时支撑设计图
36	沉管段基槽开挖设计图
37	沉管段防锚层与回填处理设计图
38	沉管段砂流工法基础处理设计图
39	沉管段地基抗液化及地基处理设计图
40	沉管段水上操作线路图
41	沉管段水上交通疏解图
42	防撞侧石、排水沟及检修道设计图
43	结构健康监测设计图
44	江中沉放锚块布置及大样图
第三部分:干坞结构	
1	干坞工程数量汇总表
2	干坞选址图
3	干坞平面布置图推荐方案
4	干坞平面布置图比选方案一
5	干坞平面布置图比选方案二
6	干坞方案比选图
7	干坞周边环境平面图
8	干坞内管节预制平面布置图
9	干坞坞底结构设计图
10	干坞基坑围护平面布置图
11	干坞基坑围护结构断面图

续表

序号	图纸名称
12	干坞基坑监测设计图
13	干坞开挖施工步骤图
14	干坞基坑坑内加固及基底处理图
15	干坞坞口设计图
16	干坞坞门结构设计图
17	干坞坞墩结构设计图
第四部分：岸上基坑、临时围堰及护岸	
1	基坑工程数量汇总表
2	基坑总平面布置图
3	基坑支护第一道撑平面图
4	基坑支护第 n 道撑平面图
5	基坑支护地质纵剖设计图
6	基坑支护结构横断面图
7	基坑周边环境平面图
8	基坑监测平面图
9	基坑支护大样图
10	临时围堰及支护结构图
11	加强护岸平面布置图
12	加强护岸纵断面图
13	加强护岸横断面图
14	恢复护岸平面布置图
15	恢复护岸横断面图
16	护岸栏杆设计图

注：岸上段结构图纸目录参照明挖法隧道图纸目录。

19.3 施工图设计文件

隧道施工图设计文件一般是以专业独立成册，以下按各专业分别要求。

19.3.1 道路

分成隧道线路和接线道路。

隧道线路主要包括设计说明，隧道线位平面图，隧道线路平面图，隧道纵断面设计图，隧道直线、曲线、转角表，隧道逐桩坐标表，隧道结构与沥青路面连接部设计图，隧道路面铺装接缝处理设计图等。

接线道路的图纸可参照道路工程相关规定和要求。

19.3.2 隧道建筑

设计说明。

隧道建筑总体布置图：要求同初步设计。

隧道平面图：根据线路设计，绘制隧道车道层的结构轮廓、防撞设施、排水设施与排水方向、安全疏散设施、各个设备系统布置的设备与设备箱；标注各个部分的尺寸与名称。

隧道纵剖面图：根据线路设计，绘制隧道车道层的结构轮廓及其内净标高、防撞设施、道路标高、安全疏散设施、各个设备系统布置的设备与设备箱；标注各个部分的尺寸与名称。

隧道横剖面图：根据不同道路规模、结构形式、布置方式等绘制。盾构法隧道盾构工作井、沉管法隧道连接井设计图：根据不同形式绘制工作井或连接井的各层平面、剖面、楼梯及其他详图。隧道洞口、光过渡建筑设计图：根据不同形式绘制隧道洞口和光过渡段立面、纵断面设计、横剖面设计图。

配套设备用房、管养设施的设计图：绘制总平面图、各层建筑平面、剖面、地面建筑所有立面图、楼梯及其他详图设计图。管理设施根据合同要求，绘制装修图。

隧道装修设计图：绘制隧道车道层侧墙、顶部防火内衬、防撞设施、安全设施等的装修详图；隧道引道口、引道侧墙栏杆、隧道出入口及风亭的装修详图。

19.3.3 隧道结构

1. 设计说明

根据工程结构具体情况，主要说明结构整体设计方案、设计荷载及组合、主要设计参数、总体施工步序、环境类别及作用等级等内容。

对于明挖、盖挖逆作法工程，重点说明基坑分期施工顺序、各阶段基坑围护结构设计参数、内支撑形式及布置、主体结构与围护结构的关系、地下水处理措施、抗浮措施、抗震措施、回填土材料要求等内容。

对于矿山法工程，重点说明施工竖井和施工导洞设计、暗挖进洞方式、施工辅助措施、不良地质处理措施、地下水处理措施、爆破控制标准及措施、地质超前预报要求、初期支护及二衬结构设计、各断面类型主要支护参数、断面开挖步序、竖井回填封堵等内容。

对于盾构法工程，重点说明盾构井设计、管片衬砌设计（含标准环和特殊环衬砌设计）、进出洞地层加固等内容。

对于沉管法隧道，重点说明管段止水带设计、抗浮控制标准、舾装设计、基槽及基础设计、施工总体方案设计、管段分批施工顺序、干坞围护结构设计、基槽回填材料要求等内容。

2. 明挖法隧道、盾构隧道工作井、明挖段

主要包括结构平面图、结构纵剖面图、结构横剖面图以及相应钢筋，雨水泵房、变电所等附属结构图，管理用房结构图（基础、楼板平面图等）；明挖结构的围护结构平面图，围护结构纵剖面图（带地质纵剖面），围护结构横剖面图，围护结构

配筋图（典型断面）。隧道内部结构预埋管线图，光过渡段平、纵、横剖面结构图，楼梯、电梯井、设备基础等详图，变形缝结构图，雨水泵房、变电所等附属结构图等。

3. 矿山法隧道

主要包括结构设计总说明，隧道总平面图，隧道纵断面，施工竖井及横通道平、纵断面，施工竖井结构设计图，施工竖井配筋图，施工竖井马头门配筋图，施工竖井横通道初支钢架图，施工竖井横通道二次衬砌配筋图，施工通道与正洞相交处配筋图，施工竖井及横通道超前支护措施设计图，施工竖井及横通道其他辅助措施设计图，施工通道端头封堵结构图，施工竖井井口封堵结构图，施工竖井及横通道施工工序图，隧道结构平面图，隧道结构衬砌断面图，隧道结构各断面初支钢架图，隧道结构各断面二次衬砌配筋图，隧道结构超前支护措施设计图，隧道结构其他辅助措施设计图，隧道结构施工工序图，联络通道（兼泵房）结构设计图，联络通道（兼泵房）结构配筋图，联络通道（兼泵房）超前支护措施设计图，联络通道（兼泵房）其他辅助措施设计图，联络通道（兼泵房）施工工序图等。

4. 盾构隧道

主要包括圆隧道设计、施工总说明，衬砌圆环布置图，衬砌结构设计总说明，衬砌结构分块模板图，衬砌结构连接件、预埋件图，特殊衬砌圆环图，特殊衬砌分块结构图，衬砌结构分块配筋图（不同埋深断面），进出洞衬砌环分块结构图，盾构进出洞预埋钢环图，盾构进出洞连接构造图，圆隧道内部结构设计总说明，圆隧道内部结构模板图，圆隧道内部结构配筋图，江中泵房模板图，江中泵房配筋图，圆隧道内部结构预埋管线图，连接通道土体加固图，连接通道模板图，连接通道配筋图，连接通道变形缝详图，圆隧道永久监测设计图等。

5. 沉管隧道

主要包括干坞设计说明，干坞平、纵剖面图，干坞基底结构图，干坞边坡结构图，基槽竣挖平面图，横断面图，管段结构设计总说明，管段平面图、纵剖面图、横断面图，管段配筋图，管段主要附属结构图（混凝土封门或钢封门；压舱水箱；临时支承系统；吊点、系缆柱；人孔与测量塔；拉合装置；导向装置等），管段基础处理、回填覆盖断面图，岸壁保护结构设计说明，岸壁保护结构平面图，岸壁保护结构横断面图，岸壁保护结构配筋图等。

19.3.4　结构耐久性、防水

防水设计说明、耐久性设计说明、管片接缝防水构造图、螺孔防水构造图、嵌缝防水图、特殊衬砌管片防水构造图、联络通道防水构造图、明挖结构接缝防水图、外防水层构造图和主要防水材料要求等。

19.3.5　隧道通风

主要包括设计说明，设备材料清单，隧道通风系统总平面布置示意图，隧道通风横断面布置图，通风机房平剖面布置图，隧道通风系统操作控制图，附属工程通风空调平剖面布置图，附属工程通风空调操作控制图，设备安装详图，主要设备表等。

19.3.6 隧道给水排水、消防

主要包括设计说明，隧道给水排水、消防系统平面布置图，隧道消防系统布置图、给水排水系统布置图，隧道消防泵房、雨水泵房、隧道最低点废水泵房布置图，隧道各类给水排水、消防设备布置节点详图，主要设备表等。隧道管理中心大楼给水排水及消防施工图参照相关规定执行。

19.3.7 隧道照明

主要包括设计说明，照明供电系统图，照明开关柜配置图，照明配电站布置图，照明配电箱（或控制箱）系统图，隧道照明平面布置图，设备用房照明平面布置图，照明控制原理图，电缆清册，设备材料表等。

19.3.8 隧道供电

主要包括设计说明，变电所总平面图，变、配电站设计图，动力（照明）设计图，防雷、接地及安全设计图，主要设备表等。

19.3.9 隧道监控

隧道监控按各分系统出图，主要包括中央控制室设备布置图图册，设备监控系统图册，交通监控系统图册，电视监视系统图册，有线电话系统图册，无线通信系统图册，广播系统图册，弱电电源及接地系统图册等，每分图册中包含设计说明，主要工程数量表，必要的设备安装详图和电缆清册等。

19.3.10 交通标志、标线和安全设施设计图

包括交通工程设计说明、交通工程平面设计图例、索引及平面设计图；隧道范围及外围标志设置设计图；标志、标线及标牌设计图；标志及标牌结构设计图；监控设施结构设计图；区域智能控制机设计图；交通管线及连线井设计图；涉水线、示警桩、隔离栏、护栏等设计图。

19.3.11 人防设计图

包括隧道人防加宽横断面图、防护密闭隔断门门框墙结构图、防护密闭隔断门门框墙配筋图、临空墙结构及配筋图（如有）、人防门大样图、穿墙管线防护密闭处理措施图等。

19.3.12 景观绿化和环保设施设计图

包括景观绿化和环保设施设计说明、隧道洞门、洞口周边及隧道地面构筑物的景观设计图；隧道工程绿化布置平面设计图、绿化设计大样；环保设施设置位置、范围及结构设计图等。

19.3.13 附属工程设计图

包括防灾系统设计图、服务设施设计图、管理机构和养护设施设计图、房屋建筑设计

图等。

19.3.14 工程材料设备数量表

包括各专业的工程材料、设备数量汇总表。

19.3.15 隧道主体工程结构图纸目录（参考）（表 19.3-1～表 19.3-4）

明挖法隧道结构 施工图设计图纸目录（参考） 表 19.3-1

序号	图纸名称
第一部分:隧道结构	
1	图纸目录
2	隧道结构设计说明
3	隧道结构工程数量汇总表
4	隧道工程地理位置图
5	隧道总平面图
6	隧道平面布置图
7	隧道地质钻孔平面图
8	隧道结构立面图
9	隧道结构平面图
10	隧道结构横断面图
11	暗埋段结构钢筋图
12	敞开段结构钢筋图
13	泵房电房构造图
14	泵房电房钢筋图
15	隧道抗拔桩及地基处理平面图
16	隧道地基处理立(含地质纵剖)面图
17	抗浮桩大样图
18	地基处理大样图
19	溶(土)洞处理措施图(如有)
20	结构防水设计图
21	防撞墙及防撞侧石设计图
22	排水沟及检修道设计图
23	隧道装饰及铺装设计图
24	电缆通道设计图(如有)
25	通风道设计图(如有)
第二部分:基坑支护结构	
1	图纸目录
2	基坑工程设计说明
3	基坑工程数量汇总表

续表

序号	图纸名称
第二部分:基坑支护结构	
4	基坑总平面布置图
5	基坑周边环境平面图
6	支护结构平面布置图
7	支护结构立面(含地质)布置图
8	支撑平面布置图
9	支护结构剖面图
10	支护结构构件大样图
11	暗埋段典型横断面施工步序图
12	敞开段典型横断面施工步序图
13	监测设计图
14	基坑周边现状管线迁改图
15	施工期间地面交通组织、疏解图
16	近邻重要建(构)筑物保护处理措施图(如有)

矿山法隧道结构　施工图设计图纸目录（参考）　　表19.3-2

序号	图纸名称
目录、设计说明及隧道表	
1	图纸目录
2	隧道工程设计说明
3	隧道工程数量汇总表
4	隧道表
5	隧道左线设计布置表
6	隧道右线设计布置表
7	隧道左线土建工程数量表
8	隧道右线土建工程数量表
隧道总体(平纵横)图	
1	隧道钻孔平面布置图
2	隧道平面布置图
3	隧道左线纵断面图
4	隧道右线纵断面图
5	隧道人行、车行横通道布置图
6	分离式、小净距隧道建筑限界及内轮廓断面图
7	人行、车行横洞建筑限界及内轮廓断面图
8	明洞衬砌结构断面图

续表

序号	图纸名称
隧道总体(平纵横)图	
9	明洞衬砌配筋设计图
10	洞门结构设计图
隧道进出洞设计图	
1	隧道左线北侧洞门图
2	隧道右线北侧洞门图
3	隧道左线南侧洞门图
4	隧道右线南侧洞门图
5	隧道洞口管棚设计图
6	隧道洞口管棚钢架设计图
7	隧道北侧洞口场地布置图
8	隧道南侧洞口场地布置图
隧道衬砌断面图	
1	分离式隧道 S-Ⅴ型衬砌结构断面图
2	分离式隧道 S-Ⅴ型衬砌配筋设计图
3	分离式隧道 S-Ⅴ型导洞支护设计图
4	分离式隧道 S-Ⅴ型衬砌钢架设计图
5	分离式隧道 S-Ⅳ型衬砌结构断面图
6	分离式隧道 S-Ⅳ型衬砌配筋设计图
7	分离式隧道 S-Ⅳ型导洞支护设计图
8	分离式隧道 S-Ⅳ型衬砌钢架设计图
9	分离式隧道 S-Ⅲ型衬砌结构断面图
10	分离式隧道 S-Ⅲ型衬砌配筋设计图
11	分离式隧道 S-Ⅲ型衬砌钢架设计图
12	分离式隧道 S-Ⅱ型衬砌结构断面图
13	分离式隧道 S-Ⅰ型衬砌结构断面图
14	小净距隧道划分界限图
15	小净距隧道 XS-Ⅴ型衬砌结构断面图
16	小净距隧道 XS-Ⅴ型衬砌配筋设计图
17	小净距隧道 XS-Ⅳ型衬砌结构断面图
18	小净距隧道 XS-Ⅳ型衬砌配筋设计图
19	小净距隧道 XS-Ⅲ型衬砌结构断面图
20	小净距隧道 XS-Ⅲ型衬砌配筋设计图
紧急停车带、车行横洞与人行横洞	
1	紧急停车带和车行横洞平面布置图
2	紧急停车带衬砌及挡头墙设计图

续表

序号	图纸名称
紧急停车带、车行横洞与人行横洞	
3	紧急停车带衬砌及挡头墙配筋设计图
4	车行横洞剖面图
5	车行横洞衬砌结构设计图
6	车行横洞防火门段衬砌结构设计图
7	车行横洞与主洞交叉口主洞加强段衬砌结构设计图
8	车行横洞与主洞交叉口主洞贯通段衬砌配筋设计图
9	车行横洞与主洞交叉口主洞加强段衬砌钢架设计图
10	车行横洞与主洞交叉口主洞贯通段衬砌结构设计图
11	车行横洞与主洞交叉口主洞贯通段衬砌配筋设计图
12	车行横洞与主洞交叉口主洞贯通段衬砌钢架设计图
13	人行横洞平面布置图
14	人行横洞剖面图
15	人行横洞复合衬砌结构断面图
16	人行横洞防火门段复合式衬砌结构断面图
17	人行横洞推拉门洞段衬砌结构方案图
18	人行横洞与主洞交叉口贯通段衬砌结构设计图
19	人行横洞与主洞交叉口贯通段衬砌配筋设计图
20	人行横洞与主洞交叉口贯通段衬砌钢架设计图
隧道防排水	
1	隧道排水平面布置图
2	隧道洞身衬砌防排水设计图
3	隧道车行横洞防排水设计图
4	隧道人行横洞防排水设计图
5	隧道防水板、土工布锚固结构设计图
6	隧道接缝防排水设计图
7	隧道衬砌接缝止水带（条）安装图
8	水沟槽设计图
9	隧道隧底排水盲沟设计图
超前支护	
1	主洞超前支护设计图（超前小导管）
2	主洞超前支护设计图（超前锚杆）
3	超前地质预报设计图
4	隧道注浆堵水预案图
5	隧道超前探水钻孔设计图

续表

序号	图纸名称
超前支护	
6	隧道局部超前预注浆堵水设计图
7	隧道洞身全断面深孔预注浆设计图
8	隧道施工紧急预案示意图
9	二次衬砌拱顶压浆设计图
施工步序图	
1	分离式隧道施工步序图
2	小净距隧道施工步序图
3	隧道施工进度图
监控量测	
1	分离式隧道施工监控量测设计图
2	小净距隧道施工监控量测设计图
3	隧道施工监控量测项目及要求
隧道路面结构图	
1	隧道洞内一般路面结构图
2	隧道洞内外路面接头处理设计图
3	隧道洞内车行、人行横通道路面结构图
附属	
1	隧道内装饰设计图
2	隧道内消火栓箱预留洞室设计图
3	隧道内灭火器箱预留洞室设计图
4	隧道内照明现场控制箱预留洞室设计图
5	隧道内应急电源及配电箱预留洞室设计图
6	隧道内隧道风机控制箱预留洞室设计图
7	隧道内检修插座箱预留洞室设计图
8	隧道内等电位端子箱预留洞室设计图
9	隧道内闭路电视、车道指示器配电箱预留洞室设计图
10	隧道内车辆检测器控制箱预留洞室设计图
11	视频监控端箱、FAS配电箱预留洞室设计图
12	监控配电箱预留洞室设计图
13	隧道内三系统设备箱预留洞室设计图
14	隧道射流风机预埋件设计图
15	隧道内管沟及盖板设计图
其他	
1	中间工作竖井结构设计图(如有)
2	重要建(构)筑物处理措施图(如有)

盾构法隧道结构 施工图设计图纸目录（参考） 表19.3-3

序号	图纸名称
目录、工程数量表及设计说明	
1	图纸总目录
2	盾构隧道结构设计说明
3	盾构隧道工程数量汇总表
盾构隧道总体	
1	设计说明
2	工程数量表
3	隧道地质钻孔平面布置图
4	隧道工程总平面布置图
5	隧道工程平面图
6	隧道工程地质纵剖面图
7	隧道限界设计图
8	隧道工程横断面图
盾构井（含明挖段）围护结构、主体结构	
1	设计说明
2	工程数量表
3	盾构井（含明挖段）总平面布置图
4	盾构井（含明挖段）施工围挡及交通疏解图
5	盾构井（含明挖段）管线迁改图（如有）
6	基坑降水平面布置图
7	盾构井（含明挖段）围护结构平面布置图
8	盾构井（含明挖段）各道支撑平面布置图
9	盾构井（含明挖段）围护结构地质纵断面图
10	盾构井（含明挖段）围护结构地质横断面图
11	围护结构配筋图
12	围护结构、支撑、冠（腰）梁等大样配筋图
13	支撑节点设计大样图
14	临时立柱及立柱桩设计图
15	基坑及周边建（构）筑物监测平面图
16	基坑监测剖面图
17	周边建（构）筑物保护图（如有）
18	盾构井（含明挖段）主体结构平面图
19	盾构井（含明挖段）主体结构纵断面图
20	盾构井（含明挖段）主体结构横断面图
21	主体结构配筋图
22	盾构井端头墙设计图

续表

序号	图纸名称
管片结构图	
1	设计说明
2	工程数量表
3	通用衬砌环构造图
4	标准块 Bx 构造图
5	邻接块 Lxa 构造图
6	邻接块 Lxb 构造图
7	封顶块 F 构造图
8	标准块配筋图
9	邻接块 Lxa 配筋图
10	邻接块 Lxb 配筋图
11	封顶块配筋图
12	特殊管片衬砌环构造图(如有)
13	特殊管片衬砌环配筋图(如有)
14	衬砌布置展开图
15	管片接缝详图
16	衬砌环环缝、纵缝螺栓手孔详图
17	注浆孔设计图
18	管片连接螺栓设计图
19	垫块尺寸设计图
20	管片标记详图
21	管片公差设计图
端头加固图	
1	设计说明
2	工程数量表
3	始发井端头加固平面图
4	始发井端头加固剖面图
5	到达井端头加固平面图
6	到达井端头加固剖面图
预埋件设计图与内部结构设计图	
1	设计说明
2	工程数量表
3	盾构井进出洞门预埋件设计图
4	盾构管片预埋件设计图
5	预埋滑槽设计图
6	内部现浇部分结构布置图

续表

序号	图纸名称
预埋件设计图与内部结构设计图	
7	内部现浇部分结构配筋图
8	隧道内部设备用房建筑设计图
9	隧道装修设计图
10	隧道综合管线布置图
11	隧道防淹设计图(如有)
防水设计图部分	
1	设计说明
2	工程数量表
3	盾构井(含明挖段)防水设计图
4	施工缝防水设计图
5	变形缝防水设计图
6	盾构管片防水设计图
7	管片接缝防水设计图
8	密封垫橡胶圈设计图
9	进出洞防水设计图
其他	
1	区间泵房设计图(如有)
2	区间联络通道设计图(如有)
3	盾构隧道空推段设计图(如有)
4	重要建(构)筑物处理措施图(如有)
5	盾构隧道接口梁设计图
6	疏散平台设计图
7	隧道施工横通道图

沉管法隧道结构　施工图设计图纸目录（参考）　　表 19.3-4

序号	图纸名称
第一部分:隧道总体	
1	图纸目录
2	隧道总体设计说明
3	隧道总体平面布置图
4	隧道总体立面布置图
5	隧道总体横断面设计图
6	隧道运营阶段监测设计图
第二部分:沉管结构(一)	
1	图纸目录
2	隧道沉管段设计说明

续表

序号	图纸名称
3	隧道沉管段工程数量汇总表
4	隧道总体平面布置图
5	隧道总体立面布置图
6	沉管段钻孔位置平面图
7	沉管段北面地质纵断面图
8	沉管段主线地质纵断面图
9	沉管段南面地质纵断面图
10	沉管段平面布置图
11	沉管段纵断面图
12	沉管段横断面图
13	沉管段定位图
14	管段平面及纵断面结构图
15	沉管段结构横断面配筋图
16	管段端头钢筋布置图
17	江中废水泵房结构设计图
18	江中废水泵房配筋图
19	沉管管段剪切键结构设计图
20	沉管管段竖向剪切键及鼻托梁结构图
21	沉管管段竖向混凝土剪切键及鼻托梁配筋图
22	沉管管段竖向钢剪切键结构图
23	沉管管段竖向剪切键定位图
24	沉管管段竖向剪切键连接件及橡胶支座结构图
25	沉管管段导向装置结构设计图
26	沉管管段竖向钢剪切键预埋件结构图
27	沉管管段水平剪切键结构图
28	沉管管段水平剪切键配筋图
29	沉管管段水平剪切键预埋件及盖板设计图
30	管段纵向限位装置结构图
31	管段纵向限位装置大样图
32	沉管段防水设计图
33	沉管段接头防水设计图
34	沉管段GINA及OMEGA安装定位图
35	GINA止水带安装图
36	端钢壳安装GINA止水带开孔图
37	GINA止水带保护安装图
38	OMEGA止水带安装图

续表

序号	图纸名称
39	端钢壳安装 OMEGA 止水带开孔图
40	端钢壳结构图
41	管段预制工序图
42	管面护边块平面布置图
43	管面防锚层和护边块设计图
44	管段灌砂孔平面布置图
45	管段灌砂管构造图
46	管底注浆管平面布置图
47	管段压载混凝土平面分块图
48	压载混凝土浇筑工序图
49	沉管段防锚层与回填处理设计图
第三部分:沉管结构(二)	
1	图纸目录
2	隧道沉管段设计说明
3	隧道沉管段工程数量汇总表
4	管段钢端封门结构图
5	管段钢端封门预埋件构造图
6	管段钢端封门大样图
7	管段钢端封门人孔背部加强构造图
8	管段钢端封门焊接型钢及面板加劲肋构造图
9	钢管段封门下部支座及预埋件构造图
10	管段钢端封门上部牛腿构造图
11	管段钢端封门人孔外侧水密门设计图
12	人孔外侧水密门零件图(铰链总成)
13	人孔外侧水密门零件图(门扇总成)
14	管段压载水箱布置图
15	管段水箱设计图
16	管段压载水箱给水排水布置图
17	各管段施工期间压载水箱进排水位图
18	钢爬梯设计图
19	管段管面舾装布置图
20	管段管面舾装预埋件布置图
21	测量塔预埋件设计图
22	沉管顶板人孔设计图
23	吊点预埋件设计图
24	吊点预埋件加强配筋图

续表

序号	图纸名称
25	吊点构造图
26	拉合座构造图
27	单柱系缆桩预埋件设计图
28	单柱系缆桩预埋件加强配筋图
29	单柱系缆桩构造图
30	双柱系缆桩预埋件设计图
31	双柱系缆桩预埋件加强配筋图
32	双柱系缆桩构造图
33	导缆钳预埋件设计图
34	固定单轮滑车预埋件设计图
35	固定五轮滑车预埋件设计图
36	管段临时支撑垫块结构图
37	管段垂直千斤顶支座设计图
38	沉管段基槽开挖平面图
39	沉管段基槽开挖横断面图
40	沉管段基槽开挖纵断面图
41	沉管管段水上操作线路图
42	管段沉放图
43	短管节水平限位梁设计图
44	短管节预拉合设计图
45	最终接头设计图
46	最终接头预埋件设计图
47	沉管段施工阶段监测设计图
48	管段沉放锚点布置及大样图
49	水上交通疏解图
第四部分:岸上段基坑	
1	图纸目录
2	基坑工程设计说明
3	基坑工程数量汇总表
4	基坑总平面布置图
5	基坑支护平面分区图
6	基坑支护第一道撑平面图
7	基坑支护第 n 道撑平面图
8	基坑支护地质纵剖面设计图
9	基坑支护结构横断面图

续表

序号	图纸名称
10	基坑周边环境平面图
11	基坑监控设计图
12	基坑支护大样图
13	支护桩设计图
14	地下连续墙结构配筋图
15	溶(土)洞处理措施图(如有)
16	基坑底面地基处理图(如有)
17	近邻重要建(构)筑物保护处理措施图(如有)
注:岸上段结构图纸目录参照明挖法隧道图纸目录	
第五部分:干坞	
1	图纸目录
2	干坞工程设计说明
3	干坞工程数量汇总表
4	干坞周边环境平面图
5	干坞平面布置图
6	干坞地质纵剖面图
7	干坞坞底结构设计图
8	短管节管段间坞底结构处理图
9	干坞基坑围护平面布置图
10	干坞基坑围护结构断面图
11	干坞基坑围护锚索结构图
12	地下连续墙配筋图
13	干坞基坑监测设计图
14	干坞回填设计图
15	干坞开挖施工步骤图
16	干坞坞口设计图
17	干坞坞门结构设计图
18	坞门橡胶止水带
19	干坞坞墩结构设计图
20	干坞基坑坑内加固及地基处理图
21	地锚桩设计图
第六部分:围堰及护岸	
1	图纸目录
2	隧道总体平面布置图
3	隧道总体立面布置图

续表

序号	图纸名称
4	围堰及护岸工程设计说明
5	围堰及护岸工程数量汇总表
6	围堰总平面布置图
7	围堰地质钻孔平面图
8	围堰平面布置图
9	围堰地质纵剖面设计图
10	围堰横断面图
11	坞口围堰平面布置图
12	坞口围堰地质纵剖面设计图
13	坞口围堰横断面图
14	围堰监控设计图
15	钢管桩设计图
16	围堰支护大样图
17	临时围堰典型横断面施工工序图
18	加强护岸地质钻孔及周边环境平面图
19	加强护岸平面布置图
20	加强护岸纵断面图
21	加强护岸横断面图
22	加强护岸结构配筋图
23	加强护岸施工顺序图
24	加强护岸结构监测设计图
25	恢复护岸平面布置图
26	恢复护岸沉箱平面布置图
27	恢复护岸纵断面图
28	恢复护岸横断面图
29	恢复护岸结构配筋图
30	栏杆设计图
第七部分:土建附属	
1	图纸目录
2	土建附属工程设计说明
3	土建附属工程数量汇总表
4	隧道内预留孔洞加强钢筋图
5	隧道内检修道、排水沟及防撞侧石设计图
6	隧道内廊道中隔板设计图
7	隧道敞开段防撞墙设计图
8	隧道横向排水管构造图

续表

序号	图纸名称
9	隧道横向排水管钢筋图
10	隧道路面结构设计图
11	隧道连接管理用房电缆埋管设计图
12	隧道连接管理用房直通型电缆穿线井结构设计图
13	隧道连接管理用房转角型电缆穿线井结构设计图
14	隧道连接管理用房电缆井盖板设计图
15	隧道连接管理用房电缆管线软基处理设计图

相关规范

[1]《城市道路工程设计规范》CJJ 37—2012
[2]《城市地下道路工程设计规范》CJJ 221—2015
[3]《市政公用工程设计文件编制深度规定》(2013年版)
[4]《公路建设项目可行性研究报告编制办法》
[5]《公路工程基本建设项目设计文件编制办法》

第20章

设计文件技术要点

城市隧道工程设计一般分为前期工作和工程设计两部分。本次依据《市政公用工程设计文件编制深度规定》(2013年版)、《市政公用工程施工图设计文件技术审查要点》等文件,对可行性研究、初步设计和施工图设计三个阶段中设计文件的技术要点进行论述,供设计人员参考使用,在使用过程中可以结合项目实际情况灵活运用。

本章以论述隧道工程及相关附属专业工程为主,总体或道路工程的内容参照道路工程篇章。

20.1 可行性研究报告技术要点

见表20.1-1。

可行性研究报告技术要点　　　　表20.1-1

序号	项目	内容
1	文件总体要求	1. 报告文件组成应完整,内容和深度应满足《市政公用工程设计文件编制深度规定》(2013年版)要求。 2. 设计说明内容应全面,设计图纸应完整、齐全。 3. 基础资料应齐全,并满足规定要求;应调查充分建设条件,地质资料、地形图、现状及规划等基础资料收集应详实。 4. 应充分论证项目建设的必要性、可行性、迫切性。 5. 应全面、深刻理解总体规划、详细规划。 6. 应准确、合理地分析论证功能定位。 7. 方案应符合规划要求,如有重大变化,应有相关的论证或批准文件。 8. 总体设计原则正确,应充分、合理论证方案比选。 9. 总体设计布置合理,应充分论证关键节点方案比选;满足工程综合规划条件(城市总规、用地、路网、轨道规划等),充分考虑对现状道路、管线、轨道及建(构)筑物的影响,考虑对城市生态环境的影响;应符合国家建设政策的相关要求。 10. 施工期间交通组织合理、可行。 11. 分期实施方案合理可行(如有)。 12. 应满足抗震设防和防洪要求。 13. 工程规模合理,工程数量准确。 14. 投资估算依据充分,造价指标合理
2	强制性条文	应满足《工程建设标准强制性条文》中有关城市建设隧道专业的强制性条文

续表

序号	项目	内容
3	主要设计技术指标	1. 主要设计技术指标应满足规范要求,应符合项目技术标准。 2. 工程规模及投资合理,与社会经济发展和生态文明建设水平相适应。 3. 交通量预测方法正确,结果合理、可信。 4. 确定合理道路等级和设计速度等主要技术指标。 5. 应充分论证路线及节点方案比选,应合理可行。 6. 应充分论证可能的隧道工法比选,应合理可行。 7. 结构(含初期支护结构)的安全等级和结构重要性系数。 8. 结构的设计使用年限及检修、鉴定、更换等要求。 9. 防洪/潮、排涝标准选择合适。 10. 结构的设防烈度、设防类别和抗震等级。 11. 结构的防水标准、抗浮标准、设计荷载标准、人防标准(如有)、防火要求。 12. 结构所处的环境类别和作用等级。 13. 基坑安全等级、环境保护等级、地下水处理原则、围护结构变形控制要求及围护结构设计重要性系数。 14. 隧道的建筑限界应满足道路交通安全运营、维护等要求
4	平、纵、横	—
4.1	横断面	1. 横断面设计应与道路等级、功能定位、交通特性匹配。 2. 横断面设计应与红线宽度一致,应充分论证方案比选。 3. 横断面设计应满足相关专业设备安装及运营要求。 4. 横断面布置应有利于应急救援。 5. 横断面布置应满足比选的隧道工法的要求
4.2	平面、纵断面及线形组合	1. 道路平面、纵断面线形设计应符合规范要求,线形组合应满足交通特性、安全营运的要求。 2. 总体布置应符合规划要求,管网布置应符合相关行业要求。 3. 应合理总体布置,协调处理现状、规划管位、临近重要建筑物等。 4. 道路线位、纵坡、控制点标高满足规划、综合交通、场地使用功能和排水系统的要求。 5. 不同等级的断面路段衔接过渡应安全、顺适。 6. 两端接线合理,应满足路网现状及规划的要求。 7. 纵断面满足航道、海事、水利等技术要求。 8. 充分分析总体线形的控制因素。 9. 应充分比选论证线位方案及关键节点方案,合理选择推荐方案
5	交叉工程	1. 应充分比选沿线各种交叉选型,选型确定的依据充分,满足城市规划和交通需求。 2. 主要交叉口交通量预测合理,通行能力分析满足预测交通量要求,规模适当。 3. 交叉口形式和功能统一,交叉口相交位置及相交角度合适,交叉口的间距合理。 4. 主线、匝道的平纵线形技术指标应符合规范要求
6	路基	1. 路基设计应符合有关道路工程规范要求。 2. 在既有城市道路下进行暗挖施工时,道路顶面位移及路表变形应满足规范要求
7	路面	1. 路面设计应符合有关道路工程规范要求。 2. 路面面层材料应满足防火规范要求

续表

序号	项目	内容
8	交通安全和管理设施	1. 合理确定交通安全和管理设施等级。 2. 交通安全和管理设施设计内容与等级匹配。 3. 交通安全和管理设施设计中体现智能交通的设计理念
9	隧道工程	1. 隧址应进行桥隧建设方案的安全性、可行性及合理性分析。 2. 隧址平纵线形应满足相关规范及安全营运的要求。 3. 应合理设置隧道洞口位置。 4. 隧道净空应满足行车限界、装饰及运营设施的安装空间等要求。 5. 隧道结构布置及选型合理。 6. 当存在不良地质和复杂条件约束隧道建设时，应采取针对性的处理措施。 7. 洞身结构设计安全、可靠及适应环境
10	管线 排水	1. 防排水原则合理、措施得当。 2. 隧道工程设计应满足管线工程的设计要求。 3. 应同步规划、同步设计隧道工程与管线工程。 4. 隧道排水标准应与道路等级、规划要求相匹配。 5. 生态敏感区水环境的影响分析及应对措施应合理
11	通风 照明 消防 供配电 监控	1. 隧道照明方案合理，设计安全、高效，照明设置与道路景观相协调。 2. 机电设施不得侵入建筑限界。 3. 应按规范合理确定通风卫生标准，通风设计应满足通风卫生标准和洞内防灾要求，通风设计合理。 4. 消防设计标准、消防系统应满足要求。 5. 供配电方案应满足通风、照明、消防、监控等各类工况要求。 6. 监控系统设置应完善合理，满足功能需要
12	绿化 景观	1. 绿化和景观设计应符合交通安全、环境保护的要求。 2. 绿化和景观设施不得进入道路建筑限界和视距三角形，应有利于交通安全
13	公众利益 公众安全	1. 隧道设计应考虑对沿线文物、名木古树、重要生活设施、居民利益的影响。 2. 抗震设计要求。 3. 防灾设计要求。 4. 隧道应考虑规划要求通过的管线。 5. 施工时应考虑社会交通组织问题
14	环境影响分析和节能评价	1. 应考虑建设期和运营期的环保设计。 2. 重要路段或住宅区道路应考虑防噪声、降噪声设计。 3. 环境敏感点的处理措施适当。 4. 节能措施合理、可行
15	实施方案	1. 建设计划工期合理。 2. 建设计划安排应符合地域气候、气象条件。 3. 施工方法应充分考虑周边环境条件。 4. 施工期交通组织方案合理可行。 5. 管理机构、管理措施和人员配置适当。 6. 施工场地及弃渣场的选址合理

续表

序号	项目	内容
16	社会评价	1.应全面、合理分析主要影响对象。 2.应合理分析主要影响群体的互适性。 3.社会风险等级和评价结论可信
17	新技术应用与科研项目建议	1.新技术的应用应具有技术先进性、已建项目的可靠性、拟建项目的适用性、针对问题的合理性、良好的社会经济效益性。 2.建议的科研项目应具有需要性、创新性、科学性、可行性、效益性
18	研究结论与建议	1.应充分论述项目建设的必要性、迫切性。 2.应充分论述推荐方案的技术可行性、经济合理性、实施可能性。 3.现阶段存在的主要问题、技术争论、不同部门的分歧说明应完整、准确。 4.为推进下阶段工作提出的建议合理、准确
19	附件	报告文件的附件应齐全、有效

20.2 初步设计文件技术要点

见表 20.2-1。

初步设计文件技术要点　　　　　　表 20.2-1

序号	项目	内容
1	文件总体要求	1.初步设计文件应完整,设计应达到《市政公用工程设计文件编制深度规定》(2013年版)要求。 2.初步设计文件应具有上阶段设计批复意见的执行情况和意见。对特殊复杂的可研和规划方案应具有合理性评价。方案如有重大变化调整,应具有相关的论证或批准文件。 3.阐明与建设项目相关的规划背景、设计道路在规划道路网中的功能定位。 4.总体设计原则符合要求。 5.总体方案布置合理,应考虑对城市生态环境的影响,考虑城市社区各方利益;需要进行深化论证的应给出方案比选。 6.设计说明书内容全面,应有主要结构计算成果;设计图纸完整、齐全。 7.分期实施工程应有远近期结合方案。近期实施方案合理、可行。 8.施工期间交通组织合理、可行。 9.应满足抗震设防和防洪要求。 10.工程规模合理,工程数量准确。 11.投资概算依据应充分,造价指标合理。 12.明确需进一步解决的主要问题和对下阶段工作的建议
2	强制性条文	应满足《工程建设标准强制性条文》中有关城市隧道专业的强制性条文
3	主要设计技术指标	1.应根据可研阶段交通量预测结果进行通行能力与服务水平分析。 2.道路等级、道路设计速度应满足规范要求。 3.道路建筑限界应满足隧道各专业要求。 4.道路其他技术指标应满足道路专业规划要求。 5.应充分论证路线及节点方案比选,应合理可行。 6.应充分论证可能的隧道工法比选,应合理可行。 7.结构设计基准期、设计使用年限。

续表

序号	项目	内容
3	主要设计技术指标	8.结构(含初期支护结构)的安全等级和结构重要性系数。 9.结构的设计使用年限及检修、鉴定、更换等要求。 10.防洪/潮、排涝标准选择合适。 11.结构的设防烈度、设防类别和抗震等级。 12.结构的防水标准、抗浮标准、设计荷载标准、人防标准(如有)、防火标准。 13.结构所处的环境类别和作用等级。 14.基坑安全等级、环境保护等级、地下水处理原则、围护结构变形控制要求及围护结构设计重要性系数
4	横断面	1.应满足国家现行《城市道路工程设计规范》CJJ 37、《城市道路路线设计规范》CJJ 193、《城市地下道路工程设计规范》CJJ 221 的规定要求。 2.隧道横断面除满足道路交通功能外,还需满足附属工程专业功能以及防灾应急的需求。 3.隧道横断面车道数应与交通量相适应
5	平面	1.隧道平面设计应满足国家现行《城市道路工程设计规范》CJJ 37、《城市道路路线设计规范》CJJ 193、《城市地下道路工程设计规范》CJJ 221 的规定要求。 2.隧道平面设计应满足视距要求的平曲线。 3.隧道平面设计应满足隧道结构工法中隧道对曲线的适应性。 4.隧道平面设计应满足隧道结构工法中隧道对超高的适应性。 5.隧道平面设计应满足隧道结构工法中对上下行分离独立洞室平面线形的要求。 6.隧道平面设计应满足隧道结构工法对平面加宽的适应性
6	纵断面	1.隧道纵断面设计应满足国家现行《城市道路工程设计规范》CJJ 37、《城市道路路线设计规范》CJJ 193、《城市地下道路工程设计规范》CJJ 221 的规定要求。 2.隧道纵断面需结合规划条件、地质情况、道路限界、结构变形缝位置、道路排水、地下管网、覆土厚度、施工工法等综合因素,确定隧道最大纵坡、最小纵坡、竖曲线、进出口驼峰等设计指标。 3.明挖隧道应考虑路面铺装及地下管线的设置要求,并结合当地工程建设要求设置。 4.盾构法隧道工作井以及区间的覆土厚度要求主要考虑盾构施工阶段和正常运营阶段的安全性,需保持一定的厚度以减少对地面建筑物沉降的影响以及足够的抗浮能力。 5.沉管法隧道最小覆土不应小于通航船只的锚击入土深度要求。 6.暗挖法隧道覆土需根据周围环境、围岩的稳定性、工程措施、工程造价等综合考虑
7	线形组合	1.线形组合设计应满足国家现行《城市道路工程设计规范》CJJ 37、《城市道路路线设计规范》CJJ 193、《城市地下道路工程设计规范》CJJ 221 的规定要求。 2.隧道及其洞口两端的道路平、纵、横技术指标应符合规范的要求。 3.线形组合除考虑平纵组合外,还应考虑横断面因素,及平纵横的组合设计对行车视距的影响,保证足够的行车视距。 4.线形组合除满足道路交通功能外,还需满足附属工程专业功能以及防灾应急的需求
8	交叉工程	1.交叉工程设计应满足国家现行《城市道路工程设计规范》CJJ 37、《城市道路路线设计规范》CJJ 193、《城市地下道路工程设计规范》CJJ 221 的规定要求。 2.隧道出入口的位置、间距及形式,应综合考虑交叉道路的等级、功能和接入控制要求等因素,满足主线车流稳定,分合流处行车安全的要求。 3.隧道主线与匝道的车道布置、运行速度应具有连续性。 4.当连接地面匝道受环境条件限制时,应在运行安全的前提下,保障主要交通方向的优先通行,充分考虑协调匝道与地下主线、地面道路间的线形相互匹配程度,选取合适的技术指标

续表

序号	项目	内容
9	路基	1. 路基设计应符合有关道路工程规范要求。 2. 在既有城市道路下进行暗挖施工时,道路顶面位移及路表变形应满足规范要求
10	路面	1. 路面设计应符合有关道路工程规范要求。 2. 路面面层材料应满足防火规范要求
11	交通安全管理设施	1. 交通安全和管理设施等级选择应符合要求。 2. 交通安全设施配置应符合要求
12	隧址方案	1. 隧址平纵线形应满足相关规范及安全运营的要求。 2. 隧址(尤其是长隧道)论证充分,选择合理
13	洞口部分	1. 洞口位置应设置合理,洞门形式与环境应协调。 2. 洞口边坡坡率、坡面防护形式与地质条件相适应。 3. 洞口附近的地面建筑及地下埋设物对洞口实施有影响时,应采取防范结构措施
14	洞身结构	1. 隧道净空应满足行车限界、装饰及运营设施的安装空间等要求。 2. 隧道结构布置及选型应合理。 3. 洞身衬砌支护参数按工程类比确定,大断面、地质复杂段应进行分析计算。 4. 对不良地质和复杂条件应采取针对性的处理措施。 5. 洞身结构应体现动态设计与信息化施工的思想,制订监控量测方案。地质条件复杂时,应制订地质超前预报方案。 6. 洞身结构附近地面建筑及地下埋设物对实施有影响时,应有安全影响评价和防范措施。 7. 明挖法隧道的结构主要构件设计参数、变形缝设置、基坑支护结构形式合理。 8. 矿山法隧道的洞口位置、初衬及二衬参数、开挖方法的合理性。 9. 盾构法隧道的衬砌结构,环与环、块与块间连接方式及设计参数、拼装方式及相应构造措施。 10. 沉管法隧道的管段数量与变形缝设置、管段横断面构造参数、干坞选型、管段与岸上段连接位置及方式、止水带设计、基础设计等
15	管线排水	1. 管线工程的设计应符合要求。 2. 道路排水设计应符合要求。 3. 防排水原则合理,措施得当。 4. 生态敏感区隧道防排水应进行专项论证设计
16	防洪抗震	1. 存在防洪问题时,采取合理措施。 2. 合理确定抗震等级和地震动参数,按规范进行抗震设防
17	通风、照明、消防	1. 机电设施不得侵入建筑限界,合理选择机电设施设计规模。 2. 应按规范标准合理确定通风卫生标准,通风方式应满足通风卫生标准和洞内防灾要求,特殊情况和条件时应作通风方案比选。 3. 应按规范合理确定洞口环境亮度和洞内照明标准,照明方式应满足隧道照明标准要求,有照明节能、设备防震措施。 4. 消防方式应满足消防要求。 5. 交通与环境信息采集、CCTV监视、通风(照明)与交通控制、防灾救援、通信、中心控制等交通监控系统设置应合理,应满足功能需要。 6. 供配电方案应满足通风、照明、消防、监控等各类工况的要求

续表

序号	项目	内容
18	绿化景观	1. 道路绿化设计应符合要求。 2. 道路景观设计应符合要求。 3. 隧道景观设计应符合要求
19	公众利益、公众安全	1. 隧道设计应考虑对沿线文物、名木古树、重要生活设施、居民利益的影响。 2. 抗震设计要求。 3. 防灾设计要求。 4. 隧道应考虑规划要求通过的管线。 5. 施工时应考虑社会交通组织问题
20	环境保护措施	1. 重要路段或住宅区道路应进行防噪声、降噪声设计。 2. 环境敏感点的处理措施适当。 3. 应考虑工程对周围环境的影响分析及采取相应措施
21	实施方案	1. 应合理安排建设计划工期。 2. 施工期交通组织方案合理可行。 3. 施工方案合理可行,应能保证洞口、洞身结构施工过程的安全。 4. 施工总工期和重要分项工程的工期安排合理。 5. 应有安全预案和施工方案合理性分析,处理方法合理
22	新技术、新材料应用	新技术、新材料的应用应具有技术先进性、已建项目的可靠性、拟建项目的适用性、针对问题的合理性、良好的社会经济效益性

20.3 施工图设计文件技术要点

见表20.3-1。

施工图设计文件技术要点　　　　　　　　　　　表20.3-1

序号	项目	内容
1	设计文件总体要求	1. 施工图设计文件应完整齐全,设计应达到《市政公用工程设计文件编制深度规定》(2013年版)的要求。 2. 施工图设计文件应具有上一阶段初步设计或方案设计及其批复意见的执行情况和意见。如有重大变化调整,应有相应的批准文件。 3. 经复核过的结构计算书(包括使用软件名称)完整正确。 4. 主要设备材料表齐全。 5. 设计图纸制图规范、统一,标识清楚,图纸签署符合规定。 6. 引用标准图(现行有效版本)、大样图图纸目录齐全
2	强制性条文	1.《工程建设标准强制性条文》(城市建设、公路、铁路等)中有关城市桥隧的强制性条文(具体条款略)。 2. 结构设计安全,施工技术安全,交通运营安全。 3. 隧道专业与地下管线如排水、电力等专业的协调,施工顺序、管线迁改、交通疏解相互间的协调

续表

序号	项目	内容
3	主要设计技术指标	1.道路等级、设计速度应满足规范要求。 2.道路建筑限界选择应满足隧道专业要求。 3.道路其他技术指标应满足道路专业规范要求。 4.结构(含初期支护结构)的安全等级和结构重要性系数。 5.防洪/潮、排涝标准选择合适。 6.结构设计基准期、结构的设计使用年限及检修、鉴定、更换等要求。 7.结构的设防烈度、设防类别和抗震等级。 8.结构的防水标准、抗浮标准、设计荷载标准、人防要求(如有)、防火要求。 9.结构所处的环境类别和作用等级。 10.明挖法、盖挖法基坑安全等级、环境保护等级、地下水处理原则、围护结构变形控制要求及围护结构设计重要性系数。 11.盖挖法施工时,盖板上的临时道路等级和车辆参数。 12.应明确盖挖逆作法施工盖板中柱与边墙的允许沉降差并计入计算。 13.应明确盖挖法、暗挖法施工中柱垂直度偏差并计入计算。 14.矿山法施工的复合式衬砌,应明确初期支护的设计使用年限及初期支护与二次衬砌的荷载取值。 15.基坑支护体系的围护墙兼作永久结构时,其结构设计应同时满足各阶段需要
4	横断面	1.隧道横断面应满足国家现行《城市道路工程设计规范》CJJ 37、《城市道路路线设计规范》CJJ 193、《城市地下道路工程设计规范》CJJ 221 的规定要求。 2.隧道横断面除应满足道路交通功能外,还需满足附属工程专业功能以及防灾应急的需求。 3.隧道横断面车道数应与交通量相适应
5	平面	1.隧道平面设计应满足国家现行《城市道路工程设计规范》CJJ 37、《城市道路路线设计规范》CJJ 193、《城市地下道路工程设计规范》CJJ 221 的规定要求。 2.隧道平面设计应满足视距要求的平曲线。 3.隧道平面设计应满足隧道结构工法中隧道对曲线的适应性。 4.隧道平面设计应满足隧道结构工法中隧道对超高的适应性。 5.隧道平面设计应满足隧道结构工法中对上下行分离独立洞室平面线形的要求。 6.隧道平面设计应满足隧道结构工法对平面加宽的适应性
6	纵断面	1.隧道纵断面设计应满足国家现行《城市道路工程设计规范》CJJ 37、《城市道路路线设计规范》CJJ 193、《城市地下道路工程设计规范》CJJ 221 的规定要求。 2.隧道纵断面需结合规划条件、地质情况、道路限界、结构变形缝位置、道路排水、地下管网、覆土厚度、施工工法等综合因素,确定隧道最大纵坡、最小纵坡、竖曲线、进出口驼峰等的设计指标。 3.明挖隧道应考虑路面铺装及地下管线的设置要求,并结合当地工程建设要求设置。 4.盾构法隧道工作井以及区间的覆土厚度要求主要考虑盾构施工阶段和正常运营阶段的安全性,需保持一定厚度以减少对地面建筑物沉降影响及足够的抗浮能力。 5.沉管法隧道最小覆土不应小于通航船只的锚击入土深度要求。 6.暗挖法隧道覆土需根据周围环境、围岩的稳定性、工程措施、工程造价等综合考虑
7	线形组合	1.线形组合设计应满足国家现行《城市道路工程设计规范》CJJ 37、《城市道路路线设计规范》CJJ 193、《城市地下道路工程设计规范》CJJ 221 的规定要求。 2.隧道及其洞口两端的道路平、纵、横技术指标应符合规范的要求。 3.线形组合除考虑平纵组合外,还应考虑横断面因素,及平纵横的组合设计对行车视距的影响,保证足够的行车视距。 4.线形组合除满足道路交通功能外,还需满足附属工程专业功能以及防灾应急的需求

续表

序号	项目	内容
8	交叉工程	1. 交叉工程设计应满足国家现行《城市道路工程设计规范》CJJ 37、《城市道路路线设计规范》CJJ 193、《城市地下道路工程设计规范》CJJ 221 的规定要求。 2. 隧道出入口的位置、间距及形式，应综合考虑交叉道路的等级、功能和接入控制要求等因素，满足主线车流稳定、分合流处行车安全的要求。 3. 隧道主线与匝道的车道布置、运行速度应具有连续性。 4. 当连接地面匝道受环境条件限制时，应在运行安全的前提下，保障主要交通方向的优先通行，充分考虑协调匝道与地下主线、地面道路间的线形相互匹配程度，选取合适的技术指标
9	路基	1. 路基设计应符合有关道路工程规范要求。 2. 在既有城市道路下进行暗挖施工时，道路顶面位移及路表变形应满足规范要求
10	路面	1. 路面设计应符合有关道路工程规范要求。 2. 路面面层材料量应满足防火规范要求
11	隧道基础	1. 勘察资料满足结构设计所要求的范围。 2. 隧道结构基础设计依据勘察成果报告进行并满足承载力要求、变形要求及稳定性要求。 3. 隧道明挖基础埋置深度符合规范要求。 4. 隧道结构基础满足防洪要求并进行冲刷计算。 5. 不良地基处理方法合理性、安全性要求。 6. 对抗震不良地质及土层进行特别设计及处理
12	结构部分	1. 设计依据： 1) 具有经过审查合格的详细地质勘察报告，工程涉及地层的主要物理力学参数及结论和建议。 2) 符合住房和城乡建设部发布的《市政公用设施抗灾设防管理规定》和《市政公用设施抗震设防专项论证技术要点(地下工程篇)》规定的防灾、抗震等专项论证和专家审查结论。 3) 周边环境的调查、探测结果说明或报告，或周边环境评估报告。 4) 执行的主要现行技术标准、规范(当有适当的地方标准时，应按地方标准中的相关规定执行)。 5) 地震安全性评价报告(如有)。 6) 风险工程专项论证的专家意见。 7) 建设管理部门颁发的条例、规定。 8) 总体的技术要求，科研成果等其他相关资料。 9) 初步设计、评审意见及政府有关部门的批复意见，及对相关意见的执行情况。 10) 变更设计的变更原因、方案及批准文件。 2. 技术标准： 1) 结构(含初期支护结构)的安全等级和结构重要性系数。 2) 结构的设计使用年限及检修、鉴定、更换等要求。 3) 结构的设防烈度、设防类别和抗震等级。 4) 结构的防水标准、抗浮标准、设计荷载标准、防火要求。 5) 结构所处的环境类别和作用等级。 6) 结构构件裂缝的控制标准。 7) 基坑安全等级、环境保护等级、地下水处理原则、围护结构变形控制要求及围护结构设计重要性系数。 8) 盖挖法施工时，盖板上的临时道路等级和车辆参数。 9) 应明确盖挖逆作法施工盖板中柱与边墙的允许沉降差并计入计算。

续表

序号	项目	内容
12	结构部分	10）应明确盖挖法、暗挖法施工的中柱垂直度偏差并计入计算。 11）矿山法施工的复合式衬砌，应明确初期支护的设计使用年限及初期支护与二次衬砌的荷载取法。 12）基坑支护体系的围护墙兼作永久结构时，其结构设计应同时满足各阶段需要。 3. 工程材料： 1）混凝土强度等级应综合强度、耐久性、抗震、裂缝控制、防水等因素确定。应符合国家现行《混凝土结构设计规范》GB 50010、《建筑抗震设计规范》GB 50011 的规定；当结构处于一般环境以外的其他环境时宜采用国家现行《混凝土结构耐久性设计规范》GB/T 50476。 2）钢筋、钢材的性能及其连接的性能应符合国家现行《混凝土结构设计规范》GB 50010、《钢结构设计规范》GB 50017、《建筑抗震设计规范》GB 50011、《钢筋机械连接技术规程》JGJ 107、《钢筋焊接及验收规程》JGJ 18 等对材料性能的规定。 3）盖挖法施工时，铺盖的材料应满足本工程的设计标准。 4）矿山法施工时，应对管棚注浆导管等掌子面加固材料的性能指标提出要求。 5）沉管法施工时，管段接头的 GINA 止水带及 Ω 止水带应满足受力与耐久性要求。 6）对盾构管片连接件提出性能要求和防腐处理要求。 7）地基加固、地层改良等工程，应对材料、施工、质量标准、检测方案等提出要求。 8）选用的新型材料，应出具权威部门的检测评估报告，设计应提出工艺要求及质量保证要求，并在设计中提出保障施工作业人员安全和预防生产安全事故的措施建议。 4. 结构构造： 1）变形缝的设置应采取可靠措施确保差异沉降不影响结构安全和正常使用。 2）构件中的混凝土保护层厚度的确定应根据结构类别、环境条件和耐久性要求综合确定，受力钢筋的保护层不小于其公称直径；当结构处于一般环境以外的其他环境时宜采用国家现行《混凝土结构耐久性设计规范》GB/T 50476。 3）钢筋的锚固形式和长度，连接的部位、接头率、形式和要求。 4）施工缝、后浇带、诱导缝的设置要求和构造要求。 5）主体结构的抗震构造要求。 6）钢结构构件的除锈标准、防腐、防火涂装。 5. 隧道总体结构体系选择合理。 6. 结构体系稳定。 7. 结构计算模型正确。 8. 荷载标准选用正确，符合相应的标准及强制性条文。 9. 基础及结构构造满足船只、车辆撞击的安全性要求。 10. 净空满足行人、行车、铁路、航运等规范的要求。 11. 结构强度按要求进行承载能力极限状态的验算。 12. 结构强度按要求进行正常使用极限状态的验算。 13. 结构满足变形控制要求。 14. 整体及局部稳定性满足规范要求。 15. 材料强度验算满足规范要求。 16. 结构强度按要求进行施工阶段的验算。 17. 异形结构的特殊分析及安全措施。 18. 对特殊腐蚀地区已进行腐蚀介质的调查及检测分析。 19. 对特殊腐蚀地区有针对保证结构耐久性而采取的措施。 20. 确保结构施工过程的安全性，施工方法合理可行。 21. 施工控制对结构安全有影响时，设计文件应有明确的施工控制要求。 22. 明确新技术对施工过程的特殊要求。 23. 对超出规范及强制性标准限值的特别说明及论证。 24. 采用新技术、新材料、新结构的论证

续表

序号	项目	内容
13	防洪 抗震 消防	1. 防洪标准选择合理,符合相关规范。 2. 进行必要的水文分析计算。 3. 合理确定抗震等级。 4. 合理确定抗震设计参数。 5. 按规范或采用专用软件进行抗震计算。 6. 按抗震等级采取相应的抗震措施。 7. 基本烈度大于9度地区应进行专项研究。 8. 对抗震危险地段及不良土层的处理方法合理。 9. 应满足消防净空要求
14	交通安全和 管理设施	1. 交通标志标线设置应符合规范要求。 2. 交通防护设施应符合规范要求。 3. 快速路交通防护设施应符合规范要求
15	管线 排水	1. 管线工程的设计应符合规范要求。 2. 道路排水设计应符合规范要求
16	隧道通风	1. 隧道应具备良好的通风条件。 2. 隧道内空气中影响行车安全的有害物浓度应低于允许的标准值。 3. 隧道通风应根据规范要求选择设置较为安全、经济和运营维护方便的方式,同时考虑火灾对策与排烟措施
17	隧道照明	1. 采用《LED城市道路照明应用技术要求》GB/T 31832—2015中的要求,隧道封闭段50m以上,按条件设置隧道照明。 2. 隧道照明应以白天和夜间两种不同情况确定设计亮度。按《LED城市道路照明应用技术要求》GB/T 31832—2015,附录相关要求设置白天和夜晚照明。隧道外有路灯照明时,隧道内路面亮度值不得低于露天路段亮度的2倍。 3. 隧道内应急照明必须有独立的供电系统,照明亮度值不得低于基本亮度值的1/10。 4. 隧道内设置紧急停车带时,停车处亮度应按基本亮度的1.5～2倍设计。 5. 隧道供电系统设计必须执行国家技术经济政策,做到保障人身安全,供电可靠,技术经济合理。 6. 隧道备用电源按《建筑设计防火规范》GB 50016中关于城市交通隧道的相关要求,一、二类隧道按一级负荷供电,三类隧道按二级负荷供电。 7. 隧道内通风和照明以及事故用电应各自设置单独的回路。通风和照明供电的控制开关应集中设置在隧道口宜于操作处。 8. 防雷接地系统应符合电气有关规范及标准
18	绿化景观	1. 道路绿化设计应符合要求。 2. 隧道景观设计应符合要求
19	公众利益和 公众安全	1. 隧道设计应考虑对沿线文物、名木古树、重要生活设施、居民利益的影响。 2. 抗震设计要求。 3. 防灾设计要求。 4. 是否有不允许通过的管线。 5. 工程使用过程中噪声对周围环境及人群的影响及措施。 6. 工程使用过程中振动对周围环境及人群的影响及措施。 7. 长、大隧道必要时应设置报警、消防及其他应急设施。 8. 设计中不得使用管理部门已颁布废止的材料。 9. 设计中不得使用管理部门已颁布淘汰的产品、设备及材料

续表

序号	项目	内容
20	风险控制	1. 风险的识别、分级及控制措施。 2. 风险预警控制指标及应急预案的技术措施。 3. 采用新结构、新材料、新工艺的建设工程和特殊结构的建设工程,应在设计中提出保障施工作业人员安全和预防生产安全事故的措施建议。 4. 风险工程专项论证的专家意见执行情况
21	施工监控	1. 目前监测对象、范围。 2. 结合工程特点和地质条件等确定监测项目、监测控制值、监测频率、预警等级和预警标准,并说明相关标准制定的依据。 3. 建立预警应急措施。 4. 明挖法和盖挖法基坑的检测项目应包括:桩(墙)顶水平和竖向位移、支撑轴力(锚杆应力)、地表沉降、地下水位、竖井井壁收敛等;但监测等级较高或盖挖法时,应包括立柱的竖向位移和桩(墙)顶水平位移。 5. 矿山法隧道的监测项目应包括:初支拱顶沉降、初支净空收敛、地表沉降、地下水位等。 6. 盾构法隧道的监测项目应包括:竖向位移、净空收敛、地表沉降。 7. 沉管法隧道的监测项目应包括:基槽与航道、管段浮运、灌砂基础、管段沉放对接、最终接头、回填等。 8. 周边环境的监测要求: 1)建(构)筑物——竖向位移、裂缝、倾斜(高层、高耸)等。 2)地下管线——竖向位移、差异沉降。 3)道路——路面路基竖向位移、挡墙竖向位移、挡墙倾斜等。 4)桥梁——墩台竖向位移、墩台差异沉降、墩柱倾斜、裂缝等。 5)既有措施轨道交通——隧道结构的竖向位移、水平位移、差异沉降,轨道结构竖向位移,轨道静态集合形位、隧道、轨道裂缝; 6)既有铁路(包括城市轨道交通地面线)——路基竖向位移、轨道静态几何形位等
22	环境保护措施	1. 重要路段或住宅区道路应进行防噪声、降噪声设计。 2. 设置声屏障应符合《国家建筑设计图集 09MR603-城市道路声屏障》的要求
23	实施方案和安全生产	1. 按上阶段设计中既定建设计划工期合理进行施工期交通组织设计。 2. 在施工图设计文件中应对施工的重点部位提出说明。 3. 施工图设计文件应对涉施工安全的重点部位和环节在文件中予以注明,并对保障施工作业人员安全和预防生产安全事故提出指导意见
24	新技术、新材料应用	1. 采用新结构、新材料、新工艺、特殊结构的建设工程,施工图设计文件应提出保障施工作业人员安全和预防生产安全事故的措施建议。 2. 禁止使用淘汰或禁用的建筑材料。使用限制使用的建筑材料时,应符合相应的限制条件